高等学校省级规划教材

比较知识产权法

主　编　朱双庆

副主编　钟　娟　王梦飞

合肥工业大学出版社

图书在版编目(CIP)数据

比较知识产权法/朱双庆主编．—合肥:合肥工业大学出版社,2017.6
ISBN 978－7－5650－3368－1

Ⅰ.①比… Ⅱ.①朱… Ⅲ.①知识产权法—对比研究—世界—教材
Ⅳ.①D913.04

中国版本图书馆 CIP 数据核字(2017)第 125435 号

比较知识产权法

朱双庆　　主编		责任编辑　陆向军　何恩情	
出　版	合肥工业大学出版社	版　次	2017 年 6 月第 1 版
地　址	合肥市屯溪路 193 号	印　次	2017 年 6 月第 1 次印刷
邮　编	230009	开　本	710 毫米×1000 毫米　1/16
电　话	综合编辑部：0551－62903028	印　张	31.5
	市场营销部：0551－62903163	字　数	616 千字
网　址	www.hfutpress.com.cn	印　刷	安徽联众印刷有限公司
E-mail	hfutpress@163.com	发　行	全国新华书店

ISBN 978－7－5650－3368－1　　　　定价：58.00 元

编 写 说 明

合肥工业大学法学系在 2011 年获批安徽省省级质量工程项目人才培养模式创新实验区"卓越法律人才计划"。以此为契机,该系启动了"知识产权法律人才培养模式"与"环境法法律人才培养模式"的分类教学改革。在"知识产权法律人才培养模式"框架下,《比较知识产权法》是校定必修课,但是目前国内外《比较知识产权法》教材缺乏,为了解决教学急需,合肥工业大学和安徽工业大学的部分老师合作编写了这本《比较知识产权法》教材。

本教材力争开阔法律院系学生的国际视野,为他们提供一些全新的信息,他们从中可以了解和尊重其他国家和地区的知识产权立法,并且能够更好地理解我国知识产权法。随着我国改革开放的不断推进,本教材将有利于法律院系学生应对日益频繁的中外知识产权交流与合作和越来越多的涉外知识产权相关案件的实践需求。本教材将向法律院系学生提供其他国家和地区知识产权法的理论和研究方法,从而完善他们的知识结构,提高研究水平。为此,本教材力争体现如下特点:

一、注重对知识产权法进行国际比较

本教材在主要阐述中国知识产权法的基础上,比较中国、美国、德国和日本等在专利权法、商标权法、著作权法、传统知识保护、其他知识产权法(包括植物新品种权、集成电路布图设计、地理原产地标志)、与知识产权相关的反不正当竞争法以及知识产权民事司法保护等方面的规定,阐述了互联网时代各国知识产权法的发展。

二、体现知识产权法的新知识与新成果

本教材注意汲取国内外知识产权法的新知识与新成果。特别提出的是,各国在非物质文化遗产、遗传资源等传统知识的知识产权保护方面有什么法律特点?在当今网络时代,知识产权的取得、应用与保护具有哪些新的特征?对此,本教材包括比较传统知识的保护和互联网时代各国知识产权法的发展等方面的内容。

三、强调理论与案例并重

本教材强调教材的系统性与理论性,旨在适应中国法科学生传统的学习模式。另外,本教材增加一些典型案例分析,旨在辅助学生理解法律规定并提高他们运用知识产权法的能力。

四、结合"描述性比较"和"分析性比较"

方法上,本教材综合采用"描述性比较"和"分析性比较"方法。教材具体描述中国、美国、欧盟和日本在知识产权法上的重要的理论、立法和案例,从而有助于法律院系学生宏观上把握上述国家知识产权法的重要规定。教材还对中国、美国、欧盟和日本等在知识产权法上的理论、立法和案例进行分析性比较或法律评论,从而有助于法律院系学生实现比较研究的目的。

本教材由主编朱双庆提供写作提纲,经过全体写作人员集体讨论修改后动笔写作,最后由朱双庆、王梦飞统稿、定稿。各章撰写人员如下:

朱双庆、吴椒军:第一章(绪论);

夏玲:第二章(比较专利法);

钟娟:第三章(比较商标法);

刘海芳:第四章(比较著作权法);

马骏:第五章(比较其他知识产权制度);

朱双庆:第六章(比较与知识产权相关的反不正当竞争法);

冯华:第七章(比较传统知识的保护);

曹世华:第八章(互联网时代各国知识产权法的发展);

王梦飞:第九章(比较知识产权民事司法保护)。

这本《比较知识产权法》教材获批 2013 年安徽省省级规划教材(2013ghjc066),同时也得到合肥工业大学《知识产权法》精品课程的资助。在本教材编写过程中,合肥工业大学出版社李克明社长和陆向军编辑给予了大力支持和帮助,在此一并表示由衷的感谢。

由于作者水平有限,部分章节编写仓促,教材中的不当之处恳请读者批评指正。

朱双庆

2017 年 5 月

目　　录

第一章　绪论 ……………………………………………………………（1）

　　第一节　知识产权的概念和范围 …………………………………（1）

　　第二节　知识产权的特征 …………………………………………（3）

　　第三节　知识产权的发展趋势 ……………………………………（6）

第二章　比较专利法 ……………………………………………………（9）

　　第一节　专利权客体 ………………………………………………（9）

　　第二节　职务发明的权利归属 ……………………………………（15）

　　第三节　不能授予发明专利权、实用新型权、外观设计权的情形 …（22）

　　第四节　专利的申请和审查 ………………………………………（26）

　　第五节　专利授权后程序 …………………………………………（46）

　　第六节　专利权的内容 ……………………………………………（55）

　　第七节　专利侵权救济 ……………………………………………（57）

第三章　比较商标法 ……………………………………………………（69）

　　第一节　商标法概述 ………………………………………………（69）

　　第二节　商标权的取得 ……………………………………………（73）

　　第三节　商标权及其内容 …………………………………………（107）

　　第四节　商标权的终止 ……………………………………………（122）

　　第五节　商标权的法律保护 ………………………………………（132）

第四章　比较著作权法 …………………………………………………（146）

　　第一节　著作权制度的起源与确立 ………………………………（146）

　　第二节　著作权客体 ………………………………………………（150）

　　第三节　著作权不予保护的对象 …………………………………（162）

　　第四节　著作权主体 ………………………………………………（163）

　　第五节　著作权的内容 ……………………………………………（176）

　　第六节　邻接权制度 ………………………………………………（197）

　　第七节　著作权限制制度 …………………………………………（203）

　　第八节　著作权利用制度 …………………………………………（211）

　　第九节　著作权的保护制度 ………………………………………（214）

第五章 比较其他知识产权制度 ……………………………………… (229)

第一节 比较企业名称权 …………………………………………… (229)

第二节 比较地理标志权 …………………………………………… (250)

第三节 比较集成电路布图设计权 ………………………………… (267)

第四节 比较植物新品种权 ………………………………………… (284)

第六章 比较与知识产权相关的反不正当竞争法 …………………… (304)

第一节 反不正当竞争法概述 ……………………………………… (304)

第二节 仿冒行为与法律责任 ……………………………………… (307)

第三节 引人误解的虚假宣传行为与法律责任 …………………… (314)

第四节 侵犯商业秘密行为与法律责任 …………………………… (317)

第五节 损害商誉行为与法律责任 ………………………………… (321)

第七章 比较传统知识的保护 ……………………………………… (323)

第一节 非物质文化遗产的知识产权保护 ………………………… (323)

第二节 比较遗传资源的知识产权保护 …………………………… (345)

第八章 互联网时代各国知识产权法的发展 ……………………… (373)

第一节 国际组织因应互联网发展的修法过程 …………………… (373)

第二节 美、日等国的相关立法 …………………………………… (384)

第三节 中国的互联网发展与立法因应 …………………………… (401)

第四节 比较与分析 ………………………………………………… (406)

第九章 比较知识产权民事司法保护 ……………………………… (412)

第一节 概述 ………………………………………………………… (412)

第二节 美国知识产权的民事司法保护 …………………………… (419)

第三节 英国知识产权的民事司法保护 …………………………… (434)

第四节 德国知识产权的民事司法保护 …………………………… (445)

第五节 日本知识产权的民事司法保护 …………………………… (459)

第六节 中国知识产权的民事司法保护 …………………………… (475)

第一章　绪　论

第一节　知识产权的概念和范围

一、知识产权的概念

知识产权(Intellectual Property),也被称为"智慧财产权",是法律赋予当事人对于智力活动所创造的成果和经营管理活动中的标记享有的权利。

(一)知识产权是法律赋予当事人的权利

知识产权是法律赋予当事人的权利,这包括两层内容:其一,不是所有的智力活动的成果和经营活动中的标记都可以成为知识产权客体,这反映了立法者的价值判断。例如,根据我国《专利法》的规定,智力活动的规则和方法、疾病的诊断和治疗方法就不能取得专利权。其二,不是所有施加在智力活动的成果和经营活动中的标记上的行为,都可以成为知识产权规制的对象。例如,书店在销售广告中罗列图书目录,就不具有著作权法上的意义,不构成侵犯著作权;汽车修理店广告词中的"专修奔驰""专修宝马"中的"奔驰"与"宝马"也不具有商标法上的意义,不构成侵犯商标权。

(二)知识产权分为创造性成果权利与识别性标记权利

1. 创造性成果权利

创造性成果权利包括专利权、著作权、集成电路布图设计权、植物新品种权和know—how权等。

在我国,专利权包括发明专利权、实用新型专利权和外观设计专利权。发明,是指对产品、方法或者其改进所提出的新的技术方案。实用新型,是指对产品的形状、构造或者其结合所提出的适于实用的新的技术方案。外观设计,是指对产品的形状、图案或者其结合以及色彩与形状、图案的结合所作出的富有美感并适于工业应用的新设计。

著作权是著作权人依法对其作品所享有的各项专有权利,包括:发表权、署名权、修改权、保护作品完整权、复制权、发行权、出租权、展览权、表演权、放映权、广播权、信息网络传播权、摄制权、改编权、翻译权、汇编权和应当由著作权人享有的其他权利。

集成电路布图设计权是指权利人依法对布图设计所享有的复制和进行商业利用的专有权利。

植物新品种权是指育种者依法享有的对植物新品种在一定期限内享有的独占权。植物新品种是指经过人工培育的或者对发现的野生植物加以开发,具备新颖性、特异性、一致性和稳定性并有适当命名的植物品种。以山东登海种业股份有限公司为例,截至 2013 年 12 月底,该公司共申请植物新品种权 138 项,获得植物新品种权 82 项[①],并且登海 605 市场表现良好。这些植物新品种权的取得和良好的市场表现构成了该公司的核心竞争力,保证了该公司技术水平在同行业的领先性。

Know-how 权是权利人对 know-how 享有的权利。Know-how 是指信息、实践知识、技术和技巧,旨在达到实践目标,尤其是达到在工业或者技术领域的实践目标;Know-how 是可以被买卖的无形财产[②]。

2. 识别性标记权利

识别性标记权利包括商标权、商号权和反不正当竞争有关的权利等。

商标权是商标所有人依法对其使用的商标所享有的权利。

商号权是经营者对自己的商号所享有的权利。商号,也称字号,指经营者在营业上表示自己的名称。除法律、行政法规另有规定的外,企业名称一般由行政区划、字号、行业、组织形式依次组成,例如:"贵州茅台酒股份有限公司"。

仿冒行为、引人误解的虚假宣传行为、侵犯商业秘密行为和损害商誉行为都属于违法市场公平竞争的不正当竞争行为。它们都侵害了其他经营者的知识产权,属于与知识产权相关的不正当竞争行为。

二、知识产权范围

(一)《与贸易有关的知识产权协议》的相关规定

我国已经加入了世界贸易组织(WTO)。作为 WTO 协议重要组成部分的《与贸易有关的知识产权协议》(简称 TRIPS)已经对我国生效。

TRIPS 协议列明了其所管辖的知识产权范围,它们是:著作权及邻接权、商标权、地理原产地标志权、工业设计权、专利权、集成电路布图设计权和未披露信息的保护权。

(二)《成立世界知识产权组织公约》的相关规定

1967 年签订的《成立世界知识产权组织公约》于 1970 年 4 月 26 日生效。我国于 1980 年正式加入世界知识产权组织。

《成立世界知识产权组织公约》规定的知识产权范围包括:文学、艺术和科学作品;表演艺术家的表演以及唱片和广播节目;人类一切活动领域内的发明;科学

---

① 《山东登海种业股份有限公司 2013 年度报告》。

② Bryan A. Garner(ed),Black's Law Dictionary,West Group,1999,P876.

发现；工业品外观设计；商标、服务标记以及商业名称和标志；制止不正当竞争；以及在工业、科学、文学或艺术领域内由于智力活动而产生的一切其他权利。

（三）1992 年国际保护工业产权协会东京大会的相关规定

知识产权分为"创造性成果权利"与"识别性标记权利"。

"创造性成果权利"包括发明专利权、集成电路权、植物新品种权、Know－How 权、工业品外观设计权、著作权和软件权。

"识别性标记权利"包括商标权、商号权和反不正当竞争有关的权利。

（四）我国《民法总则》的相关规定

2017 年 3 月 15 日第十二届全国人民代表大会第五次会议通过了《中华人民共和国民法总则》。根据《民法总则》第 123 条第 2 款的规定，知识产权是权利人依法就下列客体享有的专有的权利：作品；发明、实用新型、外观设计；商标；地理标志；商业秘密；集成电路布图设计；植物新品种；法律规定的其他客体。

综上所述，各国及相关国际公约关于知识产权范围的界定大致相同，包括著作权（包含邻接权）、专利权、商标权、地理标志权、集成电路布图设计权、植物新品种权和其他知识产权。

第二节 知识产权的特征

知识产权具有无体性、专有性、双重性、期限性与地域性等法律特征，彰显了知识产权与其他民事权利的不同之处。

一、无体性

知识产权与动产、不动产等有体财产不同，它具有无体性。无体性是知识产权最重要的法律特征，因为知识产权的其他特征都与它有着密切联系。

依据传统民法理论，财产可以分为有体财产与无体财产两大类。有体财产指占有一定空间，具有一定形状和体积，人们用感官可以感知的某种物质实体，"按其性质能被触觉到的东西"[1]。无体性又称无形性，它没有外在的形体，不占有空间，但具有内在的价值与使用价值。

知识产权具有无体性，又具有价值，那么它的价值如何体现呢？知识产权的价值通过复制性体现。知识产权的客体可以由一定的有体物来固定与复制。知识产权可以利用并能够体现在一定产品、作品或其他物品的复制活动上，例如：专利权必须能体现在可复制的产品上，或是制造某种产品的新方法，或是新产品本身。

---

[1] ［罗马］查士丁尼：《法学总论——法学阶梯》，张企泰译，商务印书馆 1989 年版，第 59 页。

知识产权的无体性使它与物质产品具有不同的存在与利用形态：第一，不发生有形控制的占有。由于知识产品不具有物质形态，不占有一定的空间，人们对它的占有不是一种实在而具体的占据，而是表现为认识与感受。质言之，权利主体无法像管领有形财产那样有效地控制自己的精神产品；第二，不发生有形损耗的使用。在一定的时空条件下，知识产品可以被若干主体共同使用。上述使用不会像有体物使用那样发生有形损耗。无权使用人利用了他人的知识产品，亦无法承担恢复原状的责任；第三，不发生消灭知识产品的事实处分与有形交付的法律处分。知识产品不可能有实物形态消费而导致其本身消灭之情形，它的存在仅会因期间过程产生专有财产与社会公共财富的区别。同时，有形交付与法律处分并无必然联系，换言之，他人有可能不通过法律途径去"处分"自己并无实际"占有"的知识产品[①]。

我们要注意到有体物与知识产权这种无形财产的区别。例如，甲书法家把他的一幅书法作品卖给乙时，有形物由买主乙享有所有权，但除"展览权"之外的无形的著作权仍由书法家甲享有。

知识产权具有无体性特征，因此权利主体无法像管领有形财产那样有效地控制自己的知识产品；在一定时空条件下，知识产品可以被若干主体同时使用，这就使得知识产权比有形财产权更容易受到侵权。

二、专有性

知识产权的专有性包括排他性和绝对性。

知识产权的排他性表现为权利人排斥非权利人对知识产品进行不法仿制、假冒或者剽窃等。

知识产权的绝对性指除权利人同意或法律强制规定之外，任何第三人不得享有或使用该项权利。例如：某企业有几项发明专利权，则只能由该企业享有使用的权利，其他企业未经该企业的同意，不得擅自使用该发明专利权。

知识产权的绝对性还表现为一项计算机软件、一项专利、一项集成电路布图设计只能被授予一次专用权。两个以上的申请人分别就同样的发明创造申请专利的，只能由一人获得专利权，专利权授予最先申请的人。专利权人有权排斥另一人将自己的发明许可或转让给第三人，另一人只剩下"在先使用权"。

知识产权的专有性特征使得拥有知识产权的公司可以阻止其他主体的模仿，这相当于其拥有了自己的护城河，从而在市场竞争中处于优越的地位。

知识产权的专有性是相对的，不是绝对的，例如，专利法规定了专利实施的强制许可，著作权法规定了对作品的合理使用。

---

① 吴汉东：《无形财产权的若干理论问题》，《法学研究》，1997 年第 4 期。

三、双重性

有关民事主体对知识产权既享有财产权,又享有人身权,具有双重性质。

民事主体对知识产权享有财产权是指其权利人通过买卖、许可和入股等方式依法享有获得一定财产对价的权利。四川川大智胜软件股份有限公司是一家技术入股型公司,游志胜等人以技术入股,"技术入股股东游志胜身价已经达到 2 亿元人民币"①。现在我们处于知识经济时代。在知识经济时代,知识产权的财产权性质得到更加充分的体现。

人身权是指基于知识产品创造者的特定身份所依法享有的署名权、荣誉权等;该人身权与知识产品创造者的特定身份不可分离,因而不能转让、继承等。

四、期限性

为什么法律应该保护知识产权? 知识产权正当化的根据包括自然权论和激励论观点。自然权论认为,人们对于自己劳动创作的物品当然地享有权利,其代表观点包括洛克的劳动所有论和黑格尔的精神所有权论②。激励论认为,如果不保护知识产权人的利益,人人可以"搭便车",无偿地使用他人的发明创造,那么谁还会投入大量的时间、资金和精力去从事发明创造呢? 这不利于社会技术的进步,因此,法律应该对于知识产品的创造者给予保护,激励他们发明创造。但是法律对于知识产权的保护也不是没有时间限制的,否则它虽然保护了知识产权人的利益,但不利于该知识产权进入公有领域,这对整个社会公共利益是不利的。因此,法律对知识产权应该保护,但是这种保护的某些方面是有期限的。

知识产权的专有性特征具有期限性,即:有效期满,该知识产权就进入公有领域,任何人都可以自由无偿地使用该知识产权,权利人的专有权利便自行终止。与此相比较,所有权具有无期性。

在中国,发明专利权的保护期限是 20 年,实用新型专利权和外观设计专利权的保护期限是 10 年,均自申请日起计算③。自然人的软件著作权,保护期为自然人终生及其死亡后 50 年,截止于自然人死亡后第 50 年的 12 月 31 日;软件是合作开发的,截止于最后死亡的自然人死亡后第 50 年的 12 月 31 日。法人或者其他组织的软件著作权,保护期为 50 年,截止于软件首次发表后第 50 年的 12 月 31

---

① 朱双庆:《技术入股型公司治理》,法律出版社 2013 年版,第 51 页。

② 对洛克的劳动所有论和黑格尔的精神所有权论的评论,可以参看[澳]彼得·德霍斯:《知识财产法哲学》,周林译,商务印书馆 2008 年版,第 52-106 页;[日]田村善之:《日本现代知识产权法理论》,李杨等译,法律出版社 2010 年版,第 3-7 页。

③ 参见《中华人民共和国专利法》第 42 条。

日,但软件自开发完成之日起 50 年内未发表的,不再保护①。布图设计专有权的保护期为 10 年,自布图设计登记申请之日或者在世界任何地方首次投入商业利用之日起计算,以较前日期为准(但是,无论是否登记或者投入商业利用,布图设计自创作完成之日起 15 年后,不再受保护)②。注册商标的保护期限是 10 年,但可以续展。

各国对知识产权赋予的保护期限可以有一定差异。以植物新品种权为例,在中国,植物新品种权的保护期限,自授权之日起,藤本植物、林木、果树和观赏树木为 20 年,其他植物为 15 年③。欧共体理事会通过的《共同体植物品种权条例》规定,"共同体植物品种权保护期限一般为 25 年,藤本植物和树木品种以及土豆品种为 30 年。欧盟理事会还可以对于某些特定种类的品种再延长 5 年"④。由此比较,可以得出下列结论:欧盟比中国对植物新品种权的保护期限更长。毫无疑问,较长的植物新品种权保护期限将有利于品种权所有人。

五、地域性

知识产权的地域性是指知识产权的专有性在空间上的效力要受到法律的限制,即其法律效力仅及于授予国境内。

知识产权的地域性源于各国主权的地域限制,而且像发明专利权等知识产权的取得须经过国家授权、注册或登记。

与此相比较,所有权不具有地域性。甲在中国拥有手机,拿到世界任何国家后,都没有人否认甲对该手机享有所有权。在 1992 年 10 月 15 日之前,甲在中国出版的著作,在英国则人人可以翻译出版,变成不需要征得许可的公共财产。这里为什么要提到 1992 年 10 月 15 日这个时间节点?因为 1992 年 10 月 15 日《保护文学和艺术作品的伯尔尼公约》对我国生效,而英国也是该公约的成员国。这也说明了由于世界经济一体化的发展,各国联系的加强等原因,有一些国际条约对知识产权的地域性作了限制。

第三节　知识产权的发展趋势

从历史视角看,全球知识产权法律制度呈现如下的发展趋势。

---

① 参见《计算机软件保护条例》第 14 条。
② 参见《集成电路布图设计保护条例》第 12 条。
③ 参见《中华人民共和国植物新品种保护条例》第 34 条。
④ 李明德等:《欧盟知识产权法》,法律出版社 2010 年版,第 433 页。

一、知识产权保护领域不断扩大

知识产权不是从来就有的，它经历了从无到有的过程。1710 年英国议会制定了《安妮女王法》，至少自 1710 年以来，著作权法已经产生[①]。一般认为，专利法起源于 1623 年英国批准的垄断法[②]。

随着社会发展，知识产权保护领域呈现扩大趋势，旨在把更多的知识产品纳入保护范围，促进知识创造和保护。以版权（著作权）为例，版权保护从无到对印刷版权的保护，后随着新技术的出现，版权保护范围又扩展至电子版权保护与网络版权保护。此外，为保护传统的民族文化，一些国家把版权的保护范围扩展至民间文学艺术作品。

二、知识产权保护制度趋同

随着经济全球化的发展，随着各国交流的加强，一些国家在知识产权领域订立了国际公约。知识产权国际公约对各国国内的知识产权相关制度也产生了重大影响，促进了世界范围内知识产权保护制度趋同。

以专利权授予制度为例，世界普遍采取先申请原则，但是美国专利制度曾经长期采取先发明原则。随着社会发展，美国对此制度也予以了修正，2011 年 9 月美国总统奥巴马签署发布的美国《专利改革法案》把专利权授予改为先申请原则。

尽管世界范围内知识产权保护制度趋同，但是由于国情等不同，各国知识产权法律制度也存在一些差异。

三、重视科技成果的转化

发明、实用新型、集成电路布图设计和计算机软件等都属于知识产权的客体，它们属于科技成果。

为了促进科技成果产业化，规范科技成果转化活动，加速科学技术进步，推动经济建设和社会发展，我国制定了《中华人民共和国促进科技成果转化法》。技术成果产业化，是指对科学研究与技术开发所产生的具有实用价值的技术成果所进行的后续开发、应用、推广，直至形成新产品、新工艺、新材料，最终发展为新产业等活动。科技成果转化模式可以多样化，包括：权利人自行实施产业化、权利人与他人合作实施产业化、受让技术成果人实施产业化、受许可使用科技成果人实施产业化、以有限合伙方式设施产业化、设立技术入股型有限公司实施产业化、设立

[①]　Arthur R. Miller & Michael H. Davis, Intellectual Property: Patents, Trademarks, and Copyright, West Group 2000, p. 286.

[②]　Arthur R. Miller & Michael H. Davis, Intellectual Property: Patents, Trademarks, and Copyright, West Group 2000, p. 4.

技术入股型股份公司实施产业化①。

《拜杜法》(The Bayh-Dole Act)也称为《大学和小企业专利程序法案》,该法案由美国印第安纳州参议员 Birch Bayh 和堪萨斯州参议员 Bob Dole 提出,并在 1980 年 12 月由美国国会通过。该法案的核心就是大学、小企业或者非赢利机构在取得联邦政府资金资助并获得知识产权的情况下,其享有优先于政府使用上述知识产权的权利②。

四、注重知识产权保护

各国越来越注重对知识产权的立法保护与司法保护,不断完善知识产权保护规则,不断加强知识产权法的执法力度。

对于侵犯知识产权的行为,各国知识产权法普遍加大了经济处罚力度,例如,我国"北京、上海、广州知识产权法院探索适用惩罚性赔偿,着力解决侵权成本低、维权成本高等问题"③。

对于严重的侵犯知识产权行为除经济处罚之外,还予以刑事处罚。例如,中国刑法规定了假冒注册商标罪,销售假冒注册商标的商品罪,非法制造、销售非法制造的注册商标标识罪,假冒专利罪,侵犯著作权罪,销售侵权复制品罪和侵犯商业秘密罪。美国现在的"《版权法》、《电讯欺诈法》、《计算机欺诈及滥用法》、《反电子盗窃法》等法律都有重罪处罚的内容。其中,《联邦商业间谍法》对知识产权侵权的刑事处罚最为严格"④。

除了对于知识产权在立法上予以保护之外,各国也注意对于知识产权的司法保护。中国在 2016 年"依法审理'乔丹'商标争议系列案件,彰显我国加强知识产权司法保护的立场和决心。……南京、苏州、武汉、成都设立知识产权审判庭,跨区域集中管辖知识产权案件。各级法院审结一审知识产权案件 14.7 万件,促进大众创业、万众创新"⑤。

---

① 朱双庆:《技术入股型公司治理》,法律出版社 2013 年版,第 37-52 页。

② http://www.bayhdolecentral.com/,2011 年 10 月 22 日访问。

③ 周强:《最高人民法院工作报告——2017 年 3 月 12 日在第十二届全国人民代表大会第五次会议上》,载《人民日报》2017 年 3 月 20 日 03 版。

④ 孙南申等:《美国知识产权法律制度研究》,法律出版社 2012 年版,第 14 页。

⑤ 周强:《最高人民法院工作报告——2017 年 3 月 12 日在第十二届全国人民代表大会第五次会议上》,载《人民日报》2017 年 3 月 20 日 03 版。

第二章　比较专利法

《专利法》实施 30 多年来,为我国引进外资和先进技术、激励优秀人才投入技术创新活动提供了有力的法律保障;为规范市场经济秩序,激励发明创造,促进对外开放和共享人类文明成果,提升自主创新能力、建设创新型国家,发挥了不可替代的作用。专利制度作为一项激励和保护创新的基础性法律制度,在服务国家经济社会发展中起着越来越重要的作用。近年来,党和政府非常重视知识产权工作,将知识产权的重要性提到了前所未有的高度。我们必须将《专利法》的贯彻实施融合到国家创新体系建设当中,进一步发挥专利制度优势,让专利工作切实服务于建设创新型国家的内在需要,提高我国的国际竞争力。但我国专利制度建立较晚,现行专利制度在实施过程中仍然存在着不少问题,通过和美国、德国、日本等发达国家专利保护制度的对比得出我国专利制度的不足,以推动我国专利制度的发展,建设专利强国。

第一节　专利权客体

专利权客体是指专利法保护的对象,即依法可以取得专利权的发明创造。由于各国国情不同,专利法予以保护的专利种类也不同,法国、日本、德国等国家的专利权保护范围仅限于发明,美国《专利法》包括发明专利、植物专利和外观设计专利。我国《专利法》的保护对象是发明、实用新型和外观设计。

一、美国的专利保护

在美国,专利包括发明专利、植物专利和外观设计专利三种类型。

（一）发明专利

根据美国《专利法》第 101 条规定:凡发明或发现任何新颖而适用的制法、机器、制造品、物质的组成,或其任何新颖而适用的改进者,可以按照本编所规定的条件和要求取得专利权。由此可见,美国《专利法》规定的可取得专利权的主题主要有四种:制法、机器、制造品和物质的组成。其中,所谓"制法"是指方法、技艺,也包括对已知的方法、机器、制造品、物质组合物或材料的新的利用;所谓"机器"是指零件或成分构成的工具,并可以产生一定的效果;所谓"制造品"是指一切人工或机器加工材料而形成的物品;所谓"物质的组成"是指两种或更多物品采用化学方法或机械方法合成的物品,如气体、液体、粉末和固体等。

1. 关于计算机软件的专利保护

在美国和世界上的大多数国家,计算机软件最早主要是在版权法的保护之下的。世界知识产权组织在 1978 年和 1983 年分别推出《保护计算机软件示范法条》和《计算机软件保护条约》草案,建议以版权法保护计算机软件。但是由于版权法仅保护作品的表达方式,不保护作品的内在思想,因此对于兼具"作品性"和"技术功能性"的计算机软件而言,仅仅依靠版权法对其形式进行保护是远远不够的。因此,美国的司法实践发展了一系列判例,从拒绝对计算机软件给予专利保护到给予专利保护并有逐步发展的趋势。

目前美国判断计算机程序发明的可专利性的标准是:计算机程序发明如果仅仅是纯数学算法,也就是说该数学算法表现的仅是抽象概念,没有任何实际应用,则该程序发明是不可专利的。而任何软件发明,只要从整体上看能够产生一个"实用、具体和有形的结果",则该软件发明就是可专利的。

2. 关于微生物的专利保护

案例 2 - 1   Diamond v. Chakrabarty 案①

早期的美国司法判例并不认为微生物应该给予专利法保护。1980 年,在 DIAMOND V CHAKARABARTY 一案中,双方就对通用电气的微生物学家查克拉巴蒂(Ananda Mohan Chakrabarty)所发现的能够帮助分解原油的细菌是否能够申请专利展开了辩论。最终最高法院支持了查克拉巴蒂的诉求。称:一个活的、人造的微生物是《专利法》101 条所规定的可专利主题。被告的所主张的微生物构成"产品(manufacture)"或"合成物(composition of matter)"。美国最高法院做出了一项在生物技术专利保护史上具有里程碑意义的判决,否定了美国专利局的意见,认定研究人员查克拉巴蒂对其研制出的一种"超菌株"的微生物新菌种本身拥有专利权。在判决书中,首席大法官伯格的一句话被大家广为引用:可取得专利的主题是"包括阳光下人造的任何之物"。

虽然查克拉巴蒂案针对微生物,但其意义超越了其本身。美国不仅由此开启了生物产品可获专利保护的大门,对美国扩大可获得专利保护主题的范围起了重要的推动作用,也是美国生物工业的起点。尽管美国于 1995 年正式通过《生物技术方法专利法案》时,才在事实上确立了使用或生产可专利性合成物的可专利性方法能被授予专利权的原则。正是基于这样一个判决,大量基于生物工程技术的发明进入了专利保护的范围,进而促进了美国生物工程技术的高速发展。

3. 关于商业方法的专利保护

传统的专利权客体,并不包括纯粹的商业方法或经营管理方法。因为它们并

---

① Diamond v. Chakrabarty,447 U. S. 303(1980).

没有利用自然规律,而是属于专利法不予保护的智力活动的规则和方法范畴。自1998 年美国在 State Street Bank & Trust 案件中抛弃其一贯坚持的"商业方法专利除外"原则,开启商业方法专利保护的先河之后,各国纷纷开始根据本国的需要承认商业方法的可专利性,建立相关专利制度。1996 年 2 月,美国专利与商标局正式颁布了《与计算机有关的发明的审查指南》,提出应像其他方法专利一样给商业方法专利以合理的待遇,随后从其专利审查程序中删除了商业方法除外原则。1999 年 12 月 29 日生效的《美国发明人保护法》,创设了只适用于商业方法专利的以在先使用作为侵权抗辩的制度;2000 年 3 月,美国专利商标局提出商业方法专利行动计划,以改善授权专利的质量;2000 年 7 月,其又公布了商业方法专利白皮书,指出商业方法专利是电子技术充分发展的结果。

4. 关于动物的可专利性问题

1987 年,在 Ex parte Allen 案[①]中,美国专利与商标局专利申诉与冲突委员会裁定动物是美国专利法第 101 条规定的发明专利的法定主题。为了进一步表明美国专利与商标局在动物可专利性主题上的观点,Allen 案裁定后的数天内,美国专利与商标局局长发布声明:非自然产生的、非人类多细胞的有生命的有机体包括动物,是专利法第 101 条规定范围内的可专利法定主题。

一年后,美国专利与商标局对"非自然地产生的非人类多细胞的活生物体"授予了第一项动物专利,即哈佛鼠(实验动物模型)专利。哈佛鼠专利是动物品种专利,且是遗传工程改造过的动物新品种的第一个专利。除允许授予动物专利权外,美国专利与商标局还允许对细胞系,包括人体细胞系授予专利权。

美国除了对四种传统客体给予专利保护外,还对基因工程细胞、转基因动物、特殊基因序列、疾病的治疗和诊断方法、计算机软件、商业方法(金融产品、电子商务方法)等给予专利保护。逐步拓宽新兴高新技术领域的专利权客体范围,旨在为其新技术成果获取专利扫除障碍,有利于保护美国在这些高新技术领域的先发优势和竞争优势。

(二)植物专利

作为农业大国,美国对植物领域的发明格外重视,不仅将植物专利单独列出,而且在申请和保护方面作了很多专门适合于植物发明的规定。美国植物新品种保护有三种法律:(1)1930 年的植物专利法提供无性繁殖植物品种(由芽条、嫁接和组织培养繁殖之品种)17 年的专利保护期限。(2)1970 年的植物品种保护法提供育种家专有其新品种之生产、上市和销售之权利。其主要保护对象为有性繁殖品种(由种子繁殖生产),保护要件为新颖性、可区别性、一致性和稳定性。(3)实用植物专利。一般而言,实用植物专利为植物提供了最强有力的保护。

---

①   Ex parte Allen,2 USPQ 2d 1425,1428(Bd. Pat. App. & Inter. 1987)

美国《专利法》第161条规定：任何人发明或发现，和利用无性繁殖培植出任何独特而新颖的植物品种，包括培植出的变形芽、变体、杂交及新发现的种子苗（但不包括由块茎繁殖的植物或在非栽培状态下发现的植物）者，可以按照本编所规定的条件和要求取得对该植物的专利权。

（三）外观设计专利

《保护工业产权巴黎公约》和《与贸易有关的知识产权协议》都要求对工业品的外观设计予以保护，但对于成员国或缔约方采取何种方式加以保护，却未作具体规定。因而，对于外观设计，有的国家给予专利法保护，有的国家给予版权法保护，有的国家既给予专利法保护又给予版权法保护，还有的国家制定专门的外观设计法加以保护。

美国国会于1842年通过一项外观设计法案，使之成为专利法的一部分，由专利法对外观设计进行保护，称为外观设计专利。

美国《专利法》第171条规定：任何人发明制造品的新颖、独创和装饰性的外观设计者，均可按照本编所规定的条件和要求取得对于该项外观设计的专利权。

二、日本的专利保护

在日本，"专利"这一概念仅限于发明，实用新型和外观设计均不称为专利。实用新型、外观设计授权后，就叫实用新型权、外观设计权，并不叫专利权。而且，发明、实用新型和外观设计是"三法"分立，分别由对应的法律《特许法（专利法）》《实用新案（实用新型法）》《意匠法（外观设计法）》予以规范。三种专利法还有各自辅助性的法律或者法规，如，对应《特许法》，有《特许法施行法》、《特许法施行令》（政令）、《特许法施行规则》（省令）。日本《专利法》的目的是通过保护与利用发明，鼓励发明，以推动产业的发展。

（一）发明

日本《专利法》第2条规定：发明是指利用自然规律作出具有高水平技术思想的创作。本法所称的专利"发明"是指取得专利权的发明。本法关于发明的"实施"是指下述行为：（1）在产品的发明方面，生产、使用、转让、出租、转移或者为转让、出租而展示或进口其产品的行为；（2）关于方法的发明及使用其方法的行为；（3）关于产品生产方法的发明，除前项所列举者外，使用、转让、出租、转移或者为出租、转让而展示或进口产品的行为。

（二）实用新型（实用新型法保护）

日本实用新型是指针对产品的形状、构造或者其结合技术特征改进提出的适于实用的新的技术方案。保护客体限于"产品的形状、结构或者二者的结合"。实用新型保护的客体要从日本《实用新型法》第1条和第2条的规定中推导出，日本《实用新型法》第1条规定："本法的目的是，保护和利用与物品的形状、构造或物品结合相关的设计,鼓励创作设计,从而促进产业的发展"。第 2 条规定:"本法称的设计,是利用自然法则进行的技术思想的创作"。因此,可以将日本实用新型保护的客体概括为:利用自然法则对物品的形状、构造或者它们的结合作出的技术思想的创作。

（三）外观设计（外观设计法保护）

日本外观设计法第 2 条第 1 款规定:"本法所称的外观设计是指对产品（包括产品的一部分。除第八条外）的形状、图案、色彩或者其结合所做出的通过视觉引起美感的设计。"

三、德国的专利保护

德国的工业产权制度历史悠久,早在 1876 年和 1877 年,德国就相继颁布了《外观设计法》和《专利法》,为工业品外观设计和技术发明提供了法律保护。随着工业化进程的推进,德国工商业界强烈要求立法保护创造性较低的"小发明"。为此,德国又于 1891 年颁布了《实用新型法》,该法将工具和实用物品等"小发明"列为实用新型的保护对象。

（一）发明

德国《专利法》第 1 条(1)规定:专利可授予所有技术领域的发明,只要其是新颖的、具有创造性并适于工业应用。同条(2)强调第一款意义上的发明,当其主题是一项由生物材料组成的产品发明或者包含生物材料的产品发明,或者是一个制造、加工或者应用该生物材料的方法发明,也应当授予专利。原先在自然界就存在的生物材料,如果依靠技术方法可从自然外界中分离或者制造出来的,也可构成一项发明的主题。

第 1A 条规定:

1. 人体在其形成和发育的各个阶段,包括胚胎细胞,以及关于人体某一组成部分的单纯发现,包括基因序列或者序列片断,都是不可授予专利的发明。

2. 从人体中分离出来的组成部分,或者通过其他方式以一种技术手段获得的组成部分,包括基因序列或者序列片断,即使这些组成部分的构造与自然的组成部分的构造相同,也可以成为可授予专利的发明。

3. 在申请中说明基因序列或者序列片断所执行的功能时,应当对一段基因序列或者序列片断的工业应用性加以具体的描述。

4. 如果一项发明的主题是一段基因序列或者序列片断,其构造与一个人体基因的自然基因序列或者序列片断的构造相一致,则根据第三款对工业应用性进行的具体描述,应载入专利权利要求中。

第 2A 条(2)规定,对如下发明可以授予专利:

1. 当其主题为植物或者动物,但该发明的实施在技术上不受限制于某一确

定的植物品种,或者动物品种;

2. 当其主题是一项微生物技术或者其他技术的方法,或者是经由该方法获得的产品,但其与某项植物品种或者动物品种无关的。

(二)实用新型(实用新型法保护)

德国《实用新型法》第 1 条(1)规定:实用新型保护授予新颖的、具有创造性步骤的、可以工业应用的发明。

(三)注册设计(外观设计法保护)

德国发布的《关于外观设计现代化法和展会临时保护通知修改规定的法案》,对其外观设计专利的名称、无效程序、申请和展会保护等内容进行了修改以简化相关流程。其中,从 2014 年 1 月 1 日起,德国将当前使用的专利术语"外观设计专利"改为"注册设计专利"。"注册设计"这种知识产权保护主题将会更加容易理解,即同时包含产品的形状和外观

德国《外观设计法》第 1 条规定:"在本法意义上,外观设计是指一个完整的产品或其一部分在两维或三维上呈现的外观形式,该外观形式特别是通过产品本身或其装饰件的线条、轮廓、色彩、构造、表面结构或材料的特征表现的;产品包括任何工业品或手工产品,包括包装、装潢、图标、印刷字样以及装配到一个复杂产品上的零部件;计算机程序不视为产品。复杂产品是指由多个可以更换的部件组成的、可以拆卸和重组的产品。特定的使用是指终端用户的使用,不包括保养、服务或维修。在注册簿中登记的外观设计所有人被视为权利人。"

德国《外观设计法》第 4 条规定:"外观设计应用于或结合在一个产品上、该产品是一个复杂产品的一个部件的,仅在下述情形下可认为其具有新颖性和独特性,即装在该复杂产品上的该部件在特定的使用状况下仍然可见并且该部件本身的可视特征满足新颖性和独特性的要求。"

四、我国的专利保护

我国《专利法》第 1 条规定:"专利保护的客体是发明创造。"第 2 条又规定:"专利法所称发明创造是指发明、实用新型和外观设计"。可见,中国专利法保护的客体不仅包括发明,而且包含了实用新型和外观设计。

发明,是指对产品、方法或者其改进所提出的新的技术方案,因而发明有产品发明,方法发明、改进发明。

实用新型,是指对产品的形状、构造或者其结合所提出的适于实用的新的技术方案。可见,实用新型专利仅限于产品,方法不能授予实用新型专利;其次,实用新型专利仅限于有形状的产品。无确定形状的产品,如气态、液态、粉末状和颗粒状的物质或材料,其形状不能作为实用新型产品的形状特征;再次,实用新型专利必须以产品为依托。

外观设计是指对产品的形状、图案或者其结合以及色彩与形状、图案的结合所做出的富有美感并适于工业应用的新设计。

第二节　职务发明的权利归属

在外国,职务发明又称雇员发明,是各国《专利法》必须解决的一个重要问题。尽管专利制度产生至今已有数百年的历史,但纵观国际工业产权发展史,各国对于职务发明问题一直有很多争议。

职务发明制度是科技进步和社会发展的产物,其核心内容是确立职务发明的权利归属和利益分配。职务发明在世界各主要国家所有的专利中占据了绝大部分,成为衡量一个企业和一个国家技术发展水平的重要标志。然而,如何界定职务发明的权利归属,始终是困扰世界各国的难题。关于职务发明原始权利的归属,世界上主要有两种模式,一种是"发明人优先原则",美国、日本等国家采用职务发明天然属于发明人的法律原则,企业无法原始取得职务发明的权利,职务发明权利首先归雇员,雇主可以通过劳动合同约定或者公司管理制度规定而获得权利;另一种是"雇主优先原则",即雇员完成的职务发明直接归雇主。我国《专利法》第6条规定,执行本单位的任务或者主要是利用本单位的物质技术条件所完成的发明创造为职务发明创造。职务发明创造申请专利的权利属于该单位;申请被批准后,该单位为专利权人。利用本单位的物质技术条件所完成的发明创造,单位与发明人或者设计人订有合同,对申请专利的权利和专利权的归属作出约定的,从其约定。

一、日本的职务发明权利归属

日本《专利法》规定只有自然人才能成为发明人。发明人对于自身的发明具有接受专利的权利,多数人共同完成的发明,发明者全体都具有接受专利的权利,同时也享有决定是否公布姓名的人格权。

所谓的"发明人"系指实际参与发明的技术思想创作的过程的人,至于仅仅为构思的提供者、资金提供者或发明的委托者都不能成为"发明人"。不过上述构思的提供者、资金提供者或发明的委托者可以通过继承或转让的手续来取得接受专利的权利。

根据日本《专利法》的精神,只有自然人才能做出发明,法人无法做出发明,因此法人不能成为发明人。即使发明为职务发明,雇主也无法取得原始专利所有权,此发明所有权只能由发明人原始取得。为补偿雇主以金钱资助发明人从事发明之损失,规定在发明人取得发明专利权时,雇主取得非专属性的实施权,且在发明人于专利注册时自动取得,并无须注册,得以对抗第三人,雇主的实施权范围并无限制,在专利有效期内及于全国。

日本《专利法》第 35 条规定:

1. 使用者、法人、国家或地方公共团体的从业人员、法人的职员、国家公务人员或地方公务人员在其性质上属于使用者等的业务范围,而且完成发明的行为属于使用者等工作人员现在或过去职务的发明,专利,或继承职务发明专利权者取得其发明专利时,对其专利权拥有实施权。

2. 对于从业人员等做出的发明,除其发明为职务发明外,预先规定的授以使用者专利权或继承专利权或者为了使用者设定专用实施权的合同、工作规章用其他所定条款无效。

3. 从业人员等根据合同、工作规章及其他规定,就职务发明授以使用者等专利权或继承专利权,或者为了使用者等设定专用实施权时有获取相当的等价报酬权利。

4. 在契约、工作规则及其他约定中确定前项对价时,其策划决定的标准必须考虑以下几种状况,即用人单位与从业者之间的协议状况、所策划决定标准的公开状况,计算对价额时听取从业者的意见状况等。

可见,日本既承认发明者享有职务发明的原始权利,即在职务发明权利问题归属上采用"发明者主义",又承认雇主对职务发明成果享有"法定一般实施权"。这种权益界定对雇员和雇主双方之间的利益作了充分考虑,平衡了发明者和雇主之间的权益关系。

二、美国的职务发明权利归属

(一)雇员发明归属的一般规定

美国《专利法》并未明确划分职务发明与非职务发明。关于雇员在受雇期间做出的发明是归发明人所有还是归雇主所有的问题,美国的州法和联邦法都认为原则上雇员发明的所有权归发明人,但是:双方可在合同中规定雇员发明的所有权归雇主;如果雇员受雇的职务是专门从事发明,则雇员发明的所有权归雇主;如果雇员发明的所有权归雇主本人,则雇主有权取得无偿实施该雇员发明的非独占许可。

(二)政府资助的科研项目产生的发明归属

在《拜杜法案》制定之前,由政府资助的科研项目产生的专利权,一直由政府拥有。复杂的审批程序导致政府资助项目的专利技术很少向私人部门转移。很多人认为,政府资助产生的发明被"束之高阁"的原因在于该发明的权利没有进行有效、合理地配置。政府拥有权利,但没有动力和能力进行商业化;私人部门有动力和能力实施商业化,但没有权利。

在 20 世纪 80 年代,迫于全球竞争的压力,美国结束了多年争论,调整和制订知识产权运用保护和管理的政策。1980 年 12 月,美国国会通过了《专利和商标法修正案》,即著名的《拜杜法案》,也称"大学、小企业专利程序法案"。《拜杜法案》明确提出了美国国会关于专利制度应用的原则和目的,就是促进由联邦政府资助下研究取得以及有进展的发明的应用;鼓励小型企业尽可能多地参与联邦政府所支持的研究和开发;促进企业与包括大学在内的非营利组织的合作;保证由非营利组织和小企业合作的发明的应用可以促进自由竞争以及发明的积极性;促进在美国境内的美国工业及企业进行发明的商业化以及公共应用的可用性;确保政府在支持发明人以满足政府需要和防止公众滥用及不合理使用发明方面获得充分的权利;并且减少这一领域管理政策的成本。

《拜杜法案》第 202 条(a)款中译文是:"(a)任一非营利组织或小型企业,可以依照本条 c(1)款要求披露后的合理的时间内,选择对课题发明保留权利,依照以下条款,然而,若没有这些条款,可在资助协议中选用替代条款:(i)若签约者不在美国或在美国没有营业场所或受控于某外国政府;(ii)遇有特殊情况发生时,若政府机构认为对保留课题发明所有权的权利予以限制和排除有助于更好地推广和实现本章所提出的政策和目标;(iii)若某个经法律或行政命令授权从事外国情报收集或反收集活动的政府部门认为为了保证这些活动的安全而有必要对保留课题发明所有权的权利予以限制和排除;(iv)若资助协议中包括以实施能源部海军核动力计划或与武器有关的计划为主要目的的有关政府所有而交由签约者操作的部属设施的使用事项,且本款对签约方在资助协议项下选择课题发明所有权的权利所施加的所有限制仅在于在能源部的上述两类计划中完成的发明。非营利性机构和小型商业企业的权利要遵照本部分(c)款的条款和本章的其他条款。"

《拜杜法案》确立了政府和接受其资助承担科学研究项目的大学、非营利性组织以及小企业之间的法律关系,确认被资助者专利权人地位。1984 年该法案进一步被修订,后编入美国《专利法》18 章(35 Title Section 18)"联邦政府资助下的专利权"。

为了进一步鼓励作为承包人的大学、非营利机构和小型企业将其专利成果商业化,《美国发明法案》对原有的专利收入分配原则进行了调整,规定在支付专利权申请及维持费用、专利权许可费用、发明人费用以及与该发明相关的其他管理费用之后,承包人有权收受和保留 100% 的专利权利金及收入之盈余,且盈余数额在该实验室设施年度预算金额 5% 以内,用于下一步的研究、发展及教育等活动;如果盈余超过实验室设施年度预算金额的 5%,则超出部分的 85% 用于该实验室下一步的研究、发展以及教育活动,15% 上交财政部。

三、德国的职务发明权利归属

德国《专利法》第 6 条规定:专利权属于发明人或者其合法继受者。两人以上合作完成一项发明,专利权由其共有。

德国于 1957 年 7 月施行的《雇员发明法》中率先采用单独立法的方式,明确了职务发明的权利归属规则。

《雇员发明法》第 4 条规定:职务发明是指在雇佣工作关系存续期间,来自于雇员在企业或者行政管理中承担的任务,或者在本质上基于企业或者政府机构的经验或工作而完成的发明。雇员承担的任务包括其本职工作以及本职工作之外的特别委托的任务;主要基于企业或行政管理中的经验或工作,包括如基于先前所作试验及实验报告或顾客的反馈建议等。存在职务发明的,首先由雇员享有对发明的权利,但是雇主有权在支付报酬的情况下请求该发明的归属。

《雇员发明法》第 5 条规定:对于属于职务发明性质的创造成果,雇员有义务不迟延地特别以书面形式向雇主申报,并且要标明,这涉及发明申报。雇员必须毫无保留地公开职务发明,特别是要描述发明的技术任务、解决方案及完成情况,必须说明同事是否以及在何范围内参与了发明。接到雇员职务发明的合格报告以后,雇主可以书面形式或其他形式的声明请求职务发明的归属。在雇员申报到达 4 个月内雇主未作出反应,即未以书面形式声明放弃请求职务发明归属的,视为提出了请求职务发明的归属的声明。雇主对职务发明主张权利的,除发明人的人格权外,发明人对职务发明的所有财产权利转移于雇主,雇主成为发明人的权利继受人,因而享有要求专利的实体权利。但是,在专利申请中雇主有义务将雇员署名为发明人,雇员必须将与发明相关的机械设计图、模型等资料交给雇主。在提出归属请求之前,雇员对发明的处分,如果损害到雇主的归属请求权的,则对雇主不产生效力。在主张归属请求以后,雇主原则上有义务不迟延地在国内申请保护权利,并向发明人支付报酬。这就迫使雇主认真考虑职务发明是否有应用前景,是否能够获得专利,并且只要求获得那些能够实际实施的职务发明。若雇主放弃权利,则转化为非职务发明,发明的权利归雇员享有。由此可见,在德国,优先保护雇员职务发明创造的原始取得权,同时,法律有赋予雇主的相关权利,在职务发明创造产生后,规定了雇员的发明申报义务,通过程序上的规定,确保双方各自的权利实现和义务的履行。

为了保护雇员的合法权利,德国《雇员发明法》对签订合同的自由也进行了法定限制。根据《雇员发明法》的相关规定,对于作出对雇员不利的合同约定视为无效,并且,雇员可以在雇佣关系解除后的 6 个月内主张合同约定无效。另外在德国,雇员享有职务发明的合理报酬请求权。在对雇员的报酬上,德国《雇员发明法》比较详细地规定了对发明人的报酬计算方式及数额。该法规定,在雇主做出职务发明权利主张之后,雇员有权取得合理的报酬,应考虑这项发明的商业适用性,雇员在公司中的职责和所处的位置,企业为发明做出的贡献等因素。计算报酬的具体方法和数额在雇主做出要求之后的合理时间内由雇员和雇主之间的协议决定。德国法规定,为了保护和支持雇员要求补偿的权利,法院还特别赋予雇员针对雇主的知情权、查阅账目权等,这样维护了雇员和雇主享有平等的获知信息的权利。

雇员的发明,不满足职务发明条件的,则属于自由发明,雇员原则上有权自由处分该发明。但是,雇员必须不迟延地书面告知雇主并对发明予以说明,以便雇主判断该发明是否属于职务发明。雇主在告知到达之后的 3 个月内未以书面形式申明对该发明属于自由发明存在争议,则不得再将该发明作为职务发明请求权利归属。雇主虽然不享有归属请求权,但是雇员必须至少给予雇主在合理条件下的对发明的非独占使用权。如果发明很明显在企业的业务范围内不可以使用,则雇员不承担告知及给予使用权的义务。

为了解决在雇员发明中产生的发明归属争议,德国专利商标局设立了调解处,调解处应尽可能地达成调解协议。只有经过调解程序不能达成调解协议的,才可以向法院提起诉讼。

四、中国的职务发明权利归属

我国《专利法》第 6 条规定:执行本单位的任务或者主要是利用本单位的物质技术条件所完成的发明创造为职务发明创造。职务发明创造申请专利的权利属于该单位;申请被批准后,该单位为专利权人。

可见,我国《专利法》规定了两种主要类型的职务发明,其一是执行本单位的任务所完成的发明创造;执行本单位的任务所完成的职务发明创造,在《专利法实施细则》中进一步明确为:(1)在本职工作中作出的发明创造;(2)履行本单位交付的本职工作以外的任务所作出的发明创造;(3)退休、调离原单位后或者劳动、人事关系终止后一年内作出的,与其在原单位承担的本职工作或者原单位分配的任务有关的发明创造。其二是主要利用本单位的物质技术条件所完成的发明创造,其中物质技术条件是指本单位的资金、设备、零部件、原材料或者不对外公布的技术资料等。在这两种情况下,《专利法》明确规定为职务发明,且一经产生,发明创造就归单位所有。

我国《专利法》第 6 条 3 款规定,利用本单位的物质技术条件所完成的发明创造,单位与发明人或者设计人订有合同,对申请专利的权利和专利权的归属作出约定的,从其约定。在"利用本单位的物质技术条件"所完成的发明创造的情况下,《专利法》确定了权利归属采用"契约优先"的原则。因此,"利用本单位的物质技术条件"所完成的发明创造,单位与发明人可以通过合同约定来确定发明创造的归属,可以约定单位或发明人各自拥有或者二者共同拥有该发明创造申请专利的权利。但是在没有约定的前提下,这种职务发明的权利归属继续适用"雇主优先"原则,仍然属于单位所有。

我国《专利法》第 16 条规定：被授予专利权的单位应当对职务发明创造的发明人或设计人给予奖励；发明创造专利实施后，根据其推广应用的范围和取得的经济效益，对发明人或者设计人给予合理的报酬。与之相配套的《专利法实施细则》第 76 条规定，被授予专利权的单位可以与发明人、设计人约定或者在其依法制定的规章制度中规定《专利法》第 16 条规定的奖励、报酬的方式和数额。企业、事业单位给予发明人或者设计人的奖励、报酬，按照国家有关财务、会计制度的规定进行处理。《专利法实施细则》第 77 条规定，被授予专利权的单位未与发明人、设计人约定也未在其依法制定的规章制度中规定专利法第 16 条规定的奖励的方式和数额的，应当自专利权公告之日起 3 个月内发给发明人或者设计人奖金。一项发明专利的奖金最低不少于 3000 元；一项实用新型专利或者外观设计专利的奖金最低不少于 1000 元。由于发明人或者设计人的建议被其所属单位采纳而完成的发明创造，被授予专利权的单位应当从优发给奖金。《专利法实施细则》第 78 条规定，被授予专利权的单位未与发明人、设计人约定也未在其依法制定的规章制度中规定专利法第 16 条规定的报酬的方式和数额的，在专利权有效期限内，实施发明创造专利后，每年应当从实施该项发明或者实用新型专利的营业利润中提取不低于 2% 或者从实施该项外观设计专利的营业利润中提取不低于 0.2%，作为报酬给予发明人或者设计人，或者参照上述比例，给予发明人或者设计人一次性报酬；被授予专利权的单位许可其他单位或者个人实施其专利的，应当从收取的使用费中提取不低于 10%，作为报酬给予发明人或者设计人。

案例 2-2　蒂龙公司诉泰斯福德公司及第三人齐英杰、杨桂荣专利权权属纠纷案①

涉案专利系名称为"一种铰链式爆胎应急支撑装置"的实用新型专利，该专利申请日期是 2014 年 1 月 15 日，授权公告日期是 2014 年 6 月 18 日，发明人是杨桂荣。该专利原专利权人为杨桂荣，后转让至被告。杨桂荣系齐英杰之母。齐英杰与蒂龙公司签有劳动合同，任职经理。后齐英杰向蒂龙公司提出辞职。齐英杰在蒂龙公司任职期间，代表该公司签订了诸多协议。蒂龙公司是英国蒂龙汽车爆胎应急安全装置在中国大陆地区的总代理，代理关系为"英国蒂龙公司（生产及供应商）→亚洲蒂龙公司（亚洲区总代理）→蒂龙公司（中国区总代理）"，按照相关协议约定，亚洲蒂龙公司不应对英国蒂龙公司生产的爆胎应急安全装置进行任何修改，蒂龙公司亦没有任何设计和生产权限。

法院认为：根据蒂龙公司提交的劳动合同等证据，并结合齐英杰作为蒂龙公司代表人与诸多客户签订协议等情况，法院认定齐英杰在蒂龙公司担任经理职务。而蒂龙公司作为蒂龙爆胎应急安全装置的分销商，不涉及该产品的生产及修改，故齐英杰的本职工作主要在于对该公司经销产品的销售、市场营销、装配及售

---

① （2015）京知民初字第 813 号。

后服务等。蒂龙公司提交的证据也表明其自身并没有权限对其经销的产品进行任何修改，现有证据也不足以证明蒂龙公司在齐英杰上述工作职责外还要求其担负改进蒂龙公司产品的工作任务。而且，涉案专利的发明点及其对现有技术的改进与蒂龙公司经销产品在销售后的装配及售后服务并无关联，亦即齐英杰的本职工作与涉案专利的研发并无实质联系。综上，虽然在案证据能够证明在涉案专利申请日以前，齐英杰曾在蒂龙公司处任职，但是并不能证明齐英杰负有研发涉案专利的工作任务，亦即在案证据尚不足以证明涉案专利系齐英杰执行蒂龙公司的任务所完成的职务发明创造。本职工作与涉案专利技术方案无关，则该专利不属于职务发明。

此案涉及涉案专利是否属于员工在本职工作中作出的发明创造的判断。对于执行本单位的任务所完成的职务发明创造，应是体现本单位与发明人双方意志的结果。职务发明与非职务发明的根本区别在于：职务发明的创造过程受本单位任务的约束，带有一定的被动性，体现的是单位与发明人两方面的意志；而非职务发明的创造过程不受本单位的约束，本单位的意志（任务）并没有体现在发明人的创造过程中。判断是否属于执行本单位的任务所完成的职务发明，可以通过单位与发明人雇佣关系的存续、发明人的工作职责、工作内容及与涉案专利技术方案的关系、发明人履行工作职责、完成工作内容的情况等进行综合判断。

在具体判定过程中，首先应当确定员工在本单位的任职情况，其次确定员工的岗位职责，亦即员工在本单位的本职工作，最后分析原告的本职工作与涉案专利的关系，进而得出涉案专利是否属于在本职工作中作出的发明创造的结论。需要强调的是，在涉案专利是否属于员工在本职工作中作出的发明创造的判断过程中，至关重要的是要判定员工的本职工作或工作职责与涉案专利技术方案本身是否具有较为密切的关联，从而得出涉案专利是否属于本单位与员工双方共同意志的结论。这一关联性就是本单位对员工的日常工作安排与员工作出技术改进两者是否具有相统一的外在表现，而确定员工在本单位的职务的目的在于为确定员工的本职工作或工作职责奠定基础。也就是，判断涉案专利是否属于员工在其本职工作中作出的发明创造，关键要看员工的本职工作内容是否包含对涉案专利技术方案的研发内容，本单位的工作任务安排是否体现在员工对涉案专利的研发过程中。

当今时代，知识产品成为一项重要的劳动成果，其产权的归属问题，成为急需解决的一个重要课题。我国发布的《国家知识产权战略纲要》提出："完善职务发明制度，建立既有利于激发职务发明人创新积极性，又有利于促进专利技术实施的利益分配机制"。与国外相比，我国职务发明与非职务发明二者之间的比例仍有些失衡。完善我国的职务发明制度，是解决职务发明与非职务发明比例失衡的重要途径。

第三节　不能授予发明专利权、实用新型权、外观设计权的情形

知识产权制度,是关于在承认知识是一种财产,对其进行保护的基础上促进知识的创造、传播和应用的一种重要的法律制度。作为一种有效的行为规则总和,它主要的立法价值之一是要明示我们的社会应该保护与激励什么样的创造活动,以符合知识产权法的立法目的。各个国家都根据自己国家的国情在专利法、实用新型法和外观设计法中明确规定了能够授予权利的主题和不能授予权利的对象。

"不授予权利的对象"和"可权利主题"是各国知识产权法中界定权利保护范围的主要手段。"不授予权利的对象",是指不能取得权利的主题,它通过排除的方法以非穷尽的列举方式将不适宜以知识产权法保护的主题排除在知识产权保护之外。"不授予权利的对象"的确立使得权利客体的界定更为清晰,它的这一功能使其在信息技术高速发展的今天显得尤为重要。

一、德国不能授予专利权的情形

（一）发明

德国《专利法》规定不能授予专利权的情形是:

德国《专利法》第1条(3)规定,下列各项,不属于第(1)款所指的发明:

1. 发现、科学理论或者数学方法;

2. 美学意义上的外形创造;

3. 智力活动、游戏、商业活动的方案、规则和方法,以及计算机程序;

4. 信息表达。

第1A条(1)规定:人体在其形成和发育的各个阶段,包括胚胎细胞,以及关于人体某一组成部分的单纯发现,包括基因序列或者序列片断,都是不可授予专利的发明。

第2条规定:

1. 对于工业化应用将违反公共秩序或者善良风俗的发明,不应授予专利;不得仅仅因为法律或者行政法规禁止某发明使用的事实,即认定存在上述违反的情况。

2. 尤其对下列情况,不授予专利:

(1)克隆人体的方法;

(2)改变人体生殖细胞遗传同一性的方法;

(3)基于工商业目的使用人体胚胎;

(4)改变动物遗传同一性的方法,该方法不是治疗人和动物所必不可少的,并

且使动物承受苦痛。

第 2A 条(1)规定,对下列发明不得授予专利:

1. 对动植物品种以及种植和养殖动植物品种的基本的生物方法;

2. 针对人体或者动物的外科或者治疗方法以及诊断方法。但前述方法在应用时会使用到的产品,尤其是物质或者混合物,不在此列。

(二)实用新型

德国《实用新型法》第 1 条(2)规定,下列各项,不属于第(1)款所指的实用新型:

1. 发现、科学理论或者数学方法;

2. 美学作品;

3. 智力活动、游戏、商业活动的方案、规则和方法,计算机程序;

4. 信息的表达;

5. 生物技术发明(专利法第 1 条第(2)款)。

第(3)款规定:第(2)款有关不授予实用新型保护的规定,仅适用于当要求实用新型保护的主题或者活动属于第(2)款所列内容本身的情况。

第 2 条规定,有下列情形之一的,不授予实用新型保护:

1. 该发明的实施违反公共秩序或者善良风俗的;不得仅因为法律或者法规禁止使用某发明的事实,就认定存在上述违反的情况。第一句不排除根据第 9 条规定对发明的保护;

2. 植物或者动物品种;

3. 方法。

(三)注册设计

根据《德国外观设计法》第 3 条(1)规定,下述情形,不给予外观设计保护:

1. 产品之外形特征,仅由产品技术特征所限定的;

2. 产品之外形特征,其必须不可避免地以产品的确定形状和维度加以复制,从而确保包含或者使用该外观设计的产品可以被机械地连接、放置进、挨着或者环绕另一个产品,以使得这两个产品都能够运行其功能的;

3. 与公共秩序或者善良风俗相违背的外观设计;

4. 构成对《巴黎公约》第 6 条所列举的标识、或者对其他有公共利益的标识、徽章、或者符号的滥用的。

二、美国不能授予专利权的情形

美国在可专利保护主题规定方面是世界上最宽泛的,它曾一度宣称"阳光下的任何人造之物都能获得专利"。除用于核武器生产的有关专利申请之外,凡具有新颖性、创造性和实用性的有益发明均可申请专利。

2011 年 9 月 16 日生效的《美国发明法案》第 33 条明确规定人体器官无专利权,第 14 条明确规定税务策略不可以申请专利,包括任何用于减少、避免或推迟纳税义务的税务策略,包括所有在专利申请阶段已知或未知的战略。但这个规定不包括单纯用于准备报税,或财务管理的产品、方法、仪器、技术、计算机程序和系统。

三、日本不能授予专利权的情形

（一）发明

日本《专利法》第 2 条规定,本法中所称的"发明"是指利用自然规律做出具有高水平技术思想的创作。其中不属于发明领域者为自然法则自身、发现、违反自然法则者、非利用自然法则者、非技术思想者、解决课题的手段明显不可行者。

日本在其发展过程中,曾一度将化学物质、药品及其混合方法、依据核转换方法制造的物质的发明等视为"不授予专利的对象"。但随着日本在这些领域技术水平的显著提高,日本政府认为即使对这些主题授予专利权,也不会受到外国企业专利权的威胁,于是逐步将它们纳入《专利法》的保护之中。

日本《专利法》第 32 条规定,有害于公共秩序、良好的习俗或公共卫生的发明,不拘第 29 条的规定如何不能授以专利。

案例 2-3　金枪鱼保存处理方法案

该案涉及"金枪鱼的保存处理方法"发明,以金枪鱼肉中的残留 CO 浓度为指标,对通过烟气进行的防止褐变处理进行定量化,确定出充分且必要的处理量,对处理进行适当的管理控制,虽然结论是没有创造性,但判决中提到,以包括 CO 气体的气体进行处理,属于食品卫生法所规制的对象,可能属于有妨害公共秩序、善良风俗或公共卫生之虞的发明。

（二）实用新型

日本《实用新型法》第 4 条规定,对公共秩序、善良风俗或者公共卫生有害的设计,虽有第 3 条第 1 款的规定,不能取得实用新案注册。

（三）外观设计

日本《外观设计法》第 5 条规定,尽管符合第 3 条规定,下列外观设计仍不能取得外观设计注册:

1. 可能有害于公共秩序或善良风俗的外观设计;

2. 可能与他人的业务有关的物品发生混淆的外观设计。

3. 为确保实物机能而不可缺的形状构成的外观设计。

四、我国不能授予专利权的情形

我国 1984 年的《专利法》一共规定了八种不授予专利的情形:（一）科学发现;

(二)智力活动的规则和方法；(三)疾病的诊断和治疗方法；(四)食品、饮料和调味品；(五)药品和用化学方法获得的物质；(六)动物和植物品种；(七)用原子核变换方法获得的物质；(八)违反国家法律、社会公德或者妨害公共利益的发明创造。1992年对《专利法》进行第一次修改时，删去了第(四)食品、饮料和调味品和第(五)药品和用化学方法获得的物质不能授予专利权的情形，扩大了专利保护的范围。2000年对《专利法》第二次修正时维持了这一规定。2008年我国对《专利法》进行了第三次修正。此次修改增设了两种不授予专利的新情形：(一)违反法律、行政法规的规定获取或者利用遗传资源，并依赖该遗传资源完成的发明创造；(二)对平面印刷品的图案、色彩或者二者的结合做出的主要起标识作用的设计。

现行《专利法》第5条规定，对违反法律、社会公德或者妨害公共利益的发明创造，不授予专利权。对违反法律、行政法规的规定获取或者利用遗传资源，并依赖该遗传资源完成的发明创造，不授予专利权。第25条又规定，对下列各项，不授予专利权：

(一)科学发现。这是指对自然界中客观存在的未知物质、现象、变化过程及其特性和规律的揭示。虽然这也是一种智力劳动成果，但它属于人们对物质世界的认识，不具备专利法所说的创造性；同时，它也不是对客观世界的改造提出的一种技术方案。

(二)智力活动的规则和方法。这是人的大脑进行精神和智能活动的手段或过程，不是自然规律的利用过程，更不是一种技术解决方案。例如，速算法、游戏方案、生产管理方法、比赛规则、情报检索法、乐谱等都不能获得专利权。但是，进行这类智力活动的新设备、新工具、新装置，如果符合专利条件，是可以取得专利权的。

(三)疾病的诊断和治疗方法。这是直接以有生命的人体或动物作为直接实施对象，进行识别、确定或消除疾病的过程，无法在产业上进行制造或使用，不具备专利法所说的实用性。如西医的外科手术方法、中医的针灸和诊脉方法都不属于专利法所说的发明创造，但是诊断和治疗疾病的仪器设备可以申请专利。

(四)动物和植物品种。有些国家采用专利法对动植物新品种加以保护，但是大部分国家主张采用专门法保护，我国目前暂不采用专利保护的模式。不过，我国从1999年4月开始实施《植物新品种保护条例》以及《保护植物新品种国际公约》(1978年文本)，对保护名录中的植物品种的育种人加以保护。但是，微生物品种以及动物和植物品种的生产方法，可以依照我国《专利法》给予保护。

(五)用原子核变换方法获得的物质。用原子核变换方法所获得的物质，主要是指用加速器、反应堆以及其他核反应装置生产、制造的各种放射性同位素。出于国家安全的考虑，对这类物质世界各国一般都不给予保护。但是，为实现核变换方法的各种设备、仪器及其零部件等,均可以被授予专利权。

(六)对平面印刷品的图案、色彩或者二者的结合作出的主要起标识作用的设计。

纵观我国专利制度的发展演进,我国专利保护对象的范围与经济技术发展状况基本是相适应的。总体上,体现了一种由低到高的保护趋势。但是,在美国等发达国家根据其自身的国家利益和竞争需求不断扩张专利客体的今天,一方面,我们应当努力加强自主研发的能力,拥有更多自主知识产权,以不断提升自身的竞争力;另一方面,我们也应当在坚持"利益平衡原则"的前提下,根据自身经济、技术的需求灵活调整相关的立法政策。

第四节　专利的申请和审查

一、美国专利的申请和审查

(一)申请人

1. 受让人及宣誓书

自 1952 年美国现行《专利法》确立以来,就一直强调专利申请必须由发明人本人提出,即使雇员的职务发明,一般也只能由雇员申请专利后再转让给雇主。在进行专利申请时,每一个发明人都必须在专利申请文件上做出书面誓约并签名,以保证该项发明创造是由发明人自己完成的。而实践中,即使公司之前已与员工签订职务发明专利转让合同,但在申请专利时,很可能因为雇员离职或其他原因,无法获得发明人的签字誓约,导致专利申请的失败。

《美国发明法案》规定,从 2012 年 9 月 16 日起,专利受让人可以代表发明人签署专利申请文件,但受让人必须提供有关事实的证明显示他们的行动是适当的,用以维护当事人的权利;在发明人死亡、发明人丧失法律上行为能力或者通过努力确实无法找到发明人时,或是发明人拒绝履行转让发明创造义务时,受让人可以提交替代声明。声明中需包含以下内容:替代声明中涉及各方当事人基本信息(包括发明人、受让人);无法提交发明人签字誓约的具体原因以及专利商标局长要求的其他内容。经局长审查同意后,受让人可以以该声明替代发明人签字誓约,向专利商标局申请该项发明创造的专利权。

2. 针对小型、微型实体的扶持、鼓励政策

(1)加大对小型企业的资助力度

《美国发明法案》赋予美国专利商标局专利服务费用的设置、调整权,对于符合要求的小企业以及独立发明人和非营利组织,美国专利商标局维持对其专利费用 50% 的减免;在使用电子专利申请情况下,专利申请费用减免最高可达

到 75%。

（2）"微实体"资格和资助

根据美国专利法，美国专利商标局对专利权人企业人员规模如果少于 500 人，可以以"小实体"资格减免一半的专利费用。《美国发明法案》引入了"微实体"资格，即如果一个申请人符合"微实体"资格，那么大部分的专利费用可以减免 75%。作为一个微实体，申请人必须满足以下条件：①有作为一个小实体的资格；②不得之前以发明人身份提交超过 4 个美国非临时专利申请；③在递交专利申请前一年的总收入不得超过 3 倍的中等家庭收入；④不得将专利申请转让给在递交专利申请前一年的总收入超过 3 倍中等家庭收入的实体。

（3）针对小型、微型实体的扶持计划

美国专利商标局长利用所提供的资源设立"监察员项目"，该项目成员将为小型企业和独立发明人提供与专利申请相关的帮助与服务；美国专利商标局与知识产权协会合作，支持其在美国范围内建立和实施"公益法律服务项目"，为财力不足的独立发明人和小型企业提供经济帮助。

（二）先发明原则和先申请原则

先发明制作为专利法的一条原则，也被称作先发明原则，其含义是当存在两个或两个以上申请人就同一发明主题申请专利时，专利局将按完成发明创造构思的时间来决定专利权授予何人。

先申请制是指当两个或两个以上的人就同样的技术分别向专利局提出专利申请时，专利权授予最先提出申请的人。这一原则被称之为"先申请原则"。

2013 年 3 月 1 日前，在世界上绝大多数国家采用先申请制的情况下，美国长期采取先发明制，致使美国在与其他国家的交往中存在着许多需要协调的问题。美国专利商标局只承认在美国国内的发明日，外国人到美国申请专利时只能以其在美国的实际申请日或者以在外国的申请而取得的优先权日作为发明日。这种做法使外国人在美国申请专利时受到歧视，这明显违背了世界贸易组织《与贸易有关的知识产权协议》以及《巴黎公约》中所规定的国民待遇原则。美国人的这种做法已经引起了国际社会的普遍不满。在这种情况下，美国不得不改变其具体做法，即从 1996 年 1 月 1 日开始，承认在世界贸易组织成员国内以及北美自由贸易区内的发明日。我国于 2001 年 12 月 11 日加入了世界贸易组织。因此，对于到美国申请专利的中国国民也可同美国人一样，以自己发明完成日向美国申请专利，但要证明自己的发明日必须有相关证据，其中研究开发日志是最为重要的证据之一。

美国专利商标局于 2012 年 7 月 26 日就实施《美国发明法案》"发明人先申请"条款发布修订专利案件实践规则的建议，"发明人先申请"条款将美国专利制度从"先发明"制转变为"发明人先申请"制。《美国发明法案》首次将这个有 200

多年历史的重要法律推翻变成了先申请制,堪称是美国历次专利改革法案中变动最大、影响最深远的部分。从 2013 年 3 月 16 日起,新颖性判断以专利申请日为基准,而不是专利技术的发明日。

（三）宽限期

美国《专利法》第 102(a)(1)款规定,现有技术是"在本发明的有效申请日以前,记载在专利、公开出版物形式中,或公开使用、销售或以其他方式为公众所知"的技术;及《专利法》第 102(a)(2)款规定,"记载在本发明的有效申请日以前有效提交的专利或专利申请中"的技术。而上述条款都适用有关"宽限期"的规定,即在申请日前一年内,申请人公开或基于申请人信息公开内容中的技术,不属于现有技术。

美国《专利法》有一个一年的宽限期,即允许申请人在首次公开该发明内容的一年内保留专利申请权,也就是说申请人自己的公开或基于申请人信息公开内容中的技术,不属于现有技术,在一年内不会影响其专利申请。在这个期限之内,当事人可以合法地就一项已经公开了的发明递交专利申请。这个宽限期在《美国发明法案》通过前不仅对专利申请人或衍生自申请人的公开有效,还可以包括第三方的公开。但随着《美国发明法案》的通过生效,仅对专利申请人或衍生自申请人的公开有效。

（四）溯源诉讼程序

针对先申请制和发明者享有一年的宽限期政策,《美国发明法案》制定了一个溯源诉讼程序,用于决定先申请人提交的发明是否源于真正的发明人。如果是源于真正的发明人,并且真正的发明人在在先申请人提交申请后一年之内也递交了专利申请,那么真正的发明人（后申请人）可以用一个溯源诉讼程序来取消前申请人的申请。派生诉讼将取代现有专利法中的干扰诉讼程序。

（五）临时专利申请及全审查制

从 1995 年 6 月 9 日开始,美国专利商标局为首先在美国国内提出专利申请的发明人提供了临时专利申请。

依据美国《专利法》第 111 条 b 款,临时专利申请是在美国专利商标局提出的国内申请。在临时专利申请中,不需要正式的权利要求、誓词及声明、相关资料及在先的技术公开。依据美国专利法第 111 条 a 款,临时专利申请为以后的非临时专利申请建立了有效的申请提交日。一件临时专利申请从申请提交日起计算有12 个月的未决期,这个未决期是不可扩展的。为了取得临时专利申请所确认的较早优先权,提出临时专利申请的申请人必须在临时专利申请的 12 个月未决期内提出相应的非临时专利申请。依据美国《专利法》第 119 条 e 款,非临时专利申请的内容应包含临时专利申请的内容;或在以特定参考资料为依据的前提下,非临时专利申请也可包含经改写后的临时专利申请的内容。提交了临时专利申请后,再提出相应的非临时专利申请方式之一是:将临时专利申请转换为非临时专利申请。这种转换的申请书,要在临时专利申请提交日的12个月内,正式向美国专利商标局提交。

临时专利申请规定所针对的对象主要是:已经脱离基础理论阶段,具有应用前景和潜在商业价值,但还不能申请专利的成果。如果一项成果的应用前景还不明朗,可以先申请临时专利,待进一步研究后再申请正式专利。临时专利不是真正意义上的专利,临时专利不能予以审查,也无法授予专利权。实质上,它仅仅是为申请人在将申请转换为正规申请之前保留一个优先权日,相当于国内优先权,而这种较低成本的申请方式使得美国申请人与外国申请人享有乌拉圭回合谈判的同等权利。

美国实行的是全审查制,所以在申请美国专利是不需要提交实质审查请求书。以前美国专利没有早期公开,只有授权后才公布,现在美国专利商标局也采用了专利申请的早期公开制,但是申请人可以要求不公开。如果要求不公开,则要提出不公开请求。按照美国专利法,申请人必须是发明人。因此,在申请美国专利时需要宣誓或提交声明,表示自己是原始的第一发明人,同时表示自己对申请文件负责。

(六)绝对新颖性和相对新颖性

新颖性要求的正当性来源于专利契约理论,这种理论认为只有当公众从专利技术中得到某种好处时,发明创造才能取得垄断权。由此要求申请专利的发明创造和"现有技术"相比,不仅应当是独创的,而且必须是"新的"。

一般来说,"现有技术"是指已经公开的、公众可以得到的所有技术知识的总和。

第一,"现有技术"在公开方式上,除了传统的出版物公开、使用公开和其他方式公开之外,互联网公开对"现有技术"检索提出了很大的挑战,已经有很多国家将互联网公开的信息归入"现有技术"的范围之内。

第二,对"现有技术"地域标准的新解读。在地域性上对"现有技术"的判断,有"绝对新颖性、相对新颖性和混合新颖性"3项标准。绝对新颖性标准是指该项技术不论以何种方式在世界上任何地方公开,都应作为"现有技术"而丧失新颖性;相对新颖性标准认为只有在国内公开过的技术才算"现有技术";而混合新颖性标准则是,在出版物公开上采用世界标准,对使用公开和其他方式公开上则采用国内标准。

2011年9月16日,美国总统奥巴马正式签署《美国发明法案》,新修改的内容还包括扩大了现有技术的范围,实行绝对新颖性。此前的美国《专利法》规定,世界范围内的以专利、公开出版物形式公开,以及美国境内公开使用、销售而公开的技术构成现有技术。《美国发明法案》定义了两类现有技术:新专利法第102

(a)(1)款,"在本发明的有效申请日以前,记载在专利、公开出版物形式中,或公开使用、销售或以其他方式为公众所知"的技术;及新专利法第102(a)(2)款,"记载在本发明的有效申请日以前有效提交的专利或专利申请中"的技术。修改之后取消了地域区分,凡世界范围内以专利、公开出版物、公开使用、销售或其他方式为人所知的技术均构成现有技术。

（七）专利申请 IDS

在美国专利申请过程中,还常用到 IDS 文件,其是"Information Disclosure Statement"文件的缩写,即是信息公开声明文件。所谓信息公开声明也就是专利申请人需将自己所知道的所有相关前案技术资料提供给美国专利局,以方便专利局对专利的审查。如果发明人、专利权人知道某些现有技术会影响专利的新颖性,从而隐瞒并未诚实地向美国专利局提交此现有技术,美国专利局在申请程序中并不会对此做出任何处分。但是当专利权人在美国法院中利用其专利权控告他人时,如果美国法院或者被诉方发现专利申请程序中提交 IDS 有问题时,此时就会影响专利的专利性。

为了解决专利审查中现有技术相关信息的不足,提高专利审查的准确性,美国专利法规定在专利申请文件公开后,允许第三方提供关于现有技术的相关信息,但仅限于专利和公开出版物。此外,第三方无权对所提供的现有技术信息进行阐述和解释。这些限制性规定,不利于审查员对上述信息的有效运用,阻碍了第三方所提供信息价值的实现。而且可以提呈的时间期限非常严格。《美国发明法案》大大放宽了在专利申请期间第三方提交 IDS 的时间期限。规定从美国专利商标局发出专利核准通知前或首次公开专利申请的 6 个月后,任何人有权向其提供与该专利申请有关的信息,上述信息不仅包括相关专利申请、授权专利和公开出版物,同时还包括第三方对所提供的信息进行的简单陈述,供审查员参考。这一规定将适用于所有在 2012 年 9 月 16 日仍处于审查阶段的专利申请。

（八）披露最佳模式的要求

根据美国《专利法》第 112 条的要求,发明人必须披露实施发明的最佳模式。如果发明人未披露最佳模式,那么即使已经获得授权的专利也可能会根据美国《专利法》第 282 条被宣告为无效。专利法的利益平衡机制,从某种程度上也表现为通过授予发明人对其发明创造一定限制的垄断权,换取发明人将其技术公布于众,促进新的技术传播,进而推动技术进步和社会经济发展。发明人获取专利权,但并未将其发明创造完全公布于众,这就违反了诚信原则,损害了社会公众利益。因此,美国《专利法》规定专利申请文件中需要记载该发明的最佳实施例,申请文件中没有披露最佳实施例,可以作为诉讼中主张专利无效的控辩理由。但在实践中,最佳实施例的判断带有主观性,不同主体基于其学识、经验等方面的差异,会做出截然不同的判断结果。且当今社会技术发展日新月异,专利申请时的最佳实施例在诉讼发生时,可能已经丧失了其最佳地位,被其他方式所取代。《美国发明法案》推翻了专利因未披露最佳模式而被宣告无效,且该规定具有溯及既往力,这意味着正在法院审理尚未终结的以最佳实施例为抗辩理由的专利侵权诉讼的结束。尽管根据美国《专利法》第112条的要求,发明人仍然必须披露发明的最佳模式,但自2011年9月16日起专利不能仅仅由于没有披露最佳模式而被宣告无效。

(九)加速审查

《美国专利审查程序手册1998年修订版》第708.02条规定,满足一定条件的专利申请,可提出特殊化请求,请求对专利申请实现提前或加速审查。2006年8月,美国商标专利局推出新加速审查程序,对专利审查程序手册中有关特殊化请求部分做出修改,缩小了可以提出特殊化请求的专利申请范围,并对其中的加速审查程序做出新规定,对适用加速审查程序专利申请的限定性条件有所提高。

《美国专利审查程序手册2006年修订版》第708.02条规定,对于2006年8月25日(含当日)以后提交的特殊化请求,只有因申请人的年龄和健康问题而提出的特殊化请求和审查高速公路项目中的申请,以及满足修订后的新加速审查程序规定的专利申请才可获得批准。即除因申请人的年龄和健康问题而提出的特殊化请求和审查高速公路项目中的申请外,对其余专利申请都不再设置提前审查程序,而统一为新加速审查程序。新加速审查程序对审查完成的时间做出明确规定,《美国专利审查程序手册2006年修订版》对新加速审查程序设定的目标是自申请递交日起12个月内完成审查工作。

《美国发明法案》使得加速审查程序的适用范围更加广泛,但收费也更昂贵。

(十)优先审查

《美国发明法案》第11条授权美国专利商标局某些条件下给予专利申请优先审查。申请人提交优先审查申请,并缴纳4800美元(小实体2400美元)申请费。被优先审查的申请不能包含超过4个独立的权利要求,总共不能超过30个权利要求。优先审查请求被批准的申请从被批准之日起12个月内将得到最终处置。目前,每财政年度(上一年10月1日至下一年9月30日)不超过1万件专利申请会被优先审查。

(十一)优先权主张

1. 在外国在先申请的优惠及优先权

美国《专利法》第119条规定:任何人或其法定代理人或受让人,在向美国提出发明专利的申请之前,已经就同一发明正式向外国提出专利申请时,如果该外国对于在美国提出的申请或对于美国公民给予同样的优惠待遇,又如果在美国的申请是在向外国最早提出申请的日期起12个月以内提出的,该项申请即可视为在外国提出申请之日向美国提出申请并发生效力。但是如果在美国实际提出申请之日以前,该发明已经在任何国家取得专利或者在印刷出版物中已有叙述,在1年以上的或者如果在实际申请以前,在美国已经公开使用或销售在1年以上的,对该项发明的专利申请,不予核准。如果申请案不在授予专利之前,或在申请期间未在专利与商标局局长所要求的(但不得少于在向美国提出申请后6个月)时间内,将其优先权的请求以及作为优先权之根据的向外国提出的原申请书、说明书和绘图的核证副本向专利与商标局提出,则专利申请不能得到优先权。该诸核证文件须由接受申请的外国专利局出具,而且应该记明申请日期以及提出说明书与其他文件的日期。如果提出的文件不是用英文写成,局长可以要求附具英文译本,并且可以要求提供其认为必要的其他资料。本条所规定的权利可以不根据原先在外国提出的申请取得,而以随后在同一外国提出的另一正式申请为根据,按同样的条件和要求以同样的方式取得;但必须在该第一次申请在没有提供公众审阅和没有保留任何权利之前已将该前申请撤回、放弃或以其他方式废除,并且从未用以(俟后也不得用以)作为要求优先权的根据。如果申请人有权在一外国按其意愿申请专利或申请发明证书,则他在该外国提出的发明证书申请在本节规定的优先权问题上,在美国与专利申请同样对待并有同样的效力。但必须遵守本条规定的适用于专利申请的同样的条件和要求,并且只有在申请人在申请时有权享受巴黎公约的斯德哥尔摩修正案的权利时,上述规定才能适用。

2. 在美国在先申请的优惠

美国《专利法》第120条规定:一项发明专利的申请,如果该发明已经在同一发明人前次向美国提出的申请中按照本编第112条第一段所规定的方式作过披露,只要在后的那次申请是在第一次申请或同样有权享受第一次申请日期优惠的申请授予专利证书之前提出,或者在放弃第一次申请程序终止或放弃之前提出,或者在申请的办理程序终止之前提出,而且只要在后的那次申请中明确提及或者以后补充明确提及第一次提出的申请,在后的那次申请对于该项发明就具有在第一次申请日提出申请相同的效力。

二、日本专利的申请和审查

(一)发明

1. 申请资格

日本《专利法》第8条规定,在日本国内无住址或住处(法人为营业所)者,除申请第3款的登记及其他政令规定之外,其专利代理人若不注明在日本国内的住址或住处者,不能履行手续或对行政厅依照本法或基于本法令规定所做处理不能提出不服的起诉。

2. 实用新型专利申请与发明专利申请相互转化的制度

第46条规定,实用新型专利申请人可以自申请日起3年内将实用新型专利申请转换为发明专利申请。提出转换为发明专利申请后,原实用新型就被视为放弃;转换申请必须从实用新型申请日起3年内提出;实用新型申请人提出检索报告请求后,或者非实用新型申请人提供检索报告请求且受到通知书超过30天后,不得提出转换申请;转换为发明申请内容必须限于实用新型原申请所记载的范围;转换为发明专利申请后,允许提出分案,但该发明申请及其分案申请不得再转换为实用新型;如果该实用新型被提出无效请求,超过了无效审判答辩的期限,就不能将该实用新型转换为发明专利申请。

发明专利申请向实用新型专利申请转化的制度。根据《实用新型法》第10条的规定,在发明专利申请日起5年6个月的期限内,发明专利申请人可以将其申请转换为实用新型申请。或者在收到驳回决定之日起30天内,可以将其申请转换为实用新型申请。

3. 加速完善专利审查制度

日本对发明专利系采审查是否具新颖性、进步性以及产业上的可利用性等的实体要件之审查主义。另外,参照美国《专利法》以及欧洲专利条约,允许技术思想上有密切关系的数个发明以一个申请案提出。

日本专利审查系书面审查,并于1990年导入线上(on—line)申请或利用磁片申请之无纸张申请,申请文书法律规定必须以日文作成,也可以先以英文说明书提出,之后再提出日文译文。以英文说明书提出申请之日文译文的提出期限为自优先权基础案的申请日起1年2个月内。通常在申请人请求提早公开约3个月后发明的内容就会公开。

根据日本《专利法》,申请案提出后,经过18个月不论审查与否均将申请案的内容公开。申请人也可以请求提早公开。

(1)优先审查

日本《专利法》第48条之六规定,特许厅长官在申请公开后申请公告前认为非专利申请人以实施有关专利申请的发明为业而如有必要时,可以令审查官将该专利申请优先于其他专利申请进行审查。

申请优先审查的条件:

第一,专利申请人或第三者都可以申请,申请人或者第三人对于加以商业应用的专利申请可以要求进行优先审查。如果申请人提出优先审查请求,需要提供证据材料证明该专利申请已经实施,如果第三人提出优先审查请求,需要证明其所实施的技术与专利申请的技术方案不相同并且仍然受到申请人的警告;

第二,已提交实审请求(可能同时提交了优先审查申请);

第三,该申请已被公布(公开);

第四,第三者正在实施权利要求的发明。优先审查仅仅将该专利申请在等待审查序列中提前,审查流程本身并不优化,所以相对于早期审查和超早期审查而言审查周期仍然较长。

（2）早期审查

日本专利局于 1986 年发布了《早期审查·早期审判指南》，设立早期审查程序。可在提申请同时提加快审查请求，最快可在 6 个月获得授权，提加快请求要附加现有技术检索报告，此报告一般为专利代理人所做，知识产权局不提供检索服务，无规费，审查员受到请求和检索报告后进行检索和审查。

申请早期审查的条件包括：

第一，只有专利申请人可以申请；

第二，已提交实审请求（可能同时提交了早期审查申请）；

第三，还没有开始实质审查；

第四，即下列任意一种情况：申请人或其被许可人正在实施或者在 2 年以内计划实施其权利要求的发明；申请人在日本以外的国家提交了相应的专利申请；申请人为学术团体，例如大学；或申请人为小型企业或个人。

早期审查不仅在等待审查序列中提前，并且设立单独的审查流程。

（3）超早期审查

日本特许厅于 2008 年 10 月 1 日起开始试行相对于早期审查更为快速的超早期审查程序。超早期审查的适用对象是已经提出实质审查请求并且尚未收到驳回决定和授权决定等的专利申请。除了满足早期审查的相关条件之外，超早期审查的适用对象还需要满足下述条件：

第一，相关联的专利申请得以实施并且相关联的专利申请已在国外提出；

第二，超早期审查申请的所有手续必须在网上提出；

第三，不是国际专利申请进入日本国内阶段的情况。

4. 新颖性

日本《专利法》第 29 条规定：凡提出在工业上可利用之发明的人，除下述发明外，其发明可获得专利。

（1）专利申请前在日本国内或外国中公然周知的发明；

（2）专利申请前在日本国内或外国公然被实施的发明；

（3）专利申请前在日本国内或外国中揭示于已颁布的刊行物的发明，或透过通信线路可被公众利用的发明。

公然周知的发明是指非特定者知道非秘密的内容之发明。只有应负守密义务者才知道的营业秘密系被排除在公然周知的发明之外，但是如果该营业秘密的技术被应负守密义务者以外的人知道，便构成公然周知的发明的要件。

公然被实施的发明是指发明的内容在公然周知的状态下或在有公然周知之虞的状态下被实施的发明。

不丧失新颖性的情况：

日本《专利法》第 30 条规定：

(1)有权取得专利者,经考试进行实验并在刊物上发表的发明,或在专利厅长官指定的学术团体举办的研讨会上发表的论文符合第 29 条第 1 款各项之一的发明,当该发明者自相当之日起 6 个月以内提出专利申请时,视该发明为不适用于同款各项之规定。

(2)违背有权取得专利者的意图,对符合第 29 条第 1 款各项之一的发明,有人在自相当之日起 6 个月以内提出专利申请时也与前款同样。

(3)对有权取得专利者,在政府或地方公共团体(以下称为"政府"等)举办的博览会,或专利厅长官指定的举办的博览会展出的发明;在巴黎条约同盟国政府或取得其许可者举办的国际性博览会,或者专利厅长官指定的在巴黎条约同盟国以外的国家取得其政府或其许可而举办的国际性博览会展出的发明,符合第二十九条第一款各项规定之一的,自该日起 6 个月以内,该发明者提出专利申请时,也与第一项同样。

5. 优先权主张

日本《专利法》第 43 条规定：

(1)依照巴黎条约第四条 D(i)的规定,对于专利申请拟提出优先权者,必须同时向专利厅长官提出专利要旨以及最初提出申请或依同条 C(4)规定被视为已提出最初申请或依同条 A(2)的规定被视为已提出最初申请而记载有巴黎条约同盟国的国名及申请年月日的书面文件和专利申请。

(2)依前款之规定主张优先权者,必须将最初提出的申请或依巴黎条约第四条 C(4)的规定被视为已提出最初申请或依同条 A(2)的规定被承认为最初提出的申请而记载在巴黎条约同盟国认为的申请年月日的书面文件、发明的明细书及图纸的副本或由该同盟国政府发行的具有同样内容的公报或证明书,自专利申请之日起 3 个月以内向专利厅长官提出。

(3)依第一款的规定主张优先权者,必须将最初申请或依巴黎条约第四条 C(4)的规定被视为最初申请或记载有依同条 A(2)的规定被承认为最初申请而附有号码的书面文件连同前款规定的文件一并向专利厅长官提出。但在提出同款规定的文件之前无法得知其号码时,须提出代替记载其理由的书面文件,当得知其号码时,必须立即提出记载其号码的书面材料。

(4)依第一款规定主张优先权者未按第二款规定的期限提出同款规定的文件时,将失掉其优先权的主张。

6. 增加特殊情况下延长申请期限等救济措施

鉴于 2011 年东日本大地震的教训和国际经验,2014 年《专利法》修改规定,在发生自然灾害等不可抗力事由时,可以对申请人或专利权人提供延长申请期限的救济措施。该措施适用于新颖性丧失的例外、优先权证书的提出、分案申请、申请审查以及专利费用的缴纳。

7. 设置专利异议申请制度

日本"旧专利法"中曾经设置过专利异议申请制度,但在 2003 年修改专利法时将其合并至专利无效审判制度中。但统计表明,两制度合并后,请求专利无效审判的案件并没有明显增加,因此日本业界认为,在现有专利申请和专利无效审判制度下,存在大量的瑕疵专利。为解决该问题,2014 年修改的专利法单独设立了专利异议申请制度。

该制度具体内容为,在专利公报发行之日起 6 个月以内,任何人都可以提出专利异议申请,专利异议申请制度形式上仅限于书面申请。

(二)实用新型

1. 新颖性、创造性

日本《实用新型法》第 3 条规定:

(1)凡作出物品的形状、构造或者组装的设计而能够在产业上利用者,除下列设计外,均可取得实用新案注册:

第一,申请实用新案注册以前,在日本国内,已经是众所周知的设计;

第二,申请实用新案注册以前,在日本国内,已经是普遍实施的设计;

第三,申请实用新案注册以前,在日本国内或者外国,已经在发行的刊物上有所披露的设计。

(2)申请实用新案注册以前,在该设计所属的技术领域内,具有一般知识的人,根据前款各项列举的设计,能够轻易做出的设计,虽有前款的规定,该设计不能取得实用新案注册。〔不能取得实用新案注册的设计〕

2. 冲突申请

申请实用新案注册的设计和申请专利的发明相同的场合,这两个申请不是在同一天内提出时,只有在实用新案注册申请人,比专利申请人先提出申请的情况下,方可取得该设计的实用新案注册。

3. 申请书内容

(1)实用新案注册申请人的姓名或者名称和住址或者住处,申请人是法人时,则为其代表的姓名;

(2)提出的年、月、日;

(3)设计的名称;

(4)设计者的姓名和住址,或者住处。

申请书必须附有记载下列事项的说明书和图纸:

(1)设计的名称;

(2)图纸的简要说明;

(3)设计的详细说明;

（4）实用新案注册请求的范围。

在前款第三项设计详细说明中，必须写明该新设计的目的、结构和效果，使在该设计所属的技术领域具有一般知识的人也能够容易实施。

4. 关于实质审查

日本实用新型在 1993 年以前和发明专利一样，也是实行实质审查制度。1993 年日本对《实用新型法》进行了修改，改为了非实质审查的、依职权制作技术检索报告的登记制。实用新型申请不再进行实质审查，仅进行基本条件的审查和形式要件的审查。

（三）外观设计

1. 新颖性与创造性

日本《外观设计法》第 3 条规定，创作了能够在工业上应用的外观设计者，除下列外观设计以外，得就其外观设计，取得外观设计注册：外观设计注册申请前，在日本国内或国外已公知的外观设计；外观设计注册申请前，在日本国内或国外发行的出版物上已刊载的、或公众能够通过电信线路进行利用的外观设计；与前两款所列外观设计类似的外观设计。

在外观设计注册申请前，具有该外观设计所属领域的一般知识者，基于在日本国内或国外已公知的形状、图案、色彩或其结合，容易创作出的外观设计（前款各项所列者除外），不受前款规定所限，不能取得外观设计注册。

不丧失新颖性的情形：

日本《外观设计法》第 4 条规定：

（1）违反具有外观设计注册取得权的人的意愿而使外观设计成为前条第一款第一项或第二项规定的外观设计的，自成为该外观设计之日起 6 个月内，具有外观设计注册取得权的人提出外观设计注册申请时，该外观设计不应被视作该款第一项或第二项所规定的外观设计。

（2）因具有外观设计注册取得权的人的行为而使外观设计成为前条第一款第一项或第二项规定的外观设计的，自成为该外观设计之日起 6 个月内，该人提出外观设计注册申请时，与前款同样处理。

2. 关联外观设计制度

日本《外观设计法》第 10 条规定，外观设计权人可以就仅与自己的注册外观设计相类似的外观设计取得关联外观设计注册。

根据日本《外观设计法》的规定，同一申请人、可以将多项相近似的外观设计作为关联设计加以申请，但是必须具备两个条件：同一申请人、与基本设计是相近似的设计。在关联设计申请中必须注明基本设计的申请号，关联设计的保护期限是自基本设计的注册日起 15 年。每一个关联设计申请注册后都可以单独实施。关联设计制度的主外观设计及其关联外观设计的外观设计专利权必须同时转让和许可,即使主外观设计专利权已不存在的情况下,其余所有关联外观设计专利权仍必须同时转让和许可。

3. 部分外观设计制度

所谓部分外观设计是指对产品上的某一部分的形状、图案及位置关系进行的新设计,不是对组成该产品的零部件进行的外观设计。如果运用这种新的局部外观设计注册制度,在注册了有特征的部分之后,遇到第三者采用了该有特征的部分,尽管整体不同,也能起诉其侵权。部分外观设计要求用虚线表示出整个产品的外形,用实线表示产品局部设计,并在简要说明中对要求保护的产品局部外观设计予以说明。如果一个局部申请与一个已经被注册的外观设计的部分相同或相近似,则该局部申请将被驳回。我国对于部分外观设计申请不予授权,日本则不然。

4. 组合外观设计制度

第8条规定,由同时使用两个以上实物组成通产省政令所规定的(组合)实物的外观设计,当该组合物作为一个整体具有统一性时,可以作为一项外观设计提出外观设计注册申请。

5. 保密外现设计制度

第14条(一)规定,外观设计注册申请人可以指定自外观设计注册之日起3年以内的期限,请求在此期限内对其外观设计保密。在指定期限内,记载外观设计的图纸、照片、模型或样品的内容等,不在公报上登载。一旦指定期间期满,如果还在注册登记之日起3年以内的,外观设计注册申请人或外观设计权人可以请求延长或缩短指定期间。

设立该条款的目的,主要是考虑一些企业,他们在产品设计时就申请了外观设计,但是不希望该设计过早地为公众所知。因此,日本设立了"秘密外观设计",以保证外观设计的公开与企业产品的公开同步进行。

6. 实审制和无实审制

早期,日本对外观设计注册制度坚持"审查主义原则",为了外观设计能得到早期保护,日本修订《外观设计法》,增加"无审查的方式"对外观设计进行保护,申请人可按照自己的意愿选择。

三、德国专利的申请和审查

(一)发明专利

1. 申请人

德国《专利法》第25条规定:

(1)在德国国内没有住所或者营业所的,只有委托德国的律师或者专利律师作为其代理人时,才可以在专利局或者专利法院参与本法所规定的程序并主张专利权。该代理人有权参与专利局和专利法院的程序,以及与专利相关的民事诉讼程序,也可以提交启动刑事程序的请求。

(2)欧盟成员国的国民或者其他欧洲经济区条约成员国的国民,根据缔结欧共体条约对引进服务业的规定,只要其执业范围在 2000 年 3 月 9 日生效的《欧洲律师在德国从业规定》第 1 条规定或者 1990 年 7 月 6 日生效的《专利律师职位许可能力测试规定》第 1 条以及它们每一个生效文本规定的范围内,可以担任第(1)款规定的代理人。

2. 德国就同一发明创造可同时申请专利和实用新型,并且同时取得专利保护

3. 新颖性、创造性、实用性

德国《专利法》第 3 条规定:

(1)当一项发明不属于现有技术,则具有新颖性。现有技术包括在申请日(有优先权的,指优先权日)以前,公众能够通过书面记载、口头描述、使用或者以其他任何方式,可以公开获得的所有知识。

(2)在先申请、且于本申请的申请日当天或者之后公众可以获得的下列专利申请的内容,也属于现有技术:

第一,首次向德国专利局提出的国家申请;

第二,首次向主管机关提出的欧洲专利申请,当其请求获得德国的专利保护,并且按欧洲专利公约第 79 条第(2)款的规定交纳了指定费用,或者一项指定欧洲专利局的专利合作条约规定的国际申请(欧洲专利公约第 153 条第(2)款),并且满足欧洲专利条约第 153 条第(3)款所规定的条件;

第三,首次向受理局提交的以德国专利局为指定局的专利合作条约规定的国际申请。

如果一项申请以一项在先申请为基础主张优先权,且其内容未超出在先申请的内容,则其属于本款第一句中规定的首次申请。属于本款第一句第 1 项的专利申请,已经根据本法第 50 条第(1)款或者第(4)款发布命令的,自申请日起满 18 个月,视为公众可以获得。

(3)属于现有技术的物质或者混合物,如果其是用于本法第 2A 条第(1)款第 2 项所述方法,并且将其应用于该方法不属于现有技术,则不能依据本条第(1)款和第(2)款的规定,排除其专利性。

(4)同样,第(3)款所述的物质或者混合物在第 2A 条第(1)款第 2 项所述方法中的某一特殊用途,如果不属于现有技术,也不能依据本条第(1)款和第(2)款的规定,排除其专利性。

不丧失新颖性的情形:

第 3 条(5)规定,如果由于下列情形,直接或者间接地导致申请专利的发明在申请日以前 6 个月内被公开,则不适用本条第(1)款和第(2)款的规定:

第一,明显有损申请人或者其原权利人利益的滥用行为;

第二,申请人或者其原有权利人在符合 1928 年 11 月 22 日在巴黎缔结的《国际展览会公约》规定的、政府主办或者承认的国际展览会上,展出该发明。

申请人必须在递交申请时声明该发明曾经进行过上述展出,并在递交申请后四个月内提供证明文件,才能适用本款第一句第 2 项的规定。本款第一句第 2 项所指的展览会应当公布在由联邦司法部长签署的联邦法律公报上。

第 4 条规定:如果一项发明与现有技术相比,对本领域技术人员来说是非显而易见的,则应当被认为具有创造性。第 3 条第(2)款所指的申请属于现有技术的,则该类申请不能用于判断本发明是否具有创造性。

第 5 条规定:如果一项发明的主题能够在包括农业在内的任何一种产业中制造或者使用,应当认为其是适于工业应用的。

4. 独立检索和提出实质审查请求

若申请人提出独立检索请求,审查员则需对相关现有技术进行全面(有限范围内)检索,以确认哪些已公开(现有技术)的文献可加以考虑,从而决定申请所要求发明的可专利性。检索报告(附所有引证文献副本)送交申请人后,检索程序结束。

若申请人(或个别情况为第三方)期望获得德国专利授权或至少一份有关权利要求主题可专利性的全面评估,申请人应当自申请日起 7 年内向德国专利局提交审查请求。

5. 优先权的主张

德国《专利法》第 40 条规定:

(1)在一件在先专利申请或者实用新型申请的申请日后 12 个月内,就同一发明向专利局提出的专利申请可以享有优先权,在先申请已经要求本国或者外国优先权的除外。

(2)一件专利申请可以要求在专利局提起的数件专利申请或者实用新型申请的优先权。

(3)只有在先申请的整个申请文件中明确公开的技术特征才能被要求优先权。

(4)优先权声明必须在后申请的申请日后 2 个月内提出;只有写明了在先申请的申请号的,才视为作出了要求优先权的声明。

(5)在先申请仍在德国专利局等待审查,依据第(4)款的规定声明要求优先权的,该申请将被视为撤回。在先申请是实用新型申请的,不适用本规定。

(6)请求查阅(第 31 条)已要求在先专利申请或者实用新型申请优先权的在后申请的,专利局应当一并提供在先专利申请或者实用新型申请的副本和在后申请的文件。

德国《专利法》第 41 条规定:

（1）依据国际条约的规定，对同一发明要求在先外国申请的优先权的申请人，应当在优先权日后 16 个月内，说明在先申请的申请日、受理国家、申请号，并提交在先申请副本。在此期限内，可以修改上述内容。未按要求提交前述情况或者文件的，优先权请求无效。

（2）在先的外国申请是在未参加相互承认优先权的国际公约的国家提起的，只要依据联邦司法部在联邦法律公报上的公告，该国家对在德国专利局第一次提出的申请授予优先权，而且该优先权的要件及内容与《保护工业产权巴黎公约》关于优先权的规定相符的，申请人可以依据《保护工业产权巴黎公约》有关优先权的规定要求优先权。对此，参照适用第（1）款的规定。

（二）实用新型

1. 新颖性、实用性、创造性

德国《实用新型法》第 3 条规定：

（1）如果一项实用新型的主题不属于现有技术的一部分，应当认定其是新颖的。现有技术包括在申请日以前，公众通过书面记载或者在本法适用地域内的使用，能够公开获得的任何知识。在申请日前 6 个月内的书面记载或者使用，如果是建立在申请人或者其原权利人的构想基础上的，不应当认为是现有技术。可见德国实用新型采用"相对新颖性"标准，其中口头公开的内容不在考虑之列，而"使用公开"仅限于德国范围之内。

（2）如果一项实用新型的主题能够在包括农业在内的任何一种产业中制造或者使用，应当认为其是适于工业应用的。可见实用性是指实用新型的主题必须能够在产业上制造或者使用，并且能够产生积极效果。

根据德国《实用新型法》第 1 条中第 1 款的规定，德国实用新型也应当具有创造性。实用新型的创造性低于发明专利对创造性的要求。

2. 只做形式审查，不做实质审查

德国《实用新型法》第 8 条规定：新型专利登记簿（1）若申请符合第 4 条、第 4a 条之构成要件时，专利局应将其登载入新型专利登记簿内。对于申请标的，不就创新性、发明性、与产业可利用性进行审查。

德国专利局实用新型部门首先审查该申请是否满足形式性要求，包括该申请的主题是否属于实用新型的保护范围，是否符合《实用新型法》第一条第二款的规定，然后再根据《实用新型法》第二条的规定，审查该申请的主题是否落入不予保护的范围之内。由此可以认为，在德国对实用新型只进行有限审查，也就是说，对其是否满足实质性条件，即新颖性、创造性和实用性不进行审查。这种实质性的审查留待在侵权程序或无效宣告程序中进行。

3. 优先权

第 5 条（1）规定：申请人先在德国就同一发明提出一项有效的专利申请的，申请人可以在提出实用新型申请时同时提出一份声明要求享有该专利申请的优先权。对专利申请要求享有优先权的,也适用于实用新型申请。依据第一句规定的优先权,可以在专利申请的审查或者异议程序终结当月月底之日起 2 个月内行使,但最长自专利申请的申请日起 10 年内行使。

第 6 条(1)规定:自向专利局提出在先专利申请或者实用新型申请后 12 个月内,申请人对同一发明申请实用新型的,可以享有优先权,但在先申请已经要求了国内或者外国优先权的除外。

第 6 条 A:

(1)如果申请人在国内或者国外展览会上展览其发明,并在第一次展览该发明之日后 6 个月内提出实用新型申请的,可以主张展览会优先权。

(2)第(1)款规定的展览会,应是联邦司法部曾在联邦法律公报中明确规定的适用展览保护的展览会。

(3)主张第(1)款展览会优先权的申请人必须在发明首次展览日后 16 个月内提供有关该展览日、展览会的信息和相关证据。

(三)注册设计

1. 新颖性、独特性

德国《外观设计法》第 2 条规定:

(1)只有新颖的、独创的外观设计,才受本法保护。

(2)在登记日前没有相同外观设计被公开的,该外观设计具有新颖性。特征上仅有不重要的细节差别的,视为相同的外观设计。

(3)如果一个有见识的使用者对申请日之前公开的其他外观设计的总体印象,不同于对该外观设计的总体印象,该外观设计具有独创性。在判断独创性时,应考虑设计者在进行这一设计时所具有的创造自由程度。

如果一项外观设计被公布、展览、使用或者以其他方式为公众所知,该外观设计即属于公开,除非在申请日之前这些事件不可能使该外观设计被在共同体内运营的、从事日常商业行为的相关专业机构所获知。不能仅因为一项外观设计曾在明示或者默示的保密条件下披露给第三方,就视该外观设计已经公开。

2. 宽限期

外观设计的设计人或其权利继受人在申请日前一段时间内自己公开其外观设计的事实,不影响其外观设计的新颖性和独创性(或独特性),此即所谓宽限期。

德国《外观设计法》第 6 条规定:在申请日前 12 个月内,设计人或者其权利继受人,或者由设计人或者其权利继受人提供信息或者受其支配的第三人,将外观设计公开的,不适用第 2 条第(2)、(3)款的规定。违背设计人或者其权利继受人意愿之滥用行为,导致外观设计公开的,同样不适用第 2 条第(2)、(3)款的规定。

3. 优先权

（1）外国优先权

德国《外观设计法》第 14 条规定：

第一，依据国际条约规定，对相同的外观设计要求在先外国申请优先权的申请人，应当在优先日后 16 个月内，声明在先申请的申请日、受理国家、申请号，若之前尚未提交在先申请副本的还应当提交副本。在此期限内，可以修改上述内容。

第二，若在先的外国申请是在未参加相互承认优先权国际公约的国家提起的，只要依据联邦司法部在联邦法律公报上的公告，该国家对在德国专利商标局第一次提出的申请授予优先权，而且该优先权的要件及内容与《保护工业产权巴黎公约》关于优先权的规定相符的，申请人可以依据《保护工业产权巴黎公约》有关优先权的规定要求优先权；就此参照适用第（1）款的规定。

第三，依据第（1）款及时声明以及递交副本的，德国专利商标局将优先权载入登记簿。若申请人在设计登记公告之后才主张优先权或者修改声明的，应随后相应地补正公告。若没有依据第（1）款及时声明或者递交副本的，视为没作出优先权主张之声明。对此，由德国专利商标局加以确认。

（2）展览会优先权

德国《外观设计法》第 15 条规定：

第一，如果申请人在国内或者国际展览会上展出设计以供参观，并在首次参观展览之后 6 个月的期限内递交申请的，可以对该展览日主张优先权。

第二，第（1）款所指的展览会，由联邦司法部在有关展览保护的联邦公报中，以公告的方式分别予以确定。

第三，主张第（1）款规定的优先权的，在设计首次展览日之后 16 个月届满之前，应声明该日期和展览会以及提交有关该参观展览会的证明。参照适用第 14 条第（3）款。

4. 不同产品类别的外观设计也可以在一组申请中共同提交

德国于 2013 年 10 月 10 日通过的《关于修改外观设计法和展会保护公告规定的法案》，已在 2014 年 1 月 1 日正式生效。在该法案之前，对于多件设计在一组申请中共同提交的情况，必须满足多件设计属于同一个产品类别的条件。现在这一要求被取消，属于不同产品类别的外观设计也可以在一组申请中共同提交。

5. 延期公布

德国《外观设计法》第 21 条（1）规定，可以在递交申请的同时，请求从申请日起 30 个月再延期公布复制品。如果递交了请求的，公布将限于将外观设计登记于登记簿中。

四、我国专利的申请和审查

（一）专利申请

我国《专利法》第 18 条规定：在中国没有经常居所或者营业所的外国人、外国企业或者外国其他组织在中国申请专利的，依照其所属国同中国签订的协议或者共同参加的国际条约，或者依照互惠原则，根据本法办理。

我国《专利法》第 19 条规定：在中国没有经常居所或者营业所的外国人、外国企业或者外国其他组织在中国申请专利和办理其他专利事务的，应当委托依法设立的专利代理机构办理。

中国单位或者个人在国内申请专利和办理其他专利事务的，可以委托依法设立的专利代理机构办理。

（二）授予专利的条件

我国《专利法》第 22 条规定：授予专利权的发明和实用新型，应当具备新颖性、创造性和实用性。

新颖性，是指该发明或者实用新型不属于现有技术；也没有任何单位或者个人就同样的发明或者实用新型在申请日以前向国务院专利行政部门提出过申请，并记载在申请日以后公布的专利申请文件或者公告的专利文件中。

创造性，是指与现有技术相比，该发明具有突出的实质性特点和显著的进步，该实用新型具有实质性特点和进步。

实用性，是指该发明或者实用新型能够制造或者使用，并且能够产生积极效果。

本法所称现有技术，是指申请日以前在国内外为公众所知的技术。

我国《专利法》第 23 条规定：授予专利权的外观设计，应当不属于现有设计；也没有任何单位或者个人就同样的外观设计在申请日以前向国务院专利行政部门提出过申请，并记载在申请日以后公告的专利文件中。

授予专利权的外观设计与现有设计或者现有设计特征的组合相比，应当具有明显区别。

授予专利权的外观设计不得与他人在申请日以前已经取得的合法权利相冲突。

本法所称现有设计，是指申请日以前在国内外为公众所知的设计。

不丧失新颖性的情形

我国《专利法》第 24 条规定，申请专利的发明创造在申请日以前 6 个月内，有下列情形之一的，不丧失新颖性：

1. 在中国政府主办或者承认的国际展览会上首次展出的；

2. 在规定的学术会议或者技术会议上首次发表的；

3. 他人未经申请人同意而泄露其内容的。

我国《专利法实施细则》第 30 条规定:《专利法》第 24 条第 1 项所称中国政府承认的国际展览会,是指国际展览会公约规定的在国际展览局注册或者由其认可的国际展览会。《专利法》第 24 条第 2 项所称学术会议或者技术会议,是指国务院有关主管部门或者全国性学术团体组织召开的学术会议或者技术会议。

(三)优先权原则

1. 国际优先权

我国《专利法》第 29 条第 1 款规定:申请人自发明或者实用新型在外国第一次提出专利申请之日起 12 个月内,或者自外观设计在外国第一次提出专利申请之日起 6 个月内,又在中国就相同主题提出专利申请的,依照该外国同中国签订的协议或者共同参加的国际条约,或者依照相互承认优先权的原则,可以享有优先权。

我国《专利法》第 30 条规定:申请人要求优先权的,应当在申请的时候提出书面声明,并且在 3 个月内提交第一次提出的专利申请文件的副本;未提出书面声明或者逾期未提交专利申请文件副本的,视为未要求优先权。

2. 国内优先权

我国《专利法》第 29 条第 1 款规定:申请人自发明或者实用新型在中国第一次提出专利申请之日起 12 个月内,又向国务院专利行政部门就相同主题提出专利申请的,可以享有优先权。

我国《专利法实施细则》第 32 条规定:申请人在一件专利申请中,可以要求一项或者多项优先权;要求多项优先权的,该申请的优先权期限从最早的优先权日起计算。

申请人要求本国优先权,在先申请是发明专利申请的,可以就相同主题提出发明或者实用新型专利申请;在先申请是实用新型专利申请的,可以就相同主题提出实用新型或者发明专利申请。但是,提出后一申请时,在先申请的主题有下列情形之一的,不得作为要求本国优先权的基础:

第一,已经要求外国优先权或者本国优先权的;

第二,已经被授予专利权的;

第三,属于按照规定提出的分案申请的。

申请人要求本国优先权的,其在先申请自后一申请提出之日起即视为撤回。

(四)一份申请,一件发明

我国《专利法》第 31 条第 1 款规定:一件发明或者实用新型专利申请应当限于一项发明或者实用新型。

属于一个总的发明构思的两项以上的发明或者实用新型,可以作为一件申请提出。但《专利法实施细则》第 34 条规定,依照《专利法》第 31 条第 1 款规定,可以作为一件专利申请提出的属于一个总的发明构思的两项以上的发明或者实用新型,应当在技术上相互关联,包含一个或者多个相同或者相应的特定技术特征,其中特定技术特征是指每一项发明或者实用新型作为整体,对现有技术做出贡献的技术特征。

一件外观设计专利申请应当限于一项外观设计。同一产品两项以上的相似外观设计,或者用于同一类别并且成套出售或者使用的产品的两项以上外观设计,可以作为一件申请提出。

我国《专利法实施细则》第 35 条规定:将同一产品的多项相似外观设计作为一件申请提出的,对该产品的其他设计应当与简要说明中指定的基本设计相似。一件外观设计专利申请中的相似外观设计不得超过 10 项。同一类别并且成套出售或者使用的产品的两项以上外观设计,是指各产品属于分类表中同一大类,习惯上同时出售或者同时使用,而且各产品的外观设计具有相同的设计构思。

(五)初步审查和实质审查

依我国《专利法》规定,对发明专利即作初步审查又作实质性审查。《专利法》第 34 条规定:国务院专利行政部门收到发明专利申请后,经初步审查认为符合本法要求的,自申请日起满 18 个月,即行公布。国务院专利行政部门可以根据申请人的请求早日公布其申请。

《专利法》第 35 条规定:发明专利申请自申请日起 3 年内,国务院专利行政部门可以根据申请人随时提出的请求,对其申请进行实质审查;申请人无正当理由逾期不请求实质审查的,该申请即被视为撤回。

国务院专利行政部门认为必要的时候,可以自行对发明专利申请进行实质审查。

《专利法》第 40 条规定,实用新型和外观设计专利申请经初步审查没有发现驳回理由的,由国务院专利行政部门作出授予实用新型专利权或者外观设计专利权的决定,发给相应的专利证书,同时予以登记和公告。实用新型专利权和外观设计专利权自公告之日起生效。可见,我国对实用新型和外观设计专利申请只作初步审查,不作实质性审查。

第五节　专利授权后程序

一、美国专利授权后程序

(一)授权后的专利证书可以修改与更正

美国《专利法》规定,对授权后的专利证书可以修改与更正。包括:

1. 专利证书有缺点时的重新发证

美国《专利法》第 251 条规定的专利证书有缺点时的重新发证是指由于说明书或绘图有缺点,或由于专利权人在专利证书中提出的权项多于或少于其应得的权利,致使专利证书全部或部分不能实施或无效时,而此种错误并非有意欺骗,在专利权人交回该专利证书并缴纳法律所规定的费用后,专利与商标局局长应根据修正后的新申请,就原专利证书所表明的发明,重新发给专利证书,其有效期限为原专利证书期限的未届满部分。重新发证的申请案中不得增加新内容。

2. 弃权

美国《专利法》第 253 条规定的弃权是指如无任何欺骗意图,专利证书中一项权项无效时,其他的权项不应因此而归于无效。专利权所有者(不问在专利证书上享有全部还是部分利益)在缴纳法律规定的费用后,可以放弃任何一项权项的全部,但须陈明其在该专利证书中所享有的利益的范围。这种放弃应该以书面的形式提出,并由专利与商标局予以登记。在这以后,在弃权人所享有的利益以及根据其权利提出请求的人所享有的利益范围内,这放弃应认为是原专利证书的一部分。同样,任何专利权人或申请人可以将其已取得或将取得的专利权的期限的全部或临近末尾的一部分放弃或捐献于公众。

3. 更正专利与商标局的错误的证书

美国《专利法》第 254 条规定的更正专利与商标局的错误的证书是指由于专利与商标局的差错而发生的专利证书中的错误,在该局的记录中显然可见时,局长可以发出更正证书,说明错误的事实体性质,盖上印章,不收费用,登记于专利案卷之中。

4. 更正申请人的错误的证书

美国《专利法》第 255 条规定的因申请人之错误而更正证书是指专利证书上有不可归责于专利商标局之任何抄写、印刷或小错误,且其错误经证实系出于善意者,局长得于申请人缴纳规费后,发给更正证书,但其更正内容不得包含新事项,或需为再审查之资料。此种附有更正证书之专利证书,若因更正后之任何原因发生法律诉讼情况时,视为与更正之专利证书,具有相同之法律效力。

5. 更正错误之发明人

美国《专利法》第 256 条规定的更正错误之发明人是指因作业之疏失,于专利证书上将第三者列为发明人,或漏列发明人之姓名,且经查证并无诈欺意图时,局长得依据全体当事人及受让人之申请,经证明其事实与其他必要事项,核发更正错误之证书。

非发明人或漏列发明人而可依本条规定更正者,该专利证书并不因之无效,审理有此类争议问题之法院,经通知并听讯全体当事人之陈述后,得命令专利商标局更正,局长并得依该命令核发更正证书。

　　(二)专利授权后的审查程序

　　自 1836 年联邦专利局成立以来(后变更为美国专利商标局),其对专利权的管辖限定于专利授权之前。专利一旦授权,其效力争议将由法院在专利侵权诉讼或其他法律诉讼中予以确认。鉴于诉讼程序耗时长、费用高,为了能更为快速、高效地解决专利效力问题,1980 年专利法创设"单方面再审程序"。1999 年《发明人保护法》中又设置了"双方再审程序"。

　　《美国发明法案》对原有的再审程序予以保留。对于单方面再审程序,规定美国专利商标局长可自行决定启动,不需要其他人同意。并建立了全新的"专利授权后的重审""双方重审程序"和"过渡性的授权后审查程序"。

　　1. 单方复审程序

　　尽管根据新施行的《美国发明法案》规定,启动单方复审程序使申请费暴涨了7 倍(达到 1.775 万美元),但该程序仍属最低成本的专利无效程序。第三人自专利授权之日起,可以基于该专利被出版物公开为理由而请求美国专利商标局宣告其无效。单方复审程序启动后,请求人不必且不能再参与其后续程序,隶属于美国专利商标局的统合复审处的三位审查员组成的合议组将依职权就无效请求进行审查并做出决定。可见,单方复审程序适合所提供的对比文件可轻松地说服合议组被控专利被公开的情形,但是,缺乏进一步参与后续程序的机会,显然是单方复审程序的局限性。

　　作为一种有限复审,单方复审程序限于审查基于出版物公开而对专利的新颖性和创造性提出的质疑,不能涉及其他理由。相应地,单方复审程序不对其他程序产生争点排除效果,换言之,请求人可以在其他程序中重提在本程序中未被接受的无效理由。

　　2. 授权后的重审程序

　　美国在发明法案签署颁布一年后,启动全新的专利授权后的重审程序。该程序规定:除专利权人以外的任何第三人,在专利授权后 1 年内,可以基于任何专利无效理由,向美国商标专利局申请该专利中的一项或多项权利要求无效。该程序保证第三方在专利授权初期,就可以对专利的有效性进行挑战。同时规定授权后重审程序的申请和实施,不得影响和限制专利权人运用专利技术获取经济收益的行为,且该程序只适用于专利改革法案签署颁布之后申请的专利。

　　3. 双方重审程序

　　在专利改革法案签署颁布一年后,废止"双方再审程序",由全新的"双方重审程序"所取代。两者在提出申请、程序启动、具体审理和事后救济等方面均不同,而最大差异体现在申请上:"双方重审程序"申请人,需在专利授权 1 年后或是针对该专利的"授权后重审程序"完结后提出申请,申请的理由只能是基于现有专利或公开出版物提供的现有技术所引发的授权专利的新颖性和非显而易见性问题,且申请人必须提供充足可靠的证据,用以证明专利权利要求无效。而在旧的"双方再审程序"中,申请理由是基于现有专利或公开出版物提供的现有技术所引发的已授权的权利要求的有效性问题,并不局限于新颖性和非显而易见性。而且申请人只需要提供对比文献,并不需要指出权利要求中存在的任何错误。此外,原有的"双方再审程序"适用范围仅限于1999年11月29日(双方再审程序生效日)前已授权的专利;新的"双方重审程序"适用于所有已授权专利。

4. 过渡性的授权后审查程序

美国是世界上少数授予商业方法专利的国家,但美国商标专利局缺乏足够的、精通商业方法专利相关知识和审查技巧的审查人员,且商业方法纳入专利授权范围的时间较短,也没有足够的现有技术帮助审查员进行判断,审查程序缺乏有效控制,导致大量问题专利出现并由此引发一系列恶意专利诉讼,使得人们对商业方法专利提出质疑。针对上述问题,专利改革法案提出建立一个过渡期为10年的授权后审查程序,具体程序设计参照"授权后的重审程序"。任何人在任何时间,对某项商业方法的有效性存在质疑,不论该商业方法在何时申请,只要申请人或他所代表的当事人曾经被控或者曾经指控商业方法专利侵权,均可提出授权后的审查申请。复审程序对商业方法专利有效性做出最终决定后,申请人或他所代表的当事人不能基于同一理由,向国际贸易委员会或是联邦法院提出商业方法专利无效的主张。

(三)事先商业使用抗辩

美国《发明人保护法案》1999规定了"第一发明人抗辩"规则,即所谓的先用权原则。根据《美国专利法》第273条,某些情况下在先发明人虽然丧失了获得专利权的机会,但是可以在原有范围内继续实施该项专利技术,而不视为侵犯专利权。但这种"第一发明人抗辩"仅适用于商业方法专利。如果侵权者可以证明其在商业方法专利申请一年前,就已经开始使用这种商业方法,则不视为侵权。《美国发明法案》将这个抗辩扩展到所有的专利,不仅仅局限于商业方法专利。

(四)虚拟标识

按照法律规定,专利权人必须在其产品附上专利(patent)或其缩写(pat)的字样和专利号码,以告知社会公众产品专利信息。缺乏专利标识,专利权人不得在侵权诉讼中请求损害赔偿。除非专利权人能够证明侵权者已接到侵权通知,但仍继续实施侵权行为,则从侵权通知之日起,专利权人有权请求损害赔偿。实践中,由于专利授权所需时间较长,在得到授权前,专利权人可能已经生产了包含专利技术的产品并将其投入市场。因此《美国发明法案》中新增专利虚拟标识规定,允许专利权人在其产品的公共网站上标注专利(patent)或其缩写(pat)的字样和专利号码。通过使用虚拟专利标识,即使专利权人在授权前,已经生产了包含专利技术的产品并将其投入市场,也不会因为产品缺乏专利标识,丧失对专利侵权行为的损害赔偿请求权。

（五）虚假标识

根据美国《专利法》第 292（b）条的规定，如果专利所有人虚假标识专利来欺骗公众，任何人可以起诉虚假标识的专利所有人，所取得的罚款一半归起诉人，一半归美国政府。《美国发明法案》推翻任何人都可以起诉的条款。规定只有同虚假标识的专利所有人有竞争并受到伤害的人才可以起诉。并且考虑到多数产品的市场流通期都长于产品中包含专利的有效期，即该专利失效后，仍有部分标示专利的产品在市场上流通。如果要求厂商必须回收产品或是更改包装则较为困难且成本巨大。针对此问题，《美国发明法案》规定了不认为是虚假专利标识的情况：一是该行为发生在专利权失效之日起的 3 年内；二是专利权失效 3 年后，产品的包装或是相关网站上，其专利标识或专利号前都注明了"已过期"字样。

（六）提高双方专利复审阈值

根据美国专利法，如果提出专利复审请求，申请方必须提出至少一个实质性的新的专利性问题，这被称为双方专利复审阈值。根据这次《美国发明法案》，这个阈值被提高到挑战方必须让美国专利商标局主任确定，挑战方至少在一个专利权利要求上有一个合理的可能性才会取胜。

二、日本专利授权后程序

（一）发明

1. 专利文件订正

专利文件订正是指专利权人可以在授权以后主动对授权的专利文件进行订正，以便完善其专利，提高其专利的稳定性。订正请求应向日本特许厅审判部（类似中国专利局复审委员会）提出。

2. 专利无效审判

日本《专利法》第 123 条规定：

当专利适合以下各项之一时，可就其专利无效请求审判。在这种情况下，对于有关记载在专利请求范围内的两项以上的发明，可以按逐项发明提出请求。

第一，专利违反第 25 条、第 29 条、第 29 条之 2、第 32 条、第 37 条或第 39 条第 1 款至第 4 款等各条规定时。

第二，专利的批准违反条约时。

第三，专利不具备第 36 条第 4 款或第 5 款的规定而申请批准时。

第四，专利由非发明人又不继承领取该发明专利权的人提出专利申请时。

第五，批准专利之后，专利权人不能依第 25 条规定享有专利权，或该专利违反条约时。

前款的审判，在专利权消除之后也可以提出请求。

当提出第一款的审判请求时,审判长必须将其旨意通知给与专利有关的专用实施权人及其他对专利拥有注册权的人。

日本《专利法》第 124 条规定,专利申请前,该专利是在外国发行的刊物上刊载的发明或以其发明为依据,在其所属的技术领域里具有一般知识的人容易做出发明的发明,其专利根据前条第一款的审判,自设定专利权的注册之日起经过 5 年之后,不得提出请求。

日本《专利法》第 126 条规定:

专利权者仅限于以下事项为目的的场合,可以就订正申请书附加的明细书或图纸请求审判。

第一,缩减专利请求的范围;

第二,订正误记;

第三,说明不清晰的记载。

前款的明细书或图纸的订正,不得在实质上扩充或变更专利请求的范围。

第 1 款第 1 项的场合,必须是根据订正后在专利请求范围内记载事项所构成的发明在申请专利时能单独得到批准的专利。

第 1 款的审判,即使在专利权取消后也可提出请求。但是,依据第 123 条第一款的审判被判无效后则不在此限。

日本《专利法》第 130 条规定,当确定旨在对申请书附加的明细书或图纸的订正无效审理决定时,可视其订正自始即不存在。

日本专利局审判部对提起专利无效审判的,代表日本专利局做出专利权是否有效的决定,对专利局做出的维持专利有效或认定专利无效的决定不服的,任意方均可向东京高等法院起诉。由东京高等法院依民事诉讼程序审理。此程序以无效申请人或专利权人为被告,专利局审判部并不参加诉讼。

(二)外观设计

日本《外观设计法》第 48 条规定:外观设计注册为下列各项情况之一时,可以请求审判,使该外观设计注册无效:

第一,该外观设计注册违反第 3 条、第 5 条、第 8 条第 2 款、第 9 条第 1 款或第 2 款、第 10 条第 1 款、第 15 条第 1 款准用的专利法第 38 条或第 68 条第 3 款准用的专利法第 25 条规定时;

第二,该外观设计注册违反条约规定时;

第三,该外观设计注册为不是外观设计的设计人并且也未继承该外观设计的外观设计注册取得权的人取得时;

第四,外观设计取得注册后,该外观设计权人成为不能根据第 68 条第 3 款准用的专利法第 25 条规定享有外观设计权的人时,或者该外观设计注册违反条约规定时。

外观设计权失效后也可以请求前款规定的审判。

三、德国专利授权后程序

(一)发明

1. 申请人让与获得专利的权利

德国《专利法》第8条规定:权利人的发明被无权获得专利的人提出专利申请,或者因非法侵占而受到损害的,可以要求申请人让与获得专利的权利。该申请已经被授予专利的,可以要求专利权人让与专利权。

2. 撤销

德国《专利法》第21条规定:

(1)有下列情形之一的专利应当被撤销:

第一,该专利权的主题属于第1条至第5条规定的不得授予专利的情形的;

第二,该专利没有清楚、完整地公开发明,致使所属技术领域的技术人员无法实施的;

第三,该专利的实质性内容是未经他人同意而获取其说明书、附图、模型、装置或者设备,或者他人实施的方法(侵占);

第四,该专利权的主题超出向受理机关最初递交的申请文本的内容;基于分案申请或者第7条第(2)款规定的重新申请授予的专利权,其主题超出向受理机关原始递交的申请文本的内容的。

(2)撤销的理由仅影响该专利的一部分的,该专利进行相应的限制后可以维持。此限制可通过修改权利要求、说明书和附图的形式实现。

(3)专利被撤销后,专利申请和专利视为自始即不存在。本规定参照适用于对专利权作出限制后维持的情形。

3. 宣告无效

德国《专利法》第22条规定:

第一,存在第21条第(1)款规定的情形之一,或者专利保护的范围被扩大的,专利权应当依请求(第81条)被宣告无效。

第二,参照适用第21条第(2)款和第(3)款的规定。

根据德国《专利法》,对专利复审委员会做出的专利无效审查决定不服的,只能向德国联邦专利法院提起民事诉讼,不能以专利局或专利复审委员会为被告,而只能以无效申请人或专利权人为当事人。依德国《专利法》第65条规定:专利法院是独立自治的联邦法院,审理不服专利局审查部或者专利部决定提起的申诉、宣告专利权无效的诉讼和专利强制许可的诉讼(第81条至第85条和第85条A)。专利法院设立在专利局所在地(慕尼黑),全称为"联邦专利法院"。对联邦专利法院判决不服的,向联邦高等民事法院提起上诉。

(二)实用新型

德国《实用新型法》第13条规定:

第一,若任何人针对已经登记的权利人提起撤销实用新型的请求(第 15 条第(1)款和第(3)款),则不再给予实用新型保护。

第二,若未经他人同意,将他人的说明书、图例、模型、工具或者设备的实质性内容进行实用新型登记的,本法所给予的保护不得对抗受害人。

第三,专利法关于权利归属(第 6 条)、请求给予保护的权利(第 7 条第(1)款)、申请权的转移(第 8 条)、先用权(第 12 条)和政府实施令(第 13 条)的规定参照适用于实用新型。

申请在后的专利若与第 11 条规定的权利相冲突,未经实用新型权利人同意,不得行使该专利的权利。

第 15 条规定,有下列情形之一的,任何人可以请求撤销实用新型以对抗权利人:

第一,依据第一条至第三条的规定,实用新型的主题不应当受保护;

第二,该实用新型的主题已经受到在先的专利或者实用新型登记的保护;

第三,实用新型的主题超过最初提交的申请文件所记载的内容。

若未经他人同意,将他人的说明书、图例、模型、工具或者设备的实质性内容进行实用新型登记的,只有受害人有权请求撤销。

撤销理由仅涉及实用新型的一部分的,仅撤销该部分。可以通过修改权利要求的形式来限定实用新型的保护内容。

(三)外观设计

1. 申请无效

德国《外观设计法》第 33 条规定:

第一,当产品不属于外观设计,外观设计不具备新颖性或不具备独创性(第 2 条第 2 款或第 3 款);或者设计不能给予外观设计保护的(第 3 条),外观设计无效。

第二,外观设计权无效应当通过判决确定。任何人都有权提出无效请求。

第三,外观设计一旦被生效的判决判定无效,则其注册的保护效力视为自始即不存在。法院应当将具有法律效力的判决转送专利商标局。

第四,即使外观设计保护期已经届满或已经被放弃,仍然可以判定该外观设计权无效。

2013 年 10 月 10 日,德国通过了《关于修改外观设计法和展会保护公告规定的法案》,已于 2014 年 1 月 1 日正式生效。该法案引入了专利局无效程序,即针对已经在德国专利商标局注册的外观设计的无效程序。此前,外观设计的无效只能通过在有管辖权的地方法院提起诉讼进而被确定。现在,可以由德国专利商标局新设立的合议庭"外观设计部门就确认或者宣告已经注册的外观设计无效的请求作出决定"。

2. 注销

德国《外观设计法》第 34 条规定,在下列情形下,可以要求准予注销一项外观设计:

第一,在后的外观设计中使用了一个具有识别力的标识,而该标识的权利人有权禁止该使用的;

第二,外观设计构成了对一项受著作权保护的作品的不正当使用;

第三,该外观设计落入了一项在先的外观设计的保护范围内,即使该在先的外观设计是在在后的外观设计的申请日后才公开的。

上述请求只能由具有有关权利之权利人提出。

3. 部分维持

德国《外观设计法》第 35 条规定,下述情形下,外观设计可以用修改后的形式加以维持:

第一,当根据第 33 条第 1 款以不具备新颖性或独创性(第 2 条第 2 款或第 3 款)或不能授予外观设计保护(第 3 条)为由而确认其无效时,通过宣告部分无效或由权利人声明部分放弃;

第二,当根据第 34 条第 1 款或第 2 款提出注销请求时,通过同意部分注销或声明部分放弃;

四、中国专利授权后程序

(一)宣告无效

我国《专利法》第 45 条规定:自国务院专利行政部门公告授予专利权之日起,任何单位或者个人认为该专利权的授予不符合专利法有关规定的,可以请求专利复审委员会宣告该专利权无效。

根据《最高人民法院关于审理专利纠纷案件适用法律问题的若干规定》第 9 条规定,人民法院受理的侵犯实用新型、外观设计专利权纠纷案件,被告在答辩期间内请求宣告该项专利权无效的,人民法院应当中止诉讼。因而,被告在诉讼过程中也可以向专利复审委员会申请宣告专利无效。

专利复审委员会对宣告专利权无效的请求应当及时审查和作出决定,并通知请求人和专利权人。宣告专利权无效的决定,由国务院专利行政部门登记和公告。对专利复审委员会宣告专利权无效或者维持专利权的决定不服的,可以自收到通知之日起 3 个月内向人民法院起诉。人民法院应当通知无效宣告请求程序的对方当事人作为第三人参加诉讼。

现行《专利法》颁布于 1984 年 3 月 12 日,并于 1985 年 4 月 1 日正式施行。其后,于 1992 年、2000 年和 2008 年进行了三次修改。在这几次的修改中,除了专利无效的理由有所变化外,专利无效程序设计也有众多变化。1984 年的《专利法》规定了公告异议程序与专利无效宣告程序,即自公告之日起 3 个月内,任何人都可以依法向专利局对专利申请提出异议;任何人在专利授权后可提出宣告专利无效的请求。1992 年的专利法则取消了专利授权前的异议程序,而增设了专利权撤销程序,即任何人自专利授权之公告之日起 6 个月内,均可提出撤销专利权请求;自授权公告之日起满 6 个月,可提出专利无效宣告请求。2000 年修订的《专利法》取消了专利撤销程序,也取消了专利无效宣告的时间限制,统一规定为专利无效宣告制度;同时,也明确了专利无效的司法审查机制。2008 年的《专利法》除了对专利无效宣告的理由以及专利无效的法律效力方面有所调整外,对专利无效的其他问题并未作实质性修改。2010 年 1 月 9 日颁布的《专利法实施细则》第 65 条至第 72 条对专利无效的理由、程序适用等问题做出专门规定。

(二)终止

我国《专利法》第 44 条规定,有下列情形之一的,专利权在期限届满前终止:

第一,没有按照规定缴纳年费的;

第二,专利权人以书面声明放弃其专利权的。

专利权在期限届满前终止的,由国务院专利行政部门登记和公告。

第六节　专利权的内容

一、德国专利权的内容

(一)发明

德国《专利法》第 9 条规定:只有专利权人有权实施其受专利保护的发明。任何其他人未经专利权人许可,都不得以下列方式实施其专利:

1. 制造、提供、使用其专利产品,或者将其投放市场,或者为前述目的进口、储存其专利产品;

2. 使用其专利方法,或者第三人知道或者依情势应当知道未经专利权人许可不得使用其专利方法,仍对在本法适用范围内使用该专利方法的行为提供帮助;

3. 提供、使用依照其专利方法直接获得的产品,或者将其投放市场,或者为前述目的进口、储存依照其专利方法直接获得的产品。

德国《专利法》第 10 条又规定:

1. 专利权还有进一步的效力,即在本法适用范围内,任何第三人未经专利权人同意,不得向没有权利实施专利的人提供或者许诺提供发明的实质性部分,当其明知或者根据情势应知这些行为适于且就是用于专利发明的实施的。

2. 当上述行为涉及日常交易中可以获得的普通商品时,不适用第(1)款的规定,但第三人诱导提供者实施第 9 条第二句所禁止的行为的除外。

3. 实施第 11 条第 1 项至第 3 项行为的任何人,不属于第(1)款规定的有权实施专利的人。

（二）实用新型

德国《实用新型法》第 11 条规定:

1. 实用新型登记后只有权利人有权实施该实用新型的主题。未经权利人的同意,任何人均不得制造、提供、销售、使用或者为上述目的进口、储存属于该实用新型主题的产品。

2. 实用新型登记后,在本法适用范围内,任何第三人未经权利人同意,不得向没有权利实施实用新型主题的任何人提供或者许诺提供与实施实用新型主题相关的关键部件,如果该第三人知道或者应当知道这些部件是用以实施实用新型专题的目的。当上述行为是一般的商品交易时,不适用第一句的规定,但第三人故意诱导其他人实施第(1)款第二句所禁止的行为的除外。实施第十二条第 1 项和第 2 项规定的行为的人,不属于第一句规定的有权实施实用新型主题的人。

（三）外观设计

德国《外观设计法》第 38 条规定:

1. 外观设计授予其权利人使用其外观设计以及禁止第三人未经其允许不得使用其外观设计的排他权。所述使用特别是包括制造、许诺销售、上市、进口、出口或使用包括了该外观设计或应用该外观设计的产品,或为上述目的占有上述产品。

2. 外观设计保护范围延伸到每一个对知情的用户产生的整体印象同于授权的外观设计的设计。在判断保护范围时,应当考虑设计者在开发其外观设计时的创作自由空间。

3. 在延迟公开期间(第 21 条第 1 款第 1 项),获得第 1、2 款所述保护的前提是,被控侵权产品是仿制受保护的外观设计的结果。

因此,根据新法,除在延迟公开的期间,一项获得保护的外观设计具有绝对的排他权利,即使被控侵权者不知道所使用的是一项他人创造并已获得保护的外观设计,也可能被判为侵权。

二、日本专利权的内容

（一）发明

日本《专利法》第 68 条规定:专利权者拥有实施以专利发明为业的权利。而其第 2 条第 3 款又规定．本法关于发明的"实施"是指下述行为:

1. 在产品的发明方面,生产、使用、转让、出租、转移或者为转让、出租而展示或进口其产品的行为;

2. 关于方法的发明及使用其方法的行为；

3. 关于产品生产方法的发明，除前项所列举者外，使用、转让、出租、转移或者为出租、转让而展示或进口产品的行为。

（二）实用新型

日本《实用新型法》第 16 条规定：实用新案权所有人，专有以实施注册实用新案为业的权利。但在对于该实用新案权设立专用实施权时对于该专用实施权所有人专有实施该注册新设计权利的范围，不在此限。且实用新案权所有人，可以就其实用新案权，设立专用实施权。实用新案权所有人，可以将该实用新案权的通常实施权，许诺给他人行使。

（三）外观设计

日本《外观设计法》第 23 条规定：外观设计权人有以独占其注册外观设计及其类似外观设计的实施为业的权利。且外观设计权人可以就其外观设计权与他人订立独占实施许可。外观设计权人可以就其外观设计权与他人订立普通实施许可。

三、我国专利权的内容

我国《专利法》第 11 条规定：发明和实用新型专利权被授予后，除专利法另有规定的以外，任何单位或者个人未经专利权人许可，都不得实施其专利，即不得为生产经营目的制造、使用、许诺销售、销售、进口其专利产品，或者使用其专利方法以及使用、许诺销售、销售、进口依照该专利方法直接获得的产品。

外观设计专利权被授予后，任何单位或者个人未经专利权人许可，都不得实施其专利，即不得为生产经营目的制造、许诺销售、销售、进口其外观设计专利产品。

第七节　专利侵权救济

一、德国专利侵权救济

（一）发明

1. 申请诉前禁令

依据德国《专利法》第 139 条第（1）款的规定，对任何违反第 9 条至第 13 条规定实施专利的人，被侵权人可以请求制止其连续性侵权行为，也可请求制止其一次性侵权行为。

德国法律体系的整体构架，在专利侵权案件中给予禁令救济是原则，而允许被控侵权人抗辩是例外。关于标准必要专利侵权案件禁令救济规则的第一个转折点是 2009 年德国联邦最高法院审理的"橙皮书标准"（Orange book standard）案。

案例 2-4 "橙皮书标准"案①

原告飞利浦公司拥有可刻录光盘（CD－Rs）和可重写光盘（CD－RWs）相关标准(17)的专利技术，并就其专利技术对外进行打包许可。在谈判过程中，被告主张专利许可费在 1‰～5‰ 之间比较合适，因此向飞利浦提出了以 3‰ 进行专利许可的请求；但是飞利浦认为其没有以 3‰ 给予许可的先例从而拒绝该出价。谈判破裂后，飞利浦指控被告未经飞利浦公司的许可即使用其相关专利技术因而构成专利侵权，而该案被告则主张飞利浦公司的行为已构成滥用其在 CD－Rs 市场的支配地位，即使自己的使用行为构成专利侵权也可以进行强制许可抗辩（Compulsory License Defense）。对此，德国联邦最高法院认为，如果原告的专利已经成为进入相关市场必不可少的前提条件且原告的拒绝许可缺乏合理性和公正性，则被告可以适用强制许可抗辩。就该案而言，德国联邦最高法院认为，标准必要专利权利人在其标准必要专利许可市场拥有市场支配地位，又根据《欧盟运作条约》第 102 条的规定，拒绝许可标准必要专利可能会构成滥用市场支配地位，而申请禁令的实际效果就是拒绝许可，因此也可能构成滥用市场支配地位。在承认被控侵权人可以依据竞争法提出禁令救济抗辩的同时，德国联邦最高法院也对提出强制许可抗辩的被告本身提出了限制性的要求：1. 被告已经向原告提出了无条件的（Unconditional）、真实的（Genuine）、合理的（Reasonableness）和易于被接受的（Readily Acceptable）要约，具体而言，被告提出的要约必须：(1)包含标的物、授权范围、签约双方、使用费等所有合同必备要素；(2)价格必须很高，高到如果专利权人再多要求许可费就将违反反垄断法（在橙皮书案中虽然被告主张 3‰ 以下的许可费才是合理的许可费，但是法院最终判决 5‰ 以下的许可费都是合理的），为保险起见，被告的要约出价必须达到或者超出 FRAND 许可合理许可费的上限，如果被许可人不能就合理的许可费作出判断则可以请求法院进行判断；(3)被告提出的要约不能以专利有效为条件、不能以证明实际存在专利侵权为条件。2. 被告须预期履行（Anticipatory Performance）其合同相关义务，具体而言：(1)被告需要向原告提供其财务账单，以便原告查证被告使用其专利、获取收益的情况；(2)被告需要事先审慎而合理地判断原告可能要求的专利许可费，并在合理期限内准备足额的专利使用费；(3)将自己准备的专利使用费存于专门的托管账户上。

虽然从字面上看，"橙皮书"案回答的问题是：在何种情况下可以对已经取得市场支配地位的专利权人适用强制许可（亦即限制了专利权人对禁令救济的寻求），但由于禁令救济与强制许可法律效力的关联性，从该案的判决也可以推导出德国联邦最高法院对禁令救济的态度，即被告要阻却原告（专利权人）寻求禁令救

---

① 赵启杉：《竞争法与专利法的交错：德国涉及标准必要专利侵权案件禁令救济规则演变研究》，《竞争政策研究》2015 年第 2 期。

济必须同时满足三个条件：(1)原告的专利已经成为进入相关市场必不可少的前提条件；(2)原告拒绝许可缺乏合理性和公正性；(3)被告已经按照法院的要求证明了其希望获得专利许可的诚意。

2. 请求损害赔偿金

德国《专利法》第 139 条第(2)款规定：任何故意或者过失侵犯专利权的人，对被侵权人因此产生的损害负有赔偿义务。侵权损害的赔偿数额，可以按照侵权人因侵权所获得的利益确定。赔偿数额也可以按照侵权人作为发明的实施许可人时应支付的合理补偿费确定。

3. 销毁侵权产品

德国《专利法》第 140 条 A 规定：

(1)对任何违反第 9 条至第 13 条规定实施专利发明的人，被侵权人可以请求销毁侵权人占有或者所有的受专利保护的产品。对依照专利方法直接制造的产品，也适用第一句的规定。

(2)第(1)款的规定参照适用于侵权人所有并专用于制造上述产品的设备和原料。

4. 召回

德国《专利法》第 140A 条(3)规定：对任何违反第 9 条至第 13 条规定实施专利发明的人，被侵权人可以请求侵权人召回主题为该专利的产品，或者请求从销售渠道中完全清除这些产品。对以专利方法直接制造的产品，也适用第一句的规定。这意味着侵权人将被迫经由销售网络召回产品。

5. 告知关于该产品的来源和销售渠道的信息

德国《专利法》第 140 条 B(1)规定：对任何违反第 9 条至第 13 条规定的实施专利的人，被侵权人可以要求其立即告知关于该产品的来源和销售渠道的信息。

6. 出示与检查

德国《专利法》第 140 条 C(1)规定：对任何有足够可能性违反第 9 条至第 13 条中规定实施专利发明的人，在必要情况下，权利所有人或者其他权利人可以要求出示其具有处分权的文件，或者要求检查其具有处分权的物品，或者检查一项受专利保护的方法，以证明其享有处分权。如果存在以商业规模侵权的足够可能性，可以要求出示有关银行、金融、交易的书面证据。在特别情况下，侵权嫌疑人如果能证明有关证据涉及保密信息，法院应采取必要的保护措施。

7. 出示银行、金融或商业文件

德国《专利法》第 140 条 D(1)规定：侵权人以商业规模方式实施第 139 条第(2)款规定的侵权行为的，被侵权人可以要求侵权嫌疑人出示银行、金融、交易的书面材料或者有关这些证据的一份合理补充材料，前提是侵权人对这些材料有处分权，且这些材料对损害赔偿请求权的实现必不可少，缺少这些文件损害赔偿请求将难以实现。在特别情况下,侵权嫌疑人如果能证明有关证据涉及保密信息,法院应采取必要的保护措施。

8. 刑事责任

德国《专利法》第 142 条规定:

第一,未经专利权人或者补充保护证书(第 16 条 A 和第 49 条 A)权利人的同意,从事下列行为之一的,处三年以下有期徒刑或者罚金:

制造、提供、使用受专利或者补充保护证书保护的产品,或者将其投放市场,或者为上述目的进口或者储存该产品(第 9 条第二句第 1 项);在本法适用范围内,使用或者许诺使用受专利或者相应的补充保护证书保护的方法(第九条第二句第 2 项)。对依照受专利或者补充保护证书保护的方法直接制造的产品,也适用第一句第 1 项的规定(第 9 条第二句第 3 项)。

第二,以商业目的实施专利的,处以 5 年以下的有期徒刑或者罚金。

第三,企图实施上述行为的,也应当受处罚。

第四,第一款规定的行为,告诉才处理,除非刑事追诉机关认为,对保护特别的公共利益而言依职权进行刑事追诉是必需的。

第五,可以没收涉及犯罪行为的产品。适用《刑法》第 74 条 A 的规定。依据《刑事诉讼法》关于受害人的损害赔偿的规定(第 403 条至第 406 条 C)提起的诉讼中,根据第 140 条 A 提出的请求得到支持的,不适用有关没收的规定。

9. 颁发扣押令、销毁

德国《专利法》第 142 条 A 规定:

(1)存在明显的侵权行为,但不适用欧委会第 1383/2003 号命令(欧共体)关于海关针对涉嫌侵犯知识产权商品的行动和针对侵犯知名知识产权商品的措施的规定的生效文本的,依权利人请求并且提供担保,海关应当扣押进口或者出口侵犯本法保护的专利权的产品。在与欧洲联盟的其他成员国以及欧洲经济区协议缔约国间的贸易中,仅由海关负责执行该规定。

(2)海关颁发扣押令时,应当立即通知有处分权的人和请求人。海关应当将产品的来源、数量、存放地点以及有处分权人的姓名和住址告知请求人,并限制通信和通讯秘密(《基本法》第 10 条)。只要不妨碍正常营业或者商业秘密,应当给予请求人检查涉嫌侵权产品的机会。

(3)对扣押未提出异议的,最迟在依据第(2)款第一句规定的通知送达后两周内,海关当局应当没收已扣押的产品。

德国《专利法》第 142 条 B 规定:

(1)海关当局根据第 1383/2003 号命令(欧共体)第 9 条的规定,中断或者阻止商品的移交的,海关当局应当立即通知权利人以及请求人或者商品持有人或者所有人。

(2)在第(1)款的情况下,权利人可以要求以第 1383/2003 号命令(欧共体)规定中列举的简化方法销毁商品。

(二)实用新型

1. 申请禁令

德国《实用新型法》第 24 条(1)规定:

对任何违反第 11 条至第 14 条规定使用实用新型的人,被侵权人可以请求制止其连续性侵权行为。也可请求制止其一次性侵权行为。

2. 赔偿损失

德国《实用新型法》第 24 条(2)规定:任何故意或者过失侵权人,都对被侵权人因此产生的损害负有赔偿义务。侵权损害的赔偿数额,可以按照侵权人因侵权所获得的利益确定。赔偿数额也可以按照侵权人作为发明实施许可人时应支付的合理补偿费确定。

3. 销毁

德国《实用新型法》第 24 条 A(1)规定:对任何违反第 11 条至第 14 条规定使用实用新型的人,被侵权人可以请求销毁侵权人占有或者所有的受实用新型保护的产品。第一句的规定参照适用于侵权人所有并主要用于制造上述产品的设备和原料。

4. 召回

德国《实用新型法》第 24 条 A(2)规定:对任何违反第 11 条至第 14 条规定使用实用新型的人,被侵权人可以请求侵权人召回主题为该实用新型的产品,或者请求从销售渠道中完全清除这些产品。但可以以其他方式消除产品的侵权特征,或者在具体案件中的销毁对侵害人或者所有人不相当的,可以不销毁。

5. 告知信息

德国《实用新型法》第 24 条 B 规定:

(1)对任何违反第 11 条至第 14 条规定使用实用新型的人,被侵权人可以要求其尽快告知关于该产品的来源和销售渠道的信息;

(2)在明显侵权或者被侵权人向侵权人提起诉讼的场合下,在不违背第一款规定情况下,被侵权人也可对曾以商业规模从事下列行为的人提出告知信息的要求。

6. 出示、检查

德国《实用新型法》第 24 条 C 规定:对任何有足够可能性违反第 11 条至第 14 条中规定使用实用新型的人,在必要情况下,权利所有人或者其他权利人可以要求出示其具有处分权的文件或者要求检查其具有处分权的物品,以证明其享有处分权。如果存在以商业规模侵权的足够可能性,可以要求出示有关银行、金融、交易的书面证据。在特别情况下,侵权嫌疑人如果能证明有关证据涉及保密信息,法院应采取必要保护措施。

7. 追究刑事责任

德国《实用新型法》第 25 条规定:

(1)未经实用新型权利人的必要同意,从事下列行为之一的,处 3 年以下的有期徒刑或者罚金:

第一,制造、提供、使用属于实用新型主题的产品,或者将其投放市场,或者为上述目的而进口或者存储该产品(第 11 条第(1)款第二句);

第二,违反第 14 条的规定,行使基于专利的权利。

(2)以商业目的实施实用新型的,处 5 年以下的有期徒刑或者罚金。

(3)企图实施上述行为的,也应受处罚。

(4)第(1)款规定的行为,告诉才处理,除非刑事追诉机关认为对保护特别的公共利益而言依职权进行刑事追诉是必需的。

(5)可以没收涉及犯罪行为的产品。适用《刑法》第 74 条 A 的规定。依据《刑事诉讼法》关于受害人的损害赔偿的规定(第 403 条至第 406 条 C)提起的诉讼中,根据第 24 条 A 提出的请求得到支持的,则不适用有关没收的规定。

8. 扣押

德国《实用新型法》第 25 条 A 规定:如果有明显侵权行为,进口或者出口侵犯本法保护的实用新型的产品的,权利人提出申请并且提供担保的,海关当局应当进行扣押。在与欧洲联盟的其他成员国以及欧洲经济区协议缔约国间的贸易中,仅由海关当局负责执行该规定。

(三)外观设计

1. 申请禁令

德国《外观设计法》第 42 条规定:对任何违反第 38 条第 1 款第 1 句的规定实施外观设计的人(侵权人),权利人或者任何其他有权利的人可以要求其消除妨碍、停止连续性侵权行为,也可请求制止其一次性侵权行为。

2. 赔偿损失

对任何故意或者过失实施侵权行为的人,对被侵权人因此产生的损害负有赔偿义务。侵权损害的赔偿数额,可以按照侵权人因侵权所获得的利益确定。赔偿数额也可以按照侵权人作为外观设计的实施许可人时应支付的合理补偿费用确定。

3. 销毁、召回和转让

德国《外观设计法》第 43 条规定:

(1)被侵权人可以请求侵权人销毁其当时占有或者所有的非法制造、流通或者用于非法流通的产品。对侵权人所有的主要用于制造这些产品的设备,也参照适用第一句的规定。

（2）被侵权人可以请求侵权人召回其非法制造、流通或者用于非法流通的产品，或者请求从销售渠道中彻底清除这些产品。

（3）除了第 1 款规定的措施，被侵权人可以要求侵权人将其所有的这些产品，以一个不超出制造成本的合理价格，转让给被侵权人。

4. 补偿

德国《外观设计法》第 45 条规定：如果侵权人既无故意又无过失的，可以通过向被侵权人补偿金钱的形式，避免第 42 条和第 43 条的权利主张，如果满足这些权利主张将给侵权人带来不合理的损失并且金钱补偿对被侵权人合理的。做为补偿应支付的金钱数额，应根据缔结合同的情况下所享有的合理报酬加以衡量。一旦支付补偿，在通常的使用范围内，被侵害人的同意视为授权。

5. 信息告知

德国《外观设计法》第 46 条规定：

（1）被侵权人可以要求侵权人即可告知关于该产品的来源和销售途径的信息。

（2）在明显侵权或者被侵权人向侵权人提起诉讼的场合下，即使有第 1 款的规定，被侵权人也可向某人提起上述请求。

6. 陈述和检查

德国《外观设计法》第 46 条 a 规定：对有足够可能性出现侵权时，为了确保请求权具有基础，权利所有人或者其他权利人可以要求有嫌疑的侵权人出示其具有处分权的文件，或者要求检查其具有处分权的物品。如果存在以商业规模侵权的足够可能性，可以要求出示有关银行、金融、交易的书面证据。在特别情况下，侵权嫌疑人如果能证明有关证据涉及保密信息，法院应采取必要的保护措施。

7. 对损失赔偿请求权的保护措施

德国《外观设计法》第 46 条 b 规定：侵权人以第 42 条第 2 款规定的商业规模方式侵权时，被侵权人可以要求侵权人出示银行、金融、交易的书面材料或者有关这些证据的一份合理补充材料，前提是侵权人对这些材料有处分权，且这些材料对损害赔偿请求权的实现必不可少，缺少这些文件损害赔偿请求将难以实现。在特别情况下，侵权嫌疑人如果能证明有关证明涉及保密信息，法院应采取必要的保护措施。

8. 追究刑事责任

德国《外观设计法》第 51 条规定：

（1）违反本法第 38 条第 1 款第 1 句，实施外观设计的，无须权利人的同意，可处 3 年以下的有期徒刑或者罚金。

（2）以商业目的实施专利的，处以 5 年以下的有期徒刑或者罚金。

（3）企图实施上述行为的，也应受处罚。

（4）第 1 款规定的行为，告诉才处理，除非刑事追诉机关认为，对保护特别的公共利益而言依职权进行刑事追诉是必需的。

（5）可以没收涉及犯罪行为的产品。

适用《刑法》第 74 条 a 的规定，若在依据刑事诉讼法关于补偿受损害方的规定（第 403 至第 406 条 c）所进行的程序中，提起本法第 43 条的诉讼请求的，则不适用有关没收的规定。

9. 进出口时的扣押

第 55 条规定：若存在第 38 条第 1 款规定的明显侵权行为，以及如果不适用欧委会第 1383/2003 号命令（欧共体）关于海关针对涉嫌侵犯知识产权的商品的行动和针对侵犯知名知识产权的商品的措施的规定的每一个生效文本的，依权利人申请并且提供担保的，海关应当扣押每次进口或者出口的产品。在与欧洲联盟的其他成员国以及欧洲经济区协议缔约国间的贸易中，仅由海关负责执行该规定。

二、美国专利侵权救济

（一）禁令

美国《专利法》第 283 条规定：数法院对本编中的诉讼案有管辖权时，都可以依照衡平法原则发出禁令，防止法院以认为合理的条件侵害由专利证书取得的任何权利。

（二）损害赔偿金

美国《专利法》第 284 条规定：法院在作出有利于请求人的裁决后，应该判给请求人足以补偿所受侵害的赔偿金，无论如何，不得少于侵害人使用该项发明的合理使用费，以及法院所制定的利息和诉讼费用。陪审人员没有决定损害赔偿金时，法院应该估定之。不论由陪审人员还是由法院决定，法院都可以将损害赔偿金额增加到原决定或估定的数额的 3 倍。法院可以接受专家的证词以协助决定损害赔偿金或根据情况应该是合理的使用费。

（三）律师费

美国《专利法》第 285 条规定，在例外情况，法院也可判定价诉人负担合理的律师费用。

（四）罚款

美国《专利法》第 292 条规定：

（a）未经专利权人同意，任何人在其所制造、使用或出售的物品上，标注、缀附，或者在与该物品有关的广告中使用专利权人的姓名或姓名的仿造、专利号或"专利""专利权人"等类似字样的标记，意图伪造或仿造专利权人的标记，或意图欺骗公众使其相信该物品是经专利权人同意而制造或出售的。任何人为了欺骗公众,在未取得专利权的物品上标注、缀附,或者在与该物品有关的广告中使用"专利"字样或任何含有该物已取得专利权之意的其他字样或号码。任何人为了欺骗公众,在其并未申请专利,或已申请而并非在审查中时,就在物品上标注、缀附,或者在有关广告中使用"已申请专利""专利审查中"字样,或任何含有已经申请专利之含意的其他字样。上述情形,每一罪行应处以不超过 500 元的罚金。

(b)任何人都可以提出对冒用者处罚控告。在该项案件中,罚金的一半付给控告人,另一半供美国政府使用。

《美国发明法案》推翻任何人都可以起诉的条款。规定只有同虚假标识的专利所有人有竞争并受到伤害的人才可以起诉

三、日本专利侵权救济

(一)发明

1. 申请禁令

日本《专利法》第 100 条第 1 款规定:专利权人或专用实施权人,对于侵害自己的专利权或专用实施权的人或者有可能进行侵害者,可以请求停止或预防其侵害。

2. 废弃侵害行为产品

日本《专利法》第 100 条第 2 款规定:专利权人或专用实施权人,在进行依前款规定进行请求时,可以请求废弃组成侵害行为的产品(就产品生产方法的专利发明,包括侵害行为产生的产品),除掉供侵害行为的设备及其他为预防侵害所必要的行为。

3. 损害赔偿

日本《专利法》第 102 条规定:

(1)专利权人或专用实施权人对于因故意或过失而侵害自己的专利权或专用实施权的人,当请求因其侵害自己权利提出损害赔偿时,有关人员因其侵害行为而得到利益时,其所获利益的金额,推定为专利权人或专用实施权人所受损害的金额。

(2)专利权人或专用实施权人,对于因故意或过失而侵害自己的专利权或专用实施权人,将相当于对实施该专利发明通常应得金额,作为自己受到损害的金额要求赔偿。

(3)前款的规定,不妨碍请求超过同款规定金额的损害赔偿。在此情况下,侵害专利权或专用实施权人非故意或无重大过失时,法院有权斟酌决定损害的赔偿金额。

4. 追究刑事责任

日本《专利法》第 196 条规定:

(1)侵害专利权或专用实施权人,判五年以下有期徒刑或 50 万日元以下罚金。

(2)侵害第 52 条第 1 款(包括准用于第 159 第 3 款的场合及第 161 条之 3 第 3 款的场合)权利者,该专利权已进行设定注册时,判 5 年以下有期徒刑或 50 万日元以下罚金。构成虚假标牌罪,判 3 年以下有期徒刑或 20 万日元以下罚金。

（二）外观设计

1. 禁止请求权

日本《外观设计法》第 37 条 1 规定:外观设计权人或独占实施许可的被许可人可以请求侵犯或可能侵犯自己的外观设计权或独占实施许可的人停止侵权或预防侵权。

2. 销毁、拆除

日本《外观设计法》第 37 条 2 规定:在提出 1 款规定的请求时,外观设计权人或独占实施许可的被许可人可以请求销毁构成侵权行为的物品、拆除用于侵权行为的设备或为预防侵权采取必要的措施。

3. 赔偿损失

日本《外观设计法》第 39 条规定:

(1)外观设计权人或独占实施许可的被许可人向故意或因过失侵犯自己的外观设计权或独占实施许可的人请求赔偿自己因其侵犯所受损失时,如果侵权人因其侵权行为而获益时,该获利数额推定为外观设计权人或独占实施许可的被许可人所受损失数额。

(2)外观设计权人或独占实施许可的被许可人向故意或因过失侵犯自己的外观设计权或独占实施许可的人请求赔偿损失时,可以将相当于其注册外观设计或其类似外观设计实施时通常应当得到的金钱数额作为自己所受损失数额。

(3)前款规定并不妨碍超出该款规定的金额请求赔偿损失。在这种情况下,如果侵犯外观设计权或独占实施许可的人非故意或无重大过失时,法院在确定损失数额时可以将该款规定的金额作为参考。

4. 追究刑事责任

日本《外观设计法》第 69 条规定:侵犯外观设计权或独占实施许可者,或 30 万日元以下罚金;以欺诈行为取得外观设计注册或判决者,处 1 年以下有期徒刑或 10 万日元以下罚金;违反禁止假冒标志规定者,处 1 年以下有期徒刑或 10 万日元以下罚金。

四、中国专利侵权救济

（一）申请诉前禁令

我国《专利法》第 66 条规定:专利权人或者利害关系人有证据证明他人正在

实施或者即将实施侵犯专利权的行为,如不及时制止将会使其合法权益受到难以弥补的损害的,可以在起诉前向人民法院申请采取责令停止有关行为的措施。

(二)申请证据保全

我国《专利法》第67条规定:为了制止专利侵权行为,在证据可能灭失或者以后难以取得的情况下,专利权人或者利害关系人可以在起诉前向人民法院申请保全证据。

(三)赔偿损失

我国《专利法》第65条规定:侵犯专利权的赔偿数额按照权利人因被侵权所受到的实际损失确定;实际损失难以确定的,可以按照侵权人因侵权所获得的利益确定。权利人的损失或者侵权人获得的利益难以确定的,参照该专利许可使用费的倍数合理确定。赔偿数额还应当包括权利人为制止侵权行为所支付的合理开支。

权利人的损失、侵权人获得的利益和专利许可使用费均难以确定的,人民法院可以根据专利权的类型、侵权行为的性质和情节等因素,确定给予一万元以上一百万元以下的赔偿。

根据《最高人民法院关于修改〈最高人民法院关于审理专利纠纷案件适用法律问题的若干规定〉的决定》第十九条规定,假冒他人专利的,人民法院可以依照专利法第六十三条的规定确定其民事责任。管理专利工作的部门未给予行政处罚的,人民法院可以依照民法通则第一百三十四条第三款的规定给予民事制裁,适用民事罚款数额可以参照专利法第六十三条的规定确定。

第二十条规定,《专利法》第六十五条规定的权利人因被侵权所受到的实际损失可以根据专利权人的专利产品因侵权所造成销售量减少的总数乘以每件专利产品的合理利润所得之积计算。权利人销售量减少的总数难以确定的,侵权产品在市场上销售的总数乘以每件专利产品的合理利润所得之积可以视为权利人因被侵权所受到的实际损失。

第二十一条规定,《专利法》第六十五条规定的侵权人因侵权所获得的利益可以根据该侵权产品在市场上销售的总数乘以每件侵权产品的合理利润所得之积计算。侵权人因侵权所获得的利益一般按照侵权人的营业利润计算,对于完全以侵权为业的侵权人,可以按照销售利润计算。

权利人的损失或者侵权人获得的利益难以确定,有专利许可使用费可以参照的,人民法院可以根据专利权的类型、侵权行为的性质和情节、专利许可的性质、范围、时间等因素,参照该专利许可使用费的倍数合理确定赔偿数额;没有专利许可使用费可以参照或者专利许可使用费明显不合理的,人民法院可以根据专利权的类型、侵权行为的性质和情节等因素,依照《专利法》第六十五条第二款的规定确定赔偿数额。

（四）询问、检查、查阅、复制、查封和扣押

我国《专利法》第 64 条规定：管理专利工作的部门根据已经取得的证据，对涉嫌假冒专利行为进行查处时，可以询问有关当事人，调查与涉嫌违法行为有关的情况；对当事人涉嫌违法行为的场所实施现场检查；查阅、复制与涉嫌违法行为有关的合同、发票、账簿以及其他有关资料；检查与涉嫌违法行为有关的产品，对有证据证明是假冒专利的产品，可以查封或者扣押。

（五）罚款

我国《专利法》第 63 条规定：假冒专利不构成犯罪的，除依法承担民事责任外，由管理专利工作的部门责令改正并予公告，没收违法所得，可以并处违法所得 4 倍以下的罚款；没有违法所得的，可以处 20 万元以下的罚款。

（六）追究刑事责任

根据我国《专利法》规定，假冒专利构成犯罪的，依法追究刑事责任。

专利犯罪行为，是指侵犯专利专用权行为情节严重，依照《刑法》的规定构成犯罪，应当给予刑罚处罚的行为。《刑法》第 216 条规定：假冒他人专利，情节严重的，处 3 年以下有期徒刑或者拘役，并处或者单处罚金。

《最高人民法院、最高人民检察院关于办理侵犯知识产权刑事案件具体应用法律若干问题的解释》第 4 条规定：假冒他人专利，具有下列情形之一的，属于《刑法》第 216 条规定的"情节严重"，应当以假冒专利罪判处 3 年以下有期徒刑或者拘役，并处或者单处罚金：

1. 非法经营数额在 20 万元以上或者违法所得数额在 10 万元以上的；

2. 给专利权人造成直接经济损失 50 万元以上的；

3. 假冒两项以上他人专利，非法经营数额在 10 万元以上或者违法所得数额在 5 万元以上的；

4. 其他情节严重的情形。

第 10 条规定：实施下列行为之一的，属于《刑法》第 216 条规定的"假冒他人专利"的行为：

1. 未经许可，在其制造或者销售的产品、产品的包装上标注他人专利号的；

2. 未经许可，在广告或者其他宣传材料中使用他人的专利号，使人将所涉及的技术误认为是他人专利技术的；

3. 未经许可，在合同中使用他人的专利号，使人将合同涉及的技术误认为是他人专利技术的；

4. 伪造或者变造他人的专利证书、专利文件或者专利申请文件的。

第三章　比较商标法

第一节　商标法概述

一、商标与商标法

商标是商品的生产者、经营者在其生产、制造、加工、拣选或者销售的商品上或者服务的提供者在其提供的服务上所采用的,用于区别商品或服务来源的标志。

商标法是调整因商标的构成、注册、使用、转让、保护和管理等所发生的社会关系的法律规范总称。商标法所包括的法律规范,是指以商标法为主的所有调整商标法律关系的法律、行政法规、条例、实施细则等的总和。它的主要作用是加强商标管理,保护商标专用权,促使生产、经营者保证商品和服务质量,保障消费者的利益,促进市场经济健康稳定的发展。商标法的核心内容是商标专用权的保护,围绕着商标权,规定了商标的构成要素、商标的申请注册、商标权的取得及利用、商标权的转让和使用许可、注册商标的无效宣告、商标使用的管理及商标权的侵权与救济等内容。

二、商标法的调整对象

商标法的调整对象是指商标法所调整的在商标的注册、使用、转让、保护和管理等过程中所发生的社会关系。具体包括以下内容:

(一)商标管理关系

商标管理关系是指商标管理机关与商标注册申请人之间,在商标的注册、使用和管理过程中所发生的关系。具体包括:商标注册申请的核准关系、商标权的使用和转让关系、商标权的续展和保护关系以及商标的印制关系等。

(二)商标使用关系

商标使用关系是指商标注册人与他人之间因注册商标的转让、许可使用和争议所发生的社会关系。具体包括:对初步审定、予以公告的商标有异议的异议人与被异议人之间的关系;对已核准注册的商标有争议的争议人与被争议人之间的关系以及因商标的转让、许可和继承而发生的转让人与受让人、许可人与被许可人、继承人与被继承人之间的关系等。

(三)商标管理机关内部的商标关系

商标管理机关内部的商标关系,是指国家商标管理部门与地方商标管理部门在商标管理过程中所发生的关系。主要包括商标法对他们各自职责所作的不同划分,如一些国家商标法规定国家商标部门负责对申请注册的商标进行审核,地方各级商标管理部门负责对商标侵权行为进行查处和救济等。

（四）商标保护关系

商标保护关系,是指商标权人与商标侵权人、商标侵权纠纷当事人与商标权救济机关等因保护商标专用权而发生的关系,具体包括商标的行政保护、商标的司法保护以及侵权人应当承担的法律责任等①。

三、部分国家的商标立法概况

商标法律制度的发展经历了一个漫长的过程,最早发轫于西方工业发达国家。19 世纪以后,商标被作为一种私有财产受到法律保护。工商业比较发达的一些国家开始率先制定了专门的法律,保护商标所有人的利益。开创近代商标制度的法律是 1804 年法国的《拿破仑法典》,该法典首次肯定了商标作为无形财产与有形财产一样受法律保护。此后,世界上大多数国家都根据本国社会经济发展的需要,陆续制定了商标法律。

（一）法国商标立法

法国是世界上第一个制定成文商标法的国家。早在 1857 年就颁布了《关于以使用原则和不审查原则为内容的制造标记和商标的法律》。但这部法律对商标的注册和商标权的保护都非常宽松自由,很多原则与现在的商标法通行原则相悖,并不能对注册商标提供有效的保护。

1964 年,法国又制定了具有现代意义的《商标及服务商标法》。该法对原有的商标注册制度进行了重大修改,确立了商标权的注册取得制度、对注册商标的形式审查制度和注册商标必须使用制度,这些制度对国际商标制度的发展产生了重大影响,之后,很多国家的商标立法中都采用了这些制度。

1991 年,法国按照 1988 年《欧洲共同体协调成员国商标立法理事会第一号指令》②的要求,全面修改了《商标及服务商标法》。通过这次修改,新的《商标及服务商标法》增加了对音响商标的保护、设立了商标的异议制度、扩大了对著名商标的保护、承认了权利穷竭及商标显著性可以经使用而产生或丧失的理论、允许对欺诈注册提起所有权诉讼和强化了对制假售假的惩罚力度。

1992 年 7 月 1 日,法国颁布了 92－597 号法律,将当时 23 个与知识产权有关的单行立法汇编整理成统一的《知识产权法典》(法律部分)。其中,第七卷第一编为《制造、商业及服务商标》,这就是法国现行的《商标法》。该法此后历经 1993

---

① 王莲峰:《商标法学》,北京大学出版社 2014 年版,第 35 页。

② 李德明、闫文军、黄晖等:《欧盟知识产权法》,法律出版社 2010 年版,第 19 页。

年、1994 年和 1996 年三次修改,使得法国的商标法始终处于世界各国的前列。该法结构严谨,内容详尽,创立或引进了诸多商标的前沿理论和制度。

纵观法国的商标法立法过程,体现了"早"与"变"的精神,作为世界上最早制定成文商标法的国家,法国对注册商标的保护观念在世界上可谓是首屈一指。尽管法国的商标法颁布时间早,但在内容上饱受诟病,其对当时注册商标的保护只是纸上谈兵,实际起的作用微乎其微。随着法国工业革命的兴起,高新技术产业的繁荣,商标日益成为经济社会中举足轻重的商业成果,甚至有着高于产品的地位。为适应工商业的发展,法国对商标法进行了多次修改,扩大和强化对于注册商标的保护范围与力度,这大大促进了商品经济的繁荣,为法国经济建设贡献了不可磨灭的力量。与此同时,法国日益完善的商标立法也被国际社会所借鉴与采纳,使得商标法在国际经济社会的交往中发挥着越来越重要的作用。

（二）日本商标立法

日本最早制定的《商标法》是 1884 年的《商标条例》（日本明治 17 年太政官布告 19 号,10 月 1 日实施）,1899 年,日本将《商标条例》改名为日本《商标法》（明治 32 年法律 25 号,11 月 1 日施行）,这次修改,主要是为了应对日本加入《巴黎公约》。1921 年,日本对《商标法》进行全面修改。其后,随着日本国内经济的不断发展,为了提升本国企业的国际竞争力,日本《商标法》历经数次修改,以保证其《商标法》的国际性和前沿性。这几次修改有:1929 年,因民事诉讼法的修改作相应修改;1934 年、1938 年为加入《海牙公约》和《伦敦公约》又对其《商标法》作了修改;1947 年,与新宪法制定同时作相应修改。日本现行的《商标法》[①]是 1959 年 4 月 13 日制定的,一直沿用至今。其间,对该《商标法》进行了 9 次修改。最近一次的修改在 2011 年 6 月完成[②]。

（三）德国商标立法

德国最早的商标立法始于 1874 年德意志帝国时期颁布的《商标保护法》。1968 年德国又制定了《德国商标法》,1979 年和 1987 年曾对该法进行两次修改。这部商标法逻辑结构严密,在世界立法史中享有较高声誉。

为贯彻欧共体 1988 年 12 月 21 日关于协调共同体国家商标法的指令,德国对原商标法进行了重新修订。德国现行《商标和其他标志保护法》[③]颁布于 1994 年 10 月 25 日,1995 年 1 月 1 日生效,共 104 条,分 9 部分,它具有完整的结构,不与其他的法案交叉索引。1996 年 7 月 24 日,德国对《商标法》进行了修改,其修

---

① 《日本商标法》,李扬译,知识产权出版社 2011 年版。本章引用参考《日本商标法》均以该文本为准,下同。

② 王勇:《中日商标法主要内容之比较及其对中国修改商标法的启示》,《山东社会科学》2013 年第 4 期。

③ 《德国商标法》（德国商标与其他标志保护法）,范长军译,知识产权出版社 2011 年版。本章引用参考《德国商标法》均以该文本为准,下同。

改部分于 1996 年 7 月 25 日生效,其中第 29 条第 3 款于 1999 年 1 月 1 日生效。经过修改的德国《商标法》,具有鲜明的时代特征,不但对国际社会普遍关注的地理标志作了专章规定,而且适应 TRIPS 协议的要求,增加了对侵权商品的海关保护措施。

德国作为一个早期的资本主义国家,其商标立法时间与其他国家相比也较早。德国法向来有着结构严谨、概念科学的特点,德国《商标法》有着严密的逻辑结构,在世界立法史上有较高声誉,为世界商标立法做出了榜样。

(四)美国商标立法

美国《商标法》是在其判例法的基础上发展起来的。美国于 1870 年颁布第一部联邦《商标法》[①]。从 1905 年开始,美国把注册商标与虽未注册但其使用超出了一州地域的商标,都纳入了联邦《商标法》的调整范围。

美国现行商标注册和保护的法律主要是 1946 年制定的《商标法》,通常将其称为《兰哈姆法》(Lanham Act)。该法于 1947 年 7 月 5 日生效,载于《美国法典》第 15 编。有关法规还包括 1989 年 10 月 11 日的《商标法实施细则》、1984 年 10 月 12 日生效的《1984 年商标假冒条例》以及与反不正当竞争有关的成文法规和商标案例实践规则、1996 年生效的《1995 年联邦商标反淡化法》(Federal Trademark Dilution Act of1995)[②]等。还有各州自己制定的调整商标关系的相关法律法规。其中,《联邦商标反淡化法》[③]在世界上影响较大,修改频率也较快。

美国《商标法》的最大特点是,在一个国家内并行着联邦和州两套商标法律制度。根据美国《宪法》,各州都有权制定商标法,同时可以依据普通法保护商标专用权。依据各州商标法取得的商标专用权只在一个州内有效,各州商标局无权受理外国人的申请,外国人只能向联邦专利商标局申请商标注册。根据现行法律,在美国已经使用或意图在美国使用某一商标的人可以提出商标注册申请。美国实行"使用在先"的原则,但商标注册 5 年后成为不可撤销的商标,他人不能再以使用在先为理由要求撤销注册。

美国作为英美法系的典型代表,有着适用判例法的传统,早期并没有制定各项成文法,而是利用各种先例作为案件裁判依据,这导致美国的商标立法较同时代的大陆法系国家较晚,但成文法制定时间晚并不代表美国的商标法制落后,在判例法基础上建立起来的《商标法》同样有着先进的规范内容,其调整范围甚至广于同时代其他国家的商标立法。除了《商标法》外,还有多种条例、法规规制着商

① 刘孔中:《比较商标法》,新学林出版股份有限公司 2014 年版,第 391 页。

② 《美国商标法》,杜颖译,知识产权出版社 2013 年版。本章引用参考《美国商标法》均以该文本为准,下同。

③ 淡化,是指将他人的驰名商标注册于非类似的商品或服务之上,虽然不一定造成消费者的混淆,但可以降低该驰名商标所指示的商品的能力。

标的注册、使用、转让、保护和管理,同时美国允许在联邦商标法之外各州可以制定各自的商标法律法规,各州之间施行不同的商标法律制度,互不干扰,这也凸显了美国作为一个联邦制国家独具特色的商标制度。

（五）中国商标立法

新中国成立后,1950 年政务院颁布《商标注册登记暂行条例》及实施细则,实行统一的商标注册制度。1963 年全国人大和国务院颁布《商标管理条例》,规定了强制注册制度。1982 年为适应改革开放的形势,我国制定了新中国第一部商标法,并于 1983 年 3 月 1 日正式施行。同年 3 月,国务院发布了《中华人民共和国商标法实施细则》。为了适应国内市场经济发展的需要和国际商标制度接轨的要求,1993 年、2001 年,我国对《商标法》进行了两次修正[1]。

经过两次修改后的《商标法》基本满足了现实的要求,我国商标的保护也取得了长足的进步。但随着市场经济的发展,2001 年《商标法》的有些内容已难以适应实际的需要,为了实施国家知识产权战略,充分发挥商标制度对经济发展的作用,2013 年 8 月 30 日第十二届全国人民代表大会常务委员会第四次会议三审通过了《关于修改〈中华人民共和国商标法〉的决定》,自 2014 年 5 月 1 日起施行。这是现行《商标法》自 1982 年颁布以来最大规模的一次修改。

第二节　商标权的取得

商标权是商标所有人依法对其注册商标所享有的专有权。商标权是商标法的核心。商标法就是围绕着商标权的一系列问题,诸如商标权的取得、内容、行使、期限、续展、终止、使用许可及法律保护等建立起来的制度。

一、商标权的取得方式

商标权的取得是指依据什么原则和采取什么方式获得商标权。虽然各国的商标法律规范对于商标权的取得规定不一,但作为无形财产权的商标权同一般的有形财产权一样,其取得方式依其来源的不同,大致可分为原始取得和继受取得。这两种取得方式的主要区别在于商标权的取得是否以原商标所有人的商标权及其意志为依据。

（一）原始取得

原始取得,又称直接取得,即以法律规定为依据,具备了法定条件并经商标主管机关核准直接取得的商标权。这种权利的取得是最初的,而不是以原商标所有人商标权及其意志为依据而产生的。当前,各国商标权的原始取得通常采用以下

---

① 杨士虎:《中国加拿大知识产权法比较研究》,中国社会科学出版社 2010 年版,第 184 页。

三种原则：

1. 使用原则

从商标权产生方式的发展历程来看，使用原则是一种贴近商标出现并使用的历史现实，更昭示商标现实意义和价值的一种商标权取得原则。商标是在商品交易中出现的，是商品经济发展的自然结果，在现代的法律制度对其承认并进行调整之前，在商品交易市场中被使用的商标上已经体现了自然权利的存在。可以说，使用原则是现代商标法制度在早期所普遍采用的商标权取得原则。

使用原则是指按使用商标的时间先后来确定商标权的归属，即谁先使用该商标，该商标的商标权就属于谁，并可以"使用在先"为由对抗使用在后的人，要求撤销其注册商标。采用这一原则确认商标权的取得有利于使用在先的人，但不利于使用在后的注册商标所有人。这种做法会使注册商标长期处于不稳定状态，这不仅不利于商标管理工作，而且一旦发生争议又不易查明谁是最先使用人，不利于争议的处理。因而，目前只有少数国家采用该原则，如美国、挪威、菲律宾和列支敦士登。

2. 注册原则

注册原则是指按照商标权是否登记注册来确定是否享有商标权，先申请注册并被批准的取得商标权。相较于使用原则，注册原则出现较晚。如果说商标权取得的使用原则是法律对商标出现、使用、需要被保护的现实需求在第一时间的本能的、直接的、如实的反映，那么商标权取得的注册原则就可以说是在相当长的一段时间的思考后，法律为更方便、更有效地调整商标法律关系而进行的有意制度设计。

商标注册是一种法律事实。一旦商标所有人通过注册取得了商标权，就受法律保护，而且未经注册的商标不受法律保护。根据这一原则，首先使用商标的人如不及时申请注册，而被他人抢先注册，也就无法对该已使用的商标取得商标权。采取商标注册原则，有利于增强企业的商标意识，促使民商事主体及时申请商标注册，同时也有利于商标管理工作。因而，现今包括我国在内的大多数国家采用商标注册原则，TRIPs协议确定了使用和注册都可以获得商标权。

3. 混合原则

这是使用原则与注册原则的折中适用。根据这一原则，商标使用主体虽然没有依据一定程序向相关部门注册商标，但可以在规定的期限内，以使用在先为理由，对抗他人相同或相近似的注册商标。如这种对抗成立，已注册的商标就会被撤销，如对抗不能成立，商标注册人即取得了商标专用权。这一原则被一些国家所采用，如美国、英国、西班牙等国都作出了这样规定的，只是商标使用人的对抗期限各异，美国规定为5年，英国规定为7年，西班牙规定为3年。

（二）继受取得

继受取得，又称传来取得，即商标权的取得不是最初产生的，而是以原商标所有人的商标权及其意志为依据,通过一定的法律事实实现商标权的转移。继受取得有两种方式:一种是根据转让合同,由受让人向出让人有偿或无偿地取得商标权;第二种方式是根据继承程序,由合法继承人继承被继承人的商标权。

本章依据各国商标法关于商标权取得的规定,主要讨论商标权的原始取得中的注册取得方式。

二、注册商标的构成条件

申请注册的商标,必须具备法律规定的条件方能通过商标管理部门的审查获准注册,从而成为商标权的客体。即使是未注册商标,也要符合商标法规定的条件。考察各国商标法立法,对注册商标的构成条件作出了不同的规定。

商标构成条件的总体要求是商标必须具有显著性、合法性和非冲突性(不和在先权利冲突)。

各国对于构成商标的要素的规定也不尽相同。根据商标构成要素,商标可以分为传统型商标和非传统型商标。一般而言,非传统商标包括立体商标、颜色商标、声音商标、气味商标、动态商标、触觉商标等。20 世纪 90 年代后期,随着经济的发展和技术的进步,商家越来越多地使用非传统商标作为营销手段以获取竞争上的优势[①]。

案例 3-1 美国"欧加农案"商标申请注册案[②]

2002 年,世界知名的医药生产商欧加农公司在其生产的速溶抗抑郁药上使用的桔子味申请商标注册。审查员根据下述两个理由拒绝注册:(1)该味道不能起到区别产品来源的作用;(2)该味道具有功能性。欧加农公司提出上诉,但是美国商标审判和上诉委员会支持审查员的观点。美国商标审判与上诉委员会没有允许味觉商标的注册,并对味觉商标的注册提出了一些质疑,似乎美国商标审判与上诉委员会的决定与扩大非传统商标注册保护的趋势是相背离的。美国商标审判与上诉委员会在 Remington 案中指出,味道不能注册为商标,除非该味道被消费者认为是区别产品和服务来源的标记。也就是说,只有该味道本身具有显著性或者通过长期使用具备了显著性才可以作为商标。味觉商标不可能立即被消费者认定为区别来源的标记,因此,味道标记在产品上使用的方式决定了其是否能作为商标,味道标记使用的证据决定了味道是否能起到商标的作用。本案中,欧加农公司在其生产的速溶抗抑郁药上使用的桔子味道申请商标注册,委员会的审查重点在于——申请注册的"桔子味道"会被消费者认为是产品来源标记,抑或仅仅是产品的特征之一。人类放进嘴里的任何东西都有一定的味道,委员会认为,

---

① 湛茜:《味觉商标的可注册性分——以美国"欧加农案"为视角析》,《行政与法》2010 年第 7 期。

② 湛茜:《味觉商标的可注册性分——以美国"欧加农案"为视角析》,《行政与法》2010 年第 7 期。

缺乏任何证据足以证明桔子味被视为欧加农公司生产的抗抑郁药的商标。相反证据表明桔子味道用于多种药物。消费者不会将桔子口味视为商标,相反他们会将其视为药物的某种特征。

(一)日本商标注册的构成要件

日本商标法对于商标权的取得采取注册在先原则,同时规定对积蓄了具体信誉之商标给予特别考量,就是对于已经蓄积了相当程度信誉的未注册商标给予必要的而保护①。

1. 商标构成要素、标识范围

日本《商标法》第二条对商标的定义作了详细的表述:系指由文字、图形、符号,或立体图形,或它们的组合,或它们与色彩的组合(下称"标志"),系指如下所列:

(1)以生产、证明或转让商品为业者在其商品上所使用的标志;

(2)以提供服务或证明为业者在其服务上所使用的标志(前款所列情况除外)。

本法中所谓"注册商标"系指已取得注册的商标。本法中所谓标志的"使用"系指下列行为:

(1)在商品或商品的包装上附以标志的行为;

(2)在商品或商品的包装上附以标志而进行转让、交付,或为了转让、交付而展出或进口的行为;

(3)当提供服务时,在供给被服务者利用的物品上(包括转让或租借的物品,以下同)附以标志的行为;

(4)当提供服务时,用带有标志的、供被服务者利用的物品提供服务的行为②;

(5)以提供服务为目的,将带有标志的、供提供服务中利用的物品(包括在提供服务时供被服务者利用的物品,以下同)进行展示的行为;

(6)当提供服务时,在被服务者的与该服务相关的物品上附以标志的行为;

(7)展示或散发带有标志的、与商品或服务有关的广告、价目表或贸易文件的行为。

在前项中,在商品其他的物品上附以标志的,包括将商品或商品的包装、提供服务用的物品或与商品或服务相关的广告作为标志的形状的行为。

本法中在商品的类似范围内包含着服务,在服务的类似范围内包含着商品。

根据该条法律规定,日本《商标法》从商标的要素组成、功能、使用行为等方面对"商标"这一概念作了法律规定,使得法律规定的商标在判断标准上更加明确具体,具有可操作性。这里需要指出的是:

---

① 【日】田村善之:《日本知识产权法》,周超、李雨峰、李希同译,知识产权出版社 2011 年版,第 105 页。

② 比如:去购物中心购买商品,购物中心结账时在顾客自己的购物袋上贴附商标的行为。

第一，日本《商标法》引进了立体商标的保护，允许立体商标申请注册，这与保护商标的国际公约协调一致；

第二，单纯的色彩要素无法构成商标，必须是文字、图形、符号、立体图形或它们的组合与色彩的组合才能构成商标的要素；

第三，日本《商标法》结合本国实际，未引入声音、气味、味道等非传统型商标构成要素。

为了进一步明确何种商标能通过注册获得商标权，日本《商标法》第3条和第4条分别规定了商标注册的要件和不能获得注册的商标情况。

2. 商标注册的禁止性要件

日本《商标法》第三条规定：在与自己业务有关的商品或服务上所使用的商标，除下列商标外，可以取得商标注册：

（1）仅由以普通方式表示其商品或服务通用名称的标志组成的商标；

（2）其商品或服务上所惯用的商标；

（3）仅由以普通方式表示其商品的产地、销售地、品质、原材料、效能、用途、数量、形状（包括包装的形状）、价格，或生产、使用的方法，或时期的标志，或提供其服务的场所、质量、供提供服务用的物品、效能、用途数量、形状、价格，或提供服务的方法，或时期的标志组成的商标；

（4）仅由以普通方式表示常见的姓氏或名称的标志组成的商标；

（5）仅由极简单且常见的标志组成的商标；

（6）除前各款所列者外，消费者不能分辨出是与某人业务有关的商品或服务的商标。

虽属前项第三款至第五款的商标，但使用的结果能够使消费者分辨出是与某人业务有关的商品或服务的商标，不受同款规定的限制，可取得商标注册。

3. 不能获得注册的商标

日本《商标法》第四条规定：下列商标虽符合前条的规定，但不能取得商标注册：

（1）与国旗、菊花徽章、勋章、奖章或外国的国旗相同或近似的商标；

（2）与通商产业大臣指定的《巴黎公约》成员国的国徽和其他徽章（除巴黎公约成员国的国旗外）相同或近似的商标；

（3）与通商产业大臣指定的表示联合国和其他国际组织的标志相同或近似的商标；

（4）与白底红十字标志，或红十字，或与日内瓦十字的名称相同或近似的商标；

（5）有与通商产业大臣指定的日本国，或巴黎公约成员国、世界贸易组织的成员国，或商标法条约的缔约国的政府或地方公共团体监督用，或证明用的图章或

符号相同或近似的标志,并用于与使用这些图章或符号的商品或服务相同或类似的商品或服务上的商标;

(6)与表示国家、地方公共团体及其机关,或表示不以营利为目的的公益团体的,或表示不以营利为目的的公益事业的著名标志相同或近似的商标;

(7)可能损害公共秩序或善良风俗的商标;

(8)含有他人肖像或姓氏、名称,或著名的雅号、艺名、笔名及其著名的简称的商标(得到他人许可者除外);

(9)含有与由政府、地方公共团体(以下称政府等)开设的或由政府等以外的人开设的而经特许厅长官指定的展览会,以及在外国为其政府或受政府的许可而开设的国际展览会上所发的奖章的标志相同或近似的商标(奖章获得者使用其标志作为商标的一部分者除外);

(10)与表示他人业务相关的商品或服务,且为消费者广泛熟知的商标或与之近似的商标,并用于这些商品或服务或与其类似的商品或服务上的商标;

(11)与该商标注册申请日前他人已注册的商标相同或近似的、并用于该商标注册所指定的商品或指定的服务(系指根据第六条第一项的规定指定的商品或服务,包括第 68 条 1 项中所准用者,以下同)或与其类似的商品或服务上的商标;

(12)与他人已注册的防护商标(系指取得防护商标注册的标志,以下同)相同的商标,并用于该防护商标注册所指定的商品或服务上的;

(13)商标权失效日(系审决商标注册无效时,则指确定之日,以下同)起未满一年的他人商标(他人的商标在商标权失效日前已有一年以上的时间未曾使用者除外)或与其近似的商标,并用于该商标权所指定的商品或服务或与其类似的商品或服务上的;

(14)与根据种苗法(1947 年法律第 115 号)第十二条之四第一项品种注册的规定已注册的品种的名称相同或近似的商标,并用于该品种的种苗或与其类似的商品或服务上的;

(15)可能与他人业务有关的商品或服务发生混淆的商标(第十款至前款所列出者除外);

(16)可能对商品品质或服务质量产生误认的商标;

(17)日本国葡萄酒或蒸馏酒的产地中,被特许厅长官指定为表示产地的标志或世界贸易组织的成员国葡萄酒或蒸馏酒表示产地的标志中,被禁止在该成员国该产地以外的地区或产地的葡萄酒或蒸馏酒上使用带有该产地标志的商标,使用于该产地以外的地区或产地的葡萄酒或蒸馏酒上的;

(18)商品或商品包装的形状是为了确保本商品或商品包装的功能而不可缺少的立体形状,以其构成的商标;

(19)与表示他人业务有关的商品或服务且在日本国内或外国消费者间已广

为知晓的商标相同或近似的商标,出于不正当的目的(系指以获取不正当的利益为目的,以给他人增加损害为目的的不正当目的,以下同)持有并使用的(前各款所列者除外)。

国家、地方公共团体及其机关,或不以营利为目的的公益团体,或不以营利为目的的公益事业,申请商标注册而涉及前项第(六)款的商标时,不适用该项规定。

虽属第一项第(八)款、第(十)款或第(十五)款、第(十七)款或第(十九)款的商标,但在申请商标注册时,已不再符合属于各款情况者,不适用于上述各规定。

按第五十三条之二的规定,在取消商标注册的审决已经确定时,其审判的请求人对依该项审决而被取消注册的商标或近似商标又提出商标注册申请时,不适用第一项第(十三)款的规定。

(二)德国注册商标的构成要件

1. 德国《商标法》保护的范围

德国《商标法》保护的范围包括:商标、商业标志和地理标志。

(1)商标。《商标法》第3条对商标构成做出了具体的规定:任何能够将其使用的商品或服务与使用其他标志的商品或服务相区别的标志,可以作为商标获得保护,尤其是文字(包括人名)、图案、字母、数字、声音标志、三维造型(包括商品或其包装以及容器的形状),还包括颜色或颜色的组合。

仅由下列形状组成的标志不能作为商标保护:①该形状是由商品本身的性质决定的;②该形状是为获取一种技术效果所必须;③该形状为商品提供了实质的价值。

(2)商业标志。可以作为商业标志的对象为:公司标志和作品标题。

公司标志,是指在商业活动中作为民商事主体的名称、商号或者工商业企业的特殊标志使用的标志。

作品标题,是指印刷出版物、电影作品、音乐作品、戏剧作品或者其他类似作品的名称的特殊标志。

(3)地理来源标志。地理来源标志是指地点、地方、地区或州的名称以及其他在商业流通中用以表明商品或服务的特有品质地理产地的表示。

根据德国商标法的规定,商标权只有经过注册才能取得,但也有例外:一个标志通过在商业过程中的使用,在相关商业范围内获得作为商标的第二含义;或者具有《保护工业产权巴黎公约》第6条之2意义上的驰名商标的知名度。依这两种商标也可以获得保护[1]。

2. 商标构成的禁止性要件

根据德国《商标法》第8条之规定,商标在下列情况下不能获准注册:

---

[1] 王莲峰:《商标法学》,北京大学出版社2014年版,第231页。

(1)缺乏与商品和服务相关的任何显著性的商标;

(2)仅由可在贸易中表示种类、质量、数量、用途、价值、地理来源、商品的生产日期或服务的提供日期,或者表示商品或服务的其他特征的标志或标记组成的商标;

(3)仅由在当前语言环境中或在善意中成为习惯并成为标记商品或服务的商业惯例的标志或标记组成的商标;

(4)具有欺骗公众,尤其是关于商品或服务的性质、质量或地理来源的特征的商标;

(5)违背公共秩序和善良风俗的商标;

(6)含有政府的徽章、旗帜或其他徽记,或含有地区社团或国内其他公有联合团体的徽章的商标;

(7)根据联邦公报上发布的联邦司法部的通告,包括官方标志和检验印记在内的表明控制和保证的商标,不能作为商标有效注册;

(8)根据联邦公报上公布的联邦司法部的通告,包含国际政府间组织的徽章、旗帜或其他标志、印章或标记的商标,不能作为商标有效注册;

(9)根据有关公共利益的其他规定,明显禁止使用的商标。

(10)第3条意义上(即符合商标构成要素)能够作为商标保护的标志,不能以书面形式提供的,不应获准注册。

在注册日之前,随着商标的使用,如果该商标在相关商业圈内成为在其申请的商品和服务上的区别性标志,则上述第(1)、(2)、(3)项则不应适用。

如果商标包含对上述标志的模仿,则上述第(6)、(7)、(8)项也应予以适用。如果申请人经授权在其商标中使用上述标志,即使其可能和上述另外一个标志相混淆,则上述第(6)、(7)、(8)项应不予适用。此外,提交了商标注册申请的商品或服务和那些表示控制和保证的上述标志或检验标志所使用的商品和服务既不相同也不近似的,上述第(7)项则不应予以适用。此外,所申请的商标实质上没有使公众误认为在此商标和国际政府间组织之间存在某种联系,则上述第(8)项应不予适用。

(三)法国注册商标的构成要件

法国《商标法》规定,商标包括商品商标或服务商标,即用以区别自然人或法人的商品或服务可用书写描绘的标记。这种标记可以是各种形式的文字,如字、字的搭配、姓氏、地名、假名、数字、缩写词;也可以是音响标记,如声音、乐句;还可以是图形标记,如图画、标签、戳记、边纹、全息图像、徽标、合成图像;同时还包括外形,尤其是商品及其包装的外形或表示服务特征的外形以及颜色的排列、组合或色调。

同时,法国《商标法》要求构成商标的标记应当具有显著性,并列举了缺乏显著性的标记：

1. 在通常或职业用语中纯粹是商品或服务的必需，通用或常用名称的标记或文字；

2. 用以表示商品或服务的特征，尤其是种类、质量、数量、用途、价值、产源、商品生产或服务提供的年代的标记或文字；

3. 纯由商品性质或功能所决定的外形，或赋予商品以基本价值的外形构成的标记。除第 3 项中所规定情况外，标记的显著性可以通过使用取得。

法国《商标法》第 711—3 条和第 711—4 条对不能作为商标的标记作出了具体规定。

第 711—3 条规定："下列标记不得作为商标或商标的一个部分：

1. 修订的 1883 年 3 月 20 日保护工业产权巴黎公约第六条之三或建立世界贸易组织协定附录 1C 第 23 条第二段所禁止的；

2. 违反公共秩序或善良风俗，或被法律禁止使用的；

3. 欺骗公众，尤其在商品或服务的性质、质量或产源方面。"其中第 711—3 条第一款内容是指通用或常用名称的标记或文字，用以表示商品或服务的特征，尤其是种类、质量、数量、用途、价值、产源、商品生产或服务提供的年代的标记或文字，以及纯粹由商品性质或功能所决定的外形的标记。"

第 711—4 条规定："侵犯在先权利的标记不得作为商标，尤其是侵犯：

1. 在先注册商标或保护工业产权巴黎公约第六条之二所称的驰名商标；

2. 公司名称或字号，如果在公众意识中有混淆的危险；

3. 全国范围内知名的厂商名称或标牌，如果在公众意识中有混淆的危险；

4. 受保护的原产地名称；

5. 著作权；

6. 受保护的工业品外观设计权；

7. 第三人的人身权，尤其是姓氏、假名或肖像权；

8. 地方行政单位的名称、形象或声誉。"

(四)美国注册商标的构成要件

美国商标注册遵循的是"在先使用"原则(Use in Commerce)，即法律将承认和保护最先把商标使用在商业活动中一方的商标权利[①]。

依据《兰哈姆法》，的规定，文字、符号或标记，产品外形、包装、颜色、声音、地理名称等或其组合作为商标，均可申请注册。

美国专利商标局备有商标注册簿，美国商标注册簿分主要注册簿——主簿(Principal register)和辅助注册簿——辅簿(Supplemental register)两种。在主

---

① 叶秋华、杨嵩涛：《中美商标法律制度的比较与启示》，《现代管理科学》2014 年第 12 期。

簿上注册,是注册人的商标所有权以及其在商业中使用商标专用权的初步证据,是注册人要求商标所有权的推定通知。在主簿上获准注册后,就得到了实质性的商标权,不管注册人实际使用商标的地区,给予注册商标全国性的保护。辅簿注册较主簿注册相对容易,但受法律保护力度小。在辅簿上注册的商标,并无实质性的商标权,得不到法院法令的保护。但是在辅簿上注册也有某种程度的防止侵害的作用,可以制止足以产生混淆的类似商标的注册,也可为商标在主簿上注册创造条件。

依据《兰哈姆法》,凡可据以识别申请人的商品与他人商品的商标,均可在主簿中注册。但有下列情形的商标,不得在主簿中注册:

1. 包含有不道德、欺骗或丑恶事物或含有对已故或在世者、组织、信仰或国家形象进行诽谤的事物。

2. 由美国或其任何一州、市或任何外国的旗帜、国徽或其他徽章构成的商标。

3. 某在世的人的姓名、肖像或签字构成的商标(其本人书面同意者除外),但如其本人只同意用其名字作商标并不等于同意用其名字在美国进行注册。

4. 包含与他人已在专利商标局注册,或与他人在美国已先使用而尚未放弃的商标非常近似的商标。

5. 包含纯粹说明商品或虚伪、欺骗的说明商品的商标及对商品在地理方面描述的商标或纯属绰号的文辞的商标。凡属上述第(一)至第(四)种情况之一的商标,绝对禁止在主簿或辅簿中注册,但属第五种类型的商标则例外。美国商标法第二十三条规定,凡属虽能区别申请人的商品的商标,但按规定又不能列入注册主簿的,可在辅簿中注册。在辅簿中注册的商标可以包括各种商业标记、符号、标签、包装、商品的外形、名称、文字、标语、成语、绰号、地理、数字、图形或以上各项的组合。就是说某些属于上述第5种类型的商标,按规定不能在主簿中注册的,可以在辅簿中注册,但必须是能区别申请人的商品的商标。

美国的商标又分为显著商标和非显著商标。能在主簿中注册的商标,应为显著商标。一般认为,显著商标是指具有创造性、想象力及技术性的商标。这种商标只要首先使用于出售的商品上,就享有优先权。美国实务上所认为的显著商标为独特的、具有想象力的商标(如 KODAK 之用于照相器材,IBM 之用于打字机),与商品无关的名词所组成的商标(如 Lucky Strike 之用于香烟及 Shell 之用于石油)及暗示性商标。暗示性商标只能对商品的特征、用途及品质等作某些暗示,而不能直接说明商品本身。例如,"Mouse Seed"之用于毒鼠药,"Beauty Rest"之用于床垫,都是有效的商标。任何仅为说明商品的性质、作用、成分或某种特征的商标,为说明性商标。说明性商标是任何出售同一物品的人都能使用的,为非显著性商标而不受法律保护,也不能获准注册。说明性商标主要有:

普通名称。如 Violin 是一种乐器,任何人均可使用,不得作为某人的专用商标而受到法律保护。

描述性名称。通常具有说明有关商品的功能的作用,为同类产品在广告中通常使用,如 Healht 用于营养剂。

地理名称。如其仅为说明商品系某地所生产,不能发挥商品的功能,也不受法律保护。

指示商品等级及式样的文字、符号、数字、字母等,如 ABCD 或 1234 等,颜色本身,也不能为任何人专用而享有商标权。

但是,如上述说明性商标已丧失某原始意义而具有新的意义,使其商品能区别于同类其他商品,则其就具有了"第二种含义"(Secondary meaning)而受法律的保护,并可申请在主簿中注册。这种由非显著性变成具有显著性的商标,主要为独家使用且为消费者公认为区别其商品的商标。这种事实往往由法院就逐个案件加以分析判断。美国商标法第二条(六)款也作了相应规定:"本条规定除第(一)、第(二)、第(三)和第(四)款外,并不制止申请人对已使用并在商业上成为某商品的具有显著特征的商标申请注册。专利局长对申请人使用其商品上的商标,在申请注册之日以前已在商业上独家连续使用 5 年并已具有显著特征,可以作为初步证据予以接受。"

至于具有非显著性而不能在主簿上注册的商标,只要有可能识别申请人商品的且在提出申请之日起已在商业上使用了 1 年的,就可以在辅簿中注册。这种商标不需要把商品与他人的商品区别开来,而只要有可能区别就可以,这样有些说明性的商标就可以在辅簿中注册。但如果那些说明性的商标已成为商品的普通名称,不可能把商品与他人的商品相区分,则不能在辅簿中注册。

美国创设的"主要注册簿"与"辅助注册簿"的双重注册制度,满足了美国复杂的市场经济的需要。对于重要的知名度高的商标给予全国性的、实质性的、更加优越的保护;而对于次重要的知名度一般的商标给予地区性的、形式化的、普通的保护,这样双轨制的保护制度不仅减轻了行政人员的工作压力,也为全国众多商标划定地位轻重的界限,使商标实务中的纠纷裁定更加方便易行。

美国还根据商标的创新性、想象力、技术性程度做出显著商标和非显著商标的划分,从质量上将商标一分为二,显著商标只要首先使用在出售的商品上就享有优先权。规定了与商品无关的名词组成的商标、暗示性商标可以作为商标,而说明性商标、地理名称、指示商品等级及式样的文字等因不具有显著性而不能获得法律保护,不能获准注册。但做出例外规定,若某一说明性商标已失去原始性含义获得新的含义,则其可以"第二种含义"获得保护。且因为非显著性而不能在主注册簿上注册的商标可以在达到适当条件后在辅助注册簿上注册,这些都是辅助条款,使得美国的商标法律制度更加科学完备。

（五）中国注册商标的构成要件

1. 商标构成要素

我国《商标法》第八条规定"任何能够将自然人、法人或者其他组织的商品与他人的商品区别开的标志，包括文字、图形、字母、数字、三维标志、颜色组合和声音等，以及上述要素的组合，均可以作为商标申请注册"。根据该条的规定，可以申请注册的商标构成的要素，主要有以下八种：

（1）文字。文字是指语言的书面形式。构成商标的文字包括各种文字以及各种字体的文字。文字是注册商标最常见的要素之一。

（2）图形。图形是指在平面上表示出来的物体的形状。图形可以是具体描绘实际存在的人、物的形状，也可以是虚构的图形，还可以是抽象的图形。由于图形的表现力很强，可以鲜明地表现出可区别性，所以图形是注册商标的另一个最常见的要素。

（3）字母。字母是指拼音文字或者注音符号的最小的书写单位。字母可识性强，在生活中应用广泛，也是商标表达的常见的要素，如"M"。

（4）数字。数字是指表示数目的符号。数字在生活中十分常用，是注册商标的要素之一。

（5）三维标志。三维标志是指以一个具有长、宽、高三种度量的立体物质形态出现的标志。三维标志与通常所见二维标志不同，比二维标志具有更强的视觉冲击力，更能识别商品或服务的出处。由三维标志或者含有其他标志的三维标志构成的商标，被称为立体商标。立体商标可以是商品本身的形状、商品的包装物或者其他三维标志。

（6）颜色组合。颜色组合是指两种或者两种以上的颜色所组成的一个整体。在现实中，颜色缤纷丰富，颜色的组合可以成为识别商品来源的显著标志。

（7）声音。声音是指声波通过听觉所产生的印象。声音作为注册商标的要素，是 2013 年修改商标法时新增加的内容，是根据实际需要和国际商标领域的发展趋势而增加的新的商标表达形式。

（8）上述要素的组合。上述要素不仅可以单独作为商标申请注册，而且由于其中任意两种或者两种以上的要素相互组成的一个整体，都可以成为识别商品来源的标志。

2. 禁止作为商标使用的标记

《巴黎公约》及各国家商标法对禁用条件都做了明确规定。我国商标法第 10 条至 13 条及第 16 条对禁止作为商标使用和注册的标记做了具体规定。

不得作为商标使用的标志有以下情形：

（1）同中华人民共和国的国家名称、国旗、国徽、国歌、军旗、军徽、军歌、勋章等相同或者近似的，以及同中央国家机关的名称、标志、所在地特定地点的名称或者标志性的建筑物的名称、图形相同的。其中,国歌、军徽、军歌和中央国家机关的名称的标志为 2013 年商标法修改时,根据实际需要而新增加的内容。这些标志是国家的象征,为了维护国家尊严,不得作为商标使用。

中华人民共和国的国家名称,包括全称、简称和缩写。国旗是五星红旗。国徽的中间是五星照耀下的天安门,周围是谷穗和齿轮。国歌是《义勇军进行曲》。军旗是中国人民解放军的八一军旗,军旗为红底,左上角缀金黄色五角星和"八一"两字。军徽包括陆军军徽、海军军徽和空军军徽。军歌是《中国人民解放军进行曲》。勋章是国家有关部门授给对国家、社会有贡献的人或者组织的表示荣誉的证章。中央国家机关的名称、标志包括所有中央国家机关名称、标志。中央国家机关所在地特定地点或者标志性的建筑物,包括中南海、钓鱼台、天安门、新华门、紫光阁、怀仁堂和人民大会堂等。

(2)同外国的国家名称、国旗、国徽、军旗等相同或者近似的,但经该国政府同意的除外。我国在国际交往中遵循"和平共处五项原则",主张国家不分大小、贫富、强弱,一律平等。为尊重外国国家主权,一切与外国国家名称、国旗、国徽、军旗等相同或者近似的标志,不得作为商标使用。

(3)同政府间国际组织的名称、旗帜、徽记等相同或者近似的,但经该组织同意或者不易误导公众的除外。政府间国际组织是指由若干国家和地区的政府为了特定目的通过条约或者协议建立的有一定规章制度的团体,例如,联合国、欧洲联盟、东南亚国家联盟、非洲统一组织、世界贸易组织、世界知识产权组织等。本条规定的国际组织的名称包括全称、简称或者缩写。例如,联合国的英文全称为 UnitedNations,缩写为 UN;欧洲联盟的中文简称为欧盟,英文全称为 EuropeanUnion,缩写为 EU。政府间国际组织独立于其成员国,依其成员国共同签订的国际条约履行职责,在国际交往中享有外交豁免。为了体现对这些国际组织的尊重,所有与这些国际组织的名称、旗帜、徽记等相同或者近似的标志不得作为商标使用。

根据商标审查标准,商标的文字构成、图形外观或者其组合足以使公众将其与政府间国际组织的名称、旗帜、徽记相联系的,判定为与政府间国际组织的名称、旗帜、徽记相同或者近似。

(4)与表明实施控制、予以保证的官方标志、检验印记相同或者近似的,但经授权的除外。官方标志、检验印记是指官方机构用以表明其对商品质量、性能、成分、原料等实施控制、予以保证或者进行检验的标志或印记,如中国强制性产品认证标志、免检产品标志。表明实施控制、予以保证的官方标志、检验印记是政府履行职责,对所监管事项做出的认可和保证,具有国家公信力,不宜作为商标使用,否则将对社会造成误导,使这种公信力大打折扣。

根据商标审查标准,商标的文字、图形或者其组合足以使公众将其与表明实施控制、予以保证的官方标志、检验印记相联系的,判定为与该官方标志、检验印记相同或者近似。

(5)同"红十字""红新月"的名称、标志相同或者近似的。"红十字"标志是国际人道主义保护标志,是红十字会的专用标志。"红新月"是阿拉伯国家和部分伊斯兰国家红新月会专用的,性质和功能与红十字标志相同的标志。根据有关红十字会和红新月会的国际条约的规定,"红十字""红新月"的名称和标志不得用于与两会宗旨无关的活动。

(6)带有民族歧视性的。我国是统一的多民族国家,各民族一律平等。为了维护和促进民族团结,任何带有民族歧视性的标志禁止作为商标使用。这里所指的民族包括我国少数民族及外国的民族、种族,体现了我国对国内外民族的尊重。

(7)带有欺骗性,容易使公众对商品的质量等特点或者产地产生误认的。保证商品、服务的质量,是商品生产者、经营者和服务提供者的责任,该条明确了商标使用人不能因商标的标识使消费者对商品的质量等特点或者产地产生误认,误导消费者,使其在错误认识的基础上进行消费,导致利益遭受损失,同时也体现了《商标法》的诚实信用原则,能够促进生产经营者之间的公平竞争,也是各国对商标使用的普遍要求。

(8)有害于社会主义道德风尚或者有其他不良影响的。这是一个弹性兜底条款,是对上述第6项、第7项有不良影响的概括表述。如禁止用色情、凶杀、暴力、迷信等标志作为商标。目的是为保障人民群众利益,维护良好的道德风尚,净化社会环境,弘扬社会正气①。

根据商标审查标准,具有不良影响的标志,包括与国家、地区或者政治性国际组织领导人姓名相同或近似,或者有损国家主权、尊严和形象,由具有政治意义的数字等构成,与恐怖主义组织、邪教组织、黑社会名称或者其头目姓名相同或近似等具有政治上不良影响的标志;有害于种族尊严或者感情的标志;有害于宗教信仰、宗教感情或者民间信仰的标志,包括宗教或者民间信仰的偶像名称、图形或者其组合,宗教活动地点、场所的名称、图形或者其组合,宗教的教派、经书、用语、仪式、习俗以及宗教人士的称谓、形象等;与我国各党派、政府机构、社会团体等单位或者组织的名称、标志相同或者近似的标志;与我国党政机关的职务或者军队的行政职务和职衔的名称相同的标志;与各国法定货币的图案、名称或者标记相同或者近似的标志;容易误导公众的标志;商标由企业名称构成或者包含企业名称,该名称与申请人名义存在实质性差异,容易使公众发生商品或者服务来源误认的标志等。

(9)地名作为商标的禁止性规定及例外。禁止以地名作为商标是国际通行的

① 刘春田:《知识产权法》,高等教育出版社2000年版,第272页。

做法。地名属于公共资源,不应为某主体独占,且也缺乏显著性,故不得作为商标使用。我国《商标法第十条》第二款规定,县级以上行政区划的地名或者公众知晓的外国地名,不得作为商标。但是,地名具有其他含义或者作为集体商标、证明商标组成部分的除外;已经注册的使用地名的商标继续有效。县级以上行政区划,包括县级的县、自治县、县级市、市辖区;地级的市、自治州、地区、盟;省级的省、直辖市、自治区;香港特别行政区、澳门特别行政区;台湾地区。县级以上行政区划的地名以我国民政部编辑出版的《中华人民共和国行政区划简册》为准。县级以上行政区划地名,包括全称、简称以及县级以上的省、自治区、直辖市、省会城市、计划单列市、著名的旅游城市的拼音形式。公众知晓的外国地名,是指我国公众知晓的我国以外的其他国家和地区的地名。地名包括全称、简称、外文名称和通用的中文译名。地名具有其他含义,是指地名作为词汇具有确定含义且该含义强于作为地名的含义,不会误导公众。

3. 禁止作为注册商标使用的标记

注册商标应当具有显著性,这是商标识别功能的本质要求。我国《商标法》第十一条列举了因不具备显著性而不得作为商标注册的标志。

(1)仅有本商品的通用名称、图形、型号的。商品的通用名称、图形、型号,是指国家标准、行业标准规定的或者约定俗成的名称、图形、型号,其中名称包括全称、简称、缩写和俗称。例如,"高丽白"是一种人参的通用名称,苹果图形是苹果的通用图形,"XXL"是服装的通用型号,用它们分别作为某种人参、水果、服装的商标注册,该商标就缺乏显著性,消费者无法通过该商标将不同生产经营者的商品区别开来。同时,如果将仅有本商品的通用名称、图形、型号的标志作为商标注册,会产生商标注册人的独占使用,这对其他生产同类商品的生产经营者是不公平的。因此,不允许将仅有本商品的通用名称、图形、型号的标志作为商标注册。

(2)仅直接表示商品的质量、主要原料、功能、用途、重量、数量及其他特点的。即商标仅由对指定使用商品的质量、主要原料、功能、用途、重量、数量及其他特点等具有直接说明性和描述性的标志构成。其他特点包括特定消费对象、价格、内容、风格、风味、使用方式和方法、生产工艺、生产地点时间及年份、形态、有效期限、保质期或者服务时间、销售场所或者地域范围、技术特点等。例如,"彩棉"仅直接表示某种服装的主要原料,"法律之星"仅直接表示计算机软件的内容,"果味夹心"仅直接表示饼干的风味,"即冲"仅直接表示方便面的食用方式、方法,"蓝牙"仅直接表示电话机的技术特点,这些标识如用于商标,消费者无法通过该商标将不同生产经营者的商品区别开来。同时,如果将仅直接表示商品的质量、主要原料、功能、用途、重量、数量及其他特点的标志作为商标注册,会产生商标注册人的独占使用,造成不公平竞争。

(3)其他缺乏显著特征的。"其他缺乏显著特征的标志",是指除上述两个方面的标志以外的,依照社会通常观念其本身或者作为商标使用在指定使用商品上不具备表示商品来源作用的标志,包括过于简单的线条、普通几何图形,过于复杂的文字、图形、数字、字母或上述要素的组合,一个或者两个普通表现形式的字母,普通形式的阿拉伯数字指定使用于习惯以数字做型号或货号的商品上,指定使用商品的常用包装、容器或者装饰性图案,单一颜色,非独创的表示商品或者服务特点的短语或者句子,本行业或者相关行业常用的贸易场所名称,本行业或者相关行业通用的商贸用语或者标志,企业的组织形式、本行业名称或者简称等。

在实践中,确有一些原来没有显著性的商标经过使用后产生了显著性,如"两面针"牙膏、"American Standard"热水器等。对经过使用取得显著性的商标,国际通行做法是给予注册保护。例如,《与贸易有关的知识产权协定》规定,即使有的标记本来不能区分有关商品或者服务,成员亦可依据其经过使用而获得识别性,确认其可否注册。根据国际通行做法,结合我国实践,本条第二款规定,前款所列标志经过使用取得显著特征,并便于识别的,可以作为商标注册。

在判定是否为经过使用取得显著特征的标志时,应当综合考虑相关公众对该标志的认知情况;该标志在指定商品或者服务上实际使用的时间、使用方式及同行业使用情况;使用该标志的商品或者服务的生产、销售、广告宣传情况及使用该标志的商品或者服务本身的特点等因素。

案例 3-2　费列罗巧克力立体商标案[①]

提出申请的商标为一个三维标志,由一块包在金黄色纸里的球形三维形状组成,在该图形的上半部分里,有一个白底椭圆形小标志,带有一条金边和一条白色细边,该三维标志放置在一个栗色和金黄色的底座上。申请商标指定使用色彩为金黄色、红色、白色、栗色(见下图)。该商标于2001年12月3日在意大利首次提出注册申请并于2002年5月23日在该国被核准注册,商标权人为费列罗公司。2002年9月28日,费列罗公司通过世界知识产权组织国际局向中国提出了对于申请商标的领土延伸保护申请,申请商标指定使用商品为第30类的面包、饼干、蛋糕、糕点及糖果、冰制食品等。

商标评审委员会认为:申请的商标作为立体商标,仅有指定使用商品较为常用的包装形式,难以起到区分商品来源的作用,缺乏商标应有的显著特征,因此将该申请驳回。费列罗公司申请复审被驳回后,遂向北京市一中院提起诉讼。

该案争议的焦点是申请的商标是否具有显著性特征,适用法律依据为《商标

① 王莲峰:《商标法学》,北京大学出版社2014年版,第72页。

法》第 9 条、第 11 条和 12 条。

4. 禁止功能性三维标记注册

我国《商标法》第十二条规定：以三维标志申请注册商标的，仅由商品自身的性质产生的形状、为获得技术效果而需有的商品形状或者使商品具有实质性价值的形状，不得注册。三维标志可以作为商标申请注册。以三维标志申请注册商标，与二维标志一样，应当具有显著特征，以使人们通过商标区别不同生产经营者的商品和服务。不得注册商标的三维标志，包括三个方面。

（1）仅由商品自身的性质产生的形状。即指为实现商品固有的功能和用途所必须采用的或者通常采用的形状，如书本形状、通用的灯泡形状等。如果以仅由商品自身的性质产生的形状作为商标，该商标就缺乏显著性，消费者无法通过该商标将不同生产经营者的商品区别开来。同时，如果将仅由商品自身的性质产生的形状作为商标注册，会产生商标注册人的独占使用，这对其他生产同类商品的生产经营者是不公平的。因此，本条规定以仅由商品自身的性质产生的三维标志的形状申请注册商标的，不得注册。

（2）为获得技术效果而需有的商品形状。是指为使商品具备特定的功能，或者使商品固有的功能更容易地实现所必需使用的形状，如电动剃须刀的形状、电源插头的形状。如果为获得技术效果而需有的商品形状作为商标，该商标不仅缺乏显著性，还会因独占使用而阻碍此项技术的推广与应用。

（3）使商品具有实质性价值的。是指为使商品的外观和造型影响商品价值所使用的形状，如瓷器装饰品的形状、珠宝的形状等。使商品具有实质性价值的形状，是为达到一定的价值而设计的，而不是为了使消费者区别不同的生产经营者而设计的，不具有商标的功能。

三、商标的注册

商标注册是指商标使用人为了取得商标专用权，将其使用的商标向商标行政主管机关提出申请，商标行政主管机关经过审核登记备案的制度。商标注册一般要经过申请、审查、异议程序、初步审定公告、核准公告等阶段。此外，商标注册过程中及商标权取得后，为了纠正审批及授权中的错误，商标法还会设置一些法律补救程序，包括复审程序、撤销程序、无效程序等[1]。

（一）日本商标的注册

1. 商标注册的申请

（1）商标注册的申请的提出

日本《商标法》第五条规定：

---

[1]　刘春田：《知识产权法》，高等教育出版社 2000 年版，第 266 页。

欲取得商标注册者,必须向特许厅长官提交记载有以下所列事项内容的申请书,并附上必要的图样:商标注册申请人的姓名或名称、住址或居所;欲取得商标注册的商标;指定商品或指定服务及按第六条第二项政令中所规定的商品及服务的分类。填写申请书时实行"一商标一申请"的原则,可以"一标多类"。

欲取得商标注册的商标是立体形状(包括与文字、图形、符号或色彩,或它们的组合的组合)构成的商标,(以下称"立体商标")在欲取得商标注册时,必须在申请书上载明此意图。

欲取得商标注册的商标中,仅用特许厅长官指定的文字(以下称"标准文字")在欲取得商标注册时,必须在申请书上载明此意图。

在记载欲取得商标注册的商标部分中,与记载欲取得商标注册的商标的框的色彩同一的色彩部分,不视为该商标的一部分。但是,能辨明其色彩所包括的范围,且载明附有与其框色彩相同的表示的部分者,不在此限。

(2)申请日的认定

申请受理后,对于申请日的认定,日本《商标法》第六条作了规定:

商标注册申请除属于下列各款之一的场合外,特许厅长官必须认定有关商标注册申请的申请书提出之日即为商标注册申请日:当认为欲取得商标注册的意图表示不明确时;当认为没有商标注册申请人的姓名或名称的记载,或该记载不能达到明确特定商标注册申请人时;在申请书上未记载欲取得商标注册的商标时;未记载指定商品或指定服务时。

商标注册申请在属于前项各款之一时,特许厅长官必须命令欲取得商标注册者在指定的一定的期间内将商标注册申请补充完整。关于商标注册申请补充完整时,必须提出关于手续补充完整的文件。被命令应该补充完整商标注册申请者,在同项规定的指定期间内补充完整该商标注册申请时,特许厅长官必须认定提出手续补完书的日期为商标注册的申请日。被命令应该补充完整商标注册申请者,在指定期间内没有补充完整该商标注册申请时,特许厅长官可以退回该商标注册申请。

日本《商标法》规定了在先申请原则:

① 在不同日期内,当有两个以上、用于相同或类似的商品或服务上的相同或近似商标的注册申请时,只有最先提出商标注册的申请人才能够取得该商标的注册。

② 在同日内,当有两个以上、用于相同或类似的商品或服务上的相同或近似商标注册申请时,只有商标申请人之间相互协商所规定的那个商标注册申请人才能够取得该商标的注册。

③ 商标注册申请被放弃并撤回或被不受理时,或对商标注册申请进行审定或审决确定时,该商标的注册申请在前二项规定的适用中将视其自始即不存在。

④ 特许厅长官在第二项的场合,必须命令商标注册申请人在指定的期间内达成该项协议并呈报协商结果。

⑤ 第二项的协议未能达成,或在前项规定中指定期间内未能如期呈报协商结果的报告时,特许厅长官将根据公正的方法进行抽签,只有一个抽中的商标注册申请人才能够取得该商标的注册。

(3)商标注册申请的分割与变更

日本《商标法》第十条规定商标申请的分割,该条规定:

限于商标注册申请属于审查、审判或复审的场合,或属于对商标注册审查被驳回的审决提出诉讼的场合,在将两个以上的商品或服务作为指定商品或指定服务时,商标注册申请人可将该商标注册申请的一部分分成一个或两个以上新的商标注册申请。

在前项的场合,新的商标申请视为在原来的商标注册申请时即已提出了。但适用第九条第二项以及第十三条第一项准用专利法(1959 年法律第 121 号)第四十三条第一项及第二项(含第十三条第一项中准用同法第四十三条之二第三项的场合)的规定,不在此限。

日本《商标法》第十一条和第十二条规定了商标注册申请的变更。

第十一条规定:①商标注册申请人可以将团体商标的商标注册申请变更为通常的商标注册申请(系指团体商标的商标申请以外的商标注册申请,以下同)。②商标注册申请人可以将通常的商标注册申请变更为团体商标的商标注册申请。③在商标注册申请的审定或审决确定后,不得进行前两项规定的商标注册申请变更。④依第一项或第二项规定变更商标注册申请时,原来的商标注册申请视为已经撤回。⑤前条第二项的规定,在依第一项或第二项规定进行商标注册申请变更的场合中准用。

第十二条规定:①防护标志注册申请人可以将其防护标志的注册申请变更为商标注册申请。②在防护标志注册申请的审定或审决确定后,不得进行前项规定中的申请变更。③第十条第二项(申请的分割)及前条第四项(申请的变更)的规定,在依第一项规定进行申请变更的场合中准用。

2. 商标注册的审查

日本的商标注册申请由日本特许厅负责受理审查。日本特许厅内部针对商标审查,有两大措施,提高了商标审查效率:一是商标审查机构的合理分工;二是商标审查官的设置。

商标审查机构合理分工是指,在日本特许厅内部除七个商标业务科之外,还单独设计了一个商标科,商标科在整个商标、外观设计和管理事务部都占有很重要的位置。商标科下设有六类专家和四个科室,六类专家分别是电子资料管理专家、形式审查助理管理专家、高级形式审查专家、形式审查专家、商标规划专家、商标再分类审查员四个科室为行政事务室、研究室、T—term 管理室、国际分类管理室。这六类专家和四个科室在商标审查长的带领之下,各自在擅长的领域之中进行商标审查,并且同时对《商标公报》进行管理和监督。

日本《商标法》第十四条规定:"特许厅长官应命审查官对商标注册申请进行审查。"日本设置商标审查官,主要对商标注册申请进行形式审查和实质审查。审查官对于不符合商标注册条件的注册申请应作出驳回申请的审定。审查官对符合下列情况之一的商标注册申请,应作出驳回该商标注册申请的审定:

(1)申请注册的商标,依第三条、第四条第一项、第八条第二项或第五项、第五十一条第二项(含第五十二条之二第二项中准用的场合)、第五十三条第二项以及第七十七条第三项中准用专利法第二十五条规定,不能进行商标注册时;

(2)申请注册的商标,依条约的规定,不能进行商标注册时;

(3)申请注册的商标,不具备第六条第一项或第二项所规定的要件时。当审查官作出应驳回的审定时,必须向商标注册申请人发出驳回理由通知,并在一定的指定期间内给予提出意见书的机会。当商标注册申请的商标与该商标申请日前他人商标注册申请的商标相同或相近似,且使用于其商标相同或相类似的指定商品或指定服务上时,审查官应向商标注册申请人发出通知告知:当他人的商标取得商标注册时,本商标注册申请将属于第十五条第一款规定的情况,并在一定的指定期间内可以给予其提出意见书的机会。在欲发前项通知的场合,他人的商标已经取得商标注册时,则不必要再发出前条的通知。在如此认真全面的审查之后,如果申请人的申请通过商标局的审查,则由商标局初步审定,核准注册,缴费之后,即可获得商标权,同时在注册进行时,还应当在商标公报上刊载相关事宜,以方便公众阅览知晓;如果申请人的申请未通过商标局的审查,则由商标局发出驳回理由通知书,申请注册人进行修改补正之后再次提交审查,若还是没有通过审查,对继续驳回这一决定不服的,则可以自该决定副本送达之日起三个月内向特许厅长官请求准司法审判。

3. 商标注册的异议

日本《商标法》第四章之二规定了商标注册的异议,第四十三条之二规定了商标注册异议的提出,该条规定:限于商标刊载公报发行日起两个月内,任何人都可以以注册商标属于下列各款之一为理由,向特许厅长官提出注册异议。这种场合,当指定商品或指定服务是两个以上的商标注册时可以对每个指定商品或指定服务的注册提出注册异议。

(1)该商标注册违反第三条,第四条第一项,第八条第一项,第二项或第五项,第五十一条第二项(含第五十二条之二第二项准用的场合),第五十三条第二项或第七十七条第三项中准用专利法第二十五条的规定的;

(2)该商标注册违反条约的。商标注册的异议提出后,如果审判长已向商标权者及商标注册异议审理参加人发出取消商标注册的理由通知,则商标注册的异议就不得撤回。

商标注册异议的提出者,应向特许厅长官提出记载下列事项的注册异议提出书:

(1)注册异议提出人及代理人的姓名或名称,以及住所或居所;

(2)被提出注册异议的注册商标的表示;

(3)提出注册异议的理由及必要的证据的表示。商标注册异议的提出者可以对注册异议提出书的补正,但不得变更其要旨,但是,在第四十三条之二规定的期间经过后,至经过三十天,关于提出注册异议的理由及必要的证据的表示进行的补正,不受此限。对地处遥远或交通不便者,特许厅长官可以根据请求或利用职权延长规定的期限。审判长应将注册异议提出书的副本送给商标权者,审判长在注册异议请求提出时,必须将其内容通知该商标权的专用使用权者和其他基于该商标注册而拥有相关的注册权利者。

对提出的注册异议,应进行审理并作出相应决定。日本《商标法》第 43 条之三规定,对提出的注册异议的审理及决定,由三人或五人审判官组成的合议庭进行,当审判官认为被提出注册异议的注册商标属于第 43 条之二各款之一时,应作出取消该商标注册的决定,当取消决定确定时,该商标权视为自始即不存在;当审判官不认为被提出注册异议的注册商标属于第 43 条之二各款之一时,应作出维持该商标注册的决定,对于该决定不能提出不服。

4. 驰名商标的保护

驰名商标是指在某一个国家或者地区之内,为相关公众广为知晓并享有较高声誉的商标,既包括已经注册的商标,也包括尚未注册的商标。驰名商标享有较高的美誉度,它是凝结商品或者服务价值的载体,因而常常成为知识产权侵权行为的受害对象,也是商标法及相关法律保护的重点。在国际公约的层面上,《巴黎公约》早在 1925 年的"海牙文本"中,就要求成员国对于未注册的驰名商标予以保护。此后,《巴黎公约》1958 年的"里斯本文本"又对有关规定作了进一步的修改。根据公约的现行文本(1967 年斯德哥尔摩文本)第 6 条之 2,成员国可以依据其法律,确认某些未注册商标为驰名商标,并由此而提供相应的保护①。

日本驰名商标的保护的理论是基于混淆理论和淡化理论。

①　《巴黎公约》第 6 条之 2 规定:(1)本联盟各国承诺,如本国法律允许,应依职权,或依利害关系人的请求,对商标注册国或使用国主管机关认为在该国已经驰名,属于有权享受本公约利益的人所有、并且用于相同或类似商品的商标构成复制、模仿或翻译,易于产生混淆的商标,拒绝或撤销注册,并禁止使用。这些规定,在商标的主要部分构成对上述驰名商标的复制或模仿,易于产生混淆时,也应适用。(2)自注册之日起至少五年的期间内,应允许提出撤销这种商标的请求。本联盟各国可以规定一个期间,在这期间内必须提出禁止使用的请求。(3)对于依恶意取得注册或使用的商标提出撤销注册或禁止使用的请求,不应规定时间限制。

　　(1)日本驰名商标保护的相关法律规定与实践

　　①商标法的规定。日本《商标法》第四条第一款规定了19种不得注册为商标的情形。其中的第十项和十五项,从防止混淆的角度提供了对于驰名商标的保护。根据规定,在涉及以下商标时,有关的商标注册无效:

　　第一,与他人商业活动相关的、指示他人商品或服务来源的驰名商标,以及与之相似的商标,并且用于同类商品或服务,或者类似商品或服务。这是第四条第一款第十项的规定。

　　第二,有可能造成与他人商业活动中的商品或服务来源混淆的商标(但不包括第十项和十九项所说的商标)。

　　根据《商标法》的有关规定,如果申请注册的商标,与他人未注册的驰名商标相同或者相似,并且有可能造成消费者在商品或者服务来源上的混淆,未注册驰名商标的所有人可以在他人注册之后的2个月内,向特许厅长提出异议。在此之后,在他人注册之后的5年之内,未注册驰名商标的所有人还可以向特许厅的审判部提出无效的请求。按照日本《商标法》第32条的规定,即使过了5年的无效期限,未注册驰名商标的所有人仍然可以依据在先使用权继续使用自己的商标。当然在这种情况下,商标注册所有人可以要求未注册驰名商标的所有人,在相关的商品或者服务上做出说明,已表示二者的区别。这是为了防止消费者的混淆。

　　②不正当竞争防止法的规定。《不正当竞争防止法》有关未注册驰名商标的规定,主要与司法的保护相关。从制止混淆的角度提供对于未注册驰名商标的保护,见于日本《不正当竞争防止法》第二条第一款第一项。根据规定,在同类或者类似的商品上,使用与他人的驰名商业标识相同或者近似的标识,并且有可能造成消费者混淆的行为,属于不正当竞争的行为。其中的"商业标识"具有非常广泛的含义,包括与他人商业活动相关联的,可以指示其产品或商业来源的姓名、商号、商标、标识、商品的容器或包装,等等。除此之外,销售、提供、展示、出口、进口或者通过网络而提供上述商品的行为,也属于不正当竞争的行为[①]。

　　(2)驰名商标的效力

　　在日本,驰名商标的认定主体或者是特许厅或者是法院,实行个案原则,其效力仅限于个案,仅仅与解决相关的争端有关,与广告宣传没有任何关系。显然,这不仅与绝大多数国家保护驰名商标的做法相同,而且也符合《巴黎公约》和《TRIPS协议》要求保护驰名商标的宗旨。

　　《商标法》的规定尽管对商标的保护采取注册主义是国际上通用的原则之一,但对于驰名商标的保护超出注册主义的束缚,同样也是国际上通用的商标保护原则。日本《商标法》规定,无论该驰名商标是否已经注册,他人都不得利用其在不

---

　　①　李德明:《中日驰名商标保护比较研究》,《环球法律评论》2007年第5期。

相同或不类似的商品或服务上注册,但前提条件是该注册是出于不正当目的的,也不得在相同或类似的商品或服务上注册他人尚未注册的驰名商标。判断商标是否驰名的地域标准,则不论该商标是在外国驰名,还是在日本驰名,都可以按照驰名商标进行保护①。

5. 评述与启示

日本《商标法》中关于商标注册的规定十分详尽,涉及商标注册的要件、商标注册的申请(申请的提出与申请日),申请的分割与变更,申请注册的审查以及注册的异议制度等。其中日本商标法关于商标注册的创新之举是增设商标注册前的利益请求权。申请人在商标正式注册之前还未享有受法律保护的商标权,往往有投机者在这段时期进行仿冒,而申请人却束手无策。为杜绝这种情况的发生,保护申请人的商标权益,日本《商标法》独树一帜,开辟了这种特殊的保护制度,使得申请人在商标未获正式注册之前其利益不受侵害,商标保护制度更加周全,同时也丰富了民法请求权的理论体系。

日本也较早采用"一标多类申请"制度,即同一个商标可以在多个商品或服务上进行注册。日本的"一标多类"制度较为合理。商标尼斯分类目录将商品和服务分成共 40 余大类,根据日本的"一标多类"申请制度,无论申请人将某种商标适用于多少种商品或商标,都将视为一个申请合并进行注册,自然会减少很多不必要的手续。我国 2013 年修订的商标法借鉴了这一做法②。

日本《商标法》的异议期也和我国所不同,它不是在初审公告和注册公告之间,而是在注册公告之后的 2 个月内③。这一时间的安排,有其一定的合理性。因为对注册商标有异议的第三人,往往是无法知道申请人已经提出商标注册的申请的,只有在初审公告之后才可能注意到,但由于实践中提交商标异议的准备工作需要花费大量的时间,在初审公告期内有时候无法完成,因此,将异议期安排在初审公告期满之后、正式注册之日起的某段时间内,对于异议人而言是为其争取了时间,有利于其为异议的提出进行充足的准备。当然,日本法在初审公告和正式注册之间没有允许第三人提出异议,而且异议期限比中国的相对较短,这也是存在一定的缺陷的④。

(二)德国商标的注册

1. 商标注册的申请

(1)申请人

德国《商标法》第 7 条规定:"注册商标和已申请商标的所有人可以是自然人、

---

① 李明德:《中日驰名商标保护比较研究》,《环球法律评论》2007 年第 5 期。

② 【日】丰崎光卫:《无形财产法及商事法的诸问题》,株式会社有斐阁 1997 年版,第 91 页。

③ 【日】日本特许厅:《工业所有权法逐条解说》,社团法人发明协会 1999 年版,第 63 页。

④ 王勇:《中日商标法主要内容之比较及其对中国修改商标法的启示》,《山东社会科学》2013 年第 6 期。

法人或者有能力获得权利和承担责任的合伙组织。"

（2）申请的要件

专利局是商标管理的机构，在注册簿上的商标注册申请应当向专利局提出。申请应当包括确认申请者的信息、商标图样以及注册要求的商品或服务清单，必须和联邦司法部规定的商标申请中要求事项的规章要求一致。收费表规定的费用应当在申请时缴纳。注册要求的商品或服务分属于商品和服务分类 3 个以上类别时，每增加一个类别就应该加付收费表规定的一个类别的费用。

（3）申请日

商标的申请日应当是专利局收到包含确认申请者的信息、商标图样以及注册要求的商品或服务清单等指定信息的材料的日期。一项已给予申请日的商标申请应当授予获得注册的权利。注册请求应当接受，除非没有达到申请要求或者由于有驳回的绝对理由而使注册受阻。

2. 商标注册申请的审查

对于申请人提出的商标注册申请，专利局应当审查以下事项：

（1）商标申请是否满足申请日相应的要件；

（2）申请是否符合其他申请要件；

（3）是否按照规定缴纳收费表规定的费用；

（4）申请人是否是自然人、法人或者有能力获得权利和承担责任的合伙组织。

《商标法》第 37 条规定：

（1）根据第 3、8 或第 10 条，商标不适宜注册时，应当驳回该申请。

（2）审查中发现在申请日（第 33 条第（1）款）该商标与第 8 条第（2）款第 1、2 或 3 项的要求不一致，但是该驳回理由在申请日之后不再存在，则不应驳回该申请。在申请人承诺不再坚持原来的申请日以及不再主张第 34 条或第 35 条所述优先权，该驳回理由消失之日应被认为是申请日，以及是决定第 6 条第（2）款意义上的在先权的决定性因素。

（3）第 8 条第（2）款第 4 项的申请有欺诈的明显可能时，应当驳回该申请。

（4）根据第 10 条所述，一项商标申请的在先商标的驰名已为专利局所知，并且满足了第 9 条第（1）款第 1 或第 2 项的其他先决条件，则应当驳回该申请。

（5）当该申请只在其申请的某些商品或服务上不宜注册时，第（1）至（4）款应比照予以适用。

第 36 条和第 37 条所述审查应申请人的请求，可以加速进行。请求加速审查应当缴纳收费表规定的费用。如果没有缴纳费用，应认为该请求没有提出。

申请人可以在任何时候撤回申请或者限定该申请包含的商品和服务项目。应申请人的请求，可以通过修改文字错误或打印错误或其他明显错误，对申请内容进行更正。

3. 对驰名商标和在先权的保护

德国《商标法》对于驰名商标保护的理念基础是混淆理论和淡化理论,即保护驰名商标的区别力,并落脚在声誉保护上,即强调驰名商标的价值功能。保护的法律依据是现行商标法和欧盟商标指令关于驰名商标的规定。《商标法》第 14 条第 2 款第 3 项规定,如果本商标在国内为一项驰名商标,且使用该标识构成无正当理由以不正当方式利用或伤害驰名商标的区别力或价值功能,则未经商标所有人允许,第三人在经济活动中不得使用与本商标相同或近似之商标于非与本商标项下商品或服务类似之商品或服务①。

无论是欧共体商标法指令还是德国商标法,对驰名商标认定的具体标准没有任何的法律规定,一切都留待司法实务加以解决。即在司法实践中,概括性的以商标知名度(驰名度)作为认定标准,在具体操作时则一般通过社会调查,以特定的交易范围内的消费者所了解该商标的百分比为依据。认定的法律效果仅及于个案,即要求驰名商标只能个案认定。驰名商标制度的保护目的要求认定时考虑多项因素②。

对驰名商标的保护,《商标法》规定,如果一个商标与《巴黎公约》第 6 条之 2 意义的在德国境内驰名的在先商标相同或近似,以及如果达到了第 9 条第(1)款第 1、2、3 项的附加要求,则该商标不应获准注册。

通过使用获得的商标和商业标志具有在先权。其他在先权利包括:(1)名称权;(2)肖像权;(3)著作权;(4)植物品种名称;(5)地理来源标志;(6)其他工业产权。

4. 商标注册的撤销

(1)德国《商标法》第 9 条规定:有下列情况,可以撤销商标的注册:如果该商标和一个在先申请的或已注册的商标相同,并且该商标注册的商品或服务与已申请的或已注册的在先商标的商品或服务相同的;如果由于该商标与在先申请的或注册的商标相同或近似,并且该商标使用的商品或服务的相同或近似,在相关公众中存在混淆的可能,包括与其他商标产生联系的可能;如果该商标与在先申请或已注册的商标相同或近似,并且所注册的商品或服务与已申请或已注册的在先商标所使用的商品或服务不近似,而在先商标在德国境内拥有声誉,并且没有正当理由使用该注册商标将不公正地利用或损害该商标的显著性或声誉。

(2)商标申请只有当该商标获准注册后才构成第(1)款意义的驳回理由。商标的注册可以以代理人名义注册商标,以商标所有人的代理人或代表人的名义进

① 刘孔中:《著名标章及相关表征保护之研究》,联经出版公司 2002 年版,第 26 页。
② 刘孔中:《著名标章及相关表征保护之研究》,联经出版公司 2002 年版,第 26 页。

行,但如果没有该所有人的授权的,可以撤销该商标的注册。在德国领土范围内使用该注册商标,则可以撤销该商标注册。

5. 评述与启示

德国《商标法》关于商标注册规定了比较详尽的内容,除了商标注册的申请人、注册商标的申请(申请要件与申请日的规定)以外,还规定了对驰名商标和在先权的保护。《商标法》尊重当事人的自我意愿,但规定有限制条款,在注册后连续五年未在贸易活动中使用则将其注册商标注销。但商标主管部门并不主动检查商标是否使用,也不会主动去撤销未使用的注册商标,仅在第三者以未使用为理由对商标的有效性提出争议时才检查是否使用,决定是否予以撤销。与此相比,我国关于注册商标的使用则是硬性规定:连续 3 年停止使用的,由商标局责令限期改正或撤销其注册商标,这是国家为督促商标注册人合理、及时使用注册商标,防止商标资源浪费的一项重要措施。德国的做法与之不同,但符合其本国特点。中国地大物博、人口基数大、市场规模宏大,注册商标耗费商标主管部门行政资源,如若长期搁置不用则造成巨大浪费,也不利于鼓励市场主体积极的运营态度,因此德国和我国的商标撤销制度都有各自的合理性。

(三)法国商标的注册

1. 注册申请

商标所有权通过注册取得,商标可以共有形式取得,注册自申请提交之日起 10 年有效并得多次续展。注册申请依照《商标法》及行政法院规定的形式和条件提交和公布,且该申请尤其应包括商标图样,并列举商标所应使用的商品或服务。居住国外的申请人,应在法国指定送达地址。

2. 注册异议

注册申请公告 2 个月内,任何利害关系人得向国家工业产权局局长提出意见;注册商标或申请在先商标所有人或享受优先权日的商标所有人,或在先驰名商标所有人得向国家工业产权局局长对注册申请提出异议。独占被许可人享有同等权利,但是合同中有相反约定的除外。

自上述期限届满 6 个月内没有裁定的,视为异议不成立。但是,这一期限得因下列情事中止:异议建立在注册申请之上,或者遇有无效、失效或要求所有权诉讼,或者双方共同申请中止,但中止的时间最长不得超过 6 个月。如果注册申请时欺骗了第三人的权利,或者违反了法定或约定的义务,认为对该商标享有权利者得向法院要求所有权。除注册申请是依恶意者外,提起所有权诉讼的时效期间为注册申请公告之日起 3 年。

3. 评述与启示

众所周知,法国的化妆品和服装品牌深受世界各地商人和消费者的青睐。注册法国的商标,不但可以得到该国的保护,而且对树立国际品牌将能取得积极正面的作用。近年来,到法国申请注册商标的中国商人也越来越多,这就凸显了法国商标法关于商标注册条款在全世界范围内的重要性。法国的商标注册法律规定大体上与我国相似,但有其特色之处。在法国注册商标时,可以从工业产权局得到商标在先记录的报告,将极大地降低了商标注册对整个申请注册过程的风险。这一点是法国独创,降低了商标申请注册人对同一商标重复申请注册的可能性,减少了不必的要重复劳动,大大提高了企业在商标注册上的经济效益,值得其他国家借鉴。

(四)美国商标的注册

美国商标注册采用混合原则,商标注册分为"主注册簿"和"副注册簿"两部分。

1. 主注册簿上的商标注册

(1)注册的申请

用于商业商标的所有人或者有真诚的意图在商业上使用一商标的人,在表明其诚意的情况下,可依法申请在主注册簿上注册其商标。

提出注册申请需要向专利商标局提交规定的材料,按规定向专利商标局交费和遵守局长所规定的与法律无矛盾的规章条例。

(2)服务商标、集体商标和证明商标可予注册

按照现行适用的关于商标注册的规定,服务商标应以与商标同样的方式并具同样的效果予以注册,并且在注册后,有权享受本法为商标提供的保护。服务商标注册中有关申请和程序的规定只要切实可行,应与有关商标注册的规定一致。

(3)不能注册的内容

专利商标局长可要求申请人放弃一个商标的不能注册的组成部分方可注册。申请人可自动放弃申请注册商标的某一组成部分。放弃的部分,包括依照法律规定经注册人申请由局长准许放弃的部分,不应损害或影响申请人或注册人对被放弃部分的现有的或此后发生的权利,或者,若被放弃部分成为或已成为区别其商品或服务的显著部分时,不应损害或影响其在另一申请中注册的权利。

(4)注册审查

在一份注册申请提交并按规定缴费后,局长即将该申请交给主管商标注册的审查员去进行审查,如果经审查认为该申请人有权注册,或者在按《商标法》第1条(d)款规定受理使用声明书后可能有权注册,局长应将该商标在专利商标局的官方公报中予以公告,但是,倘若申请人要求并存使用,或者按法律规定因"申请注册的商标与他人在先注册的或在先申请注册的商标相似,以致用在申请人的商品或服务上或与之有关方面可能造成混淆或误认,或欺骗"而使申请处于干预程序,在这种情况下,这种可注册的商标是否可予公告应依照对有关诉讼当事人的权利的裁定而定。

如果发现该申请人无权注册,审查员应通知申请人并说明原因。申请人应在6个月期限内答复或修改其申请,然后重新审查。这一程序可反复进行直至审查员最后驳回该商标的注册,或者该申请人未能在6个月的期限内答复,或提出补正或复审,在这种情况下,该申请应被视为已放弃,除非能说明延误答复不可避免的理由使局长满意,在这种情况下,可予以延期。

(5)商标注册的异议和撤销

任何人确信一个商标在主注册簿上的注册会使其受到损害,可于该申请注册商标依照法律规定公告后30天内向专利商标局提交异议书,说明理由,并按规定缴费。在30天期限届满前经书面请求,提出异议的时间可予顺延30天,在此期限届满前有充分理由可请求局长准予再次延展期限。局长应通知申请人每次异议延展期限。异议可按照局长可能规定的条件进行修改。

任何人确信一个商标依照《商标法》,或1881年3月3日的法,或1905年2月20日的法,在主注册簿上的注册对其造成或将造成损害,可按下列规定提出撤销该商标注册请求,申明理由,并按规定交费:

① 自该商标按本法规定获得注册之日起5年内;

② 对于依照1881年3月3日的商标法或1905年2月20日的商标法注册的商标,自其按本法第12条(c)款规定予以公告(即商标注册人缴费并提交保证书后由局长在官方公报中发布带有商标复制样的公告)之日起5年内;

③ 任何时候若发现该注册商标是其指定商品或服务,或其中一部分的属名,或该注册商标已被放弃,或其注册是以欺骗手段获得,或违反《商标法》第4条或第2条的规定,或违反在先的法规的同类禁止性规定,或者若由注册人,或经注册人允许,将该注册商标用于误述其指定商品或服务的来源。如果该注册商标是其指定商品或服务项目中一部分的属名,可以提出申请只撤销该有关部分的注册。该商标不仅仅因为用作某一独特产品或服务项目的名称或作为识别独特产品或服务的标记,而被视为指定商品或服务项目的属名。该注册商标对购买者动机,更确切地说对有关公众的根本意义应作为衡量决定该注册商标是否属于其指定商品或服务项目的属名的检验标准;

④ 对于依1881年3月3日的商标法或1905年2月20日商标法获得注册的,但并未有商标注册人缴费并提交保证书后由局长在官方公报中发布带有商标复制样的公告的商标,可以随时提出撤销其注册请求;

⑤ 对于证明商标可基于下列理由随时提出撤销其注册请求,如该证明商标注册人对该商标的使用不予控制,或不能合法地行使控制,或从事使用该证明商标的任何商品或服务项目的生产或销售,或允许将该证明商标用于作证明以外的其他目的,或以歧视的态度拒绝为任何人已达到使用该证明商标标准或条件的商品或服务项目提供证明或继续证明。

2. 副注册簿上的商标注册

(1)副注册簿上的商标注册申请

除主注册簿外,专利商标局长应按 1920 年 3 月 19 日题为《关于使 1910 年 8 月 20 日在阿根廷共和国布宜诺斯艾利斯签订的保护商标和商业名称公约的某些条款生效的法案》第 1 条(b)款规定建立一本注册簿续集,称为副注册簿。一切商标凡是由其所有人在商业中在其商品或服务上或与之有关方面合法使用的、能区别申请人的商品或服务的,并且不能依照《商标法》的规定在主注册簿上注册的,除按《商标法》第 2 条相关规定宣布不能注册的外,在按规定缴费并符合本法关于商标注册申请的规定条件下,均可在副注册簿上注册。如果一个商标在北美自由贸易协定实施法案通过之日以前,已由其所有人在商业中在其商品或服务上或与之有关方面合法使用,那么这样一个能区别申请人的商品或服务的、但不能按本法规定在主注册簿上注册的,也不应被阻止在副注册簿上注册。

拟在副注册簿上注册的商标可以由任何商标、符号、标签、包装、商品外形、名称、文字、口号、短语、姓氏、地理名称、数字,或图形或上述形式的任何组合组成,但这种商标必须能区别申请人的商品或服务。

在副注册簿上注册的商标将不予公告,不受异议,但在注册后应在专利商标局的官方公报中予以公告。任何人认为一个商标在此注册簿上的注册使其或将使其蒙受损害,可以随时按规定缴费并提交请求书申明理由,请求局长撤销该注册。局长应将此申请送交商标审理和上诉委员会,该委员会应将此事通知注册人。如果经该委员会审理发现该注册人无权注册,或者该商标已被放弃,该注册应由局长予以撤销。

(2)副注册簿上的商标注册的说明

第一,在副注册簿上注册的商标的注册证与颁发给在主注册簿上注册的商标的注册证明显不同。

第二,一个商标在副注册簿上或依照 1920 年 3 月 19 日法案的注册不应排除该注册人在本章建立的主注册簿上的注册。商标在副注册簿上的注册不构成承认该商标未具备显著性。

第三,在副注册簿上或依照 1920 年 3 月 19 日法案的注册不得向财政部提交备案或用以阻止进口。

3. 商标注册的一般规定

美国《商标法》在对商标的注册分别作出主簿和副簿注册的规定后,也作出了商标注册的一般规定。

专利商标局长可建立商品和服务分类,以便于专利商标局行政管理,但不得限制或扩大申请人或注册人的权利。申请人可以按其正在或有真诚的意图在商业中使用的商标的任何或一切商品或服务项目申请为该商标注册:但倘若局长按规定准许受理一个涉及多类商品或服务的商标注册申请,所应缴纳的申请费相当于每一类单独申请费的总和,而且对此局长可仅发一个商标注册证。

局长应制定有关商标或其他标记注册申请的申请、处理和专利商标局为之提供的一切服务和材料的费用。依据本款制定的费用可由局长根据劳动部长确定的消费品物价指数每年调整一次,以反映过去 12 个月期间的物价波动。少于 1%的变化可予以忽视。依本条规定制定的费用在联邦登记簿和专利商标局官方公报中公布后至少 30 天才能生效。

4. 对驰名商标的保护

驰名商标(well-known trademark)是市场商品经济不断成熟的产物,也是生产、经营者持续培养的成果,它不但发挥商标识别出处的基本功能,而且在吸引注意力、表彰顾客身份方面具有普通商标所不具备的作用①。美国的驰名商标保护的基础理论是商标淡化理论。该理论影响相当广泛,不少国家包括加拿大、日本、西班牙、委内瑞拉、英国都认可了该理论,欧盟、国际贸易组织也接受了这理论②。

美国有关于商标的侵权纠纷都采取不告不理的司法程序来解决,故而驰名商标由司法机构通过司法程序认定。美国法院对驰名商标的认定同样也是一案一议,而且前一法院对同一商标的驰名认定对下一案件没有必然的约束力,后一法院应根据后一案件的具体情况来决定该商标是否驰名。这种方式可以发挥市场自我管理的功能,减少国家干预。

美国联邦淡化法所要求的决定商标是否"显著并著名"的要素如下:(1)商标具有内在的或获得的显著性的程度;(2)使用在产品或服务上的商标的使用时间及范围;(3)商业公开使用及广告的使用时间及地域跨度;(4)商标使用的地理跨度和交易范围;(5)使用商标的产品或服务的销售渠道;(6)在商标所有人和侵权人的交易范围和交易渠道中对公众商标的认知程度;(7)第三方对于相同或近似商标的性质及范围;(8)商标是否依 1881 年法令或 1905 年法令或一般原则进行注册③。

5. 评述与启示

美国商标法对商标注册的规定也十分详尽具体,法律条文篇幅极长,从申请注册、公告、异议、撤销,到驰名商标的保护、认定、禁止使用的情形等都做出了细致规定。实行主要注册簿与辅助注册簿的"双轨制",依次做出两种不同的规定。从前述规定可以看出,美国的商标注册程序相对于其他国家而言是比较复杂的,在联邦商标局注册可以获得全国范围内的保护,但如果不注册也可以得到普通的

---

① 黄晖:《商标法》,法律出版社 2004 年版,第 246 页。

② Trademark Protection and Practice, Volume 2, 5A.03, Copyright 2004, Matthew Bender & Company, Inc, a member of the Lexis Nexis Group

③ 15 U.S.C. § 1125(c)(1)(A)-(H).

保护,只是这种保护力度小,可能只限于其商业使用的范围内,如某个州内。另外美国商标制度中,对商标的使用也是十分重要的,即使在联邦商标局获得注册,也需要指明是即将使用还是已经使用。申请程序也是比较繁杂,要经历申请、审查、注册发证到续展等9个步骤,体现美国在商标注册方面的重视程度。

美国较其他国家繁荣的经济形势使得美国使用这样一种繁杂、多层次的商标注册体系成为必然,"双轨制"的注册机制与对应的保护机制促进了美国商标注册、使用、保护的科学合理系统的构建,企业或商人付出更多代价的商标,获得更优越的保护,少付出代价的商标获得一般程度的保护,这种制度在某种程度上促进了美国经济的繁荣。

(五)中国商标的注册

1. 商标注册的申请

(1)商标申请的主体

我国《商标法》第4条第1款规定:"自然人、法人或者其他组织在生产经营活动中,对其商品或者服务需要取得商标专用权的,应当向商标局申请商标注册。"由此可知,商标注册的主体即商标申请人包括以下几类:

①自然人。《商标法》规定,自然人在我国可申请注册商标,而不必具有从事生产经营的资格。《商标法实施条例》第14条第1款规定:"申请商标注册的,申请人应当提交其身份证明文件。商标注册申请人的名义与所提交的证明文件应当一致。"

②法人。申请商标注册的法人组织在我国主要包括:企业法人、机关法人、事业单位法人、社会团体法人等。

③其他组织。依照我国民事法律的规定,其他组织是指不具备法人资格,但合法成立,具有一定组织机构和财产的组织。具体包括:私营独资企业、合伙组织、合伙型联营企业、中外合作经营企业、社会团体、依法设立并领取营业执照的法人分支机构等。

④共同申请人。《商标法》第5条规定:"两个以上的自然人、法人或者其他组织可以共同向商标局申请注册同一商标,共同享有和行使该商标专用权。"在现实生活中,不仅存在某一个自然人、法人或者其他组织在生产经营活动中,对其商品或者服务,需要取得商标专用权的情况,同时也存在两个或者两个以上的自然人、法人或者其他组织,对其商品或者服务,需要共同享有和使用同一商标专用权的情况。两个或者两个以上的主体共同拥有一个商标,即是共有商标。共有商标在生产经营活动中不仅必要,而且可能。为此,本条对共有商标予以了确认。

⑤外国人或外国企业。《商标法》第17条规定:"外国人或者外国企业在中国申请商标注册的,应当按其所属国和中华人民共和国签订的协议或者共同参加的国际条约办理,或者按对等原则办理。"第18条第2款规定:"外国人或者外国企

业在中国申请商标注册和办理其他商标事宜的,应当委托依法设立的商标代理机构办理。"这两条对外国人或者外国企业在中国申请商标注册作了具体规定。

2. 商标申请的原则

(1)申请在先原则

如果有两个或者两个以上的申请人以相同或者近似的商标申请在同一种商品或者类似商品上注册,商标主管机关该如何处理,各国对于这种情况所采取的原则有三个:一是申请在先原则;二是使用在先原则;三是混合原则,即申请在先原则与使用在先原则的混合。我国《商标法》第 31 条规定:"两个或者两个以上的商标注册申请人,在同一种商品或者类似商品上,以相同或者近似的商标申请注册的,初步审定并公告申请在先的商标;同一天申请的,初步审定并公告使用在先的商标,驳回其他人的申请,不予公告。"可见,我国商标申请采用的是以申请在先的原则为主,同时以使用在先原则为补充。

(2)自愿注册和强制注册相结合的原则

自愿注册原则是指商标使用人根据需要,自行决定是否申请商标注册。因为商标权是一种私权,国家一般情况下不予干预,也不会主动保护某个商标权。申请人可以根据各自的生产经营情况自愿选择是否申请商标注册。在我国,只有依法注册后的商标才会受到保护,未注册的商标不得与他人的注册商标相冲突。

我国的商标制度采取自愿注册原则,但在某些特定的商品上,出于特殊的考虑,法律规定了商标强制注册的例外。《商标法》第 6 条规定:"法律、行政法规规定必须使用注册商标的商品,必须申请商标注册,未经核准注册的,不得在市场销售。"这是以强制手段注册。按照《商标法实施条例》及国家工商总局的有关规定,必须注册的商品有两大类:一是人用药品,二是烟草制品。

3. 商标注册申请的审查和核准

(1)商标注册的审查

对商标申请进行审查,是商标能否被核准注册的关键。世界各国对商标的审查主要采用两种方式:一种是不审查制,又称形式审查制;一种为审查制,即不仅要进行形式审查,还要进行实质审查。目前包括我国在内的大多数国家采用的是审查制。

①商标注册的形式审查

形式审查是指对申请注册商标的形式要件审查,包括申请文件是否齐备、书写是否符合规定、手续是否办理等。经审查完毕,商标局会依据不同情况做出不同的决定:申请文件符合商标法规定的,予以受理,发给《受理通知书》;申请文件不齐备或未按规定填写的,退回申请书,申请日不予保留;申请文件基本齐备,需要补正的,通知其在 15 日内补正,补正符合规定的,予以受理,保留申请日;未在规定期限内补正或超过期限补正的,予以退回,申请日期不予保留。

②商标注册的实质审查

实质审查是指对申请注册的商标的构成要素是否符合法定条件进行审查。实质审查是商标申请能否取得授权的关键环节。实质审查的主要内容有：

商标的种类是否符合《商标法》规定，不符合的则驳回申请，不予注册；商标的构成要素是否违背《商标法》规定的禁用条款，违者予以驳回；商标是否与他人在同一种或类似商品上注册的商标相同或相似。

（2）商标注册的核准

核准注册是申请人取得商标专用权的决定性环节。商标获准注册后，由商标局将核准的商标和核定使用的商品登记在"商标注册簿"上，并刊登在《商标公告》上，同时颁发商标注册证。自此，注册商标受法律保护，注册人享有商标专用权。

根据《商标法》第 36 条的规定，对初步审定并公告的商标，法定期限届满后，当事人对商标局做出的驳回申请决定、不予注册决定不申请复审或者对商标评审委员会做出的复审决定不向人民法院起诉的，驳回申请决定、不予注册决定或者复审决定生效。

经审查异议不成立而准予注册的商标，商标注册申请人取得商标专用权的时间自初步审定公告 3 个月期满之日起计算。

在商标公告期满之日至准予注册决定作出前，针对他人在同一种或者类似商品上使用与该商标相同或者近似的标志行为，是否构成侵权，《商标法》第 36 条第 2 款规定，自该商标公告期满之日起至准予注册决定做出前，对他人在同一种或者类似商品上使用与该商标相同或者近似的标志的行为不具有追溯力；但是，因该使用人的恶意给商标注册人造成的损失，应当给予赔偿。该规定如何适用，如何认定使用人的恶意、损失的界定以及赔偿的标准，则需要在实践和理论上作进一步处理。

4. 驰名商标保护

（1）驰名商标保护的内容

《保护工业产权巴黎公约》较早地规定了驰名商标的保护，其中规定，本联盟各国承诺，应依职权（如本国法律允许），或依利害关系人的请求，对商标注册国或使用国主管机关认为在该国已经驰名，属于有权享受本公约利益的人所有、并且用于相同或类似商品的商标构成复制、摹仿或翻译，易于产生混淆的商标，拒绝或撤销注册，并禁止使用。

我国《商标法》对驰名商标的保护基本上和国际公约的规定一致。《商标法》第 13 条规定："为相关公众所熟知的商标，持有人认为其权利受到侵害时，可以依照本法规定请求驰名商标保护。就相同或者类似商品申请注册的商标是复制、摹仿或者翻译他人未在中国注册的驰名商标，容易导致混淆的，不予注册并禁止使用。就不相同或者不相类似商品申请注册的商标是复制、摹仿或者翻译他人已经在中国注册的驰名商标，误导公众，致使该驰名商标注册人的利益可能受到损害的,不予注册并禁止使用。"

请求驰名商标保护的前提:

①该商标为相关公众所熟知,这是驰名商标的内涵。所谓为相关公众所熟知,是指与使用商标所标示的某类商品或者服务有关的消费者,生产前述商品或者提供服务的其他经营者以及经销渠道中所涉及的销售者和相关人员等,都清楚地知道该商标及使用该商标的商品或者服务的来源。

②该商标的所有人认为其权利受到侵害。《保护工业产权巴黎公约》和《与贸易有关的知识产权协定》规定驰名商标的保护,目的在于防止已经驰名的商标被他人侵害,而非将被认定为驰名商标这个事实用于企业的市场推广,所以只有在商标所有人认为其权利受到侵害时,才可以请求驰名商标保护。

③驰名商标保护的请求应当由商标所有人提出。为防止"批量认定、主动保护"的情况出现,根据"个案认定、被动保护"的原则,驰名商标的保护请求应当由商标所有人提出,而不能由商标所有人以外的任何其他人以及机构、组织等提出。

对未在中国注册的驰名商标的保护。依据《商标法》第13条第1款规定,就相同或者类似商品申请注册的商标是复制、摹仿或者翻译他人未在中国注册的驰名商标,容易导致混淆的,不予注册并禁止使用。

根据《商标法》第13条第2款的规定,对未在我国注册的驰名商标,本法只保护其在相同或者类似商品或服务上注册和使用的权利,即某一申请注册的商标是复制、摹仿或翻译他人未在我国注册的驰名商标,用于相同或者类似的商品或者服务上,容易导致混淆的,对该商标不予注册并禁止使用。这一规定体现了我国侧重保护注册商标的原则。

(2)禁止使用驰名商标的情形

生产、经营者不得将"驰名商标"字样用于商品、商品包装或者容器上,或者用于广告宣传、展览以及其他商业活动中。

驰名商标制度的本意是在发生商标争议时,对为相关公众熟知的商标提供特殊保护。驰名商标认定是对事实的确认,应仅对争议的案件有效。某商标在有关案件的处理过程中被依法认定为驰名商标,只是表明该商标为相关公众所熟知这一事实,并不表明相关机关对使用该商标的商品或者服务做出了质量保证,也不表明使用该商标的商品的生产经营者或者使用该商标的服务的服务提供者的信誉得到了保证。20多年来,驰名商标的认定,对提高国人品牌意识,提升民族企业地位起到积极作用,但毋庸讳言,驰名商标认定也逐渐偏离了方向,一方面部分企业认定驰名商标的目的是为了广告宣传,从而对同样有着良好信誉,但未认定驰名商标的企业构成不正当竞争。另一方面,政府对驰名商标企业予以物质上的奖励,背离了驰名商标认定作为民事行为的核心本质,变政府管理为政府参与,耗费了大量财政资金。因此,2013年修改的《商标法》,增加此条款规定,对其他纳税人显示了公平。

第三节　商标权及其内容

商标注册申请人经过商标权取得的程序性及实质性审查后,对于符合法律规定的注册商标申请,商标主管部门授予其商标专用权,享有商标法所规定的权利和义务。

一、日本商标权的内容

（一）商标权的内容

1. 专用使用权

商标权人可以对其商标权设定专用使用权,但日本《商标法》第四条第二项规定的商标注册申请有关的商标权,不在此限。专用使用权人在设定行为所规定的范围内,在指定商品或指定服务上拥有使用注册商标的专用权。专用使用权的移转,限于在得到商标权者的许可或在继承等一般的承继的场合。

2. 通常使用权

商标权人可以对其商标权许可他人通常使用权。但第四条第二项规定的商标注册申请有关的商标权,不在此限。通常使用权人在设定行为所规定的范围内,有在指定商品或指定服务上使用注册商标的权利。通常使用权,限于在得到商标权者（当是关于专用使用权的通常使用权时,系指商标权者及专用使用权者）的许可或在继承等一般的承继的场合,才能移转。

3. 团体成员的权利

拥有团体商标商标权的第七条第一项规定中的法人的成员,根据法人的规定有权利在指定商品或指定服务上使用以团体商标注册的商标。但是,当其商标权被设定专用使用权时,专用使用权人对该注册商标所拥有的专有使用权利范围,不在此限。团体成员的商标权,不能移转。团体成员适应于第二十四条之四、第二十九条、第五十条、第五十二条之二、第五十三条及第七十三条的规定,视为通常使用者。团体商标商标权在适应第三十三条第一项第三项规定时,同款中的"或关于该商标权或专用使用权依第三十一条第四项准用专利法第九十九条第一项的效力而拥有通常使用权者"将由"或关于该商标权或专用使用权依第三十一条第四项准用专利法第九十九条第一项的效力而拥有通常使用权者或拥有该商标使用权的团体成员＋"替换。

4. 在先使用的商标的使用权

在他人商标注册申请前,在日本国内不是出于不正当竞争的目的,而在该商标注册申请的指定商品或指定服务或与其类似商品或类似服务上使用该商标或与其近似商标的结果,在该商标申请注册之际,已使消费者广为知晓该商标表示与其业务相关的商品或服务时,其使用者当在继续于其商品或服务上使用该商标的场合,则拥有在其商品或服务上使用该商标的权利。该业务的承继者也同样如此。该商标权人或专用使用权人,可以要求依前项规定拥有商标使用权人附加适当的表示以防后者业务的商品或服务与自己业务的商品或服务产生混淆。

5. 由于在申请无效审判注册前使用商标而得到的使用商标的权利

符合下列各款之一者,在第四十六条第一项的审判请求注册前,不知道商标注册是属于同项各款之一的情况,且已在日本国内在指定商品或指定服务或与其类似的商品或服务上使用该注册商标或与其近似商标,该商标作为与其业务相关的商品或服务的表示而为消费者所广为知晓时,该者当在继续于其商品或服务上使用该商标的场合,则拥有在其商品或服务上使用该商标的权利。该业务的承继者也同样如此。

(1)在相同或类似的指定商品或指定服务上使用的相同或近似商标中,有两个以上商标注册时,其一为无效时的原商标权者;

(2)正当权利者在相同或类似的指定商品或指定服务上使用的相同或近似商标已进行商标注册,当商标注册无效时的原商标权人;

(3)在前二款所列场合中,依第四十六条第一项的审判请求注册之际,已经无效的注册商标的商标权的专用使用权人,或关于该商标权或专用使用权依法准用专利法关于通常实施权的注册效果的规定的效力而拥有通常使用权人。

该商标权人或专用使用权人,有权在依前项规定拥有使用商标权利者处,接受相当等价的报酬。

6. 专利权有效期限届满后的商标使用的权利

在商标注册申请日前或同日的专利申请的专利权在与其商标注册申请的商标权冲突的场合,在其专利权有效期限届满时,原专利权者在原专利权的范围内,有权利在该商标注册申请的指定商品或指定服务上,或在相类似商品或服务上,使用该注册商标或其近似商标的权利。但是,其使用限于非不正当目的的使用。当商标注册申请日前或同日申请的实用新型权或外观设计权在与其商标注册申请的商标权冲突的场合,在其实用新型权或外观设计权有效期限届满时,准用前两项的规定。

在商标注册申请日前或同日的专利申请的专利权在与其商标注册申请的商标权冲突的场合,在其专利权有效期限届满时,在其届满之际拥有该专利权的专用实施权或有关于该专利权或专用实施权的《专利法》第九十九条第一项效力的通常实施权人,在原权利范围内,有权利在该商标注册申请的指定商品或指定服务上,或在相类似商品或服务上,使用该注册商标或其近似商标的权利。但是,其使用限于非不正当目的的使用。在商标注册申请日前或同日申请的实用新型权或外观设计权与其商标注册申请的商标权冲突的场合,在其实用新型权或外观设计权有效期限届满时,准用上述的规定。

7. 质权

当以商标权、专用使用权或通常使用权为标的已设立质权时,除在契约上另有规定外,质权者不得在该指定商品或指定服务上使用该注册商标。《专利法》关于物上代位的规定,准用于以商标权、专用使用权或通常使用权为标的的质权。专利法关于注册的效果的规定,准用于以商标权、专用使用权为标的的质权。专利法第 99 条第 3 项(注册的效果)的规定,准用于以通常使用权为标的的质权。

8. 排除侵害请求权(差止请求权)①

商标权人或专用使用权人对侵害或有可能侵害自己的商标权或专用使用权者,可以请求其停止或预防这种侵害。商标权人或专用使用权人依前项规定提出请求之际,可以请求废弃构成侵害行为的物品、销毁供侵害行为所用的设备或撤销为预防侵害的必要行为。

(二)商标权的有效期限和续展

日本商标权的有效期限是自设定注册之日起 10 年止。商标权有效期限可以根据商标权者的续展注册申请进行续展,在商标权的有效期限进行续展注册时,有效期限自其期满时进行续展。

申请有效期限续展注册者,必须向特许厅长官提交记载下列事项的申请书:

(1)申请人的姓名或名称、住所或居所及法人的代表者姓名;

(2)商标注册的注册号码;

(3)前两款所列之外的通商产业省令规定的事项。

续展注册申请必须在商标权的有效期限届满前 6 个月起至届满日期间内提出。当商标权者不能够在上述有效期限届满前 6 个月起至届满日期间内提出续展注册申请时,虽期限超过了,但仍可以在该期限届满之后 6 个月内提出其续展申请。但商标权者在上述规定的可以提出续展注册申请的期间内,未提出其申请时,该商标权视为在有效期限届满时即消灭了。

(三)商标权的恢复

因在有效期限届满前 6 个月起至届满日期间内可以提出续展注册申请而未提出其申请而导致在有效期限届满时丧失商标权的原商标权者,当由于不可归责于己的理由而未能在法律规定的可以提出续展注册申请的期间内提出其申请时,可在该理由消失之日起 14 天(在境外者为 2 个月)内且限于规定期限届满后 6 个月内,可以提出商标权恢复申请。当依上述规定提出恢复续展申请时,商标权的有效期限视为自其期满时进行续展。

---

① 日本《商标法》中所指的差止请求权包括停止侵害请求权、停止侵害危险请求权、废弃侵权结果物请求权、销毁侵权工具请求权,以及其他预防侵害的必要措施请求权。

当然,以提出商标权恢复申请而完成续展的商标权的效力是受到法律限制的。根据日本《商标法》的规定,以提出商标权恢复申请而完成续展的商标权的效力不及于在"当商标权者不能够在规定期间内提出续展注册申请时,虽逾续展期限,但仍可以在该期限届满之后 6 个月内提出其续展申请"规定的可以提出续展注册申请的期间后向特许厅长官提交申请书申请取得了商标权有效期限续展注册之前的下列行为:(1)在该指定商品或指定服务上的该注册商标的使用;(2)第37 条所列的各款视为侵害商标专用权的行为。

(四)注册商标权的分割和移转

商标权的分割是指当指定商品或指定服务是两个以上时,可以按每个指定商品或指定服务进行商标权的分割。即使是商标权消灭后,在依第四十六条第二项提出审判请求时,其案件限于系属审判、再审或诉讼的场合,也可以进行前项的分割。

在有两个以上的指定商品或指定服务进行商标权的移转时,可以将指定商品或指定服务分割开予以办理。国家或地方公共团体及其机关,以及非营利的公益团体的商标注册申请,凡与第四条第二项规定有关的商标权不得转让。从事不以营利为目的的公益事业者的商标注册申请,凡与第四条第二项规定有关的商标权,除随同其事业外不得移转。

当团体商标商标权进行移转时,除下列规定的场合外,其商标权视为变更为通常的商标权。团体商标商标权作为团体商标商标权进行移转时,必须将记载该旨意的文件及第七条第三项中规定的移转注册申请文件同时向特许厅长官提交。

在商标权移转的结果,造成在相同商品或服务上使用的近似注册商标,或在类似商品或服务上使用的相同或近似注册商标属于不同的商标权者的场合,当由于其中一注册商标的商标权者、专用使用权者或通常使用权者在指定商品或指定服务上其注册商标的使用,使其他的注册商标商标权者,或专用使用权者或通常使用权者在业务上的利益(限于本该他注册商标在指定商品或指定服务上使用的情况)受到伤害时,本该他注册商标的商标权者、专用使用权者或通常使用权者可以对此其一注册商标的商标权者,或专用使用权者或通常使用权者提出为防止其商标的使用,使其业务相关的商品或服务与自己业务相关的商品或服务产生混同而应附上适当表示的请求。

(五)注册商标权的效力

商标权人拥有在指定商品或指定服务上使用注册商标的专有权。但当对其商标权已设定专用使用权时,在专用使用权人拥有的该注册商标的专有使用权范围内,不在此限。

商标权的效力不及于下列商标(含构成其他商标的一部分者):(1)以普通方式用自己的肖像或自己的姓名、名称,或著名的雅号、艺名或笔名及其上述著名的略称所表示的商标;(2)以普通方式用该指定商品或其类似商品的通用名称、产地、销售地、品质、原材料、功能、用途、数量、形态(含包装的形状,以下各款同)、价格,或生产、使用的方法或时期,以及与该指定商品相类似的服务的通用名称、提供的场所、质量、提供服务用的物品、功能、用途、数量、形态、价格,或提供的方法或时期所表示的商标;(3)以普通方式用该指定服务或类似服务的通用名称、提供的场所、质量、提供服务用的物品、功能、用途、数量、形态、价格,或提供的方法或时期,或与该指定服务相类似的商品的通用名称、产地、销售地、品质、原材料、功能、用途、数量、形态、价格,或生产、使用的方法或时期所表示的商标;(4)在该指定商品或指定服务上,或与其相类似的商品或服务上所惯用的商标;(5)商品或商品包装的形状系为了确保商品或商品包装的功能而必不可少的立体形状构成的商标。

其中第 1 类商标的规定不适用于在设立商标权的注册后,出于不正当竞争的目的用自己的肖像,或自己的姓名、名称,或著名的雅号、艺名或笔名及其上述的著名略称使用的场合。

(六)评述与启示

在商标权的内容方面,日本《商标法》与我国《商标法》相比最大特色就是明确规定了对商标权的各种限制。主要包括:出于公益原因受到的限制,基于契约而受到的限制,出于和他人的特许权、使用新案权、意见权、著作权的关系专用权受到的限制,出于调整和使用主义的关系禁止权受到的限制。明确列举出各种情况下对商标权的保护受限或不允许注册这样的商标,使得日本的商标管理井然有序,不会影响到社会公共利益和私人权益,这也使得经济运行适应了国家道德建设、精神文明建设的要求。相比之下,我国的商标权保护则更为齐全、限制更少,这样做降低了商人或企业注册商标的难度,促进了社会主义市场经济的快速发展,但过度地放开有可能造成对社会公益或其他私人权益的损害,因此,日本《商标法》的这一点值得我们借鉴。

二、德国商标权的内容

(一)商标专用权的内容

依法获得商标保护的所有权人应拥有商标专用权,获得保护的商业标志的所有人应当享有专用权。商标专用权的内容包括禁止权、参考作品中注册商标的复制的提示权、对代理人或代表人的请求权、销毁请求权和告知请求权等。

1. 商标专用权的禁止权

未经商标权利人同意应禁止第三方在商业活动中在同种商品或服务上使用与该商标相同的任何标志;在同种或类似商品或服务上,使用与该商标相同或近似的任何标志,并且在相关公众中存在混淆的可能,包括该标志和该商标之间产生联系的可能;或者在与受保护的商标所使用的不相近似的商品或服务上,使用与该商标相同或近似的任何标志,但是该商标在德国范围内享有声誉,并且没有正当理由使用该标志不公平地利用了或损害了该商标的显著性或声誉。

如果他人在商业活动中的行为达到了上述禁止行为的必要条件,尤其应当禁止下列行为:

(1)将该标志附着于商品或其容器或包装上;

(2)以该标志提供商品,将其投入市场或为此目的进行储存;

(3)以该标志提供或供应服务;

(4)以该标志进口或出口商品;

(5)在商业文件或广告中使用该标志。

未经商标所有人同意,应禁止第三方在商业活动中将与该商标相同或近似的标志用于容器或包装上,或者用于标记手段如签条、附签、缝制签或与之类似的物品上;禁止以一个与该商标相同或近似的标志提供容器、包装或标记手段,将其投入市场或以此目的进行储存;或者以一个与该商标相同或近似的标志进口或出口容器、包装或标记手段,如果存在该包装或容器正用于包装或装盛商品或服务,或者该标记手段正用于标志商品或服务的危险,根据第(2)款和第(3)款,应禁止第三方使用该标志。

任何人违反上述规定使用一个标志,该商标所有人可以起诉要求禁止这种使用。任何人故意或过失侵权,都应当负责赔偿商标所有人因此受到的损失。

如果雇员或授权代表人在商业企业内实施上述侵权行为,商标所有人可以起诉该商业企业所有人,要求禁止这种使用,如果雇员或授权代表人故意或过失实施此行为,也可以要求该商业企业所有人给付损害赔偿金。

2. 参考作品中注册商标的复制的提示

关于参考作品中注册商标的复制的提示,《商标法》分别规定了三种不同情形下的处理:

(1)如果在字典、百科全书或类似参考作品中对注册商标的复制,给人以该商标构成其注册的商品或服务的通用名称的印象,则该商标所有人有权要求作品出版者在该商标的复制品上提示这是一个注册商标。

(2)如果该作品已经出版,此项要求应当限于将(1)中所述提示用于该作品的下一版本中。

如果该参考作品以电子数据库的形式出售,或者如果进入包含参考作品的电子数据库得到认可,(1)和(2)中的处理应比照适用。

3. 对代理人或代表人的请求权

《商标法》第11条规定:"以商标所有人的代理人或代表人的名义注册商标,而没有该所有人的授权的,可以撤销该商标的注册。"该条说明以代理人名义注册商标应当得到商标所有人的授权。

违反第 11 条的规定,未经商标所有人的授权,以该所有人的名义申请或注册商标的,该所有人应当有权要求从代理人或代表人处转让因该商标的申请或注册产生的权利。

违反第 11 条的规定,以该商标所有人的代理人或代表人的名义注册一个商标,该所有人应当有权禁止该代理人或代表人未经授权使用该商标。如果该代理人或代表人故意或过失实施侵权,则应承担商标所有人因此所受损失的损害赔偿责任。

4. 销毁请求权

关于销毁请求权,法律规定了三项内容:

(1)在适用商标专用权禁止权和对代理人或代表人的请求权所指案件时,商标或商业标志的所有人可以要求销毁由侵权人占有的或其财产中含有的非法标记的产品,除非可以以其他方式去掉该产品的侵权特征,并且在具体案件中,对于侵权者或所有权人,这种销毁是不适宜的。

(2)第(1)项中所述也应比照适用于作为侵权人财产并且用于或意图专用于或几乎专用于非法标记一项产品的器具。

(3)其他销毁请求权不应受影响。

5. 告知请求权

告知请求权是商标权人的一项重要权利,《商标法》对此规定了五项内容:

(1)在适用商标专用权禁止权和对代理人或代表人的请求权所指情况时,商标所有人或者商业标志所有人可以要求侵权者及时提供关于非法标记产品的来源和销售渠道的信息,除非这在具体案件中是不适宜的。

(2)第(1)项情况下被要求提供信息的人,应当提供侵权产品生产者、供应者及其他在先所有者的确切名称和地址,提供主顾、董事长以及生产、分销、接收或定购的产品的数量的确切信息。

(3)在侵权显而易见的情况下,可以根据民事诉讼法典发布强制令要求侵权者履行提供信息的义务。

(4)只有经过信息提供者同意,并与信息提供之前的行为有关,这种信息才可以在刑事诉讼或在按照轻微罪行法提起的诉讼中,用以针对提供信息者或者刑事诉讼法典第 52 条第(1)款意义的他的近亲。

(5)其他告知请求权不应受影响。

(二)商标权的限制

考虑到社会的公共利益,有必要对商标权作出限制。对商标权的限制的方式包括权利限制、权利丧失、由于在后商标注册的法律效力产生的专用请求权、名称和描述性标志的使用、权利用尽、由于不使用对请求权的排除等。

1. 权利限制

商标侵权请求权的法定时限,为请求人获得侵权信息和确定的侵权者之日起3年,不知这些信息的,为自侵权之日起30年。超过上述法定期限提出请求保护的,不予受理。为了更好地保护商标权人,打击恶意侵权人,依据《商标法》的规定,如果侵权者在侵权中以请求权人的利益为代价获得任何利益,即使在上述期限期满后,该侵权人也应按照关于不当得利赔偿的有关规定负赔偿责任。

2. 权利丧失

关于权利丧失的规定,是为了让商标权人积极参与保护其商标权。

如果商标和商业标志所有人在明知的情况下,默认一个在后注册商标连续5年使用,那么该所有人应无权禁止该在后注册商标在其注册的商品和服务上使用,除非在后商标申请为恶意申请。

如果商标或商业标志所有人在明知的情况下,默认一个第4条第(2)或第(3)款所述的商标或第13条所述的商业标志或其他在后权利连续5年使用,则该所有人应无权禁止这些权利的行使。

在上述两种情况下,在后权利的所有权人应无权禁止该在先权利的行使。

3. 由于在后商标注册的法律效力产生的专用请求权

当撤销在后商标注册的请求被驳回或基于下列因素应被驳回时,商标或商业标志所有人应无权禁止该在后注册的商标在其注册的商品或服务上使用:

(1)在后注册商标的在先权期限内,在先商标或商业标志还没有获得第9条第(1)款第3项,第14条第(2)款第3项或第15条第(3)款所述的声誉。

(2)在后商标的注册公告日之前,由于失效或驳回的绝对理由,应当已经撤销在先商标的注册。

当然,后注册商标所有人无权禁止一个在先商标或在先商业标志的使用。

4. 名称和描述性标志的使用

只要不与善良风俗相冲突,商标或商业标志所有人应无权禁止第三方在商业活动中使用下列各项内容:

(1)其名称或地址;

(2)与该商标或商业标志相同或近似,但与商品或服务的特征或属性,尤其是与其种类、质量、用途、价值、地理来源或商品的生产日期或服务提供日有关的标志;

(3)必须用该商标或商业标志表示一个产品或服务的用途,尤其是作为附件或配件。

5. 权利用尽

权利人或经其同意的其他人,将使用其商标或商业标志的商品投入德国、欧洲联盟其他成员国或其他欧洲经济区协定缔约国的市场之后,该商标或商业标志的权利人应无权禁止该标志在上述商品上的使用。

在商标或商业标志的所有权人有合法的理由反对对该商品的进一步商业利用的情况下,不应适用上述规定,特别是在商品投入市场之后,该商品的状况发生了变化或损害。

6. 由于不使用对请求权的排除

如果在请求提出之前5年内,该商标没有根据第26条使用于作为赖以提出这些请求理由的商品或服务上,只要该商标在此日期前已至少注册5年,则注册商标所有权人应无权对第三方提出任何第14、18和19条所述的请求。

对于第14、18和19条所述对注册商标的侵权,原告通过起诉提出请求时,作为对被告异议的回应,原告应证明该商标在提起诉讼前的5年内,已依据第26条投入使用,并且用于作为其请求基础的商品或服务上,只要在此日该商标已经至少注册了5年。提起诉讼后,5年不使用的期限届满时,作为对被告异议的回应,原告应该证明在口头诉讼结束之前的5年内,该商标已经依据第26条投入使用。对于其裁定,只应考虑其使用得到证明的商品或服务。

(三)商标的使用

因注册商标或注册的维持提出的请求取决于该商标的使用,所有权人必须在本国范围内将商标真正使用于注册的商品或服务上,除非有不使用的正当理由。经所有权人同意的对该商标的使用,应视为所有权人的使用。以与该商标注册的形式不同的形式使用,也应视为对该注册商标的使用,只要该不同的因素不改变该商标的显著性。如果该商标也在其使用的形式上获准注册,则也应适用第1句的规定。在本国内将商标附着于商品或其包装或包裹上,并只用于出口目的,也应视为该商标在本国内的使用。当要求自注册之日起5年内使用时,在对注册已提出异议的情况下,注册日应由异议裁定日代替。

(四)作为财产标的的商标

1. 商标所有权的认定

在注册簿上注册的所有权人通过商标注册享有所有权。如果将注册商标权转让或移转给第三方,权利继受者在专利局的程序中,在向专利法院提起的上诉程序中,或者在就法律问题向联邦法院提起的上诉程序中,只有自专利局收到转让注册的请求之日起,权利继受者才能够要求保护该商标,以及只主张通过注册获得的权利。其他在专利局程序中、在向专利法院提起的上诉程序中,或者所有权人是当事人时,在就法律问题向联邦法院提起的上诉程序中,应比照第1句适用。要求送达给商标所有人的专利局的命令和裁决,应当送达注册商标的所有人。如果专利局收到了一项对转让进行注册的申请,上述所指的命令和裁决也应当送达权利继受者。

通过商标的注册、使用或驰名获得的权利可以作为担保或作为其他物权的标的;或者可以作为强制执行的标的,也就是说商标可以作为权利质权的标的和强制执行措施的标的。如果上述以商标为标的的权利质权或强制执行措施,与通过商标的注册获得的权利有关,只要向专利局提交的证据齐备,应当应某一方当事人的请求将它们记录在注册簿上。

通过商标的注册获得的权利涉及破产诉讼时,根据权利继受者或破产法院的请求,应该将其记入商标注册簿中。在自我管理的案件中,管理者应当取代权利继受者提出请求。

2. 商标的转让

商标的转让,可以整体转让,也可以部分转让。依据《商标法》的规定,一个商标通过注册、使用或驰名获得的权利,在该商标受保护的某些或所有商品或服务上,可以转让或许可给其他人。需要说明的是,当商标与商业企业或商业企业的一部分联系起来时,该商标所联系的商业企业或商业企业的一部分的转让或许可,在不能确定的情况下,应当包括依据该商标的注册、使用或驰名产生的权利。

如果向专利局提供了相应证据,基于当事人一方的请求,通过商标注册获得的权利的转让,应当记录在注册簿上。如果权利的转让只涉及商标注册的某些商品或服务,应当应要求缴纳收费表规定的记录转让的费用。如果不缴纳此费用,应被认为没有提出此请求。在其他方面,注册分割的有关规定应比照适用。

3. 商标的许可

商标的许可分为独占许可和普通许可两种。依据《商标法》的规定,通过商标的注册、使用或驰名获得的权利,在该商标受保护的某些或所有商品或服务上,并在整个德国或部分范围内,可以成为独占许可或普通许可的标的。需要指出的是,依据德国《商标法》的规定,商标的转让与许可授权不应影响已授权给第三方的许可。

在被许可人违背许可合同中有关许可期限、经注册的该商标可以使用的形式、许可授权的商品或服务种类、该商标可以使用的地域以及被许可人生产的产品或提供的服务的质量等其中任何一项内容时,商标所有人可以向被许可人主张该商标权利。

当发生商标纠纷案件时,只有在商标权人同意的情况下,被许可人才可以就商标侵权提起诉讼。为获取所受损害的赔偿,任何被许可人应有权参与由商标所有权人提起的侵权诉讼。

(五)评述与启示

德国《商标法》在商标保护中规定了几个特殊的"请求权",这是其他国家所不具有的,如:对代理人或代表人的请求权、销毁请求权、告知请求权,分别针对代理人或代表人的未获同意或授权私自注册或使用商标权利人的商标的行为,要求销毁侵权人占有或其产品中含有非法标记行为;要求侵权者及时提供关于非法标记产品的来源和销售渠道的信息等情形,赋予商标权利人具体的权利类型,指引权利人行使权利保护自身合法权益的行为方式,这一点与其他国家相比,加大了对注册商标的保护力度。

三、中国商标权的内容

(一)商标权的内容

商标权是商标所有人依法对其注册商标所享有的专有权。我国《商标法》第3条第1款规定:"经商标局核准注册的商标为注册商标,包括商品商标、服务商标和集体商标、证明商标;商标注册人享有商标专用权,受法律保护。"可见,我国商标权的取得是根据注册原则确定的,商标权实际上就是指注册商标专用权。

商标权的内容是指商标权人对其注册的商标依法所享有的权利,具体包括商标使用权、转让权、许可权、续展权、禁止权和出质权等。商标使用权是指商标权人对其注册的商标的使用权利,如在商品或其外包装上使用,在商业文件、发票、说明书上使用等。商标转让权是指商标权人依照法定程序,将其依法注册的商标转让给他人的权利。商标许可权是商标权人通过签订使用许可合同,许可他人使用其注册商标的权利。商标续展权是指注册商标期满时商标权人可以依法继续申请商标法给予保护,从而续展其保护期限的权利。商标禁止权是指商标权人禁止他人使用其注册商标的权利。商标出质权是指商标权人将其注册商标向金融机构出质,实施贷款融资的权利。

(二)商标权保护期限和续展

商标权的保护期限是指注册商标所有人享有的商标专用权的有效期限。我国《商标法》第39条规定:"注册商标的有效期为十年,自核准注册之日起计算。"在实行商标注册制的国家,商标专用权是按照注册原则通过注册而取得的,注册的有效期有严格的时间界限。商标权作为知识产权的一种,具有专有性、地域性和时间性,所以时间性是商标专用权的特点之一。商标权的时间性是指商标经商标注册机关核准后,在正常使用的情况下,可以在法定期间内受到法律保护。这一法定期间又称为注册商标的保护期、有效期。有效期届满后,商标权人如果希望继续使用注册商标并使之得到法律保护,则须按照法定程序,进行注册续展。如果不发生导致商标撤销的诉讼,商标注册人只要按时履行续展手续,就可以将注册商标无限期地保护下去。在这一点上,商标权不同于同属知识产权的专利权和著作权。

商标权的续展是指注册商标所有人为了在注册商标有效期满后,继续享有注册商标专用权,按规定申请并经批准延续其注册商标有效期的一种制度。我国《商标法》第40条规定:"注册商标有效期满,需要继续使用的,商标注册人应当在期满前12个月内按照规定办理续展手续;在此期间未能办理的,可以给予6个月的宽展期。每次续展注册的有效期为 10 年,自该商标上一届有效期满次日起计算。期满未办理续展手续的,注销其注册商标。商标局应当对续展注册的商标予以公告。"续展注册商标有效期自该商标上一届有效期满次日起计算,其有效期仍为 10 年。续展注册经核准后,予以公告。商标续展注册连续不断,商标专用权可以成为一种"长久权"。

(三)商标权的利用

1. 商标权使用

(1)商标使用的含义

商标权人自己使用商标,是商标权人利用商标的最常见的形式。按照《商标法》第 48 条的规定,所谓商标的使用,是指将商标用于商品、商品包装或者容器以及商品交易文书上,或者将商标用于广告宣传、展览以及其他商业活动中,用于识别商品来源的行为。

从商标的使用方式上来讲,法律规定了以下七种具体形式:

① 将商标用于商品上。即将商标直接使用在商品上。如一些汽车制造企业,将注册的商标制作出来,并镶嵌于车头、后备箱等部位。又如一些计算机制造企业,将注册的商标先制作出来,再镶嵌于计算机显示屏、主机上等。将商标用于商品上,虽然本身不涉及商品的使用效能,但从整体上、美观上看,商标已经成为商品的一个组成部分。这是一种比较常见的商标使用方式,特别是在一些电器、电子、服装和机械等类的商品上。

② 将商标用于商品的包装上。即在商品的包装上使用商标。现实生活中,有些商品,如食品、药品等,需要一定的包装。在商品的包装上使用商标,如将商标印制在包装物上等,也是一种常见的商标使用方式。

③ 将商标用于容器上。即在商品的容器上使用商标。现实生活中,有些商品,如酒类、油类等以液体形式出现的商品等,需要一定的容器盛装。在商品的容器上使用商标,如在酒瓶上印制商标等,也是一种常见的商标使用方式。

④ 将商标用于交易文书上。即在合同文本等交易文书上使用商标。如有些企业将商标直接印制在合同意向书、合同正式文本上等。这种商标使用方式,主要是一些外资类企业以及国内一些具有相当经营规模或者具有相对优势地位,且通常是提供格式合同文本一方当事人的企业较多采用。

⑤ 将商标用于广告宣传中。即在广告宣传中使用商标。如有的企业制作的广告宣传片中,反复出现该企业的商标。又如有的企业在其印制的企业成长历程或者产品介绍等材料上使用商标等。这也是一种比较常见的商标使用方式。

⑥ 将商标用于展览中。即在展览中使用商标。如在某类产品的展销会上,直接在企业的展销摊位上使用商标等。

⑦ 将商标用于其他商业活动中。即在上述情形以外的其他商业活动中,使

用商标。如在某部电视剧作品中,某企业提供了赞助,在该电视剧中使用该企业的商标。

从商标的使用目的来看,在于"识别商品来源"。即通过使用商标,使他人了解该商品来源于什么地方或者来源于什么企业。换言之,就是通过商标的使用,使他人知道该商品是由哪个企业生产制造的,或者该企业是做什么的。

(2)商标的合法使用

商标注册人在使用注册商标的过程中,自行改变注册商标、注册人名义、地址或者其他注册事项的,由地方工商行政管理部门责令限期改正;逾期不改正的,由商标局撤销其注册商标。注册商标成为其核定使用的商品的通用名称或者没有正当理由连续 3 年不使用的,任何单位或者个人可以向商标局申请撤销该注册商标。商标局应当自收到申请之日起 9 个月内做出决定。有特殊情况需要延长的,经国务院工商行政管理部门批准,可以延长 3 个月。

任何单位或者个人依据"注册商标成为其核定使用的商品的通用名称"向商标局申请撤销该注册商标的,提交申请时应当附送证据材料,商标局受理后应当通知商标注册人,限其自收到通知之日起 2 个月内答辩;逾期未答辩的,不影响商标局作出决定。任何单位或者个人依据"注册商标无正当理由连续 3 年不使用"向商标局申请撤销该注册商标的,提交申请时应当说明有关情况,商标局受理后应当通知商标注册人,限其自收到通知之日起 2 个月内提交该商标在撤销申请提出前使用的证据材料或者说明不使用的正当理由;期满未提供使用的证据材料或者证据材料无效并没有正当理由的,由商标局撤销其注册商标。上述所称使用的证据材料,包括商标注册人使用注册商标的证据材料和商标注册人许可他人使用注册商标的证据材料。以无正当理由连续 3 年不使用为由申请撤销注册商标的,应当自该注册商标注册公告之日起满 3 年后提出申请。

根据《商标法实施条例》规定,商标注册人连续 3 年不使用注册商标的正当理由包括不可抗力、政府政策性限制、破产清算和其他不可归责于商标注册人的正当事由。

2. 商标权许可

(1)商标权许可的含义

商标权许可是指商标注册人通过签订商标使用许可合同,许可他人使用其注册商标的行为。在商标使用许可关系中,商标权人为许可人,获得注册商标使用权的人被许可人。许可他人使用注册商标,被许可人只取得了注册商标的使用权,注册商标的所有权仍属于商标权人。

(2)商标权许可的种类

商标权使用许可的形式有三种,即独占使用许可、排他使用许可和普通使用许可。

独占使用许可是商标注册人在约定的期间、地域和以约定的方式,将该注册商标仅许可一个被许可人使用,商标注册人依约定不得使用该注册商标。独占使用许可具有排他性,同时被许可人还可以行使禁止权,在发生注册商标专用权侵权案件时,独占使用许可合同的被许可人可以向人民法院提起诉讼,独占使用许可合同的被许可人享有独立的诉权。

排他使用许可是商标注册人在约定的期间、地域和以约定的方式,将该注册商标仅许可一个被许可人使用,商标注册人依约定可以使用该注册商标但不得另行许可他人使用该注册商标。在注册商标专用权被侵害时,排他使用许可合同的被许可人可以和商标注册人共同起诉,也可以在商标注册人不起诉的情况下,自行提起诉讼。根据司法实践,排他使用许可合同的被许可人自行提起诉讼的,须向人民法院提交商标注册人明确表示不起诉的书面证据。

普通使用许可是商标注册人在约定的期间、地域和以约定的方式,许可他人使用其注册商标,并可自行使用该注册商标和许可他人使用。在注册商标专用权被侵害时,普通使用许可合同的被许可人经商标注册人明确授权,可以提起诉讼。由此可见,普通使用许可合同的被许可人不具有独立的诉权。在发生商标侵权案件时,普通使用许可合同的被许可人不能自行提起诉讼,而应向商标注册人说明情况,由商标注册人向人民法院提起诉讼。在取得商标注册人明确授权的情况下,普通使用许可合同的被许可人也可以提起诉讼。

3. 商标权转让

(1)商标权转让的概念和形式

商标权转让是指依法享有商标专用权的人将部分或全部商标专用权转让给他人并收取一定费用的权利转让过程。在转让关系中,商标权人为转让人,接受商标权的另一方为受让人,受让人取得商标权,支付一定的价款,原商标权人不再享有商标权。

商标权转让的实质,是商标权主体的变更,这是一种双方法律行为,在自愿的原则下,转让人和受让人签订书面转让合同,并在依法办理商标权转让的手续后,商标权的转让才发生法律效力。注册商标的转让权是商标权的一项重要内容,它是商标所有人行使处分权的具体体现。

商标权的转让有三种形式,一是通过合同转让;二是通过继受转让;三是因行政命令而发生的转让。合同转让,是指转让人通过合同,规定转让注册商标的内容,相互间的权利、义务和违约责任等,这种形式的转让一般是有偿的,即转让人通过转让注册商标专用权而收取一定的转让费用。继受转让,是指继受主体通过继承、遗赠方式取得商标权。注册商标的继受转让,有两种情况:一是注册所有人(自然人)死亡即其生命结束后,由继承人按继承程序继承死者生前所有的注册商标;二是作为注册商标所有人的企业被合并或被兼并时的继受移转。因行政命令而发生的转让，一般发生在公有制国家。这里说的行政命令主要是那些引起财产流转的计划和行政。例如，我国国有企业根据行政命令发生分立、合并、解散或转产，必然会产生注册商标主体变化的问题。

(2)注册商标转让的限制

注册商标所有人虽然可以按照自由转让的原则转让商标，行使其处分权，但由于商标权的转让涉及多方利益主体，因此商标法也对商标的转让作了限制性规定。如果注册商标的转让可能引起不同厂家商品的混淆或商品质量的下降，或转让行为有损于第三人或公众的利益，法律是予以禁止的。所以，我国《商标法》对商标权的转让采取申请核准制。根据《商标法》的规定，受让人应当保证使用该注册商标的商品质量。使用注册商标，其商品粗制滥造，以次充好、欺骗消费者的，由各级工商行政管理部门分别不同情况予以处理，直至由商标局撤销其注册商标。对自行转让注册商标的，商标局还应责令其限期改正或者撤销其注册商标。此外，《商标法》的进一步修改规定，注册商标转让还受到以下两项限制：一是转让注册商标的，商标注册人对其在同一种或者类似商品上注册的相同或者近似的商标，应当一并转让；二是对容易导致混淆或者有其他不良影响的转让，商标局不予核准，书面通知申请人并说明理由。

4.商标权质押

(1)商标权质押的概念

商标权质押是指商标注册人以债务人担保人身份将自己所拥有的、依法可以转让的商标专用权作为债权的担保，当债务人不履行债务时，债权人有权按照法律规定，以该商标专用权折价或拍卖、变卖该商标专用权的价款优先受偿。

商标权质押，属于权利质权的范畴，将注册商标专用权质押也是商标权利用的一种方式。注册权人通过将其注册商标质押，可以向金融机构申请贷款，盘活资金，加大对商品生产的投入力度，提高产品的质量，改善经营管理，加大对产品和商标的宣传力度，以提升其注册商标的知名度，更好地为企业创造经济效益和社会效益。

(2)商标权质押合同内容

根据《担保法》第 79 条的规定，以依法可以转让的商标专用权出质的，出质人与质权人应当订立书面合同，并向其管理部门即国家工商行政管理局办理出质登记。商标专用权质押合同的主要内容有：出质人与质权人的名称(姓名)、地址；质押的原因和目的；出质的商标及质押的期限；出质商标专用权的价值及国家工商行政管理总局指定的商标评估机构的评估报告；当事人约定的与该质押商标专用权有关的其他事项。

(3)商标权质押的登记

商标专用权质押登记机关是国家工商行政管理总局，国家工商行政管理总局商标局具体办理商标专用权质押登记。商标专用权质押登记的申请人是商标专用权质押合同的出质人和质权人。

申请商标专用权质押登记时,应当提交下列文件:

① 按规定填写的《商标专用权质押登记申请书》(申请书式附后);

② 出质人及质权人企业营业执照复印件(须经发证机关确认盖章);

③ 质押合同副本(外文本应当附中文译本 1 份,以中文译本为准);

④ 质押商标《商标注册证》复印件;

⑤ 委托代理人办理登记的,应当提交被代理人(申请人共同)的委托书;

⑥ 其他应当提交的材料。上述证明文件如有不实,由申请人承担法律责任。申请人提交的申请书件不齐备的,登记机关应当要求申请人补正。不补正或补正不符合要求的,不予受理。申请登记书件齐备、申请手续符合规定的,国家工商行政管理局商标局予以受理。受理日期即为申请日期。

有下列情形之一的,登记机关不予登记:

① 出质人不是商标专用权合法所有人的;

② 商标专用权归属不明确的;

③ 其他不符合法律法规规定的。登记机关应当于受理登记申请之日起 5 个工作日内,做出是否予以登记的决定。符合登记条件的,国家工商行政管理局商标局予以登记,颁发《商标专用权质押登记证》;不符合有关规定的,不予登记。商标专用权质押合同自登记之日起生效。

有下列情形之一的,登记机关应当撤销登记:

① 登记后发现与事实不符的;

② 登记后发现有属于本程序第七条规定情形之一的;

③ 登记后发现质押合同无效的。

申请人名称、地址发生变更及因主债权债务转移或者其他原因而发生质押转移的,当事人应当办理商标专用权质押变更登记、补充登记或者重新登记。申请变更登记或者补充登记,应当提交变更的证明和登记机关发给的《商标专用权质押登记证》。

第四节　商标权的终止

商标权的终止,又称商标权的消灭,是指注册商标专用权因为法律规定的原因而归于丧失的制度。终止的原因主要有注销、撤销和无效三种①。

---

① 杨巧主编:《知识产权法》,中国政法大学出版社 2016 年版,第 296 页。

一、德国《商标法》的规定

德国《商标法》在第三部分《商标程序》的第三章规定了商标权终止,并明确将商标终止分为放弃权利、撤销和无效三种类型,并针对商标的终止作了注销的程序规定。

（一）商标权的终止

1. 放弃权利

放弃权利是指商标权人依法自愿请求商标注册机构注销其注册商标的行为。依据《商标法》的规定,在任何时候应所有人的请求,可以注销注册簿上注册商标的某些或全部商品或服务的注册。

2. 商标撤销

商标撤销是指商标主管机关对违反商标法有关规定的行为给予处罚,终止其原注册商标权的一种行政制裁手段。依据《商标法》的规定,如果在某商标注册之日起的连续 5 年内,该商标没有依法投入使用,则应当应请求基于撤销该商标的注册。但是,如果在 5 年期限届满与注销请求提交的间隔期内,注册商标已经开始或重新开始使用,任何人都不可以主张应当注销该商标的所有权。但是,如果准备使用或重新开始使用只发生在商标所有人知道可以提起注销请求之后,在连续五年不使用的期限届满之后、注销请求提起之前的 3 个月期间内的开始使用或重新开始使用,应不予考虑。如果向专利局提起了注销请求,只要该依据基于撤销或者由于在先权利提起注销请求的,在专利局的注销通知送达后的 3 个月内提出,则向专利局提起的请求对于计算上述 3 个月期限应当是决定性的。

由于提起下列撤销请求,应当注销商标的注册:

（1）如果由于所有人的作为或不作为导致在商业过程中,该商标成为在其注册的商品或服务上的通用名称;

（2）如果由于商标所有人在该商标注册的商品或服务上,对该商标的使用或者经其同意的使用,导致该商标对公众产生误导,尤其是有关这些商品或服务的种类、属性或地理来源;

（3）如果商标所有人不再符合第 7 条规定的条件。在撤销权利的理由只存在于该商标注册的某些商品或服务时,则只应注销这些商品或服务上的注册。

3. 商标无效

商标的无效分为由于驳回的绝对理由导致的无效和由于在先权利导致的无效两种。

（1）由于驳回的绝对理由导致的无效

由于驳回的绝对理由导致的无效具体有四种情形,即注册违反了第 3 条规定、注册违反了第 7 条规定、注册违反了第 8 条规定或者申请人提起商标申请时有欺诈行为。

① 注册违反了第 3 条规定

根据德国《商标法》第 3 条规定,任何能够将其使用的商品或服务与使用其他标志的商品或服务相区别的标志,可以作为商标获得保护,尤其是文字(包括人名)、图案、字母、数字、声音标志、三维造型(包括商品或其包装以及容器的形状)、还包括颜色或颜色的组合。仅由下列形状组成的标志不能作为商标保护:该形状是由商品本身的性质决定的;该形状是为获取一种技术效果所必须;或者该形状为商品提供了实质的价值。

② 注册违反了第 7 条规定

根据德国《商标法》第 7 条规定,注册商标和已申请商标的所有人可以是自然人、法人或者有能力获得权利和承担责任的合伙组织。如果申请主体违反了该条的规定,则取得的商标无效。

③ 注册违反了第 8 条规定

根据德国《商标法》第 8 条规定,第 3 条意义上能够作为商标保护的标志,不能以书面形式提供的,不应获准注册。下列情况不应获准注册:缺乏与商品和服务相关的任何显著性的商标;仅由可在贸易中表示种类、质量、数量、用途、价值、地理来源、商品的生产日期或服务的提供日期,或者表示商品或服务的其他特征的标志或标记组成的商标;仅由在当前语言环境中或在善意中成为习惯并成为标记商品或服务的商业惯例的标志或标记组成的商标;具有欺骗公众,尤其是关于商品或服务的性质、质量或地理来源的特征的商标;违背公共秩序和善良风俗的商标;含有政府的徽章、旗帜或其他徽记,或含有地区社团或国内其他公有联合团体的徽章的商标;根据联邦公报上发布的联邦司法部的通告,包括官方标志和检验印记在内的表明控制和保证的商标,不能作为商标有效注册;根据联邦公报上公布的联邦司法部的通告,包含国际政府间组织的徽章、旗帜或其他标志、印章或标记的商标,不能作为商标有效注册;根据有关公共利益的其他规定,明显禁止使用的商标。在注册日之前,随着商标的使用,如果该商标在相关商业圈内成为在其申请的商品和服务上的区别性标志,第(2)款第 1、2、3 项则不应适用。如果商标包含对上述标志的模仿,第(2)款第 6、7、8 项也应予以适用。如果申请人经授权在其商标中使用上述标志,即使其可能和上述另外一个标志相混淆,第(2)款第 6、7、8 项应不予适用。此外,提交了商标注册申请的商品或服务和那些表示控制和保证的上述标志或检验标志所使用的商品和服务既不相同也不近似的,第(2)款第 7 项则不应予以适用。此外,所申请的商标实质上没有使公众误认为在此商标和国际政府间组织之间存在某种联系,则第(2)款第 8 项应不予适用。

④ 申请人提起商标申请时有欺诈行为

如果申请人提起商标申请时有隐瞒申请主体资格、商标使用商品等欺诈行为,其取得的商标无效。

在该商标的注册违反了第3、第7或第8条,并且只有在对注销请求作出裁决时仍然存在驳回的理由,才可以注销其注册。此外,该商标的注册违反了第8条第(2)款第1、2或3项时,并且只有当该注销请求在自注册之日起的10年内提出,才可以注销其注册。当商标的注册违反了第8条第(2)款第4至9项时,可以依职权注销该商标的注册,并且注销程序在自注册之日起的2年内开始、在注销裁决作出之日仍然存在驳回的理由以及该注册的记录明显违反了明示的规定。

当无效的理由只存在于该商标注册的某些商品或服务时,则只应注销这些商品或服务上的注册。

(2)由于在先权利导致的无效

根据德国《商标法》第51条的规定,如果一项第9条至第13条所述的具有在先权的权利不利于某一商标的注册,通过提起无效诉讼,应当注销该商标的注册。如果在先商标的所有人连续5年默认在后商标在其注册的商品或服务上使用,并且知道这样的使用,则不可以因在先商标的注册而注销该在后商标的注册,除非该在后商标的注册是欺诈申请。这同样适用于拥有在先权的商标所有权以及通过第4条第2项意义上的使用获得的商标所有权,适用于第4条第3项意义上的驰名商标,适用于第5条意义上的商业标志,或者适用于第13条第(2)款第4项意义上的植物品种名称。此外,如果拥有第9条至13条所指在先权的所有权人,在提起注销请求之前同意了该商标的注册,则不可以注销该商标的注册。如果某一商标或商业标志,在与在后商标的注册的在先权相关的日期,没有获得第9条第(1)款第3项、第14条第(2)款第3项或第15条第(3)款意义上的声誉,则不可以由于一个有声誉的在先商标或一个有声誉的在先商业标志而注销该在后商标的注册。在先商标的注册在在后商标的注册公告之日,本应当按下列理由被注销时,则不可以由于该在先商标的注册而注销该在后商标的注册:①由于第49条的无效;②由于第50条的驳回的绝对理由。当无效的理由只存在于商标注册的某些商品或服务时,则只应在这些商品或服务上注销其注册。

(二)由于撤销或无效的注销的效力

德国《商标法》第52条规定:

(1)应当认为自提起注销之日起,在此程度上该注册的效力终止。应当事人一方的请求,可以将产生撤销原因的一个在先日期附在裁决中。

(2)当商标的注册由于任何程度的无效而被注销时,该注册的效力应被认为在此程度上自始无效。

(3)根据部分由于商标所有人的故意或过失导致的损害赔偿有关的规定,或根据与不当得利有关的规定,对商标注册的注销不应当影响:

① 侵权诉讼中的一项裁决,已获得了终局裁决的权威,并且已先于注销请求

裁决执行。

② 任何合同在关于注销请求的裁决作出之前达成,并因而在该裁决之前已经履行;然而,某种程度上由环境决定的并依据相关合同支付的价款,可以依据公平原则要求偿还。

(三)因驳回的绝对理由向专利局提起的注销的程序

德国《商标法》第50条规定:由于驳回的绝对理由的注销请求,应当向专利局提出。任何人可以提出这样的请求,应当同时缴纳收费表规定的费用。在没有缴纳费用的情况下,应当认为没有提出该请求。当已提出一项注销请求或已依职权启动注销程序时,专利局应当相应通知注册商标所有人。如果他在该通知送达后的2个月内没有对该注销提出反对,则应当注销该注册。如果他对该注销提出了反对,则应当执行注销诉讼程序。

(四)向普通法院提起的注销诉讼

德国《商标法》第49条规定,基于撤销或者由于在先权利提起注销请求的诉讼,应当针对注册的商标所有人或其权利继受者提出。下列人员可以提起诉讼:

(1)基于撤销提起注销请求的案件中的任何人。

(2)在基于在先权提起注销请求的案件中,第9条至第13条所述的所有人。

(3)在由于某一地理来源标志拥有在先权(第13条第(2)款第5项),而提起注销请求的案件中,经《反不正当竞争法》第13条第(2)款授权的主张权利的人。

在在先注册商标所有人提起的注销诉讼中,如果被告提出了反对,该所有人应当证明,该在先注册商标在提起诉讼之前的5年内,已经如第26条所述投入使用,只要该在先商标在此日已经注册了至少5年。如果无不使用的期限在提起诉讼之后结束,且被告提出了反对,原告应当证明在口头诉讼结束之前的5年内,该商标已如第26条所述投入使用。在后商标注册公告之日,在先商标已经注册了至少5年时,如果被告已提出了反对,则原告也应当证明在此日,不应当根据第49条第(1)款注销该在先商标的注册。在其裁决中,只应当考虑那些已被证明经过使用的商品或服务。

在提起诉讼之前或之后,基于商标的注册产生的权利,已经移转或转让给另外的人时,有关其价值的裁决对于权利继受者也应有效,而且可以执行。权利继受者有权成为诉讼一方当事人,民事诉讼法典第66条至第74条和第76条应比照予以适应。

(五)评价与启示

德国《商标法》将商标权终止分为放弃权利、撤销和无效三种情况,其中对每种情况的多种具体的情形规定,使商标权终止程序清晰明朗。尤其值得注意的是,德国《商标法》规定了向普通法院提出的注销诉讼的具体程序,为欲注销其注册商标者提供了详细的程序指引,在实体法中加入这些程序法内容并不是越俎代庖,而是方便了商标权利人对权利的行使。

二、中国商标法的规定

（一）商标权注销

1. 商标权注销的概念及类型

商标的注销是商标权人自愿放弃注册商标而被商标局终止其商标权的一种形式。注册商标注销,包括经商标权人申请注销和商标局主动注销。

商标局主动注销是指商标注册人不使用注册商标而向商标局提出注销申请,或者注册商标有效期满,商标注册人未提出续展申请的,商标局根据申请或者法律规定,将该注册商标登记注册事项从《商标注册簿》中取消的法律程序。

注册商标经申请注销是商标注册人主动放弃商标专用权的行为。注册商标部分注销是指商标注册人申请注销其在部分指定商品上的注册商标专用权的行为。

根据我国法律规定,导致商标权注销的原因有:

(1)商标注册人由于改变商品的名称、标记或其他多种原因不再使用该注册商标,并向商标注册机关提出自愿放弃该商标的专用权;

(2)注册商标有效期满且宽展期已过,注册人均未提出续展申请,或续展申请未被批准的,该注册商标权自有效期届满之日起丧失;

(3)因商标注册人消亡,在法定时间内无人要求继承注册商标的,商标局注销其商标。

2. 商标权注销的程序

商标注册人申请注销其注册商标的,应按照有关规定向商标局提出申请。注销注册商标可以是整体注销,也可以注销部分指定商品或服务项目。注销申请经商标局核准后,该注册商标专用权或该注册商标专用权在部分指定商品上的效力自注销申请之日起终止。

注册人已死亡或终止1年以上的且未办理商标移转手续的,任何人可以向商标局申请将该商标注销。向商标局申请注销该商标的,应当提交该商标注册人死亡或者终止的证据。经商标局核准注销的注册商标,其专用权自该商标注册主体死亡或终止之日起终止。

注册商标有效期满后,在法律规定的宽展期内仍未提出续展申请的,该商标予以注销。这是商标局鉴于注册商标已经失效的事实做出的注销行为,不需要任何人的申请,该注册商标专用权的效力自有效期满次日起终止。

（二）商标权撤销

注册商标权撤销是指国家商标局或者商标评审委员会对违反商标法及有关规定的行为作出决定或裁定,使原注册商标专用权归于消灭的程序。

根据《商标法》第 49 条第 1 款的规定,商标注册人有下列行为之一的,由商标局责令限期改正,期满不改正的,撤销其注册商标:

自行改变注册商标的。大多数商标是由文字、图形或其组合构成的,一般情况下,不允许申请人在使用过程中自行改变其注册商标。自行改变注册商标的注册人名义、地址或者其他注册事项的,由地方工商行政管理部门责令限期改正,期满不改正的,由商标局撤销其注册商标。

注册商标成为其核定使用的商品的通用名称。注册商标应具有显著性,如果某个商标已成为该类商品或者服务的通用名称,则会丧失显著性。为了社会公众利益,法律不会提供其专用权的保护,任何人都可使用。

没有正当理由连续 3 年不使用的。商标的价值在于使用,如果某个注册商标连续 3 年不使用,任何单位或者个人可以向商标局申请撤销该注册商标。但如果商标权人能够证明其有正当理由的除外。

(三)商标权撤销的程序和救济

根据《商标法》第 49 条第 2 款和《商标法实施条例》的规定,任何单位或者个人可以向商标局申请撤销该注册商标,提交申请时应当说明有关情况。商标局应当自收到申请之日起 9 个月内做出决定。有特殊情况需要延长的,经国务院工商行政管理部门批准,可以延长 3 个月。商标局受理后应当通知商标注册人,限其自收到通知之日起 2 个月内提交该商标在撤销申请提出前使用的证据材料或者说明不使用的正当理由;期满未提供使用的证据材料或者证据材料无效并没有正当理由的,由商标局撤销其注册商标。上述所称使用的证据材料,包括商标注册人使用注册商标的证据材料和商标注册人许可他人使用注册商标的证据材料。以无正当理由连续 3 年不使用为由申请撤销注册商标的,应当自该注册商标注册公告之日起满 3 年后提出申请。

对商标局撤销或者不予撤销注册商标的决定,当事人不服的,可以自收到通知之日起 15 日内向商标评审委员会申请复审。商标评审委员会应当自收到申请之日起 9 个月内做出决定,并书面通知当事人。有特殊情况需要延长的,经国务院工商行政管理部门批准,可以延长 3 个月。当事人对商标评审委员会的决定不服的,可以自收到通知之日起 30 日内向人民法院起诉。

法定期限届满,当事人对商标局做出的撤销注册商标的决定不申请复审或者对商标评审委员会做出的复审决定不向人民法院起诉的,撤销注册商标的决定、复审决定生效。被撤销的注册商标,由商标局予以公告,该注册商标专用权自公告之日起终止。

(四)商标权无效宣告

商标权无效宣告是指已经注册的商标,发生了导致商标权无效的事由,商标局根据职权宣告该注册商标无效,或者由商标评审委员会根据其他单位或者个人的请求宣告该注册商标无效的制度。

2013 年修订的《商标法》在第五章专门规定了"注册商标的无效宣告",对无效宣告的实体和程序内容作了修改和完善,明确对撤销和无效行为作了明确的区分。

因导致商标权无效的事由不同,申请人、时限及处理机关也不尽相同,根据我国商标法的规定,商标权的无效宣告可以分为以下两种情况:

(1)违反禁止注册绝对理由的无效宣告

根据《商标法》第 44 条规定,已经注册的商标,有下列情形之一的,由商标局宣告该注册商标无效;其他单位或者个人可以请求商标评审委员会裁定撤销该注册商标。

① 注册商标中含有不得作为商标使用的标志。《商标法》第 10 条规定,下列标志不得作为商标使用:

A. 同中华人民共和国的国家名称、国旗、国徽、国歌、军旗、军徽、军歌、勋章等相同或者近似的,以及同中央国家机关的名称、标志、所在地特定地点的名称或者标志性建筑物的名称、图形相同的;

B. 同外国的国家名称、国旗、国徽、军旗等相同或者近似的,但经该国政府同意的除外;

C. 同政府间国际组织的名称、旗帜、徽记等相同或者近似的,但经该组织同意或者不易误导公众的除外;

D. 与表明实施控制、予以保证的官方标志、检验印记相同或者近似的,但经授权的除外;

E. 同"红十字""红新月"的名称、标志相同或者近似的;

F. 带有民族歧视性的;

G. 带有欺骗性,容易使公众对商品的质量等特点或者产地产生误认的;

H. 有害于社会主义道德风尚或者有其他不良影响的。县级以上行政区划的地名或者公众知晓的外国地名,不得作为商标。但是,地名具有其他含义或者作为集体商标、证明商标组成部分的除外;已经注册的使用地名的商标继续有效。

② 注册商标中含有不得作为商标申请注册的标志。《商标法》第 11 条规定,下列标志不得作为商标注册:

A. 仅有本商品的通用名称、图形、型号的;

B. 仅直接表示商品的质量、主要原料、功能、用途、重量、数量及其他特点的;

C. 其他缺乏显著特征的。上述所列标志经过使用取得显著特征,并便于识别的,可以作为商标注册。

③ 注册商标中含有不得作为立体商标申请注册的标志。《商标法》第 12 条规定,以三维标志申请注册商标的,仅由商品自身的性质产生的形状、为获得技术

效果而需有的商品形状或者使商品具有实质性价值的形状,不得注册。

④ 以欺骗手段或者其他不正当手段取得商标注册的。具体包括两种情形:

第一,以欺骗手段取得商标注册的。所谓欺骗手段,是指申请人采取虚构、隐瞒事实真相,或者伪造申请书及有关文件等方式,取得商标注册。

第二,以其他不正当手段取得商标注册。以其他不正当手段是指申请人采取欺骗方式以外的其他不正当方法取得商标注册权。

上述四种情形属于禁止注册的绝对理由,任何人都可以请求商标评审委员会宣告该注册商标无效,申请的主体和时间没有限制。

商标局做出宣告注册商标无效的决定,应当书面通知当事人。当事人对商标局的决定不服的,可以自收到通知之日起 15 日内向商标评审委员会申请复审。商标评审委员会应当自收到申请之日起 9 个月内做出决定,并书面通知当事人。有特殊情况需要延长的,经国务院工商行政管理部门批准,可以延长 3 个月。当事人对商标评审委员会的决定不服的,可以自收到通知之日起 30 日内向人民法院起诉。

其他单位或者个人请求商标评审委员会宣告注册商标无效的,商标评审委员会收到申请后,应当书面通知有关当事人,并限期提出答辩。商标评审委员会应当自收到申请之日起 9 个月内做出维持注册商标或者宣告注册商标无效的裁定,并书面通知当事人。有特殊情况需要延长的,经国务院工商行政管理部门批准,可以延长 3 个月。当事人对商标评审委员会的裁定不服的,可以自收到通知之日起 30 日内向人民法院起诉。人民法院应当通知商标裁定程序的对方当事人作为第三人参加诉讼。

(2)违反禁止注册相对理由的无效宣告

根据《商标法》第 45 条规定,已经注册的商标,违反本法第 13 条第 2 款和第 3 款第 15 条、第 16 条第 1 款、第 30 条、第 31 条、第 32 条规定的,自商标注册之日起 5 年内,在先权利人或者利害关系人可以请求商标评审委员会宣告该注册商标无效。对恶意注册的,驰名商标所有人不受五年的时间限制。

① 复制、摹仿或者翻译他人的驰名商标。《商标法》第 13 条第 2 款规定,就相同或者类似商品申请注册的商标是复制、摹仿或者翻译他人未在中国注册的驰名商标,容易导致混淆的,不予注册并禁止使用。第 3 款规定,就不相同或者不相类似商品申请注册的商标是复制、摹仿或者翻译他人已经在中国注册的驰名商标,误导公众,致使该驰名商标注册人的利益可能受到损害的,不予注册并禁止使用。

② 以自己的名义将被代理人或者被代表人的商标进行注册。《商标法》第 15 条规定,未经授权,代理人或者代表人以自己的名义将被代理人或者被代表人的商标进行注册,被代理人或者被代表人提出异议的,不予注册并禁止使用。就同

一种商品或者类似商品申请注册的商标与他人在先使用的未注册商标相同或者近似，申请人与该他人具有前述规定以外的合同、业务往来关系或者其他关系而明知该他人商标存在，该他人提出异议的，不予注册。

③ 使用了误导公众的地理标志。《商标法》第 16 条第 1 款规定，商标中有商品的地理标志，而该商品并非来源于该标志所标示的地区，误导公众的，不予注册并禁止使用，但是，已经善意取得注册的继续有效。

④ 违反《商标法》第 30 条的规定。《商标法》第 30 条规定，申请注册的商标，凡不符合本法有关规定或者同他人在同一种商品或者类似商品上已经注册的或者初步审定的商标相同或者近似的，由商标局驳回申请，不予公告。

⑤ 违反《商标法》第 31 条的规定。《商标法》第 31 条规定，两个或者两个以上的商标注册申请人，在同一种商品或者类似商品上，以相同或者近似的商标申请注册的，初步审定并公告申请在先的商标；同一天申请的，初步审定并公告使用在先的商标，驳回其他人的申请，不予公告。

⑥ 违反《商标法》第 32 条的规定。《商标法》第 32 条规定，申请商标注册不得损害他人现有的在先权利，也不得以不正当手段抢先注册他人已经使用并有一定影响的商标。

上述 6 种情形，属于违反禁止注册相对理由的无效宣告，其申请有以下几方面的限制：

第一，申请主体的限制。根据《商标法》第 45 条第 1 款的规定，申请宣告注册商标无效的主体，为"在先权利人或者利害关系人"。在先权利人是指在申请商标注册时，已经现实享有相关权利的人。利害关系人是指与注册商标的权利存在利益关联的人。

第二，申请时间的限制。根据第 45 条第 1 款的规定，已经注册的商标，具有违法情形，"自商标注册之日起 5 年内"，可以请求宣告无效。换言之，如果商标注册已经超过 5 年的，就不得请求宣告无效。同时，"对恶意注册的，驰名商标所有人不受 5 年的时间限制"。

商标评审委员会收到宣告注册商标无效的申请后，应当书面通知有关当事人，并限期提出答辩。商标评审委员会应当自收到申请之日起 12 个月内做出维持注册商标或者宣告注册商标无效的裁定，并书面通知当事人。有特殊情况需要延长的，经国务院工商行政管理部门批准，可以延长 6 个月。当事人对商标评审委员会的裁定不服的，可以自收到通知之日起 30 日内向人民法院起诉。人民法院应当通知商标裁定程序的对方当事人作为第三人参加诉讼。

关于商标权的期限，世界上大多数国家采用的是终止制度，少数国家采用延续制度。我国采用申请终止、撤销和无效三种制度，目的是将违法获得注册商标者、未按规定使用商标者以及主观上不愿再行使用已注册商标者通过法定程序排除出注册商标权利人行列,此举有助于注册商标的规范化管理,促进市场经济的高效运营。

第五节 商标权的法律保护

保护商标权是《商标法》的立法宗旨,也是《商标法》的核心问题。各国《商标法》对于商标权的保护都着力于对商标侵权行为的判断及如何处罚。

一、德国商标权的保护

(一)商标侵权行为

德国《商标法》中规定的商标侵权行为具体表现主要有以下几种情形:

1. 未经商标权利人同意,第三方在商业活动中在同种商品或服务上使用与该商标相同的任何标志;

2. 在同种或类似商品或服务上,使用与该商标相同或近似的任何标志,并且在相关公众中存在混淆的可能,包括该标志和该商标之间产生联系的可能;

3. 在与受保护的商标所使用的不相近似的商品或服务上,使用与该商标相同或近似的任何标志,但是该商标在德国范围内享有声誉,并且没有正当理由使用该标志不公平地利用或损害了该商标的显著性或声誉。

(二)商标侵权救济

在德国,发生商标侵权行为后,对侵权行为的制裁方法有实施禁令救济、责令赔偿损失、处以罚金或者监禁。

1. 实施禁令救济

根据德国《反不正当竞争法》第 13 条第(2)款有权提出请求的人,可以针对违反法律规定在商业过程中使用名称、标志或标记的任何人,主张禁令救济。禁令救济的主要内容包括除去非法标志、销毁侵权产品等。

2. 责令赔偿损失

任何人故意或过失违反法律规定使用商标,应当负责赔偿由此产生的损害赔偿金。需要说明的是,如果由于工商业企业的雇员或被授权人的故意或过失,发生了侵权行为,禁令救济以及请求支付损害赔偿金也可以针对该工商业企业的所有者提出。如果在 1995 年 1 月 1 日之前注册的商标所有人,或者通过使用或驰名在此日之前获得商标或商业标志的所有人,在那时可适用的规定下,没有权利对该商标、商业标志或相同标志的使用提出侵权主张,则不能针对所说商标、商业标志或标志的继续使用,主张由本法的商标或商业标志产生的权利。

3. 处以罚金或监禁

对于严重的侵权行为,侵权行为人应当承担相应的刑事责任,刑事责任的主要内容是罚金或者监禁。

二、日本商标权的保护

（一）商标侵权行为

日本《商标法》第 37 条规定了视为侵害该商标权或专用使用权的行为类型，具体表现为：

1. 在指定商品或指定服务上使用与注册商标相近似的商标，或在与指定商品或指定服务相类似的商品或服务上使用注册商标或与其相近似的商标；

2. 为了转让或交付，而持有在指定商品或与指定商品或指定服务相类似的商品上或其商品包装上附以注册商标或与其相近似的商标的行为；

3. 为了提供服务用的物品，而持有或进口在指定服务或与指定服务或指定商品相类似的服务中供被服务者利用的物品上附以注册商标或与其相近似商标的行为；

4. 为了提供服务用的物品而转让、交付或为了转让、交付而持有或进口，使用在指定服务或与指定服务，或与指定商品相类似的服务中供被服务者利用的物品上附以注册商标或与其相近似商标的行为；

5. 为了在指定商品或指定服务上或在与其相类似的商品或服务上使用注册商标或与其相近似的商标，而持有表示注册商标或与其相近似商标物品的行为；

6. 为了使他人在指定商品或指定服务上或在与其相类似的商品或服务上使用注册商标或与其相近似商标，而进行转让、交付或为了转让、交付而持有表示注册商标或与其相近似商标物品的行为；

7. 为了自己或使他人，在指定商品或指定服务上或在与其相类似的商品或服务上使用注册商标或与其相近似的商标，而制造或进口表示注册商标或与其相近似商标物品的行为；

8. 只是为了制造表示注册商标或与其相近似商标的物品，而以制造、转让、交付或进口所需物品为业的行为。

（二）商标侵权的救济

1. 排除侵害请求权

商标权者或专用使用权者对侵害或有可能侵害自己的商标权或专用使用权者，可以请求其停止或预防这种侵害。商标权者或专用使用权者依前项规定提出请求之际，可以请求废弃构成侵害行为的物品、撤销侵害行为所用的设备或其他为预防侵害的必要行为。

2. 损失赔偿请求权

商标侵权人对于自己的侵权行为应当承担相应的民事责任，赔偿损失。关于损失赔偿额的确定，日本《商标法》第 38 条规定了损害额的推定。

（1）商标权者或专用使用权者，对于因故意或过失而侵害自己的商标权或专用使用权者请求赔偿自己因其侵害所受的损害时，当侵害者因侵害行为而获得利益时，推定其利益额为商标权者或专用使用权者所受损害额；

（2）商标权者或专用使用权者，对于因故意或过失侵害自己的商标权或专用使用权者，可以请求相当于使用该商标时一般获得的金额的金钱作为自己所受损害的赔偿；

（3）前项规定不妨碍请求超过同项规定金额的损害赔偿。在这种场合，当侵害商标权或专用使用权者非属故意或重大过失时，法院在确定损害赔偿额时，可以酌情考虑。

3. 刑事责任的承担

日本《商标法》第78条规定：侵权行为人的侵权行为情节严重的，还要承担刑事责任，处以5年以下的有期徒刑或500万日元以下的罚金。

日本商标侵权案件都是由商标权利人向法院提起诉讼，对于诉讼案件采取三审终结制①。

日本是知识产权大国、强国，2002年国家发布知识产权战略大纲，提出知识立国的目标。政府和企业极其重视知识产权战略的实施，在世界范围内占领专利、商标市场，并强化其知识产权的国际保护。

案例 3-3　日本本田商标维权案②

日本本田早在1997年就对重庆力帆公司的前身轰达公司使用本田的注册商标提出了异议，这一异议也得到了中国国家商标局的认可与支持，因此驳回了轰达公司的注册申请。在2000年，轰达公司依旧继续使用本田公司注册的商标，本田公司在中国工商管理部门的帮助下，责令重庆轰达公司停止商标权侵权的行为，同时处以较大数额的罚款，直到2001年，重庆轰达公司改名为重庆力帆公司，但是对日本本田公司的商标侵权行为却没有停止，最终日本本田公司选择司法途径保护自己合法的知识产权，以重庆力帆公司侵犯本田公司商标权为由提起诉讼。终于在2004年，中国法院以重庆力帆公司的行为构成对日本本田公司注册商标权的侵权行为，力帆公司赔偿本田公司147万余元，并停止制造与销售侵权产品。

通过日本本田维权之路，我们不难看出，日本对知识产权软实力维权的重视。

---

① 钟文隽：《中日商标法比较》，《知识产权》1997年第5期。
② 王雪：《中日商标保护的比较研究——以日本本田和重庆力帆商标诉讼为例》，《全国商情》2016年第35期。

三、美国商标权的保护

（一）商标侵权行为

美国的联邦商标法——《兰哈姆法》明确指出防止消费者混淆是其主要的立法目的。在这种立法思想的指导下，《兰哈姆法》第 2 条、第 32 条和第 43 条将导致消费者混淆、误认或欺骗，作为驳回商标注册申请或构成商标侵权的事由[①]判断混淆需要考虑的因素是：商标之强度、商标的相似程度、产品的相似性、原告将其商标所依托的商品延伸到被告商品领域的可能性、实际混淆的证据、被告是否善意地使用原告的商标、被告产品的品质、消费者的成熟度[②]。

具体的侵权行为表现为：

美国法律规定，任何人未经注册人同意，有下列行为的，属于商标侵权：

1. 在商业中将一注册商标的复制、伪造、仿冒或逼真的仿制品用于与任何商品或服务的销售、推销、经销，或广告宣传有关方面，这种使用可能引起混淆，或引起误认，或可能是欺骗；

2. 复制、伪造、抄袭或逼真地仿制一注册商标，并将这种复制、伪造、抄袭或逼真仿制的商标应用于企图在商业中与商品或服务的销售、推销、经销，或广告有关方面使用的标签、招牌、印刷品、包装、包纸、容器或广告上，这种使用可能引起混淆，或引起误认，或可能是欺骗。

（二）商标侵权的救济

如果商标注册人权利受到侵害，而且在按该法的民事诉讼中侵权事实成立，原告可以提出以下请求：

1. 禁令救济；

2. 获得被告人通过侵权获得的利益；

3. 原告所受一切损失，必要时有可能是实际损失的 3 倍；

4.“特殊情况”的律师费；

5. 诉讼费用和其他费用。

这些补救都是累计的，这样原告不但可以收回被告所获利润，而且还可以获得赔偿金。在禁令救济方面，总的原则是要考虑公众的利益，这是它的显著特征。它通常不仅保护原告免受侵害，而且也将保护公众的利益不受侵犯。该法既禁止不合法的侵权行为，又可以允许合法的竞争[③]。

法院对索赔的利润和损失进行估算或按其指示进行估算。估算利润时要求

---

① 15 U.S.C. §2,§32,§43(Lanham Act),1946。

② 姜鹏：《美国的商标侵权判断标准辨析》，《中华商标》2012 年第 3 期。

③ 曾彤：《中美商标法比较研究》，《中华商标》2001 年第 6 期。

原告对被告的销售提供证明;估算损失时,要求被告对各项成本或折扣提供证明。对估算的损失,法院可以根据案情,做出高于实际损失的裁决,但不得超过3倍。当法院发觉利润的数字不足或超过实际数字,可根据案情,对不足或超过部分做出适当裁定。

案例3-4 Google在法国被判商标侵权①

2009年2月法国巴黎高等法院做出判决,Google关键字广告业务侵犯了两家公司的商标权,Google须向这两家公司支付35万欧元(约合45.4万美元)赔偿金。Google已对此判决提出上诉。当网民在Google上搜索"Voyageurs du Monde"和"Terresd Aventure"这两个关键字时,搜索结果网页上会显示这两家公司竞争对手的广告。法国巴黎高等法院认定Google存在伪造商标、不公平竞争的行为,因此判决Google须向Voyageurs du Monde付20万欧元赔偿金,向Terresd Aventure支付15万欧元赔偿金。Google随后向欧洲最高法院就此案提出上诉。关键字广告是搜索引擎通过对特定的关键字进行拍卖,以拍价为依据对广告商进行排名并赚取点击付费的一种广告形式。关键字广告业务是Google的主要收入来源。此前,由于侵犯了法国知名奢侈品品牌企业——路易威登公司的商标权,Google已经被法国法院责令赔偿路易威登公司30万欧元。同时,Google在德国、以色列、意大利和澳大利亚也要面对类似诉讼。

由搜索引擎的关键字广告业务引发的诉讼在我国也曾发生,影响较大的是上海大众搬场公司诉百度公司一案。大众搬场公司发现在百度搜索其公司名称时,在搜索结果网页的左、右两侧均出现了百度提供的广告链接,其中不少链接使用了该公司拥有的大众商标。大众搬场公司于是起诉到法院,要求百度停止侵权、赔礼道歉、赔偿损失。法院一审认定百度构成侵权,须赔偿经济损失并消除影响。

四、中国商标权的保护

(一)商标侵权行为的类型

商标侵权行为,是指违反商标法的规定,在相同或类似的商品或服务上未经商标权人同意擅自使用与其注册商标相同或者近似的商标,有可能引起消费者混淆商品及服务来源的行为以及法律认定的与之相关的其他行为。

由商标权的内容可知,商标权的"专用权"范围小于"禁止权"范围,也就是说,商标权人有权禁止的他人行为的范围大于商标权本人专有性使用的范围。商标权人的权利范围仅限于核准注册的商标和核定使用的商品,但是商标权人有权禁止他人混淆行为的范围还包括类似商品和近似商标。这也是国际上通行的做法。

---

① 龙云:《Google在法国被判商标侵权》,《中国工商报》2009年2月12日第B03版。

根据《商标法》第 57 条的规定,有下列行为之一的,均构成商标侵权的行为。

1. 使用侵权行为

使用侵权行为是指未经商标注册人的许可,在同一种或者类似的商品或服务上使用与其注册商标相同或者近似的商标。此类行为主要发生在商品生产领域,亦即制假行为,侵权人为商品制造商或服务项目提供者。使用侵权行为直接侵犯了商标权人的禁止权,是司法实践中最典型、最普遍的一种商标侵权行为。侵权者使用和注册商标人对商标的使用方式和范围一致,包括将商标直接用于商品或服务项目上,以及在各种商业环境中使用商标。凡是对商标权人来说构成使用的方式,都可构成这里的侵权使用。使用侵权行为分为四种:

(1)在同一种商品或服务上直接使用与他人注册商标相同的商标;

(2)在同一种商品或服务上使用与他人注册商标相近似的商标;

(3)在类似的商品或服务上使用与他人注册商标相同的商标;

(4)在类似的商品或服务上使用与他人注册商标相近似的商标。

其中第一种行为最严重,被称为假冒行为,其余三种行为虽然对注册商标专用权有所规避,但仍然属于商标禁止权所排斥的范围,被称为仿冒行为。

2. 销售侵权行为

销售侵权行为是指销售侵犯注册商标专用权的商品的行为。这种行为通常发生在流通环节,也是一种较为常见的商标侵权行为。这种侵权行为的主体一般为商品经销商。在现实生活中,侵犯注册商标专用权的商品,有的是生产者自行销售,有的要通过他人进行销售。其后果也是混淆商品出处、侵犯注册商标专用权、损害消费者利益。需要注意的是,商标侵权行为的构成与侵权行为法律责任之间的关系。非法销售的构成,并不以销售者在主观上是否存在"明知"或"应知"的过错为前提,只要行为人实质上销售了侵犯商标权的商品,即构成侵犯商标权的行为,应当"停止销售",但是是否需要"赔偿损失"则必须进一步考虑行为人的主观因素。根据《商标法》第 64 条第 2 款规定,销售不知道是侵犯注册商标专用权的商品,能证明该商品是自己合法取得并说明提供者的,不承担赔偿责任。

3. 标识侵权行为

标识侵权行为是指伪造、擅自制造他人注册商标标识或者销售伪造、擅自制造的注册商标标识的行为。"伪造"是指没有经过商标权人同意或者许可,模仿注册商标的图样或者实物,制作出与他人注册商标标识相同的商标标识。"擅自制造"是指没有经过商标权人同意或者许可,制作注册商标标识,这类行为直接侵犯了商标注册人的商标专用权。

4. 反向假冒侵权行为

反向假冒侵权行为是指未经商标注册人同意,更换其注册商标并将该更换商标的商品又投入市场的行为。在侵犯商标权的行为中,上述前三种侵权行为均属于复制他人注册商标并用于产品、服务或广告中,试图将自己的产品冒充他人的产品。反向假冒侵权行为与上述行为的方向相反,在商品销售活动中,消除商品上的他人商标,然后换上自己的商标,冒充自己的商品进行销售。这种行为既侵犯了商标注册人的合法权益,也侵犯了消费者的知情权,导致消费者对商品的来源产生误认。从表面上看,反向假冒行为直接针对的是产品而非商标,似乎不应认定为商标侵权行为。但经全面分析商标的标明来源、指示质量及荣誉、广告宣传等基本功能和商标的内容,就可以明确看到这种行为对商标的侵害。

5. 帮助侵权行为

帮助侵权行为是指故意为侵犯他人商标专用权行为提供便利条件,帮助他人实施侵犯商标专用权的行为。主要是指故意为侵犯他人注册商标专用权的行为,提供诸如仓储、运输、邮寄、隐匿等方面的条件,从而帮助他人完成实施侵犯商标专用权的行为。

6. 其他侵权行为

其他侵权行为是指给他人的注册商标专用权造成其他损害的行为。这是一项兜底性规定,是指上述五类行为以外的其他侵犯注册商标专用权的行为。按照2002年10月12日《最高人民法院关于审理商标民事纠纷案件适用法律若干问题的解释》的规定,下列行为属于给他人注册商标专用权造成其他损害的行为:

(1)将与他人注册商标相同或者相近似的文字作为企业的字号在相同或者类似商品上突出使用,容易使相关公众产生误认的;

(2)复制、摹仿、翻译他人注册的驰名商标或其主要部分在不相同或者不相类似商品上作为商标使用,误导公众,致使该驰名商标注册人的利益可能受到损害的;

(3)将与他人注册商标相同或者相近似的文字注册为域名,并且通过该域名进行相关商品交易的电子商务,容易使相关公众产生误认的。

关于商标侵权行为的认定,需要注意以下几点:

(1)将他人注册商标、未注册的驰名商标作为企业名称中的字号使用,误导公众,构成不正当竞争行为的,依照《中华人民共和国反不正当竞争法》处理。

(2)注册商标中含有的本商品的通用名称、图形、型号,或者直接表示商品的质量、主要原料、功能、用途、重量、数量及其他特点,或者含有的地名,注册商标专用权人无权禁止他人正当使用。

(3)三维标志注册商标中含有的商品自身的性质产生的形状、为获得技术效果而需有的商品形状或者使商品具有实质性价值的形状,注册商标专用权人无权禁止他人正当使用。

(4)商标注册人申请商标注册前,他人已经在同一种商品或者类似商品上先于商标注册人使用与注册商标相同或者近似并有一定影响的商标的,注册商标专用权人无权禁止该使用人在原使用范围内继续使用该商标,但可以要求其附加适当的区别标识。

案例3-5　侵害"庆丰"商标及不正当竞争纠纷案①

北京庆丰包子铺(以下简称庆丰包子铺)以山东庆丰餐饮管理有限公司(以下简称庆丰餐饮公司)侵害其商标权及构成不正当竞争为由提起民事诉讼。庆丰包子铺主张庆丰餐饮公司的法定代表人徐庆丰曾在餐饮服务业工作,明知庆丰包子铺商标及字号的知名度,仍使用"庆丰"字号成立餐饮公司,并在其官网、店面门头、菜单、广告宣传上使用"庆丰"或"庆丰餐饮"标识,构成侵害庆丰包子铺的商标权及不正当竞争。庆丰餐饮公司认为其有权将公司法定代表人的名字注册为字号,且有权使用经工商部门依法注册的企业名称;庆丰包子铺的商标并非驰名商标,其使用的标识与庆丰包子铺的注册商标既不相同也不近似。山东省济南市中级人民法院一审认为,庆丰餐饮公司使用"庆丰"与其使用环境一致,且未从字体、大小和颜色方面突出使用,属于对其字号的合理使用。庆丰包子铺在庆丰餐饮公司注册并使用其字号时的经营地域和商誉未涉及或影响到济南和山东,不能证明相关公众存在误认的可能,故不构成对庆丰包子铺商标权的侵害,判决驳回庆丰包子铺的诉讼请求。山东省高级人民法院二审维持一审判决。庆丰包子铺向最高人民法院申请再审,最高人民法院提审后认为,庆丰餐饮公司构成侵害庆丰包子铺的商标权及不正常竞争,改判撤销一审、二审判决,庆丰餐饮公司立即停止侵害商标权的行为及停止使用"庆丰"字号并赔偿庆丰包子铺经济损失及合理费用5万元。

本案涉及商标权的行使与其他权利,比如姓名权的冲突问题。最高人民法院在本案中明确,公民享有合法的姓名权,当然可以合理使用自己的姓名。但公民在将其姓名作为商标或企业字号进行商业使用时,不得违反诚实信用原则。明知他人注册商标或字号具有较高的知名度和影响力,仍注册与他人字号相同的企业字号,在同类商品或服务上突出使用与他人注册商标相同或相近似的商标或字号,具有攀附他人注册商标或字号知名度的恶意,容易使相关公众产生误认,其行为不属于对姓名的合理使用,构成侵害他人注册商标专用权和不正当竞争。最高法院进一步指出,如本案中的情形,在注册商标已经具有较高知名度的情况下,庆丰公司的使用方式一方面容易使相关公众对其与庆丰包子铺的关系产生混淆误认,另一方面其所创造的商誉也只能附着在"庆丰"品牌上,实则替他人做嫁衣裳,也不利于其企业自身的发展。反之,其变更企业名称后,可以通过诚信经营及广告宣传,提高企业的商誉和知名度,打造出自己的品牌,获得双赢格局。

---

① 最高人民法院(2016)最高法民再238号民事判决书。

（二）商标侵权行为的法律责任

1. 商标侵权纠纷的处理方式

对于商标侵权纠纷的处理，《商标法》第 60 条规定："有本法第 57 条所列侵犯注册商标专用权行为之一，引起纠纷的，由当事人协商解决；不愿协商或者协商不成的，商标注册人或者利害关系人可以向人民法院起诉，也可以请求工商行政管理部门处理。工商行政管理部门处理时，认定侵权行为成立的，责令立即停止侵权行为，没收、销毁侵权商品和主要用于制造侵权商品、伪造注册商标标识的工具，违法经营额五万元以上的，可以处违法经营额五倍以下的罚款，没有违法经营额或者违法经营额不足 5 万元的，可以处二十五万元以下的罚款。对五年内实施两次以上商标侵权行为或者有其他严重情节的，应当从重处罚。销售不知道是侵犯注册商标专用权的商品，能证明该商品是自己合法取得并说明提供者的，由工商行政管理部门责令停止销售。对侵犯商标专用权的赔偿数额的争议，当事人可以请求进行处理的工商行政管理部门调解，也可以依照《中华人民共和国民事诉讼法》向人民法院起诉。经工商行政管理部门调解，当事人未达成协议或者调解书生效后不履行的，当事人可以依照《中华人民共和国民事诉讼法》向人民法院起诉。"

可见，对于商标侵权行为，我国采用的是当事人协商、工商部门处理和人民法院处理三种方式。

2. 商标侵权纠纷的执法措施

（1）行政执法措施

工商行政管理部门处理商标侵权纠纷时，认定侵权行为成立的，责令立即停止侵权行为，没收、销毁侵权商品和主要用于制造侵权商品、伪造注册商标标识的工具，并可根据违法经营额的不同处以不同的罚款。销售不知道是侵犯注册商标专用权的商品，能证明该商品是自己合法取得并说明提供者的，由工商行政管理部门责令停止销售，并将案件情况通报侵权商品提供者所在地工商行政管理部门。在查处商标侵权案件过程中，工商行政管理部门可以要求权利人对涉案商品是否为权利人生产或者其许可生产的产品进行辨认。对侵犯注册商标专用权的行为，工商行政管理部门有权依法查处；涉嫌犯罪的，应当及时移送司法机关依法处理。

县级以上工商行政管理部门根据已经取得的违法嫌疑证据或者举报，对涉嫌侵犯他人注册商标专用权的行为进行查处时，可以行使下列职权：A. 询问有关当事人，调查与侵犯他人注册商标专用权有关的情况；B. 查阅、复制当事人与侵权活动有关的合同、发票、账簿以及其他有关资料；C. 对当事人涉嫌从事侵犯他人注册商标专用权活动的场所实施现场检查；D. 检查与侵权活动有关的物品；对有证据证明是侵犯他人注册商标专用权的物品，可以查封或者扣押。工商行政管理部门依法行使前款规定的职权时，当事人应当予以协助、配合，不得拒绝、阻挠。

在查处商标侵权案件过程中,对商标权属存在争议或者权利人同时向人民法院提起商标侵权诉讼的,工商行政管理部门可以中止案件的查处。中止原因消除后,应当恢复或者终结案件查处程序。

(2)诉讼保全措施[①]

① 证据保全

关于诉前证据的保全,《商标法》第 66 条规定:"为制止侵权行为,在证据可能灭失或者以后难以取得的情况下,商标注册人或者利害关系人可以依法在起诉前向人民法院申请保全证据。"可见,申请人在诉前申请人民法院保全证据,应当符合以下条件:

第一,申请人的范围,必须是商标注册人或者利害关系人。除此之外的其他人,不得依据本条规定申请人民法院保全证据。

第二,申请证据保全的目的,是为了制止侵权行为,即本法规定的 7 类侵犯注册商标专用权的行为。

第三,证据存在灭失等可能的,即申请人申请保全的证据,必须具备可能灭失或者以后难以取得的情形。可能灭失是指因证据的自然特征、性质,或者因人为因素,使证据有灭失的可能。以后难以取得是指由于客观情况的变化,证据在今后不能取得,或者虽然可以取得但会失去其作用的情形。

根据《民事诉讼法》第 81 条第 2 款的规定,因情况紧急,在证据可能灭失或者以后难以取得的情况下,利害关系人可以在提起诉讼或者申请仲裁前向证据所在地、被申请人住所地或者对案件有管辖权的人民法院申请保全证据。商标注册人或者利害关系人在起诉前向人民法院申请保全证据,应当向被保全证据所在地、被申请人住所地或者对案件有管辖权的人民法院提出申请;申请人应当提供担保,不提供担保的,裁定驳回申请。人民法院接受申请后,必须在 48 小时内做出裁定;裁定采取保全措施的,应当立即开始执行。申请人在人民法院采取保全措施后 30 日内不依法提起诉讼或者申请仲裁的,人民法院应当解除保全。

② 诉前申请法院采取临时措施

依据《商标法》第 65 条的规定,商标注册人或者利害关系人有证据证明他人正在实施或者即将实施侵犯其注册商标专用权的行为,如不及时制止将会使其合法权益受到难以弥补的损害的,可以依法在起诉前向人民法院申请采取责令停止有关行为和财产保全的措施。

根据本条和民事诉讼法的有关规定,申请人民法院采取责令停止有关行为和财产保全的措施,应当符合以下条件:

---

① 陶凯元主编:《解读最高人民法院司法解释、指导性案例知识产权卷》,人民法院出版社 2016 年版,第 177 页。

第一,申请人的主体资格。申请人是指向人民法院提出申请,请求人民法院依法采取责令停止有关行为和财产保全的措施,以保护其合法权益的主体。申请人有两种:一是商标注册人。商标注册人是注册商标专用权的权利主体,其商标专用权受到不法侵害时,有权依照本条规定的条件和程序,向人民法院提出申请,请求人民法院依法采取相关措施。二是利害关系人。利害关系是商标注册人以外的,与侵犯商标专用权的行为有直接利害关系的其他人。利害关系人包括注册商标使用许可合同的被许可人、注册商标财产权利的合法继承人等。

第二,向法院提交相关证据。申请法院采取责令停止有关行为和财产保全的措施,应当向法院提交证据,申请人提交的证据,应当能够证明他人正在实施或者即将实施侵犯其注册商标专用权的行为,如不及时制止将会使其合法权益受到难以弥补的损害的。证据包括当事人的陈述、书证、物证、视听资料、电子数据、证人证言、鉴定意见和勘验笔录等。

第三,申请应当在起诉前提出。申请人申请人民法院依法采取责令停止有关行为和财产保全的措施,应当在其正式起诉以前,向人民法院提出。由法院采取责令停止有关行为和财产保全的措施,属于临时性的紧急措施,具有一定的时限性,目的是防止"合法权益受到难以弥补的损害"。如果申请人已经起诉,在诉讼过程中认为有必要制止侵权行为人继续实施侵权行为的,可以依法申请采取诉讼中的财产保全措施。

商标注册人或者利害关系人申请人民法院采取诉前临时措施,包括责令停止有关行为和财产保全。责令停止有关行为是指人民法院根据申请人的申请,责令商标侵权人停止实施有关侵犯他人商标专用权的行为。责令停止有关行为,属于人民法院责令"禁止其做出一定行为"的一种强制性措施。责令停止的"有关行为",主要是指本法规定的属于侵犯注册商标专用权的行为,如生产、制造、加工侵权商品的行为,销售侵权商品的行为,伪造、擅自制造他人注册商标标识或者销售伪造、擅自制造的注册商标标识的行为,为侵权人实施侵权行为提供仓储等便利条件的行为等。

财产保全是指人民法院根据申请人的申请,采取查封、扣押、冻结或者法律规定的其他方法,控制与案件有关的财产的强制性措施。依照《民事诉讼法》第101条的规定,利害关系人因情况紧急,不立即申请保全将会使其合法权益受到难以弥补的损害的,可以在提起诉讼或者申请仲裁前向被保全财产所在地、被申请人住所地或者对案件有管辖权的人民法院申请采取保全措施。申请人应当提供担保,不提供担保的,裁定驳回申请。人民法院接受申请后,必须在48小时内做出裁定;裁定采取保全措施的,应当立即开始执行。申请人在人民法院采取保全措施后30日内不依法提起诉讼或者申请仲裁的,人民法院应当解除保全。

为了切实保护商标注册人和利害关系人的合法权益,2002年1月9日最高人民法院以法释〔2002〕2 号文专门发布《最高人民法院关于诉前停止侵犯注册商标专用权行为和保全证据适用法律问题的解释》,对商标注册人或者利害关系人在诉前申请人民法院保全证据的申请、证据、担保、裁定、执行以及责令停止侵犯注册商标专用权行为的申请、证据、担保、裁定、执行等作了具体规定。

(三)侵权行为的法律责任

侵犯他人注册商标专用权,必须依法承担其相应的法律责任。根据我国《商标法》的规定,侵权人应承担的法律责任有民事责任、行政责任,情节严重,构成犯罪的,要追究刑事责任。

1. 民事责任

根据《民法通则》《商标法》及其实施条例的有关规定,商标侵权行为承担民事责任的方式主要有以下三种:

(1)停止侵权行为

停止侵权行为是指,商标权人要求有关部门对正在进行的侵权行为立即给予制止,以避免自身的权益遭受更大损失。

(2)消除影响

商标的侵权行为,不但损害了商标权人的合法权益,而且使商标权人的商标声誉受到负面影响。因此,商标权人还可以要求侵权人承担侵权行为给其注册商标造成的不良影响的法律责任。实践中,一般是由人民法院责令侵权人公开道歉,以消除其侵权行为的不良影响。

(3)赔偿损失

这是商标侵权人承担民事责任的主要方式。因商标侵权行为,给注册商标权人的利益造成损失的,权利人有权要求侵权人赔偿损失。

侵犯商标专用权的赔偿数额,按照权利人因被侵权所受到的实际损失确定;实际损失难以确定的,可以按照侵权人因侵权所获得的利益确定;权利人的损失或者侵权人获得的利益难以确定的,参照该商标许可使用费的倍数合理确定。对恶意侵犯商标专用权,情节严重的,可以在按照上述方法确定数额的一倍以上三倍以下确定赔偿数额。赔偿数额应当包括权利人为制止侵权行为所支付的合理开支。人民法院为确定赔偿数额,在权利人已经尽力举证,而与侵权行为相关的账簿、资料主要由侵权人掌握的情况下,可以责令侵权人提供与侵权行为相关的账簿、资料;侵权人不提供或者提供虚假的账簿、资料的,人民法院可以参考权利人的主张和提供的证据判定赔偿数额。权利人因被侵权而受到的实际损失、侵权人因侵权所获得的利益、注册商标许可使用费难以确定的,由人民法院根据侵权行为的情节判决给予三百万元以下的赔偿。

2. 行政责任

商标侵权的行政责任是指,工商行政管理部门依照法律法规对侵权人的商标侵权行为所作出的、由侵权人承担的强制性处罚措施。

工商行政管理部门认定侵权行为成立的,责令立即停止侵权行为,没收、销毁侵权商品和主要用于制造侵权商品、伪造注册商标标识的工具。违法经营额5万元以上的,可以处违法经营额5倍以下的罚款;没有违法经营额或者违法经营额不足5万元的,可以处25万元以下的罚款。对5年内实施2次以上商标侵权行为或者有其他严重情节的,应当从重处罚。销售不知道是侵犯注册商标专用权的商品,能证明该商品是自己合法取得并说明提供者的,由工商行政管理部门责令停止销售。

3. 刑事责任

对于严重侵犯他人注册商标权,构成犯罪的,侵权者应当承担刑事责任。根据我国《商标法》第67条和《刑法》第213至215条的规定,侵犯注册商标专用权构成犯罪的主要有三种罪名,分别是假冒注册商标罪、销售假冒注册商标的商品罪以及非法制造、销售非法制造的注册商标标识罪。

(1)假冒注册商标罪。根据《刑法》第213条规定,未经注册商标所有人许可,在同一种商品上使用与其注册商标相同的商标,情节严重的,处3年以下有期徒刑或者拘役,并处或者单处罚金;情节特别严重的,处3年以上7年以下有期徒刑,并处以罚金。

(2)销售假冒注册商标的商品罪。根据《刑法》第214条规定,销售明知是假冒商标的商品,销售金额较大的,处3年以下有期徒刑或者拘役,并处或者单处罚金;销售金额巨大的,处3年以上7年以下有期徒刑,并处罚金。

(3)非法制造、销售非法制造的注册商标标识罪。根据《刑法》第215条规定,伪造、擅自制造他人注册商标标识或者销售伪造、擅自制造的注册商标标识,情节严重的,处3年以下有期徒刑,拘役或者管制,并处或者单处罚金;情节特别严重的,处3年以上7年以下有期徒刑,并处罚金。

如果单位犯以上罪行,对单位判处罚金,对其直接负责的主管人员和其他直接责任人员,依照上述规定进行定罪量刑。

关于商标侵权,我国《商标法》规定了商标侵权行为的概念、类型、法律责任(民事、行政、刑事责任)及其处理、行政机关的执法措施等,条款具体到民事责任的承担方式、刑事责任的罪名以及行政责任的处罚幅度、金额等,为商标侵权行为的规制提供了很好的法律指导。

本章述评

纵观各国商标法制的发展,由于国家的历史发展与现实经济、政治、文化等多种因素的不同,导致各国对于商标的申请、注册、商标权客体的界定、商标权保护等的法律规制各有不同,如美国的主辅簿制度、并存注册制度,区别对待、分层运作,规范化管理,促进了商标在经济发展中更好地发挥作用。日本的商标注册前利益请求权制度更加全面地保护了注册商标申请人的权益。德国不允许把履行商标注册手续当作一种垄断商标权的手段,但允许只注册不使用,尊重当事人的自我意愿。法国作为拥有众多享有盛名的化妆品和服装品牌的时尚国家,在商标法律制度的规定上也是十分详尽。在注册登记方面,申请人可以从法国工业产权局得到商标在先记录的报告,这极大地降低了申请注册的风险……由于市场和商标本质存在着诸多一致性,所以各国《商标法》和商标实践在一些规制原则上亦存在着一致性。面对经济全球化的巨大影响和商标法律制度国际化、一体化的演变趋势,商标法制的趋同性会进一步增强。"他山之石,可以攻玉",我国商标法制虽然起步较晚,但随着知识经济的到来和国家知识产权战略的实施,我们在借鉴和吸收各国商标法律制度的过程中,建立了适应我国市场经济发展,和国际知识产权制度接轨的比较完备的商标法律制度,有力促进了我国社会主义市场经济的稳定健康、快速发展。

第四章　比较著作权法

第一节　著作权制度的起源与确立

著作权,亦称版权,是作者及其他著作权人对于文学、艺术和科学领域内的作品所依法享有的专有性权利。在人类历史上,著作权制度的产生,历经了从出版人本位到创作人本位的演变。特别是在欧洲一些国家,它经历了从尊重文学产权的社会习惯过渡到官府对出版特权的行政庇护,继而转向到保护著作权人成文法的过程①。

一、著作权制度的萌芽

著作权制度的产生晚于一般财产所有权制度。在人类进入阶级社会之初,统治者制定法律侧重于维护私有的土地、房屋等有形财产,对于人们创作的精神成果则排斥在法律的保护范围之外。可以说,在印刷术被发明以前,作品只能作者自己保护,剽窃者也只会受到道义的谴责而不受法律的制裁。如罗马诗人马尔蒂阿利斯(约公元41—103年)在给他人的信中这样写道:"据说你在背诵我的诗句时总说它是你自己创作的。如果你愿承认它为我所作,我将无偿地把它奉献给你;但如果你想把它称为你的诗作,你最好把它买下来,这样它就不再属于我了。"据大英百科全书记载,英文 Plagiarism(剽窃、抄袭)就是在当时由罗马著名诗人马歇尔创作的。在我国古代,作品的保护也大抵如此。如唐代文学家柳宗元著《柳先生集》第四册《辩文子》一文中写道:"其浑而类者少,窃取他书以合之者多,凡孟管辈数家,皆见剽窃。"尖锐地揭示了春秋战国时代,在"百家争鸣"的文化氛围之中剽窃之风的盛行。

随着造纸术和印刷术的发明及广泛运用,一部作品能够被大量地复制出售,这样一方面使作者的思想得以传播,另一方面也使作品逐渐具有了商品属性,在这种情况下各种冒名盗版牟取私利的行为也应运而生。据考证,在我国宋代,不但国家进行大量有组织的印刷(官刻本),各地大小官衙、教育机构及至私家作坊也大量刻版印书牟利。还有一些人公然将一些先哲文章摘段汇编成册供科场考试时剽窃之用,以致宋代的有识之士不得不发出这样的感叹:"孰云己出不剽袭,句断欲学盘庚书。"由于大量的翻版和窃版已开始影响到统治阶级的利益,于是,

---

① 吴汉东等:《西方诸国著作权制度研究》,中国政法大学出版社 1998 年版,第 1 页。

保护著作权便成为当务之急。

（一）国外著作权萌芽介绍

1. 英国

随着造纸术和印刷术的西传，欧洲印刷业得以迅速发展，从而也产生了保护印刷商翻印专有权的法律需要。如同中国的"禁擅镂"一样，欧洲早期的著作权制度的实质也仅仅是保护印刷出版的专有权，直到 18 世纪初才诞生了世界上具有现代意义的著作权法——1709 年英国的《安娜女王法令》。这部法令首开世界著作权成文法之先河，它最突出的特点在于使著作权由最初的"印刷翻印权"演变成具有现代意义的"版权"。该法的原名为《为鼓励知识创作而授予作者及购买者就其已印刷成册的图书在一定时期内之权利的法》。这里的"购买者"，并非一般的图书购买者，而是指从作者手中购买了一定无形产权的人，亦即印刷商与书商。在该法律中，它规定了著作权的保护期限，对已出版的书籍，自法律公布之日起21 年内享有重印该书的专有权利。随后不久，英国又于 1734 年通过了《雕刻著作权法》，1814 年通过了《雕塑著作权法》，1893 年通过了《戏剧著作权法》，1862年通过了《美术作品著作权法》。以后，英国著作权法又经过多次修订，现行著作权法于 1988 年颁布实施。英国奉行商业版权学说，因而认为著作权是一种财产权利，而否认精神权利是其主要特点。

2. 法国

早在 1777 年，法国由国王路易十六颁布了 6 项关于印刷出版方面的法令，确认作者有权出版和销售自己的作品。法国大革命之后，资产阶级则更进一步把著作权提高到"人权"的高度。1789 年的《人权宣言》规定："自由交流思想和意见是最珍贵的人格之一，因此所有公民除了在法律规定的情况下对滥用自由应负责外，作者可以自由地发表言论、写作和出版。"1791 年的著作权法，不仅承认作者享有出版权，而且享有表演权。现行著作权法于 1957 年颁布，1992 年修订。其最主要的特点是以"人格价值观"为其理论基础，强调对作者精神权利的全面保护。

3. 美国

在独立战争之前，美国尚处于殖民地时代，各州一直沿用英国的著作权法。1783 年，康乃狄格州在专栏作家罗思·韦伯斯特的推动下，制定了美洲第一部著作权法。到 1786 年 13 个州均分别制定了著作权法，但这些法律仅在本州内才有效。鉴于著作权对美国的重要性，美国于 1789 年制定《宪法》时特别规定："美国国会有权……对作者或发明人，就其个人著作权或发明的专有权利，赋予一定期限的保障，以促进科学和艺术的发展。"国会在《宪法》的授权下，于 1790 年正式颁布统一的联邦著作权法，以后联邦著作权法分别于 1873 年、1891 年、1909 年、1976 年和 1987 年及 1994 年进行了六次大修改。美国的现行著作权法是 1994 年著作权法的修订本。

4. 日本

日本的著作权保护制度始建于1899年的著作权法。制定此法的直接目的是为加入《伯尔尼公约》做准备。从1899年到现在,日本对其著作权法作过多次修订。日本著作权立法吸收了大陆法系国家著作权法中的"二元论"理论,强调对著作权(财产权)和作者人格权的双重保护。需要指出的是,我们通常所说的"著作权"概念既包括著作财产权,又包括著作人身权,而在《日本著作权法》中,如无特指,"著作权"的概念仅指著作财产权,作者人格权与之并列。日本现行著作权法是1994年重新修订的著作权法。

5. 俄罗斯

苏联解体后,俄罗斯于1993年颁布了《俄罗斯联邦著作权与邻接权法》,该法的突出特点是将邻接权与著作权并列,提高了对邻接权人的保护水平。在权利内容上,该法吸收和借鉴了英美法系和大陆法系国家著作权立法的精华,授予了著作权人丰富的权项,加大了保护著作权的力度。此外,为适应新技术革命的需要,该法针对"网络传输"、作品在计算机中的"暂存"等技术所引起的法律问题也做出了有利于作者的规定。

(二)中国萌芽简介

我国著作权的保护制度最早起源于宋朝。据记载,北宋年间(公元1068年),为保护《九经》监本,朝廷曾下令禁止一般人擅自刻印。南宋中期,四川眉州人王称所写的一部北宋历史《东都事略》,在初刻本目录页上附有牌记,上书"眉山程舍人刊行,已申上司不许覆版"字样,这是目前所发现的世界上最早的关于版权(著作权)的声明。在随后的几个世纪里,宋朝官府开始针对个别案件采取一系列的法律措施,对坊间市肆如有嗜利为目的而擅自翻版,当受"追板劈毁、断罪施刑"的处罚。我国虽自宋朝始即对著作权实施保护,但各封建朝代始终未能制定一部专门保护著作权的法律,直到晚清宣统二年(1910年)才颁布了一部《大清著作权律》,但未实际施行。

二、我国著作权制度的确立

我国自1840年的鸦片战争后,伴随帝国主义的经济掠夺和文化侵略,西方国家也将著作权制度带入了中国。公元1903年,中国和美国在上海签订的《中美续议通商行船条约》第11条规定:"无论何国,若以所给本国人民版权之利益,一律施诸美国人民者,美国政府亦允将美国版权律例之利益给予该国之人民。中国政府今欲中国人民在美国境内得获版权之利益,是以允许凡专备为中国人民所用之书籍、地图、印件、刻件者,或译成华文之书籍,系经美国人民所著作或为美国人民之物业者,由中国政府援照所允保护商标之办法及章程极力保护10年,以注册之日为始,俾其在中国境内,有印售此等书籍、地图、刻书或译本之专利。"这是我国历史上第一部涉及著作权的条约,也是现代著作权法律制度引入我国的开端。

为了履行1903年中美条约的义务,1910年清政府颁布了中国第一部著作权法——《大清著作权律》。《大清著作权律》分为"通例、权利期限、呈报义务、权利限制、附则"等5章,共55条。1911年辛亥革命爆发后,中华民国成立,但《大清著作权律》未被明令废除,一直沿用到1915年,才被民国政府颁布的《著作权法》所替代。

1915年北洋军阀控制下的民国政府颁布了新的著作权法(通称北洋政府著作权法)。该法被认为只是《大清著作权律》的翻版。它分为总纲、著作权人的权利、著作权的侵害、罚则、附则等5章,共45条。该法与《大清著作权律》相比,除在受保护的客体中增加了"讲义""演述"等项内容,将登记主管机关从民政部改为内政部,增加确认著作权的设定质权、非经注册不得对抗第三人等内容外,二者大致相同。该法颁布后不久即随北洋政府的垮台而失效。

自此以后,国民党政府又于1928年颁布了一部《著作权法》,并颁布其实施细则。该法于1944年、1949年两度作过修订。现行我国台湾著作权法也是在该法基础上数度修订而实施的。

中华人民共和国成立后,我国便着手开始建立新的著作权保护制度。但由于各种条件的限制,在新中国成立后相当长的一段时间内,我国没有颁布一部全面、完整的保护作者及其他著作权人的单行著作权法律,有关保护著作权的规定多散见于一些单行的法规之中。

1950年9月,在全国召开的第一次出版工作会议上,通过了《关于改进和发展出版工作的决议》(以下简称《决议》),该决议对于保护著作权作了一些原则规定。《决议》指出:"出版业应尊重著作权与出版权,不得有翻版、抄袭、篡改等行为";"在版权页上对于出版、再版的时间、印数、著者、译者的姓名及译本的原书名称等均应作如实的记载。在再版时应尽可能与作者联系进行必要的修订";"稿酬办法应在兼顾著作家、读者及出版家三方面的利益的原则下与著作家协商而定。尊重著作家的权益,原则上不应采取卖绝著作权的办法。"这是一份维护著作权的重要文件。随后,国务院及有关部、委也相继颁布了一些有关稿酬、出版合同等方面的文件作为当时处理著作权纠纷的依据。但由于当时对著作权保护制度是否需要,知识产品能否成为财产等问题存在分歧,建立全面保护著作权制度的设想也就被搁置下来。

粉碎"四人帮"后,全国工作重点转移到经济建设上来,为了发展科学文化事业,开展对外交流,从1979年起,有关部门开始进行著作权立法的准备工作。1985年,文化部颁布《图书、期刊版权保护试行条例》以及《图书、期刊版权保护试行条例实施细则》,作为20世纪80年代著作权保护方面的内部规则。但该条例仅适用于国内的图书、期刊的著作权纠纷,且不对外公布,因而人民法院在审理著作权纠纷时只能参照执行。1986 年 4 月 12 日,由全国人民代表大会第四次会议通过的《中华人民共和国民法通则》第一次在法律中明确规定了"公民、法人享有著作权(版权),依法有署名、发表、出版、获得报酬等权利"(第 94 条)。"公民、法人的著作权(版权)……受到剽窃、篡改、假冒等侵害的,有权要求停止侵害,消除影响,赔偿损失"(第 118 条)。

1990 年 9 月 7 日,《中华人民共和国著作权法》经第七届全国人大常委会第十五次会议审议通过,并于 1991 年 6 月 1 日正式施行。1991 年 6 月 3 日又颁布了《中华人民共和国著作权法实施条例》。中华人民共和国著作权法(第二次修正)于(2010 年 2 月 26 日第十一届全国人民代表大会常务委员会第十三次会议通过),共六章 61 条。2002 年 8 月 2 日中华人民共和国国务院令第 359 号公布根据 2011 年 1 月 8 日《国务院关于废止和修改部分行政法规的决定》第一次修订根据 2013 年 1 月 30 日《国务院关于修改〈中华人民共和国著作权法实施条例〉的决定》第二次修订,于 2013 年 1 月 16 日国务院第 231 次常务会议通过,自 2013 年 3 月 1 起施行,共 38 条。

《中华人民共和国著作权法》(以下简称《著作权法》)是一部充分体现中国特色,又兼顾国际著作权保护原则的法律,充分保护作者的合法权益,调动知识分子的积极性,鼓励有益于社会主义精神文明和物质文明建设的优秀作品的创作与传播。坚持社会主义方向,兼顾国家、单位和个人的利益。同时合理规定涉外著作权关系,吸收外国的优秀文化。

我国在完善本国著作权立法的同时,顺应国际著作权保护的趋势,积极参加各类著作权公约,它们是:1980 年加入的《成立世界知识产权组织公约》、1992 年加入的《保护文学艺术作品伯尔尼公约》和《世界版权公约》、1993 年加入的《保护唱片制作者防止唱片被擅自复制日内瓦公约》、2001 年加入的 WTO《知识产权协定》。从我国著作权立法的趋势可以看出,尽管它起步较晚,但成绩卓著,仅用了短短的十几年时间就走完了一些发达国家通常需要几十年甚至上百年时间才能完成的立法历程,建立起了比较完善的著作权法律体系,这在世界上也是极为突出的。

第二节 著作权客体

一、作品及作品的保护要件

(一)作品

自 1709 年英国颁布《安娜女王法令》以来,作品正式成为各国成文法所保护的对象。对于这种文学、艺术及科学领域内的智力成果,不同法系有着不同的称呼,英美法系和部分大陆法系国家的著作权法将其称为"作品",而德国的著作权法则称之为"著作",日本称之为"著作物"。

作品能否受到保护,关键还是要看其是否符合著作权法所要求达到的实质条件和形式条件。

(二)作品受保护的实质条件

1709 年《安娜女王法令》在序言中明确宣布:颁布该法的目的,是为了防止印刷者不经作者同意就擅自印刷、翻印或出版作者的作品,以鼓励有学问、有知识的人编辑或写作有益的作品。该法第一次确认作者是应当享有作品中的无形产权的人,他对已印制的书在重印时享有专有权;对创作完成但尚未印刷的作品,也享有同意或禁止他人印刷出版的专有权。从中可以看出,该法是从利用作品、取得经济收入的角度来保护著作权的,其立法重心在于作者的经济权利。这也是英国思想家有关作者财产权利要求的体现。洛克早在 1690 年就在《论国民政府的两个条约》中明确宣称:作者创作时花费的时间和劳动与其他劳动成果创作人的花费没有什么不同,因此作品也应当像其他劳动产品一样获得应有的报酬[①]。在这种"重商主义"垄断观念的影响下,作品创作水平的高低已成为次要因素,只要能寻找一个标准区别出作品的来源及作品所有权的归属即可。适应这一需求,英美法系国家采用了"独创性"这一概念来作为作品是否受保护的实质性判断标准。

1. 英美法系法律制度

"独创性"一词,在英美法系国家著作权法中以"originality"一词来表述。1988 年《英国著作权法》第 1 条(a)项指出"文学、戏剧、音乐或艺术作品"受保护的实质条件是应当具有"独创性",《美国著作权法》第 102 条(a)项也要求受保护的作品必须是"原作",加拿大、澳大利亚、新西兰等国的著作权法也作了类似规定。

由于英美法系国家的著作权制度并不刻意追求维护作者的创作成果,而是根据经济学原理通过刺激人们对作品创作的投资来促进新作品的产生和传播,因而版权保护的对象自然涵盖了人们通过智力创造劳动、凭借技巧从事的活动,甚至是劳动直接产生的能够被复制的结果表现在立法上,英美法系国家的著作权法不仅对文学、艺术这些有较高创作水平的作品予以保护,而且很早就对事实作品、功能性作品予以保护。1790 年美国制定的第一部著作权法将"地图和图表"这些事实作品作为与图书同等的保护范围,其中的一个重要原因在于这些作品为殖民者跨越大西洋征服北美大陆提供了重要的资料,从而使得该国立法者充分认识到这些作品的重大经济价值。因而我们不难得出这一结论,在英美法系国家最初的著

---

① 郑成思:《版权法》,中国人民大学出版社 1990 年版,第 11 - 12 页。

作权立法中,作品的独创性只是解决作品来源以区别作品归属的一个重要条件,作品创作程度的高低仅是一个参考因素;作品所蕴含的经济价值是作品能否受保护的一个潜在条件,左右着立法者的潜意识。概言之,这些国家对独创性的要求较低。

著作权法虽然不要求表达形式必须是新颖的,但此作品不是对彼作品的抄袭,应该是作者独立创作的[①]。因而"独创性"的含义就是指作品是由作者独立完成的而不是对其他任何作品的复制,这是区别这种特殊"产品"的来源及归属的判断标准。通过对美国相关案例进行分析可以发现,只要作品符合法定的可享有版权的作品的种类且由权利主张者创作完成,即如果一件作品是由作者独立完成的,则其就具有独创性。也就是说,当时《美国著作权法》所要求的独创性只是从量的规定上来加以定义,而不是从创作高度的标准来加以限制,因而该法当时所规定的独创性标准较低,一件作品只要与现存作品具有细微差别即可受到保护。

2. 大陆法系法律制度

与英美法系国家著作权制度不同,大陆法系国家一开始就采取了较严格的"独创性"标准。这是因为,大陆法系国家著作权法以精神(人格)价值观作为其立法的哲学基础。这种价值观以"天赋人权"思想及德国哲学家康德、费希特等人的哲学思想为依据,认为作品是作者生来就享有的人身权利在新法律关系中的具体反映,作品是作者灵性感受的创作物,是思想与愿望的表现形式,即作品是作者人格的延伸[①]。因而大陆法系国家著作权法不仅关注作者的经济权利,更关注作者的精神权利。著作权制度的目的,在于通过对著作权的保护,来鼓励人们发挥创造才能从事智力创造活动。上述立法价值观充分体现在其对"独创性"的规定中。

《德国著作权法》第2条第2款规定受保护的作品应为"个人的智力创作",即作品应具有"独创性"。独创性应包括以下特征:第一,必须有产生作品的创造性劳动;第二,作品中应体现人的智力,思想或感情内容必须通过作品传达出来;第三,作品应体现创作者的个性,打上作者个性智力的烙印;第四,作品应具有一定的创作高度,它是著作权保护的下限[①]。基于此,德国对于大量日常、平庸以及常规性的东西一般不予以保护。

《日本著作权法》第2条对作品作了如下定义:"用于表达思想或感情的文艺、学术、美术或属于音乐范围的创作作品。"因此,日本对于不表现思想、情感仅罗列事实的东西如菜单、列车时刻表不予以保护。著作权要保护作者的精神思想,该思想表现为作者的个性,这种个性具体反映为作品中的"创作高度",它是将作者区别开来的标志。因此,在大陆法系的绝大多数国家,作品需达到一定的创作高度方能受到

---

① 史文清、梅慎实:《简述普通法著作权法学与大陆法著作权法系的哲学基础及其主要区别》,《版权参考资料》1990年第4期。

保护,如果实用艺术作品要取得著作权的保护,就必须有较高的创作高度。

伴随着国际交流与合作的不断扩大,两大法系国家的著作权法出现了趋于相近的态势。有关"独创性"的概念也在不断融合。以美国为例:美国1790年第一部《著作权法》保护的对象限于地图、图表和图书。地图、图表属事实作品,图书内容多限于识字课本、字典等创造性较低的图书。当这种低水平的著作权保护状况维持到19世纪中叶时,美国法院逐渐承认了作品的独创性不仅仅表现在文字上,在审理侵权案时开始依据实质相似的标准,逐步提高了对独创性的要求。而以独创性要求严格著称的德国在司法中也采取了务实的、较灵活的处理方式:对目录、烹调书、通讯录、地名册等简易参考书之类的文字作品规定了较低的创作性标准,从而将其纳入保护范围。

3. 我国法律制度

我国《著作权法》未对作品受保护的实质条件做出明确规定,但是,《著作权法实施条例》第2条规定:"著作权法所称作品,是指文学、艺术和科学领域内具有独创性并能以某种有形形式复制的智力成果。"可见,该条例规定以独创性为作品受保护的实质条件,这与其他国家的规定相一致。不过,我国法律法规未对独创性的含义作出解释,需要由法院在司法中具体裁量。

4. 各国法律制度的共性

通过以上比较,我们可以发现多数国家在"独创性"标准的一些共同规定:

第一,对文学、艺术作品而言,其创作高度明显高于其他作品,因为在这类作品中可供作者发挥创造的余地较大。

第二,对实用艺术作品,若该国也采用外观设计法保护的话,则外观设计法仅保护个性程度较低的实用艺术作品,而具有较高艺术价值的实用艺术作品可受到著作权保护(如《德国著作权法》的规定)。

第三,对地图、示意图、目录和通讯录等一类作品,由于作者可发挥创造性的余地较小,所以法律对其独创性的要求较低。

我们认为,各国在应用独创性这一具有主观色彩的标准时是视每一事例的具体情况而定的,既考虑了各个作品所能提供给作者发挥余地的大小,又考虑了法律保护的措施。如在德国,实用美术作品在无著作权保护的情况下还可依外观设计法获得保护,而实用性作品(如计算机程序)或对原作仅是"小改动"的改编作品只可能通过著作权法来保护,因此对前者适用的标准高,对后者适用的标准低。通过这种法律适用上的灵活处理,各国将文学、艺术作品与科学技术作品协调地规定在著作权法之中。

(三)作品受保护的形式要件

1. 大陆法系

德国哲学家康德在1785年讨论翻印的非法性时,就将书籍区分为机械复制品和作品两种形式,认为前者系物权,后者为精神权利,他人未经作者同意而翻印并向公众销售作品就构成对作者精神权利的侵犯。受此影响,大陆法系国家多认为,当作品创作完成,即可受到保护,作品固定性不是受保护的先决条件。例如,《法国知识产权法典》第 L.112-1 条明确规定,该法保护作者对其创作的各种形式的智力作品的权利,而不论智力作品的种类、表达形式、价值、目的如何。即作品只要具有"独创性和个性特征",一般不需要以有形形式固定下来就可受到保护。这种立法例可以最大限度地保护著作权人的合法利益,口述作品不经固定就可成为受保护的对象。例如,《德国著作权法》第 2 条第 1 款把讲演作为语言著作来保护。当然,也有个别国家对个别作品提出了固定性的要求,如《法国知识产权法典》规定,芭蕾舞作品、马戏表演和哑剧作品只有用文字或其他方式(如摄制在磁带、胶片上)固定下来,才可受到保护。

2. 英美法系

与大陆法系多数国家的立法不同,英美法系国家强调著作权人的经济利益,作品是否固定于载体上是进行商业交易的前提条件,因而这些国家多以固定性作为受保护的形式条件。1988 年《英国著作权法》第 3 条第 2 款明确规定:"在以书写或其他方式记录下来之前,任何文学、戏剧或音乐作品都不享有版权;凡本编中的作品创作时间均指该作品被记录下来的时间。"因此,未被固定下来的口述作品、音乐作品和戏剧作品就被排斥在著作权保护范围之外。在美国,未被固定下来的口述作品被视为表演,只能受到州一级法律保护,联邦著作权法不给予保护。其原因在于上述国家将口述作品视为与体操表演、杂技表演无实质区别的表演,因而不给予保护。

《伯尔尼公约》于 1967 年之后将未以物质形式固定的口述作品确认为可受保护的对象,但并不要求各成员国必须作出此类规定,是否给予保护仍由各成员国自行确定:"本同盟各成员国得通过国内立法规定所有作品或任何特定种类的作品如果未以某种物质形式固定下来便不受保护。"①

3. 我国规定

我国《著作权法》第 3 条明确将口述作品纳入受保护的范围,因此,口述作品即使未固定下来,也可受到法律的保护,从而提高了保护的水准。不过,就软件保护而言,考虑其特殊性,我国《计算机软件保护条例》第 4 条要求其必须固定在某种有形物体上才能受到保护。

(四)作品中受保护的要素

一部作品大都由思想、概念、程序、原理、文字、图案、颜色、线条等要素组成,但是上述要素并非都能受到法律的保护。

---

① 《保护文学和艺术作品伯尔尼公约》第 2 条第 2 款。

1. 英美法系

1976 年《美国著作权法》第 102 条规定："对某一作品的著作权保护,在任何情况下都不能延伸到该作品所描述的任何思想、程序、过程、操作方法、概念、原理或发现上,不论在这种作品中,这些是以什么形式描述、说明、图示或体现的。"也就是说,《美国著作权法》并不保护作品的思想、程序、过程、操作方法、概念、原理或发现这些足以体现作者对客观世界的认识或思想观点。尽管思想认识不是著作权客体,但其表达方式却受著作权保护。美国在 1976 年国会司法委员会报告中指出:"版权不保护计算机程序中包含的方法,但确实保护表达编程者思想的'文字',即编程者采用的表达形式。"世界知识产权组织也指出:"版权所保护的不是思想本身,而是思想的表现形式。"1993 年通过的《知识产权协定》TRIPS 第 9 条第 2 款明确规定:"著作权保护仅延伸到表达方式,但不得延伸到思想、程序、操作方式或数学概念本身。"

2. 中国

我国《著作权法》对该问题未予明确规定,因而在实践中存在不少争论。但是,从我国已颁布的《计算机软件保护条例》第 6 条的规定来看,软件著作权的保护不延及开发软件所用的思想、处理过程、操作方法或者数学概念本身。可见,上述这些规定与《知识产权协定》基本一致。

二、作品的分类

(一)作品的类别

通过比较各个国家的法律规定可以发现,作品一般包括如下类型:

1. 文字作品,即小说、故事、科学论文之类的文学、艺术和科学作品。无论这些作品的长短、目的和形式如何,只要有"独创性"都可受著作权法保护。

2. 口述作品,如口头演说、会议报告和辩护词等作品。这类作品通常以口头形式表现出来。多数大陆法系的国家都规定,只要这类作品具有独创性,不加固定也可受到保护。而英美法系国家著作权法一般将此类作品的固定作为受保护的前提。

3. 音乐作品,如歌曲、交响乐等能演唱或演奏的带词或不带词的作品。

4. 戏剧作品,如话剧、歌剧、戏曲等供舞台演出的作品。

5. 舞蹈作品,即通过连续的动作、姿势、表情等来表现思想感情的作品,如芭蕾舞、哑剧和马戏等。对此类作品,英美法系国家著作权法要求其必须以有形方式固定下来才可受到保护。在大陆法系国家中,德国、日本等国不要求此类作品必须予以固定,而法国、意大利等国的著作权法则把作品的固定作为其受保护的前提条件①。

---

① 《法国知识产权法典》第 L.112－2 条第 4 款,《意大利著作权法》第 2 条第 3 款。

6. 美术作品,包括平面作品和立体作品。平面作品包括素描、油画、蚀刻画和版画等,立体作品包括雕刻、雕塑和建筑作品等。

7. 摄影作品及使用类似摄影的技术完成的作品。具有独创性的摄影作品通常是各国著作权法所保护的对象,但也有少数国家明文规定摄影作品不受著作权法保护,如1986年《瑞典著作权法》作出了这样的规定。也有些国家,如瑞典、挪威、芬兰等另行制定了《摄影作品保护法》为这种客体提供类似著作权的保护。此外,有些国家著作权法还对有独创性的摄影作品和简单的摄影图片作了区分,如《德国著作权法》对于有独创性的摄影作品按一般作品给予著作权保护,而对照片则给予类似邻接权保护(其保护期较短)①。

8. 电影作品或用类似电影方式制作的作品,即视听作品。此类作品包括无声电影、有声电影和录像等。

9. 工程设计、产品设计图纸及说明。

10. 地图、示意图等图形作品。

11. 实用美术作品,通常指在工业中使用的艺术作品。

此外,有的国家如法国还将时装、用于装潢的织物等季节性服饰工业品作为著作权法的保护对象①。其主要理由是因为此类物品在艺术上具有较高的创造性,符合著作权保护的要求。因此,这种规定不仅符合《伯尔尼公约》的要求,而且从某种意义上讲超过了该公约的保护水准。至于图书的装帧及版式设计,多数国家或地区多给予其类似邻接权的保护,如我国的台湾地区,但也有些国家如法国将其作为作品的一个类别,给予了较高的保护。

在我国,根据《著作权法》第3条的规定,作品的范围包括:"(一)文字作品;(二)口述作品;(三)音乐、戏剧、曲艺、舞蹈、杂技艺术作品;(四)美术、建筑作品;(五)摄影作品;(六)电影作品和以类似摄制电影的方法创作的作品。(七)工程设计图、产品设计图、地图、示意图等图形作品和模型作品;(八)计算机软件;(九)法律、行政法规规定的其他作品。"这些规定与《伯尔尼公约》的规定一致,也符合《知识产权协定》的要求。

(二)特殊的保护对象

著作权法在保护作品时,常常涉及一些特殊的保护领域,不同的国家在立法和司法中有不同的处理方法。

1. 作品的标题

作品的标题是一件作品区别于其他作品的标志之一,剽窃、仿冒作品的标题成为违法侵权作品惯用手段。一些国家在著作权制度演变发展的历史过程中,逐步完善了对作品标题的保护。目前世界各国对作品标题的保护目前一般有两条

---

① 《德国著作权法》第72条。《法国知识产权法典》第L112—2条。

措施:一是利用著作权法将其视为作品予以保护,但对其创造性的要求较高;二是利用反不正当竞争法予以保护,对其创造性的要求稍低。

(1)法国

《法国知识产权法典》第 L.112_4 条规定,智力作品的标题,只要具有独创性,同作品一样受著作权法保护。即使对于那些保护期限已满进入了公有领域的作品,任何人也不得在引起混淆的情况下以个人名义在同类作品上使用该标题。从中可知,法国是用保护一般作品的手段来保护作品标题,但其保护期限长于一般作品的保护期限。在确定是否保护标题时,其是否具有独创性是解决这一问题的关键。法国法院多倾向于从艺术的高度来考虑,但这种观点却受到了众多专家的批评,认为它违背了法律的基本原理。

(2)意大利

《意大利著作权法》第 100 条、第 102 条规定,当作品标题为该作品所独有时,不经作者许可不得复制于其他作品中,复制或仿制他人作品标题的行为应视为不公平竞争而予以禁止。《澳大利亚著作权法》也持同样观点。

(3)德国

《德国著作权法》并未直接规定对作品标题的保护问题,仅在第 39 条提到了标题。该条规定,如无其他协议,用益权所有人不可改动被许可使用的作品及其标题。这也就是德国理论界所谓的"内部标题保护"理论。与此相反,坚持"外部标题保护"理论的人则反对他人未经许可就在另一作品中使用前一作品的标题。但从德国判例法的实践来看,作品标题取得保护的前提是具有"独创性",因此,该类对象较难取得著作权。但是,这并不意味着德国不对标题给予保护。德国于 1909 年 6 月 7 日颁布的《反不正当竞争法》(该法最近的修订是 1986 年 7 月 25 日)第 16 条规定,商人在印刷作品时不得使用与另一作品上的特殊标记相混淆的标记。德国判例法中一贯采用该条来处理印刷作品及其他作品的标题纠纷问题,但作品标题保护的前提条件是标题具有独特性且他人对标题的使用易引起混淆。

2. 作品的角色

保护作品的角色也是著作权法关注的一个问题。何为作品的角色呢? 作品的角色也称作品中的艺术形象,通常是指在电影、电视、动画等作品中出现的人物、动物或机器人,也包括用语言表现的作品中的虚构人物。由于作品中的某些角色已为公众熟知并受到欢迎,因而便出现了利用作品角色谋取商业利润的行为。如有人利用原作中的角色创作作品,有人将作品中的角色形象复制后用在商品或服务中。

(1)日本

日本司法界认为,将作品中的人物画像原封不动地复制并用于服务中的行为侵犯了作者的著作权。例如,日本的某一汽车公司擅自将长谷川町子画的"沙札艾桑"("沙札艾桑"为日本一连环画中的人物)中的角色的头部画像使用于旅游汽车车体上,为此作者起诉该公司,要求停止使用并赔偿损失。法院判决认为:该汽车公司的行为是对作品中特定角色形象的使用,侵犯了原作中的著作权(见东京地方法院 1976 年 5 月 20 日判决)①。可见,该判决是将角色形象作为美术作品来保护的。

(2)德国

德国著作权理论界及司法界将作品角色的保护分为角色名称的保护及角色图像的保护。关于角色的名称,该国极少予以保护,因为角色的名称几乎完全不符合独创性这一要件。法律通常允许他人在其他作品中使用受保护作品的角色名称,并将此行为解释为"自由使用"。然而,如果后一作品使用原作品角色名称时又使用了原作品部分情节,将会招惹侵权之诉。关于作品中的角色图像,只要后一作品使用了原作中的角色图像即构成侵权行为,即使模仿也在禁止之列。如果上述保护措施无效,作者也可寻求《不正当竞争法》所提供的保护。受害人可援引该法第 3 条(欺骗性广告)的有关规定来反对续编作品中对原作作品内容、方式或创作者的虚假陈述。

(三)实用艺术作品

实用艺术作品,通常是指为实际使用而创作或创作后在实际中应用的艺术作品。实用艺术作品除具有一般美术作品的艺术性外,还具有实用性,能在工商业中应用。如美术工艺品、装饰品,刻于家具上的雕刻都属于实用艺术作品。比较各国,有以下立法方式:

1. 将工业品外观设计作为实用艺术品予以保护,如《冰岛著作权法》第 10 条将工业品外观设计作为实用艺术品予以保护。这说明工业品外观设计是实用艺术作品的一部分,但工业品外观设计通常是指在工业中批量生产的制品所采用的设计,而实用艺术作品除包括工业品中应用的外观设计外,还包括手工制品或手工制品上所采用的设计。

2. 区别对待。《美国著作权法》只保护手工制品或手工制品上使用的实用艺术作品,工业品外观设计由专利法保护。澳大利亚及英国的著作权法仅保护工业品外观设计,未将实用艺术作品作为受保护客体。《俄罗斯联邦著作权与邻接权法》所规定的受保护的对象中既包括了工业品艺术设计作品,也包括了装潢实用艺术作品及舞台美术作品。

3. 国际立法

《伯尔尼公约》1971 年修订文本作了具体要求:

(1)各成员必须以本国法提供保护。

---

① [日]半田正夫、纹谷畅男编:《著作权法 50 讲》,魏启学译,法律出版社 1990 年版,第 37 页。

（2）各成员国保护实用艺术作品的程度可以不同，可只保护实用艺术作品中的工业品外观设计部分，也可把它作为一般艺术品来保护。

（3）保护期限可短于一般文学艺术作品的保护期。

在保护条件上，一些国家如德国、法国、英国、澳大利亚等的著作权法规定，只要其有一定的"独创性"，即可受到保护。但是，《俄罗斯联邦著作权与邻接权法》还要求其有一定的"艺术高度"[①]。其主要理由是，实用艺术作品若符合外观设计法的保护条件，还可受到该法的保护。

在保护方式上，一些国家采取双重保护方式。

例如，英国1968年颁布的《外观设计版权法》规定：

第一，一般的外观设计都可作为艺术品而自动受到保护。

第二，当享有著作权保护的外观设计在工业中应用时，则原享有的著作权丧失，转而享有"特别工业版权"保护。作者既有权禁止他人实施其设计，又有权禁止他人复制其设计形式。

第三，按英国《外观设计注册法》取得专利的外观设计，同时受专利法和著作权法的双重保护。随着时间的推移，一些国家开始反对对外观设计予以双重保护。英国1988年《著作权法》对原有的外观设计保护方式作了修改：虽然继续以著作权保护外观设计，但是，如果一项外观设计按《外观设计注册法》取得了专利，则不再享有著作权。

澳大利亚在1988年的《著作权法》修正案中规定，用于产品、建筑或工艺品表面的平面外观设计可得到充分的著作权保护，但已在该国境内外工商业中使用的用于产品上的立体外观设计则不能受到著作权法保护。

（四）计算机软件

自从计算机诞生以来，计算机软件的盗版行为一直困扰着软件开发者和厂家。因此，采取行之有效的措施充分保护计算机软件不被侵权就成了全世界所关注的热点之一，下面本书将通过各国采用的对计算机软件保护方法的比较，详细讲述。

1. 采用专利法保护计算机软件是较早的保护方法之一

1976年日本专利厅发布《关于电子计算机程序发明的审查标准（之一）》将其作为方法发明而用专利法来保护。20世纪70年代末，美国法院也曾肯定计算机程序可获得专利权。然而，用专利法来保护软件存在许多难以克服的障碍：软件的新颖性、实用性和创造性标准难以确定；软件数量之多、发展之快与程序复杂、耗时长的专利审查程序格格不入；以数字、符号组成的软件的性质较之一般的方法专利也有很多区别。因此，以专利法来保护软件困难重重，一些发达国家如日

---

① 【德】乌尔里希·勒文海姆：《作品的概念》，郑冲译，《著作权》1991年第3期。

本、美国逐步放弃了这一措施。

2. 以专门立法的形式来保护计算机软件

日本通产省重工业局的软件法律保护调查委员会曾提出一个报告,建议用立法形式保护软件,1983 年 12 月通产省又提出了以"程序权"为核心的"程序权方案"保护软件,但此方案最终也因国际压力和本国文化厅的反对而夭折。

3. 用软件立法或国际软件条约来保护软件

世界知识产权组织于 1971 年接受了联合国关于探讨制定计算机软件保护国际协定的可能性,于 1978 年制定出计算机软件保护示范条款。该法所称的软件指计算机程序、程序说明和程序使用辅助资料。1983 年 6 月,计算机软件法律保护委员会在日内瓦召开会议,世界知识产权组织提出了《计算机软件保护条约》的草案,规定了参加该条约的各成员国国内法律所必须达到的某些"最低要求",但许多欧洲国家及发展中国家并未接受这一草案,因此用软件立法或国际软件条约来保护软件,实际上没有什么效果[①]。

4. 以著作权法来保护计算机软件

在采用其他方法保护软件未取得实际效果后,以著作权法保护软件的呼声变得更为强烈。这是因为,软件从性质上看,更接近"文字作品"。1972 年,菲律宾在世界上第一个修改著作权法对软件实行专门保护,此时,美国、德国、法国等欧洲国家已在判例中承认软件可作为"作品"受到保护。在苹果计算机公司诉国际程序公司一案中,美国法院裁定程序是一种由作者所创作的作品;在 1982 年巴黎上诉法院所作的裁决及 1983 年德国卡尔斯鲁厄地区上诉法院所作的判决中,都承认计算机程序可以得到著作权保护。

5. 方法改进及推动

在司法界的推动下,以美国为代表的西方国家加快了修改著作权法保护软件的立法步伐。1978 年美国成立了由著作权法专家组成的新技术著作权应用工作委员会,该委员会强烈要求国会通过著作权立法对软件进行保护。在其推动下,美国于 1980 年 12 月通过了"96-517 号公法"修订了 1976 年著作权法,在第 101 条至第 117 条中,正式增加了对计算机程序进行保护的规定。第 101 条将计算机程序解释为"一组说明或指令,直接或间接用于计算机,以使之产生某种结果"。不久,美国法院又对保护的范围作了限定,无论是源代码还是目标代码,无论其是储存在软件中还是储存在显示器上,法律都将予以保护。可见,美国是将其作为"文字作品"来保护的。紧接着,法国于 1985 年修订了 1957 年颁布的《文学艺术产权法》,在该法第 3 条中的"科学作品"后面增加了"软件作品"一项。德国在1985 年、1993 年两次修订著作权法,将计算机程序作为"语言著作"来保护。日本

---

① 陈传夫编:《著作权概论》,武汉大学出版社 1993 年版,第 211 页。

也改变了制定特别法的主意,最终于 1985 年修订了著作权法保护软件。从此,用著作权法保护计算机软件便成为国际上的大趋势①。

尽管许多国家都通过著作权法的修改来保护计算机软件,但各国所处的角度不同,保护水平也有差异。为了消除这些差异,《知识产权协定》第 10 条第 1 款明确规定,计算机程序,无论是源代码还是目标代码,都应作为《伯尔尼公约》规定的"文字作品"来保护。该协定第 9 条第 2 款还指出了所保护的范围,即著作权保护计算机程序的表现形式,但不涉及思想、程序、操作方法或数学概念本身。1991年制定的欧洲共同体理事会《关于计算机程序法律保护的指令》第 1 条也明确要求各成员国将以著作权法保护计算机程序,仍要求计算机程序具有一定程序的细创性(如欧洲共同体理事会《关于计算机程序法律保护的指令》第 1 条第 3 款的规定)。由于计算机程序必须适于计算机硬件或软件的指令系统,必须使硬件实现特定的功能,因而计算机程序的素材、构思都受到了限制,保护的范围也有限。

以著作权法保护计算机程序较之其他保护方式具有许多优点:第一,这一保护不仅在国内有效而且在国际上取得了广泛的共识,有助于在世界范围内行之有效地予以保护;第二,在保护程序上,由于著作权的取得比较方便、快捷,所以计算机程序能够及时地取得保护;第三,在诉讼中,权利人可根据著作权法迅速有效地采取控制假冒盗版作品的措施。因此,将计算机程序作为文字作品保护,成为当前著作权法发展的一个重要趋向。我国《著作权法》及《计算机软件保护条例》修订后,在保护水平上已与《知识产权协定》相一致,计算机软件的保护水平与普通文字作品基本一致。

(五)数据库

数据库,通常是指由数字符号,图案或者其他信息片有机构成的能借助计算机进行查阅的集合体,联合国教科文组织和世界知识产权组织在 1979 年组成的工作组建议将数据库作为信息集合物或汇编物而给以保护。

英国在 1973 年设立的著作权法修改委员会探讨数据库的保护问题后,于1977 年提交了惠特福特报告,明确将数据库作为汇编作品来保护。美国于 1980年、澳大利亚于 1984 年修改著作权法时都将数据库作为汇编作品予以保护。日本 1986 年《著作权法》增加了对数据库保护的规定:"在信息的选择或系统结构上有创造性的数据库,可作为著作物予以保护。"

对此,《知识产权协定》(TRIPS)第 10 条第 2 款规定,无论是否具有机械可读形式,数据库都应作为汇编作品受到保护。世界知识产权组织国际局提出的《伯尔尼公约》议定书也持相同观点(BCP/CE/M2-II,M44)。我国《著作权法》修订后,已将数据库作为汇编作品予以保护。

---

① [日]纹谷畅男:《近来的技术发展和著作权》,载《著作权》1994 年第 2 期。

第三节　著作权不予保护的对象

目前,明确规定了著作权不予保护的对象的国家有美国、俄罗斯、日本、德国、意大利等。从有关国家的规定来看,通常有以下几类对象属于著作权不予保护的范围。

一、官方文件

官方文件,是指由国家机构颁布的法律文件、政府文件、法院判决书这些具有立法、行政及司法性质的文件。《伯尔尼公约》第 2 条第 4 款将官方文件及这些文件的正式译本的保护问题交由各成员国自行解决。在大多数国家中,官方文件被排斥在受保护对象之外,其主要原因在于官方文件颁布的目的就是为了让公众知晓与遵守,因此应让它们尽可能地公开传播。所以,此类作品一经发表就进入了公众领域,每个人都可自由使用。《美国著作权法》第 105 条作了此种规定:“本法规定的著作权保护不适用于任何美国政府的作品。”(该法对政府作品所下的定义是:“由美国政府的官员或雇员在公务范围内创作的作品。”因此,该法所规定的政府作品不但包括官方文件,还包括官员或雇员完成的其他作品)俄罗斯、日本、德国、意大利等国也作了同样的规定。而日本司法则认为,各省厅所发行的白皮书和各种审议会提出的咨询报告等材料,不属于让公众都了解其内容的作品,因而它们可以获得著作权法的保护。政府内部工作资料,有关部门编写的调查报告可作为学术作品受到保护。应注意的是,不仅官方文件本身不受著作权法保护,而且其官方译文也不受保护。尽管官方文件在上述国家不受保护,但并不意味着他人可以对这些文件随意修改、歪曲。例如,《德国著作权法》第 5 条第 2 款禁止人们在使用官方文件时任意改动,并要求人们在使用时应注明出处。

与上述国家相反的是,英国、加拿大、澳大利亚等国的著作权法明确宣布对官方文件予以保护。《英国著作权法》明确规定了“皇家版权”和“议会版权”。若作品系由英国女王创作或由王室官员或公务员在执行职务中创作,则该作品受著作权法保护,女王成为该作品的第一位版权所有人。女王享有每一件议会法律或英格兰教堂长老会条例的著作权。如果一件作品系由下议院或上议院创作或在其指导或控制下创作,该作品受著作权法保护,创作或指导、控制该作品创作的议院为该作品著作权的第一位版权所有人。如果作品由两院共同创作或共同指导、控制创作,则两院为该作品著作权的第一位版权所有人。

在法国的著作权法中,法律、法令及判决书这类官方文件不受著作权法保护,但政府官员履行法国公务或执行法国政府官员的命令而创作的作品,仍是受著作权法保护的对象。

我国《著作权法》第 5 条明确将法律、法规、国家机关的决议、决定、命令和其他具有立法、行政、司法性质的文件及其官方正式译文排除在外,有利于这些文件的使用与传播。

二、淫秽、违反善良风俗的作品

淫秽、违反善良风俗的作品也被称为色情作品,《伯尔尼公约》将此类作品的著作权问题交由各成员国自行处理。对这类作品,大多数国家都明确规定要给予作者刑事制裁,也不享受著作权法保护。

我国《著作权法》出于社会公共利益的考虑,在第 4 条第 1 款明确宣布:"依法禁止出版、传播的作品,不受本法保护。"因此,上述作品的作者不可能享有著作权。

三、时事新闻

《伯尔尼公约》第 2 条第 8 款明确规定:"本公约提供的保护不适用于具有纯粹消息报道性质的日常新闻。"因此,时事新闻不属于著作权法的保护范围。

时事新闻是客观存在的,对其报道仅有先、后之分。此外,时事新闻是对事件、事实的报道,报道人在新闻报道中可发挥创造性的余地非常小。因此,多数国家的著作权制度不保护时事新闻。

除上述情形外,一些国家还有本土化的规定。如 1993 年《俄罗斯联邦著作权与邻接权法》将国家象征和标志(旗帜、徽章、勋章、钞票等及民间文学作品)列入不受著作权法保护的对象;《美国著作权法》不保护未固定下来的作品;我国《著作权法》不保护历法、通用数表、通用表格和公式。

在世界上绝大多数国家,有独创性的作品受著作权法的保护,但是,由于法律传统的差异,一些国家在具体的著作权保护制度上也存在着明显的差异。

第四节 著作权主体

一、著作权的原始主体

(一)著作权主体的概念

著作权的主体,是指依法享有著作权的人,如自然人、法人或者其他组织。同有形财产权制度一样,著作权的主体可以分为原始主体与继受主体。所谓原始主体,是指首先对作品享有权利的主体。所谓继受主体,是指通过转让、继承等方式取得著作权的人。在各国法律中,著作权主体制度是著作权制度的重要组成部分。

作者是著作权的基本主体,是第一著作权所有人。关于作者的基本含义,不同法系的国家有着不同的理解。

1. 没有明确立法规定

《美国著作权法》解释了何为"创作",但没有对"作者"一词作出定义。尽管如此,该法第 201 条第 1 款明确地使用"作者"这个概念:"原始归属——本编保护之作品的著作权原始地授给作品的作者或者作者们;合作作品的作者是作品著作权的共有人。"

2. 明确立法规定

(1)俄罗斯

《俄罗斯联邦著作权与邻接权法》第 4 条则规定,即"作者是以其创造性劳动创作出作品的自然人"。该定义明确指出了作者所进行的劳动是一种创造性的劳动,只有从事创造性劳动的人才可能成为作者,那些只提供思想而没有将思想表达出来的人以及只提供辅助性劳动的人不能成为作者;同时表明,作者是创作出作品的人,即使某人进行了"创造性劳动"但是没有创作出作品,那么这样的人也不能成为作者。

(2)加拿大

《加拿大著作权法》中没有关于邻接权的规定,因此,它将一切从事文学、艺术、音乐、戏剧或录音、录像等的智力劳动创作者都称为作者,含义比较广泛,不仅包括一切文学、艺术、音乐、戏剧或科学作品的创作者,而且也包括表演录音录像制作者或广播组织;《英国著作权法》第 9 条对"作者"一词也作了类似规定,即"本编中的'作者'系指创作人。该人应当是:(1)在录音或影片的情况下,对录音或影片制作之必要安排承担责任的人;(2)关系到广播时,制作广播的人,或者在以接收并即时传输方式转播其他广播的情况下,其他广播的制作人;关系到电缆节目时,提供收入该节目之电缆节目服务的人;关系到版权之版面安排时,出版人。"

(3)中国

我国《著作权法》第 11 条第 1 款对作者也作了解释:"创作作品的公民是作者。"该规定属于狭义的作者概念。那么,如何理解创作的含义呢?我国《著作权法实施条例》第 3 条第 1 款将其解释为:"著作权法所称创作,是指直接产生文学、艺术和科学作品的智力活动。"这一解释清晰、明白,概括出了作者的本质含义。

(二)作者的资格

创作是取得作者资格的最重要的前提,所以,参与创作的自然人是当然的作者,但在法人及非法人组织能否成为作者的问题上,许多国家都存在着争论。

1. 大陆法系

大陆法系国家的著作权法通常都认为仅有自然人才能成为作者,法人不能参与作品的创作因而不能成为作者，如法国、俄罗斯、瑞士等国的法律均不承认法人能成为作者。

2. 英美法系

而在一些英美法系的国家中，作者不但包括自然人，而且法人在一定条件下也可成为作者。

(1)美国

《美国著作权法》第 201 条规定，就雇佣作品而言，雇主或作品为其制作的其他人被认为是本法所称的作者，除非各方另有约定。这是承认法人可以成为作者的典型立法例。

(2)英国

《英国著作权法》第 9 条也明确规定，自然人和法人都可成为作者。在录音、广播、电缆节目等作品中，法人通常为"作者"，自然人成为作者的可能性大大减少。对此，英国学者菲利普斯认为，承认法人为作者的做法可能"有损于那些真正动脑筋去从事创作的作者所希望得到的保护。"①

(3)日本

《日本著作权法》第 15 条也认为法人有可能成为作者："按照法人或者使用者的提议，从事该法人或者使用者的业务的人在履行职责时作成的著作物（程序著作除外），该法人或者使用者以自己的名义发表这种著作物时，只要在其作成时的合同、工作规章中无另外规定，则该法人或者使用者视为著作人。"

3. 中国

我国《著作权法》第 11 条第 3 款对此问题也作了回答："由法人或者其他组织主持，代表法人或者其他组织意志创作，并由法人或者其他组织承担责任的作品，法人或者其他组织视为作者。"可见，自然人是当然的作者，法人和其他组织可被视为作者。由于法人和其他组织是一种拟制的实体，不可能将自己的思想、意志反映出来，因而只能通过其内部成员为来反映其意志，所以，我国法律以"视为作者"一词来表示，较为准确。当然，有人认为，该规定混淆了法人是否可成为版权人及法人能否成为作者这两个截然不同的问题，直接导致了理论上和实践上的混乱，在区别"法人作品"与自然人创作的归法人所有的"职务作品"之时，不可避免地会遇到法律适用上的困难。

(三)作者身份的推定

各国著作权法一般都采用"推定"原则，以在所指作品的原件或复制件上标示姓名、假名或笔名的人为该作品的作者。至于这一个或几个人是否为该作品之真正作者，尚不绝对。

---

① Jeremy Phillips：《版权法中的"作者"概念》，载世界知识产权组织编《版权》1990 年 1 月号。

1. 日本

《日本著作权法》第 14 条规定："以通常的方法,在著作物的原件上或者在向公众提供或揭示其著作物时所署的姓名或名称(以下称'真名'),或以公众周知的雅号、笔名、简称等代替真名的别名(以下称'假名')表示为著作人姓名的人,即被推定为该著作物的著作人。"在此,该法直接使用了"推定"这一概念。

2. 德国

《德国著作权法》第 10 条也作了类似的规定:"在已出版的著作复制物或造型著作原件上被称为著作人的人在相反的证明提出以前就被视为该著作物的著作人;本条亦适用于以假名或艺名公布的名称。"尽管德国法律在此没有使用"推定"一词,但使用了"视为"一词。这两个词在这样的规定中所具有的含义是相同的。

3. 法国

《法国知识产权法典》分别在第 L113、-1 条和第 L.113-7 条作了与此相类似的规定。该法第 L.113-1 条规定:"作者资格属于作品发表时的署名人,但有相反证明的除外。"该法第 L.113-7 条规定:"完成电影作品智力创作的一名或数名自然人享有该作品的作者资格。如无相反证明,推定下列人员是电影作品的共同作者:(1)电影剧本作者;(2)改编者;(3)解说词作者;(4)专门为作品谱写的配有或未配有歌词的乐曲作者;(5)导演。电影作品取材于已有的、仍受著作权保护的作品或电影剧本时,原作品作者视为电影作品的共同作者。"

4. 俄罗斯

《俄罗斯联邦著作与邻接权法》第 9 条第 2 款也规定:"如无相反证明,在作品原件或复制件上以作者身份署名的人认定为作品的作者。"

5. 中国

我国《著作权法》第 11 条规定如无相反证明,在作品上署名的公民、法人或者其他组织为作者[①]。

通过以上分析可以发现,即在如无相反证明的情况下,在作品上署名的人一般被推定为作者。不过,为了保护真正作者的利益,只要真实的作者举证否定作品上署名的人的作者资格,就可重新确定其作者身份,所以这种规定既方便又灵活。

(四)作者为著作权的原始主体

各国都十分重视著作权的归属问题,在著作权的原始归属上,世界各国大致采取以下方法:

1. 在任何情况下,著作权第一权利人只能是作者,而不能是作者之外的其他任何人。例如,法国在著作权制度中一直坚持着两个原则:第一,作者享有著作权中的复制权等权利,并且是一种人身权;第二,这些权利是由作品产生的,而不论

---

① 郑成思:《知识产权法》,法律出版社 1997 年版,第 441 页。

作品的种类为何。在任何情况下，作品著作权第一权利人只能是作者。《德国著作权法》第1条也规定："文学、科学、艺术著作的著作人对其著作依本法享有保护"。这一规定表明，在一般情况下，由著作所产生的著作权首先归该著作之著作人所有，并受法律保护。

2. 在一般情况下，作品著作权第一权利人为作者，但是对作者依雇佣合同、委托合同或劳务合同所创作的作品，著作权第一权利人则不一定就是作者，也有以下三种可能：

（1）著作权第一权利人为雇主等人，而不论该雇主为个人、公司或其他组织，但当事人双方就著作权的原始归属有明确约定的除外。这种情况主要表现在美国、英国等普通法系国家的著作权法中，例如，《美国著作权法》第201条第2项规定："雇佣作品——就雇佣作品而言，雇主或指示创作作品的其他人被认为是本法上的作者，享有著作权之各项权利，但双方在其签署的书面文件中另有明确约定的除外"。又如，《英国著作权法》第11条第1款规定："作品之作者是作品中一切著作权之第一权利人，但须服从下列规定：除非雇佣合同有相反的约定，雇员在受雇期间创作的文学、戏剧、音乐或艺术作品，其雇主为著作权第一权利人。"除了英美两国外，《俄罗斯联邦著作权与邻接权法》也有类似的规定，该法第14条第2款规定："作者同与之组成劳动关系的人（雇主）所签订的合同中没有其他规定的，职务作品的专有使用权属于雇员"①。

（2）著作权第一权利人是作者，但法律另有规定或者合同另有明确约定的除外。

（3）作品著作权第一权利人由当事人双方在合同中约定，没有约定或者合同约定不明确的，该著作权第一权利人为作品的创作者。

3. 在一般情况下，著作权第一权利人是作者，但对某些特殊作品，其著作权第一权利人为附载该作品之有形物质载体的所有人。这种情形主要存在于那些以"固定"作为作品受保护条件的国家，例如，《加拿大著作权法》现在仍然以固定作为作品受保护的条件，该法第2条规定："音乐作品必须能被印刷、以书面形式附载或以其他的形式制作或复制"。同条还规定："舞蹈作品或哑剧就是以书面形式或者其他形式固定下来的舞台编排或表演动作。"对于没有固定的作品，不受著作权法保护。所以，摄影作品著作权的第一权利人就不是拍摄该摄影作品的拍摄者，而是附载该摄影作品之胶片所有人。《英国著作权法》第3条第2项也作了类似的规定，即"在以书写或其他方式记录下来以前，任何文学、戏剧或音乐作品都不享有著作权；凡本编中的作品创作时间均指该作品被记录下来的时间。"本条第3项还规定："为第2项之目的，作品是否由作者本人记录或者他人的记录是否得到了作者的许可均无关紧要；在记录人非为作者的情况下第2项之规定对于记录

① ［俄］恰特罗夫：《关于〈俄罗斯联邦著作权与邻接权法〉的几点思考》，载《版权公报》1994年第3期。

而非被记录之作品是否享有著作权没有影响。"而在不以固定作为作品受保护条件的国家,则不会产生这种问题。

著作权第一权利人是相对于其后的著作权所有人而言的,二者虽然都是著作权的主体,但是有很大区别。首先,确定谁为作品著作权第一权利人,体现出这种制度对著作权所持的一种理念。在任何情况下都以作品创作者为著作权第一权利人的法国,认为"因作者的创作行为所产生著作权是一种天赋人权",它与作者的人身具有不可分割的关系,是人的生命的延续。但是,对于确立雇佣作品著作权的第一权利人的英美等国来说,他们主要认为著作权是一种商业权利,法律承认这项权利的主要目的并不是认为作品与作者之间具有多少密切关系,而是通过赋予作者以著作权,能够让作者或者投资者享有专有垄断权,在法律规定的期限内收回其投资。因此,在雇佣合同关系下创作作品的作者并没有为此付出投资或者不必为投资承担风险,其应该获得的报酬已由雇主支付给他了,从经济利益关系来看,该作品的创作者已没有必要享有著作权,著作权第一权利人应该是雇主。其次,按照大陆法系国家著作权法的观点,著作权第一权利人是一个完整的著作权人。《法国知识产权法典》第 L.111－1 条第 1 款和第 2 款的规定,创作智力作品的作者同时享有精神和财产两个方面的权利。该法第 L.121－1 条规定,作者依法享有的著作人身权是终身的、不可转让的、不可剥夺的权利。也就是说,作者依法享有的精神权利不可能由他人承受,或者说,著作权后继所有人不可能享有精神权利。这一点是著作权原始权利人与后继权利人所具有的本质区别。但是,按照英美法系的著作权理论,其著作权法起初没有规定著作人身权,作者的相关权利往往通过其他法律如侵权法加以保护。在它们没有规定著作人身权时,著作权第一权利人与著作权后继所有人没有什么实质性的区别。最后,在大陆法系国家,著作权第一权利人只能是自然人,不能是法人、公司、团体或其他组织,因为著作权第一权利人只能是作者,而法人、公司、团体或其他组织是不能成为作者的。但是,著作权后继权利人却可以是法人、公司、团体或其他组织,甚至还可以是国家。对于英美法系国家来说,著作权第一权利人既可以是自然人,也可以是法人、公司、团体或其他组织,因为雇主可以成为著作权第一权利人,而雇主既可以是自然人,也可以是法人、公司、团体或其他组织。

二、特殊作品的著作权原始主体

合作作品、职务作品、委托作品、汇编作品等特殊作品的著作权归属问题比较复杂,因此多数国家都对其作了特别的规定。

(一)合作作品的著作权主体

1. 各国对于合作作品定义的比较

合作作品通常指由两个以上的作者共同创作且其创作成果不可分割的作品。

在一般情况下，独著作品不能成为合作作品，例如，《美国著作权法》第 101 条规定：“合作作品是由两个或者两个以上的作者创作的。”《法国知识产权法典》第 L. 113－2 条第 1 款规定：“由数人创作的作品为合作作品”。其他国家的著作权法都有类似的规定。《德国著作权法》第 8 条，《英国著作权法》第 10 条，《日本著作权法》第 2 条，《美国著作权法》第 101 条。所以，由一个人独著的作品，原则上不能成为合作作品，合作作品必须满足以下要件：创作意图；创作性的贡献；创作者之间有不可分割的关系。

在决定一件由两个或者两个以上的人共同创作的作品能否成为合作作品时，其核心标准是在创作作品时各创作者之间具有某种“意图”，即他们有意将各自创作的作品或者自己对作品的贡献结合成一个单一体。《美国著作权法》第 101 条也作了规定：“合作作品，是两个或者两个以上、具有将各自的贡献结合成一个不可分割的或相互依存的单一体之意图的创作者共同创作的作品。”此项规定中强调了合作作者彼此之间所具有的“共创意图”。应该指出，其他国家的著作权法几乎都未明确提出这样的要求，例如，《法国知识产权法典》第 L. 113－1 条第 1 款规定：“数名自然人参加创作的作品为合作作品。”《英国著作权法》第 10 条也规定：“在本篇中，‘合作作品’系指由两个或者两个以上作者合作创作的作品，在该作品中各作者的贡献无法彼此分开。”《日本著作权法》第 2 条第 12 项规定：“合作著作物，是指由两人以上共同创作，并且每人的创作成果无法分开单独使用的著作物。”上述所列规定都没有直接提及合作作者之间的共创意图。

除了共同创作意图外，每一位合作作者对合作作品的完成必须做出了创造性的贡献，而不仅仅是平淡琐碎的一般性劳动。《加拿大著作权法》第 2 条对合作作品下了一个定义：“由两个或两个以上的作者共同创作的作品，并且其一创作作者的贡献与其他作者的创作贡献不可区别。”。《澳大利亚著作权法》第 10 条也规定：“合作作品是由两个或者两个以上的人共同创作的、并且每个作者的创作部分与其他一个或几个作者的创作部分不能分离。”

关于创作者的创作成果之间的关系，《美国著作权法》《日本著作权法》《澳大利亚著作权法》《英国著作权法》等都认为，每一位作者对合作作品的贡献应当与其他作者的贡献不可分割。合作作品与其他作品的根本区别在于“在创作作品时，合作作者之间具有共创作品的意图”。《德国著作权法》将“合作作品”与“合成作品”作了区别：合作作品的各作者对合作作品所作的贡献彼此不可分割，而合成作品则不具有这样的性质。《德国著作权法》中的“不可分割”的概念主要是从商业上讲的，而不是从其“自然属性”上考虑的。《俄罗斯联邦著作权与邻接权法》关于合作作品的规定，与上述国家的相关规定有两个方面的不同：其一，上述各国均强调各个创作者对合作作品的贡献是彼此不可分割的，而《俄罗斯联邦著作权与邻接权法》则认为不管各创作者的贡献是否可以分割，不影响一件作品成为合作作品,规定更为宽泛;其二,《美国著作权法》强调了各作者应具有共创作品的意图,而《俄罗斯联邦著作权与邻接权法》没有这样的要求,因而更进一步扩大了合作作品的范围。

尽管有些国家在合作作品的规定上有区别,但是大致可以归纳出以下共同之处:第一,合作作品的作者必须为两个或者两个以上的自然人,不包括法人、公司或者其他组织;第二,两个或者两个以上的作者之间具有将各自的贡献结合成一个单一体的意图;第三,合作作者对合作作品的完成做出了创造性的贡献;第四,每个合作作者的贡献与其他作者的贡献是不可分割的,或者是相互依存的。

我国《著作权法》第13条将合作作品解释为"两人以上创作的作品",并将其分为可分割的合作作品与不可分割的合作作品,该规定与《俄罗斯联邦著作权与邻接权法》的规定很近似。

(二)合作作品的原始著作权人

关于合作作品的原始著作权人,一般为合作作者。

1. 俄罗斯

《俄罗斯联邦著作权与邻接权法》第10条第1款明确规定,合作作品之著作权归合作作者共同享有,即各个合作作者均平等地对合作作品享有著作权。俄罗斯将合作作品分为两种:一种是可以分割使用的合作作品;另一种是不可分割使用的合作作品。不论是哪一种合作作品,其整体著作权归合作作者共同平等地享有,但可分割使用的合作作品中可独立存在不受其他各部分制约而被使用的,法律承认其具有独立的著作权;该独立部分的著作权归其创作者所有,但有相反约定的除外①。《英国著作权法》第11条第1款也作出了类似规定,合作作品的作者是该合作作品的著作权第一权利人。

2. 中国

我国《著作权法》第13条规定了合作作品的著作权归属问题:"两人以上合作创作的作品,著作权由合作作者共同享有。没有参加创作的人,不能成为合作作者。合作作品可以分割使用的,作者对各自创作的部分可以单独享有著作权,但行使著作权时不得侵犯合作作品整体的著作权。"另外,根据《著作权法实施条例》第9条的规定,对于不可分割的合作作品,"其著作权由各合作作者共同享有,通过协商一致行使;不能协商一致,又无正当理由的,任何一方不得阻止他方行使除转让以外的其他权利,但是所得收益应当合理分配给所有合作作者。"可以说,上述规定较好地解决了合作作者之间的利益分配问题。

(三)职务作品的著作权主体

职务作品,也称雇佣作品,通常是指雇员在受雇期间和受雇范围内创作的作

---

① 《俄罗斯联邦著作权与邻接权法》第10条第2款、第3款的规定。《美国著作权法》第201条第(1)项规定:"合作作品的作者是作品著作权的原始共有人。"

品。对于该类作品的归属,大致可分为以下情形。

1. 大陆法系国家

大陆法系国家的著作权法一般都规定,雇佣作品的原始著作权归作者享有,但雇佣合同一般都要求雇员允许其雇主在约定范围内独占使用作品。但是,近年来,该情形有了很大的变化,例如,法国在修订其著作权法时已将软件的著作权直接授予了雇主。《日本著作权法》的规定则更加侧重于保护雇主的利益,该法第15条规定:"根据法人及其他使用者的发起从事该法人等的业务者,在职务上完成的作品(软件作品除外),其法人及其他使用者用自己作品的名义发表的作者,其完成时的合同、劳动法规中对此没有规定的,法人及其他使用者为该作品的作者。根据法人及其他使用者的发起从事该法人业务者,在职务上完成。《法国知识产权法典》第 L.113-9 条规定:"如无相反的法律规定或约定,由一个或多个雇员在执行职务或按其雇主指示创作的软件及文档的财产权利,属于雇主并由其单独行使。"即雇主在一定条件下可以直接成为该类作品的著作权人。"该软件作品的作者在完成该作品时其合同、劳动规则对其没有规定的,该作品的作者视为法人及其他使用者。"显然,雇主在此类作品中可以处于类似作者的地位,其享有的权利更加完备。

2. 英美法系国家

在绝大多数英美法系国家的著作权法中,雇佣作品的原始著作权都归雇主所有,例如,《英国著作权法》第 11 条第 2 款规定,除非雇佣合同有相反规定,由雇员在受雇期间创作的文学、戏剧、音乐或艺术作品,其雇主为首位版权所有人。《美国著作权法》的规定则与《日本著作权法》类似,根据该法第 201 条 b 款的规定,在雇佣作品中,雇主被视为作品的作者,除合同中另有协议外,一切权利由雇主享有。从上述规定可以看出,英美法系国家和少数大陆法系国家的著作权法较为侧重于保护雇主的利益。

3. 中国立法

我国《著作权法》第 16 条规定:"公民为完成法人或者其他组织工作任务所创作的作品是职务作品,除本条第二款的规定以外,著作权由作者享有,但法人或者其他组织有权在其业务范围内优先使用。作品完成两年内,未经单位同意,作者不得许可第三人以与单位使用的相同方式使用该作品。有下列情形之一的职务作品,作者享有署名权,著作权的其他权利由法人或者其他组织享有,法人或者其他组织可以给予作者奖励:(一)主要是利用法人或者其他组织的物质技术条件创作,并由法人或者其他组织承担责任的工程设计图、产品设计图、地图、计算机软件等职务作品;(二)法律、行政法规规定或者合同约定著作权由法人或者其他组织享有的职务作品。"从以上规定可以看出,我国法律在确定职务作品的归属时吸收了大陆法系国家和英美法系国家的著作权制度的精华,原则上从保护作者的立场出发规定此类作品的著作权一般由作者享有,但允许单位在业务范围内优先使用。对于主要利用了单位物质技术条件并由单位承担责任的特殊作品及法律、行政法规规定或者合同约定著作权由法人或者其他组织享有的职务作品,则将其著作权授予单位,但保护作者的署名权及获得奖励的权利。可以说,这些规定兼顾了作者和单位之间的利益,比较科学。

(四)委托作品的著作权主体

委托作品,是指作者接受他人的委托,按他人的要求创作的作品。各国著作权法在委托作品的归属问题上的规定迥然不同。例如,有的国家侧重于维护委托人的利益,将该类作品的著作权授予委托人,如《英国著作权法》《印度著作权法》即持该立场。也有的国家侧重于维护作者的利益,将著作权授予作者,如《突尼斯著作权法》的规定。

我国《著作权法》第17条规定:"受委托创作的作品,著作权的归属由委托人和受托人通过合同约定。合同未作明确约定或者没有订立合同的,著作权属于受托人。"可见,在委托作品著作权归属的问题上,我国法律允许当事人作出约定,在无约定时推定其著作权属于受托人,体现了对作者利益的保护。

(五)汇编作品的著作权主体

汇编作品,是指对已经发表的或已完成的作品或作品的片断或其他资料予以选择、编排而形成的作品。在有的国家或地区,该类作品也称为集体作品。目前,多数国家的著作权一般都规定,此类作品的著作权由汇编人享有。例如,《法国知识产权法典》第L113−5条规定:"如无相反证明,集体作品为以其名义发表作品的自然人或法人的财产。该人被赋予著作权。"但是,在规定汇编人享有著作权的同时,各国著作权法一般又规定单个作品的作者对其作品享有单独的著作权,以保护其利益不受侵害。如《美国著作权法》第201条c款规定,集体作品中的每一个单独作品的作者对其作品享有权利。

我国《著作权法》第14条对该问题作了具体的规定:"汇编若干作品、作品的片段或者不构成作品的数据或者其他材料,对其内容的选择或者编排体现独创性的作品,为汇编作品,其著作权由汇编人享有,但行使著作权时,不得侵犯原作品的著作权。"上述规定体现了对单独创作人及汇编人利益的全面保护。

(六)视听作品的著作权主体

视听作品,通常是指电影、电视、录像等作品。此类作品既具有演绎作品的特点,又具有合作作品的某些特点。对于此类作品的归属问题,各国法律的规定不一致。美国、加拿大、澳大利亚等国的法律将其著作权授予制片人,英国则允许由作者和制片人通过合同来解决其权利归属问题,《法国知识产权法典》第L.113−7条则规定此类作品的著作权只能由参与创作的每个自然人(包括剧本作者、改编作者、对白作者、乐曲作者、导演)享有。《日本著作权法》第16条则直接将制片人规定为此类作品的作者,从而加强了对制片人利益的保护。

我国《著作权法》第15条规定:"电影作品和以类似摄制电影的方法创作的作品的著作权由制片者享有,但编剧、导演、摄影、作词、作曲等作者享有署名权,并有权按照与制片者签订的合同获得报酬。"电影作品和以类似摄制电影的方法创作的作品中的剧本、音乐等可以单独使用的作品的作者有权单独行使其著作权,这些规定考虑了制片人在摄制中所付出的努力问题,同时对各参与创作的人员也给予了一定的照顾,平衡了两者之间的利益。

（七）演绎作品的著作权主体

演绎作品,是指对原作进行改编、翻译、注释、整理后产生的作品。既然演绎作品是一种新产生的作品,各国法律当然应当予以保护。我国《著作权法》第12条规定:"改编、翻译、注释、整理已有作品产生的作品,其著作权由改编、翻译、注释、整理人享有,但行使著作权时不得侵犯原作品的著作权。"

三、著作权的继受主体

著作权的继受主体,是指通过继承、转让、赠与等方式著作权中的财产权利的主体。较之著作权的原始主体而言,著作权的继受主体不是基于创作行为或法律规定而产生,而是通过受让、继承、受赠与等方式产生的,因此,他们不能像原始主体那样享有完整的著作权,仅享有部分或全部的著作财产权。

（一）通过转让而取得著作权

美国在1909年至1978年之前,适用一种"不可分原则",该项原则来自美国法院对一则早期英国判例的解释——"著作权是一种单一权,它所包含的各项权利是不可分割的",也就是说,著作权中的各项权利不能被部分转让,因此,著作权所有人要么"转让"其作品的全部权利,要么"许可"这些权利的全部。现行的《美国著作权法》第201条第4款规定:"组成著作权之各项专有权利……可被转让,并可被单独地享有。某项专有权利所有人在该项权利范围内有权获得本法授予著作权人的一切保护和救济措施。"即允许著作权中的各项权利分开转让,这也是现行各国著作权制度的基本原则。通过转让,受让人因此获得了被转让之著作权,从而成为继受著作权人。《英国著作权法》第9条第1款也规定:"著作权可以像动产一样地以转让……的方式发生转移。"同条第2款又规定:"著作权的转让……可以是部分的……"根据此规定可知,《英国著作权法》允许部分转让著作权,当然也可以全部转让其著作权。《日本著作权法》的规定更为明确,如该法第61条第1款规定:"可将著作权的全部或一部转让。"因此,当著作权第一权利人或者在先的著作权受让人将其依法享有的著作财产权全部转让时,受让人便成为全部著作财产权所有人;当著作权第一权利人或者在先的著作权继受人将其依法享有的著作权之一部分转让时,受让人便成为部分著作财产权所有人。这样,多个主体有可能成为整体著作权的共同享有人。在这种情况下,各著作权所有人在行使其著作权时除了要充分尊重原始著作权所有人的精神权利外,还要充分尊重其他著作权所有人权利,否则,就会发生著作权纠纷。

我国《著作权法》修订后,允许著作权中的财产权利通过许可或转让方式发生转移,著作权人既可转让全部的财产权利,又可转让部分的财产权利。

(二)通过继承而取得著作权

继承是发生在近亲之间的、移转死者遗留财产的法律制度,几乎所有国家的著作权法都规定了"著作权中的财产权"是可以被继承的遗产。例如,《意大利著作权法》第 107 条规定:"智力作品的作者享有使用权以及可继承的相关权利,可依本章所规定的规则,以任何合法方式转移。"该项条款虽然没有直接规定"智力作品的作者享有的使用权"可被继承,但是,由于继承是一种合法的转移方式,故著作权中的财产权可依《意大利著作权法》的规定进行继承。《俄罗斯联邦著作权与邻接权法》第 29 条第 1 款规定:"著作权按继承转移。"《德国著作权法》第 28 条第 1 款也规定:"著作权可被继承。"又在本法第 30 条规定:"如无其他规定,著作权人的权利继承人具有根据本法属于著作权人的权利。"这些规定都极为明确地说明了"著作权可被继承",而且继承人因继承而成为新的著作权人。继承可以分为遗嘱继承和无遗嘱继承两种方式。无论哪一种继承均发生著作权由被继承人向继承人转移的法律效果,使继承人成为新的著作权所有人,即继受人。如果著作权第一权利人或者在先的著作权受让人为自然人,则发生上述所说的继承;若第一著作权人或在先的著作权继受人为法人或者其他组织,则就不能发生上述的继承,而只能由在后的继受人来依法或者有关规定来继受著作权。在这种情况下的继受人可以是公民,也可以是法人或者其他组织,但是,在大多数情况下,其继受人都是法人或者其他组织。有的国家规定,如果死者的著作权无人继受,则导致该著作权终止,如《日本著作权法》第 62 条第 1 款规定:"著作权在以下情况即告消亡。(1)著作权所有者已死亡,该著作权依民法(明治 29 年法律第 89 号)第959 条(归国库的继承财产)的规定归国库时;(2)作为著作权所有者的法人解散,该著作权依民法第 72 条第 3 款(归国库的剩余财产)或依其他法律的规定应归国库时。"有的国家的著作权法则规定,如果死者的著作权无人继承时,该项著作权并不终止,而是由国家的有关部门对其进行保护,如《俄罗斯联邦著作权与邻接权法》第 29 条第 2 款规定:"作者没有继承人的,由俄罗斯联邦专门机构全权实施对上述权利的保护。"还有的国家没有对这种情况作出相应的规定,如德国、法国等国的著作权法。

根据我国《著作权法》第 19 条的规定,"著作权属于公民的,公民死亡后,其本法第十条第一款第(五)项至第(十七)项规定的权利在本法规定的保护期内依照继承法的规定转移。著作权属于法人或者其他组织的,法人或者其他组织变更、终止后,其本法第十条第一款第(五)项至第(十七)项规定的权利在本法规定的保护期内,由承受其权利义务的法人或者其他组织享有;没有承受其权利义务的法人或者其他组织的,由国家享有。"

四、外国人的著作权主体资格

随着国家间经济、文化和贸易交往的日益频繁,逐渐产生了保护本国国民在国外著作权利益的需要,而达到这一目的的前提条件是本国法律必须保护外国人在本国的著作权。鉴于此,许多国家相继将著作权保护扩及外国著作权主体,因此,外国人也可成为本国著作权的主体。

(一)《伯尔尼公约》

当前,在有关外国人著作权保护上作了具体规定的国际公约是 1886 年的《伯尔尼公约》。该公约以国民待遇原则为基础,即不论是本国国民还是外国国民或者是无国籍人都平等地获得保护。该公约 1967 年文本第 3 条、第 4 条、第 5 条第 1 款、第 3 款、第 4 款详细规定了保护外国人作品的国民待遇原则:

1. 凡《伯尔尼公约》成员国的国民,其作品不论是否已出版,均应在一切成员国中享有公约最低要求所提供的保护。此即公约所规定的"作者国籍"标准。

2. 非公约成员国的国民,只要其作品首先在任何一个成员国出版,或首次出版同时发生在某成员国及其他非成员国,则也应在一切成员国中享有公约最低要求所提供的保护。此即"作品国籍"标准。

3. 非《伯尔尼公约》成员国国民而在成员国中有惯常居所,也适用"作者国籍"标准。

4. 对于电影作品的作者来说,即使不符合上述任一标准,只要制片人的总部或该人的惯常居所在公约成员国中,则该成员国被视为电影作品中的"来源国",其作者被视同上述(2)中享有国民待遇的人。

5. 建筑作品及建筑物中的艺术作品的作者,即使不符合上述任一标准,只要有关建筑物位于公约成员国地域内,或建筑物中的艺术品位于公约成员国地域内,则该成员国被视为有关建筑作品或艺术作品的"来源国",其建筑作品及建筑物中的艺术品的作者被视同上述(2)中应享有国民待遇的人在上述各种人民的作者也包括无国籍人。我国《著作权法》第 2 条第 2 款、第 3 款、第 4 款根据《伯尔尼公约》的精神规定了对外国人或无国籍人作品的著作权保护问题:"外国人、无国籍人的作品根据其作者所属国或者经常居住地国同中国签订的协议或者共同参加的国际条约享有的著作权,受本法保护。外国人、无国籍人的作品首先在中国境内出版的,依照本法享有著作权。未与中国签订协议或者共同参加国际条约的国家的作者以及无国籍人的作品首次在中国参加的国际条约的成员国出版的,或者在成员国和非成员国同时出版的,受本法保护。"

（二）各国立法差异比较

1.《德国著作权法》对首次在德国出版的外国人作品给予保护，由德籍国民或者由已被同化的人（包括无国籍人或难民）创作的作品也受保护。丹麦和荷兰也适用这样的规则。

2. 根据《意大利著作权法》的规定，首次在意大利出版的作品或者作者定居在意大利的作品受保护。无论在德国或意大利，根据互惠原则，外国作者所获得的保护多于本国给予的保护。

3.《英国著作权法》规定，在作品出版时，如果该作者是一个合格主体（包括居住或定居在联合王国的英国国民和爱尔兰国民或居民）或该作品是在联合王国或相关的领域内首次出版，那么该作品受保护。

4. 在法国，即使作者不是法国国民，其作品也没有在法国首先出版，该作者的作品也受保护，比利时、卢森堡等国的著作权法也有类似规则。外国作者的作品在法国受保护的唯一条件是：在作品之起源国该作品享有专有权。然而，法国现行法补充规定，如果某一国家不是法国参加的某公约的成员国，且该国又不给予首先在法国出版的作品以适当并有效的保护，那么，首先在这个国家出版的作品在法国也不能获得保护。

5. 美国与英国分离获得独立之初，采取贸易保护主义的做法，仅给美国公民和定居在美国的居民授予著作权，甚至在一个世纪后给一些外国作品授予著作权时，依据所谓的"印制条款"，要求外国作品必须在美国印刷出版。

第五节　著作权的内容

一、著作权的取得条件

著作权的取得条件，也就是取得著作权的途径，是享有各项著作权内容的前提。从历史上看，著作权的取得经历了一个从"有手续原则"到"无手续原则"的演变过程。所谓"有手续原则"，即著作权的取得以作者在著作权管理机构办理登记手续、交存样本、手续费或办理其他手续为条件。所谓"无手续原则"，是指作者在作品创作完成后不需要办理上述手续即可获得著作权。

（一）登记取得

采用著作权登记手续的国家大致有以下几种模式：

1. 将著作权登记手续作为著作权取得的必要条件。例如，在实施 1987 年新著作权法之前的西班牙及许多受其影响较大的拉丁美洲国家和少数非洲国家，都要求作品（不论是否发表）必须在著作权管理部门登记，否则不受保护。在上述国家中，利比里亚、马里等国要求作品在创作成功后必须登记才能享有著作权，阿根廷、哥伦比亚等国要求作品发表后必须登记才能享有著作权,巴拿马等国规定作品发表后一定期限内如不履行登记手续,则丧失著作权。

2. 将登记作为受保护作品著作权合法转让的必要条件,如阿根廷、巴西、智利等国著作权法的规定。

3. 将登记作为行使起诉权和请求法律制裁侵权行为的程序之一。例如,《黎巴嫩著作权法》第 158 条、《萨尔多瓦著作权法》第 77 条都规定,在侵权诉讼中,法院将根据有关作品是否登记的事实作为确定有关人是否享有著作权的首要证据或唯一证据。如果声称自己享有著作权之人未登记,则法院不承认他有权起诉他人"侵权"。美国在加入《伯尔尼公约》之前,曾实行过较为典型的著作权登记制度。1976 年的《美国著作权法》规定,登记是非强制性的,但却是提起侵权诉讼和对某些侵权行为取得补救方法的前提条件。如果不到版权局登记,著作权人一般无法对侵权行为提起诉讼。但对于唱片或音像作品可以在起诉后随即登记。登记也是向侵权者要求一定赔偿的先决条件。如果对一部未发表的作品的侵权发生在登记生效日之前或对一部已出版作品的侵权发生在登记生效日之前,在一般情况下受害人不能要求侵权人支付法定损失或律师费,但在作品出版后 3 个月内进行登记的除外。如果侵权对象为尚未登记的作品,著作权所有者只能向侵权者索取一般的损失费或其他补偿,不能要求支付律师费,也不能要求著作权法规定的最低损失赔偿金额。经著作权所有者授权已出版的作品,若没有载明"著作权标记",该作品出版 5 年后不能再进行登记。登记可证明有关作品著作权的有效性和登记证书中所述事实的真实性。美国行使著作权登记的职能机构为国家版权局。

实行著作权登记制度,可以明确有效地证明著作权人的身份,有利于及时处理著作权纠纷,保护著作权人的合法权益。但另一方面,著作权登记制度不能充分保护那些未及时登记的作品,也不能保护那些来源于未实行著作权登记制度国家的作品。这显然与《伯尔尼公约》精神相违背,因此许多大陆法系国家采取了与之相反的法律原则。

(二)自动取得

法国于 1791 年颁布的《表演权法》及 1793 年颁布的《作者权法》都明确宣布,作品自创作完成后就受到保护,作者不需要履行其他登记手续。创作完成又可分为全部完成和部分完成。部分完成,是指作者的某一思想或某一构思已经以某一形式完整地表达出来,构成了作品的一个组成部分。全部完成,是指作者的思想已在作品中全部完整地表达出来。德国、意大利等国的著作权法中都承认了作品的"自动保护"原则,即"无手续原则"[①]。这些国家之所以采取"无手续原则"的深

---

① 陈传夫:《著作权概论》,武汉大学出版社 1993 年版,第 100 页。

层原因在于其深受大陆法系国家著作权理论的影响,认为作品是作者人身的延伸及作者人格的反映,作品中的财产利益完全基于创作而产生,因此著作权的获得不需要任何手续。采取"无手续原则"的优点在于能使作品一经创作完成即获得及时保护,可以有效地制止侵犯著作权的行为,其保护水平较高。但在发生著作权纠纷时,未登记的作品取证稍难。因而,有些国家如日本也采取自愿登记制度作为补充。

由于《伯尔尼公约》第 5 条第 2 款明确规定享有著作权的前提不以办理任何手续为条件,也不以作品起源国是否存在保护为条件。因而,坚持"有手续原则"的国家就与《伯尔尼公约》的成员国之间存在明显的障碍。第二次世界大战后,在联合国教科文组织(UNESCO)的促进下,缔结了《世界版权公约》。该公约第 3 条第 1 款规定,如果作者或其著作权所有者授权出版的作品的所有各册自首次出版之日起,标有 ® 符号,并注明著作权所有者姓名、首次出版年份等便算符合著作权手续。所以,我们可以说,《世界版权公约》的这一规定,在采取"有手续原则"的国家与《伯尔尼公约》之间搭起了一座桥梁。美国在 1976 年的著作权法中将著作权标记与登记联系在一起,若授权出版的作品没有载明著作权标记,该作品在出版后若干年才能进行登记。尽管较之登记制度前进了一大步,但较之"无手续原则"仍有一定的差距。

随着国际合作的加强及著作权保护水平的提高,多数西方国家纷纷修订自己的著作权法,为加入《伯尔尼公约》积极努力。但对采取"有手续原则"的国家而言,加入公约的一大障碍就是作品的登记制度。为了达到《伯尔尼公约》的要求,日本于 1899 年、英国于 1956 年、西班牙于 1987 年彻底废除了著作权登记制度,采取了"无手续原则"。美国于 1989 年 3 月 1 日加入了《伯尔尼公约》,同一天,《1988 年伯尔尼公约实施法令》在美国生效。该法采取了"最低限度"原则,仅根据该公约的明确要求对《美国著作权法》作了有效修改,以消除明显的冲突并尊重 1976 年著作权法所达到的权利和限制之间的平衡在著作权登记方面,该法令取消了作为著作权保护必备手续的著作权标记,但仍鼓励作者自愿使用标记。因为在有著作权标记的情况下,侵权者无法以"非故意侵权"而请求减轻责任。对于以美国为起源国的作品,登记是提起诉讼的前提,对于其他《伯尔尼公约》作品,可免除这一要求,但权利请求人必须证明作品可免除登记要求。可见,该法令的上述规定较之美国之前的规定有了明显的突破,达到了《伯尔尼公约》的最低要求,也有利于对外国作品的保护,有利于美国与其他国家之间著作权贸易的顺利开展①。

综上所述,著作权获得条件由"有手续原则"到"无手续原则"的转变,是国际

---

① 何育红:《美国版权法》,《著作权》1996 年第 2 期。

著作权保护发展的必然趋势,因此,我国《著作权法》顺应了该趋势,采取无手续原则,作品自创作之日起取得著作权。

二、著作人身权

(一)概述

著作人身权,在英美法系国家中称为"精神权利",也叫"作者人格权",《日本著作权法》沿袭了德国有关规定,也称之为"著作人人格权"。《俄罗斯联邦著作权与邻接权法》使用的是"人身非财产权"的概念,《法国知识产权法典》使用的是"人身权利",《意大利著作权法》则将"作者的人格权"与"作者的精神权利"视为同一语。《伯尔尼公约》的英文文本使用了"MoralRights"一语。

尽管各国对著作人身权的称谓有别,但其基本含义差别不大,都是指著作人基于作品创作所享有的一种使其人格、作品受到尊重的权利。但是,著作人身权所包含的各项权利在一些国家的立法中并不属于同一个类别或同一个层次的权利[1]。在英、美、法、德、意、俄等国的著作权法中,著作人身权与著作财产权是属于同一层次的权利,包含在"著作权"这一概念之下。而在《日本著作权法》中,著作人身权是与"著作权"并列的概念。例如,《日本著作权法》第2章第3节《权利的内容》将著作人享有的权利内容划分为"著作人人格权"及"财产权"两类。著作人人格权的内容属于著作人身权,"著作权"的内容则仅包括复制权、上演权、展览权等财产权利,即我们通常所讲著作财产权。形成上述权利分类的原因在于,日本于1899年以前制订的有关著作权保护的法律(1869年《出版条例》、1876年的《照像条例》、1887年的《著作权条例》、1887年的《剧本乐谱条例》及1893年的《著作权法》)都仅规定了著作权人的财产权利而将人身权利排斥在外。直至1899年,日本为加入《伯尔尼公约》由水野炼太郎博士起草并制定了《著作权法》后,才加入了有关著作人身权保护的内容。日本于1970年对原著作权法作了全面修订,明确使用了"著作人人格权"这一术语,并详细列举了著作人的各项人身权利及保护措施。由于日本旧法中未将著作人身权包含于著作权内容之中,因此,1899年及1970年制定的新法都将著作人人格权单独予以规定,与著作权相并列。日本理论界认为,著作人格权与一般人格权并无本质差异,它也是一种具体的人格权。《日本著作权法》规定著作权与著作人格权是两种不同的权利,因此不必认为著作人人格权具有著作权法上固有的特性。法律这样规定的目的是明确著作人人格权的具体内容,让作者更好地保护自己的权益,使著作人人格权不仅受到著作权法的保护,而且受到民法的保护。

从以上有关著作人身权的现行规定可知,共同受到著作权法保护的著作人身

---

[1]　唐广良:《试论版权法中的"精神权利"》,《版权参考资料》1990年第6期。

权仅两项："作者身份权"和"保护作品完整性权"，这也是《伯尔尼公约》所规定必须予以保护的两项著作人身权。此外，有的国家还规定了发表权、修改权、收回权等著作人身权。

（二）著作人身权的性质

1. 著作人身权的转让、许可使用与放弃

综观各国的著作权法，著作人身权本身的"不可让与性"是各国所共同承认的一项基本原则。例如，《英国著作权法》第 94 条明文规定精神权利"不得转让"，《日本著作权法》第 59 条规定："著作人人格权，属著作人个人享有，不可转让。"《法国知识产权法典》也明确宣布："人身权利是终身的、不可转让的、不可剥夺的权利。"《意大利著作权法》第 22 条及《俄罗斯联邦著作权与邻接权法》第 15 条第 3款也作了类似规定。《德国著作权法》第 29 条的规定颇具特色，声明所有"著作权"均不得转让："著作权可在执行遗嘱中或在遗产分配中向共同继承人转让，除此之外不得转让。"这是因为著作人身权与作者的人格密切相连，本身是不可让与的。但是，就著作人身权所派生的单个权能（如发表权、修改权）能否许可他人行使，各国的看法存在差异。

（1）人身权不可转让，具体权能可转让

在德国，著作权的不可转让性是其立法的基本原则，由而著作人身权作为其著作权的一部分而不可转让。但在具体权能上，该法并未完全排除著作人身权权能的转移及弃权。《德国著作权法》第 39 条规定，如无相反约定，用益权所有人不可改动著作及其标题或著作人名称。这实际上间接承认了作者至少能许可他人行使或放弃他的部分权利，但仍能根据该法第 14 条禁止他人歪曲著作。

（2）人身权与人身权能都不可转让

《法国知识产权法典》并不承认著作人身权的转让，也不承认著作人身权权能（如发表权）的让与。但著作人身权在作者死后，可由第三人行使。从法国司法实践来看，法国并未全面禁止著作人身权的放弃。如果在订立协议时作者明确放弃部分人身权（如修改权），法律上也予以认可。但为保护作者利益，法律不允许默示的放弃作者放弃了某些权利后，仍有权反对他人对作品的歪曲、篡改。

（3）人身权能不可转让，但是可以放弃

《英国著作权法》在规定"精神权利"不可转让的同时，却又明确宣布："精神权利"可以"放弃"。该法第 87 条第 2 款明确规定："这些权利中的任何一种均可由权利人通过署名的书面声明予以放弃。"即英国承认著作人身权的明示放弃。英国在 1987 年制订新法时，广大作者坚持认为著作人身权的可放弃性与不可转让性是矛盾的，不希望法律明文规定可以放弃该类权利。但出版商则认为，如不规定该权利的可放弃性，则会在出版中引起麻烦，而且《伯尔尼公约》也未规定其不可放弃，况且在现实中雇佣作品或委托作品作者的人身权利实际上都是被放弃了的。迫于出版商的压力，英国立法机关承认了精神权利的可放弃性。由于确立了著作人身权的可放弃性，著作人身权往往会因作者屈从于工业家的压力而通过作者的弃权归于无效。对此，英国版权学者评价说："政府正在为精神权利，特别是在为这些权利可能赋予作者的权力及经济上对版权价值的潜在的不利影响所在北欧国家著作权司法实践中，也允许著作人身权的有限'放弃'，允许他人对作品进行有限的修改。"《荷兰著作权法》第 25 条规定，作者在适当情况下"可以放弃著作人身权"，而且作者在"合理情况下"方能行使著作人身权。"这应等于对作者的精神权利既给予一定保障，又给予一定限制。"① 所以，荷兰有关著作人身权"可放弃"的规定，既考虑了著作权贸易的实际需要，又保护了作者的合法权益，是一种解决该问题较理想的立法模式。

综上所述，各国著作权法对著作人身权原则上都否定了其可转让性，但在立法文件或司法实践中又都不同程度地允许作者将部分权能许可他人行使或允许作者放弃部分著作人身权，但这种许可和放弃是有限的，不应损害作者的利益。

2. 著作人身权的消减

关于著作人身权的消减（或保护期限）问题，各国从其不同的立法思想出发，作出了不同的规定。概括起来，主要有以下几种类型：

（1）认为著作人身权是永久性的权利，无保护期限的限制。这种观点的代表国家是法国。著作财产权的保护期为作者死后加 50 年，著作人身权则被视为一种永久的权利，永远受到保护。《俄罗斯联邦著作权与邻接权法》第 27 条第 1 款明确规定："作者身份权、署名权和保护作者名誉权永远受到保护。"意大利、土耳其、阿尔巴利亚等国也有类似的规定。

（2）认为著作人身权永远受保护，但只在著作财产权有效期内由作者及继承人（或指定人）行使，在著作财产权保护期满后由国家行使，例如《葡萄牙著作权法》第 57 条作了这种规定。

（3）认为著作人身权与著作财产权的保护期相同。著作财产权与著作人身权同时产生，同时消减。由于该国现行法规定著作权的保护期限为著作人终生加死后 70 年，所以著作人身权的保护期限也受到了时间限制。《英国著作权法》规定的作者或导演身份权、反对对作品进行损害性处理的权利保护期与著作财产权期

---

① 刘德宽：《论著作人格权》，台湾三民书局 1979 年版，第 300 页。有的学者甚至言辞激烈地抨击《1988 年法案》中对精神权利的规定是否遵循了《伯尔尼公约》。因此，《英国著作权法》有关著作人身权放弃的规定往往成为出版商凭借其经济优势胁迫作者的一种手段，对作者权益颇为不利。值得注意的是，1990 年美国制定的《可观赏艺术家法》也允许作者通过签署书面文件放弃著作人身权。

限相同,但禁止他人"冒名"的权利只保护到作者死后 20 年[1]。《日本著作权法》规定著作人死后的著作人身权由其遗族或遗嘱指定的人保护,如由后者保护最长期限为作者死后 50 年,基本上与著作财产权的保护期限相同。

(4)认为著作人身权的保护期为作者有生之年。美国在 1990 年的《可观赏艺术家法》中将作者的身份权和保护作品完整权的保护期限定为作者有生之年。《伯尔尼公约》第 6 条之 2 第 2 款虽然要求成员国对作者死后的著作人身权的保护至少应达到作者著作财产权期满为止,但又允许在批准或加入该公约文本时其法律中未包括有保证在作者死后保护以上全部权利的各国规定对上述某些权利在作者死后不予保留。这即是说,关于作者死后的人身权保护期,公约未作强行要求,而留由各成员国决定。

承认作者死后著作人身权受到保护,对于维护作者的人格价值、保障作品不受歪曲、篡改、造福人类物质和精神文明建设不无重要意义。但作者死后,继承人或受指定的人或国家授权的组织能否切实维护作者的著作人身权不受损害,不无疑问。此外,作品利用价值随着时间消减而逐渐丧失也成为影响著作人身权保护期长短的因素。因此,各国在著作人身权立法上存在差别,也有上述原因之考虑。

(三)著作人身权的内容

《伯尔尼公约》第 6 条之 2 第 1 款所明确规定的著作人身权仅有两项:作者身份权和保护作品完整性权。"作者仍保有要求其作品作者身份的权利,并有权反对对其作品的任何有损其声誉的歪曲、割裂或其他更改,或其他损害行为。"因此,加入了该公约的国家对这两项权利基本上都给予了保护。此外,一些国家的著作权法还对发表权、修改权、收回权等权利作了规定。

1. 作者身份权

作者身份权是作者所享有的要求被承认是作品作者的权利,是《伯尔尼公约》所明确要求保护的著作人身权之一。

(1)身份权与署名权一起规定

《德国著作权法》第 13 条规定:"著作人有权要求承认对其著作的著作人身份并能决定著作是否标有著作人姓名和使用何种姓名。"《英国著作权法》第 77 条、《法国知识产权法典》第 L.121_1 条、《意大利著作权法》第 20 条、《加拿大著作权法》第 12 条第 7 款都作了类似的规定。从这些国家有关作者身份权的规定来看,该权利具有以下内容:第一,作者有权要求他人承认对其创作的作品的作者身份,该权利具有绝对的排他性质;第二,作者有权决定是否公开或何时、何地、以何种方式在何种范围内公开其对作品的作者身份;第三,作者可以通过行使署名权来

---

① 〔英〕哈泽尔·卡提、基思·霍金森:《评英国〈1988 年版权、外观设计和专利法案〉对精神权利的保护》,周红译,《法学译丛》1990 年第 2 期。

实现其作者身份权。

(2)将署名权与作者身份权分开或仅规定署名权

《俄罗斯联邦著作权与邻接权法》第15条第1款将这两种权利作了区分,作者身份权是要求承认是作品之作者的权利,署名权是以作者之真名、假名或者不署名即匿名使用作品的权利。《日本著作权法》第19条仅规定了署名权。因此,有人认为署名权和作者身份权"不是一回事,而是两码事,不是一项权利,而是两种权利"。更多的人则认为"这两者讲的是同一个意思,即作者有权在发表了的作品上署名,以昭示自己'作者'的身份"。我们认为,作者身份权是作者基于其创作行为而产生的要求他人承认其对作品的创作资格的一种权利,它是著作人身权的核心、基础,是作者在权益受侵犯时寻求法律保护的根据。行使署名权的实质是要求他人承认作者的身份。因此,我们可以说,署名权是作者身份的一种表现方式,但不是全部。因为作者身份权的实现还可通过对作者的身份介绍、真名登记等署名以外的方式来实现。例如,《英国著作权法》第77条所规定的作者或导演身份权的实现方式有:用真名、假名、缩写或其他特殊方式来申明,其他人应尊重作者的这一选择。可见,署名权只是作者身份权的一部分而非全部。《日本著作权法》虽仅规定了署名权,但作者可通过该权利的行使实现自己的作者身份权,因此也符合《伯尔尼公约》的精神。

(3)在规定作者身份权的同时,规定了禁止"冒名"权

例如,《英国著作权法》第84条明确规定,任何人在一定条件下均有权使自己免于被虚假地署名为某一文学、戏剧、音乐或艺术作品的作者或某影片的导演。澳大利亚、新西兰等国的著作权法也有类似的规定。由于这种"冒名"行为会对知名作家的声誉造成损害,也影响其以后创作的作品的发行,因此该权利与作者的身份权密切相关,也属于著作人身权调整的范围。

作者行使署名权时可在原作上署名,也可在演绎作品上署名,并可通过自己选择的方式署名。但由于具体情况千差万别,署名权的行使难免遇到一些难以克服的障碍。因此,有些国家著作权法对署名权的行使作了限制:"按照使用著作物的目的和状况,认为不会损害'著作人就是创作者'之主张的利益时,只要不违反惯例,可省略著作人姓名。"联合国教科文组织及世界知识产权组织在1986年10月也曾建议,各国在保护建筑作品作者的著作人身权时,应强调"署名权只能善意行使"。因此,在建筑作品、实用美术等作品中,为了不损害其美丽的外观,作者只能以适当的不损害委托人利益的方式来署名,必要时可按双方约定不署名。相比之下,英国对作者身份权的限制相当苛刻:第一,作者或导演在著作财产权的利用、转让或展览作品时必须向对方提前以书面方式声明该权利,而且任何对权利声明的延迟法院在揣度救济措施时都要予以考虑;第二,作者身份权不适用于计算机程序、字形设计、出自计算机的作品、雇佣作品、为时事报道所创作的作品、期

刊、汇编性参考书、政府作品等作品,也不适用于某些法律所允许的不侵犯著作财产权的行为。因此,这些限制,尤其是声明规则将会损害英国对该权利所能提供的保护,甚至英国学者认为:"要求预先给出正式的书面文件至少可以说是有悖于公约精神的。"

2. 保护作品完整权

保护作品完整权,系指作者所享有的保护作品完整性、禁止他人歪曲、篡改作品的权利。反之,作者本人有权对自己的作品予以修改,在作品再版时可对作品进行修改,即作者享有修改权。

(1)将修改权的内容包含在保护作品完整权中

《日本著作权法》第 20 条对该权利内容作了解释:"著作人有权保持其著作物的完整性和标题的完整性,不接受违背著作人意愿的修改、删改或其他改动。"①《英国著作权法》第 80 条"反对对作品进行损害性处理的权利"、《德国著作权法》第 14 条、《意大利著作权法》第 20 条、《加拿大著作权法》第 12(7)条及美国 1990 年《观赏艺术家法》都有类似的规定。

(2)将这两层意思分别予以规定

《俄罗斯联邦著作权与邻接权法》第 15 条第 1 款虽有类似的规定,但称为"保护作者名誉权",《伯尔尼公约》第 6 条之 2 规定,作者有权反对"任何有损其声誉"的歪曲、割裂或其他更改作品的行为。

就上述国家有关作品完整权的规定来看,此项权利是作者所享有的一项重要的著作人身权,与作者的声誉、荣誉息息相关,因此受到了大多数西方国家的重视。就该权利内容而言,因为作品是作者人格的反映,只有作者才能修改其作品,因此任何歪曲、篡改作品的行为都应予以禁止。

尽管保护作品完整权是作者的一项重要的著作人身权,但其行使应符合一定的条件。《伯尔尼公约》规定,只有当歪曲、篡改作品的行为对作者声誉造成"损害"时,作者才能行使该权利。《英国著作权法》将该损害解释为:"对作品的处理达到了歪曲、割裂作品的程度,或者在其他方面有损于作者或导演的声望或名誉",此时即构成对作品的损害性处理②。根据上述解释,保护作品完整权应受到一定限制。《日本著作权法》第 20 条第 2 款作了四种限制:第一,出于教学目的,而对作品的用语或用词作不得已的改动。当然,这种改动应限于文字性修改。第二,由于建筑物的扩建、重建、修缮或图案更换而改动。作此种限制,是出于建筑物的安全或美观考虑。《意大利著作权法》第 20 条第 2 款也有类似规定。第三,

---

① 《日本著作权法》第 19 条第 3 款。

② 〔英〕哈泽尔·卡提·基思·霍金森:《评英国〈1988 年版权、外观设计和专利法案〉对精神权利的保护》,周红译,《法学译丛》1990 年第 2 期。

使用人为了更好地使用计算机程序而对该程序作的必要改动。《德国著作权法》第 69d 条、《俄罗斯联邦著作权与邻接权法》第 25 条第 1 款也作了此种限制。第四,按照著作物的性质及使用目的和状况所作的不得已的改动。作此种规定的目的是为了避免作者在其作品受到形式上的稍许更改的情况下就产生过敏反应而引起法律诉讼,从而保障作品使用的顺利进行。《德国著作权法》第 39 条在规定受让人不能更改作品的同时,也规定如果作者不能善意地拒绝该行为,则应允许受让人改动作品,即作者必须根据"诚实信用原则"来行使此权利。这种立法方法在于使作者的权益与作品传播者、使用者的权益达到平衡。

相对而言,《英国著作权法》对此权利的行使作了较为严格的限制:第一,保护作品完整权不适用于计算机程序或借助计算机创作的作品、为新闻报道而创作的作品、期刊、雇佣作品、汇编参考书等作品。第二,此权利对法律所允许的某些行为不适用。第三,作者或导演行使保护作品完整权的前提是提前申明作者或导演的身份。在这种过于严格的限制下,保护作品完整权既难以取得也难以维持,相反,这种限制对作品使用人(尤其是雇佣作品的雇主)却很有利。可见,英国对该项权利的保护未达到较高的水平。

3. 收回权

与保护作品完整权密切相关的一种权利是"收回权"。所谓收回权,通常是指作者在有正当理由的前提下,以赔偿使用者损失为条件收回已公开发表的作品的权利。行使收回权利应符合一定的条件:第一,作者有正当理由。《俄罗斯联邦著作权与邻接权法》认为它包括在发表权之中,该法第 15 条第 1 款第 3 项规定:"以任何形式发表或者许可发表作品的权利(发表权),包括收回权在内"。《德国著作权法》第 41 条、第 42 条将其解释为:"专有用益权所有人不行使或不充分行使权利并因此损害著作人的合法利益"及"著作人认为著作不符合其观点不能继续被使用"。《意大利著作权法》第 142 条将其解释为"基于人格上的重大理由"。《日本著作权法》第 84 条也有类似规定。第二,作者应事先通知作品著作财产权受让人或被许可使用人。第三,作者应公平合理地赔偿对方的经济损失,如《法国知识产权法典》第 L. 121-4 条的规定。第四,如果收回某作品将违反"公共秩序"(即影响社会公共利益),则不允许收回该作品。从以上内容可以看出,收回权行使的目的主要是为了维护作者的声誉,收回作品的使用权可以有效地防止错误或不妥的观点继续传播。就此意义而言,收回权应属于作者著作人身权的范畴,具有"人身依附性"。因此,《意大利著作权法》第 142 条第 2 款明确宣布:"作品收回权具有人格性,不得移转。"《德国著作权法》所规定的收回权虽有保护作者经济利益的因素,但对其人格利益的保护却占主导地位。此外,行使收回权也可看作是作者对自己原作中的思想观点的"修改",所以,收回权应属于修改权的范围。

《俄罗斯联邦著作权与邻接权法》在规定收回权时采取了一种与众不同的立法模式,将其规定于"发表权"之中。该法第 615 条第 2 款对收回权的行使作了详细规定:"对先已作出的发表作品的决定,作者具有取消的权利(收回权),条件是赔偿由此对使用者已经造成的损失,包括未能获得的利益。作品已经发表的,作者必须公开通告其收回事宜。在这样的情形下,作者有权自费将已经制成的作品复制件从社会流通中撤回。本款原则上不适用于职务作品。"从上述规定可以看出,该法所规定的收回权的行使包括两种情形:一种情形是作者已作出发表决定但尚未发表,有权以赔偿损失为条件来收回原决定。因此,行使收回权实际上是行使了不发表作品的权利,是为了确保作者发表权的实现(因为发表权本身也包括不发表作品的权利),就此意义而言,收回权可以归为发表权的一部分。另一种情形是当作品已发表并处于流通领域中,作者有权用公开通告的方式收回作品复制件。在此情形下,收回作品的目的是为了防止他人继续利用作品。由于作品已进入社会,将其复制件收回已不能阻止其内容"首次公之于众",因而收回权的实施在这种情形下不能保护作者的发表权,它的实质是保护了作者的声誉、荣誉等人格利益,维护了作者对自己作品原观点的"修改权"。因此,在第二种情形中认为收回权属于发表权是不确切的。

4. 发表权

发表权对作者而言是一项比较重要的权利,因为作者如果在创作完成后不发表作品,其著作人身权和著作财产权将无法实现。发表权虽然如此重要,但《伯尔尼公约》至今未列入保护发表权的条款。在各国著作权法中,也仅有一部分国家承认发表权。

《德国著作权法》第 12 条对发表权所下的定义为:"决定是否、如何发表其著作"的权利,《日本著作权法》第 18 条、《俄罗斯联邦著作权与邻接权法》第 15 条第 1 款也作了同样规定。可见,发表权就是决定作品是否公之于众以及在什么时间、什么地点、以什么方式公之于众的权利。发表权仅能行使一次即告罄,并且产生相应的法律后果,如合理使用通常是针对已发表的作品而言。

作者通常是发表权的行使人。但对于作者的遗作,由谁来行使发表权呢?《意大利著作权法》第 24 条规定:"遗作的发表权属于作者的法定继承人或遗嘱继承人,但作者生前明确禁止发表或委托他人发表的除外。"《法国知识产权法典》则将此权利先授予作者指定的遗嘱执行人行使。如无遗嘱执行人,则由其继承人或遗赠人行使。可见,遗作的发表权通常都是由作者的遗嘱执行人、继承人或遗赠人来保护的。

由于发表权在行使时容易产生纠纷,如遗作的发表是否符合作者的意愿、合作作品作者之一不同意发表作品如何处理等,因此相当一部分国家在授予作者发表权时施以一定的限制。例如,《日本著作权法》第 18 条第 2 款推定在下列场合作者同意发表其作品:"(一)转让尚未发表著作物的著作权时,以行使其著作权的方式将该著作物提供或提示给公众;(二)转让尚未发表的美术著作物或摄影著作物的原作品时,再以展览原作的方法将这些著作物提示给公众;(三)依第 29 条的规定其电影著作物的著作权已归电影制片人时,以行使著作权的方式将该著作物提供或提示给公众。"因为在上述 3 种情形下,著作财产权已归受让人所有或归电影制片人所有,当受让人行使著作权时,仍受发表权的限制是不妥当的。为了方便合作作品的利用,《德国著作权法》第 8 条第 2 款对发表权作了限制:发表、使用作品的权利归合作作者共有,一名合作作者不可在违背诚实信用原则的情况下拒绝发表、使用作品。

5. 接触权

接触权是少数国家的著作权法所规定的一类较特殊的权利,其基本含义是指当作品为他人占有时,作者为了行使某种著作权而享有的接触作品的权利。当作品为其他人所占有,作者行使接触权应符合一定的条件:

(1)作者有正当的接触作品的理由,须为了行使发表权、改编权、复制权或其他正当权益;

(2)作者接触作品时不应损害占有人的合法利益。在解释是否造成损害时,应依诚实信用原则来解释。此外,作者在通常情况下不应提出移动作品的要求。在此类情形下,《德国著作权法》允许原作所有者有权拒绝把作品或其复制件交给作者。

从接触权的特征来看,由于其不含有财产权利的内容,且不可剥夺、不可转让,具有绝对性和排他性,因此《西班牙著作、权法》将它纳入了著作人身权的范畴。《德国著作权法》虽将其列入作者的其他权利之中,但从性质上讲仍是一项著作人身权。

《德国著作权法》第 25 条规定了著作人的接触权:"如果为制作复制物或改编著作,并且不损害占有人的合法利益,著作人可向占有其著作原件或复制物的占有人要求让他接触该原件或复制物。"但是,"占有人无义务将原作或复制物送交著作人。"《西班牙著作权法》第 14 条第 7 款则规定,"当作品为另一人所占有,为了行使发表权或其他适用的权利,作者有接触作品孤本或善本的权利。"但是,"上述权利不承认作者移动作品的要求,在接触作品时,只要稍微引起所有人不便,就应保持原址原样,在移动使所有人遭受损失时,应给予赔偿。"

我国《著作权法》第 10 条规定了著作权人的 4 项人身权利:"(一)发表权,即决定作品是否公之于众的权利;(二)署名权,即表明作者身份,在作品上署名的权利;(三)修改权,即修改或者授权他人修改作品的权利;(四)保护作品完整权,即保护作品不受歪曲、篡改的权利。"可见,我国法律所规定的著作人身权的内容较之《伯尔尼公约》要广泛,其保护水平较高。

三、著作财产权

(一)著作财产权制度概念

著作财产权,是指作者享有的使用或者授权他人使用作品取得报酬的权利。著作财产权主要包括复制权、发行权、展览权、播放权等权利。著作财产权在各国著作权法中占有举足轻重的地位,任何一个保护著作权的国家都规定了对著作财产权的保护。英美法系国家甚至以"著作财产权"为中心来进行立法。例如,《英国著作权法》第1条就开宗明义地说"版权是一种财产权利"。著作财产权的权利内容随着历史的发展不断地完善,其权利项目已远远超过了诞生之初。

(二)著作财产权的性质

较之著作人身权而言,著作财产权性质的问题在各国著作权制度中容易达成共识。但由于各国立法思想有所差别,不同国家的著作权法的规定仍有所差异。

1. 著作财产权的转让

(1)允许转让。英美法系国家在保护著作人财产权利的同时,允许著作财产权的全部转让和部分转让,并且对该类财产权的转让很少限制。《英国著作权法》第90条规定:"版权可以像动产一样地以转让、遗嘱处理或执行法律的方式发生移转。"权利发生转让后,受让人成为新的著作财产权主体,他有权将此权利再转让给他人。如有人侵犯此权利,受让人有权单独提起诉讼。

(2)不承认财产权的转让。德国不承认著作财产权的转让,仅承认"用益权"的部分授予,即作者可将单项或全部使用著作的权利(用益权)授予他人,著作财产权在合同期满后又回归作者。若被授予的著作财产权受到侵犯,应由作者以自己名义声明异议。若被授予的权利再次转授,应经作者同意,只是作者不可违背诚实信用原则拒绝同意。俄罗斯、法国、日本也基本认可财产权的转让。

2. 著作财产权的继承

无论是英美法系还是大陆法系国家,均承认著作财产权的继承。

3. 著作财产权的消减

各国著作权法在规定对著作权保护的同时,对著作财产权的保护都给予了一定的期限限制,都规定了著作财产权的保护期限。

(1)一般作品的保护期限。由于作者是著作权的主要享有者,因而世界上大多数国家著作权法在规定著作财产权保护期限时,都是以"作者有生之年"加上死后若干年来计算的。例如,《伯尔尼公约》规定的一般作品保护期限为作者有生之年加上死后50年,《世界版权公约》规定的一般作品保护期限为作者有生之年加上死后25年。《知识产权协定》(TRIPS)第12条规定,除摄影作品或实用艺术作品外,如果作品的保护期并非按自然人有生之年计算,则保护期不得少于经许可而出版之年年终起50年。如果作品自完成起50年未被许可出版,则保护期应不少于作品完成之年年终起 50 年。

目前,各国著作权法所规定的著作财产权的保护期限多为作者有生之年加上死后 50 年。

一般作品的著作财产权的保护期是从作者死亡之年计算的。例如,《伯尔尼公约》第 7 条第 5 款规定,一般作品的保护期是从作者死亡之年开始,即从死亡事件发生之后次年的 1 月 1 日开始计算。大多数西方国家的著作权法接受了这一建议。

我国《著作权法》的规定与《伯尔尼公约》类似,著作财产权的保护期为作者终生加上死后 50 年。

(2)特殊作品的保护期限。对于特殊的作品,各国规定了不同的保护期限。合作作品的著作权保护期,是以合作作者中最后一个去世的作者有生之年加死后若干年来计算的。《伯尔尼公约》及多数国家的著作权法都作了如此规定。我国《著作权法》规定,合作作品的著作权保护期截止于最后死亡的作者死亡后第 50 年的 12 月 31 日。

(3)匿名作品和假名作品。《伯尔尼公约》第 7 条第 3 款规定此类作品的保护期自合法公之于众之日起 50 年内有效,如果根据作者采用的假名可以毫无疑问地确认作者身份时,该保护期为一般作品的期限。如果匿名作品或假名作品的作者在以上期间公开身份,其保护期为一般作品的保护期。对于有充分理由推定作者已死去 50 年的匿名作品或假名作品,公约成员国无义务予以保护。《德国著作权法》第 66 条、《日本著作权法》第 52 条都有类似规定。《美国著作权法》第 302 条则规定,匿名作品、笔名作品和雇佣作品,其保护期为自首次出版之日起 75 年或自创作完成之日起 100 年,以首先到期的期限为准。但在此期间届满前,依特定程序公开了作者身份的匿名、笔名作品除外。此类作品保护期限从发生上述事件之后次年的 1 月 1 日起开始计。

(4)摄影作品和实用艺术作品。《伯尔尼公约》第 7 条第 4 款将此类作品的保护期限交由各成员国自行规定,但此期限不应少于自该作品完成后算起的 25 年。目前大多数国家著作权法规定,一般的摄影作品保护期限为 50 年,但对于简单的照片,保护期较短。《德国著作权法》第 72 条第 3 款规定,简单的照片仅能享有自出版起 25 年的保护期,作为时代文献的照片则受到自出版起 50 年的保护。《意大利著作权法》对于简单的摄影照片(如新闻片或纪录片)仅给予自固定在负片上起 20 年的保护期限,原因是此类照片的独创性过低。我国《著作权法》规定摄影作品的保护期为 50 年。

(5)电影作品。《伯尔尼公约》第 7 条第 2 款规定电影作品的保护期限为自作品在作者同意下公之于众后 50 年期满,如作品完成后 50 年内尚未公之于众则自作品完成后 50 年期满。各国一般都规定了与此相同的保护期限。《德国著作权法》则与众不同,规定电影作品的保护期限自出版图像载体或音像载体起 25 年后消灭。如果在此期间图像载体或音像载体未被出版,则权利自制作起 25 年后消灭。我国《著作权法》规定的保护期为 50 年。

(6)遗作。为了鼓励作者的继承人或受赠人将遗作发表出来供社会利用,相当一部分国家的著作权法对遗作规定了保护期限。《意大利著作权法》第 31 条规定,作者死亡后 20 年内首次发表的作品,不论发表的地点和方式如何,著作财产权的保护期限为首次发表之日起的 50 年。《德国著作权法》第 71 条也规定,遗作保护期自作品出版后 25 年消灭。如果遗作于作者死亡 60 年后至死亡 70 年前被发表,则著作权在发表后 10 年消灭。

(7)法人作品。该作品的保护期多为自作品发表之年起若干年。《意大利著作权法》第 11 条规定,属于国家、省、市镇或属于学术团体或其他公共文化组织以及非营利性的私法人的著作财产权的保护期限,自作品首次发表后 20 年终止,不论其发表形式如何。在保护政府创作的作品的澳大利亚和加拿大,此类作品的保护期为自作品首次出版或完成之日起计算为 50 年。我国《著作权法》规定的保护期为 50 年。

(三)世界各国著作财产权的内容

《伯尔尼公约》和各国著作权法都对著作财产权的内容作了比较详尽的规定。以下是对于公约和各国关于著作财产权立法的比较:

《伯尔尼公约》规定的著作财产权有:翻译权(第 8 条);复制权(第 9 条第 1 款);公演权(第 11 条);广播权(第 11 条之 2);朗诵权(第 11 条之 3);改编权(第 12 条);录制权(第 9 条第 3 款、第 13 条);制片权(第 14 条)。此外,第 14 条之 3 还规定了可供成员国选择的延续权。

《日本著作权法》规定的著作财产权有:复制权(第 21 条);上演和演奏权(第 22 条);广播权、有线播放权(第 23 条);口述权(第 24 条);展览权(第 25 条);上映权、颁布权(第 26 条);出租权(第 26 条之 2);翻译权、改编权(第 27 条)。

《英国著作权法》第 16 条规定的著作财产权有:复制权、发行权、公演权、放映权、播放权、广播权或将其收入电缆节目服务权、改编权。

《美国著作权法》第 106 条规定的著作财产权有:复制权、演绎权、发行权、公演权、展览权。

《德国著作权法》规定的著作财产权有:复制权、传播权、展览权、朗诵权、表演权、放映权、广播权、通过音响或图像载体再现的权利、通过电台发射再现的权利、改编权、延续权、出租权、出借权。

《法国知识产权法典》第 L_I22－1 条规定的著作财产权包括表演权和复制权。表演权包括公开朗诵权、演奏演唱权、戏剧表演权、展览权、公开放映权、公开转播无线传播作品权、无线传播权、向卫星发射作品权。复制权则指以各种可使公众间接得知的办法对作品加以有形固定的权利,尤指印刷、绘画、雕刻、摄影、铸模、所有平面和立体造型艺术方法、电影或磁性录制。此外,第 L. 122-8 条还规定了延续权。

《意大利著作权法》规定的著作财产权有:出版权(第 12 条);复制权(第 13 条);改作权(第 14 条);公演、朗诵权知识产权法此较费究(第 15 条);传播权(第 16 条);发行权(第 17 条);翻译权(第 18 条);演绎权(第 18 条)。

《俄罗斯联邦著作权与邻接权法》第 16 条第 2 款规定的著作财产权有:复制权、发行权、进口权、公开权、展示权、公开表演权、无线电播放权、电缆公开传播权、翻译权、改编权、出租权、参与实施本人设计的图纸权。

《加拿大著作权法》第 3 条第 1 款规定的著作财产权有:复制权、表演权、出版权、制作、复制、演示、出版翻译作品权、公开复制、改编、放映电影作品权、无线电广播权、改编戏剧作品权、录制唱片、拍制成影片或其他发明物权、展览权。

《澳大利亚著作权法》第 31 条规定的著作财产权有:复制、翻译、改编权、出版权、表演权、广播权、有线转播权。

综上所述,我们可以发现,著作财产权主要包括 3 类权利:复制权、演绎权和传播权。录制权、出版权可归入广义的复制权之中,即都是指将作品制成一份或多份的行为;改编权、翻译权、制片权等属于演绎权;公演权、广播权、朗诵权、发行权、放映权、有线转播权、出租权、展览权等皆与作品的传播有关,统属于传播作品的权利。各国著作权法根据其不同国情及立法背景对这三类权利做了列举性规定。

1. 复制权

复制权是著作权人所拥有的一项非常重要的权利,目前在各国的著作权法中已得到普遍承认,但由于各国历史文化背景的差异,对复制权的理解不尽相同。

2. 发行权、出租权、进口权与出版权

发行权是著作权人所享有的一项重要传播权。只复制而不发行,作者的成果就难以实现,复制也就失去了意义。因此,大多数国家的著作权法都规定了发行权。

与发行权、复制权有密切关系的一种权利是出版权。《伯尔尼公约》第 3 条第 3 款间接地对出版权下了定义:"'已出版作品'一词指得到作者同意后出版的作品,而不论其复制件的制作方式如何,只要从这部作品的性质来看,复制件的发行方式能满足公众的合理需要。戏剧、音乐戏剧或电影作品的表演、音乐作品的演奏、文学作品的公开朗诵,文学或艺术作品的有线传播或广播,美术作品的展出,建筑作品的建造,不构成出版。"从该公约的解释来看,出版须具备以下条件:必须经作者同意后复制作品并予以公开。从这个意义上讲,出版包括了复制的含义,由于出版在复制中占有很重要的地位,所以,许多国家的著作权法都在"复制权"

之外单独列举了一项"出版权"。

在发行权之外另立一项"出租权",允许著作权人对作品的出租加以控制。《知识产权协定》(TRIPS)第 11 条对出租权做了如下规定:"至少对计算机程序及电影作品,成员应授权其作者或作者之合法继承人许可或禁止将其享有版权的作品原件或复制件向公众出租。对于电影作品,成员可不承担授予出租权之义务,除非有关的出租已导致对作品的广泛复制,其复制程度又严重损害了成员授予作者或作者之合法继承人的复制专有权。对于计算机程序,如果有关程序本身并非出租的主要标的,则不适用本条义务。"可见,对计算机程序的作者或其合法继承人授予出租权是该协定成员国应尽的义务,但对于电影作品的出租的控制,应符合一定的条件。

与发行权密切相关的另一种权利是进口权。根据《俄罗斯联邦著作权与邻接权法》第 16 条第 2 款的解释,进口权是指为了发行进口作品的复制件,包括经专有著作权所有人许可而制成的复制件。即进口的目的是为了发行,进口的对象是作品的复制件。由于进口权是确保著作权人控制其作品传播的地域范围的一项重要措施,因而《伯尔尼公约》有可能在将来增列此项权利。《俄罗斯联邦著作权与邻接权法》明文提出了作者的进口权,是国际著作权制度发展的一个重要趋向,它将对其他国家的相关立法产生深远的影响。

3. 演绎权、制片权和汇编权

所谓演绎权,是指对原作改编、翻译的权利。通过演绎活动所产生的作品为演绎作品,它从原作中派生出来但并未改变原作的创作思想。

演绎权一般可分为翻译权和改编权两大类,改编权又可分为一般改编权与制片权两项。世界上仅美国等少数几个国家才在著作财产权利中列出"演绎权"这个总项。在《伯尔尼公约》中,翻译权、改编权和制片权是分别列出的,无"演绎权"这个术语。在日本、英国、德国等国的著作权法中,翻译权是改编权的一部分,但在法国、意大利、俄罗斯等国的著作权法中,翻译权是和改编权并列的一项著作财产权。

制片权也是《伯尔尼公约》所规定的一项著作财产权利,直译为"电影制片权",但随着电视剧及录像带的发展,电视剧及录像电影的制片权也被包括在内。制片权的主要含义是指文学艺术作品的作者所享有的一种许可或禁止他人将作品改编为电影或拍摄成电影的权利。目前,有相当一部分国家(如日本、德国)是将制片权包含在改编权之中的。

与演绎权密切相关的还有一种权利,即汇编权。汇编权是指将他人的作品经选择后编集成册的一种权利。汇编过程中有一定的创造性,因此许多国家的著作权法将其暗含于演绎权之中。《伯尔尼公约》第 2 条之 2 肯定了作者的汇编权,该条规定,像政治演说、公开发表的讲课这类成员国通常不保护的作品的作者对其作品享有汇编权。否则,这些作品就可能被他人不合理地予以汇编,作为营利的对象。

4. 表演权、朗诵权

表演权,也称"上演权"或"公演权",《伯尔尼公约》第 11 条规定了戏剧作品、音乐戏剧作品和音乐作品的作者所享有的表演权内容:"(1)授权公开表演和演奏其作品,包括用各种手段和方式公开表演和演奏;(2)授权用各种手段公开播送其作品的表演和演奏。"并且,此项权利延及戏剧作品或戏剧音乐作品的译作。根据该公约的规定,表演权通常是指通过演奏、演唱、舞蹈等方式向公众传播作品的权利。

朗诵权是与表演权密切相关的一种权利,许多国家的著作权法将其纳入表演权之中。但是,《伯尔尼公约》在 1948 年之后的文本中,将朗诵权作为一种独立的与表演权并列的权项提出。根据该公约第 11 条之 2 的规定,文学作品的作者享有授权公开朗诵作品及用各种手段公开播送其作品的朗诵的权利,且这种权利延及该作品的译作。可见,朗诵权只适用于文学作品,它也是直接传播作品的一种方式。朗诵权通常包括三方面的内容:第一,以任何方式采取任何手段朗诵作品的权利;第二,以各种手段公开向公众传播作品的权利,如发行作品朗诵的录制品;第三,公开朗诵或传播作品的翻译本的权利。

5. 播放权

《伯尔尼公约》第 11 条之 2 规定了文学和艺术作品的作者所享有的播放权:"(1)授权广播其作品或以任何其他无线传送符号、声音或图像的方法向公众传播其作品;(2)授权由原广播机构以外的另一机构通过有线传播或转播的方式向公众传播广播的作品;(3)授权通过扩音器或其他任何传送符号、声音或图像的类似工具向公众传播广播的作品。"可见,广播权主要是指作品的著作权人所享有的许可或禁止他人将有关作品通过广播形式予以传播的权利。

播放权通常适用于文字作品、戏剧作品、音乐作品和电影作品,这在许多国家都已得到承认。但对美术作品是否享有播放权,仍存有异议。目前,澳大利亚、新西兰、英国等国家承认作者对该类作品享有播放权,因为它们可以通过电视被传播。

播放权的内容主要有三个方面:第一,无线广播权,即通过空间传播电磁波所进行的广播权;第二,有线广播权,即通过电缆等设备广播作品的权利;第三,使用扬声器进行广播的权利。

6. 展出权

展出权是美术作品、摄影作品等作品的作者所享有的一项著作财产权利。目前,《伯尔尼公约》尚未明文规定作品的展出权,但在日本、俄罗斯、德国、美国等国的著作权法中已专门列出了展出权这一权项。《法国知识产权法典》是在表演权这一权项下规定了展出权的内容①。《日本著作权法》第 25 条将展出权的范围限制在美术作品或尚未发行的摄影作品,且限于原作,这样就排除了其他文学、戏剧、音乐作品展出的可能性。但在他国家,对展出权的范围未作限制,如《美国著作权法》第 106 条第 5 款规定展出权的对象有:有著作权的文字、音乐戏剧和舞蹈作品,哑剧及绘画、刻印或雕塑作品,包括电影或其他音像作品中的个别图像。无论对这些作品的展出是否有营利性著作权人都有权控制。

7. 追续权

追续权是来源于大陆法系著作权制度的一项重要的权利,也叫延续权,指的是艺术作品被再次出售后,如果购买人转售他人的价格高于购买时支付的金额,则该作品的作者有权从此差额中分享一定比例的金额。

追续权既具有财产权利的性质,又具有人身权利的性质。作者可以从作品的再销售中获取一定的经济收入,但该权利只能由作者(或其继承人)享有而不能转让给他人。《巴西著作权法》第 39 条还专门规定它不可放弃、不可转让。

(四)中国著作财产权内容

我国《著作权法》在著作财产权的内容上吸收了世界其他国家的先进成果,并根据《伯尔尼公约》及《知识产权协定》的规定作了修订,目前该法第 10 条所规定的著作财产权的内容主要有:

1. 复制权,即以印刷、复印、拓印、录音、录像、翻录、翻拍等方式将作品制作一份或者多份的权利;

2. 发行权,即以出售或者赠与方式向公众提供作品的原件或者复制件的权利;

3. 出租权,即有偿许可他人临时使用电影作品和以类似摄制电影的方法创作的作品、计算机软件的权利,计算机软件不是出租的主要标的的除外;

4. 展览权,即公开陈列美术作品、摄影作品的原件或者复制件的权利;

5. 表演权,即公开表演作品以及用各种手段公开播送作品的表演的权利;

6. 放映权,即通过放映机、幻灯机等技术设备公开再现美术、摄影、电影和以类似摄制电影的方法创作作品等的权利;

7. 广播权,即以无线方式公开广播或者传播作品,以有线传播或者转播的方式向公众传播广播的作品以及通过扩音器或者其他传送符号、声音、图像的类似工具向公众传播广播的作品的权利;

8. 信息网络传播权,即以有线或者无线方式向公众提供作品,使公众可以在其个人选定的时间和地点获得作品的权利;

9. 摄制权,即以摄制电影或者以类似摄制电影的方法将作品固定在载体上

---

① 1985 年法国《关于著作权和表演者、音像制品制作者、视听传播企业的权利的法律》第 9 条。

的权利；

10. 改编权，即改变作品，创作出具有独创性的新作品的权利；

11. 翻译权，即将作品从一种语言文字转换成另一种语言文字的权利；

12. 汇编权，即将作品或者作品的片段通过选择或者编排，汇集成新作品的权利；

13. 应当由著作权人享有的其他权利。

随着历史的进步，各国对著作权人的保护日益加强，著作财产权的保护期限逐步延长。以德国为例，1837 年著作财产权的保护期限为作者有生之年加上死后 30 年，1934 年延长为作者有生之年加上死后 50 年，1965 年又延长至作者有生之年加上死后 70 年。1990 年德国再次修订著作权法，除保持原有一般作品保护期限不变外，将科学版本及遗作版的保护期限由原有的 10 年延长为 25 年，从而使德国成为世界上对著作财产权保护期限最长的国家。

由于作者是著作权的主要享有者，因而世界上大多数国家的著作权法在规定著作财产权保护期限时，都是以"作者有生之年"加上死后若干年来计算的。例如，《伯尔尼公约》规定的一般作品保护期限为作者有生之年加上死后 50 年，《世界版权公约》规定的一般作品保护期限为作者有生之年加上死后 25 年。《知识产权协定》(TRIPS)第 12 条规定，除摄影作品或实用艺术作品外，如果作品的保护期并非按自然人有生之年计算，则保护期不得少于经许可而出版之年年终起 50 年。如果作品自完成起 50 年未被许可出版，则保护期应不少于作品完成之年年终起 50 年。

目前，各国著作权法所规定的著作财产权的保护期限多为作者有生之年加上死后 50 年。

第一，一般作品的著作财产权的保护期是从作者死亡之年计算的。例如，《伯尔尼公约》第 7 条第 5 款规定，一般作品的保护期是从作者死亡之年开始，即从死亡事件发生之后次年的 1 月 1 日开始计算。大多数西方国家的著作权法接受了这一建议。

我国《著作权法》的规定与《伯尔尼公约》类似，著作财产权的保护期为作者终生加上死后 50 年。

第二，特殊作品的保护期限。对于特殊的作品，各国规定了不同的保护期限。

(1)合作作品的著作权保护期，是以合作作者中最后一个去世的作者有生之年加死后若干年来计算的。《伯尔尼公约》及多数国家的著作权法都作了如此规定。我国《著作权法》规定，合作作品的著作权保护期截止于最后死亡的作者死亡后第 50 年的 12 月 31 日。

(2)匿名作品和假名作品，《伯尔尼公约》第 7 条第 3 款规定此类作品的保护期自合法公之于众之日起 50 年内有效，如果根据作者采用的假名可以毫无疑问地确认作者身份时,该保护期为一般作品的期限。如果匿名作品或假名作品的作者在以上期间公开身份,其保护期为一般作品的保护期。对于有充分理由推定作者已死去 50 年的匿名作品或假名作品,公约成员国无义务予以保护。《德国著作权法》第 66 条、《日本著作权法》第 52 条都有类似规定。《美国著作权法》第 302 条则规定,匿名作品、笔名作品和雇佣作品,其保护期为自首次出版之日起 75 年或自创作完成之日起 100 年,以首先到期的期限为准。但在此期间届满前,依特定程序公开了作者身份的匿名、笔名作品除外。此类作品的保护期限从发生上述事件之后次年的 1 月 1 日起开始计算。

(3)摄影作品和实用艺术作品,《伯尔尼公约》第 7 条第 4 款将此类作品的保护期限交由各成员国自行规定,但此期限不应少于自该作品完成后算起的 25 年。目前大多数国家著作权法规定,一般的摄影作品保护期限为 50 年,但对于简单的照片,保护期较短。《德国著作权法》第 72 条第 3 款规定,简单的照片仅能享有自出版起 25 年的保护期,作为时代文献的照片则受到自出版起 50 年的保护。《意大利著作权法》对于简单的摄影照片(如新闻片或纪录片)仅给予自固定在负片上起 20 年的保护期限,原因是此类照片的独创性过低。我国《著作权法》规定摄影作品的保护期为 50 年。

(4)电影作品,《伯尔尼公约》第 7 条第 2 款规定电影作品的保护期限为自作品在作者同意下公之于众后 50 年期满如作品完成后 50 年内尚未公之于众则自作品完成后 50 年期满。各国一般都规定了与此相同的保护期限。《德国著作权法》则与众不同,规定电影作品的保护期限自出版图像载体或音像载体起 25 年后消灭。如果在此期间图像载体或音像载体未被出版,则权利自制作起 25 年后消灭。我国《著作权法》规定电影作品的保护期为 50 年。

就遗作而言,为了鼓励作者的继承人或受赠人将遗作发表出来供社会利用,相当一部分国家的著作权法对遗作规定了保护期限。《意大利著作权法》第 31 条规定,作者死亡后 20 年内首次发表的作品,不论发表的地点和方式如何,著作财产权的保护期限为首次发表之日起的 50 年。《德国著作权法》第 71 条也规定,遗作保护期自作品出版后 25 年消灭。如果遗作于作者死亡 60 年后至死亡 70 年前被发表,则著作权在发表后 10 年消灭。

(5)法人作品,该作品的保护期多为自作品发表之年起若干年。《意大利著作权法》第 11 条规定,属于国家、省、市镇或属于学术团体或其他公共文化组织以及非营利性的私法人的著作财产权的保护期限,自作品首次发表后 20 年终止,不论其发表形式如何。在保护政府创作的作品的澳大利亚和加拿大,此类作品的保护期为自作品首次出版或完成之日起计算为 50 年。我国《著作权法》规定的保护期为 50 年。

著作权内容是一项发展极为迅速的制度,我国著作权的保护水平在日渐提高。其中既有技术进步的影响，又有国际合作的推动。

第六节 邻接权制度

一、邻接权及立法体例

（一）概念

著作权法通常要调整作品的创作者、传播者和使用者之间的利益关系，作品创作者的权利称为著作权，而作品传播者的权利因与著作权相关，故称为邻接权。邻接权是随着作品的传播需要而产生的。一项作品即使具有再高的艺术性或学术性，如果不通过一定的媒体向公众传播出去，作品的价值就无法实现，也就不能产生社会效益或转化为生产力。我们可以在某种程度上说，作品的传播者不仅仅是简单地重复或再现作品，而是在对作品进行再创作[①]。

在国际著作权公约中，1928 年在罗马举行的《伯尔尼公约》修订会上，首次涉及邻接权的问题。这次会议虽然没有给表演者授予著作权，但是大会建议，《伯尔尼公约》成员国要"考虑采取可能的措施保护表演者权利"。

（二）立法体例

1. 著作权法中直接规定了邻接权，如《法国知识产权法典》、1993 年《俄罗斯联邦著作权与邻接权法》；

2. 将邻接权所保护的对象包容在作品之中，如《英国著作权法》[②]；

3. 我国《著作权法》参照了《罗马公约》的规定，在第 4 章《出版、表演、录音录像、播放》一章中具体规定了邻接权制度。《著作权法实施条例》第 26 条对出版、表演、录音录像等权益作了进一步说明："著作权法和本条例所称与著作权有关的权益，是指出版者对其出版的图书和期刊的版式设计享有的权利，表演者对其表演享有的权利，录音录像制作者对其制作的录音录像制品享有的权利，广播电台、电视台对其播放的广播、电视节目享有的权利。"从中可以看出，我国《著作权法》及《著作权法实施条例》中未使用"邻接权"一词，而是采用"与著作权有关的权益"一词，包括了出版者、表演者、录音录像制作者和广播组织者的相关权益，其含义显然比"邻接权"所包含的内容要多一些。尽管这样的立法体例未被国际社会广泛接受，但我国法律对邻接权所给予的高水平保护仍然受到舆论的好评。

---

① 吴汉东、曹新明：《知识产权法新论》，湖北人民出版社 1995 年版，第 145 页。
② ［美］保罗·戈尔茨坦：《关于版权和邻接权的原始所有及其行使的基本文化、经济和法律考虑》，《著作权》1994 年第 2 期。

二、表演者权利

（一）表演者的含义

在广义上，表演者不仅包括对享有著作权的文学、艺术作品进行表演的人，同时也包括对公有领域内文学、艺术作品进行表演的人以及进行非作品表演的人。在狭义上，表演者只包括那些对文学、艺术作品进行表演的人，而不包括"表演"非文学、艺术作品的人，如杂耍演员、杂技演员、体育运动员或在舞台上或电影中进行临时表演的人。

（二）表演者的权利

1. 取得权利的条件

规定表演者所进行的表演必须符合某些方面的条件才能获得保护。例如，《俄罗斯联邦著作权与邻接权法》第 35 条第 1 款规定获得表演者权利的条件有：

（1）表演者是俄罗斯联邦的公民；

（2）表演、演出首次发生在俄罗斯联邦境内；

（3）对表演、演出录制的唱片，依据本条第 2 款受到保护；

（4）表演、演出虽未录制成唱片，但已列于无线电或电缆播放节目而依本条第 3 款的原则受到保护。《日本著作权法》第 7 条也作了类似的规定。

按表演者是否受雇进行区分，来确定表演者所获得的保护。在美国，表演者被分为 3 种：一是非雇员的个人表演者；二是受雇的表演者；三是群体表演中的表演者。

2. 国外表演者权利的内容

各国法律对表演者所授予的权利差距较大，表现在：

（1）只享有合理报酬权。《意大利著作权法》对表演者权没有规定独占的复制权或对其表演的传播权，这意味着意大利表演者无权禁止他人对其表演进行复制，因此表演者的权利主要是一项合理报酬权。

（2）同时享有使用权、合理报酬权及某些方面的精神权利。《德国著作权法》规定表演者所享有的权利主要包括许可权和主张版税权。

（3）享有获得报酬权和精神权利。在法国，当法院拒绝将表演者作为作者给予保护时，如果在雇佣合同或集体协议中没有专门规定，表演者即可依法获得两项权利：精神权利和获得报酬的权利。

3. 中国法律规定

我国《著作权法》在吸收国际公约和他国立法经验的基础之上，结合网络发展的实际规定了表演者的人身权利和财产权利。该法第 37 条规定："表演者对其表演享有下列权利：（一）表明表演者身份；（二）保护表演形象不受歪曲；（三）许可他人从现场直播和公开传送其现场表演，并获得报酬；（四）许可他人录音录像，并获得报酬;(五)许可他人复制、发行录有其表演的录音录像制品,并获得报酬;(六)许可他人通过信息网络向公众传播其表演,并获得报酬。被许可人以前款第(三)项至第(六)项规定的方式使用作品,还应当取得著作权人许可,并支付报酬。"这些规定既与网络发展的实际相符,也符合我国的立法实际,体现了较高的保护水平。

三、唱片制作者权

对唱片制作者的保护,各国立法者多有共识。国际上签订了两个相关公约,即 1961 年 10 月 26 日在罗马签订的《保护表知识产权法此较斯沈演者、唱片制作者和广播组织罗马公约》(以下简称《罗马公约》)及在日内瓦签订的《保护唱片制作者防止未经许可复制其录音制品日内瓦公约》(简称《唱片公约》或《日内瓦公约》)。《唱片公约》于 1973 年 4 月 18 日生效。截至目前,已有 70 多个国家加入了这个公约。

(一)唱片的含义

《罗马公约》及《唱片公约》都有相关规定。《罗马公约》第 3 条第 2 项规定:"'唱片'是指任何对表演的声音和其他声音的录音。"《唱片公约》第 1 条第 1 项规定:"片"作了定义性规"'唱片'是指任何专门对表演的声音或者其他声音的录音。"由此可见,两公约关于唱片的规定具有如下特征:唱片仅仅是附载声音的载体,但是否同时包括与图像一并使用的声音载体,在国际水平上目前尚无明确规定。但是,有些国家如《日本著作权法》对此做了否定性规定,即唱片不包括与某一图像一并使用的声音固定物《俄罗斯联邦著作权与邻接权法》虽然没有像《日本著作权法》那样作出明确规定,但也是将唱片限定为"纯声音"的固定物,不包括与图像一块使用的声音固定物。《美国著作权法》第 101 条对"唱片"的规定与日本的规定类似。

(二)唱片制作者

《唱片公约》第 1 条第 2 项规定:"'唱片制作者'是指首次将表演或者其他声音录制下来的自然人或法人。"《唱片公约》的这个定义与《罗马公约》第 3 条第 3 项的规定完全相同。《唱片公约》借用了《罗马公约》的这一规定,避免了公约之间的矛盾,同时也说明《唱片公约》与《罗马公约》之间具有一种内在的联系。

在各国法律中,关于唱片制作者的规定各不相同,但是各国关于"唱片制作者"的规定具有以下特点:

1. 唱片制作者既可以是自然人,也可以是法人。《俄罗斯联邦著作权与邻接权法》《法国知识产权法典》等对此都作了明确说明,但德国、英国和日本等国的《著作权法》则采用"人"这一概括性概念;

2. 唱片制作者是首次固定声音在附载物上的人;

3. 唱片制作者是"发起并负责"首次固定的人。

《俄罗斯联邦著作权与邻接权法》第 4 条规定:"唱片制作者——即发起并负责对表演或其他声音进行首次录制的自然人或法人;如无相反证明,以常见的方式在该唱片上和(或者)在装有该唱片的匣盒上指出其姓名或者名称的自然人或法人认定为唱片制作者。"

(三)唱片制作者的权利

1. 复制权

一般说来,复制权就是授权或禁止他人复制受保护的唱片的权利。《唱片公约》第 2 条规定:"各缔约国应当保护其他缔约国国民的唱片制作者,防止未经唱片制作者同意而制作复制品和防止此类复制品的进口,只要任何此种制作或进口的目的是为公开发行以及防止公开发行此种复制品。"《罗马公约》第 10 条也有类似的规定:"唱片制作者应当有权授权或者禁止直接或间接复制他们的唱片。"唱片复制权适用于唱片的部分,即应理解为包括对唱片进行部分复制的权利。

2. 公开播放权

关于公开播放权,《罗马公约》没有涉及,但许多国家的著作权法对此做了规定。《俄罗斯联邦著作权与邻接权法》第 39 条第 1 款规定:"作为本法第 37 条和第 38 条各项原则的例外情况,不经商业出版的唱片制作者和其他表演被录制于该唱片上的表演者同意,但须支付报酬,许可实施,公开播放唱片……"俄罗斯联邦的这一规定说明,公开播放权是一项法定许可权,被许可人虽然可以不经唱片制作者或表演者许可就能公开播放唱片,但是被许可人必须向相应的协会支付报酬,然后由相应的协会向唱片制作者和表演者分配。《意大利著作权法》第 73 条也规定:"唱片或类似于录音制品的制作者,除享有前一条规定的专有权外,对以营利为目的而在广播、电影、电视或舞厅或公共场所内使用唱片或类似录音制品,有要求报酬的权利。"《法国知识产权法典》第 L.214-1 条也对此做了规定:"唱片已为商业目的发表的,表演者和唱片制作者不得阻止下列行为:在公共场所直接播放唱片,只要该唱片未曾在表演中使用过。"使用此类以商业目的发表的唱片,无论其固定地点如何,都赋予表演者和唱片制作者获得报酬的权利。

3. 广播权

唱片制作者除具备上述两项基本权利外,还享有公开广播权。《罗马公约》第 H 条规定:"如果某种以商业目的发行的唱片或此类唱片的复制品直接用于广播或任何向公众的传播,使用者则应当付一笔总的合理的报酬给表演者或唱片制作者或二者。如有关人之间没有协议,国内法律可提出分享这些报酬的条件。"《罗马公约》的规定较为原则,从国内法的有关规定可以看出,唱片制作者的这项权利可以分为两个方面:就商业唱片而言,唱片制作者只有获得合理报酬权,没有禁止权,也没有许可权;就非商业唱片而言,唱片制作者所享有的权利包括许可权、禁止权和获得合理报酬权。例如,法国 1985 年《著作权法》第 21 条规定:"除了下面一条的规定限制外,所有对唱片复制、以销售、交换、租赁的方式让公众使用或向公众传播以前都必须得到唱片制作者的授权。"该法第 22 条是专门针对商业唱片而规定的。对于商业唱片,表演者或唱片制作者不得反对"无线电广播或是通过电缆同时并全部地传送此无线广播作品"。除此以外,《俄罗斯联邦著作权与邻接权法》及《日本著作权法》都有类似的规定。意大利和德国等国的法律也作了相应的规定。

除了上述基本权利以外,有的国家还规定唱片制作者享有对唱片的销售权、出租权等。例如,《俄罗斯联邦著作权与邻接权法》第 38 条第 2 款第 3 项规定了"发行唱片复制件,即销售、出租唱片等"的专有实施权或许可权。有的国家创立了出租权制度,如《俄罗斯联邦著作权与邻接权法》第 39 条第 2 款第 3 项即规定了这项权利。此外,规定出租权的国家还有日本、法国等在英美法系国家,唱片制作者享有类似的权利。

我国《著作权法》第 41 条规定了唱片制作者的如下权利:"录音录像制作者对其制作的录音录像制品,享有许可他人复制、发行、出租、通过信息网络向公众传播并获得报酬的权利……"即唱片制作者享有复制权、发行权、出租权、信息网络传播权。这些权利内容既符合《知识产权协定》的要求,也与我国的国情相符。

四、广播组织权

(一)广播组织及广播的含义

根据《罗马公约》的规定,表演者是个人,唱片制作者是公司法人,而广播组织是国家机构(在原东欧国家)或是获得特许注册的公法人(主要在西欧国家),抑或是获得政府的许可证的商业组织(主要在美洲国家)。《伯尔尼公约》1928 年罗马文本为著作权所有人创设了广播权。广播组织最初将自己看作是著作权的使用者,即需要通过法定方式利用著作权人的广播权。在 1948 年《伯尔尼公约》布鲁塞尔修订会议上,广播组织获得了使用著作权作品的强制许可和其他的使用者利益。

关于"广播"的概念,《罗马公约》作了规定,即"供公众接收的声音或图像或声音与图像的无线电广播"。显然,《罗马公约》所规定的"广播",仅指通过无线电传播声音的"声音广播"或通过无线电传播图像与声音的"电视广播",而没有包括有线传输广播,也没有包括卫星传送的广播。但是,随着现代技术的发展,电缆传送和卫星传送的方式已被普遍采用,提出了对有线广播组织进行保护的要求。例如,《日本著作权法》第 2 条第 1 款规定:有线广播组织享有接收其有线广播的独占权;对附载于有线广播中的声音或图像或录像制品的独占权,以照相术或类似方式复制其广播的独占权。有线广播还享有接收其有线广播的独占权和对它们进行广播的独占权或通过电缆传输的独占权。

我国《著作权法》修订后,广播组织的范围既包括无线广播组织,也包括有线广播组织。

(二)广播组织权

根据《罗马公约》和有关国家著作权法的规定,广播组织依法享有以下几个方面的权利。

1. 转播权

转播是指对广播的同时传播。就另一家广播组织在后的传送而言,原广播组织的利益受法律保护,转播者必须经原广播组织同意,才能对该广播节目进行录制而供在后的广播者传送。同样地,有线转播也是如此。但是,通过集体共用天线向私人家庭或公寓楼进行的转播,既不必经被广播作品的作者同意,也不必经原广播组织的同意。

2. 复制权

广播组织享有以视听制品方式固定其广播的独占权,对电视播制作成唱片的独占权以及复制这种视听制品和照片的独占权,这些独占权实质上是复制权。

3. 公开播放权

广播组织享有在公共场所播放其电视广播的独占权,但这样的权利仅对凭票入场的情况适用。正如《罗马公约》规定的那样,这项权利限于对电视广播播放。当然,在其他免票入场的地方进行的播放不受限制。

4. 获得报酬权

广播组织与唱片制作者一样享有分享报酬权。我国《著作权法》第44条第1款规定:"广播电台、电视台有权禁止未经其许可的下列行为:(一)将其播放的广播、电视转播;(二)将其播放的广播、电视录制在音像载体上以及复制音像载体。"可见,我国的广播组织享有转播权及复制权,其范围稍窄。

五、邻接权的保护期限

就已出版的作品而言,大多数国家的著作权法现已接受《伯尔尼公约》规定的"作者终生及死亡后50年"的期限;就作者生前未发表的作品而言,通常规定的保护期限为"自作品首次出版之年年底起的50年"。后一种期限模式,即"自首次出版后若干年"已成为邻接权的规则。

根据《罗马公约》第14条和《唱片公约》第4条的规定,邻接权的最低保护期限为20年。北欧国家和德国规定为25年,《罗马公约》第13条的规定:"向公众传播电视节目,如果此类传播是在收门票的公共场所进行的,行使这项权利的条件由被要求保护的缔约国的国内法规意大利和日本规定为30年,英国规定为50年,美国规定为75年。"较低层次的保护也存在。另外,个别国家规定邻接权的保护期限与摄影作品的保护期限的计算相同,如爱尔兰共和国和卢森堡。

除了保护期限的不同外,权利保护期限的计算亦为难题。不同的法律规定的起点不同,就唱片制作者权和广播组织权而言,有的规定起算点为固定日,如丹麦1960年《著作权法》第47条的规定;也有的规定起算点为出版日,如《德国著作权法》第82条的规定。《罗马公约》第14条主张其保护期限自事件(固定或出版)发生之年底起算。就表演者权而言,大多数国家法律规定其保护期限的起始点为表演发生的时间或表演被固定的时间。

按照我国《著作权法》的规定,表演者权的保护期为50年,截止于该表演发生后第50年的12月31日。唱片制作者权的保护期为50年,截止于该制品首次制作完成后第50年的12月31日。广播组织者权利的保护期为50年,截止于该广播、电视首次播放后第50年的12月31日。

第七节　著作权限制制度

一、合理使用

著作权限制,通常是指对著作权人专有权利行使的限制,其功能在于通过对著作权的适当限制,平衡创作者、传播者和使用者的利益,确保公众能接触和使用作品,以促进整个社会科学文化事业的进步。著作权限制一般专指权能限制,大多涉及合理使用、法定许可使用、强制许可使用、法定免费使用、权利穷竭以及公共秩序保留等。

（一）合理使用制度的立法规定

合理使用是现代各国著作权法普遍采用的一项法律制度,多数国家在著作权法中列举规定合理使用的范围及条件,少数国家仅在著作权法中规定若干基本原则,某一行为是否为合理使用则交由法院做出认定。就立法例而言,关于合理使用的规则,存在着以下异同之处:

1. 关于合理使用的范围

（1）个人使用。个人使用应具备两个条件:一是限于使用者本人(包括家庭)自己使用;二是限于不以营利为目的的使用。两者必须同时具备方为合理。但是有的国家却把因个人欣赏目的无偿而自由利用他人作品的情形排斥在个人使用的范围之外,如《英国著作权法》第29条、《德国著作权法》第53条。我国《著作权法》第22条第1款第1项规定个人使用是"为个人学习、研究或者欣赏,使用他人已经发表的作品",从目的上讲,其范围比其他国家要宽,包括学习、研究或欣赏目的。

（2）新闻报道使用。《伯尔尼公约》第 10 条之 2 将新闻报道的使用，限定为"在事件过程中看到或听到的文学或艺术作品，且符合报道目的正常需要的范围内"。多数国家依据公约做了明确规定。例如，《法国知识产权法典》规定为，因时事报道的需要，"可复制、传播和公开再现在报道过程中可被感觉到的作品"。此类立法例较之"在新闻报道中引用已经发表的作品"的笼统规定更为严谨。我国《著作权法》第 22 条第 1 款第 3 项的规定是"为报道时事新闻，在报纸、期刊、广播电台、电视台等媒体中不可避免地再现或者引用已经发表的作品"。该规定与《伯尔尼公约》的规定相符，其程度的限制也较恰当。

（3）转载或转播使用。根据《伯尔尼公约》第 10 条之 2 的规定，诸如报纸，期刊、广播电台、电视台等新闻媒介转载或转播发表在其他新闻媒介的作品有三个条件：一是限于经济、政治或宗教的时事性文章以及具有同类性质的广播作品；二是限于该文章或广播作品无保留复制权与播放权的声明，即不反对他人转载或转播；三是在任何情况下均须指出作品的出处，否则由有关保护国立法决定其应负的法律责任。《伯尔尼公约》成员国大抵作了类似规定，我国《著作权法》第 22 条第 1 款第 4 项的规定是"报纸、期刊、广播电台、电视台等媒体刊登或者播放其他报纸、期刊、广播电台、电视台等媒体已经发表的关于政治、经济、宗教问题的时事性文章，但作者声明不许刊登、播放的除外。"这一规定与其他国家的规定基本一致。

（4）教学使用。教学活动中的合理使用，受到各国著作权法的普遍关注，以此作为著作权限制的主要内容而加以周密规定。《英国著作权法》第 32 条至第 36 条，分别规定了教学活动中的"复制""汇编""表演""录制""影印复制"等情形；我国《著作权法》第 22 条第 1 款第 6 项的规定是"为学校课堂教学或者科学研究，翻译或者少量复制已经发表的作品，供教学或者科研人员使用，但不得出版发行"。其使用方式仅限于翻译或少量复制两种。

（5）公务使用。该项使用属于公共管理活动中的使用，因此国外立法例将使用人限制在与公共管理活动有关的国家机构。有的国家将使用人限于司法机关，如《德国著作权法》第 45 条规定为法院、仲裁法院和公安机关；有的国家则规定使用人包括立法、司法机关，如《英国著作权法》第 45 条规定，准予为议会或司法程序的使用；也有的国家将使用人延及立法、司法和行政机关，如《日本著作权法》第 42 条规定的公务使用泛指"出于审判程序和立法或行政目的"。我国《著作权法》第 22 条第 1 款第 7 项规定的类型是"国家机关为执行公务在合理范围内使用已经发表的作品。"此处，现行法未明确国家机关的种类①。

---

① 许超：《关于修改现行著作权法的初步想法（之四）》，《著作权》1995 年第 2 期。

（6）图书馆使用。在图书馆合理使用的情形中，多数国家除规定保存与替代复制外，还允许向阅览人提供有限制的复制品，如《美国著作权法》第 8 条、《英国著作权法》第 37 条至第 41 条、《日本著作权法》第 31 条、《俄罗斯联邦著作权与邻接权法》第 20 条都有类似规定。我国《著作权法》第 22 条第 1 款第 8 项的规定是"图书馆、档案馆、纪念馆、博物馆、美术馆等为陈列或者保存版本的需要，复制本馆收藏的作品"。该规定与多数国家的规定类似。

（7）免费表演。世界知识产权组织认为，免费表演必须严格限制在没有直接或者间接收费以及不向表演者支付报酬的范围内①。《英国著作权法》第 34 条、《美国著作权法》第 110 条、《德国著作权法》第 52 条、《日本著作权法》第 39 条都对免费表演作了严格的限定。我国《著作权法》第 22 条第 1 款第 9 项的规定是"免费表演已经发表的作品，该表演未向公众收取费用，也未向表演者支付报酬"。该条修订后与《伯尔尼公约》的要求相符。

（8）公共场所陈列作品的使用。对永久设置于公众场所的艺术作品进行自由而无偿的临摹、绘画、摄影、录像，是各国合理使用制度的立法通例。《英国著作权法》第 62 条、《日本著作权法》第 46 条、《俄罗斯联邦著作权与邻接权法》第 21 条都作了此类规定。我国《著作权法》第 22 条第 1 款第 10 项的规定是"对设置或者陈列在室外公共场所的艺术作品进行临摹、绘画、摄影、录像"，该规定与他国法律基本一致。

此外，我国《著作权法》第 22 条第 1 款还规定了如下几种合理使用的情形：为介绍、评论某一作品或者说明某一问题，在作品中适当引用他人已经发表的作品；报纸、期刊、广播电台、电视台等媒体刊登或者播放在公众集会上发表的讲话，但作者声明不许刊登、播放的除外；将中国公民、法人或者其他组织已经发表的以汉语言文字创作的作品翻译成少数民族语言文字作品在国内出版发行；将已经发表的作品改成盲文出版。特别是后两种规定，体现了我国立法的特色。

2. 关于合理使用的判断

美国法律中还规定了关于合理使用的判断问题。《美国著作权法》第 107 条还规定了判断某一行为是否构成合理使用的 4 条标准：（1）使用的目的和性质，包括这种使用是具有商业性质还是为了非营利的教育目的；（2）有著作权作品的性质；（3）同整个有著作权作品相比所使用部分的数量和内容的实质性；（4）这种使用对有著作权作品的潜在市场或价值所产生的影响，但同时要求判断必须出于善意。

（二）对合理使用范围的限定

《伯尔尼公约》对合理使用做了一个总的限定，即"必须符合公平惯例"。1967年，斯德哥尔摩会议在修订该公约的报告中承认对作者复制权的限制，但同时为该限制设定了两个前提，即"这种复制不得损害作品的正常使用，也不致无故侵害作者的合法权益"。《世界版权公约》也有类似的要求,即在规定合理使用对著作权进行限制的同时,要求有关当事人必须保证著作权的各项权利得到"合理的有效的保护"。1971 年,在巴黎会议上对此作了进一步说明,根据该公约的规定,"任何国家不得放弃对任何复制权的保护",规定的例外应有合理的依据,不得任意使用,成员国的法律应充分保障给予的保护。自 1968 年开始,联合国教科文组织与世界知识产权组织还积极着手制定一个照相复制管理的国际规章。1984年,上述两个国际组织建议各成员国采取录制设备和(或)空白载体征收附加费的方法救济复制权。1993 年通过的《知识产权协定》则更明确地提出,"出于某些特殊情况而对著作权所作的限制,不得与作品的正常使用相冲突,而且不得不合理地损害著作权人本应享有的合法利益"。

案例 4-1 为课堂教学目的而复制"摘编本"

案情

理工大学是一所社会事业性质的教育机构。在 20 世纪 90 年代初,该校的教师为课堂教学目的,就不同的作品而进行了摘要汇编,汇编中包含取自不同作品中的片断复印件。学校后来在自己的印制车间将这些摘要汇编本印制成图书,按选修某一课程学生人数,每种印制 150 册左右,以成本价(加 30% 的售书处经营成本)在本校的售书处出售。该校售书处不仅仅是对校内学生开放的,外来人也可以在那里购书。对于这些摘要汇编本,显然只有本校某些科目的学生,才可能作为听课的辅导材料去购买使用。不过并不能完全排除有个别校外感兴趣的读者购买该汇编本的情况。

1994 年,被摘编了作品的部分版权人及这些版权人的集体管理组织 CAL 一起作为原告,在澳大利亚联邦法院起诉,告维多利亚理工大学侵权,要求后者停止印制及销售摘编本,并赔偿原告损失。

处理

1994 年 9 月,澳大利亚联邦法院一审判决侵权不成立,原告不服审判,上诉到联邦法院。

1995 年 2 月澳大利亚联邦上诉法院做出判决:维持一审原判。

一审法院否定侵权的主要理由是:第一,被告所售摘编本是按最低成本价销售的;第二,按照澳大利亚版权法第 135 条(ZL 分条(1)款),仅为学校教学目的,可以不经许可复印有关教学资料;第三,由于被告学校的有关课程的特殊性(例如护士的护理技术课程涉及诸多方面),学生不可能从一本主教科书理解教师讲授的全部内容,必须辅之以一些摘编材料。在这里,"为教学目的"并非可有可无,而是缺之不可的。所以,应视为"合理使用"。联邦上诉法院只是重申并强调了被告并无营利目的,学生购买的摘编本只可能在课堂教学时使用,不可能移作他用。因此,这种印制、出售行为,不能判为侵犯版权。

评析

我国颁布版权法之后，特别是参加伯尔尼公约之后，为教学目的而使用他人作品是否会构成侵权，成为教学单位时常警惕的问题。应当说，大多数单位的版权意识提高了。

在注意尊重和保护版权人的权益的同时，我们在教学上也不是每动一动都肯定会发生侵权。我国有不少大学的专业课，每一门每一讲的听课人可达三五百人。为这种课堂教学而印三五百份，按成本价售给学生，似乎也未出"合理"范围。

不过我国过去发生较多，并构成侵权的，主要是一些出版社（或教材供应商）为营利（而不是学校为自己的课堂教学）不经许可而出版教科书，或是有的学校为函授（而不是课堂教学）整本地复制他人作品（而不是摘编）"按成本价"出售。这些情况，恐怕是不能与澳大利亚的判例中维多利亚理工大学的使用目的及方式相类比的。此外，如果开办以营利为目的的"培训班"、举办以营利为目的的"讲座"，这时需要教材而去自行复制他人作品（即使不是整部作品，而是"摘要"）；或者，如售，而出版类似维多利亚理工大学的摘编本，恐怕也要另当别论了。

最后，"以营利为目的"并不一定看经营者是亏了还是赚了。自己经营不善，虽"以营利为目的"，结果可能仍旧亏了。"亏了"，并不能否定有关经营活动的"营利"性质。

二、法定许可使用

（一）法定许可使用概述

法定许可使用，是指根据法律的直接规定，以特定的方式使用已发表的作品，可以不经著作权人的许可，但应向著作权人支付使用费，并尊重著作权人的其他权利的制度。

法定许可使用与许可使用的主要区别来自于作品使用的权源。许可使用是一种意定授权，即是由著作权人或其代理人授权他人使用作品；而法定许可使用是一种法定授权，即是法律推定著作权人可能同意并应该同意将作品交由他人使用，因而由法律直接规定许可。此外，许可使用的作品多为未发表的作品，而法定许可使用一般限于已发表的作品。这说明，作品是否发表，何时发表，怎么发表，悉由著作权人"意定"，而对已发表作品的再次使用则可在一定范围内"法定"。这一规定体现了著作权法对发表权的尊重与保护。

法定许可使用不同于法定免费使用，但两者区别不仅在于是否付费，而且在于它们是否具有与"合理使用"的相同品性。

所谓法定免费使用，是指法律允许特定机构非营利性使用他人作品，可以不经权利人许可，不向其支付报酬的一种制度。实行法定免费使用制度的，主要是几个前东欧公有制国家。当时在这些国家里，广播电台、电视台等都属于非营利性组织,因而要他们向著作权人支付使用费存在着一定的困难。同时,使用作品如需事先征得作者同意又有可能妨碍宣传教育的及时性。在这种情况下,这些国家的著作权法规定,凡是以广播、电视等途径传播已经发表的作品,均无须取得权利人许可,也不必向其支付报酬。前《苏联民法典》第 492 条第 4 款进一步规定,通过电影、无线电广播电视播放公开发表的演说、报告和已经发表的文字、科学和艺术作品,电台和电视台从演出现场直播公开演出的作品,均无需取得作者许可,也无须支付报酬。法定免费使用实际在上述国家构成合理使用的内容,但多数国家未作出这种规定。两个著作权国际公约的最新文本甚至暗示这种使用是不合理的。由于 1971 年修订的《世界版权公约》已最终杜绝了法定免费使用制度,因此,其成员国自此不再可能采用这种作品使用方式,或者只能对本国国民的作品实行免费使用制。

(二)法定许可使用制度的立法体例

法定许可使用是各国著作权法普遍推行的一种制度,其所涉及的权利项目包括表演权、录制权、广播权、汇编权等,但各国法律规定不尽一致。

综观各国著作权法关于法定许可的规定,可以看出这一制度具有以下特征:第一,法定许可的情形除部分涉及原创作者与一般使用者的关系外,其使用者多为表演者、唱片制作者、广播组织者等,即该种许可使用主要涉及著作权人(作品作者)与邻接权人(作品传播者)的关系。这一制度设定的目的就是为了简化著作权手续,促进作品广泛、迅速的传播。第二,使用的对象只能是已发表的作品。因此,法定许可使用实际上是作品的"二次使用",这种使用未损害著作权人的发表权。如果著作权人事先声明不许使用的,法定许可使用亦不能成立,该种声明是一种对法定许可的"保留权"。但是,一旦著作权人将收回的许可使用权又通过约定许可的方式行使,则意味着原有的"保留权"放弃,即法定许可条款重新生效,任何一个符合法定条件的主体都可以对其作品进行使用。第三,使用不得损害原著作权人的权益,并应向著作权人支付报酬,其支付方式为:直接支付给著作权人或支付给集体管理机构。

目前我国《著作权法》规定了 4 种法定许可使用制度:(1)作品刊登后,除著作权人声明不得转载、摘编的外,其他报刊可以转载或者作为文摘、资料刊登,但应当按照规定向著作权人支付报酬;(2)录音制作者使用他人已经合法录制为录音制品的音乐作品制作录音制品,可以不经著作权人许可,但应当按照规定支付报酬;著作权人声明不许使用的不得使用;(3)广播电台、电视台播放他人已发表的作品,可以不经著作权人许可,但应当支付报酬;(4)为实施九年制义务教育和国家教育规划而编写出版教科书,除作者事先声明不许使用的外,可以不经著作权人许可,在教科书中汇编已经发表的作品片段或者短小的文字作品、音乐作品或者单幅的美术作品、摄影作品,但应当按照规定支付报酬,指明作者姓名、作品名称,并且不得侵犯著作权人依照本法享有的其他权利。同其他国家的制度相比,我国的法定许可使用制度规定了一个前提条件——作者声明保留权利者除外,这与国际上通行的法定许可使用有较大的区别。

三、强制许可使用

强制许可使用,是指在特定的条件下,由著作权主管机关根据情况,将对已发表作品进行特殊使用的权利授予申请获得此项权利的使用人的制度。

强制许可使用的功能在于借助强制许可证的方式限制著作权人的专有权利,确保公众接触作品、使用作品的可能性,以促进整个社会政治、经济、科学与文化的进步[①]。在西方国家的著作权法中,合理使用对作品的使用人规定有严格的限制条件,使用人能够利用作品的数量极为有限,且著作权人无法从这种传播中收取任何利益。而强制许可使用虽与合理使用同为非自愿许可,但有自己特殊的功用,它在维系著作权人的获酬权的条件下,保证了使用人对作品利用的数量与方式需要。同时,在一些国家,作者的专有使用权与公众利用作品的需求之间的矛盾往往是通过法定许可制来缓解的。但对于未实行法定许可制的国家(如美国、日本等),解决这一问题则是借助于强制许可使用方式。换言之,强制许可使用具有法定许可使用的替代功能,它均衡了著作权人与使用人两者的利益,实现了保护作者权利与促进科学文化事业发展的立法目的。

四、权利穷竭及其限制

在著作权法中,合理使用与权利穷竭都视为是对著作权的限制。所谓权利穷竭,指的是权利人行使一次即用尽了有关权利,不能再次行使。这一原则,严格地讲仅仅适用于经济权利中的发行权权利穷竭原则意味着一旦作品的原件或是复制件经权利人同意而进入市场后,则该作品作为商品的进一步销售,著作权人均无权控制。该原则之目的在于消除著作权的专有性对商品流通所产生的消极影响。

一般来说,权利穷竭原则适用于作品的再次出售、散发或其他方式的使用,是否包括作品的出租,各国尚有不同的看法。纵览各国著作权法,关于出租权的立法模式主要有两种:一种将出租视为作品发行的一种方式,出租权包含在发行权之中。例如,《美国著作权法》另一种将出租视为独立的作品使用方式,因而出租权与发行权各自分列。我国《著作权法》修订之后,新增加了著作权人的出租权,即与此趋势相吻合。

[①]　张静:《著作权法评析》,台湾水牛出版社 1983 年版,第 230 页。

综上所述,著作权限制制度产生的目的在于确保作品创作者、传播者和使用者之间的利益平衡。从各种限制制度来看,存在以下发展趋势,即合理使用在一定范围内向法定许可使用转变,免费的合理使用与付费的法定许可使用或强制许可使用相互补充(或两者并立,或三者共存),合理使用与侵权使用界限模糊的新情况,要求产生新的判断规则。总之,著作权限制制度下的诸项规则正发生整合与变革。

案例 4-2 为教学目的而使用他人作品

案情

1984 年,在北京的中央广播电视大学根据教学需要,把本大学教授的讲课内容,录成录音制品(磁带)。这次录制是在履行其职务范围内,经该教授允许而录制,并按当时的付酬标准付了酬。

一年后,浙江省某电视大学为增强教学效果,提高教学质量,完全依照 1984 年中央广播电视大学的录音带,自己编制出"录音讲义",共计 2 万余套(分上下册,一套两册)。其销售范围仅限于本省电视函授大学学员。扣除成本费之后,收支基本平衡(即没有赢利)。但这次"编制"录音讲义,既未署该讲课教授之名,也没有取得其许可,没有向其支付报酬。

该教授发现后,认为该省电视大学的行为已构成侵权,于 1986 年向浙江省杭州市西湖区法院起诉,要求被告公开登报道歉,并要求民事赔偿 12000 元。在起诉之前,被告方已曾"登门"对该教授表示道歉并愿意支付赔偿额 3000 元。

处理

1987 年,西湖区人民法院认定省电视大学的行为属于"不尊重他人著作的错误行为",但被告发现错误后已登门道歉,况且其行为是"以提高教学质量为目的",不以营利为目的,亦无已实际赢利,应属"合理使用"。所以,驳回了某教授的诉讼请求。

该教授不服一审判决,于同年上诉至杭州市中级人民法院。中级人民法院基本维持原判。原告向最高法院申诉。1992 年年底,浙江省高级法院改判省电视大学的行为不属于"合理使用",已构成侵权。这起拖了近七年的案子算是基本了结。

评析

当年在这一案终审判决尚未作出之前,一审判决所出的偏差,却给了我国著作权立法以很好的促进。可以说,著作权法第 22 条并不把是否为"营利目的"作为衡量是否构成"合理使用"的标准;同时该条第 1 款第(6)项中强调为"课堂教学"目的,"少量复制"(不超过面对面授课人数);对侵权人强调"公开"道歉(而不是"登门道歉"),等等,均是许多参加立法的同志从上一案一审判决的偏差中,得到的一定启示。

上述省高级法院的改判,确认了侵权,否定了"合理使用",基本上是正确的。

第八节　著作权利用制度

一、著作权的转让

著作权利用,通常是指以著作权的转让、许可使用、质押等方式行使作品著作权之行为。著作权的利用制度,一方面为著作权人实现其财产权利获得报酬提供了渠道;另一方面便利了公众对作品的利用,从而实现了以著作权制度鼓励作者创作、促进作品传播的目的。其范围通常包括著作权的转让制度、著作权的许可使用制度及著作权的质押制度。所谓著作权的转让制度,是指规范著作权人将著作权中的财产权利让与他人的制度;著作权的许可使用制度,是指规范著作权人将部分著作财产权许可他人使用的制度;著作权的质押制度,是指以著作财产权为质押担保债权实现的制度。为了有效保障著作权人行使自己的权利,促进作品的广泛传播,各国普遍建立了适合本国国情、具有自身法律传统的著作权利用制度[①]。

（一）著作权转让的含义

著作权的转让,专指著作财产权或经济权利的转让,即著作权人依据合同将其依法享有的著作权之全部或一部向非著作权人转移的法律制度。通过著作权转让,受让人成为该作品部分或全部著作财产权的新的权利人。

著作权能否转让,各国著作权法大体上有 3 种立法例:第一种态度是未持与否。例如,《俄罗斯联邦著作权与邻接权法》既没有关于著作权转让的规定,整个法律文件中也找不到"不允许或禁止著作权转让"的字眼。也就是说,俄罗斯联邦对著作权的转让既没有给予肯定也没有明确否定。第二种态度是明确规定著作权可以转让。例如,《法国知识产权法典》《日本著作权法》,英美法系国家及大多数大陆法系国家属于这种立法例。第二种态度是持否定的立场,即在著作权法中明确规定著作权不能转让,如《德国著作权法》就明确规定"著作权不得转让",明令禁止著作权转让的国家尚不多见。

（二）著作权转让的形式

著作权转让从内容上可以分为全部转让和部分转让。全部转让,是指著作权人将全部著作财产权转让给继受主体,使继受主体取代原著作权人行使对作品的各项专有权利;部分转让,是指著作权人将部分专有财产权转让给继受主体,自己保留另一部分权利。允许著作权全部转让的国家有英、美、日等国;不允许全部转让的国家有突尼斯等国。

---

① 　杨崇森:《著作权法论丛》,台湾华欣文化事业中心 1983 年版,第 270 页。

（三）著作权的转让标的

著作权转让的标的是著作权之各项专有权,而不是附载著作权作品的物质载体。附载作品之物质载体所有权转让的,也不涉及该载体所附载的作品著作权。关于这个问题,许多国家的著作权法都作了规定。例如,《美国著作权法》第 202 条(有别于物体所有权的著作权所有权)规定:"著作权或者著作权中任何专有权利的所有权有别任何附载作品之物质实体的所有权的转移。任何物质实体(包括首次附载作品的制品或唱片)所有权的转移,并不导致该物体所附载之著作权作品权利的转移;在没有协议的情况下,著作权或者著作权中任何专有权利的转移也不等于转让任何物体的所有权。"《法国知识产权法典》第 L111－3 条也作了类似的规定:"第 L111－1 条规定的无形财产所有权独立于对具体物品的所有权。具体物品的购买者并不因此购买行为享有本法典规定的任何权利。"

（四）著作权转让的手续

著作权的转让导致原著作权人所享有的专有权部分或全部丧失,受让人则对被转让的权利取得所有权。

1. 著作权转让合同一般应采用书面形式。《加拿大著作权法》《法国知识产权法典》《意大利著作权法》第 110 条规定:"作品使用权的转让须有书面协议。"

2. 一些国家的著作权法规定著作权转让必须履行登记手续。如《加拿大著作权法》要求对著作权的转让进行登记,未经登记不能对抗在后的已付出了相应对价的转让。《美国著作权法》《日本著作权法》都有类似规定。

3. 对著作权的转让,个别国家还作了一些限制。如法国的著作权法虽然允许对未来作品进行转让,但是全部转让未来作品的合同是无效的。

（五）我国的立法规定

我国《著作权法》修订后参考了大陆法系国家和英美法系国家的立法和司法经验,增加了著作权转让制度。该法第 25 条明确规定,转让著作权中的财产权利,当事人应当订立书面合同。转让合同应当包括如下主要内容:"(一)作品的名称;(二)转让的权利种类、地域范围;(三)转让价金;(四)交付转让价金的日期和方式;(五)违约责任;(六)双方认为需要约定的其他内容。"另外,根据该法第 26 条的规定,对于转让合同中著作权人未明确许可、转让的权利,未经著作权人同意,另一方当事人不得行使。从这些规定可以看出,我国对于著作权的转让制度也作了比较严格的规定,以保护著作权人的合法权益。

二、著作权的许可使用

著作权的许可使用制度,与著作权的转让不同。前者不转移著作权或者著作权中某些专有权利的所有权,而后者则将著作权之全部或部分转移给受让人。著作权许可在各国著作权法中都有相应的规定,但是所使用的概念略有不同。《俄罗斯联邦著作权与邻接权法》将著作权许可称为"财产权的转授",《德国著作权法》第 31 条没有使用著作权许可的术语,而使用了"用益权授予"的说法①。

著作权许可使用合同,是指著作权人与作品使用人就著作权专有权的使用所达成的协议。由被许可人获得对著作权作品的使用权,而著作权人则获得相应的报酬。《俄罗斯联邦著作权与邻接权法》第 32 条第 1 款规定:"著作权合同应当以书面形式签订,期刊使用作品的著作权合同可以口头形式签订。"这种形式较为灵活。

著作权人发放的许可证有两种:一种是专有许可,也称独占许可;另一种是非专有许可或非独占许可。就专有许可而言,在合同约定的有效期限、使用方式、地域范围内,被许可人不仅具有排除他人实施该项专有权的权利,而且还具有排除著作权人自己实施的专有权利。当被许可实施的权利在约定的期限、有效地域范围内受到第三人的不法侵害时,有的国家法律规定独占被许可人可以不通过著作权人而以自己的名义独立提起诉讼,以保护自己的权利。如《俄罗斯联邦著作权与邻接权法》《英国著作权法》。有些国家的法律还规定了分许可制度。分许可是由被许可人向第三人发放的许可。在一般情况下,无论是专有被许可人还是非专有被许可人,获得著作使用权的目的不是要取得著作所有权,也不是为了向第三人再发放许可,而是为了自己使用其著作权作品。但是,在某些情况下,被许可人必须发放分许可才能实现其目的,那么发放分许可或再许可就成为必要。一般认为,只有专有被许可人才有可能按照合同的约定发放分许可,如《德国著作权法》《俄罗斯联邦著作权与邻接权法》。

我国《著作权法》对著作权许可使用制度也作了全面的规定,该法第 24 条规定:"使用他人作品应当同著作权人订立许可使用合同,本法规定可以不经许可的除外。许可使用合同包括下列主要内容:(一)许可使用的权利种类;(二)许可使用的权利是专有使用权或者非专有使用权;(三)许可使用的地域范围、期间;(四)付酬标准和办法;(五)违约责任;(六)双方认为需要约定的其他内容。"另外,许可使用合同和转让合同中著作权人未明确许可、转让的权利,未经著作权人同意,另一方当事人不得行使。使用作品的付酬标准可以由当事人约定,也可以按照国务院著作权行政管理部门会同有关部门制定的付酬标准支付报酬。当事人约定不明确的,按照国务院著作权行政管理部门会同有关部门制定的付酬标准支付报酬。

---

① ［法］克洛德·科隆贝:《各国著作权和邻接权的基本原则——比较研究》,高凌翰译,上海外语教育出版社 1995 年版,第 97－98 页。

三、著作权的质押

著作权质押是指债务人或者第三人依法将其著作权中的财产权出质,将该财产权作为债权的担保。债务人不履行债务时,债权人有权依法以该财产权折价或者以拍卖、变卖该财产权的价款优先受偿。其中债权人为质权人,债务人或者第三人为出质人。

按照《担保法》,债的担保方式有抵押、质押和留置三种,质押又可分为动产质押和权利质押两种。著作权中的财产权是一种可让与的财产权,因此它可以成为权利质押的标的。著作权质押属于担保方式中的权利质押。

以著作权设质主要涉及以下几个方面的问题:

(一)出质人既可以是债务人,也可以是第三人,但是无论是谁作为出质人,都应当是作为出质物的著作权或者著作权中的一项或几项专有权利的主体。

(二)出质的权利应是整体著作权或著作权中的部分权利。如《日本著作权法》第87条规定:"只要获得复制权所有者的许可,出版权便可转让或作为质权的标的。"此规定即表明,不仅整体的著作权能够作为质权标的,而且某一项或者几项专有权也可以作为质权的标的,如出版权可作为质权标的。

(三)作为质物的著作权,只能是著作财产权而不能是著作人身权。

(四)以著作权为标的设定质权的,当事人之间必须有明确的意思表示。

关于设质的条件,多数国家的法律都要求当事人签订书面协议。而且,《日本著作权法》第77条规定,以著作权为标的设定质权以后,必须到相关管理部门进行登记或注册,否则,不能对抗第三人[①]。这些规定与他国的规定具有类似之处。不过,我国《担保法》将登记作为合同生效的条件,这与《日本著作权法》将登记作为对抗第三人的条件的规定有很大的不同。比较而言,日本的规定较有利于促成质押的生效,我国法律的规定体现了较多的行政干预色彩。

第九节　著作权的保护制度

一、著作权侵权行为

(一)著作权侵权行为

著作权侵权行为,是指未经著作权人同意,又无法律上的依据,使用他人作品或行使著作权人专有权的行为。著作权侵权有直接侵权、第三人责任、违约侵权和仅侵犯作者的精神权利,等等。侵犯著作权的行为,应当包括两方面的行为:或者是未经著作权人的允许违反法律的规定而擅自行使了著作权人的权利;或者是违反法律的规定妨碍了著作权人权利的实现。

（二）侵犯著作权行为的构成要件

关于侵犯著作权行为的构成要件，从主观方面、客观方面、行为后果及因果关系四方面予以分析。

1. 主观方面

传统民事理论认为，构成一般侵权行为的要件之一就是主观上应有过错，即加害人只有主观上存在故意或过失才应对加害行为承担责任[①]。在侵犯著作权的行为中，主观上有过错的当然应承担责任，自不待言。但是，对于主观上并无故意或过失但的确损害了著作权人利益的行为，依各国现行法规定，侵权人也应承担责任。

2. 客观方面

传统民事理论认为，侵权行为客观方面的构成要件是实施了加害行为，即侵权人已经实施的行为具有违法性且直接对权利人造成危害。在各国现行著作权法中，侵犯著作权的行为人，毫无疑问应承担法律责任。但是，对于侵犯著作权行为尚未发生但不久可能发生的行为，能否认定为侵犯著作权？如行为人购买了著作权人的作品及印刷设备并准备实施非法复制行为，此种行为是否承担侵权责任？多数国家的著作权法对此以侵权论。

3. 行为后果

在各国现行著作权制度中，如果侵权人的行为给著作权人造成了损害且无法定的免责理由，则侵权人应承担法律责任。但是，如果侵权人实施了侵权行为而又未对著作权人造成实际损害，是否应承担侵权责任呢？多数国家的著作权法几乎无一例外地认定上述行为都属于侵犯著作权的行为。

4. 因果关系

传统民事理论认为，只有当侵权人所实施的侵权行为与损害后果存在因果关系时，侵权人才承担责任。但是，在著作权法中，有时不以损害的存在作为侵犯著作权行为的构成要件，因此，无须讨论侵权行为与损害后果之间的因果关系。只有当存在损害结果，需要确定侵权人所应承担的责任大小时，因果关系的认定才有意义。

（三）侵犯著作权及邻接权行为的类型

1. 侵犯著作人身权的行为

（1）侵犯发表权的行为。侵犯著作权人发表权的行为，是指未经著作权人同意，擅自公开作者未曾公开的作品的行为。在保护发表权的日本、德国、俄罗斯等国，擅自发表他人享有著作权的作品的行为构成侵权。但是，在有些情况下，未经作者同意公开作品的行为不构成侵权，如美术作品原件受让人向公众展览作品，

---

① 张新宝：《中国侵权行为法》，中国社会科学出版社 1995 年版，第 151 页。

视为已取得了作者的同意。我国《著作权法》对此也作了规定。

（2）侵犯作者身份权和署名权的行为。未经作者同意，在作者作品上强行署上他人姓名，故意不署作者姓名，都构成对作者身份权及署名权的侵犯。出版、销售、出租、表演、广播或以其他方式传播此类侵权作品，也构成对作者身份权和署名权的侵犯。几乎所有国家的《著作权法》及我国的《著作权法》中都规定了此类侵权行为。

（3）侵犯作品完整权的行为。未经作者同意，擅自删改作品内容、增添材料，损害作品真实含义和表现形式的行为，是对保护作品完整权的一种侵犯。相当一部分国家的著作权法及我国的著作权法大抵都规定了此类侵权行为。

此外，在保护修改权、收回权、接触权的国家，妨碍作者行使上述权利的行为也被视为侵权行为。如意大利、俄罗斯等国规定了作者对作品的修改权，如果作者在作品再版时要求修改作品而出版者不同意，则出版者的行为构成侵权。

2. 侵犯著作财产权的行为

一般而言，使用他人作品，原则上应取得著作权人的同意。因此，未经著作权人同意而使用其作品构成侵权行为。侵犯著作财产权的行为可分为以下几种：

（1）擅自使用。未经著作权人许可又无法律上的允许，以复制、发行、表演、播放、展览、摄制电影、电视、录像或以改编、翻译等方式使用他人的作品。在这些行为中，非法复制是最严重的一种侵权行为，往往造成大量的盗版作品在市场上流通。由于此类行为的存在，著作权人的财产权利往往难以实现。多数国家包括我国都对此作了规定。

（2）剽窃。剽窃，也称为抄袭，是指将他人作品的全部或部分作为自己的作品予以发表。剽窃通常有两种形式：一是照抄照搬他人作品的全部或部分内容；二是将他人作品变动句子顺序，更换个别词语后融入自己的作品。剽窃他人作品的目的往往在于通过发表牟取名利。该行为不但侵犯了作者的人身权利和财产权利，而且欺骗了公众，是一种严重侵犯著作权的行为。

3. 侵犯邻接权行为的类型

侵犯邻接权的行为也可分为两类：一是侵犯人身权的行为，包括隐藏变更表演者的身份，对表演者的形象进行歪曲等。二是侵犯财产权的行为，主要指擅自使用。除法律有特殊规定的外，未经邻接权人的同意而擅自使用其表演、音像制品、广播节目的，是侵犯邻接权的行为。

4. 直接侵权行为与间接侵权行为

根据侵权行为的表现形式及它们与受保护作品的关系，我们还可以将侵权行为分为直接侵权行为和间接侵权行为。

（1）直接侵权行为。直接侵权行为，是一种直接非法行使著作权人或邻接权人的权利或妨碍他们行使这一权利的行为，侵权人的行为直接涉及作品。直接侵犯著作权和邻接权的行为，在许多国家中都作了明文规定，这种行为通常都应承担责任。我们通常所讲的侵权行为大都指直接侵权行为。

（2）间接侵权行为。间接侵权，是指侵权行为并未直接涉及受著作权直接保护的作品或受邻接权直接保护的表演、唱片及广播节目，而是因该行为为侵权行为提供了便利，行为人自觉或不自觉地参与了侵权行为，从而对著作权人和邻接权人的合法利益造成了侵害。间接侵权行为是直接侵权行为的继续或实现的条件，因此许多西方国家在著作权法中都规定了此类侵权行为。应注意的是，间接侵权行为只有在法律有明文规定的情况下侵权人才承担责任。

案例 4－3　从他人电影作品中取个别静止镜头在杂志与广告画上使用

案情

施伯林·戈德伯格作为电影制片人及版权人，制作发行了一部影片《星空与笼舍》。英国出版印刷公司在其出版的一份杂志及为销售该杂志所作的广告上，抽取并使用了《星空与笼舍》影片中几个互相不相连贯的镜头。该公司使用这几个镜头并未得到戈德伯格许可，也未向其支付任何使用费。

戈德伯格认为，按照英国当时版权法第 13 条（5）款的规定，凡复制享有版权的影片，即构成侵权，于是向英国高等法院起诉。高等法院以两条主要理由予以驳回：（1）按照英国版权法第 13 条（IO）款的规定，"电影作品"指的是"将一连串镜头固定于物质形态上，使之可以作为活动画面放映"的作品；因此，只有复制"一连串的镜头"，才构成版权法所禁止的复制。；（2）虽然复制某个作品的"一部分"，也可能构成侵犯该作品的版权；但按照版权法第 49 条（1）款的规定，整个版权法所禁止的，仅仅是复制他人作品的"实质部分"（Substantial Part）；而不相连贯的个镜头，不能视为电影的实质部分。戈德伯格不服，向英国上诉法院上诉。

处理

1981 年，英国上诉法院作出判决：（1）英国出版印刷公司复制电影作品中个别镜头的行为构成侵犯版权；（2）撤销高等法院原判。上述法院在判决中写道：英国版权法第 13 条（10）款中给电影作品下定义时使用"一连串镜头"时，并未指定这一连串镜头要放映多长时间才能被视为电影。所以，一部通常可放映一个半小时的完整的电影作品，从中取出 10 分钟的镜头，可以构成版权法中所指的电影作品；取出 10 秒钟的镜头，仍可以构成版权法中所指的电影作品；于是，以此类推，只取一个单独的镜头，就可以构成该电影作品的"一部分"；复制一个镜头，也应视为版权法所禁止的"部分复制"。至于英国版权法第 49 条（1）款，它在规定只有复制"实质部分"才被禁止之前，提出了"但本法另有规定者除外"。而版权法第 13 条（10）款末段指出："复制"一词对电影作品来讲，指的是"复制电影或电影中任何一部分的正片、负片或载有该电影或其中一部分的任何物体"，其中并未说明这"一部分"必须是"实质部分"。所以，13 条（10）款即构成 49 条（1）款所称的"另有规定者"。

二、侵犯著作权和邻接权的救济措施

"尽可能有效,尽可能一致地保护作者对其文学和艺术作品所享受的权利",是《伯尔尼公约》成员国的共同愿望[①],为了实现这一愿望,该公约除要求各成员国自行对侵权救济方式予以规定外,还在第 16 条特别提出了扣押侵权复制品的措施,以确保作者权益不受侵害。《知识产权协定》第 41 条第 1 款也要求各成员国应保证此协定所规定的执法程序能依照成员国国内法得到有效贯彻,以便能行之有效地制止任何侵犯此协定所保护的知识产权的行为。为确保这一目标的实现,该协定详细规定了侵权救济措施及防止侵权或防止进一步侵权的措施。受国际公约的影响,各国著作权法以较长的篇幅详细规定了侵犯著作权和邻接权行为的民事、行政和刑事救济措施。

（一）民事救济措施及责任

当著作权或邻接权受到侵犯时,有权提起民事侵权诉讼或采取其他民事救济措施的,只有作者或其他著作权人或其他邻接权人。例如,《日本著作权法》《英国著作权法》中的规定。

在各国著作权法中,有关民事救济的具体措施主要有停止侵害、赔偿损失、销毁非法复制物或设备,要求转让非法复制物或设备、恢复名誉等措施,下面予以分述。

1. 停止侵害

当著作权人或邻接权人的合法利益受到损害时,著作权人或邻接权人可请求侵权人或有侵权可能的人停止侵权,以防损失进一步扩大。《日本著作权法》第 112 条、《德国著作权法》第 97 条第 1 款、《俄罗斯联邦著作权与邻接权法》第 49 条第 1 款都规定了此救济措施。我国《著作权法》第 49 条第 1 款也规定:"著作权人或者与著作权有关的权利人有证据证明他人正在实施或者即将实施侵犯其权利的行为,如不及时制止将会使其合法权益受到难以弥补的损害的,可以在起诉前向人民法院申请采取责令停止有关行为和财产保全的措施。"这即是为了防止损失的进一步扩大。

2. 赔偿损失

赔偿损失是当著作权人或邻接权人的合法利益受到损害时,由侵权人向受害人支付金钱予以赔偿的一种救济方式。赔偿损失是各国著作权法普遍采用的一种救济方式。

各国著作权法一般规定,如果侵权人因故意或过失侵犯著作权人或邻接权人

---

① 俄罗斯联邦著作权与邻接权法》第 50 条第 1 款。

的财产利益时,应赔偿受害人所受到的损失①。德国、法国、意大利等国对此作了概括性规定。《日本著作权法》第 114 条则具体规定,在赔偿损失时,以侵权人通过侵权行为所获金额作为受害人所遭受损害的金额,受害人也可用自己行使著作权或邻接权通常应接受的金额作为自己所遭损害的金额。《俄罗斯联邦著作权与邻接权法》第 49 条第 1 款规定,赔偿损失的数额,不仅包括受害者所受到的实际损失,而且包括受害者可能获得的收益。可见,《俄罗斯联邦著作权与邻接权法》对侵权人所要求的赔偿额度较其他国家大,对侵权人的制裁也更严厉。此外,该法还规定受害人可以就侵权人所获得的侵权收益予以罚款以代替赔偿损失,或者以俄罗斯联邦所规定的最低工资额的 10 倍到 5 万倍支付赔偿费以代替赔偿损失或收入罚款,这样,受害人就可根据实际情况灵活选择经济补偿方式以确保自己的财产利益不受损害,并可通过方式的选择获取最有利于自己的补偿。在《英国著作权法》第 97 条第 2 款中,要求法院除考虑其他因素外,还应考虑侵权人侵权的恶劣程度及所获利益,并可根据案件的公正性需要增加一种额外损害赔偿额,这种额外的损害赔偿额从性质上讲,是对侵权人的一种惩罚性措施。比较而言,《美国著作权法》有关损害赔偿的规定最为详细。该法第 504 条原则上规定侵权人有责任赔偿著作权人因侵权行为所受到的实际损害以及侵权人从侵权行为中获得的未计算在实际损害中的利润。在确定侵权者的利润时,著作权人有义务提供侵权者的总收入的证据,侵权者有义务提供可扣除的费用及由于作品之外的其他因素所获得的利润。也就是说,赔偿额计算时是根据受害人因未行使自己权利所实际损失的金额及侵权人从侵权中获得利润额的大小来计算的。由于在实际的侵权行为中著作权人所受的实际损失很难计算,所以《美国著作权法》另外规定了一种法定损害赔偿措施,这一措施类似于俄罗斯的支付固定的赔偿费措施,其具体内容是:著作权人在法院终局判决作出前任何时候,都可要求侵权人支付法定损害赔偿。该赔偿额在计算时,每部作品至少不低于 250 美元,最多不超过 1 万美元,具体数额由法院酌情判定。赔偿金可由任何一个侵权人单独承担,或者由任何两个以上的侵权人共同承担。为了加大对故意侵权人的惩罚,法律规定在著作权人承担举证责任的情况下,法院可酌情决定将法定损害赔偿增加到不超过 5 万美元的数额。法定损害赔偿措施的实行,一是从最低限额方面保证了受害人获取适当的赔偿费,同时对侵权人也给予了一定制裁;二是受害人可在终局判决前要求给予界定损害,因而节省了诉讼成本,便于迅速、有效地补偿受害人损失。但该制度也有不足,由法官来酌定赔偿额大小,灵活性大,因此操作上有些困难,个别时候还会产生不公平的裁决。此外,该法允许法院对于故意侵权行为增加法定损害赔偿金,从而使这种赔偿金不但具有了补偿功能,而且还具有了惩罚性质。

---

① 　郑成思:《版权法》,中国人民大学出版社 1990 年版,第 245 页。

我国《著作权法》修订后，为了更充分地保护著作权人及邻接权人的利益，规定了三种赔偿损失额的计算方式，其中第 48 条就包括了法定损害赔偿额："侵犯著作权或者与著作权有关的权利的，侵权人应当按照权利人的实际损失给予赔偿；实际损失难以计算的，可以按照侵权人的违法所得给予赔偿。赔偿数额还应当包括权利人为制止侵权行为所支付的合理开支。权利人的实际损失或者侵权人的违法所得不能确定的，由人民法院根据侵权行为的情节，判决给予五十万元以下的赔偿。"

如果侵权人出于不知而侵权，是否应承担赔偿责任呢？各国著作权法一般都规定，在这种情况下，不免除侵权者应承担的停止损害、销毁侵权复制品等义务，但在损失赔偿方面可酌情减灭其赔偿数额。例如，《美国著作权法》第 504 条 C 款规定，如果法院判定侵权者不知道也没有理由认为其行动构成对著作权的侵犯，法院可酌情决定将法定损害赔偿金减少到不少于 100 美元的数额。《日本著作权法》第 114 条第 3 款也有类似规定。从性质上看，这种损害赔偿是一种象征性的补偿措施。还有一些国家规定，只有在故意或过失的情况下才赔偿损失，否则不承担赔偿责任，但不免除其他民事责任。《英国著作权法》第 97 条第 1 款、《德国著作权法》第 97 条第 1 款也作了这种规定。《知识产权协定》(TRIPS)在规定损害赔偿时区分了故意或过失侵权行为与无过失侵权行为的责任大小。该协定第 45 条第 1 款规定："对已知或有充分理由应知其从事之活动系侵权的侵权人，司法当局应有权责令其向权利人支付足以弥补因侵犯知识产权而给权利人造成之损失的损害赔偿费。"可见，故意或过失侵权的人应赔偿受害人的实际损失。该条第 2 款规定："司法当局还有权责令侵权人向权利持有人支付其开支，其中可包括适当的律师费。在适当场合即使侵权人不知、或无充分理由应知其从事之活动系侵权，成员仍可以授权司法当局责令其返还所得利润或令其支付法定赔偿额，或二者并处。"这即是说，即使侵权人不知，成员国也可授权司法当局令其赔偿受害人的一定损失，只是责任稍轻一些而已。

我国《著作权法》的规定与此类似。

3. 销毁和转让侵权复制物及制作侵权复制物的设备对于非法制作、非法传播和用于非法传播的复制物及侵权人的设备或用于制作上述非法复制物的设备，受害者可要求销毁这些复制物或设备

《日本著作权法》第 112 条、《美国著作权法》第 503 条、《德国著作权法》第 98 条及第 99 条、《俄罗斯联邦著作权与邻接权法》第 49 条均作了销毁侵权复制品和用于制作侵权复制物的设备的规定。为了避免造成财产方面的过度浪费，德国、加拿大等国著作权法还规定，受害者可要求侵权者将侵权复制物或用于制作侵权复制物的设备以适当的价格转让给他，但转让价格不得超过其成本。如果这些措施在个别情形中不妥当，且侵权复制物可以以其他方式移交，则受害人有权采取

必要的措施要求侵权人或复制品所有人或设备所有人将其移交给他。应注意的是,对于建筑作品及复制物和设备中并非违法制作和传播的可分割的部分,则不适用上述规定。例如,某人根据他人享有著作权的建筑作品仿造了一座建筑,如果著作权人要求将此建筑销毁,显然会造成不公平的后果,所以在此案中应采取其他的救济措施。应注意的是,《德国著作权法》在规定上述救济措施时,充分考虑了无过错人的利益。该法第101条规定,如果销毁或转让侵权复制物或用于制造侵权复制物的设备对无过错人会造成过度损失并且可推断受害者同意金钱赔偿,则侵权者可采取赔偿受害者金钱的方式代替上述救济措施,且随着赔偿费用的支付视为受害者已许可在正常范围内适用。

《知识产权协定》第46条也规定,为了对侵权活动造成有效威慑,司法当局有权在不进行任何补偿的情况下,将已经发现的正处于侵权状态的商品排除出商业渠道,在不违背宪法的情况下有权责令销毁该商品。此外,司法当局还有权将用于制作侵权商品的原料或工具排除出商业渠道。从控制的对象来看,该协定禁止的对象不仅包括侵权复制品和制作它们的设备,还包括制作它们的原料。

我国《著作权法》修订后,加强了著作权保护方面的立法。该法第47条规定,如果著作权侵权行为比较严重,且损害社会公共利益,可以由著作权行政管理部门责令停止侵权行为,没收违法所得,没收、销毁侵权复制品。情节严重的,著作权行政管理部门还可以没收主要用于制作侵权复制品的材料、工具、设备等。

4. 要求提供信息

要求提供信息的权利是少数几个国家在最近修订著作权法时新增加的一项权利。1990年《德国著作权法》修订后,规定受害人有权要求侵权人提供侵权复制品的来源及传播渠道。该条款旨在保证彻底制止侵犯著作权及邻接权的行为。《知识产权协定》第47条也规定了受害人的"获得信息权":司法当局有权责令侵权人将卷入制造和销售侵权商品或提供侵权服务的第三方的身份及其销售渠道等信息提供给权利持有人。

5. 禁令

禁令是司法当局依职权采取或依受害人申请而采取的一项制止侵权发生和防止损害扩大的一项救济措施。"禁令"措施通常包括以下几种:

(1)临时禁令。司法当局有权令被告中止被指控为侵权的活动,如《美国著作权法》第502条的规定。《俄罗斯联邦著作权与邻接权法》所规定的中止侵权行为不仅包括直接侵权行为(制作、复制、销售、出租、进口或其他违法使用作品行为),而且包括间接侵权行为(为了将初步认定是作品或唱片的侵权复制件投入民事流转而运输、保存或占有这些复制件)。

(2)永久禁令。司法当局有权令被告永远不得从事有关的违法活动,如《西班牙著作权法》的规定。

（3）扣押禁令。例如，《法国知识产权法典》第 L.332－1 条规定，警察分局局长或法院法官可扣押侵权复制品、侵权收入，并且可扣押生产侵权复制品的设备。

（4）没收和销毁侵权复制物及制作它们的设备令。法院可下令没收侵权复制物及用于制作它们的设备，也可下令将这些侵权物品及制作设备予以销毁。《美国著作权法》第 503 条、《俄罗斯联邦著作权与邻接权法》第 50 条都作了这种规定。

《知识产权协定》第 44 条要求成员国司法当局颁布禁令责令当事人停止侵权，尤其是在海关瑰行之后，有权立即禁止侵权复制品在该当局管辖范围内进入商业渠道。第 50 条规定了临时措施。司法当局采取临时措施的目的必须是为了制止侵犯知识产权活动的发生，尤其是制止侵权商品进入其管辖范围内的商业渠道或者是为了保存被诉为侵权的有关证据。司法当局一方面可主动采取临时措施，也可根据申请人的请求采取临时措施，尤其是在一旦有延误则可能给权利人造成不可弥补的损害的情况下，或在有关证据可能被销毁的情况下。申请人提供合法证据后，司法当局如果确认权利人的权利正被侵犯或即将被侵犯时，应责令申请人提供诉讼保证金或与之相当的担保。然后，司法当局可采取查封、扣押等临时措施。如果申请人申请后被证明有误或根本不存在侵权可能，则根据被告请求，司法当局应有权责令申请人就有关的临时措施给被告造成的任何损害向被告提供适当赔偿。从以上规定可以看出，司法当局所采取的禁令措施是一项有效的、快捷的制止侵权发生或防止损害扩大的措施，这也符合《伯尔尼公约》第 16 条所规定的扣押作品的侵权复制品的要求。

我国《著作权法》修订之后，规定了类似于禁令制度的诉讼保全措施："著作权人或者与著作权有关的权利人有证据证明他人正在实施或者即将实施侵犯其权利的行为，如不及时制止将会使其合法权益受到难以弥补的损害的，可以在起诉前向人民法院申请采取责令停止有关行为和财产保全的措施。"

6. 申请海关中止放行

如果受害人发现有侵权复制品经由海关进口或出口，则可向海关提供书面申请和担保，要求扣押侵权复制品。如果海关查实被扣押物品系侵权复制品，则予以没收。如果扣押错误，则申请人应赔偿被申请人的合理损失。《德国著作权法》《英国著作权法》及《美国著作权法》及我国有关法律中均对此作了规定。

该措施的意义在于防止侵权物品扩散到一国的商业流通领域造成受害人的更大损失。《知识产权协定》（TRIPS）第 51 条至第 60 条就此作了详细规定。除上述一般规定外，该协定还规定了中止的放行期限、权利持有人的检查权及获得信息权以及救济措施。在通常情况下，海关中止放行的期限为 10 个工作日，在适当场合可延长 10 个工作日。成员国应授权主管当局为权利持有人提供足够的机会请人检查海关的任何产品以便证实其主张，并应将有关侵权行为的信息提供给权利持有人。为防止侵权物品扩散,成员国主管当局应有权责令销毁或处置侵权物品。除了上述救济措施外,《俄罗斯联邦著作权与邻接权法》还授权法院或仲裁庭对侵犯著作权或邻接权的行为处以罚款,罚款额为法院判决的向原告赔偿额的10%,并且按照法定程序纳入有关预算项目。这是对侵权人的一项惩罚性措施。此外,受害人在要求侵权人予以赔偿或停止侵权前可要求其先承认受害人的合法权益。

对于侵犯著作人身权或邻接权中的人身权利的行为,英美法系和大陆法系所规定的救济措施有所不同。在以前未保护此权利的国家,往往把其当作一项特殊的侵权行为来处理。例如,《英国著作权法》第 103 条规定,对侵犯著作人身权利的行为可按违反对权利人之法定义务而提起诉讼,法院如认为方式适当,还可颁布附条件禁令,在没有弃权声明的条件下禁止实施有关侵权行为。但该法未规定对著作权人的经济赔偿。

在大陆法系国家,目前对侵犯著作人身权或邻接权中的人身权行为,通常规定了停止侵害、恢复名誉、销毁侵权复制物及其制作设备等救济措施,此外还规定了有限的经济赔偿。例如,《日本著作权法》第 115 条规定,作者人格权受到侵犯时,作者可以在代替损害赔偿或赔偿损失的同时,请求因过失或故意侵犯其人格权的人,为确保作者身份、修正、恢复作者名誉或声望采取适当措施。如侵权人可以在报刊上刊登声明公开道歉。此外,由于日本将作者的人格权作为一般的人身权利予以保护,因此受害人也可以请求加害人赔偿因加害行为所受到的精神损失。这种损失因人而异,因此,法院在确定损失时,不仅根据当事人的主观看法,还考虑作者的社会身份、知名度和加害程度等各种情况德国和西班牙的著作权法则明文宣布,受害人对于非财产权的侵害可要求合理的金钱赔偿,即承认了以经济补偿方法来赔偿受害人精神损失的措施[①]。但是,在《意大利著作权法》中对于侵害作者著作人身权的行为,仅规定了排除妨害、销毁侵权物等救济方式,未规定对作者的经济赔偿。该法第 169 条规定,保护作者身份的诉讼,仅在损害无法通过增补或隐去作者姓名或其他公告方式救济时,才可请求排除侵害或销毁侵权物。该法第 170 条规定,保护作品完整性的诉讼,仅在加害人承担费用仍无法恢复作品的原始形式时,才可请求排除侵害或销毁侵权物。各国有关著作权和邻接权保护的民事救济措施具有如下特点:第一,种类繁多,手段齐备。救济措施包括停止侵害、赔偿损失、恢复名誉、销毁侵权复制物及其制作设备、下禁令、申请海关中止放行等。第二,采取措施的时间范围和地域范围较广。救济措施往往从侵害行为刚刚发生或尚未发生就开始采取,以达到将侵权行为消灭于萌芽状态之目的。救济措施的对象不但针对国内的侵权复制物,而且针对即将进口或出口的侵

---

① 《德国著作权法》第 97 条第 2 款,《西班牙著作权法》第 123 条。

权复制物,从而有效地将侵权行为控制在一定区域之内。第三,救济措施不仅有补偿性质,还具有惩罚性质。与以补偿为主的一般民事救济措施不同,多数各国在规定损害赔偿时往往考虑了对侵权人的惩罚。因此,我们可以说,目前大多数西方国家的著作权法所规定的民事救济措施种类齐全、手段严厉,有效地补偿了受害人的损失,沉重地打击了日益猖獗的侵权行为。从保护程度来看,多数西方国家规定的措施基本达到了《知识产权协定》的水平。

关于民事救济的诉讼时效,各国规定从 2 年到 6 年不等。例如,《美国著作权法》第 507 条(b)款规定,民事诉讼必须在起诉原因发生后 3 年内开始,否则,诉讼不能成立。《澳大利亚著作权法》第 134 条规定的诉讼时效为 6 年,自侵权发生之日或侵权复制品制成之日起计算。《德国著作权法》所规定的诉讼时效一般为 3 年,自受害者得知侵害和负有赔偿义务者的情况起计算,如不知上述情况,则从该行为发生起 30 年内有效。

关于受理著作权诉讼的法院,各国著作权法所作规定也不一致。在美国,受理著作权诉讼的一审法院只能为联邦区法院。《德国著作权法》第 105 条授权各州政府通过法规、命令为包括数个州法院的地区指派一个审理著作权诉讼的法院。但在更多的国家,诉讼的一审法院是侵权行为发生地或侵权人所在地地方法院,但一般又不是地方上最基层的一级法院。近年来,随着知识产权的地位提高及人们对知识产权认识的深化,一些制定有民事诉讼法典的国家在著作权法中对侵权诉讼及司法救济专门作出详细规定,从而不再援用一般民事诉讼规定,这已成为当前著作权立法的一个重要趋势。1987 年新颁布的《西班牙著作权法》就是这方面的代表,该法第 123 条至第 128 条详细规定了侵犯著作权诉讼的程序。根据该法规定,原告可选择侵权行为发生地的一审法院或侵权复制品被发现地的一审法院起诉。原告选择后,其他法院不再有管辖权。原告应向法院递交书面形式的诉状或其他对法院的请求,并有原告或法定(或自愿的)代理人的签字。受理诉讼的法官须在收到诉状之日内开始审理。诉讼的任何一方当事人均可请求司法识别程序。法院在采取临时措施或最后判决之前,有权要求当事人交付诉讼保证金。原告在诉讼中发现新证据时,可更改其原诉状。

在我国,有下列侵权行为的,应当根据具体情况,承担停止侵害、消除影响、赔礼道歉、赔偿损失等民事责任:

(1)未经著作权人许可,发表其作品的;

(2)未经合作作者许可,将与他人合作创作的作品当作自己单独创作的作品发表的;

(3)没有参加创作,为谋取个人名利,在他人作品上署名的;

(4)歪曲、篡改他人作品的;

(5)剽窃他人作品的;

(6)未经著作权人许可,以展览、摄制电影和以类似摄制电影的方法使用作品,或者以改编、翻译、注释等方式使用作品的,著作权法另有规定的除外;

(7)使用他人作品,应当支付报酬而未支付的;

(8)未经电影作品和以类似摄制电影的方法创作的作品、计算机软件、录音录像制品的著作权人或者与著作权有关的权利人许可,出版其作品或者录音录像制品的,著作权法另有规定的除外;

(9)未经出版者许可,使用其出版的图书、期刊的版式设计的;

(10)未经表演者许可,从现场直播或者公开传送其现场表演,或者录制其表演的;

(11)其他侵犯著作权以及邻接权的行为。

(二)刑事救济措施及责任

针对严重的侵犯著作权和邻接权的行为,绝大多数国家的著作权法都规定了刑事诉讼程序及制裁措施。这些措施多是针对侵犯著作权和邻接权的特点作出的专门性规定。此外,由于侵犯著作权和邻接权的行为同时涉及赔偿侵权人损失的问题,因此常常会发生刑事附带民事诉的情况[1]。

关于侵犯著作权和邻接权的犯罪,有些国家规定了"告诉才处理"的原则。如《日本著作权法》第 123 条规定,犯罪行为只有当受害人告诉方予受理。不具名或假名作品的发行人可就与该作品有关的犯罪行为提出告诉。但是,如果该告诉与作者意思相反,则不在此限。此外,《德国著作权法》第 109 条、《扎伊尔著作权法》第 103 条,也有类似的规定。

关于侵犯著作权犯罪行为主观方面的构成要件问题,多数国家都强调,只有在故意的情况下才构成犯罪。例如,日本、英国、美国、意大利等国著作权法都规定,只有在行为人知道或有理由认为其行为构成侵权而有意侵权的情况下才构成犯罪,过失犯罪一般不承担刑事责任,但《意大利著作权法》第 172 条规定,在一定条件下,过失犯罪人也要受到刑事处罚。《德国著作权法》原则上承认只有故意犯罪才承担责任,但在 1990 年著作权法修订后加大了对犯罪行为的处罚力度,未遂犯罪也要受到刑事处罚,这一点与日本不同。

关于承担刑事责任的主体,除作出具体侵权行为的人要承担外,行为者的雇主(法人或非法人团体)也要受到处罚。

关于犯罪行为的种类,各国著作权法的规定有很大差异。有些国家仅作出了概括性规定,如美国、俄罗斯仅原则上规定,侵犯著作权构成犯罪的行为应受到刑事处罚。也有些国家详细列出了各类应承担刑事责任的犯罪行为,如意大利、德国、英国等国。日本则既作了原则上的规定,又重点列出了一些构成犯罪的行为。

---

[1] 郑成思:《版权法》,中国人民大学出版社 1990 年版,第 253 页。

第一种立法体例的优点在于概括性强,可适应各种具体情形的需要。不足之处在于弹性过大,有时难以划清罪与非罪的界线。第二种立法体例虽然清楚明了,易于确定何为罪何为非罪,但容易挂一漏万,使有些未规定的犯罪行为逃脱制裁。

目前一些国家所规定的侵犯著作权和邻接权的犯罪行为,一般可分为两种类型:一类是侵犯人身权利的犯罪;另一类是侵犯财产权利的犯罪。例如,《德国著作权法》第107条规定,侵犯作者署名权的人将被处以3年以内监禁或罚金。《意大利著作权法》也规定,对于侵犯作者发表权、作者身份权及保护作品完整权的犯罪人,处1年以下监禁或5000里拉以上罚金。在侵犯著作财产权利的犯罪行为中,犯罪类型主要有非法复制、发行、上演、朗诵、播放、演绎、录制作品等行为;在侵犯邻接权中的财产权的行为中,犯罪类型主要有非法录制、转播表演者的表演、非法复制音像组织制作的音像制品、非法广播受保护的广播节目等。

对于严重侵犯著作权及邻接权的行为,《知识产权协定》第61条规定,成员应提供刑事程序及刑事处罚。可采用的救济措施包括处以足够起威慑作用的监禁或罚金,或二者并处,以符合适用于相应严重罪行的惩罚标准为限。在适当场合,可采用的救济还应包括扣留、没收或销毁侵权商品以及任何主要用于从事上述犯罪活动的原料或工具。从各国著作权法所规定的刑事措施来看,基本上与该协定的规定一致。例如,《日本著作权法》对此类犯罪行为规定了判处有期徒刑和罚金两类刑事救济措施;《德国著作权法》规定的刑事处罚有判处有期徒刑、罚金及没收侵权物品;《美国著作权法》规定的救济措施有判处有期徒刑、罚金、没收和销毁侵权复制物及制作设备、扣押和没收侵权复制物和制作设备;《英国著作权法》也规定了判处有期徒刑和罚金两类刑事处罚。

从各国刑事处罚的规定来看,加重对此类犯罪的刑事处罚已成为一种趋势。例如,法国、德国在新修订的著作权法中,加大了刑事处罚的力度。法国将原"处以3个月至2年的徒刑和6000至1、2万法郎的罚金,或只受两种处罚中的一种"的措施改为"处以2年的徒刑和100万法郎的罚金。"此外,该法还规定了法人的刑事责任。

关于侵犯著作权和邻接权犯罪的诉讼时效,多数国家按本国刑法典所作的规定处理。美国对此作了与众不同的规定,《美国著作权法》第507条a款规定,刑事诉讼必须在引起诉讼情况发生后的3年开始,否则,诉讼不能成立。

我国《著作权法》第47条在原则上规定,构成犯罪的,依法追究刑事责任。对此,我国《刑法》具体规定了相关的罪名及处罚措施。

在我国,凡有下列侵权行为的,应当根据情况,承担停止侵害、消除影响、赔礼道歉、赔偿损失等民事责任;同时损害公共利益的,可以由著作权行政管理部门责令停止侵权行为,没收违法所得,没收、销毁侵权复制品,并处以非法经营额3倍以下的罚款;非法经营额难以计算的,可以处10万元以下的罚款;情节严重的,著

作权行政管理部门还可以没收主要用于制作侵权复制品的材料、工具、设备等;构成犯罪的,依法追究刑事责任:

1. 未经著作权人许可,复制、发行、表演、放映、广播、汇编、通过信息网络向公众传播其表演的,著作权法另有规定的除外;

2. 出版他人享有专有出版权的图书的;

3. 未经表演者许可,复制、发行录有其表演的录音录像制品,或者通过信息网络向公众传播其表演,著作权法另有规定的除外;

4. 未经录音录像制作者许可,复制、发行或者通过信息网络向公众传播其录音录像制品,著作权法另有规定的除外;

5. 未经许可,播放或者复制广播、电视的,著作权法另有规定的除外;

6. 未经著作权人或者邻接权人许可,故意避开或者破坏权利人为其作品、录音录像制品等采取的保护著作权或者邻接权的技术措施的,法律、行政法规另有规定的除外;

7. 未经著作权人或者邻接权人许可,故意删除或者改变作品、录音录像制品的权利管理电子信息的,法律、行政法规另有规定的除外;

8. 制作、出售假冒他人署名的作品的。

(三)行政措施或仲裁措施及责任

由于著作权纠纷数量很大,侵犯著作权和邻接权的行为屡禁不绝,仅靠法院来处理此类纠纷远远适应不了实践需要,因此,一些国家的著作权法都规定了通过行政机关或法律授权的裁判组织来处理此类纠纷的途径。

1. 调解组织。《日本著作权法》规定了详细的著作权纠纷调解程序。该法第105条至第111条规定,日本文化厅为了解决著作权纠纷,下设"著作权纠争调解委员会",委员由文化厅长官从具有著作权工作经验和专业知识的人中间委任,每案不超过3人。当事人在发生纠纷后可向文化厅长官申请调解,并交付受理费。文化厅长官在双方都同意调解的情况下将案件托付委员调解。委员调解结束后,必须向文化厅长官报告情况。

2. 著作权仲裁委员会。在德国,司法部指派主席及仲裁员组成著作权纠纷仲裁委员会,解决因版权许可使用合同所引起的纠纷。如果当事人一方是版税征集协会,则有关纠纷必须先提交到仲裁委员会仲裁。只有在当事人对仲裁裁决不服的情况下才可诉诸法院。

3. 著作权仲裁庭。《英国著作权法》第145条至第152条规定了"著作权仲裁庭"的设立及程序。该仲裁庭由大法官在与检察长协商后任命的1位主席与2位副主席以及由国务大臣任命的2至8位普通成员组成。该仲裁庭专门解决因著作权许可合同、著作权使用的法定许可以及其他与著作权使用费有关的纠纷。当事人如对裁决不服,可上诉至高等法院,如果在苏格兰进行仲裁,则向季节法院上诉。高等法院的判决为终审判决。澳大利亚、新西兰等国也设立了著作权仲裁庭,但只处理表演权许可、法定许可或与使用费有关的问题。

4. 版税仲裁庭。《美国著作权法》第 8 章规定了"版税仲裁庭"的设立及仲裁程序。该仲裁庭由总统任命的 5 名委员组成,任期各为 7 年。该仲裁庭负责处理因强制许可、法定许可所引起的版税支付问题,对合理的版税费率的调整作出裁决,对交付版税的合理条件和比率问题作出裁决。仲裁庭的仲裁程序按经修正的 1946 年 6 月 11 日行政诉讼法的规定处理,每次终局裁决必须在联邦政府通报上公布,其中应说明仲裁所适用的标准、有关事实及作出裁决的依据。当事人如对裁决不服,可以在仲裁裁决在联邦政府通报上公布后 30 日之内上诉,要求取消、修改或纠正此裁决。

我国《著作权法》十分注重通过行政途径来解决著作权纠纷,该法第 7 条首先规定了著作权纠纷的行政管理部门:"国务院著作权行政管理部门主管全国的著作权管理工作;各省、自治区、直辖市人民政府的著作权行政管理部门主管本行政区域的著作权管理工作。"根据该法第 47 条的规定,著作权行政管理部门对于损害社会公共利益的著作权侵权行为,可以责令停止侵权行为,没收违法所得,没收、销毁侵权复制品,并可处以罚款;情节严重的,著作权行政管理部门还可以没收主要用于制作侵权复制品的材料、工具、设备等。通过以上规定,增强了对著作权人利益的法律保护。

根据《著作权法》第 47 条的规定,版权管理机关可以受理涉及数十种侵权行为的案件,并做出行政处罚。受理案件可根据权利人的申请、投诉,也可根据举报人的举报,或主动对市场的侵权事实进行查处,对侵权案件的行政处罚种类有以下几种:

(1)没收违法所得;

(2)没收、销毁侵权复制品;

(3)罚款;

(4)情节严重的,没收用于制作侵权复制品的材料、工具、设备;

(5)法律法规规定的其他行政处罚。

版权管理机关可根据侵权事实所造成的后果,即侵权行为对被侵权人和对公共利益的损害程度大小,决定选择其中一种或几种处罚。

从以上规定可以看出,在著作权侵权行为日趋猖獗的今天,各国纷纷加强了对著作权的保护,其保护措施逐渐趋于完善。我国的《著作权法》经过了几十年的实践,通过修订逐步与国际公约的规定相吻合,知识产权保护的水平不断提高。

第五章　比较其他知识产权制度

20 世纪 60 年代以来,随着社会经济和科技的发展,知识产权早已突破传统范围(著作权、专利权、商标权)的限制,不断呈现出多样化的趋势。1942 年的《意大利民法典》在知识产权专章规定了著作权、专利权、商标权以及商号权。1992 年的《法国知识产权法典》则将知识产权分为文学艺术产权(包括著作权、邻接权、数据库作者权等)和工业产权(包括发明专利权、工业产品外形设计权、技术秘密权、植物新品种权、集成电路布图设计权、商标权以及其他标记权)。除此之外,1967 年的《成立世界知识产权组织公约》将知识产权界定为文学艺术作品权、发明权、发现权、工业产品外观设计权、商标权、商号权、制止不正当竞争权以及其他一切在工业、科学、文学、艺术领域基于智力活动而产生的权利。1994 年的《与贸易有关的知识产权协定》(TRIPS)将知识产权界定为著作权及邻接权、商标权、地理标志权、工业产品外观设计权、专利权、集成电路布图设计权、商业秘密权。我国也出台了一系列单行条例,以充分实现对著作权、专利权、商标权以外的其他知识产权的保护。在学界,有不少中外学者甚至将商业信誉、信用、形象等无形财产也纳入到了知识产权的保护范围。知识产权远超出传统著作权、专利权、商标权的范围已是一个不争的事实。

本章着重对企业名称权、地理标志权、集成电路布图设计权和植物新品种权进行比较研究。

第一节　比较企业名称权

一、企业名称的概念

企业名称,又称商业名称、厂商名称,是指企业(或商事主体)在从事各种经营活动时的对外称谓。企业名称是企业法律人格化的表征,是企业作为一个独立的市场主体与其他企业相区别的显著标志。对此,中外学界基本上没有太大的分歧,只是在表述上有所差异。

在我国,企业法律人格化的标志一般被直接称作"企业名称"。例如,我国《民法通则》第 99 条第 2 款规定,企业法人、合伙组织、个体工商户都享有名称权,有权依法使用、转让自己的名称。除此之外,1991 年国家工商行政管理局颁布实施的《企业名称登记管理规定》《反不正当竞争法》等相关法律的规定中,亦是采用"企业名称"一词。我国学者在论述有关问题时,通常也是使用"企业名称""企业名称权"的称谓。如有学者认为,企业名称是企业在营业时所使用的名称,是在为各种营业法律行为时用以署名或与他人进行交易的名称。企业名称经依法登记,即受法律保护,相关企业即享有企业名称权①。还有学者认为,企业名称,或称商业名称、厂商名称,是企业在经营活动中使用的为人所知而与其他企业相区别的称呼②。在国外,企业法律人格化的标志一般被称为"商号"。例如,《德国商法典》第17条规定,商号是商人从事商事活动的名称,商人须以商号的名义从事经营活动并署名,且以商号的名义在法院应诉或起诉。《日本商法典》在第一编设有"商号"一章,专门规定了商号的设定、使用、转让、保护等问题。《意大利民法典》第六编设有"知识产权"专章,并在该章规定了著作权、专利权、商标权以及商号权。除此之外,《保护工业产权巴黎公约》《成立世界知识产权组织公约》《制裁商品来源的虚假或欺骗性标示马德里协定》《发展中国家商标、商号和不正当竞争行为示范法》《班吉协定》等国际、地区公约也都对商号的保护作出了规定。不仅如此,随着国际交往的不断深化,我国越来越多的学者开始使用"商号"的概念,并试图用"商号"的概念取代传统的"企业名称"的概念。例如,有学者认为,商号是商事主体在商事交往中使用的用以区别其他主体的名称③;有学者认为,商号是商主体在从事商事行为时,用以表现其营业的名称。商号权是商主体依法对其所拥有的商号享有的专属权利④。

"商号"是否等同于"企业名称",是一个值得思考的问题。目前,多数学者认为二者并不能完全等同。如有学者认为,商号不同于企业名称,因为根据1991年国家工商行政管理局颁布的《企业名称登记管理规定》,企业名称应当由行政区域、商号、行业或经营特点、组织形式几个部分组成,商号只是企业名称的组成部分之一,而不是全部。相比较于其他的几个组成部分而言,商号最能反映企业的独特性,是企业名称中最本质、最核心的要素,因此,企业只是对商号享有专用权,对企业名称并不享有专用权,只是使用权⑤。笔者认为,对商号概念的理解,应结合具体语境进行,不然就会导致理论上的混乱。首先,从我国国家工商行政管理局发布的《企业名称登记管理规定》中关于企业名称的组成来看,商号只是企业名称的构成要素之一,除了商号外,企业所在地的行政区划名称、行业类别、企业的组织形式(或财产责任承担形式)也是组成企业名称不可缺少的要素。因此,商号与企业名称并不是同一个概念,而是部分与整体的关系。其次,从国外立法来看,

---

① 参见盛杰民:《对企业名称权的法律思考》,《法商研究》1997年第6期,第53页。

② 参见谢晓尧、刘恒:《论企业名称的法律保护》,《中山大学学报(社会科学版)》1997年第3期,第48页。

③ 参见张丽霞:《论商号和商号权》,《法律科学》1996年第4期,第57页。

④ 参见李华:《我国商号保护的立法检讨及其完善》,《商业研究》2009年第9期,第172页。

⑤ 参见廖斌:《论商号权及其法律保护》,《中央政法管理干部学院学报》1997年第3期,第10页;姚新华:《论商号权》,《政法论坛》1994年第1期,第57页。

商号与商业名称、商事主体名称并无二异。如日本商法规定,商人可以使用自己的姓名或姓以及其他名称作为商号,公司的商号除了包括一定的名称外,还应包括组织形式或责任形式的内容;《德国商法典》第18条规定,任何企业都可以使用人名、物名或其他名称作商号,但必须同时标注企业的组织形式。我国台湾地区《商业登记法》也有类似的规定。由此可见,我国立法中的"商号"与域外立法中的"商号"并不是等同的概念。我国立法中的"商号"只是企业名称的一个组成部分,而域外立法中的"商号"则相当于企业名称的全部。因此,我国的"企业名称"与国外的"商号"其实是相同的概念。另外,即便是立足于本国的立法语境,商号虽然是企业名称中最核心的要素,但却无法脱离企业名称这个整体而单独存在,商号的识别、宣传功能,以及它所蕴含的经济价值和商业信誉,也只能通过企业名称才能表现出来。因此,商号专用权也就是企业名称的专用权,只有保护企业名称专用权,才能保护商号专用权。那种认为企业只对商号享有专用权,对企业名称并不享有专用权的看法,割裂了商号与企业名称的统一关系,自然是不妥的。为了论述方便,没有特别表明,本节中的"商号"与"企业名称"采取相同的概念。

二、企业名称权的性质

企业名称权是指企业对其所拥有的名称依法享有的权利。这种权利究竟是何种性质的权利,其在民事权利体系中的地位究竟如何,则是需要深入探讨的问题。

从国外的立法和相关实践来看,企业名称(商号)权属于知识产权的范畴,其与专利权、商标权相并列,同属于知识产权中的工业产权。例如,巴西、西班牙、葡萄牙的《工业产权法》中就专门对商号的保护作了规定;《美国商标法》《英国商标法》《德国商标及其他标记保护法》则是将商标与商号共同视为商业标志,并予以同等保护;《意大利民法典》在第六编设知识产权专章,规定了著作权、专利权、商标权以及商号权;《法国知识产权法典》中,则是在商标权以及其他标记权中规定了对商号权的保护;英国、荷兰、瑞典制定了专门的《商业名称法》,对商号予以特别保护。除此之外,相关的国际条约也有类似的规定。如《保护工业产权巴黎公约》第1条规定,工业产权的保护范围包括专利、实用新型、工业产品外观设计、商标、服务商标、商号、原产地标记或名称以及制止不正当竞争;《发展中国家商标、商号和不正当竞争行为示范法》第47至55条详细规定了商号的取得、转让、保护等相关问题。此外,《成立世界知识产权组织公约》《制裁商品来源的虚假或欺骗性标示马德里协定》《班吉协定》也都有类似的规定。这些域外立法充分说明了,商号权作为知识产权或工业产权的一种,在国际社会已不存在任何疑义。有些国家尽管没有在立法上明确将商号权归于知识产权的一种,但在学理上和实践中却认可商号权的知识产权属性。

在我国,有关企业名称的相关立法散见于《民法通则》《企业名称登记管理规定》《消费者权益保护法》《产品质量法》《反不正当竞争法》等法律文件之中,理论上对企业名称权的性质颇有争议,主要有以下几种观点:

其一,人格权说。认为企业名称权与公民姓名权无异,都属于人格权的一种。如有学者认为,企业名称是企业固有的、专属的、必备的人格利益,其所具有的继承、转让等财产属性,只不过是这种人格利益的附属性质①。有学者认为,企业名称权源自公民姓名权,为了与公民姓名权相区别,企业的姓名权被称为名称权②。持这种观点的法律依据是《民法通则》第99条以及第120条的规定。根据《民法通则》第99条的规定,公民依法享有姓名权,有权依法决定、使用、改变自己的姓名,禁止他人盗用、假冒、干涉。企业法人、合伙组织、个体工商户依法享有名称权,有权依法使用、转让自己的名称。第120条规定,当公民姓名权或企业名称权受到侵害时,受害人有权要求停止侵害、消除影响、恢复名誉、赔礼道歉、赔偿损失。根据《民法通则》的这两条规定来看,姓名权与名称权本质上并无二异,同属于人格权的范畴。

其二,身份权说。认为企业名称的存在,是为了表明商事主体的身份,以便开展经营活动,而且企业名称权可以依法转让和继承,因而不属于人格权的范畴,而是属于身份权的一种③。

其三,财产权说。认为企业名称不同于公民姓名,它能为企业带来巨大的经济价值。企业都是以营利作为自己的生存目的,企业名称权就是企业的一项无形资产。如有的学者认为,企业名称权是企业对其名称依法享有的占有、使用、收益、转让以及其他处分的权利,它因为经营主体而存在,为财产而生存④。有的学者认为,企业名称权是一种财产权,而且还是一种具有排他性的财产权。企业名称一经依法注册登记,便在登记的范围内享有排他性的专用权利⑤。

其四,人身权兼财产权双重属性说。认为企业名称权兼有人身权和财产权的双重属性。如有的学者认为,商号权是一种特殊的权利,它兼具人身权与财产权的双重性质。一方面,商号权的使用必须通过登记而取得公开性,另一方面,商号权具有地域性、排他性和可转让性⑥。有的学者认为,商号权同时具有人格权与财产权的性质。一方面,商号权直接体现了商事主体的主体资格,具有人格权的性质;另一方面,商号权也是一种无形财产权,能够被商事主体占有、使用、收益、

---

① 参见杨立新:《人身权法论》,中国检察出版社1996年版,第448-449页。

② 参见孟玉:《人身权的民法保护》,北京出版社1988年版,第8页。

③ 参见王利明、杨立新:《人格权法》,法律出版社1997年版。

④ 参见江平:《法人制度论》,中国政法大学出版社1994年版,第188页。

⑤ 参见史际春等:《企业和公司法》,中国人民大学出版社2001年版,第87页。

⑥ 参见李华:《我国商号保护的立法检讨及其完善》,《商业研究》2009年第9期,第172页。

转让、继承以及用作其他处分①。

其五，知识产权说。认为企业名称权属于知识产权的一种，与传统的著作权、专利权、商标权相列。如有的学者认为，商号权的性质是知识产权一说，已经得到了学界多数学者的赞同，同时也为我国国内立法和国际公约所认可。1999 年国家工商行政管理局颁布的《企业名称登记管理实施办法》第 44 条第 4 项规定，有关企业名称的争议，依照保护工业产权的原则来进行处理。同时，我国也是《保护工业产权巴黎公约》的成员国，理应将商号权视为知识产权来加以保护②。有的学者认为，商号权集人身权、财产权于一体，其核心权利是财产权，更确切地说，商号权是一种商业标识权，归属于知识产权的范畴③。

纵观以上学说，人格权说将企业名称与公民姓名等同，认为企业名称是企业人格化的象征，是企业作为一个独立的商事主体的标志，具有一定的合理性。但人格权说并不能完全说明企业名称权的属性。企业名称权的主体是企业，无论是个体工商户、合伙企业，还是企业法人，都是以营利为目的的经济实体，这决定了企业名称不仅只是企业人格化的标志，更重要的是具有财产属性。企业名称承载着企业的商业信用和商品信誉，能为企业带来巨大的经济收益。在市场竞争中，企业正是通过其名称中所蕴含的商业价值，来彰显企业的不同人格。除此之外，企业名称权的专用性、可转让、可继承性也无法通过人格权来说明。人格权与主体紧密相连，不能转让，不能继承；同时，作为人格权的姓名权是一种内敛型权利，并不排斥他人使用，只是在受到侵犯时，才会予以保护，因而不具有专用性。身份权说将企业名称权视为一种标志企业身份的权利，而且认为这种身份权可以转让，可以继承，这也与人身权与人身紧密相连、不能转让、不能继承相矛盾。同时，身份权说也无法说明企业名称权的财产属性以及企业名称权的专用性。财产权说将企业名称权视为一种无形财产权，看到了企业名称的经济价值，充分说明了企业名称权的可转让、可继承性，是可取的。但财产权说用物权的四个权能（即占有、使用、收益、处分）来解释企业名称权，并不能充分说明企业名称权的专有属性，企业名称权不同于物权，也不同于一般的无形财产权。此外，财产权说尽管抓住了企业名称权的核心价值，但却忽略了企业名称权的人格属性。企业名称不仅具有一定的经济价值，而且还是企业个性化的表现，是企业与企业之间相互区别的显著标志，其人格属性是不言而喻的。现代各国商法一般都禁止企业名称单独转让，必须连同营业一起转让，这也充分说明了企业名称权的人格属性。人身权兼财产权双重属性说认为企业名称权兼有人格权和财产权的双重属性，是可取的。这种学说在一定程度上弥补了前几种学说的不足，但没有进一步说明企业名

---

① 参见王利明、杨立新：《人格权法》，法律出版社 1997 年版。

② 参见朱冬：《商号权效力地域限制质疑》，《知识产权》2012 年第 2 期，第 52 页。

③ 参见饶世权、刘锋：《试论商号权的核心价值与立法保护》，《生产力研究》2009 年第 23 期，第 22 页。

称权的本质属性究竟是人格属性，还是财产属性，以及二者之间的关系。知识产权说较好地解决了企业名称权的上述问题，是合理的。

首先，企业名称是一种智力成果。企业名称是企业个性化的体现，它往往向消费者和社会传递一些反映企业个性化的信息，比如经营特点、文化理念、商品特征、服务特色等。一个处于市场竞争中的企业，往往需要采取各种宣传手段来吸引消费者的注意力，以此不断积累商业信用与商品、服务信誉，最终实现经营的最大化。企业名称无疑能起到较好的宣传作用，为了打开市场，争取消费者，企业创立者在设计企业名称时，往往需要考察市场走向、时代特征、文化观念，并充分结合自身独特的经营方式和理念，发挥想象力和创造力。作为一种商业标记，企业名称承载着特定企业的商业信誉和服务质量。一个具有良好信誉的企业，其名称对消费者具有巨大的吸引力，能为企业带来更多的经济利益，是企业的一项重要的无形财产。

其次，企业名称兼有人格的属性。企业是以营利为目的的，企业名称更多体现的是经济价值或财产属性，这也是企业名称权与公民姓名权最本质的区别。但企业名称与企业本身紧密相连，它向外界传递着特定企业的商品、服务不同于其他企业的相关信息，是企业个性化的体现，其人格属性表现无疑。与专利权、商标权等其他工业产权相比，企业名称权的人格属性更多地体现在使用时间和转让上。当代各国立法都没有对企业名称权的使用规定具体的时间，而是由企业本身的存在时间所决定。一般而言，企业存在，企业名称权即存在；企业消亡，企业名称权也就不复存在。在企业名称权的转让上，各国商法一般都规定企业名称权不能单独转让，必须连同企业营业一起转让。

再次，企业名称具有专属性。专属性或独占性、排他性，是知识产权的一个特有属性。作为一种智力成果，企业名称极易被他人复制或模仿，从而发生侵权现象，因此，需要赋予企业对其名称享有专有权。当然，与其他知识产权一样，这种专有权要受到一定地域的限制。一般而言，普通企业名称权的效力只及于注册国部分领域，而知名企业或驰名企业的名称权效力则可及于注册国全部领域。根据我国《企业名称登记管理规定》的相关规定，企业名称在登记核准的范围内享有专用权，任何企业不得在登记机关的辖区内使用与其他同行注册企业相同或相似的名称。与其他知识产权相比，企业名称权的效力受到地域的限制更为明显。

综上所述，企业名称权具备知识产权的所有特性，应当归属于知识产权的范畴。我国《民法通则》将企业名称权与公民姓名权相并列，共同规定于"人身权"一章，并不符合对企业名称权的科学定位。将企业名称权定位于知识产权，不仅符合民事权利划分的基本原理，也与当今国际社会的通行做法相一致。

三、企业名称权的客体

企业名称权是企业对其名称依法享有的专有权利。企业名称权的客体所涉及的问题是，法律层面或法律范围内的企业名称应如何界定，即什么样的企业名称才属于法律所保护的范围。对此，中外立法和学界认识并不完全一致。

从国外立法来看，对企业名称权的客体范围，主要存在着以下三种态度：

其一，登记生效主义。登记生效主义是指只有在主管部门依法登记注册的企业名称才受法律保护，才依法享有排他性的专有权，未经依法登记注册的企业名称不得使用，不得用来从事任何商事活动。如《德国商法》第 29 条规定，任何一名商人都有义务将其商号向其营业所在地的商事登记法院申报登记，并标明商号，由商事登记法院保存。在商号发生变更、废除的情况下，商事主体也应当依照同样的程序，向商事登记法院申报。采取登记生效主义旨在规范企业名称的管理，维护市场秩序和交易安全。

其二，登记对抗主义。登记对抗主义是指企业名称的使用无须经过登记，但只有经过登记的企业名称才具有专有权，才能受到法律保护，未经登记的企业名称不足以对抗第三人。如《日本商法》第 20 条第 1 款规定，已经进行商号登记的，对于以不正当竞争为目的使用相同或相似的商号的，可以要求使用人停止该商号的使用；第 2 款规定，商号的转让，非经登记，不得对抗善意的第三人。与登记生效主义不同的是，登记对抗主义承认未经登记的企业名称的使用权，只是这种使用权不具专有性，无法对抗第三人使用相同或相似的名称。作为一种知识产权，专有性是企业名称权的特有属性，因此作为企业名称权的客体只能是经过登记的企业名称，未经登记的企业名称尽管可以使用，但却已经超出了企业名称权的客体范围。

其三，使用主义。使用主义认为，企业名称无须办理任何的注册登记，只要用于从事商事活动，面向社会，与公众相接触，为公众所知悉，就受到法律保护，享有专有权。如《美国商标法》规定，商标、商号无论是否注册，只要使用就能得到法律保护，享有专有权。法国亦采取登记任意主义，只要商号一经使用即受法律保护，享有商号专有权，而无须履行登记程序。除此之外，《保护工业产权巴黎公约》第 8 条规定，商号应当在本同盟所有成员国内得到保护，无须履行申请注册的义务，也不论其是否为商标的组成部分。《发展中国家商标、商号和不正当竞争行为示范法》第 48 条规定，尽管任何法律或规章规定了任何登记商号的义务，但商号即使在登记前或未登记，也依然受到法律保护，具有对抗第三人的效力。《班吉协定》附件 5 规定，商号权可以通过使用和注册这两条途径中的任何一条途径获得。使用主义将企业名称权的客体界定为实际使用的企业名称，其旨在促进市场和交易自由。

我国立法采取的是登记生效主义，认为企业名称权的客体是依法登记注册的企业名称，未经依法登记注册的，不得使用。我国《民法通则》第 33 条规定，合伙组织可以使用字号，经依法核准登记，在登记的范围内从事经营活动。《企业名称登记管理规定》第 3 条规定，企业名称只有经过工商部门核准登记后，才能使用，在规定的范围内享有专用权；第 26 条规定，企业名称未经登记便从事经营活动的,责令停止经营活动,没收违法所得或处以两千元以上、两万元以下的罚款。我国学界通常也是持此观点。如有学者认为,商号权是商事主体对自己依法登记注册的商号享有的专用权,它是商事主体的一项重要权利,属于知识产权的范畴①。也有个别学者持不同的态度,如有学者认为,法律并非保护所有商号,只有具备一定影响、享有一定商业信誉的商号,才能成为商号权的客体,才能得到法律的保护②。按照这种观点,即使已经登记注册,但不具备一定知名度、良好信誉的商号,依然不能作为一种知识产权来加以保护。相反,具备一定知名度、具有良好信誉的商号,即便不登记注册,也能作为一种知识产权来加以保护。对此,笔者认为,首先,将商号或企业名称的注册登记作为法律保护的前提,在我国是十分必要的。我国正处于市场经济不断发展、完善的时期,需要通过核准登记的方式对企业资格进行确认并且公示,以维护市场秩序和交易安全。完全放开对企业资格的确认和管制,只会导致市场秩序的混乱,不利于维护交易安全、保护消费者合法权益。其次,认为只有具备一定影响力、良好商业信誉的商号才能受到法律保护,不具备一定影响力、良好商业信誉的商号则不受法律保护,有悖于法律面前人人平等的原则。商号是企业的一项重要的无形财产,其知名度、影响力、商业信誉只是衡量商号经济价值的标准,而不是判断商号是否应受法律保护的依据。知名度高、影响力大、商业信誉好的商号,只是说明它给企业带来的经济价值大,而不是说明它应当受到法律保护。无论是信誉良好的商号,还是信誉一般的商号,只要依法履行了注册登记手续,就应当平等地受到法律保护,而不应予以差别对待。认为前者应受到法律保护,后者不应受到法律保护,自然有违法律面前人人平等的原则。再次,将具有一定影响力、享有一定商业信誉作为商号受到法律保护的标准,也会导致实践中的操作困难。任何商号的知名度、影响力、商业信誉都是在市场中不断发展、积累而形成的,但究竟达到何种程度的知名度、影响力、商业信誉的商号才能受到法律保护,在实践中本来就是一个难以把握的问题,没有一个具体、明确的标准,这样不利于对商号权的保护。此外,还有学者认为,即使在企业消亡,企业名称被注销的情况下,企业名称依然在一定时间内受到法律保护,依然能成为企业名称权的客体③。这种观点的法律依据是《企业名称登记管理规定》第21条的规定。该条规定,企业名称在申请登记注册时,禁止使用注销未满1年的企业名称或与之相近似的企业名称,对此,登记机关将不予登记。笔者认为,企业名称权的主体是企业,当企业消亡时,也就意味着企业名称权不复存在,当然也就不存在对已经注销的企业名称的法律保护问题。《企业名称登记管理规

---

① 参见张丽霞:《论商号和商号权》,《法律科学》1996年第4期,第60页。
② 参见张礼洪:《论商号的知识产权保护》,《知识产权》1995年第5期。
③ 参见谢晓尧、刘恒:《论企业名称的法律保护》,《中山大学学报(社会科学版)》1997年第3期,第50页。

定》第 21 条的规定并不是为了保护已经被注销的企业名称,而是为了防止消费者发生误认,促进市场诚信,维护交易安全。因此,被注销的企业名称不能成为企业名称权的客体。

通过上述比较,我们可以发现,各国对企业名称权客体的界定并不完全一致。但从国际社会的发展趋势来看,对企业名称权的保护呈现出不断扩大的趋势,即不仅对注册的企业名称予以保护,也对未注册的企业名称予以保护,这应当也是与加强国际合作、促进自由贸易的当前国际经济环境相适应的。

四、企业名称权的内容

企业名称权的内容一般包括名称设定权、名称独占使用权以及名称转让权。除此之外,企业名称权的内容还涉及名称变更权、名称废除权和名称许可使用权。本部分主要就名称设定权、名称独占使用权、名称转让权三项内容展开比较分析。

(一)名称设定权

名称设定权,是指企业有决定采用何种内容作为自己名称的权利,即确定自己名称的权利。一方面,企业名称的设定,必须充分反映企业自身的经营特点、风格和文化理念,以博得消费市场,因此,必须尊重企业的选择自由;另一方面,为了维护公平的市场竞争秩序,切实保障消费者合法权益,又有必要对企业设定名称的权利进行一定程度的限制,确保企业名称能真实反映企业的相关情况,避免给公众造成假象和产生迷惑。世界各国都是在平衡自由主义与真实主义的基础上来规定名称设定权的。

从国外的相关立法来看,大多是在坚持自由主义的原则下,辅之以真实主义原则,以充分发挥企业名称的相关功能。旧的《德国商法典》以及相关法律主要采用真实主义原则,对商号的选择进行了严格的限制。如该法典第 18 条第 1 款、第 2 款规定,独资商人必须要以本人的真实姓名作为商号,在商号中尽管也可以注明企业的业务种类,但不得对社会公众造成误解和欺骗。此外,德国《股份法》《有限责任公司法》等法律也规定,人合商事公司(即无限责任公司、两合公司、股份两合公司)必须以全体无限责任股东的姓氏或一名无限责任股东的姓氏再加上公司业务性质作为商号,即只能采用人名商号,不能采用物名商号;资合商事公司(即有限责任公司和股份有限公司)则应视不同种类而定,有限责任公司既可以用人名作商号,也可以用物名作商号,而股份有限公司则只能使用物名作为商号,而且必须同时注明公司业务种类和法律责任形式。1998 年新修订的《德国商法典》则采取了自由主义原则,大大放宽了企业对商号选择的自由。根据该法典第 18 条第 1 款、第 2 款以及第 30 条的规定,无论是独资商人,还是人合商事公司或资合公司,都可以选择使用人名或者物名作为商号,甚至还可以选择虚构的名称作为商号,但必须同时具备以下三个条件:其一,商号中必须标明企业的责任形式,如"无限公司""有限公司""两合公司"等;其二,商号中不得包含足以令人发生误解的内容;其三,商号必须与同区域内已登记的商号明显相区分。此外,根据 1994 年德国《商标和其他标记保护法》的规定,商号作为一种商业标记,不得与商标或其他商业标记相同或相近似,以免发生混淆。《日本商法典》同样采取自由主义原则,对商号的选用并未施加过多的限制,但也规定同一区域内的商号必须存在差别,不能使人误认为是他人营业的商号。根据《意大利民法典》的规定,公司名称不得包含引起他人误解的内容,新成立的公司名称不得与同一地区、同一行业的其他公司名称相混淆。《韩国商法》第 23 条规定,禁止任何人出于不正当的目的采用足以使人误认为是他人营业的商号,禁止在同一市、郡、特别市、广域市使用同一行业的他人已经登记的商号作为自己的商号。在美国,商号一般不受联邦法的保护,但受州普通法的保护。根据州普通法的规定,商号不得与其他公司的名称相同或相近似,以引起混淆①。同时,美国对于商号与商标往往予以同等保护,为了保护商标权,禁止以他人商标或与之相近似的标记作为商号,反之亦然。《英国公司法》第 17 条规定,公司申请注册时,不得采用夸大公司规模、暗示与政府或皇家有关系等贸易部禁止使用的名称。除以上各国国内法的相关规定外,国际条约也有一定的体现。如《与贸易有关的知识产权协定》(TRIPS)第 16 条规定,注册商标所有人有权禁止任何其他人在相同或相类似的商品或服务上使用与注册商标相同或相近似的商业标记,以免造成混淆。言下之意,商号作为一种商业标记,在设定时,不得使用同行业或类似行业的注册商标或与之相近似的商业标记作为自身的内容,以体现对注册商标的保护。

从我国的相关立法和规定来看,对企业名称的选用也并未作过多的限制,总体上也是坚持自由主义的原则,但为了维护市场秩序和交易安全,也作出了一些限制性规定。如《企业名称登记管理规定》第 7 条规定,企业名称必须由行政区划名称、商号、行业种类、组织责任形式依次组成,以充分标识企业与企业之间的区别;第 10 条规定,商号必须使用两个以上的字,即必须使用两个以上的本国文字,不得使用字母、数字或其他非文字标记,使用外国名称时须与中国名称相一致;第 9 条规定,企业名称不得包含有害于国家或社会公共利益的内容、可能对公众造成误解或欺骗的内容、外国国家或国际组织的名称、政党以及党政机关等名称、汉语拼音字母以及其他法律、行政法规禁止的内容;第 6 条规定,一个企业只能使用一个名称,禁止企业名称与同一地区、同一行业的其他已登记的企业名称相同或相近似,确有特殊需要的,经省一级工商行政管理机关批准,企业可以在规定范围

---

① 参见[美]罗伯特·P·墨杰斯等:《新技术时代的知识产权法》,齐筠等译,中国政法大学出版社 2003 年版,第 446 页。

内使用一个从属名称。《反不正当竞争法》第 5 条规定,将他人的注册商标作为自己的企业名称,属于不正当竞争行为,应予以禁止。此外,1996 年国家工商行政管理局颁布实施的《驰名商标认定和管理暂行规定》还规定,将已经确认在先的驰名商标或与之相近似的文字用作企业名称,可能引起公众误解和混淆的,工商行政管理机关不予登记;已经登记的,驰名商标所有人可以在法律规定的期限内向作出登记的工商行政管理机关提出撤销该企业名称的申请。

通过对以上我国以及国外相关立法的展现,可以看出,无论是我国,还是国外,都对企业名称的选择和设定持自由主义的态度,但出于维护市场竞争秩序和保护消费者合法权益的考虑,又施加了种种限制,如企业名称中不得包含可能引起公众误解和混淆的内容,不得选择与他人相同或相似的企业名称,不得将他人的商标作为企业名称的内容,等等。相比较而言,尽管总体上都是坚持自由主义原则,但我国立法对企业名称的设定设置了更多的限制,充分体现了对市场秩序和交易安全的关注。此外,从国外对名称设定权的相关规定来看,立法层次较高,主要通过《商法典》《公司法》《商标法》等法律加以规定,而且内容较为系统、完备,对企业名称权与商标权之间的冲突问题也作出了明确的规定。相比较于国外的立法,我国对名称设定权的规定主要集中在国家工商行政管理局颁布的《企业名称登记管理规定》中,立法层次较低,而且内容不够系统、完善,如该规定只规定了企业名称中不得包含可能引起公众误解的内容,却没有对企业名称权与商标权之间的冲突问题作出规定,尽管《反不正当竞争法》第 5 条规定了将他人的注册商标作为企业名称是不正当竞争行为,但却并没有规定将与他人注册商标相似的文字作为企业名称也应当予以禁止。1996 年的《驰名商标认定和管理暂行规定》在一定程度上解决了驰名商标与企业名称之间的冲突问题,但就非驰名商标与企业名称之间的冲突问题却没有涉及。这些应当是我们努力完善的地方。

以上就是对名称设定权所作的比较分析。由于名称变更权与名称设定权的行使原则大体相同,名称废除权的行使又几乎不受到任何的限制,在此不再赘述。

(二)名称独占使用权

名称独占使用权,是指企业有不受妨碍地使用自己的名称和禁止他人在一定范围内使用与自己的名称相同或相似的商业标识的权利。名称独占使用权包括两个方面的内容:一是名称使用权,即企业在各项经营活动中不受妨碍地使用自己名称的权利,包括在牌匾、信笺、银行账户、印章上使用自己的名称;二是名称禁止权,即禁止他人在一定范围内使用与自己的名称相同或相似的名称或商标。名称禁止权又称为名称独占权、名称排他权,是名称独占使用权的核心内容。

国外立法多对此有详尽的规定。根据《德国商法典》第 30 条第 1 款的规定,已登记的商号享有排他性的权利,禁止任何人在同一地区使用与已登记的商号不存在明显区别的商号。该款将商号权的排他效力限制在注册登记的地区。但

1994 年的德国《商标和其他标记保护法》第 15 条规定,受法律保护的商业标识具有专用权,禁止任何人在商业活动中未经授权而使用该商业标识或与之相混淆的近似标识。该条实际上排除了作为商业标识之一的商号权的地域效力的限制。正如德国学者评价道,在实践中,《商法典》第 30 条第 1 款的规定往往让位于《商标和其他标记保护法》第 15 条的规定,对商号权的排他效力不作地域上的限制[①]。德国《商标和其他标记保护法》还体现了对知名商号的特殊保护。根据该法规定,在国内享有声誉的商业标识,即便没有发生混淆的危险,也应当禁止他人在商业活动中使用与之相同或相似的商业标识。此外,德国《反不正当竞争法》第 16 条规定,在商业活动中,任何使用与他人合法姓名、商号或其他商业标记相混淆的商业标记的行为,都属于不正当竞争行为,都应当予以禁止。《法国知识产权法典》明确将商号权与商标权予以同等保护,禁止他人使用与成立在先的商号相混淆的商号或商标。此外,法国司法实践对商号权的效力范围和知名商号的保护也进行了一定程度的确认。如法国里昂法院于 1988 年判决认为,商号权的效力范围应及于全国领域,而不论其知名度和使用范围。法国最高法院也于同年判决认为,商号权的效力不应只限于本国领域的一部分[②]。关于知名商号的保护,法国法院还判决认为,知名商号可以凭借其知名事实来对抗任何第三人,而且效力不限于同类商品[③]。《日本商法典》第 19 条规定,不得将同一市镇村内已经办理登记的相同营业的商号登记为自己的商号;第 20 条第 1 款规定,已登记的商号所有人有权禁止他人基于不正当竞争的目的而使用相同或相似的商号。《韩国商法》第 23 条规定,禁止任何人基于不正当的目的使用足以使人误认为是他人营业的商号,不得在同一市、郡、特别市、广域市内使用与他人登记的相同营业的商号。《意大利民法典》规定,名称不得引人误解,不得与同一地区、同一行业已成立的公司名称相混淆。我国台湾地区也有相类似的规定。如台湾《公司法》第 30 条规定,同类业务之公司,无论是否在同一区域内,都不得使用相同或相似的名称。该条将企业名称的专用效力限制在同类业务的范围之内。但台湾《公平交易法》第 20 条第 1 款又规定,禁止以相关大众所共知的他人姓名、商号、公司名称或其他营业标记为相同或相似之使用,以免发生混淆。该款不仅承认了企业名称跨行业、跨地域的专用效力,还将企业名称、商标等商业标识予以同等保护。美国州普通法禁止使用与他人相同或相似的公司名称,以免混淆,也禁止可能与商号发生混淆的商标的使用或注册。《美国商标法》第 44 条 G 款规定,不论商号注册与否,他人若采用或行使相同或近似于商号权人之商号或标章者,应认为权利之侵害;对于内、外

---

① 参见[德]C·W·卡纳里斯:《德国商法》,杨继译,法律出版社 2006 年版,第 334 页。
② 参见吴汉东主编:《知识产权法》(第五版),法律出版社 2014 年版,第 349—350 页。
③ 参见苏跃飞、丁丽宏:《商号保护法律制度的国际比较》,《商业时代》2008 年第 5 期,第 73 页。

国人,均予以同等之保护①。《英国公司法》以及我国香港《公司法》也有相类似的规定。如我国香港《公司法》规定,使用使公众误认为是其他公司的名称,属于侵权行为,受害人有权向法庭申请禁止令,停止侵权人对该名称的使用②。除此之外,国际条约对此也有相关的规定。如根据《保护工业产权巴黎公约》第 10 条的规定,各成员国应制止不正当竞争,禁止一切在商业活动中违反诚实经营的行为,禁止以任何手段对竞争对方的商品、营业场所或其他经营活动造成混淆的行为。在修订《巴黎公约》的讨论过程中,部分非政府间的国际组织比较一致地认为先成立的商号权应优先于商标权的保护,禁止将已成立的商号或与之相似的文字作为商标注册或使用③。《与贸易有关的知识产权协定》(TRIPS)第 16 条规定,商标注册或使用不得损害任何已有的在先权。但该协定并未明确在先权的具体范围。但早在 1991 年底《关税与贸易总协定》的缔约方就知识产权相关协议进行讨论时,《巴黎公约》的成员国就一致认为注册商标权不得损害他人已经成立在先的商号权④。1966 年的《发展中国家商标、商号和不正当竞争行为示范法》规定,商号即使未登记,也受法律保护,禁止任何第三人将已经成立在先的商号或与之相似的标记用作商号、商标、服务标记或集体商标,造成公众混淆的行为。对此,世界知识产权组织国际局解释认为,法律并不绝对禁止第三人使用相同的名称,但要防止公众误认,若企业之间相距甚远且只为当地所知晓,即使使用相同的名称也不会误认⑤。

从我国的立法规定来看,关于名称独占使用权的内容主要体现在《企业名称登记管理规定》《反不正当竞争法》等相关法律中。根据《企业名称登记管理规定》第 3 条、第 6 条第 1 款的规定,企业名称经注册登记后方可使用,在登记机关的管辖区域内享有专用权,禁止他人在同一辖区内使用与同行业已登记企业相同或相似的名称。该规定将企业名称权的专有效力限定在注册登记地区以及相同行业范围内。但《反不正当竞争法》第 5 条第 3 项规定,擅自使用他人企业名称,使人误认为是他人商品的,属于不正当竞争行为,应当予以禁止。该项其实排除了企业名称的专用效力受到行业、地域的限制。《产品质量法》《消费者权益保护法》也有类似的规定。根据《产品质量法》第 4 条的规定,禁止伪造产品产地,伪造或冒用他人厂名、厂址;《消费者权益保护法》第 20 条规定,经营者应使用或标明自己的真实名称及标记,禁止伪造产品产地,伪造或冒用他人厂名、厂址。此外,1999

---

① 参见吴汉东主编:《知识产权法》(第五版),法律出版社 2014 年版,第 353 页。
② 转引自何正启:《论国际上对商号的保护及我国商号立法的完善》,《国际商务研究》1997 年第 2 期,第 28 页。
③ 参见张炜达:《谈商号权法律保护的现状及完善》,《商业时代》2009 年第 5 期,第 72 页。
④ 转引自何正启:《论国际上对商号的保护及我国商号立法的完善》,《国际商务研究》1997 年第 2 期,第 28 页。
⑤ 转引自王妍:《企业名称权的性质及法律保护》,《河北法学》2005 年第 5 期,第 51 页。

年国家工商行政管理局《关于企业名称行政辖区问题的答复》再次指出,登记于不同行政区划的企业名称,若在使用过程中引起公众误认,损害另一方企业的合法权益的,应按照注册在先和公平竞争的原则来进行处理。关于企业名称权与商标权的冲突问题,我国《商标法》规定,申请商标注册不得损害他人已有的在先权利。但在先权利具体包括哪些,该法并没有明确规定。但1999年国家工商行政管理局《关于解决商标与企业名称中若干问题的意见》指出,将他人企业名称中的字号或与之相似的文字作为商标注册或使用,使公众产生混淆的,属于不正当竞争行为,应依法予以制止;处理企业名称与商标相冲突的案件,应遵循维护公平竞争和保护在先权利原则。2005年国家工商行政管理局颁布的《商标审查及审理标准》也指出,将他人已登记的、具有一定知名度的名称或与之相似的文字作为注册商标,引起公众混淆的,属于对在先权的侵犯,争议商标应不予注册或予以撤销。这两项规定已经充分说明了企业名称权能成为一种在先权而优于商标权得到保护。从司法实践来看,2002年最高人民法院《关于审理商标民事纠纷案件适用法律若干问题的解释》第9条规定,使用相同或近似的商业标志,使公众产生误解的,构成侵权行为。2008年最高人民法院《关于审理注册商标、企业名称与在先权利冲突的民事纠纷案件若干问题的规定》规定,以他人注册商标侵犯自己的著作权、专利权、企业名称权等在先权利为由提起诉讼,或因他人的企业名称与自己登记在先的名称相同或相似足以引起公众误解而提起诉讼的,人民法院应当受理。这些都肯定了企业名称权作为在先权的法律效力。

案例5-1　中国(深圳)对外贸易中心有限公司抢注商标案

自1995年12月开始,中国(深圳)对外贸易中心有限公司先后五次向国家工商行政管理局提出200多件商标注册申请,除了将公众熟知的商标,如"凤凰""长虹"等,在非类似商品或服务上注册,还将全国各地48家上市公司的简称(含字号和简称的主体部分)进行商标注册,这些企业包括长春四环、江西江铃、福建实达、内蒙古伊利、上海水仙等知名企业。截止1998年7月2日,该公司提出的200多件注册申请已有156件被核准注册。

国家工商局商标评审委员会经调查认为,中国(深圳)对外贸易中心有限公司注册的"江铃"等9件商标,均为上市公司名称或在广东等地区有一定知名度的企业名称的简称,在相关经济领域有一定的影响,中国(深圳)对外贸易中心有限公司对此理应知晓。该公司将这些名称在有关服务领域作为商标注册,将对社会公众产生误导作用,同时对这些企业的权益构成侵害,并造成不良的社会影响。根据《商标法》第27条的规定,对上述9件商标依法予以撤销。

通过上述比较,可以发现,域外立法一方面多在《商法典》中规定企业名称的独占使用权要受到一定地域、一定行业的限制,但另一方面又通过《反不正当竞争法》《商标法》等法律甚至法院判决来突破这种限制,认为名称专用权的效力不能仅仅只局限于登记注册的区域或相同的行业,只要他人的行为足以造成公众误解与混淆,即使发生在不同地域、不同行业,对企业名称权也应当予以保护。我国基本上也是采取相同的态度,一方面规定企业名称在登记注册的区域以及相同行业范围内享有专用权(《企业名称登记管理规定》),另一方面又规定在引起他人误解的情况下,可以突破这种区域、行业限制,实现对企业名称权的保护(《反不正当竞争法》《产品质量法》《消费者权益保护法》等)。但无论是《反不正当竞争法》,还是《产品质量法》《消费者权益保护法》,都只是规定在他人使用相同的名称从而引起公众误解的情况下对名称权的保护问题,对他人使用相似的名称造成混淆的情形并没有关注。尽管国家工商行政管理局的《答复》以及最高法院的相关司法解释弥补了这一缺陷,但毕竟没有上升到立法的层面。从这一点上看,域外立法对企业名称权的保护显得更为完备。就企业名称权与商标权的冲突问题,无论是国外国内立法,还是国际条约,都一致认为企业名称权(或商号权)能作为一种在先权,从而对抗商标权的效力。相比较而言,我国《商标法》并没有明确规定企业名称权能作为一种在先权从而对抗商标权的效力,其他相关法律对此也并未涉及。尽管国家工商行政管理局发布的《意见》《标准》以及最高人民法院的相关司法解释明确承认企业名称权能作为一种在先权从而对抗商标权的效力,但并未通过国家正式立法加以确认,缺乏权威性。此外,关于知名商号的保护,无论是国外立法还是司法实践,都十分重视对知名商号的特殊保护,往往赋予知名商号跨行业、跨地域的排他效力,甚至在没有引起公众误解危险的情况下,仍然禁止他人使用与知名商号相同或相似的文字作为自己的商业标识。相比较而言,我国立法对知名商号的保护并未作过多的规定,实践中主要由司法机关根据具体的案件情况来进行认定。我国学界一般认为,对于知名商号应予以知名商标一样保护,由于知名商号往往具有较大的社会影响力,最容易被擅用或仿冒,因而对知名商号的保护范围应宽于一般商号,应赋予知名商号无限制的特别保护权,即在全国范围内的、跨行业的保护[①]。对此,笔者表示赞同。

(三)名称转让权

名称转让权,是指企业有将自己的名称转让给其他继受企业使用的权利。企业名称一经转让,转让企业将彻底丧失对名称的一切权利,而被转让企业或继受企业将永久获得名称的一切权利。名称的转让与名称的许可使用不同,名称的许可使用是企业许可其他企业在一定期限内使用自己的名称,而自身并不丧失对名称的使用权。名称的转让则是企业永久性地转让自己的名称,转让发生后,企业

[①] 参见李华:《我国商号保护的立法检讨及其完善》,《商业研究》2009 年第 9 期,第 175 页;廖斌:《论我国商号权的保护》,《西南民族学院学报(哲学社会科学版)》2003 年第 5 期,第 172 页;何正启:《论国际上对商号的保护及我国商号立法的完善》,《国际商务研究》1997 年第 2 期,第 50 页。

将丧失对名称的使用权。名称转让权是企业名称权财产属性的最集中体现,也是企业名称权与公民姓名权最根本的区别之一。作为一种无形财产,企业名称能通过市场交易获得巨大的经济价值,充分体现了其财产的本质属性,但另一方面,为了维护交易安全、保障消费者合法权益,维护公平的市场竞争秩序,名称转让权的行使往往又受到一定的限制。

国外立法对企业名称的转让多有一定的规定。如《德国商法典》第 23 条规定,用于营业的商号非随同企业不得转让;第 25 条规定,商号随同营业转让时,继受商号及其营业的商事主体必须对原商号所有人的债务承担法律责任。但在商号及其营业转让时通过契约免除这种债务承担并通过登记机关予以登记公告或在商号转让前债权人的利益不受影响的情况下及时告知债权人的除外。根据上述规定,商号只能随同企业营业一起转让,而不能脱离营业单独转让,即使在企业营业终止时,商号也只能宣告终止,而不能单独转让。这种转让其实体现的就是企业的合并问题,新组合而成的企业自然要对原组合的企业的所有债务承担责任。《瑞士债务法典》也规定,商号除了随同营业一起转让外,不得单独转让。《日本商法典》第 24 条规定,非随同企业营业或营业终止,商号权不得转让。根据该条规定,商号权的转让有两种情况:一是随同企业营业一起转让,这充分说明了商号与企业本身不可分离,体现了商号权的人身属性;二是在企业营业终止的情况下,商号权可以单独转让,这在一定程度上又体现了商号权的财产属性,反映了对商号权经济价值充分利用的态度。和《德国商法典》相比,《日本商法典》对商号权转让的限制相对宽松,原则上要求商号权的转让应随同营业一起,在营业终止的情况下也例外地允许商号权可以单独转让。而《德国商法典》则严格限制商号权的单独转让,要求商号权必须随同企业营业一起转让,禁止任何商号权的单独转让情形,即使是营业终止时也不例外。这也充分说明了《德国商法典》较之《日本商法典》更加关注商号权的人身属性,更加关注对市场秩序的维护和交易安全的保障。此外,《日本商法典》第 25 条还规定,商号转让人在商号发生转让的一定期限内禁止从事与原商号相同的营业,即竞业禁止义务。之所以这样规定,是为了切实保障被转让方的合法利益,维护公平的竞争秩序。从目前世界各国的立法规定来看,除了法国,几乎都对商号权的转让作了以上限制①。1966 年世界知识产权组织制定的《发展中国家商标、商号和不正当竞争行为示范法》第四编第 47 条至 55 条集中规定了商号的禁用条件、商号的保护、商号的转让等问题,并对侵犯商号权的不正当竞争行为的诉讼程序作了详细的规定。

我国立法对企业名称的转让也作了一定的规定。《民法通则》第 99 条第 2 款

---

① 参见张丽霞:《也论商号的知识产权保护——兼与张礼洪先生商榷》,《法商研究》1996 年第 4 期,第 82 页。

规定,企业法人、个人合伙、个体工商户享有名称权,有权依法使用、转让自己的名称。该款对企业名称权的转让进行了确认。关于企业名称权如何转让的问题,根据 1985 年国家工商行政管理局发布的《工商企业名称管理暂行规定》的规定,企业名称可以随同企业一起转让,也可以单独转让。依此规定,企业名称的转让并不受太多的限制,在尊重双方意志自由的前提下,企业名称既可以随同企业营业一起转让,也可以单独转让。应当说,这对于促进市场交易,充分实现企业名称商业价值的最大化,有着一定的积极作用。但 1991 年国家工商行政管理局颁布的《企业名称登记管理规定》却对此进行了修改。该《规定》第 23 条指出,企业名称只能随同企业营业的一部分或全部一并转让,除此之外,企业名称不得单独转让。而且企业名称只能转让给一家企业,转让双方应签订书面转让合同并报送登记机关办理核准登记。企业名称转让后,转让方不得继续使用已转让的企业名称。该条规定基本上采取了国际通行的做法,在充分肯定企业名称转让权的前提下,又对这种转让权进行了一定程度的限制,要求企业名称必须随同企业或企业的一部分一并转让,禁止企业名称的单独转让,即使在企业终止营业的情况下也不例外。这也充分体现了在促进市场交易自由的基础上同时加强对市场竞争秩序和交易安全的维护和保障的立法态度。同时,《企业名称登记管理规定》第 21 条规定,企业办理登记注册的名称不得与注销登记未满 1 年的企业名称相同或相近似,否则,登记机关将不予登记。该条其实也是从另外一个角度否定了在企业终止的情况下名称权的单独转让情形。之所以这样规定,是为了避免已经消亡的企业继续在公众心目当中保持存在的假死状态,有违市场诚信原则,不利于保护消费者的合法权益,维护公平的市场竞争秩序。根据该条规定,在企业终止时,其名称自然也就不可能转让给其他企业,只能是随着企业的消亡而消亡。除此之外,我国对于企业名称的许可使用也有相关的规定。如 2002 年国家工商行政管理局在其发布的《关于对企业名称许可使用有关问题的答复》中认为,企业不得许可其他企业使用自己的名称,即否认企业享有名称许可使用权。但 2007 年国务院颁布的《商业特许经营管理条例》则在一定程度上承认了企业名称许可使用权的存在,允许某些从事特许经营行业的企业在一定条件下许可他人使用自己的名称。这在一定程度上体现了国家对某些特许经营行业的扶持。

通过上述比较,可以发现,世界各国都是在促进企业名称商业价值的最大化与维护市场交易安全与竞争秩序的博弈中来实现企业名称权有限制的转让的。我国目前与国外的通行做法基本一致,只是在对企业名称转让的限制程度上略有差异。如我国和德国都一致否认企业名称的单独转让,认为企业名称只能随同企业营业一起转让,但我国立法认为企业名称可随同企业的一部分或者全部一并转让,而《德国商法典》却只承认企业名称随同企业营业的全部一并转让的情形。《日本商法典》同样认为企业名称只能随同全部营业一起转让,不承认企业名称随同营业的一部分一起转让的情形。同时,《日本商法典》还认可了企业名称在营业终止情况下的单独转让的情形,而我国与德国则否认这种单独转让的存在。为了保障被转让企业的合法利益,维护公平竞争的市场秩序,《日本商法典》还规定了转让企业在名称转让后一定的期限内不得从事与原名称相同的营业的竞业禁止义务,而我国相关立法对此却并未涉及。此外,我国通过行政法规的形式确认了某些特许经营行业的企业名称的许可使用权,而国外大多数国家对此并没有相关的规定。究其原因,主要是因为国外立法大多认为企业名称的转让使用只能随同企业营业的全部一并移转或者在企业终止时单独移转,但无论是哪种移转方式,企业最终所面临的结局只有一个,那就是消亡。既然如此,企业在转让自己的名称后,将丧失存在的主体资格,更毋庸说丧失名称的使用权。而名称的许可使用则是在向其他企业转让名称使用权的同时,转让企业自身依然存在,依然享有名称的使用权,这必然与企业名称只能随同营业一同转移或者在企业终止的情况下发生单独转移的规定相矛盾。因此,世界多数国家并未规定企业名称的许可使用权。但与此不同的是,我国立法规定,企业名称既可以随企业的全部一并转让,也可以随企业的一部分一并转让,在后一种转让情形下,转让企业依然可以独立存在并继续使用自己的名称,这其实便为企业名称的许可使用提供了立法上的存在空间。对于某些特许经营的行业,国家往往基于一定的政策导向对其进行特殊扶持,允许从事这些行业的企业在一定条件下将自己的名称许可给其他企业使用,以充分实现企业名称的商业价值。应当说,企业名称许可使用权的存在,是由我国的实际情况所决定的。此外,企业名称权的转让是否仅限于同一注册地区、同一行业范围内的转让,国内外立法对此并未作明确规定。我国有学者认为,商号权的转让可以跨行业、跨地区进行,既可以转让给不同地域的企业,也可以转让给不同行业的企业,甚至可以转让给不同的企业在不同的地域享有①。也有学者认为,商号权的转让只能限于同行业、同地域内的企业之间进行,而且只能转让给一家企业②。认为企业名称的转让只能发生在同行业、同地域的企业之间的理由主要在于法律只是禁止在同一地域、同一行业内使用与他人相同或相似的名称,并不禁止在不同的地域、不同的行业使用相同或相似的名称,因此,在不同的地域、不同的行业使用相同的名称根本无须通过转让的方式来实现,承认这种情况之下的转让没有任何的现实意义。但正如上文所述,企业名称权的效力不仅仅只局限于登记的区域、相同的行业,只要是有可能引起公众误解的名称使用,都应当予以禁止,因此,即使是在不同的行业、不同的区域,企业名称的转让依然是必要的和具有现实意义的。关于企业名称是否能同时转让给不同的地域的不同的企业使

---

① 参见张礼洪:《论商号的知识产权保护》,《知识产权》1995年第5期。
② 参见张丽霞:《论商号和商号权》,《法律科学》1996年第4期,第61页。

用,笔者对此持否定态度。原因是这样必然造成不同区域企业名称之间的混淆,不利于维护交易安全,保障消费者合法权益,因此,无论是否同一地域、同一行业,企业名称都只能转让给一家企业。

五、企业名称权的法律保护

世界各国对企业名称权的法律保护,不外乎三种方式,即民事保护、行政保护以及刑事保护。与之相对应的责任形式,则体现为民事责任、行政责任以及刑事责任。从域外的相关立法来看,对企业名称权的保护主要体现如下:

其一,民事保护。各国对企业名称权的民事保护主要体现在民法、商法、商标法、反不正当竞争法等相关法律中。如《德国民法典》第 12 条规定了对自然人姓名权的保护,在司法实践中一般认为该条同时也适用于对法人或其他企业名称权的保护[①];《德国商法典》第 37 条第 2 款规定,未经他人授权而使用他人商号者,商号权利人有权要求行为人停止该商号的使用;若该无权使用行为给他人造成了实际损害,商号权利人有权依照有关法律规定向侵权行为人提出损害赔偿的请求;《德国反不正当竞争法》第 16 条规定,在商业活动中使用与他人合法使用的姓名、商号等相混淆的商业标记的,受害人有权要求停止使用;使用人明知或应当知道该使用行为会引起混淆的,应承担损害赔偿责任;《德国商标和其他标记保护法》第 18 条规定,商标或其他商业标记的所有人有权要求侵权人销毁其占有的或其财产中所包含的非法商业标记产品。《日本商法典》第 20 条第 1 款规定,以不正当竞争为目的使用与他人已登记的商号相同或相似的商号的,商号登记者有权要求使用者停止使用,并可要求损害赔偿;《日本防止不正当竞争法》还规定,受害人有权请求法院命令侵权人采取必要的措施恢复其营业上的信用。《美国商标法》规定,商标不得与已成立的商号相混淆,商号所有人有权禁止可能造成混淆的商标注册;有权阻止标有或模仿该商号名称的物品进口。《英国商法典》规定,商号所有人有权要求侵权人涂抹或修改被指控的商业标记。除此之外,我国台湾地区《民法典》第 19 条规定,自然人姓名权受到侵犯时,有权请求法院排除侵害并要求侵权人予以损害赔偿。该条亦同样适用于对企业名称权的保护。台湾《商业登记法》规定,使用与他人相同或相似的企业名称,以致混淆的,受害人有权要求停止使用,并可要求损害赔偿。台湾《公平交易法》规定,故意侵害他人企业名称权的,应依其情节酌定损害赔偿之数额,但不得超过已证明损害额之三倍;侵权人因侵权行为而得利的,应依该项利益计算损害额。我国香港地区《公司法》规定,使用使公众误认为是其他公司营业的名称的,属于商业诈称行为,受害人有权向法庭

---

① 　参见何正启:《论国际上对商号的保护及我国商号立法的完善》,《国际商务研究》1997 年第 2 期,第 28 页。

申请停止该项名称使用的禁止令。

其二,行政保护。各国对企业名称权的行政保护主要体现在商法、商标法等相关法律中。如《德国商法典》第 37 条第 1 款规定,商号必须办理登记,若行为人登记使用了他无权使用的商号,相关权利人有权请求登记法院撤销该商号的登记,登记法院也可依职权主动撤销该商号的登记;在行为人使用他无权使用的商号的情况下,登记法院必须通过罚款手段迫使行为人不再使用该商号。《德国商标和其他标记保护法》第 28 条规定,非法贴有本国商号标记的外国商品,在途经或进入本国国境时,可以由海关予以扣押,去除非法标记;无法去除非法标记的,可以没收商品。《日本商法典》第 20 条规定,基于不正当竞争的目的而使用与他人相同或相似的商号的,由登记机关处以 20 万日元以下的罚款。《日本防止不正当竞争法》也有类似的规定。《英国公司法》规定,贸易部认为某公司的名称与现有注册登记的公司名称相似时,可以在申请人申请注册后的 6 个月内直接命令其更改公司名称,公司名称与其业务范围不符的不受 6 个月的限制。我国澳门地区《商法典》规定,商业名称的组成侵犯他人权利的,应由登记机关予以撤销。除此之外,《保护工业产权巴黎公约》第 9 条规定,各成员国对一切非法带有受成员国法律保护的商号标识的商品,在其进入本国境内时,应予以扣押。1891 年的《制裁商品来源的虚假或欺骗性标示马德里协定》亦同样规定了各成员国对于带有虚假或欺骗性厂商名称的商品在进口时的扣押义务。

其三,刑事保护。各国对企业名称权的刑事保护主要体现在商标法、商法等相关法律中。如《德国商标和其他标记保护法》第 143 条规定了侵犯商业标记的刑事责任,即在商业活动中违法使用商业标记,明显损害他人声誉的,应处以三年以下监禁。日本和我国台湾地区对侵犯企业名称权的行为以双罚制追究刑事责任,对企业处以罚金,对相关责任人处以刑罚[①]。我国澳门地区《商法典》亦规定,在商业名称被违法使用的情况下,除了可要求侵权人停止侵害、赔偿损失外,不妨碍刑事诉讼的提起。除此之外,1977 年非洲知识产权组织通过的《班吉协定》也有相关规定。该协定规定,侵犯他人注册商号者,处以 5 万以上 20 万以下非洲金融共同体法郎罚金或者 3 个月以上 1 年以下监禁,或者二者并处。

从国内的相关立法来看,对企业名称权的保护主要体现如下:

其一,民事保护。我国对企业名称权的民事保护主要体现在《民法通则》《企业名称登记管理规定》等相关法律中。如《民法通则》第 120 条规定,姓名权、法人名称权受到侵害的,受害人有权要求停止侵害、恢复名誉、消除影响、赔礼道歉,并可以要求赔偿损失。该条是将法人名称权和公民姓名权同作为人身权来加以保护,保护的措施主要以精神层面上的安抚为内容。《企业名称登记管理规定》第

---

① 参见谢晓尧、刘恒:《论企业名称的法律保护》,《中山大学学报(社会科学版)》1997 年第 3 期,第 53 页。

27 条规定,擅自使用他人已登记的企业名称或有其他侵犯他人企业名称权的行为的,被害人有权要求侵权人所在地的登记机关进行处理;登记机关有权责令侵权人停止侵害,并赔偿被害人因侵权行为所遭受的损失;被害人也可以直接向人民法院提起民事诉讼。《企业名称登记管理实施办法》第 45 条规定,因企业名称而引发的争议,既可以请求工商行政管理机关予以处理,也可以直接向人民法院提起民事诉讼。

其二,行政保护。我国对企业名称权的行政保护主要体现在《企业名称登记管理规定》《反不正当竞争法》等相关法律中。如《企业名称登记管理规定》第 5 条指出,登记机关有权纠正已登记的不适当的企业名称,上级登记机关有权纠正下级登记机关登记注册的不适当的企业名称;对已登记的不适当的企业名称,任何单位和个人都有权要求登记机关予以纠正;第 27 条规定,擅自使用他人已登记的企业名称或有其他侵犯他人企业名称权的行为的,登记机关除了有权责令侵权人停止侵害、赔偿损失外,还有权没收违法所得,并处以 5000 元以上 5 万元以下罚款。《企业名称登记管理实施办法》第 41 条规定,已登记的企业名称在使用过程中引起公众误解或对他人合法权益造成损害的,应认定为不适当的企业名称并加以纠正。2005 年国家工商行政管理局颁布的《商标审查及审理标准》规定,将他人已登记的、具有一定知名度的企业名称或与之基本相同的文字作为商标注册,引起公众混淆的,该商标应不予注册或予以撤销。此外,《产品质量法》还规定,伪造产品产地、伪造或冒用他人厂名、厂址的,由主管机关责令公开更正、没收违法所得,并处以罚款。《反不正当竞争法》规定,擅自使用他人姓名或企业名称,使人误认为是他人商品的,应依照《产品质量法》的规定予以处罚。《消费者权益保护法》规定,经营者伪造产品产地、伪造或冒用他人厂名、厂址的,依照《产品质量法》或其他相关法律予以处罚;若相关法律未作规定,则由工商行政管理机关责令改正,视具体情况单处或并处警告、没收违法所得、处以违法所得 1 倍以上 5 倍以下罚款;没有违法所得的,处以 1 万元以下罚款;情节严重的,责令停业整顿或者吊销营业执照。

通过以上相关立法的比较,可以发现,无论是域外立法,还是国内立法,对企业名称权的保护都是通过不同的法律、从不同的角度来进行的。相比较而言,域外立法主要通过《民法典》《商法典》《商标法》《反不正当竞争法》等相关法律来实现对企业名称权的保护,立法位阶较高,内容系统、完备,各部分之间相互衔接、协调一致,形成了一个完整的法律保护系统。国内立法则主要通过《企业名称登记管理规定》,辅之以《民法通则》《反不正当竞争法》《产品质量法》《消费者权益保护法》等相关法律来实现对企业名称权的保护,立法位阶较低,内容分散、不统一,对相关问题的规定还存在一定的缺失。如《企业名称登记管理规定》属于部门规章,立法位阶太低;《民法通则》《反不正当竞争法》等相关法律涉及企业名称权的规定十分有限,根本无法形成一个有效的保护系统;我国《商标法》也并未涉及企业名称的问题,对企业名称权与商标权之间的冲突与平衡问题缺乏规定。从保护的侧重点来看,域外立法侧重于对企业名称权的民事保护,对企业名称权的行政保护、刑事保护都体现在商法典、商标法等民事法律之中。国内立法则侧重于对企业名称权的行政保护,多数内容都集中在《企业名称登记管理规定》《反不正当竞争法》等行政、经济法律中。究其原因,主要还是在于我国与国外对企业名称权的定位不同。国外都将企业名称权定位于财产权(知识产权),多适用于有关财产权的民事保护措施,其目的主要是为了尊重个体自由,促进市场交易。而我国《民法通则》则将企业名称权定位于人身权,适用于人身权的保护措施;《企业名称登记管理规定》《反不正当竞争法》等相关法律也更多关注企业名称权的人身性质,多适用行政管制,其目的主要是为了维护市场秩序,保障交易安全。此外,域外立法对企业名称权的保护不仅包括民事保护、行政保护,还包括刑事保护,整个保护体系严谨、协调。而国内对企业名称权的保护只包括民事保护与行政保护,缺乏刑事保护,难以形成一个完备、统一、协调的整体。

基于上述比较,笔者认为,应对我国目前的立法规定进行完善。首先,应明确企业名称权的知识产权定位,在《民法通则》中或在未来制定的《民法典》中"知识产权"一章系统规定企业名称权的相关内容,删去《民法通则》"人身权"一章中有关企业名称权的内容。其次,单独制定《企业名称法》,或在《商标法》中增加企业名称的相关内容,对企业名称的法律保护进行详细规定,尤其是涉及企业名称与商标的保护冲突与平衡问题。再次,进一步完善《反不正当竞争法》《产品质量法》《消费者权益保护法》等相关法律对企业名称权的规定,并与上述法律相衔接。最后,增设对企业名称权的刑事保护,对侵犯他人企业名称权,情节严重的行为,应予以追究刑事责任,以充分实现对企业名称权的保护。

第二节　比较地理标志权

一、地理标志的概念

地理标志,一般是指标识产品或商品来源于何地的名称或其他标记。不同的地方,自然地理、人文环境、风俗习惯、民族特色并不相同,由此衍生出不同质量、不同风格以及不同特性的产品。因此,地理标志并不仅仅只是为了说明产品源自何地,而是代表了特定产品的质量、风格以及品性,其本身就是一种无形财产,能为特定地区的生产者和经营者带来巨大的经济价值,因而能够成为知识产权的保护对象。符合一定条件的特定区域内的经营者能成为地理标志权利人,对地理标志享有专用权,并排斥该区域以外的经营者或本区域内不符合条件的经营者使用该地理标志的权利。关于地理标志的概念,国内外对此表述并不完全一致,存在颇多争议。

从国外的相关规定来看,有的称为原产地名称,有的称为地理标志,还有的称为货源标记。法国《消费者法典》规定,原产地名称是指表示某种产品来源于某个国家、某个地区、某个地方的名称,该产品的质量或特征与该国家、地区、地方的地理环境(包括自然环境与人文环境)相关。根据此规定,原产地名称只能是某个国家、某个地区、某个地方的名称,而不包括其他标记;此外,原产地名称不仅表示产品源自特定的国家、地区、地方,还表示该产品的质量或其他特征与来源地的自然和人文环境密切相关。德国《商标和其他标记保护法》第126条规定,地理标志是指用来表示某种商品或服务的地理来源的国家、地方、地区的名称或其他标记。根据该条规定,地理标志不仅包括特定国家、地区、地方的名称,还包括其他用来表示商品或服务的地理来源的标记;地理标志只需表明商品或服务来源于何地即可,至于商品或服务的质量或特征是否与来源地存在自然或人文因素的关联,则不做要求。美国《商标法》第22条第1款规定,地理标志是指表明某种商品源自某个国家境内或该地域中的某个地方或某个地区的标记,该商品的质量、特征或声誉主要归因于来源地的地理环境。根据该款的规定,地理标志既包括特定国家、地区、地方的名称,也包括其他表明商品来源地的标记,而且要求商品的质量、特征或声誉与来源地的地理环境相关联。欧盟组织将地理标志的保护限定在农产品、食品、葡萄酒、烈酒的范围内,并同时采用原产地名称和地理标志两种概念。如欧盟《510/2006号条例》第2条第1款规定,受保护的原产地名称是指用来标示一种农产品或食品来源于特定的国家、地方、地区的名称,该农产品或食品的质量或特征主要由来源地的地理环境(包括自然和人文环境)所决定,且在该地区内生产、加工和制造;受保护的地理标志是指用来标示一种农产品或食品来源于特定的国家、地方、地区的名称,该农产品或食品的质量、特征或声誉决定于来源地的地理环境,且生产、加工、制造其中之一发生在该地区内。从该款的规定来看,地理标志的概念其实涵盖了原产地名称的概念。1883年的《巴黎公约》和1891年的《马德里协定》都使用了"原产地名称"和"货源标记"的表述,但并未对其概念进行界定。世界知识产权组织认为,货源标记是标示某个产品或服务源自哪个国家、哪个地方或地区,而原产地名称则不仅标示产品、服务的来源地,而且还表明该产品、服务的质量与来源地的地理环境相关联①。1958年的《保护原产地名称及其国际注册里斯本协定》第2条第1项规定,原产地名称是指用于表明某项产品来源地的特地国家、地区或地方的名称,该产品的质量或特征完全或主要取决

---

① 参见吴春岐:《地理标志及原产地名称等相关概念的探究》,《山东大学学报(哲学社会科学版)》2003年第4期,第95页。

于来源地的地理环境(包括自然环境和人文环境)。1994 年的《与贸易有关的知识产权协定》(TRIPS)第三节第 22 条第 1 款规定,地理标志是指用来标示某一商品源自某个成员国的地域内或该地域内的某个地区或某个地方的标识,且该商品的质量、特征或声誉主要决定于该地理来源。

我国相关法律也有涉及地理标志概念的规定。我国现行《商标法》第 16 条第 2 款规定,地理标志是指标示某商品来源于某地区,该商品的特定质量、信誉或者其他特征,主要由该地区的自然因素或者人文因素所决定的标志。2005 年国家质量监督检验检疫总局颁布的《地理标志产品保护规定》第 2 条规定,地理标志产品是指产自特定地域,所具有的质量、声誉或其他特性本质上取决于该产地的自然因素和人文因素,经审核批准以地理名称进行命名的产品。2007 年农业部颁布的《农产品地理标志管理办法》第 2 条第 2 款规定,本办法所称农产品地理标志,是指标志农产品来源于特定地域、产品品质和相关特征主要取决于自然生态环境和历史人文因素,并以地域名称冠名的特有农产品标志。从以上三个法律文件来看,对地理标志概念的界定并不完全相同。《商标法》中的地理标志除了包括地理名称,还包括地理名称以外的其他标志,并且商品的质量、信誉或特征主要取决于来源地的自然因素或人文因素;而《地理标志产品保护规定》中的地理标志只限于地理名称,不包括其他标志,而且产品的质量、声誉或特征必须同时取决于来源地的自然因素和人文因素;《农产品地理标志管理办法》中的地理标志同样只限于地理名称,并且产品的质量或特征必须同时取决于来源地的自然因素和人文因素,单纯的声誉上的关联性(即产品的声誉取决于来源地的地理环境)不符合地理标志的使用条件。可见,从地理标志的外延上来看,《商标法》中的地理标志范围最广,《地理标志产品保护规定》中的地理标志范围次之,《农产品地理标志管理办法》中的地理标志范围最窄。在学界,我国学者一般认为,地理标志包括货源标记和原产地名称。货源标记是指表明一种产品来源于某个国家、地方或地区的标记,一般由名称、标记或符号组成。原产地名称是指用于表示一种产品源于某个特定的国家、地方或地区并且其质量或特征完全或主要决定于该地的自然和人文环境的地理名称[1]。也有学者认为,地理标志即原产地名称,一般是指用来标示某种商品的质量、功能或其他特性与某个国家、地区或地方密切相关的地理名称[2]。应当说,我国学界所表述的货源标记和原产地名称与世界知识产权组织对这两个概念的解释是相一致的。

通过对上述国内外不同概念的比较,可以看出,法国《消费者法典》和《里斯本协定》都采用了原产地名称的概念,认为用于标示产品来源地的标识只能是特定

---

① 参见吴汉东主编:《知识产权法》(第五版),法律出版社 2014 年版,第 338 - 339 页。

② 参见刘成伟:《加强地理标志的商标保护》,《知识产权》2002 年第 2 期,第 34 页。

的地理名称,而不能是其他标志,并且产品的质量或特征必须与来源地的自然和人文因素存在事实上的因果关系,即客观的关联性。而德国《商标和其他标记保护法》则采用了地理标志的概念,认为用于标示产品来源地的标识既包括特定的地理名称,又包括图形、符号等其他标记,而且地理标志只须向公众表明某一产品源自某一国家、地区、地方即可,无须要求该产品的质量或特征与来源地的地理环境存在客观的关联性。这种地理标志的概念是以公众对特定产品源自特定地域的认知为基础的,即主观的关联性,与世界知识产权组织所解释的货源标记是相同的概念。由此可见,法国《消费者法典》和《里斯本协定》中的原产地名称的范围明显小于德国《商标和其他标记保护法》中的地理标志的范围,或者进一步说,后者其实涵盖了前者。但原产地名称以客观的关联性为基础,要求产品的质量或特征必须与来源地的地理环境存在关联,不存在这种特定质量关联性的产品,一律不得使用原产地名称,无论其是否会引起公众误解。而地理标志则是以主观的关联性为基础,要求让公众合理地认知特定的产品源自于特定的地域,采取欺诈或其他手段使公众对产品的来源地发生误解的,属于侵权行为,应予以禁止。因此,法国《消费者法典》和《里斯本协定》中原产地名称的保护程度要高于德国《商标和其他标记保护法》中地理标志的保护程度。美国《商标法》中的地理标志的概念与TRIPS 协定中地理标志的概念基本相同,都认为地理标志除了包括地理名称,还包括非地理名称标记,并且商品的质量、特征或声誉必须与来源地的地理环境相关。与原产地名称相比,这里的地理标志不仅包括产品与来源地之间的质量的关联性,还包括产品与来源地之间单纯声誉的关联性。但声誉本身是一个主观概念,它体现为公众对产品的主观评价,而这种主观评价又建立在公众对产品来源地正确认知的基础之上,因此,美国《商标法》和 TRIPS 协定中的地理标志其实与德国《商标和其他标记保护法》中的地理标志概念相同,也就是货源标记。欧盟为了协调各个成员国之间关于地理标志保护的矛盾,同时采用了原产地名称和地理标志两个概念,其中的地理标志与美国《商标法》和 TRIPS 协定中的地理标志是相同的概念。我国《商标法》和《地理标志产品保护规定》基本上采纳了 TRIPS 协定中的地理标志的概念,而《农产品地理标志管理办法》中的地理标志则采纳了原产地名称的概念。由此观之,地理标志在多数情况下与货源标记是等同的概念,它涵盖了原产地名称的外延,在个别情况下,地理标志也被理解为原产地名称。因此,那种认为地理标志包括货源标记和原产地名称,以及认为地理标志是介于货源标记和原产地名称之间的中位概念的说法[①]是值得商榷的。

---

① 参见吴春岐:《地理标志及原产地名称等相关概念的探究》,《山东大学学报(哲学社会科学版)》2003 年第 4 期,第 97 页。

二、地理标志权的主体

地理标志权是指一定区域范围内的生产者和经营者依法对地理标志享有的专有权利。地理标志是一项无形财产,体现了特定地区范围内的商品的质量、特征或声誉,因而不能由某一家企业独占使用,只能是特定区域范围内的经营者集体共有。特定区域内的生产者或经营者只要其产品符合一定的条件和要求,具备一定的质量和特点,都有权使用表示本区域的地理标志。相比较于其他知识产权,地理标志权体现为一种集体专有权或集体独占权,其权利主体的特殊性决定了它只能禁止本区域范围之外的生产者和经营者以及本区域范围内产品不符合条件的生产者和经营者使用地理标志,而不能禁止本区域内符合条件的生产者和经营者使用地理标志。关于地理标志权的主体,国内外的表述并不完全相同。

法国的原产地名称主要依赖于公权机关的保护,在农业部之下设国家原产地名称局负责原产地名称的注册、管理工作,并代表生产商的利益进行相关活动。原产地名称的申请由当地最具代表性的行业协会向原产地名称局提出,并递交相关的历史、技术以及经济方面的数据和材料,原产地名称局收到申请后,将组织相关人员进行调查并作出评审,最终报农业部和经济部共同决定。原产地名称一经注册,符合条件的生产者即获得该名称的专用权。在这种制度下,原产地名称的申请者、使用者和维权者并非同一主体,而是呈现出分离的状态。究其原因,主要是因为原产地名称关系到文化遗产、民族特性等国家利益的保护,这种保护只能依靠公权机关来予以实现,当发生纠纷时,由注册机关代表生产商的利益直接提起诉讼,对假冒、滥用原产地名称的行为一般予以行政、刑事处罚[①]。德国是将地理标志作为集体商标来加以保护的,申请地理标志集体商标注册的主体只能是符合法定条件的团体、总会以及协会,在申请注册时,申请人必须提交地理标志的使用管理规则并在该规则中承诺只要生产者或经营者的商品或服务符合规则中所确定的使用条件就有权成为该集体成员之一并使用该地理标志。日本《商标法》第7条第2款规定,地域团体商标的申请人必须是依照特别法成立的工商业协会法人和相关的外国法人,自然人、商会、行会以及政府组织均不能成为申请人;同时,获得地域团体商标的协会必须允许任何符合该商标使用条件的生产者和经营者加入并使用该地域商标,而不得在没有任何法律依据的情况下为拟入会者设置比现有会员更苛刻的条件。美国也是将地理标志作为集体商标或证明商标来加以保护的,根据美国《商标法》的规定,地理标志商标的申请人为实施合法管理的政府机构或民间集体组织,其获得地理标志商标注册后,再授权符合使用条件的生产者或经营者使用;在发生地理标志商标侵权行为时,商标注册人有权代表生

---

① 转引自王笑冰:《关联性要素与地理标志法的构造》,《法学研究》2015年第3期,第92页。

产者或经营者追究侵权人的责任。有人认为，从上述的规定来看，拥有商标权的机构或组织不享有使用权，而享有使用权的主体不拥有商标权①。此外，根据《巴黎公约》的规定，在虚假产地标记所标示的国家、地区或地方生产经营该项商品的任何人都应视为有关当事人，均有权提起诉讼。这条规定实际上承认了地理标志权的主体是一定区域内生产、经营特定商品的任何人。

　　我国则是对地理标志实行商标和地理标志双重保护。《商标法实施条例》第6条规定，地理标志可以依照商标法及本条例的规定，作为证明商标或集体商标申请注册。地理标志作为证明商标注册的，符合地理标志使用条件的个人或企业均有权要求使用该证明商标，控制该证明商标的组织应当允许。地理标志作为集体商标注册的，符合地理标志使用条件的个人或企业均有权要求加入以该地理标志作为集体商标注册的团体、协会或其他组织并使用该地理标志，注册地理标志集体商标的协会、团体或其他组织应当依照其章程将符合条件的个人或企业接纳为会员并允许其使用该地理标志集体商标；符合使用条件的个人或企业不要求加入地理标志集体商标注册的团体、协会或其他组织的，也有权正当使用该地理标志，地理标志集体商标注册的团体、协会或其他组织无权禁止。从该条规定来看，作为证明商标或集体商标保护的地理标志，其申请人或控制人与实际使用人也是一种相分离的状态。根据《地理标志产品保护规定》的规定，地理标志产品保护申请由当地县级以上人民政府指定的地理标志产品保护申请机构或人民政府认定的协会和企业提出，并征求相关部门的意见。出口企业地理标志产品的保护申请向当地的出入境检验检疫局提出，其他地理标志产品的保护申请向当地的质量技术监督局提出，经初步审查后逐级上报国家质量监督检验检疫总局，国家质量监督检验检疫总局负责对地理标志产品保护申请进行技术审查并最终作出决定。产品符合地理标志使用条件的生产者有权向当地的质量技术监督局或出入境检验检疫局提出申请，并提交相关证明材料，经省级质量技术监督局或直属出入境检验检疫局审核，并报国家质量监督检验检疫总局审查合格注册登记后，即可在产品上使用地理标志产品专用标记。从该规定来看，地理标志的申请人是特定的申请机构或协会、企业，实际控制人或管理人是国家质量监督检验检疫总局，实际使用人是符合条件的生产者。根据《农产品地理标志管理办法》的规定，农产品地理标志的登记申请由县级以上地方人民政府择优选定的农民专业合作经济组织或行业协会等组织提出，经省级农业行政主管部门初审后报送农业部，由农业部农产品质量安全中心对地理标志申请进行审查并最终做出决定。予以登记的，应当发布公告，颁发农产品地理标志登记证书。符合条件的个人或单位有权向登记证书持有人申请使用农产品地理标志，登记证书持有人不得拒绝并且不得收取使

---

① 参见吴彬：《美国地理标志的法律保护》，《世界农业》2010 年第 1 期，第 48 页。

用费。在这里,农产品地理标志的申请人为特定的经济组织或行业协会等组织,使用人为符合条件的个人或单位。我国学界对地理标志权的主体也有不同的看法。有人认为,地理标志权包括产品生产者权利、消费者权利以及特定区域公民的环境权利①。言下之意,生产者、消费者甚至普通公民都是地理标志权的主体。有人认为,作为一种特殊的知识产权,地理标志财产权包括地理标志所有权和地理标志管理权。前者不是国家所有、集体所有,也不是共有,而是社会所有权;后者是由地理标志的使用者自行成立的管理组织对地理标志所享有的监管、起诉等权利②。还有人认为,地理标志相关权利包括地理标志生产者的权利和地理标志管理组织的权利③。

通过上述比较,可以看出,地理标志的申请人在各国都表现为一定的组织或团体,究其原因,主要是因为地理标志是一项集体性权利,任何生产者或经营者都不能以自己的名义单独申请获得,只能由代表集体利益的组织或团体提出申请。所不同的是,法国、德国、日本的地理标志的申请人主要为协会或其他团体,不包括政府机构。而美国地理标志的申请人除了包括民间组织,还包括政府机构。我国的地理标志作为证明商标或集体商标申请时或申请农产品地理标志时,申请人只能是一定的协会或其他对地理标志具有监督能力的组织;而申请地理标志产品保护时,申请人则既可以是特定的协会和企业,也可以是政府指定的申请机构。就地理标志的管理者或控制者而言,法国表现为农业部下设的国家原产地名称局,德国、日本、美国表现为地理标志集体商标、证明商标的申请人(即特定的协会、政府机构或其他组织),我国的地理标志作为证明商标或集体商标申请时或申请农产品地理标志时,表现为作为申请人的协会或其他组织,申请地理标志产品保护时,则表现为国家质检总局。关于地理标志的使用人,各国基本一致,都表现为一定地域范围内符合条件的生产者和经营者。从上述规定来看,是否地理标志的申请者、管理者、使用者都属于地理标志权的主体呢? 笔者认为,对此问题的回答涉及对地理标志权性质的理解。首先,地理标志权作为一种无形的财产权,属于知识产权的一种,即一定的民事主体对地理标志享有的专有权利。由此,与地理标志相关的消费者权利、特定区域公民的环境权利本身不属于知识产权的范畴,其相关主体当然不是地理标志权的主体。其次,地理标志权是一种集体性知识产权。与一般知识产权相比,地理标志权不能也不应该为某个经营者单独享有,只能为符合条件的经营者集体共有。正因为如此,地理标志权的申请只能由代表经营者集体利益的协会、政府机构或其他组织提出,而且这些组织对地理标

---

① 参见张辉:《论地理标志权之经济法属性》,《法学论坛》2005 年第 1 期。

② 参见付大学、韩志红:《浅议地理标志财产权的配置》,《北京市政法管理干部学院学报》2004 年第 2 期。

③ 参见洪莹莹、韩志勇、邱丘:《地理标志及相关权利属性探析》,《商业时代》2012 年第 2 期,第 117 页。

志还负有一定的监管和保护职责。但这并不意味着这些管理组织对地理标志享有所有权,符合条件的经营者只对地理标志享有使用权,因为任何权利都体现了主体的利益,这些管理组织并非为自己的利益实施对地理标志的相关行为,而是代表了经营者集体的利益,与其说是一种权利,不如说是一种职责或义务。因此,地理标志权的主体只能是特定区域范围内符合条件的生产者和经营者。那种认为地理标志权不是共有,而是社会所有权的说法是欠妥当的。

三、地理标志权的客体

地理标志权的客体,即受法律保护的地理标志的范围。地理标志权是一种自然权利,其产生于产品与来源地之间的关联性,只要实际使用便可受到法律保护。各国对地理标志的登记注册,只是为了确认地理标志权的法律效力并予以公示,防止侵权行为的发生,其本身并不是地理标志受到法律保护的前提。但具备何种形式、符合何种条件的地理标志才能成为一种知识产权,才能成为法律所保护的对象,各国的态度并不完全一致,国际社会也有不同的立场。

法国从原产地名称的角度来理解地理标志,认为原产地名称是指一国、地区、地方的地理名称,而且只能用于产品与该地理环境(包括自然和人文环境)之间存在质量或特征的关联性的场合。根据这种理解,作为地理标志的原产地名称必须是单纯的地理名称(即直接地理标志),除地理名称以外的其他地理来源标记,如图案、符号、三维标记等(即间接地理标志)不属于原产地名称的范围,不受法律保护。在法国,原产地名称主要适用于农产品和食品等适度加工的产品,盐、矿泉水、野生动植物等未加工的产品或工业产品、服务等不得使用原产地名称[1]。同时,法国相关法律还规定,原产地名称不得被视作通用名称而失去法律的保护。采取这种原产地名称概念的还有意大利、葡萄牙等国。与法国不同,德、日、美等国将地理标志理解为货源标记,认为地理标志除了包括作为直接地理标志的地理名称,还包括其他间接地理标志,而且只要是产品与来源地之间存在关联的场合,都可使用地理标志。如在德国,地理标志除了地理名称,还包括各种来源符号、外文名称、特定形状的瓶子等;地理标志所适用的产品除了包括农产品和食品,还包括矿产品、野生动植物、工业产品和手工艺品。在美国,地理标志不仅包括地理名称,还包括图形、标语、字词、三维标记、声音、颜色、气味等。在日本,地理标志所适用的范围甚至延伸到了温泉旅馆等服务行业[2]。同时,在这些国家,地理标志能够转变成为通用名称,从而失去法律的保护。如在德国,若有 80% 以上的消费者认为地理标志是描述性名称,该地理标志将失去法律的保护;在美国,被公众理

---

① 转引自王笑冰:《关联性要素与地理标志法的构造》,《法学研究》2015 年第 3 期,第 87 页。

② 转引自王笑冰:《关联性要素与地理标志法的构造》,《法学研究》2015 年第 3 期,第 86 - 88 页。

解为通用名称的地理标志,其使用将不受任何限制①。《巴黎公约》和《马德里协定》同时使用了原产地名称和货源标记的概念,但并未对其作出界定。《里斯本协定》则采用了法国的原产地名称的概念。欧盟同时使用了原产地名称和地理标志的概念,但无论是原产地名称,还是地理标志,都只适用于农产品、食品、葡萄酒、烈酒,工业产品等其他产品不得使用。TRIPS协定则从货源标记的角度来理解地理标志,其形式既包括直接的地理标志,也包括间接的地理标志,适用的产品除了农产品、食品和酒类,还包括其他产品。

我国《商标法》和《地理标志产品保护规定》都是从货源标记的角度来解释地理标志,认为地理标志可以适用于一切产品,包括农产品和非农产品,只要该产品与来源地之间存在关联性即可。如《地理标志产品保护规定》第2条规定,地理标志产品包括:(1)来自于本地区的种植、养殖产品;(2)原材料全部来自于本地区或部分来自于其他地区,并在本地区按照特定工艺生产和加工的产品。二者不同的是,《商标法》中的地理标志既包括作为直接地理标志的地理名称,又包括作为间接地理标志的其他标记,而《地理标志产品保护规定》中的地理标志则只能体现为直接地理标志,即地理名称。与《商标法》和《地理标志产品保护规定》不同,《农产品地理标志管理办法》则是从原产地名称的角度来理解地理标志的,认为地理标志只能体现为特定的地域名称,而且要求作为适用对象的农产品与来源地的自然环境和人文环境之间必须存在质量和特征上的关联性。从整体上来看,我国法律中的地理标志并不限于地理名称,还包括其他间接地理标志,其所适用的对象也并不限于农产品,还包括其他产品。

通过上述比较,可以发现,法国、意大利、葡萄牙等国将受保护的地理标志界定为地理名称,而且只限于在农产品、食品以及酒类产品上使用,范围较窄。而德国、美国、日本等国将受保护的地理标志界定为地理来源标记(地理名称和非地理名称标记),可适用于包括农产品、食品、酒类产品在内的一切产品甚至服务,范围较宽。究其原因,主要是因为法国、意大利、葡萄牙等国的地理标志制度建立在客观的关联性基础之上,而德国、美国、日本等国的地理标志制度则建立在主观的关联性基础之上。客观的关联性是指产品的质量或特性与地理环境存在事实上的关联性,即特定的地域造就特定品质的产品,这必然要求标示产品来源地的地理标志只能是地理名称,地理名称以外的其他标记不能成为地理标志的表现形式。同时,客观的关联性要求产品的质量或特征归因于自然环境和人文环境,也就意味着地理标志主要适用于农产品、食品以及酒类产品(尤其是葡萄酒),因为这些产品的形成同时受到自然环境和人文环境的影响。盐、矿泉水、野生动植物等仅与自然环境相关联,缺乏技术加工等人文因素的影响,不属于地理标志的适用范

---

① 转引自王笑冰:《关联性要素与地理标志法的构造》,《法学研究》2015年第3期,第93页。

围。而工业产品、服务等主要受到生产技术、人文技艺的影响，缺乏与自然因素的关联性，因而也无法成为地理标志适用的对象。在法国，若产品特色仅取决于产地传统的生产技术和人文工艺，而与该产地的自然因素无关联，该原产地名称将不受法院保护①。由于客观的关联性是产品质量或特征与来源地地理环境之间的一种事实关联性，与公众的主观认知无关，原产地名称不会因为公众的认知而沦为通用名称，只要产品与特定地域之间不存在质量或特征上的关联性，则一律不得使用原产地名称。主观的关联性是指公众合理地认知特定的产品源自特定的地域，这种关联性存在于公众的主观认知之中。由此，只要是能让公众认识到产品源自何地的标记，都能成为地理标志。作为直接地理标志的地理名称，能明确地反映产品的来源地，成为地理标志自不待言。作为间接地理标志的其他标记，尽管并不直接体现产品的来源地，但只要被公众理解为产品的来源地，也能成为地理标志。在德国，就某种标记能否成为地理标志而言，公众的认知具有特殊的决定意义②。因此，在主观的关联性下，地理标志既包括地理名称，又包括地理名称以外的其他标记。另外，由于主观的关联性是以公众的认知为基础的，这样，产品与来源地之间的质量关联性也就不再显得必要，无论产品与来源地之间是否存在质量上的关联性，都能成为地理标志的适用对象。因此，不仅农产品、食品、酒类产品、矿物产品、野生动植物、工业产品乃至服务也都能成为地理标志的适用对象。就通用名称而言，在主观的关联性下，当某一个地理标志被公众理解为通用名称，也就意味着它将丧失标示产品来源的功能，任何人使用都将不会引起公众误解，因而也就失去了保护的必要。从国际社会的相关规定来看，《里斯本协定》采取了法国原产地名称的概念，显然是以客观的关联性为基础的，受法律保护的原产地名称的范围自然应受到客观关联性的制约。欧盟为了协调各成员国在地理标志保护上的矛盾，同时采用了原产地名称和地理标志两个概念，既体现了客观的关联性，又体现了主观的关联性。但将原产地名称或地理标志适用的对象仅限于农产品、食品、葡萄酒、烈酒，又充分说明了欧盟的地理标志制度实质上是以客观的关联性为主要基础的。TRIPS协定主要是从货源标记的角度来理解地理标志的，其地理标志制度主要也是建立在主观的关联性的基础之上。我国的《商标法》和《地理标志产品保护规定》对地理标志的理解与TRIPS协定基本相同，同样是建立在主观的关联性的基础之上，只是《商标法》中的地理标志既可以表现为地理名称，又可以表现为其他标记，而《地理标志产品保护规定》中的地理标志则仅限于地理名称。《农产品地理标志管理办法》将地理标志理解为原产地名称，显然是以客观的关联性为基础的，地理标志只能表现为地理名称，且适用对

① 转引自王笑冰：《关联性要素与地理标志法的构造》，《法学研究》2015年第3期，第87页。
② 转引自王笑冰：《关联性要素与地理标志法的构造》，《法学研究》2015年第3期，第86页。

象仅限于农产品。由于这三部法律就地理标志的保护范围并不存在明确的分工，地理标志所适用的产品存在诸多重合的现象，因而从整体上看，我国的地理标志制度主要是以主观的关联性为基础的。

四、地理标志权的内容

地理标志权是特定区域范围内的生产者和经营者对地理标志所享有的专有权利。这种专有权利体现为一种集体独占使用权，即本区域内符合条件的生产者和经营者对地理标志的使用权和禁止本区域以外的其他人以及本区域内不符合条件的人使用该地理标志的权利。同时，由于地理标志是标示特定的产品源自特定的产地的标记，因此不存在转让的问题，因为那样将会使地理标志丧失标示产品来源地的功能，引起消费者对产品来源地的误解。所以说，地理标志权的内容包括使用权和禁止权，不包括转让权。

在法国，使用原产地名称必须遵守产品规范，要求产品不仅产于特定区域，而且还要符合特定的生产要求和质量标准。使用原产地名称的生产者和经营者往往要经过重重考验，确保产品质量、产地、生产技术等都必须符合特定的要求。产品不符合特定要求的生产者和经营者不得使用原产地名称。法国《消费者法典》规定，原产地名称或暗示原产地名称的任何说明只能由特定地域的生产商享有专用权，不得用于任何相类似的产品上，也不得用于有可能滥用或削弱原产地名称声誉的其他任何产品或服务上。法国《原产地名称保护法》第 7-4 条第 2 款规定："原产地名称永远不能被认为有通用性并且永远不能成为公产。"该款其实说明了原产地名称专用权没有时间的限制，其永远受到法律的保护。此外，在法国，对外国原产地名称的保护，以其本国对其予以保护为前提。即外国生产商对原产地名称专用权的行使，以其所属国对该原产地名称专用权予以保护为必要。就原产地名称权与商标权的冲突而言，法国强调原产地名称权优于商标权，即使商标注册在先，也可因原产地名称而被撤销[①]。俄罗斯联邦《商品商标、服务标志和原产地名称法》规定，禁止无证书者使用已注册的原产地名称，即使在使用时表明了商品的真实来源或附加使用了"类似""仿制""类型"等字样，或作为外文译名使用；禁止在同类商品上使用相类似的标志，以免给消费者造成误解。在德国，地理标志权的行使无须以遵守产品规范为必要，产品质量以公众的一般认知为标准，当地理标志的使用可能引起公众对产品的误解的，则应予以禁止[②]。德国《商标和其他标记保护法》第 127 条第 1 款规定，当地理标志用于并非来源于该地理标志所标示的地域的产品或服务上，引起公众误解的，禁止使用；第 2 款规定，当地

---

① 转引自王笑冰：《关联性要素与地理标志法的构造》，《法学研究》2015 年第 3 期，第 94 页。

② 转引自王笑冰：《关联性要素与地理标志法的构造》，《法学研究》2015 年第 3 期，第 91 页。

理标志表示某一产品或服务的特定品质时,禁止将该地理标志用于其他产品或服务上;第3款规定,当地理标志具有特殊声誉时,禁止将该地理标志用于可能有损其声誉且并非来源于其所标示的地域的产品或服务上;第4款规定,上述禁止不仅及于地理标志本身,还及于与地理标志相似的名称、标记以及将地理标志作为附加物使用的情况。此外,该法第126条第2款规定,当地理标志失去了表示地理来源的意义,被用于表示产品或服务的名称或特征时,该地理标志应被视为通用名称而失去保护;第6条规定,当地理标志权和商标权发生冲突时,在先权决定了优先权。日本《防止不正当竞争法》规定,在商业活动中,对商品或服务的产地、质量、内容、用途、数量作引人误解的虚假标示的,属于不正当竞争行为,应予以禁止。日本《不正当回扣及不正当表述防止法》第4条规定,经营者不得对商品或服务的质量、地理来源等各种与商品、服务品质相关的内容作出在一般消费者看来不符合事实的陈述。1994年日本国税厅发布的《关于葡萄酒和烈酒名称的第四号通知》规定,禁止在葡萄酒、烈酒上使用与其来源地不相符合的地理标志,即使是在地理标志后附加"仿""类""型""风味"等词汇或作为外文翻译使用。但地理标志在1994年4月15日之前已被使用10年以上或被善意使用,或地理标志在其所属国已不再使用或不再受到保护的,则不禁止该地理标志的使用。在美国,地理标志申请证明商标虽然也要提交质量要求或证明标准,但这些并不是政府关注的内容,只要地理标志的使用能向消费者正确地表明产品源自何地,即使没有获得商标注册,也能受到普通法的保护①。美国《商标法》规定,禁止将具有欺骗性、误导性的词汇注册为商标;若地理标志的使用明确说明了商品的真实来源地,不会引起消费者误解的,应允许他人使用。此外,当地理标志被公众理解为通用名称时,对该地理标志的使用将不受限制。就商标权与地理标志权之间的冲突问题,美国法律认为二者应予以同等保护,成立在先的权利应具有优先效力②。《巴黎公约》和《马德里协定》将假冒地理标志的行为或使用引人误解的地理标志的行为视为不正当竞争行为,应予以禁止。《里斯本协定》则禁止任何假冒或仿冒原产地名称的行为,即使在使用时标明了商品的真实来源或附加了"仿""类""样""式"等字样,或作为外文翻译使用。欧盟《2081/92号条例》第13条第1款规定,禁止任何在不属于地理标志所标示的地域范围内的产品上使用该地理标志的行为;禁止任何滥用、模仿地理标志的行为,或以附加"仿制""类""型"等词汇的方式使用地理标志以及将地理标志作为外文翻译使用的行为,即使指明了产品的真正来源;禁止使用引人误解的地理标志。第3款规定,受保护的地理标志不能变为通用名称。该条例第14条规定,在先的地理标志与在后的商标发生冲突时,驳回商

---

① 转引自王笑冰:《关联性要素与地理标志法的构造》,《法学研究》2015年第3期,第92页。

② 转引自王笑冰:《关联性要素与地理标志法的构造》,《法学研究》2015年第3期,第94页。

标申请;在先的商标与在后的地理标志发生冲突时,二者可以在一定条件下同时存在;地理标志与驰名商标发生冲突时,地理标志不得注册。该条总体上还是确认了地理标志权的效力优先于商标权。此外,欧盟对地理标志的跨国保护,以该地理标志在其所属国受到保护为前提[①]。TRIPS 协定第 22 条规定了地理标志的一般保护,即在商品上使用虚假的来源标志,足以引起公众误解的,或使用地理标志时指明了商品的来源地但仍然有可能造成公众误解的,应予以制止。第 23 条规定了对葡萄酒、烈酒地理标志的特别保护,即禁止在并非来源于地理标志地域内的商品上使用该地理标志,即使标明了商品的真实来源或附加使用"类""型"等表述方式,或是作为翻译名称使用的也不例外。同时,该条还对葡萄酒的同音或同形异义的地理标志予以了平等保护。第 24 条规定了地理标志保护的例外情形,如在先或善意使用、商标的善意申请或注册、通用名称、名称权的保护、来源国的不保护或已停用等。

我国《商标法》第 16 条第 1 款规定,商标中包含商品的地理标志,但商品并非源自该地理标志所标示的地域,引起公众误解的,不予注册并禁止使用;但已善意取得注册的继续有效。第 10 条第 2 款规定,县级以上行政区划地名以及公众知晓的外国地名不得作为商标。但地名具有其他含义或作为集体商标或证明商标内容的除外;已经注册的地名商标继续有效。《集体商标、证明商标注册和管理办法》第 12 条对葡萄酒、烈酒地理标志进行了特别保护,明确禁止他人在商品上使用作为集体商标或证明商标的地理标志,即使同时标明了商品的真实来源地。第 9 条对葡萄酒的同音或同形异义的地理标志予以了同等保护,允许多个同音或同形异义的地理标志作为集体商标或证明商标注册,但应采取一定的方式将其区分且不对公众造成误导。《地理标志产品保护规定》和《农产品地理标志管理办法》则规定地理标志的使用必须符合一定的质量标准或规范,禁止任何不符合标准的地理标志的使用。此外,我国《反不正当竞争法》第 5 条规定,经营者不得伪造产地,对商品作引人误解的虚假标示。《产品质量法》第 4 条规定,禁止伪造产品产地,伪造或冒用他人厂名、厂址。《消费者权益保护法》第 19 条规定,经营者应当向消费者提供商品产地的真实信息。《对外贸易法》第 27 条规定,在对外贸易活动中,禁止实施伪造、变造、买卖进出口原产地证明等行为。

案例 5-2 "金华火腿"案

1979 年 10 月,浙江省浦江县食品公司在第 33 类商品(火腿)上申请注册了"金华牌"商标。2000 年 10 月 7 日,商标注册人变更为浙江省食品有限公司。2002 年 8 月 28 日,国家质检总局通过了对"金华火腿"原产地域产品保护申请的

---

① 参见王笑冰、林秀芹:《中国与欧盟地理标志保护比较研究——以中欧地理标志合作协定谈判为视角》,《厦门大学学报(哲学社会科学版)》2012 年第 3 期,第 128 页。

审查,对"金华火腿"实行原产地域产品保护。2003 年 9 月 24 日,国家质检总局通过了对浙江省常山县火腿公司、永康火腿厂等 55 家企业提出的"金华火腿"原产地域产品专用标志使用申请的审核,并给予注册登记。

2003 年 7 月,浙江省食品有限公司发现上海泰康食品有限公司正在销售使用"金华火腿"字样的火腿,该火腿的生产单位是永康火腿厂,遂发函给泰康公司,告知"金华火腿"是其注册商标,要求泰康公司立即停止销售侵权商品。11 月,浙江食品有限公司以永康火腿厂擅自使用"金华火腿"字样,侵犯其商标专用权,泰康公司销售明知是侵犯商标权的商品为由,向上海市第二中级人民法院提起诉讼,要求二被告停止侵权、赔礼道歉,并赔偿经济损失 62165 元等。

上海第二中院审理认为,原告浙江食品有限公司的注册商标"金华火腿"应受法律保护,但原告无权禁止他人正当使用。"金华火腿"经国家质检总局批准实行原产地域产品保护,被告永康火腿厂获准使用"金华火腿"原产地域专用标志,属于正当使用的行为。原告对二被告侵犯其商标权的指控不能成立,本院不予支持。但被告永康火腿厂应规范使用原产地域产品,原被告之间应相互尊重对方的知识产权,依法行使自己的权利。判决后,原被告双方均未提出上诉。

综合考察上述内容,可以发现,以客观的关联性为基础的法国、俄罗斯、欧盟、《里斯本协定》强调对原产地名称的客观、绝对保护,而以主观的关联性为基础的德国、日本、美国、《巴黎公约》《马德里协定》以及 TRIPS 协定则强调对地理标志的主观、相对保护,前者的保护力度明显强于后者。在客观的关联性下,产品质量由特定的地理环境所决定,地理标志的使用要求产品必须符合一定的质量标准,因此,产品规范的拟定也就成为必要。只有符合产品规范所确定的质量标准的产品才能使用地理标志,地理标志区域外的产品或地理标志区域内不符合产品规范所要求的质量标准的产品一律不得使用地理标志,即使在同时标明产品的真实来源地或附加使用"类""型""式""仿"等表述不存在对公众产生误导的场合也不例外。由于这种质量标准是一种客观的标准,与公众的主观认知无涉,因此地理标志不会因为公众的认知而成为通用名称从而失去法律的保护,其效力具有永久性。同时,在客观的关联性下,产品规范及质量标准必须由产品来源国确定,因此只有在来源国受到保护的地理标志,才能在进口国受到保护。就商标权与地理标志权的冲突问题,由于在客观的关联性下,产品的质量或特征取决于一国特定的自然环境和人文因素,标示这种关联性的地理标志往往体现了一个国家特定的自然风貌和文化传统,因而其效力和法律地位应优于商标。在主观的关联性下,产品与来源地之间无须存在质量上的关联性,产品的质量标准取决于公众对产地的认知,因而产品规范也就不是关注的对象甚至没有存在的必要。地理标志的使用无须遵守特定的产品规范,只需提供真实的产地信息,不使公众产生误解即可。假冒、仿冒他人地理标志,使公众产生误解的,应予以禁止。由于在主观的关联性下,产品的质量标准取决于公众对产地的认知,当某一地理标志被公众理解为通用名称时,也就意味着该地理标志丧失了评价产品质量的功能,由此也就失去了保护的必要。同时,既然主观的关联性是以公众的主观认知为基础的,对地理标志的保护只需判断是否存在误导公众的情况即可,无须考虑其所属国对该地理标志是否存在保护。就商标权与地理标志权之间的效力冲突问题,在主观的关联性下,商标和地理标志的功能并无差别,都只具有商品来源功能,而不具有客观的质量评价功能,因此二者具有相同的效力和法律地位,应通过在先原则解决冲突问题。随着国际交流与合作的不断发展,两种地理标志制度开始出现一定程度的融合,如以主观的关联性为基础的日本和 TRIPS 协定,在对一般地理标志实行主观、相对的保护的同时,又对葡萄酒、烈酒两种酒类产品地理标志实行客观、绝对的保护;地理标志的域外保护以其所属国保护为前提已经不再只是客观的关联性下的限制,它目前已经成为国际社会所通行的一项规定。我国的《商标法》以主观的关联性为基础,对地理标志实行主观、相对的保护;《集体商标、证明商标注册和管理办法》则对葡萄酒、烈酒两类产品地理标志实行客观、绝对的保护,体现了客观的关联性的特点。我国《地理标志产品保护规定》和《农产品地理标志管理办法》均实行了客观、绝对的保护。《反不正当竞争法》《产品质量法》等相关法律则实行了主观、相对的保护。

五、地理标志权的法律保护

关于地理标志权的法律保护,世界各国乃至国际社会都有不同的体现。

法国强调对地理标志权的公权救济,当出现地理标志纠纷时,由公权机关代表全体生产商对纠纷事件做出处理或直接向法院提起诉讼,权利的保护主要通过刑法或行政法来实现。法国《消费者法典》禁止一切滥用原产地名称的行为或削弱原产地名称声誉的行为,以充分实现对原产地名称权的保护。德国《商标和其他标记保护法》规定,侵犯地理标志权的,权利人有权要求侵权人停止侵害、赔偿损失。该法第 144 条规定,在商业活动中,违法使用或试图违法使用受保护的地理标志的,应处以 2 年以下监禁或罚金;法院判决有罪的,应同时命令除去犯罪人在物品上使用的非法标记或销毁该物品。第 146 条、第 147 条第 1 款规定,海关有权在权利人提供担保的情况下,对非法使用受保护的商标或其他商业标识的商品在进口或出口时予以扣押;相关人员在扣押通知送达后的 2 周之内没有提出异议的,海关有权对扣押的商品予以没收。日本《防止不正当竞争法》第 1 条规定,禁止假冒商品地理标志和在商品上使用引人误解的来源标志的行为,被害人有权要求侵权行为人承担停止侵害、恢复名誉、赔偿损失等法律责任。日本《商标法》明确规定,地理标志可作为地域团体商标注册,并适用普通商标的保护措施,如停止侵害、赔偿损失、禁令等。同时,日本国税厅 1994 年颁布的《关于葡萄酒和烈酒名称的第四号通知》对葡萄酒、烈酒的地理标志实行了严格保护。美国《商标法》第 43 条规定,认为商品、服务、商业广告、促销上使用的虚假地理标志损害其利益的任何人,均有权提起民事诉讼。《巴黎公约》第 10 条规定,对于带有虚假原产地和生产者标记的商品,各成员国有权在商品进口时或国内予以扣押,或采取禁止进口等措施。《马德里协定》第 1 条第 1 项规定,对于任何带有涉及成员国及其国内区域的虚假或欺骗性的标志的商品,各成员国均有权在该商品进口时予以扣押,或采取禁止进口等措施。TRIPS 协定第 22 条规定,如果商标中包含有并非标示商品真正来源地的地理标志,各成员国有权驳回或撤销该商标的注册,或者依相关利害关系人的请求驳回或撤销该商标的注册;第 23 条第 2 款规定,如果葡萄酒、烈酒的商标中包含有并非标示该葡萄酒、烈酒真实产地的地理标志,即使没有造成公众误导的效果,各成员国在国内立法允许的情况下,也有权主动或依利害关系人的请求拒绝该商标的注册或使其注册失效;第 45 条规定,地理标志侵权行为的认定应以过错责任原则为主,赔偿数额可参照商标法和著作权法的规定来认定;第 61 条规定,成员国应当至少规定故意假冒商标或盗版且具商业规模的行为的刑事程序和刑罚,刑罚的种类应当包括监禁和罚金,且适用标准应和普通犯罪相同;成员国对于其他侵犯知识产权的行为,也可以规定刑事程序和刑罚,尤其是故意实施且具有商业规模的情况。

我国《商标法》明确规定地理标志可作为集体商标或证明商标注册,其适用一般商标的保护措施。侵犯地理标志权的,应承担相应的法律责任。相关权利人有权要求侵权人停止侵害、赔礼道歉、赔偿损失,工商行政部门也有权依法做出处理。《商标法》第 59 条规定,侵犯商标权构成犯罪的,除赔偿被害人经济损失外,依法追究刑事责任。该条也同样适用于作为集体商标或证明商标的地理标志。《集体商标、证明商标注册和管理办法》第 9 条和第 12 条规定了对葡萄酒、烈酒两类产品地理标志的严格保护。2005 年国家质检总局发布的《地理标志产品保护规定》规定,对于非法使用地理标志名称和地理标志产品专用标记的行为,由质量技术监督部门和出入境检验检疫部门依法查处;已获地理标志产品注册登记的生产者,未按规定生产地理标志产品或在 2 年内未在产品上使用地理标志产品专用标记的,国家质检总局有权注销其地理标志产品登记。2007 年农业部发布的《农产品地理标志管理办法》规定,已登记的地理标志农产品不符合规定条件或农产品地理标志登记证书的持有人不符合规定条件的,农业部有权注销地理标志登记证书并对外公告。此外,我国《反不正当竞争法》《产品质量法》《消费者权益保护法》等相关法律也都有伪造产品产地应承担相应的法律责任的条款。

通过对上述相关内容的考察,可以发现,法国对地理标志采取的是专门法保护模式,将一切不符合产品质量规范的地理标志使用行为均作为侵权行为处理,并主要通过公权机关来实现权利救济,保护力度较强。德国、日本、美国则是通过

《商标法》《反不正当竞争法》等相关法律来实现对地理标志的保护,将误导消费者、扰乱市场竞争秩序的地理标志使用行为作为侵权行为处理,保护力度相对较弱。究其原因,主要是因为在客观的关联性下,地理标志有着不同于商标的功能,是一种独立的知识产权,自然应设立专门的法律来保护。由于客观的关联性要求产品必须符合特定的质量标准,产地划定、产品规范的拟定也就成为关注的重点,公权机关的全程介入和对产品质量的全过程监控以及纠纷发生后实现权利的救济也就成为必要。在客观的关联性下,地理标志的使用必须符合产品规范,不符合产品规范的使用行为,无论是否存在误导公众的情况,均应视作侵权行为加以制止。可见,以客观的关联性为基础的法国,对地理标志采取的是一种直接的保护。而德国、日本、美国是以主观的关联性为基础的,在主观的关联性下,产品的质量标准取决于公众对产品产地的认知,产品规范不再是关注的重点,地理标志与商标的功能并无差别,因此通过《商标法》《反不正当竞争法》等相关法律来实现对地理标志的保护也就顺理成章。由于主观的关联性是以公众的合理认知为基础的,这决定了地理标志的使用只有在引起公众误解的情况下才能作为侵权行为处理,以实现对消费者权益的保护和市场竞争秩序的维护。因此,在主观的关联性下,对地理标志采取的是一种间接的保护。从国际条约的规定来看,《巴黎公约》和《马德里协定》都是从防止不正当竞争的角度来实现对地理标志的保护,其体现的是一种间接的保护。TRIPS 协定对一般地理标志采取了间接的保护,对葡萄酒、烈酒产品地理标志则采取了直接的保护。日本国内对地理标志的保护情况与 TRIPS 协定大体相同。我国对地理标志采取的是商标法及相关法律与专门法相结合的保护模式。首先,《商标法》和《集体商标、证明商标注册和管理办法》分别对一般地理标志和葡萄酒、烈酒地理标志采取了间接的保护和直接的保护,这与 TRIPS 协定对地理标志的保护基本相同。其次,《地理标志产品保护规定》和《农产品地理标志管理办法》均对地理标志采取了直接的保护。再次,《反不正当竞争法》《产品质量法》《消费者权益保护法》等相关法律对地理标志采取了间接的保护。综观我国的地理标志保护体系,主要存在着以下问题:其一,商标保护、地理标志产品保护、农产品地理标志保护三种制度并行,工商行政管理部门、质量技术监督部门、出入境检验检疫部门、农业部门多个部门同时执法,并且职权范围不存在明确的分工,容易造成各部门权力相互碰撞,当事人的权利无法得到有效实现。对此,应明确三种制度的适用范围,避免保护冲突与重叠保护。可以考虑将一些重要的农产品地理标志和非农产品地理标志分别纳入到农产品地理标志保护和地理标志产品保护之中,将其他产品的地理标志划归商标保护的范围内,这样就可以避免不同的职能部门权力行使的冲突,使得当事人的权利都能有效实现。其二,与国外相比,无论是我国的《商标法》,还是《地理标志产品保护规定》《农产品地理标志管理办法》,对地理标志的保护都缺乏系统、完备的规定。对此,应对相关内容进行充实和完善。

第三节　比较集成电路布图设计权

一、集成电路布图设计的概念

集成电路布图设计,一般是指组成集成电路的各个元件以及相互连接的线路的布局形式。集成电路是当代信息技术的核心和基础,英文简称 IC,又被称之为芯片,它是将电阻、电容、晶体管等元件通过一定的线路固化于一定的固体材料上,从而使之具备一定的电子功能的产品[①]。这种电路高度集成的产品,具有体积小、速度快、能耗低的特点,因而在当代社会被广泛地应用于各种电子产品之中。集成电路布图设计是制造集成电路产品的一个最为关键的环节,用以组成集成电路的各个电子元件和连接线路应如何排列、布局,直接关系到集成电路功能的充分发挥。为此,设计者往往要付出十分艰辛的脑力劳动,现实中关于集成电路布图设计的研发费用一般也要占到集成电路产品总投入的一半以上。但集成电路布图设计又十分容易被复制、抄袭,并且成本远远低于其研发费用,从而使得集成电路布图设计人蒙受巨大损失,也阻碍了新的集成电路产品的研发。作为一种智力成果和无形财产,集成电路布图设计应当成为知识产权的保护对象。关于集成电路布图设计的概念,国内外的表述并不完全一致。

根据《简明大不列颠百科全书》中的解释,集成电路是指利用不同种类的工艺加工技术,在一块连续不断的衬底材料上同时制作出大量的晶体管、电阻和二极管等电路元件,并通过一定的线路将它们连成一体。世界上首个通过立法保护集成电路的国家是美国,1984 年 11 月 8 日美国国会颁布实施的《半导体芯片保护法》明确将集成电路限定在半导体集成电路的范围内,并将集成电路布图设计称之为"掩膜作品"。该法对掩膜作品进行了详细定义,并将其作为一种独立的知识产权加以保护。继美国之后,日本也仿照美国模式于 1985 年颁布实施了《半导体集成电路的线路布局法》,将集成电路限定为半导体集成电路,将集成电路布图设计称之为"线路布局"。与美国法律不同的是,该法并没有采取列举的方式详细定义集成电路布图设计,而是明确规定了布图设计的概念。根据该法,线路布局是指半导体集成电路中的各种元件以及连接这些电路元件的布局形式。我国台湾地区《积体电路线路布局保护法》也将集成电路布图设计称之为"线路布局"。1986 年 12 月 16 日欧共体颁布实施的《关于半导体产品拓扑图保护的指令》将集成电路布图设计称之为"半导体产品拓扑图",并要求各成员国通过一定的法律措

---

① 参见郭禾:《半导体集成电路知识产权的法律保护》,《中国人民大学学报》2004 年第 1 期,第 102 页。

施对半导体产品拓扑图专有权予以保护。1986 年 12 月 18 日瑞典颁布实施的《半导体产品电路的布图设计保护法》则首次使用了"半导体电路布图设计"这一称谓。1987 年英国颁布的《半导体产品拓扑图保护条例》将集成电路布图设计称之为"半导体产品拓扑图"。1987 年 10 月 22 日德国颁布的《关于保护微电子半导体产品拓扑图的法律》采用的也是"半导体产品拓扑图"的概念。根据俄罗斯联邦《集成电路布图设计保护法》的规定,集成电路布图设计是指固定于特定载体之上的集成电路元件的组合空间、几何位置以及相互之间的连接线路。而集成电路则是将电子元件和相互连接的线路集成一定的基片之上或基片之中,以执行一定的电子功能的中间产品或最终产品。1989 年 5 月 26 日世界知识产权组织在华盛顿通过的《集成电路知识产权保护条约》(WIPO 公约或华盛顿条约)第 2 条规定,集成电路是指将包括至少一个有源元件的多个电子元件以及其部分或全部相互连接的线路集成于一块特定的材料之上或材料之中,以执行某种电子功能的中间产品或最终产品。集成电路布图设计是指组成集成电路的包括至少一个有源元件的多个电子元件以及其部分或全部相互连接的线路的三维配置,或者是为制造集成电路而预先设计的这种三维配置。1994 年世界贸易组织通过的《与贸易有关的知识产权协定》(TRIPS 协定)基本上采用了华盛顿条约中集成电路布图设计的概念,并对集成电路布图设计的保护期限、保护范围以及善意侵权等问题进行了修改。

为了顺利加入世界贸易组织,促进我国集成电路产业的发展,国务院于 2001 年 3 月 28 日通过了《集成电路布图设计保护条例》,并于同年 10 月 1 日起正式实施。国家知识产权局分别于 2001 年 10 月 1 日和 11 月 28 日颁布实施了《集成电路布图设计保护条例实施细则》和《集成电路布图设计行政执法办法》。此外,最高人民法院于 2001 年 10 月 30 日发布了《关于开展涉及集成电路布图设计案件审判工作的通知》。根据《集成电路布图设计保护条例》第 2 条第 1 项的规定,集成电路是指将包括至少一个有源元件的两个以上的电子元件以及它们之间的全部或部分连接线路集成于半导体材料基片之上或基片之中,以执行某种电子功能的中间产品或最终产品,即半导体集成电路。第 2 项规定,集成电路布图设计是指组成集成电路的两个以上的电子元件(其中至少有一个是有源元件)以及它们之间的全部或部分连接线路的三维配置,或者是为制造集成电路而预先设计的这种三维配置。根据该条例,集成电路仅指半导体集成电路,不包括其他集成电路。集成电路布图设计特指半导体集成电路布图设计。我国学界对集成电路布图设计的概念也有不同的表述。有学者认为,集成电路布图设计,又称布图设计、掩膜作品、半导体产品拓扑图,是指组成集成电路的多个元件(其中至少包括一个有源元件)以及相互之间的全部或部分线路连接的三维配置,或者是为了制造集成电路而预先准备的这种三维配置。它具有创造性、经济性、无形性、易复制性四个特征①。这种表述与华盛顿条约以及我国《集成电路布图设计保护条例》中对集成电路布图设计的定义基本相同。有学者认为,布图设计是指体现集成电路中各个电子元件(包括有源元件和无源元件)的三维配置的图形。它既可以体现在集成电路芯片上,也可以以一定的形式存在于掩膜板上,还可以以数字化编码的方式保存在计算机磁盘或磁带上②。有学者认为,布图设计是指确定用以制造集成电路的各个元件在一个传导材料中的几何图形排列和连接的布局设计③。根据这种观点,布图设计只限于为制造集成电路而预先进行的电子元件布局设计,并不包括集成电路芯片中电子元件的布局形式。还有的学者认为,集成电路布图设计是指以任何方式固定或编码的反映用以组成集成电路的材料之间的三维配置模式的一系列相关图像。其具有无形性、可复制性、非任意性的特点④。根据这种观点,布图设计的载体既可以是掩膜板、磁介质,也可以是集成电路芯片。

　　通过比较以上关于集成电路布图设计的不同表述,可以看出,美国将集成电路布图设计称为"掩膜作品",日本以及我国台湾地区将集成电路布图设计称为"线路布局",欧盟、德国、英国则称为"拓扑图",瑞典、俄罗斯、华盛顿条约、TRIPS协定则直接使用了"布图设计"的称谓。可以肯定的是,无论是"掩膜作品""线路布局""拓扑图",还是"布图设计",其实际所要表达的含义基本上是一致的,只是在表述的侧重点和准确性上存在一定程度的差异。掩膜作品主要是从载体的角度来进行表述的,最初的布图设计往往被固定于掩膜板之上,因此被称为掩膜作品自是无可非议。但随着科技的不断进步,布图设计更多的是以数字化编码的形式储存于计算机磁盘或磁带中,对此,掩膜作品无法概括。此外,掩膜作品的表述还排除了芯片作为载体的情况。拓扑图主要是从形式的角度来进行表述的,而线路布局或布图设计则主要是从内容的角度来进行表述的,然而任何事物都是形式与内容的统一,即一定的线路布局或设计必然通过一定的图形或图像表现出来,而一定的图形或图像也必然表现一定的线路布局或设计。因此,无论是拓扑图,还是线路布局或布图设计,在表述上都不存在根本对立,只是视角和侧重点相异而已。就线路布局与布图设计而言,前者更多强调的是线路的客观分布情况,而后者则更多强调的是这种分布形式是由人所设计的,相比较而言,后者较前者更能体现智力成果或知识产权的特性。另外,就集成电路布图设计的外延来看,多

---

① 参见张成立:《论集成电路布图设计的民法保护》,《前沿》2006年第7期,第137页。

② 参见郭禾:《半导体集成电路知识产权的法律保护》,《中国人民大学学报》2004年第1期,第104页。

③ 参见刘文:《集成电路布图设计的知识产权性质和特点》,《法商研究》2001年第5期,第108页。

④ 参见盛大铨:《论集成电路及其布图设计的法律保护》,《南京邮电学院学报(社会科学版)》2002年第4期,第28页;冯晔、冯晓青:《集成电路知识产权保护与我国的立法探析》,《北京市政法管理干部学院学报》2001年第4期,第11页。

数国家都将其限定为半导体集成电路布图设计,将非半导体集成电路布图设计排除在外,如美国、日本、欧盟、瑞典、英国、德国、俄罗斯、华盛顿条约、TRIPS 协定则并未作此限制,集成电路布图设计除了包括半导体集成电路布图设计外,还包括非半导体集成电路布图设计,外延明显要宽于美、日等国。一个不争的事实是,当前的集成电路绝大多数都是半导体集成电路,布图设计主要也是针对半导体集成电路的。但随着电子技术的不断发展,一些非半导体集成电路,如生物芯片、微流体芯片、印刷线路板(简称 PCB 板)等开始涌现,对这些非半导体集成电路布图设计也应当予以同等保护。我国《集成电路布图设计保护条例》中直接采用了"布图设计"的称谓,并明确规定集成电路特指半导体集成电路,布图设计也即半导体集成电路布图设计。就集成电路布图设计概念的表述上看,我国与华盛顿条约中的表述基本上是相同的,认为布图设计不仅可以体现在集成电路产品中,也可以体现在制造集成电路产品之前的其他载体上。这也与其他国家关于布图设计的含义基本一致,是值得肯定的。那种认为布图设计不包括集成电路产品中各电子元件和线路布局形式的看法是值得商榷的。

二、集成电路布图设计权的主体

集成电路布图设计权,是指一定的主体依法对集成电路布图设计享有的专有权利。集成电路布图设计是一种智力成果,它是设计者脑力劳动和智慧的结晶,因此,集成电路布局的设计者或创作者是当然的权利主体,拥有最广泛和最全面的权利。除了创作者或设计者外,依据一定的合同或法律的规定享有集成电路布图设计复制权和使用权的人也能成为相关的权利主体。这些权利主体派生于集成电路布图的设计者或创作者,一般只能在合同或法律规定的范围内行使部分权利。可以说,集成电路布图设计权利主体的范围十分广泛,各国对此的规定也并不完全相同。

一般而言,无论是自然人、法人,还是其他组织,都能成为集成电路布图设计权的主体。对此,世界各国一般并无争议。同时,将集成电路布图设计专有权原则上归属于集成电路布图设计者或创作者,也是国际通例,它体现了"谁创作谁受益"原则,有利于充分调动设计者的积极性,极大推动集成电路产业的发展。当然,除了规定集成电路布图设计专有权一般由创作者享有外,各国法律对合作创作的集成电路布图设计、受委托创作的集成电路布图设计、基于职务创作的集成电路布图设计的权利归属以及外国设计者的主体资格问题也作了相关规定。如俄罗斯联邦《集成电路布图设计保护法》规定,在履行与联邦国家或联邦机构签订的委托合同的过程中产生的布图设计专有权,若合同中并没有明确规定该权利属于作为委托人的联邦国家或联邦机构,那么,该项权利属于履行合同的受托人。该规定即涉及受委托创作的集成电路布图设计的权利归属问题,即委托合同明确规定权利归属的,依合同规定;无明确规定的,权利归受托人享有。美国《半导体芯片保护法》第 901 条 a 款第 6 项规定,在从事受雇工作的过程中创作的掩膜作品,其专有权由该掩膜作品创作者的雇主享有。日本《半导体集成电路的线路布局法》第 5 条规定,受雇于法人或其他雇主而完成的职务线路布局,其权利归属可由雇用合同或创作合同约定;若无约定的,该权利由雇用线路布局创作人的法人或其他雇主享有。上述美国和日本的两条规定都是关于职务布图设计权利归属的,但二者存在明显的区别。前者将职务布图设计专有权无一例外地归属于作为雇主的法人或其他雇主,而后者则视雇用合同或创作合同的约定而定,无约定的,才应由作为雇主的法人或其他雇主享有职务布图设计专有权。就外国设计者的主体资格问题,根据美国《半导体芯片保护法》的规定,掩膜作品的创作者是美国国民或美国居民,或者是共同缔结条约的成员国的国民、居民或主权当局的,该掩膜作品受到本法保护;掩膜作品的创作者是外国人或无国籍人且该掩膜作品的首次商业使用是发生在美国的,该掩膜作品受到本法保护。该条其实赋予了外国创作者在一定条件下的国民待遇原则,即是和美国共同缔结条约的成员国的国民或居民,或者是其创作的掩膜作品的首次商业使用是发生在美国。同时,美国《半导体芯片保护法》第 902 条明确规定,美国对域外掩膜作品的保护仅限于该国对美国的掩膜作品予以同样保护的情形。这其实是在互惠原则的前提下承认外国创作者的主体资格。该法第 914 条进一步规定,在他国无法实现对美国掩膜作品保护的情况下,美国贸易委员会秘书处可以决定对该国掩膜作品进行临时保护,但前提条件是该国需为保护掩膜作品作出实质努力且相关立法正处于合理程序之中。这其实是为了推进互惠原则而设置的一个过渡性条款。此外,日本、英国、澳大利亚、韩国等国也仿照美国模式确认了对域外布图设计保护的互惠原则。1989 年世界知识产权组织在华盛顿通过的《集成电路知识产权保护条约》(华盛顿条约)则明确规定,对于域外布图设计的保护,各缔约国应相互给予国民待遇。可见,华盛顿条约在外国创作者主体资格的问题上采用的是国民待遇原则。

我国《集成电路布图设计保护条例》第 9 条第 1 款规定,集成电路布图设计专有权由布图设计创作者享有,但本条例有特别规定的除外。该款的规定与国际通例相一致。第 10 条规定,两人以上合作创作的集成电路布图设计,其专有权的归属由各合作者共同约定;若无约定或约定不明的,由各合作者共同享有。该条涉及的是两个以上的自然人、法人或其他组织合作创作的集成电路布图设计专有权的归属问题,以尊重各合作者的自由选择为前提,若无约定或约定不明的,则认定为各合作者共同享有。第 11 条规定,接受他人委托创作的集成电路布图设计,其专有权的归属由委托人和受托人通过委托合同自行约定;若无约定或约定不明的,由受托人享有集成电路布图设计专有权。该条是对受委托创作的集成电路布图设计专有权归属的规定,以委托人和受托人双方的自行约定来决定集成电路布图设计专有权的归属,在双方无约定或约定不明的情况下,由受托人(即集成电路布图设计的创作者)对集成电路布图设计享有专有权。关于外国创作者的主体资格问题,根据我国《集成电路布图设计保护条例》的规定,中国自然人、法人或其他组织创作的集成电路布图设计,或者外国人创作的集成电路布图设计的首次商业使用是发生在中国境内的,创作者对集成电路布图设计依法享有专有权;外国人创作的集成电路布图设计,其创作者所属国与中国签订了有关集成电路布图设计保护协议或与中国共同参加了有关集成电路布图设计保护国际条约的,该创作者享有集成电路布图设计专有权。根据这条规定,我国对外国创作者的主体资格采取的是一定条件下的国民待遇原则和互惠原则。

综合比较上述相关规定,可以发现,各国都普遍承认集成电路布图设计专有权的享有者一般为布图设计的创作者或设计者,但也都根据特殊情况作了一些例外规定。就受委托创作的集成电路布图设计专有权的归属问题,俄罗斯联邦《集成电路布图设计保护法》明确规定在委托合同中没有明确约定集成电路布图设计专有权归作为委托人的联邦国家或联邦机构享有的情况下,布图设计专有权由履行合同的受托人享有。言下之意,确定受委托创作的集成电路布图设计专有权的归属应首先依据委托合同中双方当事人的约定,若无约定或约定不明确的,则应认定为受托人享有。该条规定与我国《集成电路布图设计保护条例》第11条的规定在基本精神上是一致的,所不同的是,俄罗斯关于受委托创作的集成电路布图设计专有权归属的规定只限于联邦国家或联邦机构作为委托人的情形,范围较窄;而我国关于受委托创作的集成电路布图设计专有权归属的规定属于一般性的规定,可适用于所有受委托创作集成电路布图设计的情形,范围较广。就职务布图设计专有权的归属问题,美国《半导体芯片保护法》明确规定,执行单位职务而创作的掩膜作品,其专有权归属于单位或雇主。如此规定,主要是因为集成电路的设计往往需要高额的资金投入和先进的科学技术设备,这些依靠单个的自然人的力量是难以实现的,往往需要利用法人或其他单位的物质技术条件才能完成对集成电路的设计。因此,在单位的主持下,根据单位的意志并利用单位的物质技术条件创作的集成电路布图设计,其专有权理应属于单位。而日本《半导体集成电路的线路布局法》则采取了灵活的方式,认为执行单位职务而创作的集成电路布图设计,其专有权的归属应视创作者与单位或雇主之间的约定而定,若无约定或约定不明确的,则应由单位或雇主享有集成电路布图设计专有权。我国并没有关于职务布图设计专有权归属的法律规定,有人认为应当在未来修订法律时予以补充①,对此,笔者表示赞同。具体而言,可以参照职务作品的立法规定,将职务布图设计表述为:由法人或其他组织主持,根据法人或其他组织的意志而创作,并

---

① 参见李志研:《我国集成电路布图设计专有权制度评析》,《安徽工业大学学报(社会科学版)》2003年第4期,第68页。

由法人或其他组织承担责任的布图设计,该法人或其他组织是创作者,享有布图设计专有权①。就外国创作者的主体资格问题,华盛顿条约采取的是国民待遇原则,美国采取的是互惠原则以及有限制的国民待遇原则。互惠原则往往需要通过签订双边条约进行展开和推进,而有限制的国民待遇原则则表现为外国创作者只有在其所属国与保护国同为集成电路布图设计保护国际条约的成员国或其所创作的布图设计的首次商业使用是发生在保护国境内的情况下,才能在保护国享受国民待遇,成为布图设计专有权的主体。从上述两个方面来看,我国在外国创作者主体资格问题上的态度与美国是一致的。

三、集成电路布图设计权的客体

集成电路布图设计权的客体是符合法律规定的集成电路布图设计,即受法律保护的集成电路布图设计。集成电路布图设计是一种智力成果,其往往要固定于或体现于一定的载体之上,如掩膜板、计算机磁盘或磁带、集成电路芯片等。但法律所要保护的并不是这些载体本身,而是体现在这些载体之上的作为智力成果形态的集成电路布图设计。并非有关集成电路的任何设计都能受到法律保护,只有符合一定条件、达到一定标准的布图设计才能得到法律的保护,才能成为集成电路布图设计权的客体。关于符合什么样的条件才能成为集成电路布图设计权的客体,各国法律以及相关的国际条约都有相关的规定。

从国外的相关规定来看,一般都是从实质和形式两个层面来界定集成电路布图设计权的客体的。前者体现的是集成电路布图设计应符合怎样的要求才值得受到法律保护,后者所要说明的是集成电路布图设计应具备怎样的形式、履行怎样的手续才能受到法律的保护。就集成电路布图设计的实质条件来看,各国一般都认为,集成电路布图设计要受到法律保护,必须具备独创性。这里的"独创性"尽管并不要求达到专利法中"创造性"的高度,但也绝不等同于著作权法中对创造性不作任何要求的"原创性"。如美国《半导体芯片保护法》第902条b款规定,掩膜作品不具备原创性或者在半导体行业中已被广泛应用、熟知,属于设计普通的作品的,或者从整体组合来看不具备独创性的作品,不受法律保护。根据该款规定,掩膜作品只有具备独创性才能受到法律保护。独创性首先要求作品必须由设计人独立完成,排除抄袭他人的情形,即具备原创性;其次,独创性还要求作品设计不能是平庸的、司空见惯的、众所熟知的,必须具有一定的进步意义。组合作品并不要求各部分具备独创性,只要从整体上看达到了独创性的要求就可以受到法律保护。俄罗斯联邦《集成电路布图设计保护法》规定,只有具备独创性的布图设计,才能受到法律的保护。《华盛顿条约》第3条第2款a项规定,受法律保护的

布图设计应具有独创性。这里的独创性,是指布图设计是创作者自己独立劳动创作的智力成果,并且在创作之时在布图设计者之间以及集成电路生产者之间不是显而易见的。该款 b 项规定,由显而易见的集成电路连接形式相互组合而形成的布图设计,如果从组合整体上看符合 a 项所规定的独创性的要求,也能受到法律的保护。可见《华盛顿条约》对布图设计独创性的理解与美国《半导体芯片保护法》是一致的。TRIPS 协定对集成电路布图设计受保护的界定,与华盛顿条约基本相同。就集成电路布图设计的形式条件来看,各国主要有三种不同的态度:其一,自动保护主义。即集成电路布图设计在首次被投入商业使用之时就自动受到法律保护,无须到相关部门办理登记。如瑞典《半导体产品电路的布图设计保护法》和英国《半导体产品拓扑图保护条例》对布图设计的保护都不以登记作为前提条件,只要投入商业使用即可。其二,登记保护主义。即对集成电路布图设计的保护以登记作为前提,至于其是否投入商业使用,则在所不问。多数国家采用这种方式,如俄罗斯联邦《集成电路布图设计保护法》规定,集成电路布图设计应当到联邦知识产权行政权力机关进行登记。日本《半导体集成电路的线路布局法》规定,线路布局的登记主管部门是负责工业产权管理的通产省。德国《关于保护微电子半导体产品拓扑图的法律》也明确规定,对半导体产品拓扑图的保护以登记为前提,但登记机关对拓扑图只作形式上的审查。其三,登记诉讼主义。即只要集成电路布图设计首次投入商业使用就开始受到法律保护,但进行登记是进行诉讼的先决条件,未登记则无法提出侵权之诉。如根据美国《半导体芯片保护法》的规定,负责掩膜作品登记的部门是国会版权局,一般先由申请人提出申请,由版权局就形式和部分实质内容(独创性内容除外)进行审查,准予登记的,颁发登记证书,并对外公布;未进行登记的,不能提起侵权之诉。华盛顿条约和 TRIPS 协定并没有规定集成电路布图设计的法律保护必须以登记为要件,而是明确授权各成员国根据本国的实际情况自行选择。此外,关于外国人创作的布图设计,各国法律往往还要求其首次商业使用必须发生在保护国境内或存在双边互惠条约或国际条约的前提下,才能成为法律所保护的客体。

我国也是从实质与形式两个层面来界定受保护的集成电路布图设计的。《集成电路布图设计保护条例》第 4 条规定,布图设计必须具有独创性才能受到法律保护,即该布图设计必须是创作者自己的智力劳动成果,并且在创作之时该布图设计在创作者之间以及集成电路生产者之间不是公认的常规设计;由常规设计组合而成的布图设计,其组合整体必须符合前项所规定的条件(即独创性)才能受到法律的保护。该条明确规定了集成电路布图设计受到保护的实质条件,即必须具有独创性。这里的独创性包括两层含义:一是布图设计由创作者自己独立创作完成,不存在抄袭他人的情况,即具有原创性;二是布图设计必须不是普通的、常规的设计,与以往的设计相比,必须具有一定的进步意义。由以往的常规设计组合而成的布图设计,只要其组合整体符合独创性的要求,就能受到法律保护。从集成电路布图设计受保护的形式条件来看,我国采取的是登记保护主义。《集成电路布图设计保护条例》第 8 条规定,布图设计专有权经国务院知识产权行政部门登记产生。未经登记的布图设计不受本条例保护。第 17 条规定,布图设计自其首次商业使用之日起 2 年内未提出登记申请的,不再予以登记。根据该条例的规定,负责布图设计登记的主管机关是国家知识产权局。国家知识产权局对布图设计的登记申请主要是进行形式审查,基本不涉及实质内容。经审查准予登记的,由国家知识产权局予以登记,发给登记证明文件,并予以公告。我国学界也有人持不同的看法,如有人认为,布图设计权的形式条件主要有三:一是布图设计必须投入商业使用;二是布图设计必须固化于集成电路之中;三是布图设计必须办理登记手续①。还有人认为,受保护的布图设计的形式条件有二:一是布图设计必须投入商业使用;二是布图设计必须进行登记②。应当说,这些看法与我国目前的法律规定明显相悖。此外,关于外国人创作的布图设计,《集成电路布图设计保护条例》规定,其首次商业使用发生在中国境内或者其创作者的所属国与中国签订了双边互惠条约或同为国际条约的成员国的,该布图设计才能受到保护。

通过比较上述国内外的相关规定,可以发现,各国都认为集成电路布图设计要受到法律保护就必须具备独创性。而这里的独创性既不是著作权法中所要求的原创性,也不是专利法中所要求的创造性,而是介于这二者之间的一种属性。究其原因,主要是因为:首先,布图设计与作品有着相同之处,二者都是创作者智力成果的体现,但著作权法中的作品更多被关注的是是否为创作者独立完成,至于其对社会的功能效应则在所不问;而布图设计除了要具备作品的原创性外,更多被关注的是其对社会的功能效应,即推动集成电路产业的发展,因而它必须具备一定的技术含量。其次,布图设计不需要达到专利法中所要求的创造性的高度,因为专利法中所要求的创造性是指在技术上必须具有突出的实质性特点和显著的进步,而集成电路布图设计大多只能在提高集成度、节约材料、降低能耗上下功夫,因而并不具备专利法中创造性的要求,只需与以往的布图设计相比具有进步意义即可。美国《半导体芯片保护法》《华盛顿条约》以及我国的《集成电路布图设计保护条例》尽管在对集成电路布图设计独创性的表述方式上存在着一定的差别,但从实质内容上看是完全一致的。就集成电路布图设计受保护的形式条件而言,英国、瑞典采取的是自动保护主义,认为布图设计的保护以投入商业使用为条件,而不以登记为前提;俄罗斯、日本、德国采取的是登记保护主义,认为布图设计的保护以登记为条件,至于是否投入使用则无关紧要;美国采取的是登记诉讼主

---

① 参见郭禾:《半导体集成电路知识产权的法律保护》,《中国人民大学学报》2004 年第 1 期,第 109 页。

② 参见乔煜:《论集成电路知识产权的法律保护》,《甘肃农业》2003 年第 5 期,第 52 页。

义,认为登记只是权利人进行诉讼的先决条件。我国采取的是登记保护主义,并且与其他采取登记保护主义和登记诉讼主义的国家一样,我国登记机关对集成电路布图设计申请的审查原则上只限于形式部分,一般不涉及实质内容。究其原因,主要是因为对集成电路布图设计进行实质审查往往技术要求高、耗费时间长,而集成电路一般更新换代快、应用周期短,这样将不利于实现对集成电路布图设计的保护。关于外国人创作的集成电路布图设计的保护,我国和其他国家的立场基本相同,都要求必须存在双边互惠条约或国际条约的前提下,或者该集成电路布图设计的首次商业使用是发生在保护国境内的,才能成为受保护的客体。

四、集成电路布图设计权的内容

集成电路布图设计权是相关权利人对集成电路布图设计依法享有的专有权利。这种专有权利一方面表现为权利人有权行使相关的权利,另一方面表现为权利人有权禁止他人行使相关的权利。一般认为,集成电路布图设计权的内容主要包括复制权、商业使用权、转让权以及许可权。复制权,是指权利人有权重复制作布图设计或将布图设计运用于集成电路的制造,并禁止他人行使上述权利。商业使用权,是指权利人有权为商业的目的进口、销售或者以其他方式提供受保护的布图设计、含有该布图设计的集成电路以及含有该集成电路的物品,并禁止他人实施上述行为。转让权,是指权利人有权将布图设计转让给他人,从而不再享有布图设计专有权。许可权,是指权利人有权许可他人对布图设计进行复制或者商业使用,许可发生后,权利人往往依然享有布图设计专有权。世界各国在对集成电路布图设计专有权进行保护的同时,往往也对其进行一定程度的限制,以维护社会公共利益,促进集成电路产业的发展。

根据美国《半导体芯片保护法》的规定,掩膜作品权利人有复制掩膜作品以及进口、销售含有掩膜作品的半导体芯片产品的专有权利。其他人未经权利人许可不得实施对掩膜作品的复制权和商业使用权。该法第 906 条 a 项规定,尽管有本法第 905 条规定的行为,但仅为教学、研究、分析或评价掩膜作品的概念、技术、所使用的电路、逻辑流程图以及各种元件的布局而对该掩膜作品进行复制的,不视为对掩膜作品专有权的侵害;同时,根据上述分析、评价,重新创作出新的具有独创性的掩膜作品并将其投入商业使用的,亦不视为对原掩膜作品专有权的侵害。该项规定体现了对掩膜作品复制专有权的两种限制:合理使用(仅为教学、研究等个人目的而复制掩膜作品)和反向工程(为创作出新的具有独创性的掩膜作品而复制、分析、评价他人的掩膜作品)。该法第 907 条规定,在并不知晓半导体芯片产品上的掩膜作品受到保护的情况下,进口或销售含有该掩膜作品的半导体芯片产品的,不承担侵权责任;在知晓所进口、销售的半导体芯片产品上的掩膜作品受到保护后,只能对剩余的、仅存的含有该掩膜作品的半导体芯片产品享有商业使用的权利,且必须向掩膜作品权利人支付合理的费用。该条规定其实体现的是对掩膜作品商业使用专有权的限制,即善意侵权。另外,根据美国《半导体芯片保护法》的规定,对掩膜作品专有权的保护期限为 10 年。具有相似规定的还有日本、英国、德国等国,这些国家对布图设计专有权的保护期限同样也为 10 年。1986年欧共体颁布的《关于半导体产品拓扑图保护的指令》为各成员国制定法律保护半导体产品拓扑图提供了一般的原则和标准,并对拓扑图专有权进行了规定。该指令第五章第三节中规定,拓扑图专有权的效力不及于为教学、分析、评价该拓扑图的概念、流程、系统、技术等个人目的而复制该拓扑图的行为。该规定明确体现了合理使用的限制。该指令第五章第四节中规定,在分析、评价拓扑图的基础上创作出另一个具有独创性的拓扑图的,不视为对原拓扑图专有权利的侵犯。该规定则明确体现了反向工程的限制。瑞典《半导体产品电路的布图设计保护法》第1 条规定,任何半导体产品电路布图设计的创作人都有权通过销售、出租、出借或其他任何方式向公众提供布图设计或含有布图设计的产品。该条规定了半导体产品电路布图设计的商业使用权。俄罗斯联邦《集成电路布图设计保护法》规定,集成电路布图设计专有权包括布图设计使用权和禁止权。前者是指将布图设计用于制造集成电路以及对布图设计进行商业使用的权利,后者是指布图设计的创作者或其他权利人有权禁止他人未经许可而行使布图设计使用权。同时,该法还规定,布图设计的使用权甚至专有权能通过合同的方式转让给他人。转让布图设计使用权或专有权的,应签订书面转让合同,合同中应包括布图设计的保护范围、保护方法、转让费用、付款方式、合同的有效期等条款。布图设计转让合同应到联邦知识产权行政权力机关办理登记手续。可见,该项规定是对布图设计转让权和许可使用权的规定。另外,俄罗斯联邦《集成电路布图设计保护法》还规定了限制布图设计许可使用权的强制许可制度,即在联邦国家或联邦机构委托他人创作布图设计的合同中未约定作为委托人的联邦国家或联邦机构对布图设计享有专有权的,联邦国家或联邦机构有权要求布图设计权利人许可所指定的他人无偿使用布图设计,以实现联邦国家或联邦机构的需要。关于集成电路布图设计专有权的保护期限,俄罗斯联邦《集成电路布图设计保护法》规定为 10 年。我国台湾地区《积体电路线路布局保护法》第 17 条规定,线路布局权利人有权禁止他人未经许可而复制线路布局的一部或全部以及为商业的目的输入、散布线路布局或含有该线路布局的积体电路。该法第 2 条第 3 款规定,散布,是指买卖、授权、转让或为买卖、授权、转让而陈列。1989 年的《华盛顿条约》规定了各缔约国应相互给予国民待遇原则、集成电路布图设计的权利范围、权利限制、权利期限等内容。该条约第 3 条规定,布图设计权利人有权复制或授权他人复制布图设计的一部(独创性部分)或全部,将布图设计用于芯片的制造或授权他人将布图设计用于芯片的制造,以及为商业目的进口、销售或以其他方式散布受保护的布图设计、含有受保护的布图设计的芯片以及含有该芯片的任何物品或授权他人实施上述商业行为。该条规定了复制权、商业使用权以及许可权,并且商业使用权的范围涉及布图设计、含有布图设计的芯片以及含有该芯片的物品三个层次。而第 6 条第 1 款 a 项又对此作了修改,将商业使用权的范围限定在受保护的布图设计和含有受保护的布图设计的芯片两个层次上。第 6 条第 2 款 a 项规定,为了个人目的或单纯为了教学、研究、分析、评价的目的,未经权利人许可而复制受保护的布图设计的,应视为合法行为;b 项规定,在前项规定的分析、评价的基础上,创作出新的具有独创性的布图设计的,该创作人有权将其所创作的布图设计用于集成电路的制造上或复制、进口、销售或以其他方式提供其所创作的布图设计,对此不构成对原布图设计专有权的侵犯。这两项规定分别体现的是合理使用与反向工程。另外,根据《华盛顿条约》的规定,不知道也不应当知道自己所获得的集成电路或含有集成电路的物品中含有非法复制的布图设计而将其投入商业使用的,不应视为非法行为。这其实体现的是善意侵权。《华盛顿条约》第 6 条第 3 款规定,主管部门认为布图设计的使用关系到国家的重大利益,而相关人员依照商业惯例又未能获得布图设计权利人许可的,在确有必要的情况下,有权要求布图设计权利人许可他人非独占性地使用该布图设计,但被许可人必须向布图设计权利人支付相应的使用费。该款规定体现的即是强制许可。关于布图设计专有权的保护期限,《华盛顿条约》规定为至少 8 年。1994 年的 TRIPS 协定采纳了《华盛顿条约》中的大部分条款,但同时也作了一些改进。该协定第 36 条规定,未经布图设计权利人许可,不得为商业的目的进口、销售或以其他方式散布受保护的布图设计、含有受保护的布图设计的集成电路以及含有该集成电路的物品。根据该条规定,集成电路布图设计商业使用权的保护范围覆盖了布图设计、含有布图设计的集成电路以及含有该集成电路的物品三个层次。关于善意侵权,TRIPS 协定在华盛顿条约规定的基础上增加了应给予权利人补偿的规定,即善意侵权尽管不视为非法,但行为人在收到非法复制的通知后,只能就剩余产品行使商业使用权,并且应向布图设计权利人支付相当于许可使用的费用。关于强制许可,TRIPS 协定第 37 条删除了华盛顿条约中关于强制许可的条款,仅规定布图设计的强制许可适用有关专利强制许可的规定。另外,关于布图设计专有权的保护期限,TRIPS 协定规定为 10 年以上。

　　我国《集成电路布图设计保护条例》也对集成电路布图设计的权利范围、权利限制以及保护期限作了相关规定。该条例第 7 条第 1 项规定,布图设计权利人享有对受保护的布图设计的全部或其中任何具有独创性的部分进行复制的权利;第 2 条第 4 项规定,这里的复制,是指重复制作布图设计或制作含有该布图设计的集成电路的行为。根据上述规定,布图设计的复制既包括重复制作布图设计,又包括将布图设计用于集成电路的制造。复制权包括复制布图设计的全部和布图设计中具有独创性的部分,即复制布图设计中的非独创性部分,不构成对布图设计专有权的侵犯。条例第 7 条第 2 项规定,布图设计权利人享有将受保护的布图设计、含有受保护的布图设计的集成电路以及含有该集成电路的物品投入商业利用的权利;第 2 条第 5 项规定,这里的商业利用,是指为商业目的进口、销售或以其他方式提供受保护的布图设计、含有受保护的布图设计的集成电路以及含有该集成电路的物品的行为。根据这两项规定,商业使用权的范围涉及布图设计、含有布图设计的集成电路以及含有该集成电路的物品三个层次。另外,条例还规定,布图设计权利人可以许可他人使用其布图设计或将布图设计转让给他人。转让布图设计专有权的,应签订书面转让合同,并到国家知识产权局办理登记手续。关于布图设计专有权的限制,条例第 23 条规定,以下行为无须经过布图设计权利人许可,也不用向其支付报酬:(1)为个人目的或单纯为教学、研究、分析、评价等目的而复制受保护的布图设计;(2)在上述第(1)项规定的行为的基础上,创作出新的具有独创性的布图设计并将其投入使用;(3)对自己独立创作的与他人相同的布图设计进行复制或将该布图设计投入商业使用。该条的三项规定依次规定了合理使用、反向工程以及独立创作。条例第 24 条规定,布图设计权利人或经其授权的人将受保护的布图设计、含有受保护的布图设计的集成电路以及含有该集成电路的物品投入市场后,他人再次进行商业使用的,无须经过权利人许可,也不用支付任何报酬。该条规定所涉及的是对布图设计商业使用权的限制,又称为权利穷竭。条例第 25 条规定,在国家出现紧急状态或非常情况时,或者为了公共利益的目的,或者经人民法院、不正当竞争行为监督检查部门依法认定布图设计权利人有不正当竞争行为而需要给予补救时,国务院知识产权行政部门可以给予使用其布图设计的非自愿许可。该条所涉及的是强制许可。条例第 33 条规定,不知道也没有合理理由应当知道所获得的集成电路和包含集成电路的物品中含有非法复制的布图设计,而将其投入商业使用的,不视为侵权。但行为人在收到非法复制的明确通知后,只能将现有存货或此前的订货投入商业使用,且应当向布图设计权利人支付合理的报酬。该条所规定的即是善意侵权。关于布图设计专有权的保护期限,条例第 12 条规定,布图设计专有权的保护期限为 10 年,自登记申请之日或在世界任何地方首次投入商业使用之日起计算,以较前者为准。但无论是否登记或投入商业使用,布图设计自创作完成之日起 15 年后即不再受到保护。

案例 5-3　天微公司诉明微公司侵犯集成电路布图设计权案

2008 年 12 月 9 日,深圳市明微电子股份有限公司向国家知识产权局申请了名称为(MW7001)SM9935B 的集成电路布图设计登记,国家知识产权局经审查,于 2009 年 6 月 24 日向明微公司颁发了登记号为 BS.08500671.8 的集成电路布图设计登记证书。2009 年 2 月 26 日,深圳市天微电子有限公司向国家知识产权局申请了名称为 TM9936 的集成电路布图设计登记,并于 2009 年 5 月 13 日获得了登记号为 BS.09500108.5 的集成电路布图设计登记证书。

2009 年 6 月 4 日,天微公司代理人在深圳市南山区高新技术产业园南区高新南一道国微大厦五楼明微公司住所地购买了芯片 20 只,型号为 SM9935B,并通过深圳市公证处进行了证据保全公证。2009 年 6 月 8 日,天微公司以明微公司销售的 SM9935B 芯片涉嫌抄袭、复制其 TM9936 芯片布图设计为由,向深圳市中级人民法院提起诉讼,要求明微公司停止侵权,并赔偿经济损失 50 万元。

深圳中院经审理认为,原告天微公司和被告明微公司都申请了集成电路布图设计登记并获得了国家知识产权局颁发的登记证书。其中,被告明微公司的申请时间为 2008 年 12 月 9 日,原告天微公司的申请时间为 2009 年 2 月 26 日,前者早后者 2 个多月。根据我国法律的规定,明微公司的布图设计权应受到保护。另经过技术对比,被控 SM9935B 芯片集成电路板图与被告在国家知识产权局备案的样品布图设计完全一致。因此,被告的行为不构成侵权。

判决后,天微公司不服,向广东省高级人民法院提出上诉。广东高院审理认为,根据我国法律规定,布图设计专有权的保护期限为 10 年,自登记申请之日或在世界任何地方首次投入商业使用之日起计算,以较前者为准。由于明微公司的登记申请时间早于天微公司 2 个多月,因此,明微公司的布图设计专有权早于天微公司。明微公司生产 SM9935B 芯片的行为,不属于侵权行为。遂驳回上诉,维持原判。

通过对上述国内外相关规定的比较,可以发现,世界各国以及相关的国际条约在集成电路布图设计权利内容上大多都是趋同的。首先,从布图设计专有权的范围上看,各国以及国际条约都一致认为布图设计专有权包括复制权、商业使用权以及许可权、转让权。其中,对复制权的理解,一般都认为是指复制布图设计的全部或其中具有独创性的部分,对非独创性部分的复制,不构成对布图设计专有权的侵犯。对复制的解释,除了俄罗斯将其限定为利用布图设计制造集成电路的行为,多数国家包括国际条约都认为复制包括重复制作布图设计和利用布图设计制造集成电路的行为。另外,对商业使用权的理解,美国、瑞典等西方国家强调权利效力的无限延伸思想,认为商业使用权的范围不仅及于布图设计、含有布图设计的集成电路,甚至还及于包含该集成电路的一切物品。我国台湾地区则认为商业使用权的范围只限于线路布局和包含线路布局的积体电路两个层次。而 1989 年的《华盛顿条约》则在第 3 条和第 6 条中分别规定了以上两种不同的商业使用权范围。究其原因,主要是因为以美国、日本为首的发达国家要求对布图设计商业使用权的无限保护,而广大发展中国家则要求对布图设计商业使用权的有限保护,《华盛顿条约》中的这一矛盾现象正是这两大国家阵营相互博弈的结果。1994 年的 TRIPS 协定采纳了美国等发达国家的立场,将商业使用权的范围界定为布图设计、含有布图设计的集成电路以及含有该集成电路的物品三个层次。我国对布图设计商业使用权范围的界定,采取了与 TRIPS 协定相同的立场。其次,从对布图设计专有权的限制上看,各国法律以及国际条约一般都规定了合理使用、反向工程、独立创作以及权利穷竭,而且对这四种权利限制情形的解释基本上是相同的。之所以规定合理使用、反向工程、独立创作,是为了提高创作者创作的积极性,促进集成电路产业的发展。而规定权利穷竭,则是为了防止权利人滥用专有权,促进商品自由流通。关于善意侵权的理解,以美国为代表的发达国家尽管承认善意侵权不视为非法,但也同时要求行为人在收到非法复制的通知后只能将现有存货或订货投入商业使用,而且要向权利人支付合理的费用。《华盛顿条约》采纳了广大发展中国家的立场,明确规定善意侵权的情形不视为非法,而且行为人无须向权利人做出补偿。而 TRIPS 协定则重新采纳了美国等发达国家的立场,在规定善意侵权不视为非法的基础上,增加了应给予权利人补偿的条款。我国关于善意侵权的规定,与 TRIPS 协定大致相同。关于强制许可,美国等发达国家一般并未对此作出规定,俄罗斯则将强制许可限定在联邦国家或联邦机构委托他人创作布图设计而最终未取得布图设计专有权的情形,而且被许可人对布图设计的使用是无偿的、免费的。《华盛顿条约》规定了一般情形下的强制许可,并且要求被许可人必须向权利人支付一定的使用费。TRIPS 协定则采纳了美国等发达国家的立场,删除了《华盛顿条约》中有关强制许可的条款,仅规定对布图设计的强制许可适用更为严格的专利特许的规定。我国关于强制许可的规定,与《华盛顿条约》基本一致。再次,从布图设计专有权的保护期限上看,美国、日本、英国、德国等发达国家规定为 10 年,俄罗斯规定也为 10 年,《华盛顿条约》规定为不少于 8 年,TRIPS 协定规定为不少于 10 年。我国与 TRIPS 协定相同,亦规定为 10 年。综合来看,以美国为代表的发达国家偏重于对布图设计专有权的保护,因而强调对布图设计商业使用权范围的无限延伸,对善意侵权进行一定程度的限制,对有关公共利益的强制许可进行坚决抵制或者严格限制,对布图设计专有权的保护规定较长的期限。而发展中国家则注重对公共利益的维护,因而强调对布图设计商业使用权的有限保护,对善意侵权不作过多的限制,肯定国家在一定条件下为了公共利益而实施强制许可,对布图设计专有权的保护无须规定过长的期限。从国际条约的规定来看,《华盛顿条约》整体上反映了广大发展中国家的要求,而TRIPS 协定则整体上体现了发达国家的利益。正因为如此,《华盛顿条约》受到了发达国家的抵制而未能生效。作为发展中国家的我国,为了顺利加入世界贸易组织,在有关布图设计专有权的规定上很大程度迎合了 TRIPS 协定的相关规定,但这其实并非完全符合本国的利益。

五、集成电路布图设计权的法律保护

关于集成电路布图设计权的保护模式,根据 TRIPS 协定第 35 条的规定,对集成电路布图设计权的保护适用《集成电路知识产权保护条约》（即《华盛顿条约》）第 2 至 7 条、第 12 条、第 16 条的规定，各国可根据本国实际情况，采用专门法、版权法、专利法、反不正当竞争法或其他法，以及综合运用上述不同的法律来实现对集成电路布图设计权的保护。但尽管如此，从目前世界各国的相关立法情况来看，一般都采取专门法保护模式，如美国的《半导体芯片保护法》、日本的《半导体集成电路的线路布局法》、瑞典的《半导体产品电路的布图设计保护法》、英国的《半导体产品拓扑图保护条例》、德国的《关于保护微电子半导体产品拓扑图的法律》、俄罗斯的《集成电路布图设计保护法》等，采用这种专门立法的模式来实现对集成电路布图设计权的保护已是国际通例。在美国，《半导体芯片保护法》虽然位列《美国法典》第十七编版权法的最后一章，即第九章，但《美国法典》第 912 条明确规定，该法与版权法并无关系，其不是版权法的特别法，而是一个独立的知识产权保护体系。这种专门的立法模式也为其他国家所效仿。我国的《集成电路布图设计保护条例》《集成电路布图设计保护条例实施细则》《集成电路布图设计行政执法办法》以及我国台湾地区的《积体电路线路布局保护法》同样也是专门法保护模式。关于集成电路布图设计权的保护，各国法律以及国际条约都有相关的规定。

为了实现对集成电路布图设计专有权的保护，各国法律乃至国际条约一般都将未经权利人同意而复制布图设计的行为以及将布图设计投入商业使用的行为视为侵权行为，这已成为共识。如根据 TRIPS 协定第 36 条的规定，未经权利人同意而为商业的目的进口、销售或者散布布图设计、含有布图设计的集成电路以及含有该集成电路的物品的，各缔约国应认定为非法行为。该条所规定的即是针对布图设计商业使用权的侵权行为。关于布图设计专有权的保护，各国法律主要规定了三种保护方式，即民事保护、行政保护以及刑事保护。民事保护主要体现为权利人自己或通过司法机关要求侵权人承担一定的民事责任，以此来实现对布图设计专有权的保护。民事责任的承担方式主要有停止侵害和赔偿损失，各国法律以及 TRIPS 协定对此都有相关规定。行政保护主要体现为国家行政主管机关通过强制侵权人承担一定的行政责任来实现对布图设计专有权的保护和市场经济秩序的维护。行政责任的承担方式主要为行政处罚和行政强制措施。由于行政保护具有针对性强、效率高等优点，因而广受世界各国的青睐，从而成为世界各国对布图设计普遍采用的救济手段之一[①]。刑事保护主要体现为司法机关通过强制行为已经构成犯罪的侵权人承担一定的刑事责任来实现对布图设计专有权的保护。侵犯布图设计专有权情节严重构成犯罪的，应承担相应的刑事责任。目前，世界各国只有少数国家规定了刑事保护。如日本《半导体集成电路的线路布

---

① 参见张成立：《集成电路布图设计法律保护刍议》，《行政与法》2006 年第 8 期，第 107 页。

局法》第51条规定，侵犯线路布局使用权或专用权的，处以3年以下监禁或者100万日元以下罚金；第52条规定，采取诈骗手段获得线路布局权利登记的，处以1年以下监禁或者30万日元以下罚金。韩国布图设计法第45条规定，侵犯布图设计专有权或独占许可权的，处以3年以下监禁或者1000万元以下罚金；第46条规定，假冒布图设计权利人进行登记的，处以1年以下监禁或者300万元以下罚金。

我国《集成电路布图设计保护条例》第31条规定，未经布图设计人许可，使用其布图设计的，属于侵犯布图设计专有权的行为。第30条规定，未经布图设计权利人许可，实施以下行为之一的，构成对布图设计专有权的侵犯，应承担相应的民事赔偿责任：(1)复制受保护的布图设计的全部或其中任何具有独创性的部分；(2)为商业的目的进口、销售或以其他方式提供受保护的布图设计、含有受保护的布图设计的集成电路以及含有该集成电路的物品。上述规定确定了布图设计侵权行为的范畴，即对布图设计复制专有权的侵犯和对布图设计商业使用专有权的侵犯。其中，复制既包括重复制作布图设计，又包括利用布图设计制造集成电路。只有在未经许可的情况下复制布图设计的全部或其中具有独创性的部分，才构成侵权；复制布图设计中不具有独创性的部分的，不构成对布图设计专有权的侵犯。另外，未经许可而将受保护的布图设计、含有受保护的布图设计的集成电路以及含有该集成电路的物品投入商业使用的，一律构成对布图设计专有权的侵犯。这些规定与TRIPS协定的相关内容基本上是一致的。关于布图设计专有权的民事保护，我国采取的主要是停止侵害和赔偿损失。根据条例的规定，布图设计权利人有权要求侵权人停止侵害、赔偿损失。条例第31条规定，因侵犯布图设计专有权而引发纠纷的，权利人或相关利害关系人有权向人民法院提起诉讼。第32条规定，布图设计权利人或利害关系人有证据证明他人正在实施或即将实施侵犯其布图设计专有权的行为，如不及时制止将会对其合法权益造成难以弥补的损害的，有权在起诉前向人民法院申请责令他人停止有关行为和相关的财产保全措施。第30条规定，侵犯布图设计专有权的赔偿数额，为侵权人所获得的利益或被侵权人所受到的损失，包括被侵权人为制止侵权行为所支付的合理开支。关于布图设计专有权的行政保护，根据条例第31条的规定，国家知识产权局有权对布图设计侵权纠纷作出行政处理，具体包括责令侵权人停止侵权行为、对民事赔偿进行行政调解、没收、销毁侵权产品或物品等。除国家知识产权局外，其他任何部门均无权对布图设计侵权纠纷做出行政处理。此外，根据《集成电路布图设计行政执法办法》的规定，对布图设计侵权行为的行政处罚权由国家知识产权局内设的集成电路布图设计行政执法委员会负责行使。

综合比较上述国内外的相关立法，可以发现，首先，从集成电路布图设计权的保护模式上看，世界各国都一致采用专门法保护模式。究其原因，主要是由于作为保护对象的集成电路布图设计的特殊性。正如前文所述,布图设计不同于著作权法中的作品,也不同于专利法中的专利,它兼具作品的原创性与专利的社会功能性。作为布图设计受保护条件的独创性,一方面要求布图设计必须具有原创性,另一方面还要求布图设计必须具有一定的进步性或非常规性,尽管这种进步性或非常规性无须也不能要求达到像专利那样的创造性的高度。因此,无论是著作权法,还是专利法,都无法为布图设计提供充分的保护。因为著作权的保护条件太低,只要具备原创性的,就一概予以保护,这样不利于激发布图设计人的创作热情,促进集成电路产业的发展。而专利权的保护条件又过高,必须具备突出的实质性特点和显著的进步(即创造性),才能提供保护,这样绝大多数的布图设计都无法获得保护,同样不利于集成电路产业的发展。也正是因为布图设计本身所具有的这种特殊性,决定了通过专门立法的模式来对其进行保护,无疑是一个最佳的选择。其次,从布图设计侵权行为的界定上看,无论是我国,还是其他国家,或是 TRIPS 协定,都一致将布图设计侵权行为界定为侵犯布图设计复制专有权的行为和侵犯布图设计商业使用专有权的行为。再次,从布图设计专有权的保护方式上看,世界各国以及 TRIPS 协定都普遍规定了对布图设计专有权的民事保护和行政保护,只有少数国家同时又规定了对布图设计专有权的刑事保护。我国亦只规定了对布图设计专有权的民事保护和行政保护,没有规定刑事保护。随着集成电路产业的不断发展,电子技术领域竞争的不断加剧,布图设计侵权行为也呈现出越来越多样化和严重化的趋势,加强对布图设计专有权的刑事保护已是大势所趋。也只有这样,才能针对布图设计专有权形成一个完整的法律保护体系。

第四节　比较植物新品种权

一、植物新品种的概念

植物新品种,一般是指人工培育的或将野生植物进行开发之后所获得的具有新颖性、特异性、一致性、稳定性且具有适当命名的植物品种[①]。植物品种的不断更新、改良,对于促进农业、林业以及园艺的发展有着至关重要的作用。当今世界,粮食质量的提高与数量的增加、园林艺术的发展、环境的保护等问题,无一不与植物新品种息息相关。这些问题的解决,在很大程度上要依赖于植物品种的更新和改良。而要培育、开发一个优良的植物品种,往往需要投入大量的时间、金钱、精力以及技术,从这个意义上说,一个新的植物品种的诞生,意味着生态遗传

[①]　参见吴汉东主编:《知识产权法》(第五版),法律出版社 2014 年版,第 313 页。

资源的延续与进化,更是人类智慧的结晶。与作品、专利等其他知识产权保护的客体不同,植物新品种无须人为复制,只需经过活性繁殖便可轻易获得,若不禁止他人擅自使用植物新品种,育种人将无法有效收回高额投资,也不利于植物新品种的培育与研发。因此,植物新品种是育种人或研发人的智力成果,能为其带来巨大的经济收益,应当成为知识产权的保护对象。

从国外关于植物新品种的界定来看,各国乃至国际社会都有不同的表述,凸显了各自在植物新品种保护制度上的不同特点。美国是世界上第一个给予植物新品种以知识产权保护的国家。1930 年 5 月,美国颁布《植物专利法》,对无性繁殖的植物品种(块茎植物品种除外),如果树、观赏植物等,通过授予专利来加以保护。根据该法,植物新品种必须具备新颖性、区别性以及非显而易见性。1970年,美国国会又通过了《植物品种保护法》,对通过种子繁殖的有性繁殖植物品种加以专门保护,1994 年对该法进行修正时,又将块茎植物品种纳入保护对象。根据该法,植物新品种必须具备新颖性、区别性、稳定性以及一致性。此外,根据美国《专利法》的规定,植物新品种除了可以申请植物专利和品种保护外,无论是有性繁殖的植物,还是无性繁殖的植物,只要具备新颖性、非显而易见性、实用性,都可申请获得实用专利保护。在上述植物专利、品种、实用专利三种保护中,除了保护范围存在明显差异外,植物专利和品种保护的要求要明显低于实用专利,而且前者只能就植物的整体申请植物专利或品种保护,后者则除了可就植物整体申请实用专利外,还可就植物的各个组成部分申请实用专利。德国是欧洲较早实现植物新品种知识产权保护的国家。根据德国《植物品种保护法》,植物新品种必须具备以下属性:(一)新颖性(即该品种在申请日之前未投入市场使用);(二)区别性(即该品种在生态特征上明显区别于已知品种);(三)一致性(即该品种所生的植物除遗传上的变异外都具有相同的基本特征);(四)稳定性(即该品种每次繁殖后其相关特性依然保持不变);(五)有适当的命名。由于德国《植物品种保护法》适用于所有植物种或属的保护,因此,对植物新品种不再通过专利法加以保护。日本对植物新品种的保护主要体现在《种苗法》中。根据该法的规定,所谓"种苗",是指农林水产省公布的能够成为保护对象的固定品种、杂交品种以及亚种。这些品种必须具备区别性、均匀性、安定性、未转让性以及适当的命名。所谓区别性,是指该品种的重要性状与现有的已知品种明显相区别;均匀性,是指该品种通过繁殖所产生的同一代不同的个体之间除了正常范围内的遗传差异外,其基本性状是相同的、均等的;安定性,是指该品种经过世代繁殖,其基本性状依然能维持稳定并成为认定该品种的一个重要标志;未转让性,是指该品种在申请日之前,其全部或一部未进行任何商业性的转让。印度于 1993 年颁布了《植物新品种保护与农民权利法》,对植物新品种进行保护。此后,该法又经过了 1997 年、1999 年、2000 年三次修正。根据该法,植物新品种必须具备新颖性、特异性、一致性、稳定性,而且仅限于被列入保护名录的植物种或属。俄罗斯主要通过专利来实现对植物新品种的保护。俄罗斯联邦《选择成果法》规定,选择育种成果要受到专利的保护,必须视其基本特征而定。从国际社会的相关立法来看,最具影响力的是《国际植物新品种保护公约》(简称 UPOV 公约)。该公约于 1961 年由欧洲国家倡导并签订,并在该公约的基础上成立了国际植物新品种保护联盟组织。此后,随着育种技术的不断发展,该公约于 1972 年、1978 年、1991 年分别进行了三次修订,其中,在当今世界有着实质影响的主要是 1978 年文本和 1991 年文本。UPOV 公约 1978 年文本基本上采纳了 1961/1972 年文本关于植物新品种的概念,即认为植物新品种是指任何用于繁殖并具备新颖性、特异性、稳定性、一致性以及适当命名的培育品种。而 UPOV 公约 1991 年文本则在上述基础上进一步规定,植物新品种是指以一定的基因或基因组合所表现的特性所确定的最低分类单元的植物种群,这种特性要与现有的任何植物种群明显相区别,而且在经过繁殖以后依然保持稳定不变。欧盟于 1994 年颁布的《植物品种保护条例》对植物新品种采纳的也是这种概念。

根据我国《专利法》的规定,对动植物品种不授予专利权,但对生产动植物的方法可以授予专利。为了充分实现对植物新品种的保护,国务院于 1997 年 3 月 20 日颁布了《植物新品种保护条例》(2013 年进行了修订)。1999 年 3 月,我国正式加入 UPOV 公约 1978 年文本。同年,我国农业部和国家林业局分别制定了《植物新品种保护条例实施细则(农业部分)》和《植物新品种保护条例实施细则(林业部分)》。根据《植物新品种保护条例》的规定,植物新品种是指经过人工培育的或者对野生的植物进行开发,具有新颖性、特异性、一致性、稳定性以及适当命名的植物品种。根据《保护条例》以及《实施细则》的相关规定,所谓新颖性,是指该品种的繁殖材料在申请日之前未经销售或经育种者许可,在中国境内销售未超过 1 年;在中国境外销售藤本植物、果树、林木、观赏树木繁殖材料未超过 6 年,销售其他植物品种繁殖材料未超过 4 年。特异性,是指该品种应当具有明显区别于已知品种的特性。一致性,是指该品种经过繁殖,除了正常的、可预见的遗传变异外,其基本特性都是相同的。稳定性,是指该品种经过反复繁殖,其基本性状依然保持不变。除上述《保护条例》和《实施细则》外,2015 年 11 月 4 日全国人大常委会新修订的《种子法》也设专章对植物新品种加以保护。根据该法第 25 条的规定,植物新品种是指被列入国家植物品种保护名录的、经过人工选育或对野生植物予以改良,具有新颖性、特异性、一致性、稳定性以及适当命名的植物品种。第 92 条规定,品种是指经过人工选育或改良,形态特征和生物学特性一致,遗传性状相对稳定的植物群体。

从上述关于植物新品种概念的立法规定来看,不同的植物品种保护制度,其对植物新品种的表述也有差别。美国对植物新品种采取品种保护和专利保护双重保护制度,通过植物专利、品种、实用专利来分别实现对无性繁殖植物品种(块茎植物除外)、有性繁殖植物品种(包括块茎植物)以及所有植物品种的保护。其中,获植物专利保护的品种必须具备新颖性、区别性以及非显而易见性,获品种权保护的品种必须具备新颖性、区别性、稳定性以及一致性,获实用专利保护的品种必须具备新颖性、非显而易见性以及实用性。而且在美国的司法实践中,植物专利与品种权除了在保护对象上存在差异外,在对植物新品种的保护标准上并无实质差别①。相比较而言,植物新品种要申请实用专利保护,要求则要高得多。与美国采取品种和专利共同实现对所有植物品种的保护不同,德国主要采取品种权的方式来实现对所有植物品种的保护,排除专利的保护方式。植物品种必须具备新颖性、区别性、稳定性、一致性以及适当的命名,才能获得品种权的保护,这种保护要求明显低于专利。可以看出,德国对植物新品种概念的界定与美国《植物专利法》和《植物品种保护法》对植物新品种概念的界定大致是相同的。日本也主要是通过品种法对植物品种进行专门保护。日本《种苗法》要求植物新品种必须具备区别性、均匀性、安定性、未转让性以及适当的命名,尽管表述不同,但与德国《植物品种保护法》和美国《植物品种保护法》中对植物新品种的界定基本相同。印度《植物新品种保护与农民权利法》对植物新品种的界定也与德、日基本一致。俄罗斯联邦《选择成果法》并没有对植物新品种进行明确界定,只是笼统规定育种成果要受到专利保护应视其基本特征而定。从国际社会的立法来看,无论是UPOV 公约 1978 年文本,还是 UPOV 公约 1991 年文本,都认可植物新品种应具备新颖性、特异性、一致性、稳定性以及适当的命名。与 1978 年文本不同的是,1991 年文本在此基础上对植物新品种又进行了重新界定,即认为植物新品种是通过基因或基因组合所表现出来的特性所确定的最低分类单元的植物种群。这种表述更加强调植物新品种的生物或遗传特性,正如有的学者指出,UPOV 公约1991 年文本对植物新品种进行重新界定,强调基因或基因组合在植物新品种中的功能和作用,无疑传达了一种这样的观念:即注重对基因或基因组合的考察,将会是未来界定植物新品种的趋势②。欧盟 1994 年颁布的《植物品种保护条例》完全采用了 UPOV 公约 1991 年文本关于植物新品种的概念。我国主要也是通过品种法对植物新品种加以专门保护。1997 年的《植物新品种保护条例》明确规定了植物新品种的概念,其对植物新品种的界定与 UPOV 公约 1978 年文本完全一致。这主要是考虑到为了顺利加入 UPOV 公约,《植物新品种保护条例》基本上是以 UPOV1978 年文本为依据制定的。2015 年新修订的《种子法》在采纳《植物

---

① 参见李剑:《美国植物品种法律保护制度研究》,《法律适用》2008 年第 6 期,第 91 页。
② 参见李菊丹:《论 UPOV1991 对中国植物新品种保护的影响及对策》,《河北法学》2015 年第 12 期,第 108 页。

新品种保护条例》中植物新品种的概念的基础上,又对植物品种进行了生物或遗传特性上的界定。这应当说是受到 UPOV 公约 1991 年文本影响的结果。

综合比较上述关于植物新品种的各种界定,可以发现,多数国家都倾向于采取专门法(或品种法)的形式来对植物新品种进行保护,理由主要是专利的保护要求较高,植物新品种往往很难达到专利的保护要求,这样不利于充分实现对植物新品种的保护。采用专门法保护形式,其保护要求要明显低于专利保护。新颖性、特异性、一致性、稳定性以及具有适当的命名,是国际通行的植物新品种所必须符合的要求,无论是美国、日本、德国、欧盟、印度、UPOV 公约各种文本,还是我国,都对此予以了充分认可。随着育种技术的不断发展,国际贸易的不断扩大,越来越多的国家已经加入或正准备加入 UPOV 公约 1991 年文本,其对植物新品种所进行的生物或遗传特性上的界定也影响着越来越多的国家的国内立法,包括我国。

二、植物新品种权的主体

植物新品种权,又称品种权,一般是指育种人或研发人对其培育、研发的植物新品种依法享有的专有权利[①]。作为一种新型的知识产权,植物新品种权理应归属于植物育种人或植物研发人。这类人在植物新品种的培育、研发过程中投入了大量的时间、精力、智慧,是植物新品种权的当然主体。除此之外,由于作为知识产权性质的植物新品种权在法律上依然被定位为一种私权,因而能通过合同的约定或法律的规定过渡给他人,如被许可人、继承人等。这些人尽管并非植物新品种的培育人或研发人,但依照法律的规定或合同的约定也能成为植物新品种权的主体。一般而言,植物新品种权的主体可以是个人,也可以是科研单位或种业公司;可以是国内个人或单位,也可以是国外个人或单位。不同的国家,植物新品种权利人的范围、表现形式、分布状况也不尽相同,其与一国的农业经济政策以及种业运作、管理模式有着密切的关系。

俄罗斯联邦《选择成果法》规定,选择育种成果专利权人对选择育种成果、育种材料、种子享有独占使用权。选择育种成果的专利申请权由选择育种人或其继承人享有。如果选择育种成果是基于履行工作职责或者是完成雇主所安排的工作任务而获得,除非选择育种人与雇主之间另有约定,选择育种成果专利申请权由雇主享有。可以看出,俄罗斯将选择育种成果的专利申请权归属于选择育种人或其继承人,肯定了这两类人作为选择育种成果专利权的最初主体资格。同时,在职务育种方面,俄罗斯采取了较为灵活的方式,即选择育种人与其雇主有约定专利申请权属的,从约定;无约定的,由雇主享有专利申请权。根据日本《种苗法》

---

① 参见吴汉东主编:《知识产权法》(第五版),法律出版社 2014 年版,第 314 页。

的规定,国有单位、企业以及个人都能成为植物新品种权的主体。其中,国有单位包括农业协会、地方政府和中央政府,企业主要包括种苗公司和食品公司。根据日本植物新品种保护办公室的统计,截止2014年3月31日,共受理植物新品种申请29305件,其中,国有单位申请数为4152件,约占15%;企业申请数为16985件,约占58%;个人申请数为8168件,约占28%。共授权23385件,其中,国有单位的授权数为3651件,约占16%;企业的授权数为13445件,约占57%;个人的授权数为6289件,约占27%[①]。从上述统计数据来看,日本植物新品种权利主体主要表现为企业(即种苗公司和食品公司),约占总数的一半以上,其次是个人,最后是国有单位。与日本不同,印度国内植物新品种的培育和研发主要由具有公益性质的研究机构承担,商业种子公司虽然数量众多,但并不是植物新品种权的主要主体。近年来,随着国内种业商业化的不断加强,印度在植物新品种培育和研发的公共投入上不断减少,私人投资不断增多,已经形成了一个由公共研究机构、高校、企业、个人所构成的多元育种研发体系[②]。私人种子公司也开始越来越多地成为植物新品种权的主体。此外,为了实现对农民权利的保护,印度《植物新品种保护与农民权利法》规定,农民对其在传统耕作过程中所培育的品种(即农民品种),只要具备特异性、一致性、稳定性,便可申请品种权保护。从该条规定来看,农民和商业育种人一样,都能成为植物新品种权的主体,而且农民申请品种权,只需审查品种的特异性、一致性、稳定性即可,无须审查新颖性,审查标准相对于商业育种人要大大降低。这体现了对农民品种权的特殊保护。受其影响,1999年的泰国《植物品种保护法》规定,经授权,育种人对其育种成果享有专有权利。在本地植物品种保护上,当地社区居民可联合申请对本地独有的植物品种进行保护。获得授权后,由当地社区居民对该植物品种享有专有权,当地政府、农民团体或二者的联合体也可代表社区居民成为该植物品种权的主体。

我国《植物新品种保护条例》第6条规定,完成育种的单位或者个人对其培育或研发的授权品种享有排他性的独占权利。该条规定确认了育种人(包括单位与个人)作为植物新品种权利主体的资格。除了育种人外,相关的利害关系人也能成为植物新品种权的主体。根据2007年最高人民法院《关于审理侵犯植物新品种权纠纷案件具体应用法律问题的若干规定》,相关的利害关系人主要包括植物新品种许可合同中的被许可人以及品种权利人的继承人等。另外,《植物新品种保护条例》第7条规定,为完成单位的工作任务或者主要是利用单位的物质技术条件而培育、研发的植物新品种,该植物新品种的申请权由单位享有;非职务育种

① 参见李菊丹:《论UPOV1991对中国植物新品种保护的影响及对策》,《河北法学》2015年第12期,第103－104页。

② 参见牟萍:《印度植物新品种保护对亚太地区其他发展中国家的示范效应》,《世界农业》2008年第6期,第58页。

的,该植物新品种的申请权由完成育种的个人享有。申请获得批准后,由申请人享有植物新品种专有权。委托育种或者合作育种的,植物新品种的权利归属由当事人在委托育种合同或合作育种合同中约定;合同中没有约定的,植物新品种权由受托人或者完成育种的个人或单位共同享有。该条规定对职务育种、委托育种以及合作育种情况下的植物新品种权利归属进行了确认,即职务育种的,植物新品种权归属于单位;委托育种的,当事人在合同中有约定品种权归属的,从约定;没有约定或约定不明确的,由受委托完成育种的个人或单位享有植物新品种权;合作育种的,当事人在合同中有约定品种权归属的,从约定;没有约定或约定不明确的,由完成育种的单位或个人共同享有植物新品种权。此外,从我国植物新品种权利主体的分布情况来看,据我国农业部植物新品种保护办公室的统计,截止2014 年 5 月 31 日,共受理品种权申请 12333 件,其中,国有单位(主要是国内科研和教学单位)的申请数为 6276 件,约占总数的 50.9%;企业的申请数为 4583 件,约占总数的 32.3%;个人的申请数为 733 件,约占总数的 5.9%。共授权数 4492件,其中,国有单位的授权数为 2713 件,约占总数的 60.4%;企业的授权数为1450 件,约占总数的 32.3%;个人的授权数为 199 件,约占总数的 4.4%[①]。从上述统计数据来看,我国植物新品种的权利主体主要表现为国有科研和教学单位,其次是企业,再次是个人。但近年来,随着我国育种技术的不断发展,种业商业化的不断提高,国有单位植物新品种权申请所占比例有不断下降的趋势,而企业植物新品种权的申请所占的比例则有不断上升的趋势。这种主体结构的变化,也反映了国内企业将日益成为我国农业科技创新的主体力量[②]。

从上述各国关于植物新品种权利主体的法律规定以及植物新品种权利主体在现实中的分布结构来看,由于各国的实际情况不同,在植物新品种权利主体范围以及权利主体的现实分布上也存在着一定程度的差异。俄罗斯是通过专利对植物新品种进行保护的,俄罗斯联邦《选择成果法》明确将选择育种人或其继承人作为育种成果专有权的主体,且对职务育种下的成果专有权归属作出了较为灵活的处理,即尊重当事人的选择自由,只有在当事人没有约定育种成果专有权归属的情况下,才能由雇主享有育种成果专有权。日本植物新品种权的主体尽管包括国有单位、企业、个人,但这些主体的分布是不平衡的,即国内企业占到了总数的一半以上,个人也达到了一个较高的比例,农业协会、地方政府等国有单位只占较小的比例。这种现象充分说明了在日本企业才是育种创新的主要主体,这也是与日本国内更多地依靠私人投资和高度商业化运作的育种行业相适应的。相比较

① 参见李菊丹:《论 UPOV1991 对中国植物新品种保护的影响及对策》,《河北法学》2015 年第 12 期,第 104 页。

② 参见胡凯:《UPOV 公约下我国植物新品种保护制度分析》,《中国科技论坛》2013 年第 9 期,第 95 页。

于日本,印度国内植物新品种的培育与研发主要由具有公益性质的研究机构承担,私人种业公司以及个人所占比例较小。究其原因,主要是因为作为发展中国家的印度,其国内种业商业化运作尚未达到一定的高度,私人育种创新不足,农民主要依赖传统耕作形式生存,在这种状况下,为了实现育种创新和对农民权利的保护,增大育种的公共投入,由具有公益性质的研究机构来承担对植物新品种的培育和研发无疑是一个最佳的选择。当然,随着近年来印度国内种业商业化运作的不断加强,私人投资越来越多,公共投入也在不断减少,植物新品种权的主体结构也在不断改观。同时,为了保护农民的利益,印度《植物新品种保护与农民权利法》还特别将农民纳入到植物新品种权利主体的范围,并且在申请农民品种权时采用较商业育种人更低的审查标准。同样作为发展中国家的泰国借鉴了这一做法,在其《植物品种保护法》中不仅规定一般育种人能成为植物新品种权的主体,还规定了当地社区居民、当地政府、农民团体等也能成为当地独有的植物新品种的权利主体。我国《植物新品种保护条例》及相关司法解释明确规定育种人、被许可人、品种权利继承人等能成为植物新品种权的主体,而且对职务育种、委托育种、合作育种情形下的植物新品种权的归属进行了确认。相比较于俄罗斯对职务育种下的权利归属作出灵活处理,我国《植物新品种保护条例》明确规定职务育种下的植物新品种权只能由单位享有,排除个人成为植物新品种权的主体。在植物新品种权利主体分布结构上,国有单位(主要是科研和教学单位)是主要的权利主体,占到了总数的一半以上,企业和个人所占比例较小。此种现象与种业商业化高度发达的日本形成鲜明对比,与同作为发展中国家的印度颇为相似,都是由于国内种业商业化程度不高所导致的,这种现象也正随着我国国内种业商业化程度的不断提高而有所改观。在农民作为植物新品种权的主体问题上,我国并没有像印度、泰国那样,通过对农民申请植物品种权设置较商业育种人不同的审查标准来实现对农民权利的特殊保护。但同作为发展中国家的我国,有着与印度等其他发展中国家相同的农民问题,为了更好地实现对农民权利的保护,有必要借鉴这一做法。

三、植物新品种权的客体

植物新品种权的客体,即受法律保护的植物新品种。其主要表现为以下三个方面的内容:其一,属于一国法律所保护的植物种或属。植物种属是植物最低的分类单元,各国往往根据本国植物种群分布的实际状况来设置植物种属保护名录,未被列入保护名录的植物种属则不受保护。不同的国家、地区,受保护的植物种属范围自然是有差别的。其二,符合受保护的实质条件和形式条件。一个植物品种要受到法律保护,除了必须是被列入保护名录的种属,还必须具备法律所规定的实质条件并履行一定的申请、审批手续。不具备上述实质条件和形式条件的植物品种,也不能受到法律保护。其三,植物新品种的保护范围。已获保护的植物品种,其保护范围在不同的国家也存在着差异,有的国家只保护植物品种繁殖材料,有的国家不仅保护品种繁殖材料,还保护该品种的收获材料,有的国家除了保护品种繁殖材料、收获材料外,甚至还将保护范围延伸到了该品种的加工产品、实质性派生品种(即由受保护的品种实质衍生的另一品种)以及某些其他品种。

美国1930年颁布的《植物专利法》仅限于为无性繁殖的植物品种提供专利保护,主要是果树以及用于观赏的植物,块茎植物品种除外;1970年通过的《植物品种保护法》主要为有性繁殖的植物提供品种保护,同时还将无性繁殖的块茎植物也包括在保护范围内,但不包括真菌和细菌。此外,美国《专利法》还规定,无论是无性繁殖的植物,还是有性繁殖的植物,只要符合新颖性、非显而易见性、实用性的标准,均可申请获得实用专利保护。总体上看,植物专利、品种、实用专利这三种保护方式基本上涵盖了对所有植物种属的保护。就受保护的实质条件和形式条件来看,植物专利与品种在实质条件上大致相同,即具备新颖性、区别性、一致性、稳定性,标准明显低于实用专利;在形式条件上,植物专利与实用专利由美国专利局负责审查并授予,而品种则由美国农业部植物新品种保护办公室负责审查并颁发保护证书。在植物新品种的保护范围上,美国《植物品种保护法》主要将保护范围限制在受保护品种的繁殖材料和收获材料以及其他相关品种上。与美国不同,德国原则上禁止对植物品种实行专利保护,德国《植物品种保护法》适用于所有植物的种或属的保护。根据该法,只要植物品种具备新颖性、区别性、一致性、稳定性以及适当的名称,就可申请品种权保护。当事人申请植物品种权,必须要向德国联邦品种局提出申请,对于符合DUS(区别性、一致性、稳定性)测试要求和法律其他相关规定的,由品种局授予品种权保护。就植物新品种的保护范围来看,根据1997年修订的德国《植物品种保护法》,不仅植物新品种的繁殖材料应受到保护,植物新品种的收获材料、直接获得的产品、实质性派生品种以及其他某些品种也应当受到保护。日本《种苗法》适用于所有无性繁殖的植物和有性繁殖的植物的品种保护,除此之外,其保护范围还涉及菌类、蕨类、苔藓类等植物品种。根据《种苗法》的规定,一个植物品种要受到法律保护,必须具备区别性、均一性、安定性、未让渡性以及适当的名称,而且要履行注册手续。当事人申请注册,一般应先向农林水产大臣提出,经审查批准后予以品种注册。在植物新品种的保护范围上,根据日本《种苗法》的规定,已获登记保护的植物品种,其保护范围包括品种繁殖材料、收获材料、加工产品以及实质性派生品种、依赖性品种(即需要重复利用受保护品种进行培育的品种)、与登记品种没有明显区别的品种。印度《植物新品种保护与农民权利法》对植物新品种的保护,只限于被国家列入保护名录的植物种或属。根据该法的规定,植物品种只要具备新颖性、特异性、一致性、稳定性即可申请品种保护。负责植物品种申请受理、审查等工作以及农民权利保护、利益分享等事宜处理的机构是植物品种和农民权利保护机构。就植物新品种的保护范围上来看,印度对植物新品种的保护,不仅包括普通品种,还包括实质性派生品种、转基因品种和农民品种。其中,农民品种只需具备特异性、一致性和稳定性即可申请品种保护。欧盟原则上也是对植物新品种进行专门法保护。1994 年颁布的欧盟《植物品种保护条例》基本上适用于所有植物品种的保护,其内容几乎承袭了 UPOV 公约 1991 年文本。根据该条例的规定,植物新品种的保护范围应包括受保护品种的品种成分、收获材料;另外,各成员国还可以根据本条例制定细则,规定由品种收获材料直接制成的产品也应当受到保护;对受保护品种的成分、收获材料以及直接制成的产品的保护,同样也应适用于该品种的实质性派生品种和某些其他品种。可见,在植物新品种的保护范围上,欧盟对品种的成分(即繁殖材料)、收获材料采取的是强制保护,对收获材料所直接制成的产品采取的是选择保护,而且这些保护还应当及于实质性派生品种和其他某些品种。UPOV 公约1978 年文本规定,本公约可适用于所有植物种属的保护,各成员国保护的植物种属数量至少应达到 24 个。植物品种要受到保护,必须符合新颖性、特异性、一致性、稳定性以及具有适当命名的要求。公约还规定,植物新品种的保护范围是品种的繁殖材料,各成员国可以自行决定是否将保护范围延伸至收获材料上;除了受保护品种,依赖性品种和与受保护品种没有明显区别的品种也应当受到保护。UPOV 公约 1991 年文本在植物品种受保护的实质条件上与 1978 年文本一致,但要求各成员国将保护范围扩大到所有植物种属。在植物新品种保护范围上,UPOV 公约 1991 年文本不仅保护品种繁殖材料,也保护收获材料,而且还规定各成员国可以自行决定是否将品种收获材料所直接制成的产品纳入保护范围。同时,UPOV 公约 1991 年文本还规定,除了受保护品种,该品种的实质性派生品种、依赖性品种以及与受保护品种没有明显区别的品种也应当受到保护。

我国对植物新品种不授予专利,实行专门法保护。根据《植物新品种保护条例》第 13 条的规定,申请品种权保护的植物品种必须是列入国家植物品种保护名录上的植物种属。该保护名录由品种权审批机关确定和公布。该条表明了我国只对列入保护名录的植物品种实行保护,并不对所有植物品种实行保护。我国目前已经公布了 9 批植物新品种保护名录,共有 92 种植物品种被纳入保护名录,截至 2014 年 6 月 30 日,共有 92 种植物品种提出品种权保护申请[①]。关于植物品种受保护的实质条件和形式条件,《植物新品种保护条例》规定,植物品种必须具备新颖性、特异性、一致性、稳定性以及适当的命名,才能申请品种权保护。这也与UPOV 公约 1978 年文本相一致。根据该条例的规定,要获得植物新品种权,申

---

① 参见李菊丹:《论 UPOV1991 对中国植物新品种保护的影响及对策》,《河北法学》2015 年第 12 期,第 104 页。

请人必须要向农业部或国家林业局提出申请,经农业部或国家林业局受理、审查批准后,颁发品种权证书,并予以登记和公告。其中,农业部负责农业植物品种的受理和审批,国家林业局负责林业植物品种的受理和审批。在植物新品种的保护范围上,根据《植物新品种保护条例》第 6 条的规定,我国植物新品种的保护范围为品种的繁殖材料和依赖性品种的繁殖材料。该条规定依然来源于 UPOV 公约1978 年文本的相关内容。

通过比较上述国内外关于受保护的植物新品种的规定,可以看出:其一,在应受法律保护的植物种属范围上,作为发达国家的美国、德国、日本,以及欧盟组织、UPOV 公约 1991 年文本都将保护范围开放至所有植物种属;作为发展中国家的印度将保护范围限于被列入国家保护名录的植物种属,而不是对所有植物种属都予以保护;UPOV 公约 1978 年文本尽管可适用于所有植物种属的保护,但只要求各成员国达到 24 个植物种属的保护即可,并不要求必须开放至所有植物种属的保护。其二,在植物品种受保护的条件上,除了美国的实用专利保护条件明显偏高外,其他国家的品种权保护以及美国的植物专利和品种权保护,尽管表述不尽相同,但与 UPOV 公约 1978 年文本和 1991 年文本确定的保护条件基本一致,即符合新颖性、特异性、一致性、稳定性以及具有适当的命名的要求。为了保护农民的利益,印度对农民品种甚至规定了更低的保护条件,即只要具备特异性、一致性、稳定性即可。其三,在受理、审批环节上,美国是由农业部和专利局分别受理、审批品种权申请和专利申请;德国是由联邦品种局负责受理、审批品种权申请;日本是由农林水产省负责植物品种权申请的受理、审批;印度则是由植物品种和农民权利保护机构来负责植物品种权申请的受理和审批。其四,在植物新品种的保护范围上,美国植物新品种的保护范围为受保护品种的繁殖材料和收获材料,不包括收获材料所直接制成的产品,这种保护还延伸至与受保护品种相关的其他品种;德国植物新品种的保护范围不仅包括受保护品种的繁殖材料和收获材料,还包括收获材料所直接制成的产品,而且这种保护还延伸至受保护品种的实质性派生品种和某些其他品种;日本的植物新品种保护范围与德国基本一致,保护范围涉及受保护品种的繁殖材料、收获材料、收获材料直接加工制成的产品、实质性派生品种、依赖性品种以及与受保护品种没有明显区别的品种;印度植物新品种的保护范围不仅包括普通品种,还包括实质性派生品种、转基因品种和农民品种;UPOV 公约 1978 年文本对品种的繁殖材料实行强制保护,对品种的收获材料实行选择保护,而且这种保护还延伸至受保护品种的依赖性品种和与受保护品种没有明显区别的品种;UPOV 公约 1991 年文本则进一步扩大了保护范围,对品种繁殖材料和收获材料都实行强制保护,对收获材料所直接制成的产品实行选择保护,而且这种保护还延伸至受保护品种的实质性派生品种、依赖性品种以及与受保护品种没有明显区别的品种。1994 年的欧盟《植物品种保护条例》沿袭了

UPOV 公约 1991 年文本这一内容。我国的《植物新品种保护条例》主要是以 UPOV 公约 1978 年文本为蓝本制定的，到目前为止，并不开放对所有植物种属的保护，只对列入保护名录上的植物种属进行保护，这一点与同作为发展中国家的印度基本相同。在植物品种受保护的条件上，我国与国际通行的标准一致，即符合新颖性、特异性、一致性、稳定性以及具有适当的命名的要求。虽然同作为发展中国家，我国却并未像印度那样，为农民品种的保护再单独设置条件。在植物品种权申请受理、审批程序上，我国由农业部和国家林业局分别受理、审批农业植物品种申请和林业植物品种申请，充分体现了我国的基本国情和管理上的特点。在植物新品种的保护范围上，我国依据的是 UPOV 公约 1978 年文本的规定，将保护范围限制在受保护品种的繁殖材料和受保护品种的依赖性品种的繁殖材料上，对收获材料、收获材料所直接制成的产品以及实质性派生品种、与受保护品种没有明显区别的品种不予保护，保护范围明显小于美国、德国、日本、欧盟以及 UPOV 公约 1991 年文本的相关规定。

四、植物新品种权的内容

植物新品种权是育种人或其他品种权利人依法对授权的植物新品种享有的专有权利，其主要包括以下几个方面的内容：其一，品种使用权。即将植物新品种投入商业使用或非商业使用的权利，具体涉及植物新品种的生产、销售、提供销售、进口、出口、储存等各个环节的行为。品种权利人有权实施这些行为，也有权禁止他人实施这些行为。其二，品种许可权。即品种权人（育种人或研发人）有权许可他人使用植物新品种，使用的范围也涉及上述生产、销售等各个环节。其三，品种转让权。即育种人或研发人有权将其所培育、研发的植物新品种依法转让给他人。植物新品种权一旦发生转让，育种人或研发人将丧失权利主体地位，对发生转让的植物新品种不再享有专有权。各国法律一般都规定植物新品种申请权和植物新品种权均可依法转让。关于植物新品种权的内容，各国的规定不尽相同，下面主要就品种使用权进行分析比较。

根据美国《植物品种保护法》第 111 条的规定，品种权利人有权生产、销售、为销售而提供、出口、进口以及为实施上述行为而储存受保护品种的繁殖材料，他人未经品种权利人许可不得实施上述行为；对受保护品种的收获材料实施上述行为的，如果该收获材料是未经许可使用受保护品种的繁殖材料而获得的，也须经品种权利人许可，但品种权利人已有合理机会根据本法对繁殖材料行使权利的除外。此外，品种权利人对上述受保护品种繁殖材料和收获材料的权利行为，也同样适用于受保护品种的实质性派生品种和其他某些品种。从上述规定来看，美国《植物品种保护法》将植物新品种的权利范围限制在品种的繁殖材料和收获材料上，当然，对收获材料行使权利必须要以未能对繁殖材料行使权利为前提。同时，这种范围的权利行使也同样适用于受保护品种的实质性派生品种和其他某些品种。在对权利的限制上,美国主要包括合理使用、强制许可、农民权以及先用权。美国《植物品种保护法》第114条规定,为从事育种研究或其他正当研究而使用他人植物新品种的,不视为侵权;第44条规定,当植物新品种不能以合理的价格满足公众的需要,而国内种子的供给又必须依赖于该受保护的品种时,农业部长可以宣布对该受保护的品种实施两年以下的强制许可,但必须以支付权利人合理的使用费为条件;第22条规定,农民以耕种为目的的使用、储存受保护的品种不构成侵权,但留种繁殖数量不得超出种植面积所需,多余的种子也不得出售或用于其他非种植目的;第112条规定,先于植物新品种申请人培育、开发该品种的,有权在申请之日起1年内生产或繁殖、销售该新品种,品种权人无权禁止。以上各条分别是关于合理使用、强制许可、农民权、先用权的规定。在权利行使的期限上,美国《植物品种保护法》规定,一般为品种权利证书颁布之日起20年,木本和藤本植物为25年。德国《植物品种保护法》第10条规定,品种权利人有权生产、为繁殖目的而处理、销售、进口或出口以及出于上述目的而储存受保护品种的繁殖材料,他人未经品种权利人许可不得从事上述行为;品种权利人也有权对受保护品种的收获材料以及收获材料所直接制成的产品行使上述权利,只要该繁殖材料或收获材料的使用未经过权利人的许可,而且权利人也没有合理的机会对这样的使用行使权利。此外,品种权利人对上述繁殖材料、收获材料以及收获材料所直接制成的产品的权利行为,也同样适用于受保护品种的实质性派生品种和其他某些品种。关于植物新品种权的保护期限,德国《植物品种保护法》规定,农业植物新品种为25年,林业植物新品种为30年。日本《种苗法》规定,品种权利人对品种繁殖材料、收获材料以及加工过的产品享有专有权,其权利范围涉及生产、销售、进出口、储藏等整个贸易领域。该法第20条规定,品种权利人对受保护品种的权利效力,同样适用于该品种的实质性派生品种、依赖性品种以及与受保护品种没有明显区别的品种。从上述规定的内容来看,日本植物新品种的权利范围与德国基本上是一致的。另外,在权利限制方面,日本《种苗法》还规定了合理使用、强制许可、权利用尽、农民权以及先用权。根据相关规定,合理使用是指为培育新品种或进行其他研究、实验的目的而使用他人植物新品种的,不视为侵权;强制许可是指当植物新品种连续2年以上未付诸实施或实施不充分,或者该品种对公共利益具有特别重要的意义时,相关当事人可就植物新品种的许可实施进行协商,若无法达成协议,相关当事人可申请农林水产大臣就相关许可事项进行强制裁决;权利用尽是指当受保护的植物品种以合法的方式售出后,他人对其再次进行使用时,无须征得品种权利人的同意;农民权是指农民有权对合法获得的受保护品种进行生产、繁殖,以及通过技术手段改变受保护品种的实质性特征来获得新的品种;先用权是指当植物新品种获得品种权登记后,先于权利人对该登记品种进行培育的人,有权对该品种享有同样的权利①。印度《植物新品种保护与农民权利法》规定,育种人对其受保护的植物新品种享有生产、销售、进口、出口专有权,这种权利还及于该品种的实质性派生品种和转基因品种。在权利限制方面,印度主要有合理使用、强制许可以及农民权。根据印度《植物新品种保护与农民权利法》的规定,为从事实验与研究而使用受保护的品种的,无须获得品种权人的授权,但重复使用该品种对新开发的品种进行商业生产的例外(合理使用);育种人在植物新品种授权之后的 3 年内未能满足公众对该品种的需要或未以合理的价格向公众提供该品种的,保护机构可依任何人或社会组织的申请,在给付合理补偿的前提下对该品种作出强制许可的决定(强制许可);农民有保留、使用、种植、重复播种、交换、共享及出售其种子的权利,但不得销售具有合法商标的品种种子;对于销售价格不合理的种子,农民有权申请相关部门对价格进行重新认定;利用当地遗传资源培育的植物新品种,当地农民以及农民所在的社区有分享该品种利益的权利(农民权)。在权利的保护期限上,印度《植物新品种保护与农民权利法》规定,自授权之日起,一般植物为 15 年,林木和藤本植物为 18 年。欧盟《植物品种保护条例》第 13 条规定,品种权人对受保护品种的品种成分和收获材料享有生产或繁殖、为繁殖而处理、销售、为销售而提供、进口或出口以及为上述行为而储存的专有权利,他人未经品种权人许可不得实施上述行为;各成员国也可根据本条例制定细则规定受保护品种的收获材料所直接制成的产品也适用上述规定,但品种权人已有合理机会对收获材料行使权利的除外。同时,该条例还规定,上述针对品种成分、收获材料、加工产品的权利行使,同样也适用于该品种的实质性派生品种和其他某些品种。在权利限制方面,欧盟确立了合理使用、强制许可、权利用尽以及农民权制度。欧盟《植物品种保护条例》第 15 条规定,私人非商业行为、实验行为、发现、改良以及培育其他新品种的行为不视为侵权;第 16 条规定,当受保护的植物新品种经权利人同意在各成员国国内销售后,权利人对已经售出的品种材料或产品不再享有专有权;第 29 条规定,基于公共利益的需求,经相关利益关系人的申请,行政理事会可以决定对特定的植物新品种在一定的期限内实施强制许可;第 14 条第 1 款规定,农民有权以繁殖为目的使用特定范围内的受保护的品种,主要包括珠类植物、谷类植物、马铃薯、油类以及纤维类物质。上述第 15 条、第 16 条、第 29 条、第 14 条分别是关于合理使用、权利用尽、强制许可、农民权的规定。UPOV 公约 1978 年文本规定,为商业性目的生产、销售、为销售而提供受保护品种的有性或无性繁殖材料以及重复使用受保护品种的繁殖材料生产另一品种的,应事先经过品种权人的许可。也就是说,品种权人对上述商业性生产、销

---

① 参见耿邦:《美、日、欧植物新品种权限制的立法与借鉴》,《河南师范大学学报(哲学社会科学版)》2015 年第 1 期,第 48－49 页。

售、为销售而提供受保护品种的繁殖材料以及重复使用受保护品种的繁殖材料生产另一品种的行为享有专有权，非商业性使用受保护品种的行为，如私人非商业行为、研究与实验行为、培育其他新品种行为、农民留种行为等，不视为侵权。此外，UPOV 公约 1978 年文本还对强制许可作了规定，即各成员国可以基于公共利益的需要或推广品种的考虑，对相关品种权人权利的自由行使予以一定的限制，但应给付相应的报酬。关于植物新品种的保护期限，UPOV 公约 1978 年文本规定为至少 15 年，藤本植物、果树及其根茎、林木、观赏树木至少为 18 年。与UPOV 公约 1978 年文本相比，UPOV 公约 1991 年文本明显扩大了植物新品种权的范围，根据该文本的规定，品种权人对受保护品种的繁殖材料享有生产、繁殖、为繁殖而处理、销售、为销售而提供、进口、出口以及为上述行为而储存的专有权利，他人未经品种权人许可不得实施上述行为；品种权人的上述权利行为也同样适用于品种的收获材料，只要该收获材料是未经许可使用受保护品种的繁殖材料获得的，但品种权人已有合理机会对繁殖材料行使权利的除外；各缔约国可以自行规定品种权人的上述权利也同样适用于受保护品种的收获材料所直接制成的产品，只要该产品是未经许可使用该收获材料所获得的，但品种权人已有合理机会对收获材料行使权利的除外；上述针对受保护品种的繁殖材料、收获材料以及加工产品的权利行为，也同样适用于受保护品种的实质性派生品种、与受保护品种没有明显区别的品种以及需要反复利用受保护品种进行繁殖的品种（依赖性品种）。此外，UPOV 公约 1991 年文本明确规定了权利的相关限制，主要有私人非商业行为、实验行为、培育其他品种的行为（但实质性派生品种和依赖性品种除外）。至于农民留种行为，UPOV 公约 1991 年文本采取了灵活的做法，即允许各缔约国根据本国实际情况自行规定。关于植物新品种的保护期限，UPOV 公约 1991 年文本规定为至少 20 年，树木、藤本植物至少为 25 年。

我国《植物新品种保护条例》第 6 条规定，完成育种的单位和个人对其授权品种享有排他的独占权，任何单位和个人未经品种权人许可，不得为商业的目的生产或者销售该授权品种的繁殖材料，不得为商业的目的将该授权品种的繁殖材料重复使用于生产另一品种的繁殖材料，但本条例另有规定的除外。根据该条规定，品种权人有为商业目的生产、销售受保护品种的繁殖材料以及利用受保护品种的繁殖材料重复生产另一品种的繁殖材料的专有权利，他人未经品种权人许可不得以商业为目的实施上述行为。也就是说，我国植物新品种权利范围只限于为商业目的的生产和销售，而且效力只及于受保护品种的繁殖材料和受保护品种的依赖性品种的繁殖材料（仅限于生产）。我国 2015 年新修订的《种子法》第 28 条对植物新品种的权利范围予以了适当的扩展，该条规定，品种权人对生产、繁殖、销售授权品种的繁殖材料的行为享有专有权，他人未经品种权人许可实施上述行为的，无论是否出于商业的目的，都被视为侵权；品种权人有为商业目的将授权品种的繁殖材料重复使用于生产另一品种的繁殖材料的专有权利,未经品种权人许可实施上述行为的,应视为侵权。本法、有关法律、行政法规另有规定的除外。根据该条的规定,植物新品种的权利范围包括对受保护品种的繁殖材料的商业性生产、销售和非商业性生产、销售以及对受保护品种的依赖性品种的繁殖材料的商业性生产。在权利限制方面,我国规定了合理使用、农民权、强制许可以及善意侵权。《植物新品种保护条例》第 10 条规定,利用授权品种从事育种或其他科研活动以及农民自繁自用授权品种的繁殖材料的,可以不经过品种权人的许可,不向其支付使用费,但不得侵犯品种权人依照本条例所享有的其他权利。该条即是关于合理使用和农民权的规定。该条例第 11 条规定,为了国家利益或公共利益,审批机关可以对植物新品种作出实施强制许可的决定,并予以登记和公告。该条即是关于强制许可的规定。此外,该条例还规定,个人、农户接受第三人委托代为繁殖而侵犯品种权的,如果不知情并能提供第三人信息的,不承担责任。此为善意侵权。关于植物新品种的保护期限,根据《植物新品种保护条例》的规定,自授权之日起,藤本植物、林木、果树、观赏树木为 20 年,其他植物为 15 年。

通过对上述相关规定的比较、分析,可以发现:其一,从植物新品种权利内容和效力范围来看,美国、德国、日本、欧盟以及 UPOV 公约 1991 年文本都将品种权人的专有权规定为对植物新品种的生产、销售、进出口、储存等行为,基本上涵盖了植物新品种生产、流通的整个领域,而且不限于是商业性行为还是非商业性行为,其目的是为了对植物新品种权提供全方位的保护。在权利的效力范围上,美国将上述权利行为限制在对受保护品种的繁殖材料和收获材料的适用上;德国和日本则规定上述权利行为不仅适用于受保护品种的繁殖材料和收获材料,还适用于收获材料所直接制成的产品;欧盟和 UPOV 公约 1991 年文本则规定上述权利行为应当适用于受保护品种的繁殖材料和收获材料,至于是否适用于收获材料所直接制成的产品,由各成员国通过立法自行决定。如此规定的目的主要在于为品种权提供最为充分的保护,即如果权利人无法对受保护品种的繁殖材料行使权利,他仍然可以对受保护品种的收获材料行使权利,若无法对受保护品种的收获材料行使权利,他仍然可以对收获材料所直接制成的产品行使权利[1],通过这种方式使得品种权在各个环节都能得到充分实现。此外,无论是美国、德国、日本,还是欧盟、UPOV 公约 1991 年文本,都将上述对受保护品种的权利内容和效力范围同样延伸至受保护品种的实质性派生品种和其他某些品种。印度规定植物新品种权的内容为生产、销售、进出口受保护品种的专有权利,该权利范围同样适用于受保护品种的实质性派生品种和转基因品种。UPOV 公约 1978 年文本将植物新品种权的内容规定为以商业为目的生产、销售受保护品种的繁殖材料以及

---

[1] 转引自李菊丹:《UPOV1991 人工瀑布保护规则及启示》,《知识产权》2012 年第 6 期,第 78 页。

生产受保护品种的依赖性品种的繁殖材料的专有权利,其无论是在权利内容还是在效力范围上,都要明显窄于 UPOV 公约 1991 年文本以及美、德等国。其二,从植物新品种的权利限制来看,美国、日本、欧盟以及 UPOV 公约 1991 年文本一般对合理使用、强制许可、权利用尽、先用权、农民权进行了明确规定,但总体上看呈限缩趋势。如在农民权的规定上,美国尽管允许农民留种耕种,但所留种数量不得超过种植面积所需,而且多余的种子也不能用于出售或其他非种植的目的;欧盟则规定农民只能对特定范围内的受保护品种才享有留种自繁自用的权利,对超出该范围的受保护品种则不享有留种的权利;UPOV 公约 1991 年文本对农民权的规定不作任何强制要求,由各缔约国根据本国的实际情况自行决定,这实际上也在一定程度上限制了农民权的范围。与之相反的是,印度在实现对品种权保护的同时,也加大了对农民权的保护力度。如农民在不侵犯他人商标权的前提下,有权对受保护品种进行繁殖、使用、播种、出售、交换、共享等行为;对于品种权人以不合理的价格销售种子的,农民有权申请政府相关部门对价格进行重新认定;对于利用当地遗传资源培育的新品种,当地农民及社区有利益分享的权利。之所以如此规定,主要是因为与美、日等发达国家高度商业化的农业生产不同,印度依然是以传统的农耕方式作为农业生产的基础,农民留种自用主要是为了解决生存问题,而不是为了从事商业活动。同时,农民的世代耕种也为生物遗传资源的存续和发展做出了重大贡献,利用当地遗传资源培育植物新品种的,农民理应享有惠益分享权。UPOV 公约 1978 年文本并没有明确规定对植物新品种权的相关限制,但由于其将植物新品种权规定为商业性生产、销售的专有权利,这无疑也就承认了研究行为、育种行为、农民留种行为等非商业性行为的合理性与正当性。可见,在 UPOV 公约 1978 年文本中,承认或规定农民权实际上是对各缔约国的一项强制要求,这一点与 UPOV 公约 1991 年文本明显不同。其三,从植物新品种权的保护期限来看,美、德等发达国家以及 UPOV 公约 1991 年文本规定的保护期限相对较长,而印度以及 UPOV 公约 1978 年文本规定的保护期限相对较短。也就是说,前者比后者更加强调对植物新品种权的保护。我国《植物新品种保护条例》将植物新品种权规定为商业目的生产、销售受保护品种的繁殖材料以及生产受保护品种的依赖性品种的繁殖材料的专有权利,与 UPOV 公约 1978 年文本基本一致,其内容和效力范围明显窄于 UPOV 公约 1991 年文本以及美、德、日等发达国家。2015 年新修订的《种子法》扩大了植物新品种权的范围,将植物新品种权规定为生产、销售受保护品种的繁殖材料以及为商业目的生产受保护品种的依赖性品种的繁殖材料的专有权利,这应当说在一定程度上借鉴了 UPOV 公约 1991 年文本的内容。在权利限制方面,我国尽管规定了合理使用、农民权、强制许可以及善意侵权,但相关规定过于简单、笼统,可操作性不强。与印度相比,同样以传统农耕方式作为农业生产基础的我国,并没有赋予农民对遗传资源利用的惠益分享权,对农民权的保护力度明显弱于印度。此外,我国对权利用尽、先用权也缺乏相关的规定。在植物新品种权的保护期限上,我国符合 UPOV 公约 1978 年文本的要求,保护期限短于 UPOV 公约 1991 年文本以及美、德等发达国家的相关规定。

总体上看,以美国、德国、日本为代表的发达国家偏重于对品种权的保护,具体表现为尽可能地扩大权利范围和限缩各种对权利的限制,这主要是由发达国家育种行业和农业生产的高度商业化所决定的。作为发展中国家的印度和我国,在育种行业商业化运作以及农业生产商业化程度上远远不如发达国家,盲目地扩大品种权的保护范围,只会对本国的育种行业以及农民的权益造成极大的冲击。UPOV 公约 1991 年文本更多代表的是发达国家的利益。为了保护本国的育种行业和农民的利益,印度选择不加入 UPOV 公约,而是在该公约之外另行构建了一套适合于其本国的品种权保护制度。我国于 1999 年加入 UPOV 公约 1978 年文本后,至今未加入 UPOV 公约 1991 年文本,这也是由我国目前的实际情况所决定的。但随着 UPOV 公约 1991 年文本在国际社会的影响力不断增大,加入 UPOV 公约 1991 年文本已是大势所趋。对此,我国也要积极应对,主要包括适当扩大品种权的保护范围(2015 年新修订的《种子法》对品种权的规定正好说明了这一点),明确规定对品种权的相关限制,借鉴印度的做法赋予农民对遗传资源利用的惠益分享权,规定权利用尽以促进商品流通,规定先用权以保障先于品种申请人培育该品种的育种人的权益,适当延长品种权的保护期限等等。

五、植物新品种权的法律保护

关于植物新品种权的保护模式,UPOV 公约 1978 年文本第 2 条第 1 项规定,各成员国对本公约所规定的有关植物新品种的权利,可采用专利法进行保护,也可采用专门法进行保护,但对于一个或同一个植物的种或属,只能选择采用上述其中一种方式进行保护,而不能同时采用两种方式进行保护。根据该项的规定,植物新品种的保护,可以采用专利法保护模式或专门法保护模式,但二者不得兼用。UPOV 公约 1991 年文本对这一规定进行了修改,允许各成员国同时为植物新品种提供专利法和专门法双重保护。1994 年的《与贸易有关的知识产权协定》(TRIPS 协定)继承了 UPOV 公约 1991 年文本的规定,该协定第 27 条第 3 项(b)规定,各成员国应当通过专利或某种行之有效的专门制度,或通过这两种制度的结合,来实现对植物新品种的保护。根据该项规定,植物新品种权的保护模式有三种:专利法保护模式、专门法保护模式以及专利法与专门法相结合保护模式。综观世界各国,除了美国对植物新品种采取专利法与专门法相结合的双重保护模式,绝大多数国家主要是通过制定专门的植物品种保护法来实现对植物新品种的保护,如德国的《植物品种保护法》、日本的《种苗法》、印度的《植物新品种保护与农民权利法》、我国的《植物新品种保护条例》,等等。

关于植物新品种侵权行为的认定,各国不尽相同。美国将未经许可生产、销售、出口、进口以及为上述行为而储存受保护品种的繁殖材料和收获材料的行为以及未经许可生产、销售、出口、进口以及为上述行为而储存受保护品种的实质性派生品种和其他某些品种的繁殖材料和收获材料的行为视为侵权行为,而德国和日本不仅将上述行为视为侵权行为,还将未经许可生产、销售、出口、进口以及为上述行为而储存受保护品种的收获材料所直接制成的产品的行为以及未经许可生产、销售、出口、进口以及为上述行为而储存受保护品种的实质性派生品种和其他某些品种的收获材料所直接制成的产品的行为也视为侵权行为。关于对植物新品种权的保护,不外乎民事保护、行政保护、刑事保护三种形式。如德国《植物品种保护法》规定,对于上述侵权行为,权利人可以要求侵权人停止侵权、赔偿损失,相关主管部门也可依法对侵权人处以 1 万元以下罚款;侵犯他人品种权构成犯罪的,处以 1 年以下监禁或罚金。日本《种苗法》规定,对于侵权行为,品种权人有权要求侵权人停止侵权,销毁侵权繁殖材料、收获材料、加工产品以及其他用于侵权的物品;侵犯他人品种权构成犯罪的,处以 3 年以下监禁或 300 万日元以下罚金,对侵权的企业法人处以 1 亿日元以下罚金。

根据我国《植物新品种保护条例》的规定,未经许可为商业目的生产、销售受保护品种的繁殖材料以及将受保护品种的繁殖材料重复用于生产另一品种的繁殖材料的,属于侵权行为。2015 年新修订的《种子法》扩大了上述侵权行为的范围,将未经许可的所有生产、销售受保护品种的繁殖材料的行为以及为商业目的将受保护品种的繁殖材料重复用于生产另一品种的繁殖材料的行为都视为侵权行为。关于植物新品种权的民事保护,《植物新品种保护条例》并未作明确规定。但 2007 年的《最高人民法院关于审理侵犯植物新品种权纠纷案件具体应用法律问题的若干规定》对植物新品种侵权损害赔偿作了如下规定:侵犯植物新品种权的,应赔偿损失。赔偿数额可依照以下五种方式来确定:一是按照被侵权人因侵权所遭受的损失来确定;二是按照侵权人侵权所获得的利益来确定;三是按照植物新品种的实施许可费来确定(可参照许可费的 1 倍以上 5 倍以下酌情确定);四是由法院在 50 万元以下确定;五是以侵权物折价抵扣被侵权人损失,但必须以被侵权人和侵权人同意为前提。若被侵权人或侵权人不同意的,法院可依当事人请求,责令侵权人采取措施使侵权物丧失活性不能再用作繁殖材料。被侵权人对前三种方式有选择的权利,在穷尽前三种方式仍然无法确定赔偿数额的,才能采取第四种方式来确定。新修订的《种子法》对上述规定作了修改,首先,前四种方式被侵权人只能按照顺序依次适用,无选择适用的权利;其次,将第四种方式中的法定最高赔偿数额从 50 万元提高到 300 万元;再次,规定对情节严重的侵权行为,可以在前三种方式确定的数额的 1 倍以上 3 倍以下确定赔偿数额。关于植物新品种权的行政保护,《植物新品种保护条例》规定,侵犯植物品种权的,由省级以上人民政府农业、林业行政部门依据各自的职权进行处理,可以责令侵权人停止侵权行为,没收违法所得,并可以处以违法所得5倍以下罚款;假冒授权品种的,由县级以上人民政府农业、林业行政部门依据各自的职权责令侵权人停止假冒行为,没收违法所得和植物品种繁殖材料,并处以违法所得1倍以上5倍以下罚款。新修订的《种子法》将上述侵犯品种权的行为和假冒授权品种的行为的处理权统一为县级以上人民政府农业、林业行政部门行使,并对这两类行为增加了最低1万元罚款的规定。关于植物新品种权的刑事保护,《植物新品种保护条例》第40条规定,假冒授权品种,情节严重,构成犯罪的,依法追究刑事责任。

从上述相关规定来看,作为发达国家的美国、德国、日本对植物新品种侵权行为范围的认定十分宽泛,不仅未经许可生产、销售、进口、出口、储存受保护品种的繁殖材料属于侵权行为,未经许可生产、销售、进口、出口、储存受保护品种的收获材料甚至收获材料所直接制成的产品也属于侵权行为;不仅未经许可生产、销售、进出口、储存受保护品种属于侵权行为,而且未经许可生产、销售、进出口、储存受保护品种的实质性派生品种和其他某些品种也属于侵权行为。相比较而言,我国对植物新品种侵权行为范围的认定相对较窄,《植物新品种保护条例》仅将未经许可为商业目的生产、销售受保护品种的繁殖材料以及生产受保护品种的依赖性品种的繁殖材料的行为视为侵权行为,新修订的《种子法》尽管在上述范围的基础上又增加了未经许可非为商业目的生产、销售受保护品种的繁殖材料的行为,但与作为发达国家的美国、德国、日本相比,范围仍然显得十分狭窄,这也从另一个方面说明了这些国家对植物新品种权的保护力度要远远高于我国。无论是我国,还是其他国家,都综合运用民事保护、行政保护以及刑事保护来构建对植物新品种权的保护体系。在民事保护上,尽管我国《植物新品种保护条例》对此并未作出明确规定,但相关司法解释对此却进行了详细说明。新修订的《种子法》吸纳了该司法解释的相关内容,对赔偿数额的确定进行了规范,并提高了赔偿数额,进一步强化了对植物新品种权的民事保护。在行政保护上,《植物新品种保护条例》规定对侵犯品种权的行为和假冒授权品种的行为分别由省级以上人民政府农业、林业行政部门和县级以上人民政府农业、林业行政部门进行处理。新修订的《种子法》将上述两种行为的处理权统一为县级以上人民政府农业、林业行政部门行使,解决了因执法机构层次过高而导致对侵犯品种权的行为执法不到位的难题,更加有利于充分实现对品种权的行政保护。同时,新修订的《种子法》还在《植物新品种保护条例》规定的基础上,增加了最低罚款数额的限制,进一步加大了行政处罚力度。在刑事保护上,《植物新品种保护条例》仅规定假冒授权品种情节严重的依法追究刑事责任(即以生产、销售伪劣产品罪或生产、销售伪劣种子罪论处),对于侵犯品种权情节严重的行为,目前尚无任何刑事制裁的规定。为了充分实现对品种权的保护,我国应考虑在刑法中增设侵犯植物新品种权罪。

第六章　比较与知识产权相关的反不正当竞争法

第一节　反不正当竞争法概述

一、反不正当竞争法立法概况

竞争法是调整竞争关系的法律规范的总称。竞争法包括反不正当竞争法、反垄断法和维护市场自由公平竞争的其他法律。反不正当竞争法是调整经营者之间因不正当竞争行为而产生的竞争关系的法律规范的总称。

1896 年德国通过了一部专门的《反不正当竞争法》，这是世界上第一部反不正当竞争单行法，是现代竞争法产生的重要标志之一。德国《反不正当竞争法》最初对不正当竞争行为采取了法定主义立法模式，但是这不能完全覆盖商业中的一些需要规制的不正当竞争行为，因此德国立法机关于 1909 年对该法作了修订，其中最重要的方面是加入了"一般条款"规定。至此，德国反不正当竞争法确立了一般条款加上典型列举的立法体例，且一直适用至今。2004 年 7 月开始实施的德国新《反不正当竞争法》第 3 条规定了一般条款，即"不正当竞争行为，如足以损害竞争者、消费者或其他市场参与人而对竞争造成并非轻微破坏的，则是非法的。"①该法第 4 条、第 5 条、第 6 条与第 7 条典型列举了不正当竞争行为的具体种类。

1995 年美国法学会编撰了《不正当竞争法重述》，对一些与知识产权相关的不正当竞争作出了规定。虽然《不正当竞争法重述》没有强制性法律效力，但是它被包括美国最高法院在内的许多法院作出的判决书所引用，因此它通过影响法院判决从而在事实上发挥了准法律的作用。

在国际层面上，《保护工业产权巴黎公约》缔结于 1883 年，其 1900 年 12 月 14 日布鲁塞尔修订本第一次以国际公约的形式，对反不正当竞争作出了明确规定。我国加入的是《巴黎公约》1967 年 7 月 14 日斯德哥尔摩修订本。

1993 年 9 月 2 日第八届全国人民代表大会常务委员会第三次会议通过了《中华人民共和国反不正当竞争法》（以下简称《反不正当竞争法》），该法自 1993 年 12 月 1 日起施行。《反不正当竞争法》第 1 条规定："为保障社会主义市场经济

---

① 德国新《反不正当竞争法》(2004 年 7 月 3 日)，邵建东译，《中德法学论坛》第 4 辑，第 250 页。

健康发展,鼓励和保护公平竞争,制止不正当竞争行为,保护经营者和消费者的合法权益,制定本法"。该条规定表明了我国反不正当竞争法的立法目的。需要指出,1993年《反不正当竞争法》通过时,当时我国尚未出台《反垄断法》,在此背景下,《反不正当竞争法》既规制不正当竞争行为,也规制部分垄断行为。

二、反不正当竞争法与知识产权法的关系

知识产权法在赋予和保护权利人对其知识产品的独占权利的同时,也维护了相关领域内公平竞争的市场秩序,同时"从本质、宏观和动态上来看知识产权仍然体现为对竞争的促进,或者说知识产权与竞争具有某种一致性。"①就此而言,知识产权法属于广泛意义上的反不正当竞争特别法。

反不正当竞争法不仅具体规定仿冒行为、引人误解的虚假宣传行为、侵犯商业秘密行为和损害商誉行为等是不正当竞争行为,而且还通过一般条款扩充对知识产权保护。在反不正当竞争法与知识产权法之间关系上有一个著名的比喻,即把商标法、专利法、著作权法这三部传统的知识产权专项立法比作三座浮在海面上的冰山,而把反不正当竞争法比作在下面托着三座冰山前进的海水,用以说明反不正当竞争法能够保护三部法律所保护不到的成果。"因此,反不正当竞争法对知识产权的保护具有兜底和补充的性质,这决定了其与专门的知识产权法是一般法与特别法的关系。它在专门的知识产权法缺少明确规定时适用,对专门的知识产权法有明确规定的,反不正当竞争法一般不再重复适用。但是,当专门的知识产权法虽然有规定,但这种规定不充分或者不周延时,反不正当竞争法仍然可以继续发挥其兜底的功能,以确保市场竞争的公平,实际上也强化了对知识产权的保护。"②在我国现行法律状况下,这种兜底保护主要表现为两方面:一方面,当某些智力成果目前还无法获得知识产权的专项立法保护时,反不正当竞争法可提供补充性保护。另一方面,既有的知识产权法提供了保护,但是保护不足的成果也可以受到反不正当竞争法的补充性保护。

仿冒行为、引人误解的虚假宣传行为、侵犯商业秘密行为和损害商誉行为都属于违法市场公平竞争的不正当竞争行为。它们都侵害了其他经营者的知识产权,属于与知识产权相关的不正当竞争行为。

三、不正当竞争行为的一般构成

(一)不正当竞争行为的主体

《反不正当竞争法》第2条第2款规定:"本法所称的不正当竞争,是指经营者

---

① 王先林:《竞争法视野的知识产权问题论纲》,《中国法学》2009年第4期。
② 王先林:《竞争法视野的知识产权问题论纲》,《中国法学》2009年第4期。

违反本法规定,损害其他经营者的合法权益,扰乱社会经济秩序的行为"。根据该款规定,不正当竞争行为的主体是"经营者"。第2条第3款规定:"本法所称的经营者,是指从事商品经营或者营利性服务(以下所称商品包括服务)的法人、其他经济组织和个人。"

根据《反不正当竞争法》第7条规定,政府及其所属部门实施的限制竞争行为和地区封锁行为也被列入不正当竞争行为之中,但是我国《反垄断法》第32条和第33条已经包括了《反不正当竞争法》第7条的内容,因此政府及其所属部门不属于"经营者",其从事的限制竞争行为和地区封锁行为也不属于不正当竞争行为,而属于垄断行为。

(二)不正当竞争行为的范围

《反不正当竞争法》第二章中列举了一些不正当竞争行为的种类,包括仿冒行为、商业贿赂行为、引人误解的虚假宣传行为、侵犯商业秘密行为、违法的有奖销售行为、损害商誉行为和串通投标行为等。

除了明确列举不正当竞争行为种类外,《反不正当竞争法》也通过一般条款弥补了上述列举的不周延。《反不正当竞争法》第2条第1款规定:"经营者在市场交易中,应当遵循自愿、平等、公平、诚实信用的原则,遵守公认的商业道德"。第2款规定:"本法所称的不正当竞争,是指经营者违反本法规定,损害其他经营者的合法权益,扰乱社会经济秩序的行为"。这两款就是《反不正当竞争法》中的一般条款,扩大了不正当竞争行为的范围,对知识产权的保护也发挥着补充性的保护作用。

(三)不正当竞争行为侵害的客体

不正当竞争行为侵害的客体分为两大类。

第一类不正当竞争行为,损害了其他经营者的某项绝对权利,如注册商标专用权,知名商品特有的名称、包装、装潢权,企业名称权,姓名权,商业秘密权,商业信誉和商品声誉权等。在不正当竞争行为侵害的这些权利中,"无论是属于反不正当竞争法新创设的权利,还是属于反不正当竞争法再作宣示的权利,性质上都是绝对权或具有类似绝对权的效力。"[1]

第二类不正当竞争行为,包括限制交易、虚假广告、商业贿赂、违法的有奖销售等,它"侵害的客体是其他经营者的公平竞争权或正当竞争权。此项权利,是由《反不正当竞争法》新创设的一项权利,具有类似于绝对权的效力。"[2]

四、反不正当竞争法的执法机关

反不正当竞争法的执法机关包括人民法院和行政执法机关。

---

[1] 邵建东编著:《竞争法教程》,知识产权出版社2003年版,第46页。

[2] 邵建东编著:《竞争法教程》,知识产权出版社2003年版,第47页。

（一）人民法院

人民法院的权限主要是：

1. 处理不正当竞争的民事纠纷。《反不正当竞争法》第 20 条规定："经营者违反本法规定，给被侵害的经营者造成损害的，应当承担损害赔偿责任……""被侵害的经营者的合法权益受到不正当竞争行为损害的，可以向人民法院提起诉讼"。

2. 依法处理不正当竞争行为人的刑事责任。对于情节严重，构成犯罪的不正当竞争行为人，人民法院依法予以判决其承担相应的刑事责任。

3. 处理经营者不服行政执法机关处罚决定的行政争议。《反不正当竞争法》第 29 条规定："当事人对监督检查部门作出的处罚决定不服的，可以自收到处罚决定之日起十五日内向上一级主管机关申请复议；对复议决定不服的，可以自收到复议决定书之日起十五日内向人民法院提起诉讼；也可以直接向人民法院提起诉讼"。

（二）行政执法机关

《反不正当竞争法》第 16 条规定："县级以上监督检查部门对不正当竞争行为，可以进行监督检查"。《反不正当竞争法》第 3 条第 2 款规定："县级以上人民政府工商行政管理部门对不正当竞争行为进行监督检查；法律、行政法规规定由其他部门监督检查的，依照其规定"。

根据《反不正当竞争法》第 17 条规定，监督检查部门在监督检查不正当竞争行为时，有权行使下列职权：

1. 按照规定程序询问被检查的经营者、利害关系人、证明人，并要求提供证明材料或者与不正当竞争行为有关的其他资料。

2. 查询、复制与不正当竞争行为有关的协议、账册、单据、文件、记录、业务函电和其他资料。

3. 检查与仿冒行为有关的财物，必要时可以责令被检查的经营者说明该商品的来源和数量，暂停销售，听候检查，不得转移、隐匿、销毁该财物。

第二节　仿冒行为与法律责任

一、中国的相关规定

（一）假冒他人注册商标行为与法律责任

《反不正当竞争法》第 5 条规定："经营者不得采用下列不正当手段从事市场交易，损害竞争对手：（一）假冒他人的注册商标……"根据《中华人民共和国商标法》（以下简称为《商标法》）第 57 条规定，有下列行为之一的，均属侵犯注册商标专用权：

1. 使用侵权

使用侵权,即未经商标注册人的许可,在同一种商品上使用与其注册商标相同的商标的。

2. 混淆侵权

混淆侵权,即未经商标注册人的许可,在同一种商品上使用与其注册商标近似的商标,或者在类似商品上使用与其注册商标相同或者近似的商标,容易导致混淆的。

3. 销售侵权

销售侵权,即销售侵犯注册商标专用权的商品的。

4. 标识侵权

标识侵权,即伪造、擅自制造他人注册商标标识或者销售伪造、擅自制造的注册商标标识的。

5. 反向假冒

反向假冒,即未经商标注册人同意,更换其注册商标并将该更换商标的商品又投入市场的。

案例 6 - 1 京工服装工业集团服装一厂诉鳄鱼国际机构(私人)有限公司侵犯商标权案①

1979 年,北京服装一厂申请的"枫叶"商标经国家商标局核准注册,获得商标专用权,核定使用的范围为:大衣、夹克、西服、上衣。1994 年 4 月 15 日,同益公司(鳄鱼公司的销售商,出售鳄鱼牌、卡帝乐牌商品)工作人员通过服装一厂所属的经营部购买北京服装一厂生产的"枫叶"牌男西裤 26 条,随后将其中的 25 条男西裤的"枫叶"商标更换为"卡帝乐"商标,在百盛购物中心"鳄鱼专卖点"进行销售。北京市第一中级人民法院认为,被告中国地区开发促进会系同益公司的上级主管部门,因同益公司在本案审理过程中未按规定进行工商年检被吊销营业执照,故开发促进会应代其履行本案的法律责任,包括向原告公开赔礼道歉、消除影响、赔偿损失。

6. 帮助侵权

帮助侵权,即故意为侵犯他人商标专用权行为提供便利条件,帮助他人实施侵犯商标专用权行为的;

7. 其他侵权

其他侵权,即给他人的注册商标专用权造成其他损害的。

---

① 参见北京市第一中级人民法院民事判决书(1994)中经知初字第 566 号:"北京市京工服装工业集团服装一厂诉鳄鱼国际机构(私人)有限公司侵犯商标权案",http://www.bj148.org/judgedoc/1012026375968.html,2006 年 11 月 14 日访问。

根据《商标法》第 60 条规定："有本法第五十七条所列侵犯注册商标专用权行为之一，引起纠纷的，由当事人协商解决；不愿协商或者协商不成的，商标注册人或者利害关系人可以向人民法院起诉，也可以请求工商行政管理部门处理。工商行政管理部门处理时，认定侵权行为成立的，责令立即停止侵权行为，没收、销毁侵权商品和主要用于制造侵权商品、伪造注册商标标识的工具，违法经营额 5 万元以上的，可以处违法经营额五倍以下的罚款，没有违法经营额或者违法经营额不足 5 万元的，可以处 25 万元以下的罚款。对五年内实施两次以上商标侵权行为或者有其他严重情节的，应当从重处罚。销售不知道是侵犯注册商标专用权的商品，能证明该商品是自己合法取得并说明提供者的，由工商行政管理部门责令停止销售。对侵犯商标专用权的赔偿数额的争议，当事人可以请求进行处理的工商行政管理部门调解，也可以依照《中华人民共和国民事诉讼法》向人民法院起诉。经工商行政管理部门调解，当事人未达成协议或者调解书生效后不履行的，当事人可以依照《中华人民共和国民事诉讼法》向人民法院起诉。"

根据《商标法》第 67 条规定："未经商标注册人许可，在同一种商品上使用与其注册商标相同的商标，构成犯罪的，除赔偿被侵权人的损失外，依法追究刑事责任。""伪造、擅自制造他人注册商标标识或者销售伪造、擅自制造的注册商标标识，构成犯罪的，除赔偿被侵权人的损失外，依法追究刑事责任。""销售明知是假冒注册商标的商品，构成犯罪的，除赔偿被侵权人的损失外，依法追究刑事责任。"

（二）擅自使用知名商品特有的或近似的名称、包装、装潢行为与法律责任

《反不正当竞争法》第 5 条规定："经营者不得采用下列不正当手段从事市场交易，损害竞争对手……擅自使用知名商品特有的名称、包装、装潢，或者使用与知名商品近似的名称、包装、装潢，造成和他人的知名商品相混淆，使购买者误认为是该知名商品……"

根据《最高人民法院关于审理不正当竞争民事案件应用法律若干问题的解释》第 1 条规定，在中国境内具有一定的市场知名度，为相关公众所知悉的商品，应当认定为"知名商品"。人民法院认定知名商品，应当考虑该商品的销售时间、销售区域、销售额和销售对象，进行任何宣传的持续时间、程度和地域范围，作为知名商品受保护的情况等因素，进行综合判断。原告应当对其商品的市场知名度负举证责任。

"特有的名称、包装、装潢"指具有区别商品来源的显著特征的商品的名称、包装、装潢。根据《最高人民法院关于审理不正当竞争民事案件应用法律若干问题的解释》第 2 条规定，知名商品特有的名称、包装、装潢中含有本商品的通用名称、图形、型号，或者直接表示商品的质量、主要原料、功能、用途、重量、数量以及其他特点，或者含有地名，他人因客观叙述商品而正当使用的，不构成不正当竞争

行为。

根据《最高人民法院关于审理不正当竞争民事案件应用法律若干问题的解释》第 4 条规定,足以使相关公众对商品的来源产生误认,包括误认为与知名商品的经营者具有许可使用、关联企业关系等特定联系的,应当认定为"造成和他人的知名商品相混淆,使购买者误认为是该知名商品"。

案例 6-2 "拉菲"商标纠纷案①

尚杜·拉菲特罗兹施德民用公司(简称尚杜公司)系第 1122916 号"LAFITE"核定使用商品为第 33 类"含酒精饮料(啤酒除外)"、第 G764270 号" "核定使用商品为第 33 类"以原产地取名的酒"两商标的注册人。深圳市金鸿德贸易有限公司(简称金鸿德公司)在其葡萄酒产品、网站和宣传手册中使用"Lafite Family""拉菲世族"及" "标识,对其历史渊源的介绍与尚杜公司历史部分相同。湖南生物医药集团健康产业发展有限公司(简称生物医药公司)销售了被控侵权产品。尚杜公司提起商标侵权及不正当竞争诉讼。长沙市中级人民法院一审法院认为,金鸿德公司和生物医药公司构成侵犯商标专用权及不正当竞争,判决金鸿德公司停止在葡萄酒产品、网站及宣传资料中使用"LAFITE FAMILY"及" "标识、"拉菲世族"文字,停止虚假宣传,注销"lafitefamily.com"域名并赔偿损失 30 万元,在《中国工商报》上刊登消除影响声明;生物医药公司立即停止销售侵权产品及使用宣传资料。金鸿德公司不服,提起上诉。湖南省高级人民法院二审认为,被控侵权产品上使用的"LAFITE FAMILY"文字," "标志、域名"lafitefamily.com"侵犯了尚杜公司的注册商标专用权。"拉菲"应认定为 LAFITE 葡萄酒知名商品的特有名称,金鸿德公司在其葡萄酒商品上突出使用"拉菲世族"文字构成对尚杜公司的不正当竞争,同时其虚假宣传行为也构成不正当竞争,判决维持了一审判决。

根据《最高人民法院关于审理不正当竞争民事案件应用法律若干问题的解释》第 3 条规定,由经营者营业场所的装饰、营业用具的式样、营业人员的服饰等构成的具有独特风格的整体营业形象,可以认定为反不正当竞争法第五条第(二)项规定的"装潢"。某县"大队长酒楼"自创品牌后声名渐隆,妇孺皆知。同县的

---

① 最高人民法院 2012 年 4 月 17 日通报 2011 年中国法院知识产权司法保护十大案件和五十个典型案例新闻发布会材料之二:《2011 年中国法院知识产权司法保护十大案件简介》,http://www.court.gov.cn/xwzx/xwfbh/twzb/201204/t20120417_176016.htm,2014 年 11 月 29 日访问。

"牛记酒楼"经暗访发现，"大队长酒楼"经营特色是，服务员统一着20世纪60年代的服装，播放该年代歌曲，店堂装修、菜名等也具有时代印记。"牛记酒楼"遂改名为"老社长酒楼"，服装、歌曲、装修、菜名等一应照搬。根据《反不正当竞争法》的规定，"牛记酒楼"的行为属于混淆行为①。

关于擅自使用知名商品特有的或近似的名称、包装、装潢行为的法律责任，《反不正当竞争法》第20条规定："经营者违反本法规定，给被侵害的经营者造成损害的，应当承担损害赔偿责任，被侵害的经营者的损失难以计算的，赔偿额为侵权人在侵权期间因侵权所获得的利润；并应当承担被侵害的经营者因调查该经营者侵害其合法权益的不正当竞争行为所支付的合理费用。""被侵害的经营者的合法权益受到不正当竞争行为损害的，可以向人民法院提起诉讼。"《反不正当竞争法》第21条第2款规定："经营者擅自使用知名商品特有的名称、包装、装潢，或者使用与知名商品近似的名称、包装、装潢，造成和他人的知名商品相混淆，使购买者误认为是该知名商品的，监督检查部门应当责令停止违法行为，没收违法所得，可以根据情节处以违法所得一倍以上三倍以下的罚款；情节严重的，可以吊销营业执照；销售伪劣商品，构成犯罪的，依法追究刑事责任。"

（三）擅自使用他人的企业名称或者姓名行为与法律责任

《反不正当竞争法》第5条规定："经营者不得采用下列不正当手段从事市场交易，损害竞争对手：……（三）擅自使用他人的企业名称或者姓名，引人误认为是他人的商品……"《最高人民法院关于审理不正当竞争民事案件应用法律若干问题的解释》第6条对上述"企业名称"与"姓名"进行了司法解释。企业名称包括企业登记主管机关依法登记注册的企业名称，以及在中国境内进行商业使用的外国（地区）企业名称；具有一定的市场知名度、为相关公众所知悉的企业名称中的字号可以被认定为企业名称。在商品经营中使用的自然人的姓名应当认定为反不正当竞争法第五条第（三）项规定的"姓名"；具有一定的市场知名度、为相关公众所知悉的自然人的笔名、艺名等可以被认定为反不正当竞争法第五条第（三）项规定的"姓名"。

《反不正当竞争法》第21条第1款规定："经营者……擅自使用他人的企业名称或者姓名……依照……《中华人民共和国产品质量法》的规定处罚。"根据《中华人民共和国产品质量法》第53条规定："伪造或者冒用他人厂名、厂址的……责令改正，没收违法生产、销售的产品，并处违法生产、销售产品货值金额等值以下的罚款；有违法所得的，并处没收违法所得；情节严重的，吊销营业执照。"

另外，经营者擅自使用他人的企业名称或者姓名的行为给他人造成损害的，受害者可以根据《反不正当竞争法》第20条、《民法通则》第120条的规定，要求行

---

① 2012年司法考试题。

为人停止侵害、恢复名誉、消除影响、赔礼道歉和赔偿损失。

案例6-3　侵害姚明人格权及不正当竞争纠纷案①

武汉云鹤大鲨鱼体育用品有限公司(简称武汉云鹤公司)在未经姚明同意的情况下,将其姓名和肖像用于生产和销售的"姚明一代"产品及其宣传上,姚明认为其上述行为侵犯了姚明的人格权,亦构成不正当竞争。湖北省高级人民法院二审认为,受《反不正当竞争法》保护的自然人姓名,不同于一般意义上的人身权,是区别不同市场主体的商业标识。未经权利人授权或许可,任何企业或个人不得擅自将他人姓名、肖像、签名及其相关标识进行商业性使用。武汉云鹤公司侵权故意明显,原审在酌定赔偿经济损失时并未充分考虑武汉云鹤公司侵权行为的性质、后果、持续时间等因素,以及2010年3月姚明本人通过新浪网发布正式声明之后,武汉云鹤公司继续侵权并放任侵权的主观过错程度。为此,综合以上因素和考虑,在被侵权人因被侵权所受损失或侵权人因侵权所得利益难以确定的情况下,依照《反不正当竞争法》第二十条、《最高人民法院关于审理不正当竞争民事案件应用法律若干问题的解释》第十七条的相应规定,判决由武汉云鹤公司赔偿姚明包括维权合理费用在内的经济损失共计100万元。

(四)在商品上伪造或者冒用质量标志,伪造产地,对商品质量作引人误解的虚假表示行为与法律责任

《反不正当竞争法》第5条规定:"经营者不得采用下列不正当手段从事市场交易,损害竞争对手:……(四)在商品上伪造或者冒用认证标志、名优标志等质量标志,伪造产地,对商品质量作引人误解的虚假表示……"

《反不正当竞争法》第21条第1款规定:"经营者伪造或者冒用认证标志、名优标志等质量标志,伪造产地,对商品质量作引人误解的虚假表示的,依照……《中华人民共和国产品质量法》的规定处罚。"

根据《中华人民共和国产品质量法》第53条规定:"伪造或者冒用认证标志等质量标志的,责令改正,没收违法生产、销售的产品,并处违法生产、销售产品货值金额等值以下的罚款;有违法所得的,并处没收违法所得;情节严重的,吊销营业执照。"

另外,受害者可以根据《反不正当竞争法》第20条的规定,要求行为人赔偿损失。

---

① 最高人民法院2013年4月22日通报2012年中国法院知识产权司法保护状况及典型案例有关情况新闻发布会材料之二;《2012年中国法院知识产权司法保护十大案件简介》,http://www.court.gov.cn/xwzx/xwfbh/twzb/201304/t20130422_183501.htm,2014年11月29日访问。

案例 6-4 北京谷源粮油有限公司伪造有机产品认证证书案①

2013 年 12 月底,南京市质监局建邺分局的执法人员在江苏宁供农产品超市有限公司南京新安江街分店中,查获了 57 袋在售可疑杂粮,这些由北京谷源粮油有限公司生产销售的"中旭"牌黄米、绿豆、高粱米等产品包装上都印有"中国有机产品"的字样。在检查中,销售方还向执法人员提供了北京谷源粮油有限公司的有机产品认证证书(证书编号 CHC11O12018R0S)。但执法人员经过鉴别后发现,这个认证证书实际上是该公司伪造的,并非真正的有机认证证书。这家公司积极配合了调查,并主动整改,最终根据相关法律法规,责令该公司改正,并处以两万元的罚款。

二、国外的相关规定及比较

德国《反不正当竞争法》第 4 条列举了不正当竞争行为种类,其中第 9 项规定了如果行为人提供的商品或服务系其他竞争者商品或服务的仿冒品,条件是"a)导致对购买人就商品或服务的企业来源进行欺诈,而这种欺诈是可以避免的,或 b)不适当地利用或损害被仿冒商品或服务的声誉,或 c)以不诚实的方式获取了仿冒所需的知识或资料"②,则上述行为属于不正当竞争行为。从德国的司法实践看,被模仿成果必须具有竞争特征,这是其获得反不正当竞争法保护的关键,而对其是否受相关专项知识产权法保护则在所不问。这也反映了反不正当竞争法对知识产权保护的补充作用。

案例 6-5 仿冒"MasterGrip"专用剔骨刀案③

原告甲是一家生产和销售屠宰刀具的企业。原告生产的一款被称为"MasterGrip"的专用剔骨刀在屠宰场和肉类加工行业被广泛使用。被告也面向屠宰行业销售刀具,其中也包括一款剔骨刀。原告认为,被告销售的剔骨刀在形状设计上完全模仿了自己生产和销售的"MasterGrip"剔骨刀,其行为构成了不正当竞争行为。德国联邦最高普通法院认为,原告的请求权不能被否定,因为根据案情原告的"MasterGrip"剔骨刀具有德国《反不正当竞争法》第 4 条第 9 项所要求的竞争特征。被告的行为满足了德国《反不正当竞争法》第 4 条第 9 项所规定的构成要件。德国联邦最高普通法院的判决是正确的。该案启示:如果行为人所销售的产品模仿了其他企业的产品,而该产品已不再受相关知识产权法律的保护,按照《德国反不正当竞争法》的规定,只要满足一定的条件,被模仿的产品仍然可以获得该法的保护。

---

①　张艳、朱蓓:《南京市质监局公布 2014 年十大典型案例》,《现代快报》2014 年 10 月 18 日 A6 版。

②　德国新《反不正当竞争法》(2004 年 7 月 3 日),邵建东译,《中德法学论坛》第 4 辑,第 250 页。

③　参见韩赤风:《被模仿产品的保护与反不正当竞争法的适用》,《知识产权》2011 年第 3 期。

在英美法系,仿冒行为(passing off)是"为了欺骗潜在的购买者,从而虚假地用自己的商品冒充其他人商品的行为,这被认为是反不正当竞争法中的侵权行为。"①美国法学会编撰的《不正当竞争法重述》第 4 条对"假冒"作出了规定:如果行为人作出了可能欺诈或者误导潜在的购买者的行为,使购买者产生如下误信:行为人的商业是他人的商业,或者行为人是他人的代理人、分支机构或者合伙人,或者行为人销售的产品或服务是由他人生产、赞助或者认可的,那么行为人对他人负有责任②。

《巴黎公约》第十条之二第三款第一项明确规定"具有以任何手段对竞争者的营业所、商品或工商业活动产生混淆性质的一切行为"特别应予以制止。

第三节 引人误解的虚假宣传行为与法律责任

一、中国的相关规定

(一)引人误解的虚假宣传行为

《反不正当竞争法》第 9 条规定:"经营者不得利用广告或者其他方法,对商品的质量、制作成分、性能、用途、生产者、有效期限、产地等作引人误解的虚假宣传。""广告的经营者不得在明知或者应知的情况下,代理、设计、制作、发布虚假广告。"《中华人民共和国广告法》(2015 年修订)第 4 条也规定:"广告不得含有虚假或者引人误解的内容,不得欺骗、误导消费者。"

引人误解的虚假宣传行为具有以下特征:

1. 引人误解虚假宣传行为的主体是经营者。这里的经营者包括从事商品经营或者营利性服务的法人、其他经济组织和自然人,也包括相应的广告的经营者。

2. 引人误解虚假宣传行为的主观方面存在故意。引人误解虚假宣传行为的主观方面存在故意,目的在于误导消费者,从而使自己在同业竞争中获得优势。

3. 引人误解虚假宣传行为侵害的客体是市场竞争秩序。引人误解的虚假宣传行为损害了竞争对手的利益,也损害了消费者利益,破坏了市场竞争秩序。

4. 引人误解虚假宣传行为的客观方面表现为做出了引人误解的虚假宣传。引人误解的虚假宣传行为客观方面表现为经营者利用广告或者其他方法,对商品的质量、制作成分、性能、用途、生产者、有效期限、产地等作引人误解的虚假宣传;

---

① Bryan A. Garner(ed),Black's Law Dictionary,West Group,1999,p. 1146.

② RESTATEMENT(THIRD)OF UNFAIR COMPETITION, § 4.

广告的经营者在明知或者应知的情况下,代理、设计、制作、发布虚假广告。根据《最高人民法院关于审理不正当竞争民事案件应用法律若干问题的解释》第 8 条规定,经营者具有下列行为之一,足以造成相关公众误解的,可以认定为引人误解的虚假宣传行为:对商品作片面的宣传或者对比的;将科学上未定论的观点、现象等当作定论的事实用于商品宣传的;以歧义性语言或者其他引人误解的方式进行商品宣传的。以明显的夸张方式宣传商品,不足以造成相关公众误解的,不属于引人误解的虚假宣传行为。

案例 6-6　金斗寻宝虚假宣传案①

重庆市 2015 年 9 月查处了"五行开运中国五大投资手串——金斗寻宝"广告案件。该广告采用演员和主持人采访行业协会相关负责人的节目访谈形式,广告中含有"中国最有价值的五大文玩投资手串套组······最权威的上品手串、中国目前最有价值、最权威的红木手串大全套"等内容,宣称该套手串材质分别是黄花梨、紫檀、金丝楠、沉香、血龙木等名贵高档材质,实际销售手串材质为花梨木、紫檀木、楠木、硬木松,二者明显不符。重庆市工商机关拟对广告主处以 8 万元的罚款。

（二）引人误解的虚假宣传行为的法律责任

《反不正当竞争法》第 24 条规定:"经营者利用广告或者其他方法,对商品作引人误解的虚假宣传的,监督检查部门应当责令停止违法行为,消除影响,可以根据情节处以一万元以上二十万元以下的罚款。""广告的经营者,在明知或者应知的情况下,代理、设计、制作、发布虚假广告的,监督检查部门应当责令停止违法行为,没收违法所得,并依法处以罚款。"

根据《反不正当竞争法》第 20 条的规定,其他经营者也可以提起民事诉讼,要求违法行为人承担民事责任。

《刑法》第 222 条规定了虚假广告罪,即:广告主、广告经营者、广告发布者违反国家规定,利用广告对商品或服务作虚假宣传,情节严重的,处 2 年以下有期徒刑或拘役,并处或者单处罚金。

二、国外的相关规定及比较

德国《反不正当竞争法》第 5 条明确规定了行为人从事引人误解的广告行为的,则这样的行为属于不正当竞争行为。在评价一则广告是否引人误解时,德国《反不正当竞争法》第 5 条指出"应当考虑该广告的一切组成部分,特别是该广告

---

① 高敬:《工商总局公布新〈广告法〉颁布以来典型违法广告案件》,http://news.xinhuanet.com/politics/2015-11/13/c_1117139523.htm,2017 年 5 月 7 日访问。

中所包含的下列事项：a)商品或服务的特征，以及可供应性、种类、实现、组成、制作或提供的程序或时间、用途适合性、使用可能性、数量、性质、地理来源或企业来源，或者从使用中可以期待的结果，或者商品或服务检测的结果及检测的主要成分；b)销售的动机以及价格或价格计算的方式，以及供应商品或提供服务的条件；c)商业关系，特别是广告行为人的种类、性质和权利，如他的身份和财产、他的精神所有权、他的能力或他的获奖或荣誉……"①

根据美国联邦贸易委员会的规定，凡是"广告的表述或由于未能透露有关信息而给理智的消费者造成错误印象的；这种错误印象又关系到所宣传的产品、服务实质性特点的"均属欺骗性广告。进行实现不了的承诺是虚假广告。使用无法证实的比喻也属虚假广告。故意不把完整的信息告诉公众也是虚假广告，例如，一家美国公司在广告中声称自己的产品"只需 60 秒钟"就能使草坪变绿，并且"还能使它 365 天保持常青"，但是广告中只字未提该产品含水溶性染料，也未提及保持草坪四季常青，需要一次又一次地浇洒这种产品②。

《巴黎公约》第十条之二第三款第三项明确规定"在经营商业中，使用会使公众对商品的性质、制作方法、特征、用途或数量易于产生误导作用的表示或陈述"特别应予以制止。

比较广告（对比广告）是指任何一种直接或间接指明竞争者或由某个竞争者提供的商品或服务的广告。比较广告是否属于引人误解的虚假宣传行为？各国有不同的立法例。根据我国《广告法》第 9 条规定，广告不得使用"国家级""最高级""最佳"等用语；根据第 16 条规定，医疗、药品、医疗器械广告不得含有与其他药品、医疗器械的功效和安全性或者其他医疗机构比较的内容；根据第 18 条规定，保健食品广告不得含有与药品、其他保健食品进行比较的内容。"在丹麦、法国、奥地利、瑞典以及英国，对比广告基本是合法的。立法者认为，对比广告符合消费者对市场信息的需求，有利于提高市场的透明度，而且也符合自由竞争的原则。然而，比利时、意大利和德国则总体上禁止对比广告。"③根据德国《反不正当竞争法》第 6 条规定，在下列情况下，从事比较广告行为者，构成不正当竞争："比较并不涉及为满足相同需求或为达成同一目的之商品或服务；比较并不是客观地涉及这些商品或服务之一个或若干个本质的、重要的、可核实的、典型的性质或价格；比较导致在商业交易中，在广告人与竞争者之间或者在他们提供的商品或服务之间、或在他们使用的标志之间产生混淆；比较以不正当方式利用或损害其他竞争者使用的标志的声誉；比较贬低或诋毁其

---

① 德国新《反不正当竞争法》（2004 年 7 月 3 日），邵建东译，《中德法学论坛》第 4 辑，第 250－251 页。

② 参见江中舟：《美国虚假广告四面楚歌》，《政府法制》2005 年第 10 期。

③ 王晓晔：《不得诋毁竞争对手——对比广告中的法律问题》，《国际贸易》2003 年第 11 期。

竞争者的商品、服务、活动、个人关系或商业关系；比较构成对他人以受保护的标志销售的商品或服务的模仿。"①欧共体 1997 年通过第 97/55 号条例修订了欧洲经济共同体 1984 年发布的第 84/450 号条例，并由此将 1984 年条例更名为《欧共体关于误导性广告和比较广告的第 84/450 号条例》。根据这个条例，比较广告原则上是合法的，但它们应当符合一系列前提条件：广告不存在误导消费者的信息；广告中所比较的商品或者服务有相同的需求或者用途；广告是客观地比较商品或者服务中一个或者多个重要的、相关的、可验证的且具有典型性的方面，其中包括它们的价格；广告不会在市场上引起广告主与其竞争者，或者他们的商标、商号以及其他商业标识，或者他们的商品或者服务之间的混淆；广告不存在贬低或者诽谤竞争者的商标、商号以及其他商业标识的情况，也不存在贬低或者诽谤竞争者的商品、服务、商业活动或者商业关系的情况；广告不是以不正当的方式使用竞争者的商标、商号或者其他标识的声誉，也不是不正当地使用竞争者的商品原产地标识；广告中不得宣传模仿或者仿造他人受到专利、商标以及其他权利保护的商品或者服务②。总体上看，比较广告存在规制，但是规制程度呈现趋缓的态势。

第四节　侵犯商业秘密行为与法律责任

一、中国的相关规定

（一）商业秘密的内涵

根据《反不正当竞争法》第 10 条第 3 款的规定，所称的商业秘密，是指不为公众所知悉、能为权利人带来经济利益、具有实用性并经权利人采取保密措施的技术信息和经营信息。

一些技术信息既可以采用专利权保护，又可以采用商业秘密保护，对此相关权利人可以根据具体情形选用相应的保护方式。一些经营信息，例如客户名单，不属于专利权的保护对象，但是可以作为商业秘密予以保护。商业秘密中的客户名单，一般是指客户的名称、地址、联系方式以及交易的习惯、意向、内容等构成的区别于相关公知信息的特殊客户信息，包括汇集众多客户的客户名册，以及保持长期稳定交易关系的特定客户。

商业秘密具有以下特征：

1. **秘密性。**商业秘密具有秘密性，不为公众所知悉。商业秘密的有关信息

---

① 德国新《反不正当竞争法》（2004 年 7 月 3 日），邵建东译，《中德法学论坛》第 4 辑，第 251 页。

② 详见王晓晔：《不得诋毁竞争对手——对比广告中的法律问题》，《国际贸易》2003 年第 11 期。

不为其所属领域的相关人员普遍知悉和容易获得。根据最高人民法院《关于审理不正当竞争民事案件应用法律若干问题的解释》（法释［2007］2号）第9条规定，具有下列情形之一的，可以认定有关信息不构成不为公众所知悉：（1）该信息为其所属技术或者经济领域的人的一般常识或者行业惯例；（2）该信息仅涉及产品的尺寸、结构、材料、部件的简单组合等内容，进入市场后相关公众通过观察产品即可直接获得；（3）该信息已经在公开出版物或者其他媒体上公开披露；（4）该信息已通过公开的报告会、展览等方式公开；（5）该信息从其他公开渠道可以获得；（6）该信息无需付出一定的代价而容易获得。

2. 商业性。商业秘密能为权利人带来经济利益，具有实用性。商业秘密的有关信息具有现实的或者潜在的商业价值，能为权利人带来竞争优势。根据《刑法》第219条第4款规定，这里的权利人，是指商业秘密的所有人和经商业秘密的所有人许可的商业秘密使用人。

3. 保密性。商业秘密需要权利人采取保密措施，即：权利人为防止信息泄漏所采取的与其商业价值等具体情况相适应的合理保护措施。根据最高人民法院《关于审理不正当竞争民事案件应用法律若干问题的解释》（法释［2007］2号）第11条规定，具有下列情形之一，在正常情况下足以防止涉密信息泄漏的，应当认定权利人采取了保密措施：（1）限定涉密信息的知悉范围，只对必须知悉的相关人员告知其内容；（2）对于涉密信息载体采取加锁等防范措施；（3）在涉密信息的载体上标有保密标志；（4）对于涉密信息采用密码或者代码等；（5）签订保密协议；（6）对于涉密的机器、厂房、车间等场所限制来访者或者提出保密要求；（7）确保信息秘密的其他合理措施。

通过自行开发研制或者反向工程等方式获得的商业秘密，不被认定为侵犯商业秘密行为。所谓"反向工程"（reverse engineering）是指，有关主体通过对市场销售的终端商品进行撤卸、化验等手段，从而获知生产该商品的技术秘密或配方等。

4. 不安性。商业秘密的权利人对商业秘密实际上是享有一种事实上的占有权，其权利保护以商业秘密保密状态的存续期间为限。因此，权利人对商业秘密的权利是不稳定的，具有不安性。

（二）侵犯商业秘密行为的类型

根据《反不正当竞争法》第10条第1款与第2款的规定，经营者侵犯商业秘密的行为包括：（1）以盗窃、利诱、胁迫或者其他不正当手段获取权利人的商业秘密；（2）披露、使用或者允许他人使用以前项手段获取的权利人的商业秘密；（3）违反约定或者违反权利人有关保守商业秘密的要求，披露、使用或者允许他人使用其所掌握的商业秘密；（4）第三人明知或者应知前款所列违法行为，获取、使用或者披露他人的商业秘密，视为侵犯商业秘密。

案例 6-7　金育电器有限公司侵犯商业秘密案①

2001 年初,金莱克公司浒关二分厂厂长潘辉跳槽到金育电器有限公司任总经理,组织人员盗用金莱克公司的技术资料,生产与金莱克公司开发的 JC302 产品相似的 PRINCESS 牌手持吸尘器。苏州市工商局依法认定金育公司的行为构成侵犯商业秘密行为,责令金育公司停止违法行为。金育公司不服,向法院提起诉讼。经苏州市两级人民法院审理,维持了工商行政管理机关的行政处罚。

(三)侵犯商业秘密的法律责任

根据《反不正当竞争法》第 25 条的规定,侵犯商业秘密的,监督检查部门应当责令停止违法行为,可以根据情节处以一万元以上二十万元以下的罚款。根据《反不正当竞争法》第 20 条的规定,其他经营者也可以提起民事诉讼,要求违法行为人承担民事责任。《刑法》第 219 条规定了侵犯商业秘密罪,即:有上述侵犯商业秘密行为之一,给商业秘密的权利人造成重大损失的,处三年以下有期徒刑或者拘役,并处或者单处罚金;造成特别严重后果的,处三年以上七年以下有期徒刑,并处罚金。

二、国外的相关规定及比较

中国《反不正当竞争法》第 10 条第 3 款商业秘密指的是具有经济性的秘密技术信息与秘密经营信息。在《美国统一商业秘密法》商业秘密的定义中,具有经济性的秘密信息具体包括"配方(formula)、样式(pattern)、编制(compilation)、程序(program)、设计(device)、方法(method)、工艺(technique)或工序(process)。"②可口可乐饮料的配方属于商业秘密,它"至今仍然存放在佐治亚信托公司的保险箱里,这是 20 世纪保守得最好的秘密。"③商业秘密事项,通常发生于雇佣场合、相关组织或个人。《美国统一商业秘密法》规定了侵犯商业秘密的不正当手段包括"盗窃、贿赂、虚假陈述、违反保密义务或诱导违反保密义务,或经过电子或其他方法的间谍行为。"④这些规定类似中国反不正当竞争法第 10 条第 1 款与第 2 款的相关规定。

---

① 《〈反不正当竞争法〉实施以来我国查出的十大典型案例》,http://news.xinhuanet.com/newscenter/2003-11/27/content_1202267.htm,2006 年 11 月 26 日访问。

② UNIFORM TRADE SECRETS ACT WITH 1985 AMENDMENTS,SECTION 1. DEFINITIONS.(4).

③ [美]彼得·林奇、约翰·罗瑟查尔德:《彼得·林奇教你理财》,宋三江、罗志芳译,机械工业出版社 2015 年版,第 176 页。

④ UNIFORM TRADE SECRETS ACT WITH 1985 AMENDMENTS,SECTION 1. DEFINITIONS.(1).

案例 6-8 杜邦公司诉克里斯托夫案①

杜邦公司在德克萨斯的比尔蒙特开设了一家工厂,计划生产甲醇。由于工厂还在建设之中,厂房尚未加顶。1969 年 3 月 19 日,受身份不明的第三人的雇用,比尔蒙特的摄影师克里斯托夫兄弟驾驶飞机,在空中对杜邦公司的新建厂房进行了拍摄。克里斯托夫兄弟共拍摄了 16 张照片,并在冲洗后交给了身份不明的第三人。当克里斯托夫兄弟在厂房上空拍摄之时,受到了杜邦公司雇员的注意。杜邦公司当天下午就查明,飞机的盘旋是为了拍摄,摄影师是克里斯托夫兄弟。杜邦公司立即与克里斯托夫兄弟联系,要求他们披露接受了照片的第三人或公司的名称。但克里斯托夫兄弟拒绝披露,理由是他们的客户要求匿名。杜邦公司立即针对克里斯托夫兄弟提起了诉讼,诉称后者不正当地拍摄了含有杜邦公司商业秘密的照片,并将照片卖给了身份不明的第三者。杜邦公司(以下简称原告)在起诉中说,它在花费了巨额投资和进行了长时间的研究后,开发了一种高度机密的甲醇生产方法。这种方法的应用,会使原告在市场上占有竞争优势。但是,原告没有以此申请专利,而是将之作为一项商业秘密来保护,并对保密给予了高度的重视。克里斯托夫兄弟(以下简称被告)进行了拍照的工厂,就是准备以这种秘密方法来生产甲醇的工厂。由于工厂正在建设之中,该生产方法的某些部分可以在空中直接看到。原告说,通过已经拍摄的照片,有关的技术人员可以推导出该生产甲醇的方法。因此,被告拍摄照片并将照片提供给不明身份的第三者,盗取了原告的商业秘密,侵犯了公司的权利。法院支持了原告诉求。

日本《反不正当竞争法》所称的商业秘密是指"作为秘密管理的生产方法、销售方法及在经营活动中有用的尚未公知的其他技术或者营业信息。"②该规定比中国对商业秘密的定义更加明确指出了"作为秘密管理的生产方法、销售方法"属于商业秘密。

日本《反不正当竞争法》第 2 条第 1 款第 4、5、6、7、8、9 项列出了侵犯商业秘密的行为。这些侵犯商业秘密的行为包括:通过盗窃、诈骗、胁迫及其他不正当手段取得商业秘密的行为,或者使用、公开通过不正当取得行为取得的商业秘密的;知道或者因重大过失不知道商业秘密存在不正当取得行为取得商业秘密,或者使用、公开取得的商业秘密的;取得后知道或者因重大过失不知道商业秘密存在不正当取得行为,使用、公开取得的商业秘密的;由保有商业秘密的经营者(简称"保有人")出示商业秘密的情形,以获得不当利益为目的或者以对保有人造成损害的目的,使用、公开商业秘密的;知道或者因重大过失不知道是不正当公开商业秘密行为或者隐藏不正当公开商业秘密行为,取得商业秘密,或者使用、公开取得的商

① 详见李明德:《杜邦公司诉克里斯托夫——美国商业秘密法研究》,《外国法译评》2000 年第 3 期。
② 《日本知识产权法》,杨和义译,北京大学出版社 2014 年版,第 382 页。

业秘密的行为；取得后知道或者因重大过失不知道商业秘密有不正当公开行为或者隐藏商业秘密不正当公开行为，使用、公开取得的商业秘密的①。

第五节　损害商誉行为与法律责任

一、中国的相关规定

（一）损害商誉行为

根据《反不正当竞争法》第 14 条规定，经营者不得捏造、散布虚伪事实，损害竞争对手的商业信誉、商品声誉。

损害商誉行为具有以下特征：

1. 损害商誉行为的主体是经营者。经营者，是指从事商品经营或者营利性服务的法人、其他经济组织和自然人。实践中，也有经营者指使他人实施损害其他经营者的商誉。对此行为，经营者与被其指使的人都依法承担法律责任。

2. 损害商誉行为主观方面存在故意。损害商誉行为者主观方面存在故意，目的在于损害竞争对手的商誉，从而使自己在竞争中获得比较优势。

3. 损害商誉行为侵害的客体是市场竞争秩序。损害商誉行为者损害了竞争对手的商业信誉、商品声誉，破坏了市场竞争秩序。

4. 损害商誉行为的客观方面表现为捏造、散布虚伪事实。损害商誉行为者客观上通过捏造、散布虚伪事实侵害其竞争对手的商誉。捏造、散布虚伪事实的方式多种多样。在互联网时代，经营者通过互联网捏造、散布虚伪事实造成的危害往往更大。

（二）损害商誉行为的法律责任

《反不正当竞争法》对于损害商誉行为没有规定行政责任和刑事责任。

根据《反不正当竞争法》第 20 条的规定，受害者可以请求损害赔偿。《刑法》第 221 条规定了损害商业信誉、商品声誉罪，即：捏造并散布虚伪事实，损害他人的商业信誉、商品声誉，给他人造成重大损失或者有其他严重情节的，处二年以下有期徒刑或者拘役，并处或者单处罚金。

案例 6-9　鲁林萍等损害商誉案②

2010 年 8 月 3 日在河北省秦皇岛市卢龙县人民法院一审宣判，4 名被告分别因损害商业信誉、商品声誉罪获刑，刑期 10 个月至 14 个月，这是全国第一起网络

---

① 《日本知识产权法》，杨和义译，北京大学出版社 2014 年版，第 380 页。

② 杨琦、邵莹：《全国首例网络诽谤刑事追诉案卢龙一审宣判》，http://ts.yzdsb.com.cn/system/2010/08/05/010631801.shtml，2014 年 11 月 29 日访问。

商业诽谤追究刑事责任的案件。卢龙县人民检察院起诉书叙述,经审查查明,2009年10月以来,被告人鲁林萍指使公司职工王艳梅,雇用大学生易伟、易磊,在百度贴吧、天涯论坛等网络中散布"康姿百德骗子床垫血压不降反升"等众多诽谤性帖子。起诉书诉称,这些行为"严重损害商业信誉、商品声誉",致使秦皇岛康姿百德高新技术开发有限公司遭受直接经济损失上百万元。法院审理认定,4名被告均犯损害商业信誉、商品声誉罪。在犯罪过程中,被告人鲁林萍所起作用相对主要,王艳梅作用其次,判决被告人鲁林萍有期徒刑一年零两个月并处罚金1万元,王艳梅有期徒刑一年并处罚金5000元。易伟、易磊均被判处有期徒刑10个月,并处罚金2000元。

二、国外的相关规定及比较

德国《反不正当竞争法》第4条第7项与第8项也规定了不正当竞争行为中包括损害商誉行为。该法比我国法律更加明确地规定了损害商誉行为的具体情形。该法中的损害商誉行为包括"贬低或诋毁其他竞争者的标志、商品、服务、活动或个人关系或商业关系""对于其他竞争者的商品、服务或企业或其经营者或企业领导层的成员,声称或散布足以损害企业的经营或企业的信用的事实,但以这些事实无法证明是真实的为限;如有关事实涉及秘密的通知,而且通知人或受领人对通知具有正当的利益,则只有在违反事实真相声称或散布这些事实的情况下,才构成不正当竞争。"[①]

根据日本《反不正当竞争法》第2条第1款第14项规定,"散布或者传播侵害处于竞争关系的他人营业上信用的虚假事实"的损害商誉行为属于不正当竞争。

美国《兰哈姆法》禁止任何人在商业广告或促销活动中歪曲(misrepresent)他人的商品、服务或商业活动的性质、特征、质量或地理来源[②]。美国《兰哈姆法》的上述规定涉及规制损害他人商誉行为,并且与对比广告的立法存在一定的竞合。

《巴黎公约》第十条之二第三款第二项明确规定"在经营商业中,具有损害竞争者的营业所、商品或工商业活动的信用性质的虚伪陈述"特别应予以制止。

---

① 德国新《反不正当竞争法》(2004年7月3日),邵建东译,《中德法学论坛》第4辑,第250页。
② 15 U.S.C.1125(SECTION 43 OF THE LANHAM ACT).

第七章　比较传统知识的保护

第一节　非物质文化遗产的知识产权保护

一、非物质文化遗产概述

规范非物质文化遗产的概念，我们可以先研究一下非物质文化遗产的概念的变迁过程。非物质遗产作为世界文化遗产的一部分，早在 20 世纪 70 年代就得到了国际关注。1989 年《保护民间创作建议案》中首次提到"民间传统文化"的概念，尔后联合国教科文组织于 1998 年审议通过《教科文组织宣布"人类口头和非物质遗产代表作"条例》提出"非物质"概念。2004 年联合国教科文组织开展"人类口头和非物质遗产代表作"的申报、评估工作，开始采用"非物质遗产"的概念。2003 年 10 月 17 日，《保护非物质文化遗产公约》的颁布，正式提出了"非物质文化遗产"的概念，并且第 31 条明确了"非物质文化遗产"包涵了"人类口头和非物质遗产"，至此，非物质文化遗产的概念被概括全面。可以看出，非物质文化遗产的定义性表述经历了从"民间传统文化"向"口头和非物质遗产"再向"非物质文化遗产"的演变，非物质遗产的主要精神一直贯穿始终，并将这种精神不断完善发展进理论之中，最终形成了非物质文化遗产的概念。我国也高度重视非物质文化遗产的管理和相关立法工作，2011年《非物质文化遗产法》正式颁布，虽然我国的《非物质文化遗产法》具备了相对较为浓重的行政法领域的内容，而通过知识产权方式对非物质文化遗产进行保护仅仅做了一些原则性规定，即便如此，这也使得在知识产权领域制定法律制度保护非物质文化遗产具有一定的基础、具备得以实施的现实条件。

（一）非物质文化遗产的概念和类型

根据联合国教科文组织的《保护非物质文化遗产公约》定义：非物质文化遗产(intangible cultural heritage)指被各群体、团体、有时为个人所视为其文化遗产的各种实践、表演、表现形式、知识体系、技能及其有关的工具、实物、工艺品和文化场所。各个群体和团体随着其所处环境、与自然界的相互关系和历史条件的变化不断使这种代代相传的非物质文化遗产得到创新，同时使他们自己具有一种认同感和历史感，从而促进了文化多样性和激发人类的创造力。世界知识产权组织正在探讨的知识产权保护主题——"传统知识"和"民间文艺"也属于非物质文化遗产的范畴。综合各方观点，非物质文化遗产可以分为以下几种：第一，民间文艺，即传统口头文学、表演艺术和美术等；第二，传统知识（狭义），包括有关自然界和宇宙的传统知识和实践、传统医药、手工技艺、传统设计等;第三,传统名称与标记(传统名号),如有关传统部族长期使用的"语词、标记、名称和符号";第四,传统风俗、礼仪、节庆;第五,与上述各项相关的语言、文字、实物和文化场所等。中国历史悠久,民族众多,各族人民在数千年的生产和生活实践中,创造了丰富的传统文化,特别是我国的传统医药,包括中医中药和一些少数民族的医药,都是著名的非物质文化遗产。

根据《中华人民共和国非物质文化遗产法》规定:非物质文化遗产是指各族人民世代相传并视为其文化遗产组成部分的各种传统文化表现形式,以及与传统文化表现形式相关的实物和场所。包括:(一)传统口头文学以及作为其载体的语言;(二)传统美术、书法、音乐、舞蹈、戏剧、曲艺和杂技;(三)传统技艺、医药和历法;(四)传统礼仪、节庆等民俗;(五)传统体育和游艺;(六)其他非物质文化遗产。属于非物质文化遗产组成部分的实物和场所,凡属文物的,适用《中华人民共和国文物保护法》的有关规定。

就我国而言,非物质文化遗产是个外生的概念,我国直接借用《保护非物质文化遗产公约》的概念,《保护非物质文化遗产公约》正式公布的中文文本中,用来对译"intangible cultural heritage"一词的是"非物质文化遗产"这一中文概念。需要强调的是,各种著作里普遍将"intangible"译成"非物质的",旨在强调其所包含的文化内涵,但这并不意味完全脱离物质表现形式。

(二)其他相关概念释义

从非物质文化遗产概念的演变过程来看,仅仅在联合国教科文组织中的概念称谓就几经改变,根据保护工作的不断深入,使用过如"无形文化遗产""民间创作""口头和非物质遗产"等概念。在法律保护领域,像世界知识产权组织及巴拿马等国家则采用民间文艺、传统知识等概念。而我国在加入《保护非物质文化遗产公约》之前,国内沿用了多年的名称是"民族民间文化"。非物质文化遗产复杂的对象内容导致不论是条约上还是学术界在形容像非物质文化遗产这种描述传统族群部落的"产业"领域的知识时使用的术语众多,含义杂乱。不同名称和定义之间的相互关联需要分析和理解。

1. 民间文艺

在世界知识产权组织制定的《保护民间文学艺术表现形式、防止不正当利用及其他侵害行为的国内示范法中》中"民间文艺"被界定为"指由具有传统文化艺术特征的要素构成,并由该群体传统文化艺术期望发展的全部文艺产品。"具体说来,包括:(1)口头表达形式:如民间故事、民间诗歌等;(2)音乐表达形式,如民歌及器乐;(3)活动表现形式,如民间宗教仪式;(4)有形表达形式,如民间艺术品、民间乐器、民间建筑。后来,成立了"知识产权与遗传资源、传统知识和民间文艺政府间委员会"(IGC),在 2006 年 4 月通过《关于保护传统文化表现形式民间文学艺术表现形式的目标与原则》文件中用"传统文化表达""民间文艺表达"替代"民间文艺"，定义未变，包括的内容在表达上有所不同：(1)言语表达，例如民间故事，民间诗歌和谜语；(2)音乐表达，如民歌和器乐；(3)行为表达，如民间舞蹈、游戏和艺术形式或仪式；(4)有形表达，例如民间艺术作品。把民间文艺与前述的非物质文化遗产的概念进行对比，"非物质文化遗产"的内容涵盖了民间文艺，两者是包含与被包含的关系，非物质文化遗产是民间文学艺术的上位概念。

2. 传统知识

世界知识产权组织在对传统族群的民间文艺进行界定和制定相关公约后，随后认识到传统族群的技术性知识和经验保护在产业化过程中需要引起重视和受到保护，就提出了"传统知识"概念。"广义"传统知识涵盖医疗、农业使用的生物信息、生产方法、设计、音乐、宗教艺术和其他技术、工艺灯，基于传统之上的文学、艺术或科学著作、表演、发明、科学、文学艺术领域以传统为基础的由智力活动产生的一切创造。与此同时，其他国际公约则使用"狭义"传统知识概念：代代相传的生产生活实践中创造出来的知识、技术和经验的总和。后来，把狭义"传统知识"概念定义为产业领域内的技术性知识。如文件《传统知识政策与法律选择修订本》中便是采用"狭义"传统知识，把传统知识和民间文艺加以区分。从定义上可以看出"广义"的传统知识与"非物质文化遗产"内容大致相同，而"狭义"的传统知识则属于"非物质文化遗产"的组成部分。本文的传统知识若无特殊情况采用"狭义"说。

3. 三个概念的关系

这三个概念及其相关理论也是全世界研究"非物质文化遗产"理论不断深化的体现。讨论对"非物质文化遗产"的保护，必然会涉及利用民间文艺和传统知识的保护的理论。另一方面从共性上说，对非物质文化遗产保护的思路和制度构建同样包含适用于民间文艺和传统知识，所以非物质文化遗产包括传统知识和民间文艺，但又不限于此，其所包含的范围相对而言，更为广泛。

（三）非物质文化遗产的特性

1. 非物质性

非物质文化遗产是来自某一文化社区的全部创作，这些创作以传统为依据，由某一群体或一些个体所表达，并被认为是符合社区期望的、作为其文化和获得社会认同感的表达形式。非物质文化遗产是显示某个社会或某个社会群体精神与物质、智力与感情的不同特点的总和。除了文学和艺术外，非物质文化遗产还包括生活方式、共处的方式、价值观体系、传统和信仰。可见非物质文化遗产是知识形态的精神产品，虽然具有内在的价值与使用价值，但没有外在的形体，不占有一定的空间，人们对非物质文化遗产的"占有"不是一种实在而具体的控制，而表现为认识和利用。

2. 创造性

非物质文化遗产是一种智力创造成果。非物质文化遗产是由劳动人民集体创作、反映劳动人民思想感情、表现他们的审美观念和艺术特色并在广大人民群众中流传的智力成果。非物质文化遗产的智力成果属性决定了它适合于使用知识产权进行保护。再者,非物质文化遗产能够带来经济利益,具有价值性特点。非物质文化遗产是基于传统的、以语言、音乐、舞蹈、手工艺品、设计、故事等形式表达,具有内在的价值与使用价值,通过对非物质文化遗产的商业性使用,可以产生经济利益。虽然理论界对非物质文化遗产的知识产权保护还存在争议,然而由于非物质文化遗产与知识产权客体的这些同质性及密切联系性,使得知识产权制度作为私权保护非物质文化遗产的首选地位难以动摇;加之公权保护非物质文化遗产的不足,尤其是对非物质文化遗产的商业性开发利用所产生的利益分配的不均衡,而知识产权制度所遵循的利益平衡原则对于调节不同主体之间的利益分配有着独到的功用,并且其特有的激励机制有利于非物质文化遗产的传承与发展。

3. 民族地域性

非物质文化遗产的形成与发展是不同民族的族群在长期的生产生活实践代代相传和不断完善,是族群的集体结晶。每个族群都有自己的地域文化,民族地域范围内独特的环境、文化传统、生产生活条件等都会影响培育出不同地域民族的审美意识、价值观念等,形成不同的非物质文化遗产内容。在使用"非物质文化遗产"概念之前我国学术界一直用"民族民间文化",说明非物质文化遗产是与民族文化和民族传统相互交织,这点也体现了"非物质文化遗产"的民族地域性。

4. 动态传承性

如上所述,非物质文化遗产的非物质性和民族地域性也意味着"非物质文化遗产"的传承手段具有动态传承性。"非物质文化遗产"是民族地域化的产物,保护它的非物质性就是保护它的特定的共同信仰和可信价值观。"非物质文化遗产"的存在和发展必然需要人类的参与。

传承者从主观上学习技艺或技巧,通过自我消化成为自身技能的一部分。当然,在这个传承和延续的过程中,由于历史演进、社会变迁,不论是非物质遗产本身还是传承者,都在随着社会历史的变化而变化,而非重复无变化的传承。简言之,在时代的背景下,非物质文化遗产其实是一种受制于民族族群传承者主观态度的文化遗产。比如,现有的很多"非物质文化遗产"因为掌握该技巧的人找不到愿意学习的传承者而失传。因此,传承人的保护工作迫在眉睫。

二、对非物质文化遗产保护的必要性

(一)公共资源的稀缺性与非物质文化遗产保护的巨大需求之间存在矛盾。非物质文化遗产保护需要投入大量的人力、物力和财力。但政府往往只能投入有限的资源,无法使非物质文化遗产得到全面、及时、有效的保护。再加上有限的保护资源的分配必然导致权力"寻租"现象。公权力易被滥用的特征,使它本身对非物质文化遗产保护来说是一个潜在的威胁。如果公权力失控,对非物质文化遗产的侵害往往比其他因素的影响程度更深、涉及面更广。而公法保护的目的在于维护公共利益,其权利主体是国家,主管部门行使的是"权力"而非"权利",主管部门的职能只能是代表国家行使权力,运用公权力来保存非物质文化遗产,但不能维护非物质文化遗产所有人或管理人的利益。

（二）非物质文化遗产的保护有利于防止对非物质文化遗产的不正当使用与贬损性使用,有利于保存、发展以及合理利用本群体、本民族的非物质文化遗产。可以控制对非物质文化遗产的获取、披露和使用;可以行使对任何获取或披露和使用非物质文化遗产要求取得事先知情同意的权利;可以旨在确保对利用非物质文化遗产所取得的惠益进行公平和公正的惠益分享制度,并通过有效的机制防止未经授权的利用;可以确保继续对非物质文化遗产的合理开发和利用,并避免发生不良效应;可以防止第三方声称对非物质文化遗产拥有知识产权。这样不仅有利于非物质文化遗产的所有人,还有利于整个社会。这种机制适用于按照国家法律或有关社区的习惯法未被法律承认是传统知识、创新和做法的"所有者"或"持有者"的所有人或社区。

三、非物质文化遗产侵权案件

经济社会发展到一定程度,人们的审美情趣进一步发展,对某些带有特殊文化品位的商品和服务更为关注和喜爱,文化因素构成了软竞争力的一种。非物质文化遗产能够产生利益,在非物质文化遗产利益中,包含财产利益和人格利益。非物质文化遗产与利益的关系主要源于商品和服务的文化内涵开发。非物质文化遗产从社会文化生活范畴扩展到社会物质生活范畴,在社会经济生活中发挥了重要作用,同时也引发了一系列的法律问题。非物质文化遗产使用中的知识产权问题主要有以下几种类型:

（一）非物质文化遗产剽窃

非物质文化遗产剽窃是指第三人故意或非故意利用其他国家或其他社群的居民长久以来所流传的知识或技术,进而占为己有,并申请专利、商标等属于个人的知识产权权利的行为,有人称这种任意获取他国非物质文化遗产进行商业化运作的行为叫"文化掠夺"（参见案例7-1）。具有共享性的非物质文化通过商业利用,产生的经济价值被某个个体获得,其间的公平性受到质疑。

案例7-1　美国姜黄案

1993年美国专利商标局通过了美国密西西比大学医学中心申请的"利用姜黄作为伤口治疗"的专利,内容是利用包含姜黄粉有效成分来治疗伤口的药剂。然而姜黄在印度是传统的药用植物,印度人掌握姜黄的治伤特性已有好几个世纪,以姜黄作为治疗伤口的方式已经行之有年,因此被提出异议。1997年美国裁决撤销了该项专利。这就是著名的姜黄案。

根据统计,以药用植物为例,西方国家广泛使用的纯医学处方用药中,大量的现代药品是由非物质文化遗产揭示而发现的,如奎宁、吗啡等。在我国,中医药是非物质文化遗产中最具商业价值的领域,也是受到"不公平"利用最严重的领域。近些年来,一些西方医药公司,对我国开发并使用了上千年的中草药,稍加研究甚至未加任何改进,就开发出了新的药品,并申请了专利,获利颇丰,却不给我国任何补偿。

（二）未经授权的改编和其他类似行为

科技的发展使文化商品和服务的改编、复制、散发、表演更为容易,社群的非物质文化遗产更难独享。借助于现代科技的发展,非物质文化遗产不再是社群的独有知识,外界更容易复制该非物质文化遗产牟利,这种未经授权行为损害了非物质文化遗产持有人的经济利益,甚或可能造成对非物质文化遗产持有人文化尊严等精神方面的冒犯。

澳大利亚土著艺术品,尤其是手雕和手绘纪念品的价格比一般纪念品要高,但也一直是旅游者热衷购买的商品,这也为经营纪念品的商店带来了商机。曾经有纪念品公司用仿冒的土著手雕和手绘纪念品欺诈消费者,后来该公司被禁止继续使用"土著的"之类词汇描述其手绘或手雕纪念品,除非该公司能够使人确信该纪念品确系土著族裔人绘制或雕刻的。1993年,德国某乐团在一首歌的制作过程中撷取了《饮酒欢乐歌》的原音（其旋律来自台湾阿美族的郭英男）,大受欢迎,创下了数百万张碟的惊人销售数量。1996年亚特兰大奥运会将这首歌作为倡导片主题曲。同年,郭英男夫妇对国际奥委会、EMI百代唱片公司等提出侵权诉讼。至1999年7月,EMI百代唱片公司颁赠白金唱片给郭英男夫妇,奥委会主席萨玛兰奇也向郭氏夫妇写信道歉[1]。

（三）冒犯性使用

交通的发展使外界更容易接触到异域文化,在接触和传播过程中,有意或无意地可能对非物质文化遗产持有人造成精神伤害。侮辱性、减损性和精神上的冒犯性使用不仅影响到经济利益,更为严重的是,这种冒犯行使用破坏了社群间的相互信任,造成了文化隔阂和敌意。

19世纪90年代早期,门诺派传教士亨利·沃斯在霍皮印第安人部落生活期间,通过文字和照片详细记录了该部族族人的日常生活和农业劳动的细节,其中包括大量的有关宗教活动的照片。后来,他把这些内容全部发表,而且不断再版,给霍皮人造成了很大的精神伤害,因为公开发表有关霍皮人重要仪式的照片,冒犯了他们对于神圣知识的传统信仰[2]。

---

[1] 黄春华、肖黎明:《非物质文化遗产:权属不明令人忧》,《检察日报》2007年4月26日。

[2] Brown Michael:《Who Owns Native Culture?》,London Harvard University Press,2003。

(四)来源声明虚假或隐瞒来源

由于来源和真实性的虚假、误导性声明或不承认来源,为传统社群保护自身的非物质文化遗产带来了巨大困难;同时虚假、误导性声明或不承认其来源也否认了传统社群的文化荣誉和文化尊严,给传统社群带来精神伤害。在非物质文化遗产剽窃案件中,侵权人通常会对非物质文化遗产的来源和真实性做虚假、误导性声明或不承认其来源,以此保证自己的利益。由于传统社群与外界的联系并不十分紧密,所以往往对自身的非物质文化遗产被侵权的情况无从得知(参见案例7-2)。

案例7-2　死藤案

在著名的死藤案中,死藤是一种药用植物,数千年来亚马逊河流域的诸多部落一直在用这种死藤治病。1986年,美国专利和商标局批准了美国企业家劳伦·米勒对死藤的种类之一"达藤"的专利申请,米勒在申请时甚至没有对死藤做研究或提取,只是描述了它的生长环境、形状及功能,就获得了专利。将近十年之后,亚马逊部落的人才得知死藤成了美国人的专利。400多个亚马逊部落和组织组成的一个理事会和加拿大国际环境法中心于1999年向美国专利和商标局提出申诉,要求该机构重新审查并撤销这项专利。但是仅仅是口头流传下来的知识,不受美国专利和知识产权的保护。后来,美国专利和商标局下令驳回该专利,不是因为它涉及了当地部落的先有知识,而是因为在该申请提出一年之前,芝加哥田野博物馆的一个标本解说牌上已经描述了同一植物,因此它不具有专利所要求的"新颖性"。传统社群亚马逊部落的人是在将近十年之后,才得知死藤已经成了美国人的专利。

号称我国"非物质文化遗产保护第一案"的贵州安顺市文化局对电影《千里走单骑》的导演张艺谋、制片人张伟平及发行方北京新画面影业有限公司的诉讼案,要求法院判令《千里走单骑》侵犯"安顺地戏"的署名权,即是非物质文化遗产使用中的来源承认问题[①]。

四、非物质文化遗产知识产权保护的探究

(一)非物质文化遗产知识产权保护的正当性

利用知识产权模式对非物质文化遗产进行保护,既要保护知识产权权利人的利益,同时也要对其利用人及社会公共利益予以照顾。利益平衡是非物质文化遗产知识产权保护的目的之一。所谓利益平衡是指权利主体与义务主体之间、个人与社会之间的利益应当符合公平的法律价值[②]。

---

① 周和平:《中国非物质文化遗产保护研究》,北京师范大学出版社2007年版,第557页。
② 罗爱静:《知识产权中的矛盾》,《情报探索》2010年第6期。

非物质文化遗产既涉及权利人利益需要保护，同时在公众中间传播时，如何能在公共利益与私益之间达到平衡，这确实是立法者需要考量的重要问题。例如，知识产权中有必要的"合理利用"，可以对创造者的专有权利进行一定的限制。若基于公共教育、社会公共事业等目的而合理利用他人知识产品，则都是正当的。非物质文化遗产在这类问题上，也有着很大的相似性。非物质文化遗产自身的特征使得运用知识产权模式对非物质文化遗产保护成为可能。非物质文化遗产是知识财产的一种，非物质文化遗产的非物质性，知识性，是人类智力脑力劳动成果，其本质就是信息，是知识产权的保护客体范畴。

（二）非物质文化遗产知识产权保护的可行性

非物质文化遗产从根本上来说，是智力创造的成果。正如前面所述，其本质其实就是信息。现代知识产权相关法律法规制定的目的正是保护人们的脑力智力成果。从这个角度来说，非物质文化遗产的客体与知识产权法的保护客体存在着一定的联系，两者都是人类智力创造的成果。因此，不少非物质文化遗产的客体项目皆可由知识产权制度模式予以的保护。

1. 非物质文化遗产符合知识产权的客体特征

知识产权是人们依法对自己特定的智力成果、商誉以及其他特定关联客体等所享有的权利。一般来说，人类创造性智力活动的成果权绝大多数情况下都可以在知识产权中予以体现。著作权、商标权、专利权中保护的客体大多可以说是人类智力活动的产物。例如：可取得著作权之作品的小说、诗歌、商标等工商业标记以及专利中的发明、实用新型和外观设计。也就是说，知识产权是对人的智力劳动的肯定及保护。非物质文化遗产和知识产权一样，也是人类智力脑力活动的产物和成果，因此对其予以知识产权的保护具有可行性。例如，作为地方戏唱腔，粤剧唱腔、京剧唱腔等无论是剧本还是唱腔或是舞台设计等，从它们产生到其发展到今天凝聚了几十甚至几百代人的脑力及智慧创造。

这些非物质文化遗产智力创造成果完全和知识产权所要保护的客体对象范围相符，它们都具有无形性即非物质性。从外在的特征上看，知识产权客体与物权客体最大的区别正是在于其无形性的特征：即是一种无形的、非物质性的信息。如果借助一定的媒介，这种无形的信息就能显现出来。

2. 非物质文化遗产具有十分巨大的经济价值或潜在经济价值

通过上述的对非物质遗产平衡激励理论的分析可知，非物质文化遗产具有巨大的经济价值或者潜在的经济价值。例如：受著作权所保护的作品等就具有经济价值性。这可以从早去美国动画片"花木兰"案例去探讨。源自中国南北朝乐府民歌代表作木兰诗，后来被美国改编成动画片放映，单单该电影票在全世界范围内赚得共 20 亿美元入账。尽管导演、演员、编剧在其中也付出不少，但能给该片带来真正创意价值的正是我国的民间传说。然而，作为该创意的权利主体的中国观众却要必须支付费用才能观看这以西方现代艺术形式表现的源于中国的本土民间传说。而迪士尼公司却从没有向"木兰从军"这一民间故事创作者支付任何费用。这案例可充分体现了非物质文化遗产保护的可行性，因为其蕴藏着巨大的经济价值。但我国相关法律法规还不完善，尤其是非物质文化遗产还没能充分地在知识产权模式下得到保护，因此非物质文化遗产在很多领域里由于没能得到明确的产权界定，而走向公共领域，这不利于对非物质文化遗产进行保护。

五、非物质文化遗产知识产权保护的模式

（一）著作权保护模式

到目前为止，从世界范围的法律实践来看，有 50 多个国家的著作权法、区域性著作权条约等明文规定非物质文化遗产中的民间文艺作品的保护，这已经在著作权法中加以规定予以保护，多数采用的都是著作权的保护模式。在对著作权领域的民间艺术表达形式予以保护中，《伯尔尼公约》提供了一个可以保护的途径。这一举措，毫无疑问在国内立法保护民间文学艺术方面，采用知识产权模式予以保护而预留了一个空间。

20 世纪 60 年代以来，突尼斯、玻利维亚、印度尼西亚等一些非洲国家，南美洲以及亚洲的发展中国家先后通过国内立法，从而确立了对民间文学艺术的著作权保护。英国的著作权法中对民间文学艺术保护有类似的规定。此外，拉美各国中有智利、巴拿马、阿根廷、哥伦比亚等 7 个国家；亚洲有越南、印度尼西亚和斯里兰卡等国家通过著作权法保护非物质文化遗产中的民间文学艺术。这些国家在立法上都强调民间文学艺术是一国的文化遗产，应当对其进行保护。

在我国，著作权有广义与狭义之分。所谓广义的著作权，包括狭义著作权、著作邻接权、计算机软件著作权等。包括作者之外的民事主体对作品之外的客体享有的一系列专有权利，这些都属于广义著作权法规定的范畴。著作权从狭义上来说，仅仅指作者对作品所享有的包括署名权、发表权、使用权、修改权、保护作品完整权以及获得报酬权等权利。这是著作权人对作品利用而享有的排他权利。

采用著作权保护模式的意义在于：一方面，通过著作权保护模式，可以更好地激励非物质文化遗产中发源地、传承人等对民间文艺作品等表达的非物质文化遗产的创作活动的积极性，从而更有效地保护非物质文化遗产；另一方面，以著作权保护模式来保护非物质文化遗产中的民间文学艺术等作品，可以避免以合法形式掩盖非法形式的目的，表面上以"开发"的方式但实际上是侵害发源地利益，例如像上面所提及的"美国花木兰案"等。但是，由于非物质文化遗产的固有特性，与现行著作权保护模式还存在一定的冲突。一方面是著作权的保护期限是有所限制，然而非物质文化遗产是源远流长的历史的一部分，因而需要永久保护；另一方面是如何界定独创性的问题。根据《著作权法》规定，著作必须由著作人自己所创作。非物质文化遗产一般是集体智慧创作的结晶,因而,难以达到著作权的保护要求。可见,单以著作权保护非物质文化遗产不能达到完全的保护。

可采用著作权模式保护的非物质文化遗产案件较典型的有黑龙江饶河县四排赫哲族乡政府诉歌唱家郭颂、中央电视台、北京北辰购物中心侵犯赫哲族人民对民歌享有著作权案。

案例 7-3 《乌苏里船歌》是黑龙江赫哲族人民集体非物质文化遗产案

1999 年 11 月 12 日,"南宁国际民歌艺术节"在中央电视台上直播,电视台主持人宣称《乌苏里船歌》为郭颂所创作,他们以为作者就是郭颂本人,而郭颂在其他出版物上作曲者一栏也写上自己的名字。节目播出以后,在赫哲族群众中广为流传,群众议论纷纷。他们认为,《乌苏里船歌》是赫哲族民歌,著作权应该属于全体赫哲族人所有的。为此,黑龙江省饶河县四排赫哲族乡政府于 2001 年 3 月以侵犯了赫哲族族群的著作权为由将郭颂、中央电视台等被告一并起诉至一审法院。请求法院对于被告播放《乌苏里船歌》时,应当明确说明其来源,即赫哲族民歌,除了要求对原告作出赔礼道歉外,并请求法院判决被告承担赔偿原告经济损失 40 万元以及相关精神损失 10 万元的民事责任。一审法院的判决是:若今后郭颂、中央电视台无论以何种方式再使用音乐作品《乌苏里船歌》时候,应要有"根据赫哲族民间曲调改编"等字样注明①。

关于四排赫哲族乡人民政府属否具备诉讼主体资格等问题,郭颂和中央电视台认为该乡政府不具备主体资格,于是提起上诉。但二审法院最终维持原判。

由于该案前后花费共 4 年时间,学术界普遍予以关注。关于诉讼主体问题,该案的主审法院根据宪法和民事诉讼法的有关规定解决了,因而使非物质文化遗产中民间文学艺术作品权利主体问题得以解决。本案是以判例的形式填补了立法的空白,并且依据著作权法及民法的基本原则对该案做出了判决。即产生、传承该作品的地区族群、群体可能享有并行使民间文学艺术作品的著作权。而在民族自治的地方,有权代表该区域民族群体作为诉讼主体而主张权利的是依法成立的民族自治地区政府。该族群若对民间文学艺术作品进行改编等行为,不需经许可,也无需付费。但是不论以何种方式使用,应当注明创作该民间文学艺术作品族群的名称。而对于不当利用民间文学艺术作品做出的侵权行为,根据法律和具体情况可以适用承担相应程度的民事责任。例如,消除影响、赔礼道歉。我国《著作权法》第六条关于民间文学艺术的著作权保护办法由国务院另行规定的规定,事实上就是承认了民间文学艺术这一类非物质文化遗产著作权保护模式的可行性②。

---

① 孙昊亮:《非物质文化遗产的公共属性》,《法学研究》2010 年第 5 期。
② 李运玲:《浅析民间文学艺术的知识产权保护》,《当代经济》2007 年第 2 期。

（二）专利权保护模式

有不少传统的手工技艺正面临失传，其中，有一部分原因是上文提及的激励平衡理论，很多传统的手工艺品由于得不到应有的法律保护，缺乏市场价值等，不少传承人大多"转行谋生"。再者，某些地区对其他地区的非物质文化遗产中的手工艺进行模仿制造的现象比较严重。而运用专利模式对非物质文化遗产中的传统手工艺品予以保护，保障传承人的积极性等都具有重要意义。从 2008 年起，青海省陆续为国家级非物质文化遗产湟源排灯和热贡艺术中的唐卡提出外观设计专利申请①。将非物质文化遗产有关申请专利的项目与专利权模式相结合，正成为运用知识产权保护的一个崭新领域。为非物质文化遗产的有关可专利保护的项目进行外观设计申请专利，是一种比较好的做法。但专利模式的保护也有其局限性，例如规定了保护期限。其中，发明专利保护期限为 20 年，实用新型和外观设计专利保护期限为 10 年。对于非物质文化遗产来说，虽然专利的保护规定了期限，但对特定的非物质文化遗产项目申请专利也是有其本身的意义的。因为专利模式对非物质文化可专利保护项目的保护，使该项目的市场化价值得以实现与开发，并使经济效益与社会效益可以更好地协调起来。因此，这样能避免原本从事该项目的传承人"转行专业"，也可吸引更多的优秀人才投身非物质文化遗产的保护中，无疑是有利于非物质文化遗产的保护。但可获专利保护的非物质文化遗产相对较少，即使理论可行，但在实践中还是会遇到种种障碍。因此，可以借鉴国外的做法，例如小专利制度等。所谓小专利就是对小发明授予专利。包括产品专利和方法专利。小专利类似于我国现行的实用新型专利和外观设计专利，对专利技术要求的新颖性、创造性、实用性要求相对发明专利较低。目前世界上有不少国家对非物质文化遗产专利权模式部分实行小专利规则。例如：肯尼亚对传统医药知识允许其申请小专利，而可以获得外观设计专利保护的像家具、服装、皮革等形状等等。哈萨克斯坦已经将头饰和地毯等非物质文化遗产列入外观设计保护范围②。与发明专利相比，小专利申请专利费用不高，申请程序手续简单。因此，在非物质文化遗产专利权保护模式中，小专利制度值得借鉴。

但是，在专利权保护模式下对非物质文化遗产予以保护也存在各种问题。

首先，新颖性是指发明创造是"新"的，不是"旧"的。已经为人所知的现有技术是不能被任何人拿去申请并获得专利权的。可被授予专利的实质条件之一是该项目具有新颖性。例如，在当地，由于年代久远，传统工艺、传统医药等制作技艺大多早已经被公开。这些传统的医药产品制作技艺大多已经流传已久，从现在来看，是不能说具备新颖性的。普通专利申请的新颖性判断是指同样的发明或者

---

① 付国栋：《青海办唐卡艺术与文化遗产博览会》，《中国国际文化产业网报》2008 年 4 月 27 日。

② 齐爱民：《非物质文化遗产的知识产权综合保护》，《电子知识产权》2007 年第 6 期。

实用新型在申请日以前未曾在国内外出版物上公开发表过,也没有在国内公开使用过或者以其他方式为公众所知,也未曾有同样的发明或者实用新型由他人向我国专利局提出过专利申请并且记载在申请日以后公布的专利申请文件中。专利法保护和促进发明创造的宗旨,客观上要求是对前所未有的新的发明创造成果给予专利保护。一般来说,对不具备新颖性的发明创造也给予专利保护,既不利于推动技术进步,也不利于现在技术更新、发展及利用。因此,非物质文化遗产专利权保护模式面临的,首先是"新颖性"的问题。

其次,非物质文化遗产可用专利保护的项目,虽然符合新颖性、创造性与实用性而可获得申请专利,但是申请专利的费用较高。除非该项非物质文化遗产项目具有很高的市场价值,否则,一般都不会申请专利予以保护。但前面所提到的青海省对非物质文化遗产的湟源排灯和热贡艺术中的唐卡申请专利予以保护,是以政府的经费、财力去申请。使得该非物质文化遗产项目的市场价值得以实现,也大大提高了传承人的主动性与积极性。因此,政府主动对该地区的非物质文化遗产专利项目申请专利,这是值得肯定的。

再者,与采用著作权模式保护非物质文化遗产一样,专利权保护也规定了保护期。发明的保护期限为20年,实用新型、外观设计均为10年。因此,对非物质文化遗产的特性,由于专利中规定的短时期保护期,不能真正起到保护作用。但是却可以在一定时间内保护因非物质文化遗产技术而产生的收益问题。

最后,非物质文化遗产可采用专利权保护的项目中,发明者很难具体确定。一般来说,非物质文化遗产是某个民族、群体在其特定的环境下积累的经验和方法。因此,其权利的主体理论上和非物质文化遗产著作权保护模式主体一样,应为发源地群体所共享。但是有很多群体中的人,并非发明人,因此,发明人往往并不明确,这和现代专利法要求要有明确发明人不吻合。实践操作中,如何才能具体确定明确的发明人,也成为司法保护的难题。

(三)商标权保护模式

商品或服务的提供者,为将自己的商品或服务与他人所提供的相同或类似商品或服务加以区别而使用的标记,这就是商标。在传统社区中,工匠、艺匠可以通过申请注册商品商标、服务商标等方式,对所制作的手工艺品和提供相关的服务与他人的商品、服务予以区分,因而具有自己的本色。传统社区以及居民还可以通过申请注册为集体商标或证明商标的方式而对基于利用非物质文化遗产所制作的传统工艺加工、生产的商品和服务予以商标化保护,进而保护非物质文化遗产[①]。利用商标权保护费用低廉,而且其保护期问题不同于著作权、专利权于规定一个有限期。但商标权的保护期问题可以通过续展加以解决,非物质文化遗产

---

① 刘子乾:《非物质文化遗产保护立法问题研究》,《法制与社会》2009年第19期。

的传承性正体现了这一点。商标权是知识产权最为特殊的一类权利,其本身不需要智力上的创造性,而只需要显著的识别性即可,在这方面,也非常适合对非物质文化遗产的保护。

运用商标权保护模式对非物质文化遗产保护具有较多优点:首先,非物质文化遗产开发以及实现其经济效益运用商标权模式保护是比较理想的方式。通过注册商标保护非物质文化遗产不仅成本费用低廉,提高了经济效益,最为关键的是可以促进文化的传承与发展;其次,非物质文化遗产的特性,可运用商标权保护模式予以保护。通过商标注册,可以保护非物质文化遗产本身的活态性,区分正宗的非物质文化遗产与假冒的非物质文化遗产,打击打着文化的旗号而破坏文化的行为;最后,非物质文化遗产的保护期限问题在商标权保护中可以得以解决。要对非物质文化遗产进行有效并长时间的保护,注册商标的续展可以解决这一问题。并且不存在因非物质文化遗产时代久远而无法申请注册的情况,因为只要具有显著性特点即可,所以申请的条件相对宽松。

通过申请商标保护而实现非物质文化遗产的商业价值日益受到人们关注。在保护非物质文化遗产中运用商标权模式对其进行保护,这在现实中的运用案例较多。例如,少林寺于1998年正式注册了"少林寺"和"少林"的商标,武术表演为其注册类别;而时隔一年,江西景德镇陶瓷协会为陶瓷的证明商标也向国家申请注册了"景德镇"。通过上述事例可知,商标权保护对非物质文化遗产的保护模式也在实践中得以肯定。商标的注册不同于著作权和专利权那么严格,没有新颖性和创造性的要求,只要具备显著性即可,而这要求相对来说比较低。商标的首要功能是区别商品和服务来源,而且有广告宣传的作用,可以宣传当地的非物质文化遗产项目,广为人知,这些都有利于非物质文化遗产的传承与发展。此外,拥有注册商标可以合法经营,排除非法使用者,有利于实现非物质文化遗产自身的商业价值,起到真正的保护作用。这些特点都说明用商标权利保护模式来保护非物质文化遗产是一种较为理想的做法。商标权模式主要适用于物质文化遗产保护的商业价值利用,尤其适用于发源地群体社区的特殊标记①。

一些土著社区的匠人、商贩或者其群体所提供商品或服务时显著区别于其他地区,具有鲜明的特色和历史文化价值。他们所使用的标记可以通过注册商标获得保护。同时也可以持续地促进本群体非物质文化遗产的商业开发。基于此,很多传统群体开始通过注册集体商标或证明商标的方式来保护非物质文化遗产并获得相应的经济利益。

由此看来,运用商标权保护模式对非物质文化遗产予以保护是知识产权模式中最合适的手段以及比较现实的方法,几乎没有法律障碍。但唯一不足的是,现

---

① 肖海:《非物质文化遗产的地理标志保护模式》,《求索》2008年第2期。

有已注册的集体商标和证明商标的地理标志,尚未扩展到服务类,大多还仅限于酒类、农副产品、手工艺品等方面。但非物质文化遗产作为地理标志保护有不少是需要在服务方面的,例如演出等。对此,有关商标行政管理部门可制定一套可操作的审查指南,将非物质文化遗产有关项目纳入地理标志的集体商标和证明商标的保护范围内,可充分运用注册地理标志的优势。

(四)商业秘密保护模式

我国目前一些老字号企业中传承了上百年的传统技术都是依靠商业秘密进行保护的。

2006年江苏省无锡市通过的《无锡市宜兴紫砂保护条例》在其第三章制作技艺保护和传承中对宜兴紫砂制作技艺的商业秘密保护进行了规定,即其制作技艺按照国家有关保密法律、法规的规定必须保密的,应当严格遵守保密相关规定。宜兴紫砂研究、设计、生产单位,在不违反前款规定的前提下,应当重视对相关人员进行宜兴紫砂传统工艺的培训,并有计划地加强技艺人员之间的沟通、组织操作表演、现场考察等活动[①]。

宜兴紫砂通过商业秘密的保护,可以防止市场上鱼龙混杂,仿冒制品充斥而影响制陶人的创作热情和子砂陶艺业的繁荣。可见,在实践中非物质文化遗产的商业秘密保护模式也得到应用。商业秘密保护模式与非物质文化遗产特征具有较多的相似性,主要体现在:1. 权利主体的多元性。它们可以同时被若干个主体实际占有,权利不具有排他性,只要是合法拥有,都能成为权利主体;2. 客体的秘密性。秘密性是商业秘密自身价值的必要条件,而很多非物质文化遗产的权利客体都具备秘密性。例如一项传统手工艺制作流程等;3. 无独创性要求。一些民族传统科技知识并不为人所知,有些民族传统科技知识的所有者也刻意采取了保密措施,对于这些民族传统科技知识可以考虑采用商业秘密或者 TRIPS 协议中规定的未公开信息来进行保护。这些未公开的民族传统科技知识一般是祖传秘方、传统配方(如云南白药)、传统工艺(如"景泰蓝"的生产工艺)等。相比于专利制度的保护,商业秘密的保护有自己的特点:不要求客体具有"新颖性、创造性、实用性"的特征,同时对保护期限没有限制,不必经过申请,技术不必公开等。因此,商业秘密的保护具有操作简单、成本低、保护期限长以及保护范围广的优点。但是由于许多民族传统科技知识已经公开,并且处于秘密状态的一些民族传统科技知识也不具有明显的商业价值。因此,民族传统科技知识在很多情况下也不能利用商业秘密进行保护。

商业秘密保护以秘密的方式保护技术信息和经营信息,而没有保护期限限制,不需像专利那样要进行申请审批和花费专利维持费用,这样可以弥补知识产

---

① 参见《无锡市宜兴紫砂保护条例》第三章第十六条。

权其他模式在保护非物质文化遗产方面的不足。对于权利人不愿意向外泄露的非物质文化遗产,例如传统工艺、传统配方、祖传秘方等,可以运用商业秘密保护方式,实现其经济价值。

商业秘密保护模式主要适用于一些具有保密性的且可以体现经济价值的非物质文化遗产项目。一般这些秘密并不为大众所知,掌握在极少数人或者个人手中,例如我国的一些传统工艺制作流程,传统医药配方、绝技、祖传秘方等。虽然这些非物质文化遗产不能满足专利新颖性的要求,但是他们大都是以信息的形态出现的。因此,我们仍然可以根据 TRIPS 协议第三十九条所指的"未公开信息"予以保护,或将其作为商业秘密。

以商业秘密模式保护非物质文化遗产,一方面和商标权保护模式一样,成本低廉;另一方面它可通过合同约定,进行转让获得经济利益;再者,不存在保护期限问题。商业秘密制度对非物质文化遗产来说意义重大。因为它不需要公开,保护时间长,程序简单,有效弥补了专利权等模式对非物质文化遗产保护的缺陷,适合非物质文化遗产的特点从而予以保护。但是作为保护的条件,法律要求信息因其秘密性而具有商业价值,同样也要求控制该信息的人在相关情况下必须采取必要的措施使该信息处于保密状态。这对于一些非物质文化遗产来说是非常困难的。主要表现在以下两个方面:秘密性条件满足的困难非物质文化遗产是经过漫长的历史传承下来的,具有群体性和相对公开性的特征,常常为其原住群体所共同拥有,这些非物质文化遗产与特定地域和民族的生产生活密切相关,指导着这些原住群体的生产生活实践,其经过数百年传承及发展早已公开,早已成为在特定区域内族群公知公用的知识;在该社区内具有公开性,真正完全处于秘密状态(比如仅由个人或家族部分成员掌握的祖传秘方或者手工艺技能)且采取了严格的保密措施的并不多,利用商业秘密保护模式予以保护也是有一定的难度。

根据商业秘密保护法的规定,大多数国家的法律要求权利人应采取必要的保密措施使该商业秘密处于保密状态,这就要求权利人不仅有保密的意图,还要有必要的保密行为。社区在某些情况下通常鼓励或要求他们公开,这样通常会导致非物质文化遗产在利用商业秘密保护方面大打折扣。

六、国外非物质文化遗产知识产权保护现行制度

（一）有关组织的非物质文化遗产知识产权保护

1. 世界知识产权组织和联合国教科文组织保护措施

世界知识产权组织和联合国教科文组织共同努力,促成并建设非物质文化遗产进行知识产权保护。联合国教科文组织 1974 年在南美洲一个内陆国家玻利维亚举行了会议,并在会上首次提出保护非物质文化遗产这个问题,至此逐步开始与非物质文化遗产有关组织对其规范保护。1975 年联合国教科文组织在和世界

知识产权组织进行有关沟通联系之后,颁布《突尼斯示范法》,对民间文化艺术领域做出规范,对非物质文化遗产中一部分内容作出规定①。

1981年,世界知识产权领域研究机构和联合国教科文组织制定了《保护民俗文艺技术表现方式、杜绝不正当利用以及其他侵权活动的国内法律示例条文》。根据其有关要求,在利用民间文化做一些可以赚取利益的行为时,需要先行到政府有关部门或者受到委托授权的组织取得他们的同意才能开始这些用以谋利的行为。如果没有做到上述规定的步骤就要受到相应的惩罚。除了事先征得同意还要在利用民间文化时上交一些必要费用,这部分费用主要用于对本国的传统文化进行保护,使其可以持续演进。

1997年,世界知识产权组织与联合国教科文组织再次合作,经过几年的调研讨论,世界知识产权组织2004年修订《保护民间文化的关键目的和理念之建议稿》。2002年,世界知识产权组织在统筹分析当时非物质文化遗产保护情况基础之上,成立"知识产权与遗产资源、传统知识和民间文艺政府间委员会"(简称IGC)。

2004年,联合国教科文组织颁布《保护非物质文化遗产国际条约》,当年我国加入了该公约。2007年12月,世界知识产权组织通过《传统知识保护修订案》,其中包括十项基础原则、十四项本体原则和十六项方向目的,解释清楚保护的意义、对象、方式方法和期限这些基础实践操作。可以算得上是非物质文化遗产开始受到国际关注以来最为关键的结论,它存在的重大意义是可以为今后国际领域和国内方面进行相关范畴的法律制定工作展现较为清晰的背景局面。其中的政策目标主要是承认价值、增进尊重、满足传统知识持有人的实际需要、促进传统知识的保存和保护、遏制不正当和不公平利用、促进公平惠益的分享,等等②。

2. 非洲地区国家及知识产权组织的保护措施

非洲大陆因为历史年代久远、种族众多,非物质文化遗产的内容资源非常多样。阿尔及利亚1998年颁布了《第98—04号文化遗产保护法》。其中第四章涉及非物质文化遗产保护。另外还建立了非物质文化遗产数据库,并设立文化遗产名录。非洲中部地区2006年颁布《关于中非共和国文化宪章的第06.002号法》解释说明非物质文化遗产一些内容范围之类的部分。马达加斯加虽然没有去修订制立起来关于非物质文化遗产相关法律条文,但是1982年《第82029号条例》是一个里程碑,这个条例是关于非物质文化遗产保护体系的,包括如何将非物质文化遗产文化保护起来,非物质文化遗产保护需要什么方面以及非物质文化遗产究竟谁来管理负责保护实践操作。《非物质文化遗产保护法案》于2004年1月份

---

① Angela R. Riley、Straight Stealing:《Towards an Indigenous System of Cultural Property protection》,Wash. L. Rev. 69,2010.

② 薛达元、秦天宝、蔡蕾:《遗传资源相关传统知识获取与惠益分享制度研究》,中国环境科学出版社,2012年版,第112页。

在毛里求斯得到认可并产生效律。

非洲南部地区《国内非物质文化遗产保护法律意见草案》规定,国内非物质文化遗产资源需要确定一个范围,将口头继承传播的以及没有固定常态资源,凡是跟非物质文化遗产有关统统纳入保护范围里。毛里求斯、塞舌尔、埃塞俄比亚也已经或正在建立非物质文化遗产保护名录。

非洲地区知识产权组织于 2006 年 11 月十三次会议上发表《关于传统知识和民间文学艺术表现形式保护的法律规定》。这个规定之中大部分是对非物质文化遗产继承者权利进行列举,继承者权利范围非常广泛,他们可以对这项规定中写到的侵权行为进行禁止举措,一些盲目肆意使用非物质文化遗产资源甚至剽窃的行为也会受到继承者的禁止,完全彻底地保护继承者权利。然而,仅仅有规定还是不完善,在保障规定有效的同时,需要政府当局或者受委托授权组织要进行记录和登记工作,通过在政府备案更加全面保护非物质文化遗产。有些人没有经过继承者的认可就去传播使用非物质文化遗产,非物质文化遗产继承者可以禁止他们的行为,并且如果禁止没有起到效果之后或者直接都可以采取诉讼方式将行为人诉之法院。继承者同意行为人使用非物质文化遗产的话,需要事前签署非物质文化遗产权利归属使用以及同意认可合同,保障非物质文化遗产使用是在合法合理基础之上并也能保障继承人权利。保护文化传统没有时间规定也没有操作制约,特定或者有象征意义、思想内在属性的一些传统文化仅仅在政府当局备案即可。相关机构应采取保护措施,防止这类特殊传统文化和它的产生物不受限制地向社会发送,传统文化如果因为行为人的行为有了破坏,规定会去禁止惩罚行为人①。

(二)发达国家非物质文化遗产知识产权保护

1. 美国民间文化知识产权保护

1976 年美国国会通过《民俗保护法案》,其中包括认同对人们情感、价值取向有基础性作用的风土民情、社会风气、礼仪指导。此项法案要求在国会图书馆建立保护中心,将其所认同的民间传统资料纳入图书馆数据库。美国知识产权制度保护范围很广,除了国家公用地、印第安部落族群文化以及私人所有之外的其他领域都可以得到保护。在专利领域,非物质文化遗产和民间传统文化使用说明书内容进行公开为大众所知,这个方面受到法律规范保护。在商标领域,阿拉斯加手工银饰品受到世界认同,因此对其要进行相关的确权工作。印第安手工艺品也因为《印第安艺术和工艺保护法》颁布可以不受到外国进口产品的损害,受到损坏的话可以将侵权行为诉之法院。美国将民间风俗进行科学条例构建,将民间风俗民情作为非常有研究空间和讨论余地的部分纳入法律建设之中,这种做法十分先

---

① 薛达元、秦天宝、蔡蕾:《遗传资源相关传统知识获取与惠益分享制度研究》,中国环境科学出版社,2012 年版,第 126 页。

进,超过其他国家和地区。民间风俗内容也十分丰富多彩,表达方式多种多样,确立法律草案将民间风俗确定为保护对象,这是美国国会想要在他们的国内一些图书馆中建设民间风俗机构来进行民间风俗的保护实践操作相关工作。该法案虽然不是严格的知识产权制度,但可以保护发展传统群体艺术文明,促使艺术文明的对象坚决抵制仿冒行为。

2. 澳大利亚多元文化知识产权保护

多年以前,澳洲大陆逐步繁盛起来,外来人口大量涌进澳大利亚,使得其现在成为移民大国。正是因为外来人口的加入,带来了他们自身来源地域特有的一些文化艺术技艺,形成澳大利亚独有的多元文化现象,所以基于此种现象多元文化的保护就被提上澳大利亚政府当局的日程。排除外来人员,本来就居住在澳大利亚国土上的人们,是政府尤其关注并重点保护的。原因是他们是国家存在的根本要素,也是一个国家长治久安的关键。经济发展时代变迁,这些原来就居住在澳大利亚的人们,世世代代通用一些文字语言、印记标示慢慢流入商业领域,被商家们利用起来获得利益实惠,这种现象引起政府当局的担心,他们觉得照此发展下去澳大利亚本身固有的非物质文化遗产资源会被破坏殆尽,所以政府部门决定他们要用知识产权领域的一些法律规定去对保护非物质文化遗产做出要求,虽然也能利用非物质文化遗产商业行为,可是必须遵守规定要求,否则就要承担责任。1995 年,澳大利亚 161—183 号有关商标方面的法规专门制作了证明以及明确了集体方面的有关要求。

非物质文化遗产知识产权保护方面澳大利亚是有侧重的,主要有两个方面的内容,分别是保护非物质文化遗产不让其受到破坏和如果出现破坏后如何挽救,两个方面的内容规定大部分是在商标以及专利有关法律法规之中。如果政府当局发现申请内容里含有或利用原住民种族文化以及会对其文化造成不良甚至破坏影响的,政府部门不会就申请内容进行认可注册,也就是说在注册之前会进行大量考察检测比对,加大政府责任义务范围和工作强度用来保障传统文化和非物质文化遗产利益。专利领域,1990 年专利法规范原住民非物质文化遗产申请的操作规程降低申请难度,2002 年引入新操作规范对于盗用非物质文化遗产行为和非物质文化遗产专利审批不严格行为做出法律层面要求,申请非物质文化遗产专利需要事前进行评价做出报告向政府当局有关部门提交这份报告,政府部门切实做到审核义务之后方可授予非物质文化遗产申请许可。

3. 加拿大对原住民权益的知识产权保护

地理标志对于加拿大这个国家来说是非物质文化遗产保护中的有效工具,原住民种群大量申请注册标志,并大范围深层次运用到传统民土风俗产物保护之中。20世纪 70 年代,当局对国内艺术创作有才之人进行激励,促进了使艺术文化合作团体的产生并发展,对这个团体生产创作的产物,会标有特别有特殊表现形式的商标来彰显其价值、保护其存在的环境。另外,不是任何文艺骨干都可以进行上述活动的,只有那些得到政府当局授权法律允许的文艺骨干们方能开展活动,他们需要事前得到非物质文化遗产权益持有人的认同和许可才可以行为利用。每一位文艺骨干联系经营主体在经过加拿大政府当局有关部门同意之后,签订一个确认合同,以此规范他们的行为。加拿大这个国家属于英美法系立法很严谨,也是案例法国家,按照加拿大有关法律之要求,只有非政治化和非官方的印记符号才能被使用,原来就生活在加拿大的人们是可以将上述印记符号少部分使用的。

(三)发展中国家非物质文化遗产知识产权保护

1. 突尼斯《文学艺术产权法》

联合国教科文组织(UNSECO)和世界知识产权组织(WIPO)协助其制定《突尼斯示范法》。这一法律规范传统文化以及风土民俗内容范围,提出要把传统文化和非物质文化遗产纳入邻接权还有著作权领域以此保护非物质文化遗产①。

1976 年《文学艺术产权法》颁布,此项法规利用著作权领域保护传统文化和非物质文化遗产,这是世界范畴内首次利用知识产权中著作权方式保护传统文化和非物质文化遗产。这部法规清楚指出,传统文化和非物质文化遗产其利用著作权保护时间没有限制,如果要使用传统文化和非物质文化遗产获取利益必须事前到政府相关部门申请得到当局同意,还要交上必要的费用。

2. 坦桑尼亚民间文学版权保护

1996 年公布版权法案完善与传统文化风土民俗有关内容,包括文艺音乐产物、录音录像广电版权方面。后期此项法案又得到新修改,新法案除继续完善上述内容外还补充进一些关于传统文化的方面,包括鼓励创新扩大传统文化风土民俗在社会大众领域的影响力,增强人民投身传统文化非物质文化遗产保护工作热情。制定法律目的是禁止没有征得所有人同意或者没有交纳必要使用费而去利用传统文化非物质文化遗产的行为。组织或个人要想使用传统文化非物质文化遗产必须事前得到国家艺委许可,当然有公益属性行为例如文教、广播新闻等可以不受这些规定限制。取得认可后,无论何时何地利用传统文化风土民俗和非物质文化遗产都需要明确表现出使用对象的原创内容。组织或个人利用传统文化非物质文化遗产必须上交费用,这些费用是由国家艺委负责管理使用到保护发展本国文化上。

七、我国法律制度对非物质文化遗产保护的不足之处

(一)我国尚没有一部全国统一实施的保护非物质文化遗产的知识产权方面的法律规范

我国直到 1990 年才在《著作权法》的第六条规定民间文学艺术作品的著作权保护办法由国务院另行规定,到 2001 年 9 月修订该法,其中关于保护民间文学艺

---

① 郭禾:《对非物质文化遗产私权保护模式的质疑》,《中国人民大学学报》2012 年第 2 期。

术作品的规定还是没有丝毫具体规定。经过了 10 年的发展,在立法中却没有体现出明显的进步,这也从侧面反映出我国在保护非物质文化遗产方面立法滞后的情况严重。2011 年 6 月实施的《中华人民共和国非物质文化遗产法》在保护非文化领域是非常重要的一部法律,但该法仅有 44 条,且内容多为原则上的规定,与之配套的实施细则和针对个别非物质文化遗产制定保护条例等需要都将促进我国文化保护相关领域立法的发展。

(二)行政法规体系效力有限

虽然没有统一的专门保护非物质文化遗产知识产权的法律法规,不过我国的一些省市走在了国家的前面,制订颁布了一系列地方性的法规、规章和规范性的文件来保护非物质文化遗产。尤其是在那些少数民族聚集的省市,十分重视非物质文化遗产的保护。但都属于层次较低的地方性法规,是针对本地区的情况而制订,内容不够全面也不尽相同。这些零散的地方性法规等规范性文件效用有限,无法挑起保护全国非物质文化遗产的大梁。

(三)保护机制不完善,没有明确的保护部门

对非物质文化遗产的知识产权保护涉及的部门有很多:文化部门、文物保护部门、宗教部门、建设部门、民族事务部门、工商部门、专利部门、旅游部门、公安部门等,看上去好像谁都可以是负责部门,但实际上却没有一个部门是真正主管。这样的机构设置必然会导致管理的交叉重叠,不仅工作效率低下,管理成本增加,还会因各管理部门之间职责界限不清而导致有利益的情况互相"争着管",没利益的情况相互推诿"踢皮球"问题的出现,这种政出多门、多头管理的状况非常不利于对于非物质文化遗产的系统保护。但是,这些机构的工作人员却很少,能做的工作是非常有限的。并且因为多数非物质文化遗产的发源地和保有地往往是在那些经济不太发达的偏远地区,调研需要长时间在那里工作,而且工作量很大,过程十分烦琐,所以在对非物质文化遗产的调查方面,地方政府经常是并不感兴趣,专职机构也力不从心,甚至都不知道有什么非物质文化遗产在本区域内,就更别谈进行保护了。

(四)传承主体非常有限,并且权利义务内容不明确

通过明确传承人的权利和义务,会让传承人明白自己应该做什么,可以做什么和怎么做。在我国,关于传承人的义务,在 2011 年 2 月颁布的《中华人民共和国非物质文化遗产法》的第 31 条中明确了传承人的四项义务,即"开展传承活动,培养后继人才;妥善保存相关的实物、资料;配合文化主管部门和其他有关部门进行非物质文化遗产调查;参与非物质文化遗产公益性宣传"。遗憾的是,在这部针对性极强的法律中,我们没有找到关于传承人享有何种权利的规定。一再要求传承人将自己所持有的技艺、技术传承给后人,贡献给社会,却只字未提其所享有的权利,只有义务而没有相应的权利,这是极其不公平的。而且关于传承人义务的

规定也不全面,因为非物质文化遗产有着公私两种性质,该法只规定了公权领域内的义务,没有涉及私权范围的规定。这样导致的结果是,在处理非物质文化遗产使用者和传承人之间的关系时会遇到阻碍:使用者利用非物质文化遗产时,其行为会与传承人产生两种关系,一是民事合同关系,另一种是侵权关系。由于没有给予传承人利益分享权,也没有规定专有权,那么在合同关系中,传承人怎样约束使用人,向使用人主张何种权利以及如何主张,这些问题都没有法律的规定;还有当出现矛盾时,何种情况构成侵权,侵权人该如何补偿传承人的损失,也都没有一致的标准。如此,发生侵权行为时传承人也很难维护自身权益。

八、利用知识产权保护制度保护非物质文化遗产的完善建议

(一)利用著作权法保护非物质文化遗产

著作权作为知识产权的重要组成部分,具有专有性、地域性和时间性的特点,而非物质文化遗产是千百年文化传承和累积的结果,许多非物质文化遗产无法确定其具体权利归属,权利的保护期限也无法用著作权保护期限来规定,有些非物质文化遗产与著作权的距离更远,如民间风俗、信仰、节庆、仪式等,所以用著作权法保护非物质文化遗产难度显而易见。对此,应根据非物质文化遗产的具体情况来确定保护方式方法。我国已公布的国家级非物质文化遗产项目有上千项,这其中许多项目的著作权保护应从对传承人的保护入手,古老的民间故事与传说无法与著作权法直接对接,但一代代传承人的成果用著作权法保护则顺理成章。对他们创作或整理的作品以及他们的表演用著作权法保护,不仅完全符合著作权法的规定,而且同时也保护了宝贵的非物质文化遗产。因为非物质文化遗产的传承传播很大程度上靠的就是这些民间的传承人,正是传承人的存在和发展才赋予了非物质文化遗产鲜活和持久的生命力。

对没有明确传承人的非物质文化遗产如何适用著作权法,《非物质文化遗产法》虽未指明国家行使著作权,但整部法律对各级政府在非物质文化遗产保护、保存、调查、代表性项目名录建立、传承与传播等各方面的职责与义务都做了明确规定。所以,针对此类非物质文化遗产的著作权保护,应从两个方面入手:一是保护这些非物质文化遗产不被随意歪曲、篡改乃至丑化,防止损害国家、民族与人民的感情与利益;当非物质文化遗产发生国与国之间的著作权争端时,政府应为我们的非物质文化遗产提供有效保障。二是有权要求对非物质文化遗产进行商业性利用的个人或组织交纳一定费用,该费用可作为非物质文化遗产的保护费用;如果是非商业性利用,如整理、编撰等,则应当保护非物质文化遗产的精神权利,有权要求整理编撰方标注出处与来源。

(二)对非物质文化遗产实施知识产权保护可采取多层次的保护形式

虽然《非物质文化遗产法》对涉及非物质文化遗产的知识产权问题只做了衔

接性规定"使用非物质文化遗产涉及知识产权的,适用有关法律、行政法规的规定",这使得针对这一部分的保护目前只能适用我国现有的知识产权法律,这就必须分析受保护的非物质文化遗产的不同特点,判断其适宜由知识产权法律体系中的著作权法、商标法、专利法何者进行规范保护。例如,我国新修订的《专利法》即对非物质文化遗产的专利法部分做出了相应规定。还可以针对某种类型的非物质文化遗产制定专门的法律法规加以保护,如《民间文学艺术作品著作权保护条例》一直在起草修改中;而传统医药知识的保护也宜单独立法。而有些非物质文化遗产是不适用于知识产权保护的,适于用行政手段、国家公权力的形式把中秋、端午这样一些节庆加以推广和弘扬,而不是用垄断性权利保护起来,限制其传播。

(三)明确非物质文化遗产的权利主体,建立非物质文化遗产的登记制度

在一般的法律中,都有一个明确具体的权利主体,就是我们平常所说的权利人。但是在非物质文化遗产中,要确定一个权利主体的难度相当大,因为现行的法律保护的主体一般是个人或者是特定的组织或者法人,主体的范围和权利依据很明确,但是非物质文化遗产的形成和发展是某个民族或者地区连续创作的结果,权利主体具有不特定性和群体性,很难在实践中确定为某个人或者具体组织。为此,可以把持有非物质文化遗产的特定区域作为主体,如果某项非物质文化遗产同时为几个传统社区或者传统部落所持有,则应把持有非物质文化遗产的确定为这几个社区或者部落所共有,也就是团体型主体。具体做法是建立登记制度,只有这样才能使保护工作有针对性地开展。登记应分为两种,依申请的登记和依职权的登记,前者是基于作为非物质文化遗产传承人的申报主体向有关的知识产权保护机关提出申请而进行的登记;而后者则是由于目前民众对非物质文化遗产进行法律保护的意识普遍薄弱,加之传承人资格有时会存在纠纷,往往会发生没人提出申请的现象,此时知识产权保护机关可以主动进行非物质文化遗产的确认和登记,以便于对非物质文化遗产进行及时有效的保护。

(四)建立非物质文化遗产的长期保护制度

普通的知识产权都有一定的保护期限,短则十年,长则几十年,保护期届满以后的知识产权便进入了公共领域,但是非物质文化遗产是经过了一代又一代的流传,一批又一批人的加工、补充和完善,最终才得以形成。现有的有关知识产权的保护期限是满足不了非物质文化遗产保护要求的。解决的方法,就是给予非物质文化遗产有别于普通知识产权的保护期限,这种保护期限应该是相当长的。并且,可以仿照商标法中有关注册商标续展的规定,允许非物质文化遗产的权利主体对其权利予以续展,而与注册商标不同的是,非物质文化遗产续展的次数是无限的,当然,保护期限的续展应符合严格的条件,只要符合条件,就可以进行多次续展。那么这样,非物质文化遗产传承人的权利就可以得到充分有效的保护,而非物质文化遗产也就可以生生不息,代代相承了。

（五）建立非物质文化遗产权利人的使用受益和权利限制制度

传承人取得对于非物质文化遗产的权利资格之后，便获得了使用收益的权利。传承人可以对非物质文化遗产进行合法的使用。并且，如果其他人想进行营利性使用，则必须征得权利人的同意并支付相应的费用。由于非物质文化遗产具有群体性的特点，因此，在有些情况下，其权利主体是一个群体，而非个人。在这个时候，这个群体中的所有人都有对非物质文化遗产进行使用的权利，他人支付的使用费用也由全体权利人共享。同其他知识产权的权利人一样，非物质文化遗产的权利人行使其权利是有一定限制的，这种限制主要体现为两个方面：一是不得进行破坏性地使用，权利人在行使权利时不得对非物质文化遗产进行破坏，应进行妥善地保护，否则，其权利资格将会被剥夺；二是受到类似于《著作权法》上合理使用制度的限制，既使用者以非营利性的目的对于非物质文化遗产进行使用时，可以不经权利人的许可，也不必支付报酬。

（六）利用知识产权制度对非物质文化遗产实施防御性保护

防御性保护是指如果有人利用知识产权制度对非物质文化遗产进行不当使用或冒犯性使用，应当予以禁止。如果有他人已经或正在申请或者主张某项已公开的非物质文化遗产的专利权，可以以其不符合专利法的创造性、新颖性和实用性标准而提出复审申请，以防止他人不当占有非物质文化遗产，从而防止对非物质文化遗产的盗用。以防止对他人产生误导。对非物质文化遗产侮辱性、贬损性等冒犯性使用也应当被禁止。对于非物质文化遗产实施防御性保护，可以采用公益诉讼的手段。2012 年新修改的《民事诉讼法》首次规定了公益诉讼，对污染环境、侵害众多消费者合法权益等损害社会公共利益的行为，法律规定的机关和有关组织可以向人民法院提起诉讼。对非物质文化遗产不当使用或冒犯性使用的，应当属于损害社会公共利益的行为，可以适用公益诉讼。只是当前可以提前民事诉讼的主体限于国家机关和有关组织，以后可以增加自然人作为提起公益诉讼的主体，有利于非物质文化遗产等公共利益的保护。

第二节　比较遗传资源的知识产权保护

《生物多样性公约》（CBD）在联合国环境规划署的主导下进行谈判，于 1992 年 6 月 5 日开放签署，1993 年 12 月 29 日生效。公约目前有 193 个缔约方（包括欧盟在内），旨在促进保护生物多样性，持续利用其组成部分以及公平公正地分享利用遗传资源带来的惠益。

公约第 15 条强调遗传资源获取的问题，包括促进获取、事先知情同意（PIC）、共同商定条件（MAT）和惠益分享。相关条款涉及技术转让和获取（第 16.3 条）和生物技术惠益的获取和分配（第 19 条）。

一、遗传资源概述

（一）遗传资源概念

遗传资源（Genetic Resources），中国国家环保总局认为，生物遗传资源是指具有实用或潜在实用价值的任何含有遗传功能的材料，包括动物、植物和微生物的 DNA、基因、基因组、细胞、组织、器官等遗传材料及相关信息。

《生物多样性公约》第二条规定："遗传资源"是指具有实际或潜在价值的遗传材料。"遗传材料"是指来自植物、动物、微生物或其他来源的任何含有遗传功能单位的材料。

遗传资源的产生并非一朝一夕的事情，而是一个长期的过程，往往不仅仅是现在持有者的培养和保护，而是经过数代人、数十代人、数百代人甚至更长时间的过程；而且遗传资源依存于当地生态环境，与当地土著和地方社区的生活方式、习惯做法和实践密切相关。

遗传资源主要包括植物遗传资源、动物遗传资源和微生物遗传资源三大方面，本文中提到的遗传资源主要是指具有经济价值的物种资源及基因资源。

（二）《生物多样性公约》中的有关术语

《生物多样性公约》第 2 条规定："遗传资源原产国"是指处于原产境地的遗传资源国家；"遗传资源提供国"是指供应遗传资源的国家，此种遗传资源可能是取自原产地来源，包括野生物种和驯化物种的群体，或取自移地保护来源，不论是否原产自该国。

公约进一步解释到："生境"是指生物或生物群体自然分布的地方或地点；"原产地条件"是指遗传资源生存于生态系统和自然生境之内的条件；对于驯化或培植的物种而言，其环境是指它们在其中发展出其明显特性的环境。

值得注意的是，公约在此提出了两个概念，即："遗传资源原产国"和"遗传资源提供国"，这两个概念具有本质的区别。原产国是指遗传资源的特定物种所起源的地方，一般这些国家生物资源比较丰富，如中国是大豆、茶、柑橘等物种起源的地方。而"遗传资源提供国"不一定本身生物资源很丰富，可以是在移地条件下遗传资源特别丰富的国家。比如，英国自身的物种资源并不丰富，但在过去 200多年间，英国从国外引进了大量物种和遗传资源[①]。

（三）遗传资源及其利用以及利益所在

《生物多样性公约》第 15 条是关于遗传资源取得的条款，也是整个公约的核心。第 15 条规定国家对遗传资源拥有主权；获取遗传资源必须得到资源提供国

---

① 薛达元、崔国斌、蔡蕾、张丽荣：《遗传资源、传统知识与知识产权》，中国环境科学出版社 2009 年版，第 3 页。

家的事先知情同意,能否获取服从于国家的法律;各缔约国应采取立法、行政和政策的措施,以其与提供遗传资源的国家公平分享因研究和开发此种资源的成果和商业所产生的利益;应力求使提供遗传资源的国家参与此种研究和开发,并鼓励其研究与开发活动尽可能地在提供遗传资源的国家境内进行。

但是,公约第 15 条第 3 款特别强调:"为本公约的目的,本条以及第 16 条和第 19 条所指缔约国提供的遗传资源仅限于这种资源的原产国,或按照本公约取得资源的缔约国所提供的遗传资源。"第 16 条是关于技术转让,要求缔约国采取立法、行政和政策的措施,以共同商定的条件,向提供遗传资源的缔约国,特别是其中的发展中国家,提供利用这些遗传资源的技术和转让此种技术;第 19 条是关于生物技术的处理和惠益的分配,要求各缔约国采取立法、行政和政策的措施,让提供遗传资源用于生物技术研究的缔约国,特别是发展中国家,切实参与此种研究活动;并在公平的基础上,优先取得基于其提供遗传的生物技术所产生的成果和惠益。

根据上述条款,无论是获取遗传资源还是惠益分享,都限定在原产的遗传资源,或者是按照公约取得的资源,也就是符合获取与惠益分享原则的遗传资源,但不包括在移地条件下的遗传资源。例如,我们上文提及的英国,曾经从国外大量引进自然资源,但不是这些自然资源的原产国,不能享受公约规定的获取与惠益分享的优惠条件,除非这种资源是按照公约要求获取的。公约的这些规定非常有利于自然资源原产国的利益,既是对原产资源的保护,也有利于他们保护自己切身合法利益,由于广大发展中国家的自然资源相较于发达国家,更为丰富,因此发展中国家是该公约最大的受益方之一。

二、遗传资源的典型专利权案件

(一)印度香米专利事件

案例 7-4　印度香米专利案[①]

印度香米(Basmati Rice)被称为"皇冠的珠宝",自古以来,只能在印度与巴基斯坦和尼泊尔交界处种植,以细长的形状和浓郁的香味儿闻名,印度的农民一直使用它来培育不同品种的香密,用以配合不同的环境和气候。印度香米完全是印度农民的本土资源,也是千万代粮农智慧的结晶,每年仅印度香米的出口额就高达上亿美元,但是印度农民从来没有为印度香米申请过专利,以保障他们本土的资源和知识产权。

1997 年,美国 Rice Tec 公司获得了有关印度香米的 20 多项专利权(美国专利号 NO.5663484),其中包括品种特质和培育方法等多个方面。Rice Tec 公司

---

① 孙雅莉:《"生命专利"的尴尬》,《中国民族报电子版》2003 年 3 月 4 日 http://www.mzb.com.cn/zgmzb/html/2003-03/04/content_42523.htm。

将自己生产的印度香米称为 Texmati 大米及 Kaomati 大米,并推向市场,意在取代印度的农民种植了好几千年的香米。

对印度来说,这意味着每年三亿美元的香米出口将受到威胁。为了挑战 Rice Tec 拥有的专利,印度于两年前委任了一批专家,用两年的时间准备了 1500 页的资料。去年,印度政府正式向 Rice Tec 的专利提出挑战,并于 10 月成功迫使 Rice Tec 撤销它所拥有的香米的四项权利要求,可 Rice Tec 仍然拥有另外 16 项的权利要求。印度的专家认为,美国其实是从后门允许了 Rice Tec 对 Basmati Rice 的"盗窃"。因为美国授予的专利权已经覆盖了印度香米。如果美国专利权授予已经成为定局,则印度多年的努力有可能成为泡影,他们保不住已经有千年种植历史的大米。

为了防止今后可能的生物盗窃,印度政府开始了对基因库的农作物及草药进行 DNA 鉴别。这个庞大的计划所费不菲,鉴别一个 DNA 样本就需要 125 美元。

(二)中国野生大豆专利事件

案例 7-5　中国野生大豆专利案

中国是大豆的原产地,拥有世界上已知野生大豆品种的 90%,共六千多种。孟山都公司利用美国大豆育种家 Richard Bernard 从中国上海电机厂院内私自采摘带回的中国野生大豆作亲本,培育出"高产大豆"新品种,并利用分子标记技术对与控制大豆高产性状密切相关的基因进行了"标记",证明"高产基因"来源于中国野生大豆。为此,2000 年 4 月 6 日,孟山都公司向全球 101 个国家提出了涉及该"高产基因"的 64 项专利保护请求。该专利内容大大超出了基因的层次,其中包括:与控制大豆高产性状的基因有密切关系的"标记";所有含有这些"标记"的大豆(无论是野生大豆还是栽培大豆)及其后代;生产具有高产性状的栽培大豆的育种方法;以及凡被植入这些"标记"的转基因植物,诸如大麦、燕麦、卷心菜、棉花、大蒜、油菜、亚麻、花生、高粱、甜菜、甘蔗、土豆、苜蓿、向日葵、棕桐、花椰菜等等。专利一旦获得批准,极有可能出现的情形是:中国农民或育种专家在并不知晓的情况下,就已经侵犯了孟山都的专利;中国的有些大豆产品甚至因此无法出口,否则将会引起国际贸易制裁[①]。

中国是大豆的原产地,拥有世界上已知野生大豆品种的 90%,共超过 6000 多种。同时,大豆也是中国最早食用和种植的五谷之一,栽培历史在 4000 年以上。直到现在,中国仍然是世界上大豆的生产大国之一。

但是,目前美国孟山都(Monsanto)公司正在对一项大豆的研究申请国际专

---

① 孙雅莉:《"生命专利"的尴尬》,《中国民族报电子版》2003 年 3 月 4 日 http://www.mzb.com.cn/zgmzb/html/2003-03/04/content_42523.htm。

利,专利一旦获得批准,极有可能出现的情形是:中国农民或育种专家在并不知晓的情况下,就已经侵犯了孟山都的专利;中国的有些大豆产品甚至因此无法出口,否则甚至会引起国际贸易制裁。虽然孟山都这项研究的关键材料来自中国的一个野生大豆品种。如果没有适当的对策,类似的危机也极有可能落到中国的小麦、水稻或玉米身上。

美国孟山都公司目前是全球第二大农业化工公司和头号生物工程公司。2000年4月6日,孟山都公司向全球包括中国在内的101个国家申请一项有关高产大豆及其栽培、检测的国际专利。

实际上,根据已有资料,孟山都公司大豆的故事始自于1974年9月,当时美国第一个植物学家代表团到中国访问,以为著名的育种专家理查·伯纳德先生在上海闵行的一个电机厂的院子里收集了一株野生大豆。1979年1月,这株野生大豆的标本被送进美国农业部(USDA)的野生大豆种质资源库并编号为P1407305。1995—1998年,孟山都公司收购了大量种子公司,投入巨资开发生物技术。期间,孟山都公司从伊利诺特大学的USDA种质库里获得野生大豆遗传资料P1407305,并运用分子生物技术进行了详细检测和分析。1998年10月1日,孟山都公司向美国专利局提交了一项名为"高产大豆及其栽培和检测方法"的专利申请。2000年4月6日,世界知识产权组织(WIPO)公开了孟山都要求101个指定保护国家、共64项权利要求的专利申请书。该项专利申请要求保护几乎有关高产大豆后续研究的方方面面,其中包括:与控制大豆高产性状的基因有密切关系的"标记";所有含有这些"标记"的大豆(包括栽培和野生大豆)及其后代;生产具有高产性状的栽培大豆的育种方法;凡被植入这些"标记"的转基因植物,其中包括:大麦、燕麦、卷心菜、棉花、大蒜、油菜、亚麻、花生、高粱、甜菜、甘蔗、土豆,甚至还有诸如苜蓿、向日葵、棕榈、花椰菜……

最早发现孟山都对中国野生大豆申请国际专利的,是它的老对头绿色和平组织的一名德国成员,时间是2000年底。当他得知中国国内并不关注此事时,相当惊讶,因为在国际上,对动植物品种方面的生命专利权讨论非常热烈。

许多专家认为,鉴于世界各国对专利权在生物技术领域授予标准不一,此项专利将很有可能在如美国、欧盟获得批准。专利通过将意味着孟山都公司对所有大豆的高产品种都拥有了垄断权,并允许孟山都对中国这一野生大豆遗传资源的控制。

国际专家进一步认为,如果不经孟山都首肯,由于专利的排他性,中国的科研和育种人员将不能使用高产"标记"进行研究或育种,虽然它直接来自中国。

我国出口到这些国家的大豆,如果在育种过程中使用了孟山都得到的这种野生大豆,或者仅含有这种所谓的高产"标记",都会被视为侵权而遭索偿,甚至受到贸易制裁。

很显然,在孟山都申请这份专利中,起决定性作用的是使用了来自中国的野生大豆。但是,在孟山都的专利说明书中,只提及这种野生大豆来自中国上海附近,美国大豆种质的编号是 PI407305。至于孟山都所使用的这种野生大豆到底如何获得,则只字未提。许多专家推测,这个品种是美国方面通过非正常途径获得的。

也许有人问,为这个美国农业部编号为 PI407305 的中国野生大豆品种,值得如此费心劳神吗? 但是在生物技术公司和专家眼里,野生品种往往被视为宝贝一般。

"有时候,如果找到一个合适的野生品种,甚至有可能改变一个国家和民族的命运。"薛达元博士说。薛博士是国家环保总局南京环境科学研究所研究员,也是联合国《生物多样性公约》的中国首席科学家。

薛达元列举了大豆方面的例子:20 世纪 50 年代中期,美国 14 个州发生大豆孢囊线虫病,使得大豆生产濒于毁灭,"救星"又是来自中国的"北京小黑豆"。美国农业部将其抗病基因转育到当地栽培大豆中,育成新的高产抗病品种,使大豆生产迅速复苏。

此外,由于国内对大豆的需求猛增,中国还成了大豆及豆制品的进口大国。据了解,目前国内总需求 40%以上的大豆依靠进口,这些进口大豆有 70%以上又来自美国。内行人士估算,这实际相当于 1 亿多亩地的年产量。

大豆的需求缺口反映出中国人与地的矛盾,中国大豆的增产只能靠科技。孟山都对来自中国的野生大豆物种的专利申请,则可能会阻断这一梦想。

其实,是否应该对动植物品种等生命物质授予专利,在国际上也是一个相当复杂的问题。目前在国际上,即使有知识产权制度的国家,大多数都把生命物质排除在可授予专利权的范围外。这些国家大多数是发展中国家,其中也包括中国。

国家知识产权局专利局化学发明审查部一部部长张清奎说,我国专利法明确规定,对"动物和植物品种"不可以授予专利。因此,不论是用传统的生物学方法饲养或培育的动物和植物新品种,还是通过基因工程的 DNA 重组技术或现代杂交技术得到的转基因试验动物或中草药新植物,目前在中国都不给予专利保护。

孟山都公司认为,只有以专利保护的形式,才能确保生物技术公司的权利,从而推动生物技术的研究和应用。

反对者则认为,现存的生物及其基因是人类的共同遗产,不能成为私有财产。如果允许这样做,将会威胁到物种的多样性,甚至引发社会、道德等问题。而且,孟山都公司是免费从美国农业部的种质库里获得研究材料的,然而对于野生大豆种质的原产国——中国,不仅不能从中分享惠益,也没有得到事先知情通知,更有可能因此对我国大豆的开发和利用造成严重阻碍,严重违反了国际法律相关规则[①]。

---

① 庞瑞锋:《种中国豆,侵美国权》,《南方周末》2001 年 10 月 25 日。

（三）墨西哥玉米专利事件

案例7-6　墨西哥玉米专利案

欧洲专利局2003年2月12日在慕尼黑举行公开听证会,对农业化工企业杜邦公司拥有的一项广受争议的玉米专利进行重新审理。13日,欧洲专利局做出裁决:"杜邦公司没有发明高含油玉米。"由此,杜邦公司已不再有权声称拥有此类玉米专利。此前,杜邦公司声称对含有该种玉米原料的所有产品,包括食用油、动物饲料等,都拥有专利权,若不是欧洲专利局否决了杜邦公司的意图,否则,按照杜邦公司的说法,今后无论谁,无论采取什么方法,只要生产出在此专利覆盖范围内的含油和油酸量的玉米,都会落到杜邦公司专利的"盘子"里,要么交钱,要么侵权。

据介绍,此次玉米专利案所涉及的高含油玉米,原产地为南美洲,在墨西哥等国家世代种植。然而,欧洲专利局曾于2000年8月批准该专利（EP744888）,其后受到各方的质疑,包括墨西哥政府、绿色和平组织及欧洲一些宗教团体都先后向欧洲专利局递交反对书。这次听证会的否决是一次胜利,墨西哥和其他南美国家可以继续种植这种高含油玉米了[①]。

枯叶真菌曾是美国玉米的最大天敌,曾使美国农民一年的损失超过20亿美元。多年前,科学家们发现了一种生长在墨西哥南部山林中的玉米品系,可以抗御枯叶真菌。遗传学家把这种玉米中的抗枯叶真菌基因成功地转移到玉米种子中去,使美国的玉米具有了抵抗这种灾害的能力。杜邦公司于2000年8月从欧洲专利局获得了EP744888号专利,但是这一专利不是针对利用转基因技术制造的玉米,而是针对自然生长的或以常规方式栽培的具有一定含油量的玉米。杜邦公司还对以该玉米为原料生产的所有粮食产品申请了专利,如食用油、动物饲料以及工业用途产品。据育种公司的专家们估计,这种新发现的抗枯叶真菌品系的商业价值,每年可达数10亿美元。

而墨西哥的传统玉米基因,通过人工技术和花粉传播,已经完全被污染。由于基因具有不可逆转和无法修复的特点,墨西哥的野生玉米种子便成了一个永远消失了的童话。墨西哥是玉米的原产地和品种多样性集中地。玛雅人的圣书记载,早在有历史记载的5000年前,玉米是印加人、玛雅人和阿芝苔克人的主要食物。

墨西哥高含油玉米被美国杜邦公司申请专利以后,墨西哥政府、绿色和平和欧洲一些宗教团体要求驳回该专利。欧洲专利局于2003年2月12日举行了公

---

① 孙雅莉:《"生命专利"的尴尬》,《中国民族报电子版》2003年3月4日,http://www.mzb.com.cn/zgmzb/html/2003-03/04/content_42523.htm。

开听证会,杜邦公司答辩说:"我们投资数百万美元培育这种高油玉米,也没有任何书面证据证明已有这种品种的存在。"最终,欧盟专利局在复审决定中驳回专利,认为杜邦公司没有发明高含油玉米。但杜邦公司继续上诉,并没有撤回它在美国、墨西哥和其他国家的申请。杜邦公司对外宣称:"公司仍然坚信继续培育新型以及具有独特性的农作物的重要性,因为这将满足广大农民、食品加工生产商以及消费者的需求。专利是对研究机构收回大额研发投资的一种保护,从而使这些机构能够继续在研究方面进行投入,为消费者带来更新、更好的产品。"

世界上最大的玉米基因库,位于墨西哥的 CIMMYT 表示,这一专利可能会在相当大的程度上阻碍拉丁美洲玉米品种的发展。许多为改进玉米油含量的国际研究项目可能受到极大的影响①。

三、国际组织有关规定

(一)《生物多样性公约》关于遗传资源相关规定

1. 保护与持续利用

保护与持续利用是《公约》三大目标中的前两项目标,是《公约》最核心内容和义务。在国家水平上,履行这两项义务常常体现在生物资源的利用方面,为了有效保护生物多样性,并确保持续利用生物多样性的组成部分,《公约》提出制定国家战略和计划,将生物多样性保护和持续利用纳入相关部门和跨部门的计划、方案和政策内。

2. 遗传资源的获取与惠益分享

遗传资源获取与惠益分享是《生物多样性公约》三大目标中的第三个目标。许多年来,发达国家一致倡议"遗传资源自由获取原则",认为任何人、任何公司可以在任何国家随意掠夺生物物种及遗传资源。然而《公约》最终将生物多样性(尤其是遗传多样性)的国家主权原则写入条约内,这是非常重要的一个成果。

在《公约》生效后,各方通过继续艰苦谈判,已经达成并通过《关于获取遗传资源并公正和公平分享通过其利用所产生的惠益的波恩准则》(即《波恩准则》)。《波恩准则》的内容是:国家的主管部门可根据本国的法规政策,批准遗传资源的获取,获取过程要遵循"事先知情同意原则",要求通过国家联络点,取得遗传资源提供国主管部门和社区的同意,并向发展中国家提供能力建设和确保惠益分享。

3. 转基因生物安全管理

自 20 世纪 80 年代以来,转基因生物技术迅猛发展,全球转基因生物商业化生产也发展迅速。但是,许多国家强烈要求在国际层面上对转基因技术及其应用

---

① 张东操:《跨国公司热衷野生物种圈地　发展中国家拒绝"生命盗窃"》,《中国青年报》2003 年 2 月 18 日。

进行规范化管理,以预防相关风险,保护进口国家生物多样性安全和人类健康。

经过多方努力和艰苦谈判,终于在 2000 年 1 月 29 日达成《卡塔赫纳生物安全议定书》,于 2003 年 9 月 11 日生效。中国也在 2005 年 9 月 6 日成为《议定书》的第 120 个成员国。

《议定书》规定,转基因生物及其产品的越境转移必须获得进口国的"事先知情同意",转基因生物的环境释放需要经过风险评估,并需要对其潜在风险实施风险管理。此外,转基因生物需要标记。出口方对转基因生物及其产品的环境危害负有赔偿和补救责任。

4. 传统知识保护

在发展中国家要求下,《生物多样性公约》还提出鼓励公平分享因利用土著传统知识、创新和实践而产生的惠益。

《公约》第 8 条要求各缔约方"依照国家立法,尊重、保存和维持土著和地方社区体现传统生活方式而与生物多样性保护与持续利用相关的知识、创新和实践,促进其广泛利用,由此等知识、创新和实践的拥有者认可和参与,并鼓励公平地分享因利用此等知识、创新和做法获得的惠益。"

(二)TRIPS(WTO 下与贸易有关的知识产权协定)相关规定

1. 可专利性的部分的排除性

TRIPS 协定在第 27.1 条规定任何技术领域的发明只要满足新颖性、创造性和实用性后均能够获得专利权保护。但是,第 27.2 条和 27.3 条中设置了两个例外,排除部分发明获得专利权的可能性。这两个例外都和生物技术发明有直接的关系。

(1)公共秩序或道德例外

TRIPS 协定第 27.2 条规定:"成员方可以排除部分发明的专利性,如果阻止这些发明的商业化利用对于保护公共秩序或道德风俗是必须的,包括保护人类、动物或植物,保护健康,或避免对环境的严重损害;前提是这一排除并非仅仅因为此类发明的利用为法律所禁止。"基于道德观念或政策考虑而反对植物、动物、基因的发明的国家,就主张利用这一条将那些与生命有关的发明排除出专利法的保护范围。

(2)植物和动物的例外

TRIPS 协定第 27.3(b)条规定,成员方可以排除植物、动物、主要生物意义上的生产动植物和动物的方法等客体的可专利性。但是,对于植物品种,成员方应当提供保护,要么通过专利法,要么通过有效的特殊保护机制,或者二者结合。

2. 关于动植物的排除

TRIPS 协定第 27.3(b)条肯定了微生物的专利性,同时允许成员方将植物、动物排除在授予专利权保护的范围外。现在,国际社会各方对此有着巨大争议。

争议的焦点主要在于,这个排除是否有必要,或者说这样的排除是否正当。

部分发达国家主张,将动植物排除出专利法保护范围,这是不必要的,专利法应该对所有的动植物发明都提供保护。这些国家主要包括美国、新加坡等国家。美国作为世界上先进生物技术的最广泛拥有者,其希望对动植物发明提供专利权保护,自然也就毫不奇怪了。主张维持现状的国家认为,TRIPS 协定第 27.3(b)条已经在保护发明人利益和维持协定弹性方面保持了较好的平衡。主要包括中国、欧盟、日本、加拿大、澳大利亚等国家和地区。还有一些国家希望将所有的生物(包括微生物)、有生命的组织、基因等排除出专利法的保护范围,从而进一步降低专利法对生物技术的保护水平,这些国家一般都是发展中国家,例如印度、肯尼亚、津巴布韦等国家,他们或者是因为想保护本国相关产业利益,或者是出于宗教、文化、道德等原因,对利用专利技术保护生物技术持非常抵制的态度。

3. 公共秩序与道德例外

在第 27.3(b)条的审查过程中,很多非洲国家希望基于第 27.2 条所谓的公共秩序与道德例外条款,限制与生命有关的发明获得专利保护。因为,他们认为,这些发明与社会文化和社会价值紧密相关,相关立法规定应该审慎为之,现在由一个规制国际贸易的国际组织(WTO)对其规定,未免过于轻率,并且太重于考虑贸易利益,不利于原产地原住民利益的保护。

以美国为首的发达国家认为,第 27.2 条已经充分考虑了各国对于道德问题的关注,其他道德问题应该通过其他法律来解决,比如环境保护、公共健康、动物福利等问题应该由其他专门的立法来解决。许多发明未必就与当地对生物保护相背离,甚至新发明可以促进利用当地的原产自然资源。

其实,这种争议由来已久了。早在 TRIP 协定谈判制定过程中,这类争议就一直贯穿于谈判过程的始终。第 27 条规定也是各方相持之后,相互妥协、相互让步的结果。现在,如果再来全面否定这一条款,几乎是不可能的事情。而且,从更深层面来看,许多发展中国家希望拒绝对相关生物材料提供专利保护,却并不禁止生物材料在本国国内的市场化,有贸易保护主义嫌疑,却以公共秩序与道德例外为借口,实在难以服众①。

(三)世界知识产权组织(WIPO)大会相关议题

世界知识产权组织(WIPO)下的知识产权和遗传资源与传统知识和民间文艺政府间委员会(IGC)已经花费 15 年来寻找解决知识产权体系内遗传资源(GR)、传统知识(TK)以及传统文化表达(TCE)或民间文艺被盗用问题的方案。

IGC 第 29 届大会于 2016 年 2 月 15 日至 19 日举行,会议主要讨论了保护遗

---

① 薛达元、崔国斌、蔡蕾、张丽荣:《遗传资源、传统知识与知识产权》,中国环境科学出版社 2009 年版,第 70 页。

传资源免遭盗用,如果取得同意获取并商业开发这些资源,则要确保所有人能够分享从开发中获取的利益。谈判者们讨论了可能达成何种类型的协议,并且讨论了要求披露遗传资源来源的提案。对于专利申请人和其他知识产权申请人披露其发明中使用的遗传资源来源的拟议要求,以及该项披露要求是否应该为强制要求,各成员国的意见并不一致。

一些发达国家称,强制性披露要求会给专利系统带来不确定性,还会将惠益分享的执行复杂化。大多数发展中国家坚持认为,披露要求应当是强制性的,并且应当适用于各种知识产权类型,而不仅仅是专利。

欧盟提议,披露义务只有在申请人实际获取了他们利用的遗传资源之后才会产生。之后,纳米比亚提出了问题。纳米比亚代表强调,遗传控制以及基因组测序的快速发展事实上减少了实际获取遗传资源的需求。

巴西称,获取到遗传资源就必须承担披露义务,但是美国认为,新的专利披露要求将会给专利系统增加新的不确定性,一旦未履行披露义务,专利无效的威胁就会动摇专利系统角色的根基并且阻碍创新。

最终,大会未能就上述问题达成最终意见,将在以后继续谈判,但是仅从之前的谈判过程和记录,可以看出,发达国家和发展中国家对相关问题的分歧还比较大①。

(四)《粮食和农业植物遗传资源国际条约》设定的保护模式

2004 年 6 月 29 日,经过 7 年谈判的《粮食和农业植物遗传资源国际条约》在罗马签署,这个关于全球农业可持续发展的条约,得到个国家的批准后正式生效。条约的宗旨与其相统一,其核心宗旨是为可持续农业和粮食安全保存、利用粮农植物遗传资源以及公平合理地惠益分享由此产生的利益。《粮食和农业植物遗传资源国际条约》由序言及另外七个部分组成,共 35 条,另外还有两个附件:一个是多边体系覆盖的作物物种清单,另一个是争端解决办法。条约将各利益相关者结合到一起,形成一个多边框架,在全世界范围内给出了一个获取遗传资源并共享利益的解决方案。

《粮食和农业植物遗传资源国际条约》构建了一系列利用遗传资源的多边体系,但其仅适用于粮农植物遗传资源。条约规定缔约方应对其他缔约方的自然人或法人提供获取多边覆盖的作物物种清单内的遗传资源提过便利,然而要限定使用目的,获取植物遗传资源的目的只能是为了粮食安全和农业研究,不得用于化学、医药等其他非食用的工业。并就遗传资源的保护、利用、交换方式及各资源拥有国的权利义务等做出了较为明确的规定,反映了政治因素的影响以及国家利益

---

① 《世界知识产权组织讨论专利中遗传资源来源披露问题》,中华人民共和国国家知识产权局官方网站 2016 年 2 月 19 日,http://www.sipo.gov.cn/wqyz/gwdt/201603/t20160330_1257245.html。

博弈的迹象。我国反对，认为清单范围太大，并坚决将大豆等我国最为富有的野生资源品种排除在清单之外，大豆资源最终未列入清单①。

(五)《波恩准则》设定的保护模式

2002 年缔约方大会通过了具有指导性意义的《波恩准则》。《波恩准则》对获取和惠益分享等"焦点问题"作出了相关规定，即"应该通过供需双方的资讯反馈机制，向申请取得遗传资源的人说明事先知情同意的程序并共同商定的条件，包括关于惠益分享的条件，并向其指明国家主管部门、有关的原住民和当地社区和利害关系人"②。除此之外，对各个国家的相关主管部门应当承担何种责任，以及对缔约方和利益相关者的责任如何负担等内容，《波恩准则》也做出了进一步的规定。总而言之，关于建立遗传资源获取和利益分享机制，《波恩准则》提出了更进一步的立法建议以及行为准则。波恩准则明确排除对人类遗传资源的适用，并进一步申明"本准则应涵盖所涉及全部遗传资源以及相关的传统知识、创新和做法，并涵盖由于这些遗传资源的商业利用和其他利用而产生的惠益，唯人类遗传资源不在此列。"③之所以将人类遗传资源排除是因为对人类遗传资源利用的要求更加严苛，更侧重于生物伦理方面的规制。

四、世界典型国家生物遗传资源相关法律规定

(一)美国生物遗传资源相关法律制度

在美国，大约 25% 的医院所开处方上的药，其活性成分都是从植物中提取或衍生的。这些源于植物的药品，其销售额在 20 世纪 80 年代初达到 50 亿美元左右，90 年代中期达到 155 亿美元，到 21 世纪初，已达 400 亿美元。在农业领域，生物技术也导致了在农业生产中更多地利用生物多样性。遗传多样性已经是农业研究中的主要原料，仅到 20 世纪 90 年代，就占到美国农业生产 1960—1990 年产出收益的一半以上。尽管过去只有作物的近缘种属可用于育种计划，但如今世界整个生物群的基因都能够得以采用。

在保护生物遗传资源方面，美国制定了一系列的法律法规，建立了完善的资源保存系统。除了最大的种子库——国家种子储存实验室(NSSL)外，美国还有许多地区的特定作物种。就目前对生物遗传多样性的研究和实践来看，各国对生物遗传资源的保护和利用主要集中在植物遗传资源领域。

美国对生物资源的保护包括两个部分，即已经过人工培育的遗传资源和尚未经过人工培育加工的自然遗传资源。对于前者，有明确的国内法律法规调整，对

---

① 张璐:《小议专利申请中遗传资源来源的披露》,北京大众商务出版社,2009 年。

② 国家知识产权局条法司:《专利法研究》,知识产权出版社,2006 年。

③ 刘银良:《生物技术的知识产权保护》,知识产权出版社 2009 年。

于其资源的获得有明确的指向,惠益分配制度相对成熟,主要以支付专利费或使用费等货币方式,在实践和理论上没有很大的争议;而对于自然遗传资源,美国至今尚没有统一的专门立法来管理自然遗传资源的获取与开发应用的惠益分享,基本上通过其他一些部门法如《科学技术转让法》《濒危物种法》等来调整,这方面的惠益分享制度还没有一个明确的框架,主要原因是在立法者、公众、生物技术公司、资源提供者之间还存在一定的分歧。但在实践中,美国的一些商业公司还是通过合同方式来解决惠益分享问题。

1. 人工培育遗传资源的获取和惠益分享

美国在 1930 年修正了《专利法》,增加了第 15 章"植物专利",开始了对培育作物品种的专利保护,但开始时适用的范围很狭窄,仅仅允许取得诸如蔷薇科植物、其他观赏植物和果树等无性繁殖植物的专利,然而把马铃薯、百合等通过块茎根茎繁殖的作物排除在外。20 世纪 60 年代以后,欧洲诸国纷纷制定了各自的法律来保护育种者的权利,而且把通过有性繁殖获得的且性状稳定一致的品种也纳入其中。

针对这种变化,美国在随后几年一方面积极介入国际相关协议的谈判和签署,分别加入了《国际植物新品种保护公约》(以下简称 UPOV)、《WTO 与贸易相关的知识产权协议》(TRIPs)等国际条约;同时在国内相继制定或修订了《美国植物品种保护法》(1970)、《联邦种子法》(1967,1988,1998)、《联邦植物专利法》等几部法律,构建了以植物专利和植物品种保护为手段的人工培育遗传资源保护的基本框架。

将知识产权的范围扩大到遗传资源。1980 年,美国迈出了最重要的一步,当时美国最高法院对钻石公司诉察可拉巴蒂公司案件作出裁决,根据标准的专利法可以取得经遗传改良细菌的专利(美国联邦最高法院,1980,447 U. S. 303)。综合美国目前的法律政策,对于人工培育的新品种,法律所提供的保护主要包括以下几种形式:针对植物品种无性繁殖的植物专利;针对植物品种有性繁殖的植物品种保护认证;针对植物品种有性繁殖和无性繁殖的实用专利。

一个人就同一植物品种可同时获取以上三种形式的保护。此外,也可以借助商标法对植物新品种商标名称进行保护。

(1)针对植物品种无性繁殖的植物专利

根据《专利法》的规定,植物专利适用于"以无性繁殖所获得的植物新品种,包括通过芽变、突变或杂交等途径获得的性状稳定的品种",但不包括"通过根茎块茎繁殖获得的品种"。新品种必须是在栽培过程中发现并且对其性状加以稳定后获得的,在自然环境中获得的品种不在此列。获得专利保护的保护期是 20 年,在保护期内排斥其他人无性繁殖这种植物,或者销售、使用无性繁殖的这种植物。有性繁殖(如种子)及使用或销售以此方式育成的秧苗,不构成对植物专利的侵害。植物专利所保护的仅是植物本身，并不包括植物的组成部分，例如：花、果实、枝条、种子。

(2)针对植物品种有性繁殖的植物品种保护

专利法调整的是通过无性繁殖获得的植物材料，而《植物品种保护法》则调整通过有性繁殖获得的植物材料。《植物品种保护法》基本上是根据 UPOV1978 年文本而制定的国内法，除了调整对象，它与原先的《专利法》的另外一个区别在于，任何符合专利申请条件的无性繁殖材料都能根据《专利法》要求专利保护；但《植物品种保护法》在法律中预先给出能予以法律保护的植物种类清单，在清单上列名的植物，其品种才可申请保护。

根据《植物品种保护法》第 111 条的规定，受保护的品种与其附属品种自身和收获材料皆得到法律保护，保护期限为 18 年。未经过授权，任何他人不得生产、销售、进出口和商业储存。其中所谓"附属品种"，指下面三种：①该品种实质繁衍自被保护品种，而被保护品种并非繁衍自其他品种；②与被保护品种没有明显区别性的品种；③以被保护品种为杂交亲本的品种。通过这种方式的植物品种保护有一个重要的特例，即农民有权贮存品种的种子或使用这种种子生产自用的作物。农民也可以以再生产这种品种为目的而销售这种经贮存的品种，但是这种种子必须是为了在自己的土地上种植这种植物而贮存的。这样，一个农民为了在自己的土地上重新种植这种植物贮存了种子，如果他改变了原来的计划，他可以销售这种种子。在这一特例中，无论是买者还是卖者都必须是农民，其主要的职业都是从事作物的栽培，且其栽培作物的目的是销售，而不是作物的再生产。

(3)物新品种的实用专利保护

植物新品种的实用专利有更大的保护范围。相对而言，一项实用专利的专利持有人有权阻止对其专利品种进行未经授权的生产、使用、提供销售报价或销售活动，或者进口其专利品种。未经授权的生产活动包括被保护的植物品种的有性繁殖和无性繁殖。

实用专利可以保护一个植物新品种的组成部分或其产品实用专利，也可以有效地保护植物品种的组成部分或其产品，如花、水果、种子、花粉、油料、培养的组织以及由此植物再生的植物。实用专利也禁止进口专利植物的组成部分，或者以这种植物为原料生产其他产品。

一项植物新品种的实用专利，依专利请求内容的不同，可能需要比一项植物专利公布更多的技术细节。如果实用专利的发明者只满足于防止其他人制造、使用和销售其植物品种或这种植物品种的一个组成部分，那么，与植物专利或植物品种保护法的认证相比，不需要公布更多的技术细节。如果实用专利的发明者还想对以其发明的植物品种作为母本材料而培育的其他植物品种提出权利要求的话，那么，他有可能被要求准确地公布这些植物品种是怎样培育出来的。

（4）植物新品种的商标保护

近年来，美国的育种者为了更好地保护自己的品种，开始尝试通过商标法律制度来保护植物新品种。

商标的价值与专利一样，被注册的商标也可以产生效益。不能为植物品种的名称而获得商标保护。如果一个商标的主要属性是一种植物的名称，那么可能会失去商标保护。为植物新品种选择的标志应具有可区别性和普遍适用性。应避免使用人名、地名或仅为描述性的名称，以及与其他组织的名称相冲突的标志。

在商标选择时，应避免与现有商标相矛盾。在美国，对一个实际使用了的商标，或一个意向性使用的商标，都可以提出商标注册申请。后者可使申请人获得较早的申报日期，并可使申请人获利，因为注册标的权益与申请日期有关。美国的商标注册也可以外国商标注册申请为依据。从以上美国对人工培育的遗传资源保护法律制度来看，育种者可以在分析自己植物品种的重要程度和保护类型的可靠程度等因素后，选取植物品种的保护形式。在某种情况下，商标保护是唯一可以利用的形式；在另一种情况下，使用实用专利或将实用专利与商标保护结合起来的保护形式可能更适用。在选择了保护形式后，育种者应当考虑如何推广自己的植物品种。其中，发放许可证的方式可能是尽快推广植物品种的理想方式。如果育种者的植物品种保护力度足够大，以至于其他人不敢侵犯他的权益，那是最理想的；如果不是这样，育种者为了保护自己的权益，只能向侵权者起诉。

2. 自然遗传资源获取与惠益分享

对于自然状态以外的遗传资源，即包括上述人工培育的资源以及移地保存在种质库的自然资源，无论其所有权性质是公有还是私有，只要不属于国家特别保护的濒临灭绝的生物，其获得都是开放的，只需要支付一定的费用，并没有强制性的法律限制。但是对于自然状态下的遗传资源，情况相对要复杂一些，其获取与惠益共享制度的线索并不清晰。

美国不是联合国《生物多样性公约》的缔约国。在对待国外资源的获取与惠益分享方面，美国的态度和《生物多样性公约》的精神是不同的。美国一直坚持"合同机制"的立场。美国认为，在这一机制中，合同义务应当包括要求被授予遗传资源获取权利的一方向相应的主管当局报告任何发明，并应在任何专利应用的说明中表明遗传资源的取得来源，以及提供取得权利相应条款的合同。

综合看来，根据美国目前的法律，对于非自然遗传资源样本，其获得无论是公有和私有都是开放的，没有强制性法律的限制，只有在出于保护濒临灭绝的生物资源时才对获取加以限制。对于自然状态下的遗传材料获取，如果为私人所有，法律不做干涉。对国有遗传资源，现有的法律还没有普遍性的规范。

但是我们可以从美国国家公园采取的管理体制推出美国对自然生物遗传资源管理的一般模式：这些遗传资源归国家所有，由国家公园管理局主管，由国家公园具体管理。于是,一般模式是,由国家公园管理局负责资源获取许可的审核与批准,惠益共享方案则由国家公园与资源获取者协商,最后由国家公园管理局确认。在此过程中,国家公园管理局考虑适用的法律和政策有《科学技术转让法》《濒危物种保护法》《国家公园管理法》《国家公园科学研究和资源收集许可基本条例》等。

值得注意的是,尽管美国对生物资源的获取与惠益分享都赞成协议或合同的模式,但同样是这种模式,美国对待国外和国内生物遗传资源的态度是不同的。在对待国外遗传资源方面,美国反对主权国家特别是发展中国家的政府通过其国内法对各自国内遗传资源的获取与惠益分享作太多的干涉,希望为美国生物技术发达的大公司对别国遗传资源的获取扫除制度上的障碍,而对生物遗传资源国家主权的强调,却恰恰是《生物多样性公约》所追求的目标。再反观美国对其国内遗传资源的管理,就会发现许多政府干预的痕迹。在强调资源公平和可持续利用的现代社会,国家对生物资源获取及惠益分享的管控是必不可少的。美国的上述两面立场也确实遭到了人们的批判。如果美国希望别国对其国内的遗传资源管理采取宽松的态度,那么它也应当以同等的程度向国外开放自己的自然生物资源。人们认为,一方面,美国主张的合同机制,只是一种有希望的实验,可以用作对别处生物多样性开发利用的参考,但其本身并非是未来普遍遵循的模式;另一方面,生物资源的开发利用并不仅仅是科技和经济问题,同时关系到生态安全,脱离了政府的监管,可能会对生态和环境产生不可预料的后果[①]。

(二)印度的生物遗传资源立法

印度是公认的全球 12 个生物多样性最为丰富的国家之一,还是一些主要农作物物种的原产地中心。在生态系统方面上,印度拥有 10 个完全不同的生物地理区域。世界上共有 25 个生物多样性热点地区,其中有 2 个就分布在印度。印度不但拥有极为丰富的生物资源,而且还拥有极其丰富的与生物资源相关的传统知识和土著知识。这些知识包括印度的传统医药、农业知识、生物防治等领域,为印度人民的生存繁衍做出了巨大贡献。

1. 生物资源和传统知识受到剽窃

近年来,由于现代生物技术的日新月异,对生物资源开发利用的需求日益增加,促使发达国家在全球范围内搜寻与传统知识相关的生物资源,通过研究后为其所用。在此技术背景下,出现了多起掠夺印度生物资源及其相关传统知识的"生物剽窃"事件。例如印度尼姆树(Neem Tree)事件、姜黄(Turmeric)事件和巴斯玛蒂水稻(Basmati Rice)事件。印度人掌握姜黄的治伤特性已有好几个世纪,

---

① 王明远、金峰:《美国生物遗传资源获取与惠益分享法律制度介评——以美国国家公园管理为中心》,《环球法律评论》2008 年第 4 期。

而美国专利局却于 1993 年授予美国密西西比大学将姜黄用于伤口愈合的药物专利权(第 5401504 号)。另外,美国稻米科技(Rice Tec)公司对印度和巴基斯坦长期以来种植的香米(Basmati)也申请了 20 多项专利。

基于上述生物剽窃事件,在整个 20 世纪 90 年代,印度政府不断面临来自各方面的压力,人们要求政府制定适当的政策或法律以阻止类似剽窃事件的发生。与此同时,在 1992 年 CBD 通过之后,基于 CBD 原则和规则即各国对其生物资源拥有主权权利和生物资源的获取和惠益的公平分享取决于各国法律。印度政府充分意识到,CBD 为印度提供了从其丰富的生物遗传资源及其与生物资源相关传统知识中获取利益的时机。在此背景下,印度开始其生物多样性政策与法律的制定过程。

2. 制定国家生物多样性战略和行动计划

1994 年 2 月 18 日印度政府批准通过了 CBD,为了落实公约所规定的目标,印度在政策和立法方面表现出前所未有的信心。在政策方面,1999 年印度制定了《生物多样性国家政策与宏观行动战略》,用于确保印度作为生物资源的原产国,当地社区作为生物多样性的保护者,土著知识体系、创新与做法的创造者与持有者分享惠益。在上述框架文件的基础上,2000 年印度开始启动了制定更细致的《国家生物多样性战略和行动计划》的工作程序,并使该计划得到了实施;在立法方面,印度在 1994 年批准 CBD 后就启动了生物多样性的立法进程。这项法律由印度著名的农业科学家 M. S. 斯瓦米纳坦(M. S. Swaminathan)领导的专家委员会负责起草,其基本理念是保护其生物资源在本国人不能分享惠益的情况下不被外国人所利用。直到 2000 年,《生物多样性法》以第 93－C 号法案的形式提交议会审议,在进行修改后,于 2002 年 12 月 11 日在上院联邦院通过了印度《生物多样性法》。此后,为了《生物多样性法》的更好实施和操作,印度环境与森林部于 2004 年通过了《生物多样性条例》。

3. 印度生物遗传资源立法的主要内容

印度《生物多样性法》共 12 章 65 条,整部法律重点强调生物资源的获取和惠益分享。

(1)遗传资源的获取规则

印度《生物多样性法》根据获取主体的不同规定了不同的要求,将获取主体分为印度公民(主体)和非印度公民(主体),并且两者的申请和批准机构也不相同。印度公民获取和利用生物资源由邦生物多样性管理局批准,而非印度公民获取、利用和转让生物资源或研究成果的审批权限在中央一级。

① 非印度公民(主体)。针对非印度公民(主体),印度《生物多样性法》第 3 条规定,下列主体未经国家生物多样性总局的批准,不得获取生物资源以及与之相关的传统知识进行研究或商业利用或生物勘查和生物利用,主要涉及非印度公民、印

度公民但属于印度所得税法上的非居民、非在印度设立或注册的公司、协会或者组织、在印度设立或注册，但有非印度公民的股份或者参与管理的公司、组织或协会。

印度《生物多样性法》第 4 条规定，未经国家生物多样性总局批准，任何人不得向非印度主体转让源于印度的研究成果，发表研究论文或在任何研讨会或研习会上分发知识。只要其发表遵循了中央政府签发的准则，不视为本条所说的转让。而第5 条则规定，第 3 和 4 条规定不适应于机构（包括政府资助的印度机构）之间，以及其他国家的类似机构之间转让或交流生物资源或相关信息的协作研究项目。

② 印度公民（主体）。针对印度公民（主体），印度《生物多样性法》第 7 条规定，印度公民或在印度登记的法人、协会或者组织在事先向生物多样性管理局申请之前，不得以商业利用或生物勘查和生物利用为目的获取任何生物资源。生物资源所在地的当地人和社区，包括生物多样性的培养者和从事土著医学实践的赤脚医生和医师，获取生物资源时无需征得当地政府的同意。

（2）获取遗传资源的程序

2004 年印度颁布实施的《生物多样性条例》第 14 条规定，任何人为了研究或商业利用生物遗传资源与相关传统知识必须向国家生物多样性总局提出申请，若获得批准，获取申请者必须与国家生物多样性总局签订《获取批准书》，批准书应采用书面协议的形式，该协议由已获授权的国家主管部门的官员与申请者正式签订。协议的形式由国家主管部门确定，但其应包括如下内容：申请的总体目标与目的，生物资源与传统知识（包括附随信息）的说明，生物资源的预计用途（研究、育种、商业利用等），申请者申请获得知识产权的条件，货币和其他附带惠益的数量，未经国家主管部门的事先批准向第三方转让已获取的生物资源和传统知识的限制，遵守国家主管部门对申请者寻求获取生物资源的数量与质量说明，保证将获取的生物材料的参考标本存于保存处，保证定期向国家主管部门提交研究和其他开发情况的进展报告，承诺遵守《生物多样性法》《生物多样性条例》以及其他具有法律效力的国家法律、法规，承诺采取便利保护和可持续利用的所获取的生物资源的措施，协议期限、终止协议的通知、单独条款的独立可实施性、有关惠益分享条款中的义务，在协议终止后仍存在义务的规定、限制责任的事件、仲裁、保密等法律规定。

（3）限制或禁止生物遗传资源的获取

印度《生物多样性条例》第 16 条规定，限制或禁止获取的生物遗传资源类型主要包括：申请获取的是濒危物种、申请获取的是特有和稀有物种、申请的获取活动很可能对当地居民的生活造成负面影响、申请的获取活动很可能造成难以控制和清除的负面环境影响、申请的获取活动可能导致遗传退化或影响生态系统的功能、遗传资源的用途违反了国家利益和印度加入的其他国际条约。这些针对特定类型的获取活动所施加的限制并不违背 CBD 的目标。

　　（4）管制客体范围的规定

　　印度《生物多样性法》适用的客体包括印度境内的任何生物资源与其相关传统和当代知识体系。生物资源获取的目的是用于研究、商业利用、生物勘查和生物利用。根据该法规定，生物资源是指对人类具有实际或潜在用途或价值的植物、动物和微生物或其部分、遗传材料和副产品（不包括增值产品），但不包括人类遗传材料。从这一定义看，它与 CBD 关于生物资源的界定基本一致，既调整生物资源，又调整遗传资源。同时，该法也对商业利用进行了界定，将生物资源与遗传资源同时作为管制的客体。这一管制客体的确立说明，无论被利用的是遗传材料还是遗传材料以外的生物体及其组成部分和产物，都将受到印度《生物多样性法》和《生物多样性条例》关于获取规则和惠益分享规则的约束。

　　（5）惠益分享规定

　　印度《生物多样性法》规定，由国家生物多样性总局决定有关惠益分享的问题。《生物多样性法》第 21 条第 1 款规定，主管部门在根据第 19 条或第 20 条作出批准决定时，应当确保作出批准时的条款和条件，能够根据申请批准者、有关当地机构与惠益主张者之间共同商定的条款与条件，公平分享因利用所获取的生物资源、其副产品、与其利用和应用有关的创新和实践、相关知识而产生的惠益。其中《生物多样性法》第 21 条的其他款项具体规定了国家生物多样性总局应以下列一种或多种方式确定惠益分享：主要是向惠益主张者授予知识产权的联合拥有权和技术转让权，将生产、研究和开发单位选址于有助于改善惠益主张者生活条件的区域，促使印度科学家、惠益主张者同当地人与生物资源的研发和生物探测和生物利用之中，为资助惠益主张者的事业而设立风险资本基金，向惠益主张者支付国家主管部门认为适当的补偿货币和其他非货币惠益。支付的货币，国家主管部门可命令将其缴存于国家生物多样性基金处。若生物资源或传统知识是从特定个人或团体或组织处所获取时，国家主管部门可以命令申请者向该个人、团体或组织直接支付一定数量的货币。《生物多样性条例》第 20 条规定了公平惠益分享的标准，包括如下主要内容：国家主管部门应通过官方公报中的通知形式制定指南和说明惠益分享方案，该指南应规定货币和其他惠益，如合资企业、技术转让、产品开发、教育和意识提升活动、机构能力建设和风险资本基金。国家主管部门在给予任何人获取或研究成果转让或申请专利和知识产权或向第三方转让已获取的生物资源或相关传统知识的批准时，可以施加确保公正分享因利用已获取的生物材料和相关传统知识而产生的惠益的条款与条件，惠益的数额应与当地机构和惠益主张者协商，国家主管部门应依照每一案件情况规定取得短期、中期和长期惠益的时间范围[①]。

---

① 朱洪云、董海龙、芮亚培、刘海平：《印度的生物遗传资源立法》，《世界农业》2011 年第 5 期。

(三)欧盟关于遗传资源的法律规定

1. 概述

欧盟认为,公平分享利用遗传资源所取得的惠益有利于促进生物多样性的保护和可持续利用。欧盟于 1993 年 12 月批准加入了《生物多样性公约》,并积极推动《公约》的实施。对于遗传资源获取与惠益分享,欧盟的政策主要是考虑国际的相互合作,特别是与发展中国家的合作。欧盟支持建立遗传资源获取与惠益分享的《波恩准则》。

就全世界范围来看,在研究和发明新物种方面,欧洲历来是全球生物遗传资源的重要使用者。同时,欧洲也是生物遗传资源的提供者。欧洲收藏并储存了很重要的外来生物资源,这些收藏的生物资源在科学研究和技术转让中为遗传资源的保存和可持续利用起到了重要的作用。

欧盟对自身的定位其实更倾向于一个遗传资源的使用者而非提供者的角色。在欧盟提交给国际组织有关问题的报告中,在对遗传资源下定义时强调:遗传资源的使用方绝大多数为发达国家,而提供者则通常为发展中国家。欧盟也一直强调,欧洲在广泛的领域具有获取生物遗传资源的巨大商业需求。

2. 相关法律政策规定

欧盟于 1998 年 7 月 6 日通过了《关于生物技术发明的法律保护指令》(EC、98、44)试图为那些遵守生物技术来源国的立法的行为以及在获取和利用这些材料时遵守合同安排的行为提供支持。该指令第 27 节规定,如果某项发明是以来自植物或动物的生物材料为基础,或使用了这些材料,其专利申请应该在适用情况下说明所了解的这些材料的起源地。然而,这一披露要求是自愿性质的,并不影响后续专利的有效性。该规定的自愿性意味着,并不要求所有成员国都必须在本国法律内强制规定披露来源。目前,许多欧洲国家相继修改了自己的立法规定,纷纷要求对生物遗传资源的来源予以披露,但是大部分国家和欧盟的指导思想一致,即披露生物遗传资源的来源的要求,并不影响专利的有效性。

3. 瑞典

瑞典的专利法也规定专利申请应包含生物材料的地理起源信息,考虑到操作起来可能有困难,所以进一步规定如果该起源未知,也应当予以说明。披露要求并没有直接和专利有效性系联系,缺少该信息并不影响专利申请程序或者已授权专利的有效性。瑞典专利法(1967 年 838 号,2004 年 163 号法案修改)第 5a 条规定"如果一项发明是以来源于植物或动物的生物材料为基础的,或它使用了这种材料,在已知的情况下,其专利申请应该包括这种材料地理来源的信息。如果其来源是未知的,这一点应该被说明。在此方面,缺少地理来源或申请人知晓的信息不对专利申请的处理或已授予专利的有效性构成损害。"①

4. 丹麦

为了实施欧盟《生物技术发明法律保护指令》,丹麦对专利法及实施条例也进行了修改。与遗传资源披露来源的有关规定体现在实施条例的第 9 条:如果一项发明涉及或者利用了来自植物或动物的生物材料,申请材料应在已经知道该材料地理起源地的情况下披露包括关于该材料地理来源的信息。如果申请人不知道材料的地理原产地,应在申请中予以说明。未提供关于材料的地理原产地信息或不知这方面的信息不影响对专利申请的评价或已授权专利的有效性。违反上述规定意味着触犯了丹麦刑法中关于向公共当局提供正确信息的义务②。

5. 意大利

意大利的有关规定为实施欧盟第 98/44 号指令而于 2006 年 2 月 22 日颁布的第 78 号法律。该法律的第五条第二款规定在提出专利申请时,必须指明发明创造所依赖的生物材料的原产国从而披露其来源,以便查明不违反进出口规则。违法规定的惩罚还不能预见,如果不遵守规定,可能导致专利申请被驳回或者已授权专利被撤销③。

(四)澳大利亚遗传资源保护的立法及实践

澳大利亚也是占据世界生物多样性的个生物多样性特别丰富的国家之一,在发达国家中排名第一。澳大利亚生物多样性具有本土性。从物种层面上来看,其花本植物、草本植物、陆地鸟类以及爬行动物都是澳大利亚所独有的。澳大利亚生物多样性的丰富吸引了世界各地的生物开发者。总的来说,澳大利亚是一个发达国家,其在生物技术领域内的经济实力和技术水平明显高于一般发展中国家,而同美国、日本等生物技术先进的发达国家相比,其还属于初级阶段。尽管澳大利亚已经有很多家公司参与生物遗传资源的开发研究,但同其他发达国家的公司相比,一是规模小,二是技术水平不高,主要从事筛选动植物活性、寻找成分的工作。这些公司一旦发现生物活性成分,就将其知识产权卖给其他发达国家的跨国公司,没有进一步的产品开发、营销等商业运作。因此,从很大程度上来说,澳大利亚并没有从其本国境内的遗传资源中获得切实的利益。

为了更好地对生物遗传资源进行保护以及从中获得足够的回报,澳大利亚联邦政府与各州政府制定了一系列关于生物遗传资源保护的法律、政策。澳大利亚实行联邦制政体,并且同其他类似制度一样,各级政府分享权力和管辖权。管理自然资源的责任由地区、州和联邦各级政府分担。总的来说,这种分头管

---

① 国家知识产权局条法司编:《〈专利法〉及〈专利法实施细则〉第三次修改专题研究报告(上卷)》,知识产权出版社 2006 年版,第 596 页。

② 张小勇:《遗传资源的获取和惠益分享与知识产权》,知识产权出版社 2007 年版,第 290 页。

③ https://www.aippi.org/download/comitees/166/SRl66English.pdf 2009 - 3 - 1。

理责任对于确定权利以及统一全国认识更具挑战性。2002 年,联邦关于获取遗传资源的调查报告就一项计划提出咨询意见,建议通过《环境保护和生物多样性保护法》实施这一有法律效力的计划。该计划规定了自联邦地区获得的当地生物资源的获取许可证,有关政府机构或土地所有者可予以批准或拒绝。该法律规定,"生物资源的传统所有人做出的关于拒绝获取其资源的决定为最终决定"。联邦所属地区的生物发现归《环境保护和生物多样性保护条例》(以下简称《条例》)管辖。并且《条例》规定了对于联邦地区发现的遗传和生物化学资源的获取。根据《条例》,寻求获取生物遗传资源的人必须向环境和水资源部申请许可证。考虑到联邦结构,为了实现对于生物多样性的保护,履行《生物多样性公约》规定的获取和惠益分享义务,澳大利亚决定制定全国统一做法。2002年 10 月 11 日,澳大利亚通过并认可了题为"获取和利用澳大利亚本土遗传和生物化学资源全国统一做法"的总体政策,而这一战略目前是澳大利亚实施获取和惠益分享制度的基础①。

(五)安第斯共同体的规定

安第斯共同体(简称安共体),是拉丁美洲国家在经济方面进行合作的地区性经济组织,哥伦比亚和厄瓜多尔、秘鲁、玻利维亚都是其成员国。安第斯共同体的有关法律将提供遗传资源的使用合同作为获得专利的前提条件,把遗传资源的来源披露问题和专利的有效性直接挂钩。若违反披露义务,主管当局可以宣布相关专利无效。

安第斯第 391 号决定第三附则规定"当明确或有合理迹象表明,要求保护的产品或方法是由来源于任何成员国的遗传资源或其副产品所获取或形成的,国家知识产权主管机关应当要求申请人提供获取合同的登记号并提供其副本作为获得相应权利的先决条件。""国家主管机关和国家知识产权主管局之间应建立机制就获取授权合同和授予的知识产权进行信息交换②"。

安第斯第 486 号决定在第二十六款中规定:专利申请必须向有法定资格的国家专利办公室提出,并且:如果专利申请针对的产品或过程是从遗传资源获得或发展的,或是从源自某一成员国的产品获得或发展的,则应有一份使用合同的拷贝;如果可实施的话,根据《安第斯第 391 号决定》及其有效的修正条款和规章,应有一份证明申请人获准使用成员国本土、非裔美洲和本土社区的传统知识的文件拷贝,在这些成员国,要求保护的产品或过程是在源于任何一个成员国知识的基础上获得或发展的。

---

① 李一丁、武建勇:《澳大利亚生物遗传资源获取与惠益分享法制现状、案例与启示》,《农业资源与环境学报》,2017 年,第 1 期。

② 国家知识产权局条法司编:《专利法研究 2005》,知识产权出版社 2006 年版,第 213 页。

五、我国遗传资源立法现状及未来展望

（一）我国尚无完整政策与法规体系

我国目前尚未颁布动物遗传资源管理方面的专门立法，与动物遗传资源保护和可持续利用相关的立法主要体现在宪法、野生动物资源管理立法、家养动物种质资源管理立法、动植物检疫立法等四方面立法之中。

我国《宪法》第9条规定，国家保障自然资源的合理利用，保护珍贵的动物和植物；禁止任何组织或者个人用任何手段侵占或者破坏自然资源。《宪法》第26条规定，国家保护和改善生活环境和生态环境，防治污染和其他公害。这些规定为动物遗传资源保护提供了宪法依据。

我国野生动物资源管理方面的立法数量较多，依照颁布时间先后顺序主要包括：1979年《水产资源繁殖保护条例》、1988年《野生动物保护法》、1992年林业部《陆生野生动物保护实施条例》、1993年农业部《水生野生动物保护实施条例》、1993年《自然保护区管理条例》、1998年《森林法》、2000年《渔业法》、2002年《草原法》等。这些立法主要包括野生动物资源权属、野生动物资源保护和野生动物资源利用管理等三方面内容，从资源管理角度为野生动物遗传资源管理提供了一定的法律依据。

（二）我国动物遗传资源立法存在的主要问题

尽管我国目前已制定和实施了上述相关立法，但从动物遗传资源管理的角度看，这些立法尚待进一步健全和完善，其中存在的问题主要体现在法规体系、管理体制、管理制度、调整内容、权利体系、与国际规则接轨程度等六个方面。

在法规体系方面，专门立法缺位。《野生动物保护法》《陆生野生动物保护实施条例》《水生野生动物保护实施条例》等涉及的主要是野生动物资源管理，《种畜禽管理条例》《种畜禽管理条例实施细则》等主要涉及的是家养动物种质资源管理。这些法律、法规和行政规章大多从自然保护的角度出发，附带涉及动物遗传资源的管理和保护，尽管也不同程度地为动物遗传资源管理提供了依据，但其中关于遗传资源管理的规定大多是隐含性的，并且此种隐含性的规定往往非常笼统，可操作性不强，从而为具体适用带来了相当大的难度。为此，制定能够统领现有相关立法中有关动物遗传资源管理相关规定的专门立法，就动物遗传资源管理作出全面的规定，就成为迫切之需。

在管理体制方面，我国在动物遗传资源管理领域实行归口管理体制，主要存在两个方面的问题。一方面，缺少统一高效的遗传资源管理机构，相关事务的管理分散于有关行政主管部门。例如，种畜禽的进出口，是在农业部畜牧局或者地方畜牧部门指导下，由种畜禽进出口公司进行；而野生动物资源管理，则主要由林业行政主管部门负责。分散管理体制导致了分割管理和效率降低两

方面的消极后果。另一方面,缺少有效的遗传资源管理程序。例如,《进出境动植物检疫法》从进出口检疫的角度,对遗传资源的管理和保护作出了规定;《种畜禽管理条例》则从畜禽品种的培育、审定、生产、经营等环节,作出了相应的程序性规定。但是,这些程序未针对遗传资源本身作出规定,而仅是通过对相关行业或者领域的管理,间接地实现对遗传资源的保护。尽管这种基于行业管理的程序对动物遗传资源管理和保护起到了一定的作用,但由于缺乏针对遗传资源管理需要和符合遗传资源管理特点的专门规定,无法满足目前对加强遗传资源管理的需要。

在权利体系方面,基本权利制度欠缺。这方面的问题主要体现为:一方面,权利归属不明确。《野生动物保护法》确立了野生动物资源的国家所有权。但是,对蕴含其中的野生动物遗传资源的权利归属却未作明确规定。另一方面,权利体系内容不全面。在我国目前关于动物遗传资源管理的法律规定中,土著居民的权利和农民的权利没有受到应有的重视。事实上,遗传资源的获取与惠益分享与土著居民和农民的利益密切相关,缺少了对他们权利的规定,权利体系是不完整的。另外,国家的遗传资源收益权也缺少明确的程序性规定作为保障。权利体系内容的欠缺不仅不利于保护有关利益各方的权益,而且也不符合相关国际规则的要求。

在与国际规则接轨程度方面,与有关国际条约的要求存在差距,履行国际义务和加强国内管理深受影响。目前,与动物遗传资源管理、保护和利用有关的国际法文件主要包括《生物多样性公约》以及《波恩准则》《有关获取和惠益分享的未尽事宜的进一步审查:用语、其他方法和履约措施》《吉隆坡部长宣言》等。我国是《生物多样性公约》缔约方,有义务履行该《公约》规定的有关遗传资源获取与惠益分享的义务。然而,我国相关立法对动物遗传资源管理和保护的规定,与这些国际规则的要求项目比尚有相当大的差距,这在遗传资源获取和惠益分享的方式、程序、条件等方面体现得尤为突出。作为一个生物多样性和动物遗传资源赋存大国和主要提供国之一,我国亟须根据国际规则的要求,完善国内相关立法,以履行自己承诺的国际义务,同时基于国际规则和国内法律规定,加强动物遗传资源管理,更好地保护我国的动物遗传资源,并广泛参与遗传资源的惠益分享。

(三)我国动物遗传资源立法的完善建议

1. 完遗传资派知识产权保护立法

我国遗传资源和传统知识都很丰富,生物技术水平也处于世界前列,保护遗传资源的可选择余地就比较大,应该站在知识产权的高度上来全盘考虑如何保护遗传资源,从而获取最大的利益。同时,当今的国际社会中,知识产权权利的不断扩张和对其日益增强的法律保护,已经成为不可逆转的趋势。知识产权不仅仅在遗传资源商业化利用中起到激励作用,而且可以对惠益的产生和分配施加至关重要的影响①。与此相适应,为了有效地保护我国的遗传资源,以及确保我国作为遗传资源的原产国或提供国实质性地参与惠益的分享,我国立法机关应当针对我国的实际情况,借鉴其他国家的先进经验,采取下列措施,完善知识产权立法:

第一,我国应制定一部综合保护生物多样性及遗传资源的法律。我国同印度一样面临着相似的问题,即生态环境遭到破坏、物种加速灭绝以及遗传资源遭到大肆掠夺等。因此,我国应当制定一部综合性的法律,建立起一套相互支持、相互作用的三层架构机制,即生物资源的保护机制、可持续利用机制和利益共享机制,从而促进对生物遗传资源的全方位保护。

第二,制定专项法律,严厉打击"生物海盗"行为。针对"生物海盗"行为,巴西通过专项法律明确规定了对"生物海盗"行为的处罚。我国目前生物遗传资源流失严重,比如美国孟山都公司抢占我国野生大豆专利的事件,然而事件发生后,我国却没有针对"生物海盗"行为的严厉处罚措施。因此,制定打击该项行为的专项法律已成为当务之急。

第三,在规定申请与遗传资源有关的知识产权时,披露遗传资源及传统知识的来源和事先知情同意的证据。我国应当借鉴安第斯共同体国家、巴西、哥斯达黎加等国家的成功做法,修订相关法律关于提交信息的规定,增加在申请专利和植物新品种权时披露其成果所涉及遗传资源和传统知识的来源以及事先知情同意证据的要求。

未来立法可对此作如下规定:当专利申请人请求保护发明专利时,应当在专利申请中披露此种遗传资源的来源和其已知的地理原产地,以及从原产国主管部门或其他机构获得的事先知情同意证书和与原产国主管部门或其他的资源提供者缔结的获取和惠益分享协议。同时应明确,不遵守遗传资源的披露要求将导致拒绝授予或者丧失已获得的知识产权。

第四,在适当条件下增加与遗传资源有关的知识产权法定许可。我国应该借鉴巴西等国的经验,在知识产权法律中增加基于遗传资源而产生的知识产权的法定许可,即规定如果获得知识产权的智力成果是根据来源于我国所提供的遗传资源或传统知识形成的,该项智力成果的所有者必须向我国主管部门制定的机构无偿转让或允许其免费使用,并允许进一步的商业开发利用。

第五,应当增加在适当条件下共同享有知识产权的规定。

我国还应当借鉴印度的规定,在获取与惠益分享管制立法中明确规定共同享有知识产权的内容。我国国内合作机构在参与遗传资源开发过程时与遗传资源

① 朱雪忠、杨远斌:《基于遗传资源所产生的知识产权利益分享机制与中国的选择》,《科技与法律》2003 年第 3 期。

利用者共同对最终智力成果的形成做出实质性贡献的,应当由我国国内合作机构与遗传资源利用者共同享有该智力成果的知识产权。应当指出的是,无论国内研究机构是否做出贡献,都强制要求共享知识产权的规定并不合适,可能会起到"矫枉过正"的效果。因此,共同享有知识产权的前提是我国国内合作机构确实做出了"实质性贡献"。如果我国国内参与机构仅仅从事收集和初步筛选等较低技术含量的研发工作,而没有参与实质性突破的研发过程,就不应当主张共同享有知识产权。不过,对于此类"初级形态的"研发合作,实践中应予以限制①。

2. 明确我国对于境内的遗传资源享有主权

我国作为世界上生物多样性最为丰富的国家之一,除了在《种子法》第 11 条明确地宣示了"国家对种质资源享有主权"外,还没有其他任何与遗传资源相关的法律做出此类规定,这与我国作为遗传资源大国的地位极不相符。

因此,我国政府应该通过制定有关遗传资源的专门法律,并在里面明确规定国家对遗传资源享有主权,或者对现行法律予以修改,增加有关遗传资源的主权条款。结合实际情况,我国可以制定一部综合性的生物多样性法律,将有关生物遗传资源的所有问题全部纳入其中,并在总则内明确规定到"国家对遗传资源享有主权"。这样,既可以解决我国目前法律保护不全面的问题,又可以宣示国家对本国境内的所有遗传资源都享有主权,从根本上解决我国遗传资源保护无法可依的问题。

当然,这种综合性立法必然导致立法的原则性较强,缺乏可操作性,我国可以通过制定该法律中所涉及各方面问题的具体实施细则来解决此问题。此外,在我国规定享有遗传资源主权的同时,也应负有一定的义务。这种义务就是在《生物多样性公约》第 3 条和第 15 条第 2 款中规定的行使主权时"不至于对其他国家的环境或国家管辖范围以外的环境造成损害"和"便利其他缔约国取得遗传资源用于无害环境的用途"的义务。这表明尽管一国对其遗传资源享有主权,但这种主权是不能够被一国随心所欲地行使,而是应该为了生物多样性的保护及其可持续发展,为了造福于整个人类而使用。

然而仅仅确立国家主权原则是不够的,还必须在主权原则下,明确遗传资源持有者的责任,否则遗传资源的保护落不到实处。我国基因资源流失的现状已说明了这一点。我国是世界上生物盗版比较严重的地区。根据我国的现行立法遗传基因资源的所有权属于国家,而其具体管理则由研究机构负责国家生物基因资源保护和管理机构由多个部门掌管如农业部、国家林业局等,地方基本没有管理机构,这必然造成产权主体虚置。为了有效地保护基因资源,必须区分国家的公法责任和基因资源持有者的私法责任。由于主权是国际公法上的概念,是国与国

---

① 秦天宝:《遗传资源获取与惠益分享的法律问题研究》,武汉大学出版社 2006 年版,第 646 页。

之间的权力划分,主权被侵犯一般只能通过国际政治、军事和经济斗争来解决,而无法通过诉讼途径来救济。即使专利权人是用偷盗的基因材料研究并申请专利,原材料原产国也无法提起侵犯主权之诉。因此,必须在主权原则的前提下,对基因资源进行私法上的权利界定,明确基因资源的私法主体,以便发生生物盗版时,借助司法途径寻求法律救济,从而产生与主权保护相得益彰之效。

3. 建立事先知情同意机制

事先知情同意机制是为了确保三大目标之一——公平合理地分享利用遗传资源所产生的惠益的而制定的,其基本原理是供应遗传资源的国家及其实际提供者享有对被申请获取的遗传资源及相关传统知识的所有权或控制权,获取申请者必须在尊重此项权利的基础上向国家和利益相关者提供关于拟开展的生物开发活动的全面信息,以减少甚至避免两者之间的信息失衡,提供遗传资源的国家和利益相关者在充分知情的情况下与获取申请者达成获取与惠益分享安排,将能够最大限度地保障交易的公平性。①

到目前为止,我国在法律中明确规定事先知情同意制度的法律文件,只有《人类遗传资源管理暂行办法》,这在我国生物遗传资源保护方面是一个重大突破。但是,该办法是由原科技部和卫生部发布的,效力等级只是部门规章,并且对于"事先知情同意"制度的规定也不够科学。因此,为了维护国家利益,能够切实地分享基于遗传资源而产生的惠益,我国应该进行专门性的立法,对"事先知情同意"制度进行全面地、具体地、科学地规定。

鉴于遗传资源获取和利益分享问题的复杂性,应当由国家一级的专门主管部门来统一综合管理,同时以区域为基础,设立区域主管机构来负责具体的管理,但对于获取遗传资源的申请应由国家主管部门同意批准。

事先知情同意制度应当涉及以下几个方面的问题:

第一,应当进一步明确事先同意制度的适用范围。该制度应适用于我国境内的所有的遗传资源,包括野生动植物、驯养动物、栽培植物、微生物以及人类遗传资源。凡涉及上述遗传资源的勘探、鉴定、采集、收集、实验、生产、销售、交换和交易等行为,均需取得遗传资源所有人及政府主管部门的双重事先同意。

第二,事先知情同意制度的内容应当包括以下遗传资源的具体用途:获取的方式或者过程,保证是以合理、无害的方式取得;申请者真实的个人信息;此外,还应当包括以下相关内容一般限制内容:即是否限制遗传资源所有者今后对第三方的许可使用;获取方是否可以许可第三方使用;进一步利用的报告;是否需要用户定期提交有关遗传资源进一步利用的报告,这种报告的形式以及向哪方提供;政府对进行合作研究的政策,如知识产权,对遗传资源派生出的利益分享,还应明确

---

① 秦天宝:《遗传资源获取与惠益分享的法律问题研究》,武汉大学出版社 2006 年版,第 398 页。

政府得到利益后对其的分配规则,如何按照获得协议在一国的公民和民间实体间分配利益;生物安全上的限制,以保证遗传资源的安全交换;是否需要支付获取费和采集许可证或其他许可证。

第三,如果不规定救济制度,事先知情同意程序就会形同虚设,无法发挥任何作用。因此,必须在法律中规定,对未取得事先知情同意而从事遗传资源的获取和利用活动的,遗传资源所有人有权向人民法院提起诉讼,要求停止侵害和获得损害赔偿,同时有关主管部门亦可要求其停止有关活动,并处以罚款。对于申请专利的,可以以违反事先知情同意程序为由不予授权。

第八章　互联网时代各国知识产权法的发展

　　20世纪中后期,被称为第四媒体的因特网的出现,使人们利用作品的方式和环境发生了重大变化。美国著名的计算机科学家尼葛洛庞帝(Nicholas Negroponte)认为,后信息社会最重要的特征是"真正的个人化",它必须具有双向互动性。正因为这种交互性传播特点的存在,使作品存在的形式、传播的方式、使用的方式,甚至创作的模式均相应发生了改变。因此,在网络环境下,调整作者和相关权利人与社会公众之间原有利益均衡的相关法律规范已经出现了某些不和谐之处,已经不能在新的条件下继续维持主体之间利益平衡的局面。对此,世界各国和国际组织进行了积极的探索和尝试,并对现有立法进行调整。调整的方式,要么是修改原有的条约和法律、法规,要么是制定新的国际条约和法律规范。调整的目的,就是解决新技术所打破旧有的利益平衡机制并创造新的利益均衡局面。如果无视这种变化,则其制定的相应的条约和法律规范,要么是过时的,要么是无法适用的,其结果,该条约要么被废止,要么形同一纸空文。本章主要论述数字网络发展对传统知识产权制度的冲击及其立法回应,着重论述各国在网络知识产权保护方面的立场和得失。

第一节　国际组织因应互联网发展的修法过程

一、网络环境对知识产权制度的冲击

(一)作品复制的高质量、低成本

　　古往今来,作品一直是附着在一定的媒介物上的,如石窟壁画、龟甲、兽皮、竹简、纸张等。早期的复制只有一种方式,就是利用人力依照原本复制描绘或制作一份,随着印刷术的发展,作品可以被大量生产和复制,而复印机的发展,更是将模拟复制技术发挥到极致,技术的发展使得作品的复制一直向简易化的方向发展。在数字网络环境下,使用者通过个人计算机即可进行快速且大量的复制,不需要大量的资金或人力、特殊的机器设备,直接将作品复制的简易程度推向最高峰。更重要的是,数字技术支持制作完美的副本,消除了一些复制的最为重要的障碍。传统上看,如果要复制和传播依附于某一特定物理载体的内容需要进行投资,包括物质载体本身,而且复制的副本质量极差,从而遏制了复制行为的发生。而数字技术完全不受这些限制,例如,通过模拟方式记录的 CD、无线电广播和书籍的复本质量明显下降,而数字副本与母本品质几乎相同,一个数字的副本可以

用来生产无数其他的数字副本,质量品质几乎与母本相同。作品复制的高质量、低成本对以复制权为核心的版权的打击无疑是沉重的,甚至有可能颠覆著作权保护的观念。

(二)作品创作的普及化

在数字网络环境下,不仅接触、利用作品更为简易、方便,而且作品创作及出版的门槛也大为降低。数字技术为更多的人提供了更为方便的创作工具;数字录像机使得电影工作者不再受限于高昂的创作成本、计算机绘图软件使工程图、艺术创作变得更容易、计算机作曲软件使得音乐创作更轻松;而因特网更是为数字作品提供了低廉的出版渠道,从而满足人类与生俱来的创作欲望。加上数字技术使得信息接触、传递、利用更为容易,社会大众更容易受到各式各样的刺激而进行创作,从利用人转化为著作人。以目前因特网上的作品为例,博客上的言论、电子邮件的往来、网页的制作、数字音乐的创作,都是受著作权法保护的作品,自因特网商业化以来,网络上的作品数量呈现极快速的成长,著作人多非过去传统意义上的作者,而是另一种新兴的网络创作族群。这些利用数字网络技术的新兴著作人,可能遍及全世界各地,可能不同 ID 代表相同的人,可能由于匿名性不易找出真正创作人,可能因为任意转载引用而导致无法确定真正的创作人。这就会使传统作品的利用、授权产生适用上的难题。

(三)作品的扩散速度极大化

单独的数字技术在早期对于著作权制度的冲击,与录音机、录像机对于录音、录像作品所产生的冲击类似。录音机或录像机的普及,使得录音及视听作品通过家庭中备置的机器,即可轻易复制。当数字技术与因特网结合以后,信息的传播被推向几乎无时差、无地域的境界,任何数字作品都可以接近零的成本,通过网络实时传输到世界各个角落,相对于过去通过录音带、磁盘以人际网络的传播更是难以相提并论。从事作品传播的人,并不是庞大的商业集团,而是你我身边的亲朋好友,几乎全世界的人都加入作品传播的族群之中。就拿数字音乐的经历来说,一首歌曲可以以数字方式记录并以 MP3 格式存储,音乐可以被直接存储为MP3 格式,或者是从 CD 转换;音乐文件然后被迅速快捷地通过互联网向他人传播,可以粘贴在新闻组中,在聊天室中共享,或者随邮件发送;一旦从互联网上下载,用户可以在计算机硬盘上存储 MP3,之后可以在空白的 CD 刻制,或者存储在其他的存储设备上;Napster 和其他的 P2P 网络不仅允许个人在互联网上搜索,而且可以在别人电脑硬盘上搜索文件。任何应用计算机并进入互联网的人都有可能成为复制者和音乐的发行人。这对于著作权的保护而言,无疑是前所未有的冲击。

(四)储存媒介的大容量、低成本

目前数字储存的媒介,包括硬盘、光盘、U 盘等,随着科技的进步,储存媒介及录制的机器成本日益下降。此种趋势使得个人拥有数字复制设备的普及率大幅提升,进行数字复制的时间、成本也大幅下降,今天的计算机使用者已经拥有与过去商业作品利用人相同的著作权侵害能力。这对于一直以来将个人使用与商业利用相区分的著作权制度必然产生极大的冲击。过去著作权法对于家庭或个人非营利范围的复制行为,通常规范为合理使用,只要在合理范围内,可不用担心侵害著作权的问题。此种立法的考虑,固然有促进文化信息流通的用意,在多数情况下是考虑到家庭或个人的复制行为对著作权市场的影响不大,且著作权人在针对家庭或个人侵害著作权的追索上也有困难。为避免著作权制度过分影响日常生活,故在制度设计上,对于著作权人权利作此适当限缩。然而,由于个人在数字网络环境下已经拥有"超凡的侵害能力",其影响已不亚于商业性使用,此种立法设计开始受到挑战。如何平衡此种冲突,乃是各国调整知识产权法时所必须考虑的议题。

(五)数字产品的技术控制更严

数字技术一方面促进了数字信息的复制和传播,另一方面也使作者和出版商获得对作品的更多的控制权。数字技术依赖计算机代码运作,计算机代码也可以用来约束行为。例如,通过使用加密技术,版权持有人可以控制他们作品的获得方式,防止未经授权取得数字内容。通过技术支持,内容提供者不仅可以就每一个副本向用户收费,理论上来说每一次使用副本时都可以收取费用,可以限制文件被使用的地点,甚至可以程序设定在某一特定时间文件过期。DVD 就可以通过加密手段添加复制保护,录制在 DVD 上的电影只能通过获得许可计算机设备播放,而设备通过程序指令只能允许用户播放,而不能拷贝电影[1]。因此,数字技术既有解放创造的能力也有限制传播的能力。数字技术导致数字困境存在:一方面,数字技术可以降低复制的成本,提高复制品的质量,另一方面,它也可以被用来限制获取数字内容。21 世纪的最大争论是应该向哪个方向发展。争论并不是关于技术,因为技术只是决定形式,而不是结果。法律和政治才决定结果[2]。

二、世界知识产权组织(WIPO)的"因特网条约"

(一)WIPO"因特网条约"的产生

为适应全球信息网等高科技对著作权的挑战,世界知识产权组织进行了一系列的研究。20 世纪 80 年代末,该组织已感到仅仅进行"指导工作"已呈现出不足,新的国际标准变得不可或缺。与关贸总协定谈判中涉及该问题的论坛相平行

---

① Raymond Shih Ray Ku,The Creative Destruction of Copyright:Napster and the New Economics of Digital Technology,The University of Chicago Law Review,2002,69(1):276.

② 王素玉:《版权法的经济分析》,吉林大学法经济学专业博士学位论文,2009 年 7 月,第 118 页。

的世界知识产权组织的专家委员会开始了另一个论坛。新规则产生于这两个论坛中。关贸总协定的谈判产生的 TRIPs 协议并未解决新技术带来的许多具体法律问题，TRIPs 签署后，有关数字化的版权与相关权问题的争论立即在日内瓦的世界知识产权组织外交会议上展开，1996 年 12 月，150 多个国家就传统版权的原则在数字化世界的应用等问题进行了激烈的争论。在复制权的定义、向公众传播权、出租权和可能达成的新的网络版权条约等方面开展了磋商。会议期间，来自欧洲版权用户联盟、文化、教育、工业、出版界的代表在日内瓦的会场外开展了游说活动。会议最后达成了《世界知识产权组织版权条约》，(WIPO Copyright Treaty 以下简称 WCT，有人称之为数字版权条约)和《世界知识产权组织录音制品条约》(WIPO Performances and Phonograms Treaty，简称为录音制品条约或 WPPT)两个重要文件，又称"因特网条约"。

但是，会议上由美国、欧盟提出的《世界知识产权组织数据库条约》则受到发展中国家的广泛抵制。一些国家质疑是否有必要在现有的版权条约框架外再订立一个新公约，有的国家反对为数据库设置"特别权"保护。会议最后未能通过该条约，但是在通过的决议中决定继续就这一问题进行磋商。这次会议留下的另一个引起激烈斗争的问题是关于表演者权利的问题。《世界知识产权组织录音制品条约》确定的表演者的权利仅仅限于"表演者对其以录音制品录制的"表演，但对于表演者在视听作品中的权利却未能解决。在 1996 年的日内瓦会议上决定另外制订文件解决该问题。此后，世界知识产权组织在 1997—2000 年分别召开了两次专家会议和四次常设委员会会议及多次地区磋商，专门讨论这一问题。多数国家同意《录音制品条约》应包括视听表演者的权利，但有的国家如美国、印度主张用单独立法的方法保护这一权利，其他的国家则主张以《录音制品条约议定书》的形式解决。目前，对这方面的分歧还没有解决，原计划在 2000 年底通过的文件至今未能通过。这一可能通过的新条约被欧洲学者称为第二代 TRIPs(TRIPs II)。

(二)《世界知识产权组织版权条约》(WCT)[①]

《世界知识产权组织版权条约》(WCT)于 1996 年 12 月经 WIPO 外交会议通过，WIPO 并于 2001 年 12 月 6 日发布 WCT，已经有 30 个国家批准，已于 2002 年 3 月 6 日生效。WCT 中与网络知识产权相关的主要内容有：

1. 对公众传播权

WCT 第 8 条规定："向公众传播的权利：在不损害《伯尔尼公约》第 11 条第(1)款第(ii)目、第 11 条之二第(1)款第(i)和(ii)目、第 11 条之三第(1)款第(ii)目、第 14 条第(1)款第(ii)目和第 14 条之二第(1)款的规定的情况下，文学和艺术作品的作者应享有专有权，以授权将其作品以有线或无线方式向公众传播，包括

---

① 该条约中译本见 http://www.wipo.int/cn/treaties/ip/wct/index.html

将其作品向公众提供,使公众中的成员在其个人选定的地点和时间可获得这些作品。"①

2. 技术措施义务

WCT 第 11 条规定:"关于技术措施的义务:缔约各方应规定适当的法律保护和有效的法律补救办法,制止规避由作者为行使本条约所规定的权利而使用的、对就其作品进行未经该有关作者许可或未由法律准许的行为加以约束的有效科技措施。"

3. 权利管理信息的义务

WCT 第 12 条规定:"关于权利管理信息的义务:

(1)缔约各方应规定适当和有效的法律补救办法,制止任何人明知、或就民事补救而言有合理根据知道其行为会诱使、促成、便利或包庇对本条约或《伯尔尼公约》所涵盖的任何权利的侵犯而故意从事以下行为:

① 未经许可去除或改变任何权利管理的电子信息;

② 未经许可发行、为发行目的进口、广播、或向公众传播明知已被未经许可去除或改变权利管理电子信息的作品或作品的复制品。

(2)本条中的用语"权利管理信息"系指识别作品、作品的作者、对作品拥有任何权利的所有人的信息,或有关作品使用的条款和条件的信息,和代表此种信息的任何数字或代码,各该项信息均附于作品的每件复制品上或在作品向公众进行传播时出现②。

(三)《世界知识产权组织录音制品条约》(WPPT)③

《世界知识产权组织录音制品条约》(WPPT)于 1996 年 12 月经 WIPO 外交会议通过,已于 2002 年 5 月 20 日正式生效,签约国家为 34 国。WPPT 中与网络知识产权相关的主要内容有:

1. 表演者权

WPPT 第 6 条规定:"表演者应享有专有权,对于其表演授权:

(1)广播和向公众传播其尚未录制的表演,除非该表演本身已属广播表演;

(2)录制其尚未录制的表演。"

WPPT 第 10 条规定:"提供已录制表演的权利:表演者应享有专有权,以授权通过有线或无线的方式向公众提供其以录音制品录制的表演,使该表演可为公众

① 关于第 8 条的议定声明:不言而喻,仅仅为促成或进行传播提供实物设施不致构成本条约或《伯尔尼公约》意义下的传播。并且,第 8 条中的任何内容均不得理解为阻止缔约方适用第 11 条之二第(2)款。

② 关于第 12 条的议定声明:不言而喻,"对本条约或《伯尔尼公约》所涵盖的任何权利的侵犯"的提法既包括专有权,也包括获得报酬的权利。此外,不言而喻,缔约各方不会依赖本来来制定或实施要求履行为《伯尔尼公约》或本条约所不允许的手续的权利管理制度,从而阻止商品的自由流通或妨碍享有依本条约规定的权利。

③ 该条约中译本见 http://www.wipo.int/cn/treaties/ip/wppt/

中的成员在其个人选定的地点和时间获得。"

2. 录音制品制作者的权利

WPPT 第 11 条规定:"复制权:录音制品制作者应享有授权以任何方式或形式对其录音制品直接或间接地进行复制的专有权。"①

WPPT 第 14 条规定:"提供录音制品的权利:录音制品制作者应享有专有权,以授权通过有线或无线的方式向公众提供其录音制品,使该录音制品可为公众中的成员在其个人选定的地点和时间获得。"

3. 广播及向公众传播权

WPPT 第 15 条规定:"因广播和向公众传播获得报酬的权利:

(1)对于将为商业目的发行的录音制品直接或间接地用于广播或用于对公众的任何传播,表演者和录音制品制作者应享有获得一次性合理报酬的权利。

(2)缔约各方可在其国内立法中规定,该一次性合理报酬应由表演者、或由录音制品制作者或由二者向用户索取。缔约各方可制定国内立法,对表演者和录音制品制作者之间如未达成协议,表演者和录音制品制作者应如何分配该一次性合理报酬所依据的条件做出规定。

(3)任何缔约方均可在向世界知识产权组织总干事交存的通知书中,声明其将仅对某些使用适用本条第(1)款的规定,或声明其将以某种其他方式对其适用加以限制,或声明其将根本不适用这些规定。

(4)在本条中,以有线或无线的方式向公众提供的、可为公众中的成员在其个人选定的地点和时间获得的录音制品应被认为仿佛其原本即为商业目的而发行。②"

4. 技术措施义务

WPPT 第 18 条规定:"关于技术措施的义务:缔约各方应规定适当的法律保护和有效的法律补救办法,制止规避由表演者或录音制品制作者为行使本条约所规定的权利而使用的、对就其表演或录音制品进行未经该有关表演者或录音制品制作者许可、或未由法律准许的行为加以约束的有效技术措施。"

5. 权利管理信息义务

"关于权利管理信息的义务:(1)缔约各方应规定适当和有效的法律补救办

---

① 关于第 7、11 和 16 条的议定声明:第 7 条和第 11 条所规定的复制权及其中通过第 16 条允许的例外,完全适用于数字环境,尤其是以数字形式使用表演和录音制品的情况。不言而喻,在电子媒体中以数字形式存储受保护的表演或录音制品,构成这些条款意义下的复制。

② 关于第 15 条的议定声明:不言而喻,第 15 条并非表示完全解决表演者和录音制品制作者在数字时代应享有的广播和向公众传播的权利的水平。各代表团未能就关于需在若干情况下规定专有权的几个方面或关于需在没有保留可能情况下规定权利的不同提案达成协议一致,因此将就此议题留待以后解决。关于第 15 条的议定声明:不言而喻,第 15 条不妨碍将本条授予的权利提供给民间文学艺术作品的表演者和录制民间文学艺术作品录音制品的制作者,只要这些录音制品未被以获得商业利润为目的而发行。另外,不言而喻,第 10 条第(2)款既不缩小也不延伸由《伯尔尼公约》所允许的限制与例外的可适用性范围。

法，制止任何人明知、或就民事补救而言有合理根据知道其行为会诱使、促成、便利或包庇对本条约所涵盖的任何权利的侵犯而故意从事以下行为：

①　未经许可去除或改变任何权利管理的电子信息；

②　未经许可发行、为发行目的进口、广播、向公众传播或提供明知已被未经许可去除或改变权利管理电子信息的表演、录制的表演或录音制品的复制品。

（2）本条中的用语"权利管理信息"系指识别表演者、表演者的表演、录音制品制作者、录音制品、对表演或录音制品拥有任何权利的所有人的信息，或有关使用表演或录音制品的条款和条件的信息，和代表此种信息的任何数字或代码，各该项信息均附于录制的表演或录音制品的每件复制品上或在录制的表演或录音制品向公众提供时出现。"①

三、欧盟的相关立法

（一）从《绿皮书》到《指令》

欧盟执行委员会（European Commission）自 1995 年 7 月 19 日发布《信息社会中著作权及其相关权利绿皮书》（Green Paper on Copyright and Related Rights in the Information Society）。然而，由于绿皮书尚存在相当多问题，故于 1996 年 11 月 20 日再度公布《信息社会著作权及其相关权利绿皮书补篇》（Follow－up to The Green Paper on Copyright and Related Rights in The Information Society）的最终确定版②，并建议应采取立法行动。1997 年 12 月 10 日欧盟执行委员会为落实 WCT 及 WPPT 的规定，提出《信息社会中之著作权及其相关权利一致化指令草案》（Proposed Directive on the Harmonization of Certain Aspects of Copyright and Related Rights in the Information Society，COM(97)628 final.）。其后，欧盟委员会针对因特网及私人复制的部分，对前述指令草案提出修改意见。

欧盟议会（European Parliament）及欧盟委员会（European Council）已于 2001 年 5 月 22 日通过《信息社会中的著作权及其相关权利一致化指令》（Directive 2001/29/EC of the European Parliament and of the Council of 22 May 2001 on the harmonisation of certain aspects of copyright and related rights in

---

①　关于第 19 条的议定声明：关于《世界知识产权组织版权条约》第 12 条（涉及关于权利管理信息的义务）的议定声明，亦可比照适用于《世界知识产权组织表演和录音制品条约》的第 19 条（涉及关于权利管理信息的义务）。〔关于 WCT 第 12 条的议定声明原文如下："不言而喻，'对本条约或《伯尔尼公约》所涵盖的任何权利的侵犯'的提法既包括专有权，也括获得报酬的权利。此外，不言而喻，缔约各方不会依赖本条来制定或实施要求履行为《伯尔尼公约》或本条约所不允许的手续的权利管理制度，从而阻止商品的自由流通或妨碍享有依本条约规定的权利。"〕

②　文本来源：http://europa. eu. int/comm/internal_market/en/intprop/news/com568en. pdf

the information society,以下简称《指令》)①。《指令》的制定,主要有两个目的:第一个目的是就数字化和网络环境中的版权保护和相关权保护协调各成员国的法律。第二个目的是实施世界知识产权组织的《版权条约》和《表演录音制品条约》,并进而在欧盟范围内批准这两个新条约。根据两个条约的规定,在有 30 个国家批准或加入条约后,条约就可以在 3 个月以后生效。毫无疑问,在这方面"版权指令"将协调各成员国版权制度的许多规定,尤其是复制权、发行权、向公众传播权和向公众提供权以及对技术措施和权利管理信息提供保护的规定。这样,就网络环境中的版权和相关权的保护来说,各成员国的制度就将在很大程度上一致起来。

(二)《指令》的主要内容

1. 对复制权的重新定义

《指令》第二条规定:"成员国应规定下列授权或禁止直接地或间接地、临时地或永久地通过任何方法和以任何形式全部或部分复制的专有权:

(1)作者就其作品的原件及其复制品(for authors,of their works);

(2)表演者就其表演之固定(for performers, of fixations of their performances);

(3)录音制品制作人就其录音制品(for phonogram producers, of their phonograms);

(4)首次固定的影片的制作人就其影片的原件及其复制品(for the producers of the first fixations of films,in respect of the original and copies of their films);

(5)广播机构就其广播的固定,不论该广播系以有线或无线传输,包括有线或卫星(for broadcasting organizations, of fixations of their broadcasts, whether those broadcasts are transmitted by wire or over the air,including by cable or satellite)。"

2. 临时复制之例外

《指令》第五条第一项规定:"第二条所定之临时复制,如系属于临时性(transient)或附随性(incidental),且系技术过程中不可缺及必要之部分,而其唯一目的系为:

(1)作为网络中第三者间的传输中介;

(2)合法使用。

且无独立之经济意义者,应被列为第二条所定权利之例外。"

此项规定主要用于处理网络上的快照(caching)与浏览(browsing)行为,同

---

① 文 本 来 源: http://europa. eu. int/smartapi/cgi/sga ＿ doc? smartapi! celexapi! prod! CELEXnumdoc&lg=EN&numdoc=32001L0029&model=guichett

时可以注意到,此项指令并没有采纳欧盟议会及部长级会议有关比照 WCT 原草案第七条或 WPPT 原草案第七条及第十四条所定的规则,此处"复制权之例外"必须以"使用行为须基于权利人的授权或法律所允许"为前提条件,其认为此等要件并非达成打击网络上盗版之适当方法,由于网络上"短暂而附带的"临时性复制,乃技术上所必要的瞬息之间的自动复制,如要求必须是合法地使用作品才能依此免责,反而会影响网络的正常运作功能,且未能真正地符合网络上的运作生态。

3. 公开传播权及对公众提供权

《指令》第三条规定:"会员国应该提供作者一种排他的权利,可授权或禁止任何作品原件或其复制件,藉由无线或有线的方式传播到公众,包括以会员国的社会公众所选取的任一地点及任一时间接触其作品而对公众提供的方式(第一项)。

会员国应该提供下列著作权人一种排他的权利,可授权或禁止任何将其作品原件或其复制件,藉由无线或有线的方式传播到公众,包括以会员国的社会公众所选取的任一地点及任一时间接触其作品而对公众提供的方式:

(1)表演已被固定的表演者;

(2)录音制品的录音制作人;

(3)已被固定的电影的原件或其复制件的制作人;

(4)广播已被固定的广播组织,且其广播是经由有线、空中、有线或卫星的传输(第二项)。

在第一项及第二项所提及的权利不会因为本条所规定的公开传播(communication to the public)或对公众提供(making available to the public)而被耗尽(exhausted)(第三项)。"

4. 对技术保护装置之保护

《指令》第六条规定:"会员国应对规避有效的技术保护措施的行为提供适当的法律保护,而设置技术保护措施的人,乃是基于其知识与合理的背景,其系以受前述保护之目的而设置该保护措施(第一项)。

会员国应对制造、进口、散布、销售、出租、为销售或出租目的之广告,或拥有为商业目的之设备、产品或零部件或提供服务,而对于任何企图以下列方式规避有效的技术保护措施者,提供适当的法律保护:

(1)为规避的目的而促销、广告、营销;

(2)仅具有规避以外,有限之商业意义之目的或用途;

(3)其设计、制造、采用或执行之主要目的,系为规避或使规避容易之目的(第二项)。

为本指令之目的,技术措施(technological measures)是指在正常的运作之下,任何技术、装置或零部件乃被设计用来避免或限制侵害任何未经著作权、著作相关权利或欧盟指令 96/9/EC 第三章所赋予之特殊权利之权利人之授权之行为。当受保护之作品或其他数据乃通过接触控制或保护程序的应用,例如:作品或其他数据之加密、杂凑或其他转译,或复制控制机制,而置于权利人的控制下,可达到保护目的者,该技术措施应被视为有效(第三项)。

虽应如第一项规定提供法律保护,但在非权利人自愿的情形下,包括权利人及其他方的契约,会员国可在该免责或限制必要之范围或是受益人(beneficiary)乃合法接触受保护的作品或其他数据的情形下,采取适当方式以各国法律提供符合第五条(2)(a),(2)(c),(2)(d),(2)(e),(3)(a),(3)(b)or(3)(e)标准之免责或限制规定,以确保权利人向受益人提供(第四项)。

会员国亦可提供受益人如第五条(2)(b)所规定之免责或限制,除非私人复制在该免责或限制所考虑之利益之必要范围内,著作权人已提供适当之可能性;且前述免责或限制应依第五条(2)(b)及(5)之标准,不附加防止权利人依前述规定采用适当方式控制复制数量之规定(第五项)。

技术措施适用于权利人自愿之情形,包括依其自愿签订之合约之执行,且技术措施亦适用于会员国所采取之措施,应享受第一项所述之法律保护。

本条第一项及第二项不应适用于作品或其他数据依合约条款对公众提供,使公众可以在其所选定的地点及时间接触之情形(第六项)。

当本条规定被适用于欧盟指令 92/100/EEC 及 96/9/EC 时,应加上必要之修正(第七项)。"

5. 对著作权管理信息的保护

《指令》第七条规定:"会员国应对于任何人明知其在未经授权情形为下列行为,若该他人知道或有合理背景应知道藉由下述行为,可以产生、促进或便利著作权、著作相关权利或欧盟指令 96/9/EC 第三章所赋予之特殊权利之侵权行为的出现,应提供适当的法律保护:

(1)移除或改变任何电子权利管理信息;

(2)未经授权而将已移除或改变电子权利管理信息之作品或其他数据,为散布、为散布而进口、广播或对公众提供,而该作品或其他数据乃受本指令或欧盟指令 96/9/EC 第三章之保护(第一项)。

为本指令之目的,权利管理信息(rights-management information)乃指由权利人所提供的任何信息,且此信息足以辨认作品或与著作权有关的权利或受到欧盟指令 96/9/EC 保护之特殊权利,包含:作者或其他权利拥有者、使用作品或其他数据之条款,或任何数字,或编码标示前述信息者(第二项)。

当任何前述之信息被与作品的复制件联结,或出现在公开传播的作品或其他数据上,而且前述作品是受到欧盟指令 96/9/EC 第三章之保护时,则第一段落的规定,即应该被适用(第三项)"。

6. 免责或限制

除前述提及临时性复制的免责外,《指令》第五条还对复制权和公开传输权作出一般性质的免责规定或权利限制,相关内容说明如下:

第二项规定:"以下所列情形,会员国可以提供依据第二条所规定的复制权免责或限制责任:

(1)在有关在权利人获得公平补偿的情况下,为纸本或任何类似媒介之复制,且该复制是利用照相技术或是其他类似效果的方法而为之,但不包括散页的乐谱;

(2)有关自然人所为,任何媒介之私人使用,且限于最终目的不论直接或间接都属非商业性复制,并应于权利人获得公平补偿之情形下为之,同时此类补偿考虑到第六条所指的技术措施的适用与否;

(3)有关公共图书馆、教育机构、博物馆或档案机构的特定复制行为,且这些行为必须不论直接或间接目的皆非经济或商业上的利益;

(4)有关广播机构通过其所拥有的设备,并且广播所需之作品的临时性录音,这些录音作为官方档案的保存,基于其例外性的公文性质,是被允许的;

(5)有关在权利人获得公平补偿的情况下,社会性机构为了非商业性目的之广播的复制,例如医院或监狱。"

第三项规定:"在下列情况下,会员国可以对第二条、第三条所定的权利提供免责或限制责任:

(1)纯粹为了教学或科学研究说明的目的,只要指明出处,包括作者的姓名,除非此种目的被认定为不可能达到,并且被证实在非商业性目的的范围内;

(2)为残障人士的利益而使用,与残障直接有关,并且是非商业性的,以特定残障的需求为限;

(3)报刊复制、向公众传播或提供有关当前经济、政治或宗教方面的已发表的文章或广播作品或其他同类性质的客体,条件是没有明确的保留,且应指出来源,包括作者姓名;或与报道的时事有关,其使用程度以正当提供信息的目的为限,并应指出来源,包括作者姓名。

(4)为了批评或评论的目的而引用,条件是有关的作品或其他客体已经向公众合法提供并应指出来源,包括作者姓名,除非结果表明指出来源是不可能的,其使用以引用的特定目的为限,应符合公平惯例;

(5)为了公共安全目的或为了保证行政、议会或司法程序的正常履行或报告而使用;

(6)使用政治演讲以及摘录公开演讲或类似的作品或客体,其使用程度以正当提供信息的目的为限,并应指出来源,包括作者姓名,除非结果表明指出来源是不可能的;

（7）在宗教庆典或由公共当局组织的官方庆典中使用；

（8）使用永久设置在公共场所的作品，如建筑或雕塑作品；

（9）在其他材料中偶然包含的作品或其他客体；

（10）为给艺术作品的公开展览作宣传或促销的目的而使用，但限于推广活动的必要范围，并排除任何其他商业性使用；

（11）为漫画、讽刺或滑稽模仿作品而使用；

（12）与为演示有关的内容或维修设备而使用；

（13）为了重建目的，将艺术作品用于建筑物或建筑物的草图或蓝图；

（14）为了研究和私人学习的目的，在第 2 款（c）项所指机构的场所内，通过指定的终端，向公众中的个体成员传播或提供其拥有的作品或其他客体，但不得违反购买或许可使用作品或其他客体的条件；

（15）在国内法中已经存在的例外或限制情况下的某些其他不重要的使用，但只限于模拟状态的使用，并不得影响共同体内货物与服务的自由流通，也不得损害本条所包含的其他例外和限制。"

第四项规定："根据第二项、第三项款对复制权作出的例外或限制规定，成员国可以对第四条所指的发行权规定类似的例外或限制，但以正当的许可复制行为的目的为限。"

第五项规定："第一到四项中规定的例外与限制应只适用于某些不与作品或其他客体的正常利用相抵触、也不无理损害权利人合法利益的特殊情况。"

第二节　美、日等国的相关立法

一、美国

（一）从白皮书到《数字千年版权法》

美国政府十分重视网络知识产权的保护问题。20 世纪 90 年代，随着数字化时代的来临，以网络为平台进行的商务活动及信息传播如火如荼地开展起来，并呈现迅猛发展的趋势。数字化技术一方面拓展了生产力发展的空间，另一方面也给传统法律带来诸多新问题。在著作权保护方面表现得尤为突出，几乎所有的作品通过数字化技术都可以进入网络，信息的传递突破了时间和空间的限制，大大方便了知识和信息的普及与交流。然而，作品的数字化也让版权人惴惴不安，因为作品的复制与传播变得如此之简单与迅捷，传统著作权法对其保护显然力不从心。美国是数字化技术和网络方面的领头军，同时又是知识产权的大国，因此，在立法解决数字化技术和知识产权保护之间的冲突方面，也走在世界的前列。

1993 年初，美国 13 家主要计算机公司的执行总裁们联合提议，美国应该建设一个国家信息基础设施体系（National Information Infrastructure，简称 NII），即宽带数字网络。同年 9 月，已成为美国副总统的戈尔正式宣布了"国家信息基础设施"（NII）计划，俗称为"信息高速公路"（Information Superhighway）计划。从此，发展信息高速公路作为增强美国经济竞争实力的重大战略部署，成为美国联邦政府的一项国策，被视为美国科技战略的关键部分和国家最优先的任务。在 1993 年克林顿入主白宫不久后，美国政府就将网络知识产权保护列入 NII 计划要解决的问题，并委任美国商务部副部长莱曼（Bruce A. Lehman）为信息基础设施特别工作组（简称 IITF）下属的信息政策委员会知识产权工作组组长，具体负责知识产权法修订工作。1994 年 7 月，该工作组公布了《知识产权与 NII 工作报告草案》，即绿皮书（Green Paper）。在广泛征询社会各界意见后，该工作组对绿皮书进行修改，于 1995 年 9 月公布正式的《知识产权与 NII 工作报告》，即所谓的白皮书（White Paper）。

白皮书认为，美国的专利法、商标法和商业秘密法均无须修改便可适用于网络环境中，版权法也只需稍加改动①。所以，白皮书实际上成了修改美国 1976 年版权法的立法提案，它为网络环境下的信息传播设计了一套"三位一体"的保护模式。首先，授予版权人重叠的专有权，将计算机"暂时复制"纳入复制权范围。白皮书认为网络信息传输是复制和发行的结合，同时又是复制与公开传输权、进口权的重合，网络信息传输是发行，发行的是被传输的复制。一旦有人将版权作品擅自上网传播，就会触犯版权人的复制权、发行权、表演权、进口权等，一种行为触犯多种专有权。其次，增加技术保护措施条款，禁止任何人未经授权许可擅自破解保护版权的技术装置，而且所有规避行为都是违法的，没有免责例外。第三，增加版权管理信息条款，禁止生产或提供用于删除、改动版权管理信息的设备与服务。

由于白皮书呈现出一种绝对高度保护的倾向，是一份在过分夸大利益损失的基础上拟就的版权人单方面的权利宣言②，在具体制度细节的设计上，完全忽视公众利益。尽管白皮书将版权法修订比喻为："外衣变得有些紧了，但不需要新外衣，只需对旧衣稍加裁剪"③，但它实际上是为版权人设计了一件宽松舒适的外衣，并准备把昂贵裁剪费用账单交给社会公众来支付。因此，白皮书所提出的立法提案，遭到图书馆界、科学界和教育界的强烈反对，并于 1996 年夏季被美国国会否决④。

---

① 美国 IITF 特别工作组：《知识产权与国家信息基础设施；知识产权工作组报告》，张春波译，载《国外信息化政策法规选编》，计算机世界报社 1997 年版。

② 袁泳：《数字版权》，载《知识产权文丛》（第二卷），中国政法大学出版社 1999 年版。

③ Thomas C. A. Vinje. All's not quiet on the Berne front. EIPR, 1996(11).

④ 李明德：《美国正在审议实施 WIPO 两个新条约议案》，载《知识产权文丛（第一卷）》，中国政法大学出版社，1999 年版。

1996 年 12 月，世界知识产权组织（简称 WIPO）在日内瓦召开国际版权外交会议，美国代表团在欧盟支持下，将已遭国会否决的白皮书保护模式正式列入版权公约草案，并提交外交会议讨论。"临时复制"由于遭到包括中国在内的广大发展中国家的一致反对，从正式条款中删除，但相应的内容最终还是以议定声明的形式列入条约。这次大会还否决了以复制权、发行权、出租权等多种权利重叠方式来保护网络信息传输的立法模式，但不赞成权利重叠保护模式，不等于不对网络信息传输进行保护。保护是一回事，如何保护是另一回事。所以，WIPO 索性为版权人增设一项新的专有权——公众传播权（Right of Communication to the Public）。技术保护措施和版权管理信息也被采纳。美国作为 WCT 和 WPPT 的签字国，必须按照两公约的要求，修改 1976 年版权法，然后国会才会批准政府对 WCT、WPPT 签字的有效性。因此，美国加快了版权法修订的步伐。1997 年 7 月 29 日，《实施 WCT 法案》提交众议院司法委员会讨论；三天后，《实施 WPPT 法案》提交参议院司法委员会讨论①。在参、众两院的协调下，国内各利益集团在一些关键性条款上达成妥协，解决白皮书中对公众利益保护不周的问题，增加了免责例外条款，并将上述两个法案统一成一个正式文本，重新命名为《数字千年版权法》（简称 DMCA），提交国会表决并获得通过②。

（二）DMCA 的主要内容

DMCA 最主要的立法目的，就是在于将美国著作权法"引领入数字时代"③。因此，DMCA 的第 1 篇：世界知识产权组织条约的施行（WIPO Treaties Implementation）中即包含有关技术措施义务的修正。DMCA 第 103 条则对版权法 Title17 新增第 12 章："版权保护及管理系统（Copyright Protection and Management Systems）"，规定有关技术保护措施的反规避条款及版权管理信息完整性条款，并制定了配套的民事及刑事责任④。DMCA 共分为五编，各自有独立的主题。包括：第一编：世界知识产权组织条约的施行（Title I：WIPO Treaties Implementation）；第二编：在线版权侵害责任之限制（Title II：Online Copyright Infringement Liability Limitation）；第三编：维护或修理计算机之版权责任的免除（Title III：Computer Maintenance Or Repair Copyright Exemption）；第四编：综合条文（Title IV：Miscellaneous Provisions）；第五编：特殊种类原创设计的保

---

① L. Ray Patterson and Stanley W. Linberg. The nature of Copyright：law of user´s right. The university of Georigis Press，Athens and London，1991.

② 江向东：《数字千年版权法》立法实践及其对图书情报工作的影响，《福建师范大学学报》（哲学社会科学版）2002 年第 2 期。

③ 参见《美国参议院司法委员会报告》，S. Rep. No. 105－190，at 2（1998）。

④ 根据第 1203 与 1204 条之规定，违反者有刑事与民事责任。民事方面可就每件产品处 200－2,500 美元的损害赔偿，刑事责任则为五年以下有期徒刑并可并科五十万美元以下的罚金。

护(Title V:Protection Of Certain Original Designs)。这些规定并非全部都与网络发展有关,涉及与因特网应用有关的版权问题的主要是第一编和第二编,兹加以介绍。

1. 第一编:世界知识产权组织条约的施行(Title I:WIPO Treaties Implementation)

DMCA 第 101 条规定,本编的简称为"1998 年世界知识产权组织著作权及表演和录音物条约的施行"。顾名思义,本编的立法宗旨是要将美国的相关法律与条约接轨。关于版权法的修正,包括了新增反规避条款与版权管理信息的规定,以及相关的民刑事制裁条款。此外,本编也要求版权局与商业部所属的电信与信息局(National Telecommunications and Information Administration of the Department of Commerce;NTIA)合作,配合该项法案进行必要的研究。

DMCA 第 102 条主要是配合 WIPO 条约的内容,调整美国版权法条文的文字,赋予美国以外缔约国的下列作品版权保护:(1)首次制作附着之录音著作,以及;(2)融合于美国或其他条约国家境内之大楼或其他结构物或建筑物上之图画、图形或者雕刻的著作。此外,在美国境内制作附着的录音著作,依据本条赋予相同之版权法保护。对于在美国境内发行或者在美国以外之其他条约国首次发行后三十日内,又在美国境内发行的著作也给予版权法的保护。

DMCA 第 103 条系针对破坏他人为保护版权而设置之技术保护措施(circumvention of copyright protection systems),以及移除或修改他人用以表明作品与作者身份的版权权利管理信息(Integrity of copyright management information)的行为加以规定。其具体的规定则在版权法中另立专章(第 12 章)予以规范①。

依据修正之版权法第 1201 条规定,对于破解版权科技保护措施之行为予以禁止,其具体规定包括:

(1)禁止对象:举凡破坏可以控制撷取作品渠道或者复制作品的技术保护措施的行为均属禁止之列。此外,制造、进口、交易或者向大众提供除可供破解他人版权保护措施外,仅具少量经济价值的破解装置,也在禁止之列②。

(2)非法破解的定义:包括将已经乱码化的作品译码、将已加密之作品解密,

① 参照 The Digital Millennium Copyright Act of 1998 U. S. Copyright Office Summary;常天荣:《网络著作权问题解析——兼谈美国数字千禧年著作权法案》,http://www. moea. gov. tw/～ecobook/season/sag5_2/sag2－a6. html

② 非常重要的一点是,这里所规定的破解装置可以是任何技术、产品、服务、装置、组件或零件,只要它们是:(1)其设计或生产主要以规避有效控制撷取受本法保护作品之技术保护措施者;(2)除规避有效控制接触受本法保护作品之技术保护措施外,仅具有限商业用途者;(3)负责推销之人了解如何规避有效控制接触受本法保护作品之技术保护措施,或因其对之有所了解而合作推销者。

或者回避、绕道、移除、使之失效,或者其他未经版权人授权,而为之可以损害控制获取作品渠道或者复制作品之技术保护措施的行为。

(3)生效日期:禁止从事破解技术保护措施行为的规定并非立即生效,国会给予大众两年的缓冲时间,在这两年期间当中,美国版权局必须与商业部所属的电信与信息局合作,针对是否有任何种类的作品、任何公司或个人的合理使用权,会因为此条文之规定而产生负面影响的问题进行调查。受影响的公司或个人如果得到确认,版权局可以准许其因非侵害作品的目的,进行破解版权技术保护措施的行为。

(4)豁免规定:并非所有破解或生产版权技术保护措施的行为均被禁止,以下七种行为法条明文规定可以免除本法适用:

① 非营利性的图书馆、档案机构、教育机构或公共广播机构为评估某作品是否无法合理地得到以其他形式呈现的复制品而暂时撷取该作品;

② 政府职员或与政府有契约关系之人为进行合法调查、保护或情报活动所为之行为;

③ 为达成一项独立创作出的计算机系统与其他计算机系统间之兼容所必须进行的确认以及分析程序中要件的工作而为之进入管制的破解,但该要件必须不是很快地就可获得,同时确认分析不可以构成侵害;

④ 某些不侵害版权之合法的加密学研究;

⑤ 保护未成年人避免其接触因特网上某些数据的装置;

⑥ 保护个人身份相关信息不被侵害的装置;

⑦ 不侵害版权的安全测试行为。

依据修正之版权法第1202条规定,对于伪造、移除或修改他人之版权权利管理信息的行为予以禁止,其具体规定包括:

(1)禁止对象:条文明确禁止任何人1)明知以及故意地引诱、促使、促进或隐藏侵害事实,或散布或为散布而引进错误的版权管理信息;2)故意移除或修改任何版权权利管理信息,或散布或为散布而引进已知在未经版权人授权下被移除或修改过的版权权利管理信息,同时明知该行为将引诱、促使、促进或隐藏侵害事实。

(2)版权权利管理信息的定义:包括作品的标题、作者和版权所有人的姓名、视听作品中的作者、表演人和导演的姓名、若为其他种类的作品时附着于著作中的表演人姓名、使用作品的条件及期限,还有可链接至这种信息的数目或符号及版权注册处所描述的其他任何信息。不过,可资辨识作品使用者的个人信息不在其中。另外,前述这些版权权利管理信息也包括了数字型态信息。

(3)豁免规定:为执行法律之行为,或为进行情报活动而破坏版权权利管理信息时,根据本法规定可免除相关责任。

修正之版权法第1203条规定了凡是违反第1201、1202条规定的侵权行为，其行为人应负民事责任，其具体规定包括：

(1)法院可以发给暂时或永久的禁制令以防止侵权行为发生；

(2)法院可以在必要的情况下没收仍在侵权行为人保管或控制下的侵权装置或产品；

(3)侵权行为人必须负担实际或法定之损害赔偿，以及合理的诉讼费用及律师费。如果侵权行为人重复违反规定，可处以三倍的损害赔偿；

(4)法院有权补救性地修正或破坏侵权行为人用以侵害他人版权的装置或产品；

(5)当侵权行为人系因不知而侵权时，赋予法院相当的裁量权，可以酌减或免除其损害赔偿责任。如果不知的侵权行为人是非营利性的图书馆、档案机构、教育机构或公共广播机构，则法院必须免除其损害赔偿责任。

修正之版权法第1204条则规定，凡是故意违反第1201、1202条规定的侵权行为，且行为人出于获取商业利益或私利的目的时，所应负担的刑事责任。其具体规定包括：

(1)一般大众出于故意，且为获取私利或商业利益而违反本条规定者，法院可以课以侵权行为人的刑事处罚包括：第一次侵害时，课以美金五十万元以下之罚金，或课，或并课五年以下有期徒刑。若属再犯，则可课以美金一百万元以下之罚金，或课，或并课十年以下有期徒刑。其追诉期间则规定为五年，与其他版权侵权案件的追诉期间相同。

(2)非营利性的图书馆、档案机构、教育机构或公共广播机构违反本条规定，则可以免除刑事责任。

2. 第二编：在线版权侵害责任之限制（Title II：Online Copyright Infringement Liability Limitation)[1]

本编是藉由对于版权法第512条的修正，规定如果有人经由ISP业者所提供之线路侵害他人版权时，ISP业者责任范围的问题。主要系针对符合所列举的四种特定条件的ISP给予责任的限制，这四种条件包括 1)暂时性数字化网络传输(Transitory communications)；2)系统自动存取(System caching)；3)使用人要求下之信息存取于系统或网络(Storage of information on systems or networks at direction of users)；4)信息搜寻工具(Information location tools)。其限制责任的主要内容如下：

---

[1] See The Digital Millennium Copyright Act of 1998 U. S. Copyright Office Summary, http://www.loc.gov/copyright/legislation/dmca.pdf；简荣宗：《从 Napster 案谈 ISP 之著作权侵害免责规定》，http://www.cyberlawyer.com.tw/alan4-1201.html

依据修正之版权法第 512(a)条之规定,ISP 所控制或操作的系统传输(transmit)、发送(route)、提供连接用(provide connections for),或者因为在传输、发送或提供连接过程时,有暂时储存作品之动作,只要符合下列要件,就可以免责:

(1)不是由 ISP 进行的作品传输。

(2)传送、发送、连接或储存等程序都是利用自动化技术的程序来进行,没有经过 ISP 筛选。

(3)传输内容的接收者不是由 ISP 所决定。

(4)暂存时,除了预期的接收者以外之人不能取得该备份;系统内的作品备份存留时间不能超过传输、发送或提供连接时所需合理的时间。

(5)通过系统传送的侵权作品的内容未被修改。

依据修正之版权法第 512(b)之规定,关于系统自动存取之免责,系指 ISP 以外之人所置于网络上之信息,如系经由自动化技术程序所作之中介或暂时性储存行为,而其目的系供随后之选取,只要符合下列要件,就可以免责:

(1)该信息未经任何修改。

(2)ISP 业者确实遵守一般公认业界准则,对于该等信息为定期更新。

(3)对于将信息建置于网络上之人所设置,符合一定要求之使用该信息之回报技术未加干预。

(4)ISP 业者必须依据将信息建置于网络上之人所设之条件(例如密码)限制使用者接触该信息。

(5)任何未经版权人授权而被建置于网络上之信息,ISP 业者一旦被通知原始网站之该信息已被删除或阻绝,或已被命令删除或阻绝时,立即将该信息删除或阻绝。

依据修正之版权法第 512(c)条之规定,对于 ISP 业者欲主张侵害版权之信息系使用人置于系统或网络上,而主张侵害版权之限制责任时,只要符合下列要件,就可以免责:

(1)ISP 业者不了解该项信息或使用该信息之活动系侵害版权,或于知悉、了解该事实后立即采取行动删除,或使无法接触该项数据。

(2)当 ISP 业者对于侵害行为有权且有能力控制时,必须没有由该侵害行为直接获得经济上的利益。

(3)当 ISP 业者接获侵权通知后,立即采取行动删除或阻绝接触该项资料。

除此之外,ISP 业者应向美国版权局提报适当之代理人以接受侵权通知,美国版权局必须建立一份代理人名册,并且将之上网以供查询。

而为了保护使用人之权利,美国版权法第 512(g)条特别规定了一套适当的通知程序。ISP 业者应将侵权通知转告使用人,如使用人为相反之通知者,ISP 业者应转告版权人。在版权人接获该相反之通知而未于 10 至 14 个工作日内向法院提起侵害版权之诉者,ISP 业者应回复原先删除或使之无法接触之数据。惟依美国版权法第 512(f)条之规定,关于该项侵害权利之通知或相反之通知,如系故意为虚伪之通知者,均须负伪证之责任。任何人如故意为虚伪之通知,对于因此而受损害之人应负损害赔偿责任,包括诉讼费用与律师费用。

修正之版权法第 512(d)条之规定,系针对网络链接(hyperlink)、在线指南(online directories)或搜寻引擎(search engines)而设。凡是因为提供前述功能而将使用者联结至含有侵害版权之网页时,ISP 业者只要符合下列要件,就可以免责:

(1)ISP 业者不知道或不了解该项信息系侵害版权。

(2)当 ISP 业者对于侵害行为有权且有能力控制时,必须没有由该侵害行为直接获有经济上的利益。

(3)当 ISP 业者接获侵权通知后,立即采取行动删除或阻绝接触该项资料。

(三)其他相关法案

1. Copyright Term Extension Act 1998

美国在 1998 年 10 月 27 日公布版权法修正条文,即"版权期间延长法案"(Sonny Bono Copyright Term Extension Act)[①],其主要内容是修改版权法第三章的规定,延长版权保护的期间。主要是将原来的版权保护期间,由作品人终生加五十年,延长为终生加七十年。

此外,根据此一法案的规定,凡是在 1978 年 1 月 1 日之前创作完成的作品,作品的保护期间是版权人终生再加七十年。如果是共同创作,七十年期间的起算,是由版权人中最后死亡者之死亡时点为准。如果版权人不可考、匿名版权人或是受雇之版权人,以至于无从依照前述方法计算期间的话,其计算是以首次出版后一百二十年,或是创作后九十五年,视何者先到为准。

如果是在 1978 年 1 月 1 日前已经创作,但是尚未出版或注册的作品,原则上其期间还是版权人终生再加七十年,但其无论如何至少在 2002 年 12 月 31 日前都还受保护。如果该作品在 2002 年 12 月 31 前完成首次出版,那么在 2047 年 12 月 31 日前都还受保护。

值得注意的是,此番修正不但在立法之初便已引起激烈的争论,纵然到了今天争议仍然没有结束。反对者认为将保护期间延长,不适当地限制了公众自由使用作品的权利,甚至兴讼主张此法案违宪[②]。

---

① 这个法案的名称,是为了纪念众议院原提案人、已故之众议员 Sonny Bono,其曾经主张应该永久保护版权。

② See Eldred v. Reno, D. D. C. (1999 CA 99−0065); Eldred v. Reno, 239 F. 3d 372(D. C. Cir 2001).

2. Fairness in Music Licensing Act of 1998

1998 年 10 月 27 日对于版权法的修正,除了前述的"版权期间延长法案"外,还包括"1998 年音乐作品公平授权法案"(Fairness In Music Licensing Act of 1998)。该法使得特定之餐饮业或其他小型企业在公开演出音乐作品时,可以免支付使用报酬,同时也扩大了影音产品销售豁免规定的范围。其具体内容有①:

(1)一般营业:如果非戏剧之音乐作品是在版权人合法授权下,通过诸如合法的广播、电视、有线系统或卫星所为之传播,且符合法定条件的业者在播放时,并未收取任何费用的话,不用支付音乐作品之使用报酬。这些条件包括:

① 如果是餐饮业,面积不得超过 3750 平方英尺。但若该餐饮业者所经营的店面内,只有 6 个以下的喇叭,或 55 寸以下的电视不超过 4 个,则不论面积大小均符合条件。`

② 如果是非餐饮业,面积不得超过 2000 平方英尺。但若该餐饮业者所经营的店面内,只有 6 个以下的喇叭,或 55 寸以下的电视不超过 4 个,则不论面积大小均符合条件。

(2)侵害版权的业者,虽然主张第 110(5)条规定,但是显然不具合理之理由者,版权人可以请求相当于三年期授权费之两倍的损害赔偿。

(3)修正 1976 年所通过的版权法第 110(7)条,将有关唱片业播放音乐作品之例外规定范围,扩大到影音产品(audiovisual or other devices utilized in … performance)的租售店。

(4)个别的小型企业在与音乐版权中介团体如 ASCAP 及 BMI 就关于使用音乐作品之使用报酬产生争议时,可不向现有纽约南区联邦法院之费率裁决法院(the designated Rate Court in the federal district court for the Southern District of New York),而径向其所在地之上诉巡回法院提出争议解决之要求。而在争讼中,音乐版权中介团体必须对其所订之使用报酬费用的合理性举证证明。

此法案的公布施行,直接受惠者是符合特定条件的餐饮业或其他小型企业,这些业者在公开演出音乐作品时,可以免除取得授权、支付报酬的义务,因此也引起了诸如 ASCAP 等代表版权人利益的团体强烈反弹,就连版权局也都认为这一立法有不妥之处。尤有甚者,由于这一规定与伯尔尼公约及 WTO/TRIPS 之规定显有抵触,因此从立法之初便迭有争议②。这一争论最后演变成为一场国际性的纠纷:爱尔兰音乐权利团体(The Irish Music Rights Organization,IMRO)向欧

---

① See Copyright Term Extension and Music Licensing:Analysis of Sonny Bono Copyright Extension Act and Fairness in Music Licensing Act,P. L. 105－298,http://www. ipmall. fplc. edu/hosted_resources/crs/98－904. pdf.

② 章忠信:《WTO 争议调解机构裁定美国违反伯恩公约及 WTO/TRIPS 规定》,http://www. copyrightnote. org/develop/de036. html,2002/6/4 visited.

盟控诉,主张美国音乐作品公平授权法案使得特定之餐饮业或其他小型企业在公开演出音乐作品时,可以免支付使用报酬,造成爱尔兰音乐版权利人每年约两千七百万美元的损失,违反《伯尔尼公约》及 WTO/TRIPS 之规定,欧盟于是向 WTO 提出仲裁要求。WTO 争议调解机构(Dispute Settlement Body,DSB)于2000 年 8 月接受 WTO 仲裁委员会建议,裁定美国版权法第 110(5)(B)条允许免费公开演出音乐作品之规定,违反《伯尔尼公约》及 WTO/TRIPS 之规定。2001年 12 月 18 日,美国与欧盟达成协议,美国将分三年赞助爱尔兰音乐版权人团体之项目计划及所举办之活动,以作为违反《伯尔尼公约》的补偿。欧盟音乐版权人团体原本估算,其因美国版权法之规定所造成的损害,每年应该达二千七百万美元,不过,经 WTO 仲裁委员会之裁定,修正为一百一十万美元。欧盟贸易代表认为这一协议将有助于爱尔兰音乐版权人之权益保障,但其特别声明,这一协议其实仅是暂时性的,美国最后仍应修正其版权法。

3. Technology,Education and Copyright Harmonization Act of 2002[①]

美国参议院于 2001 年 6 月 7 日通过名为"2001 年科技、教育与版权协调法案"(The Technology, Education and Copyright Harmonization Act of 2001; TEACH Act),主要是因应网络上远距离教学的趋势,而修正美国版权法第 110条第 2 项和第 112 条的规定。美国总统布什据此于 2002 年 11 月签署生效了"科技、教育与版权协调法案(The Technology, Education and Copyright Harmonization, TEACH Act of 2002)"。

由于 TEACH Act 目的是为了鼓励远距离教学发展,所以它也成为美国版权法应用于数字网络科技环境的里程碑。此法案修正了原来美国版权法关于教育及教学目的使用他人作品的规定,扩张了原来远距离教学中的版权保护的除外规定,使得在规定条件下,由网络所传输的中继性教学活动也不用担心违反版权法。此法案除了将"传输"的定义加入了数字式传输,更具体规范了网络传输在美国版权法中的定位。

TEACH ACT 虽然解决了远距离教学中有关政府机关及非营利教育机构对使用他人著作物作为教材的一部分可能遇到的版权问题。在发展远距离教学的过程中,还有其他团体或机构可能不符合相关规定,而必须转向寻求授权等其他合法途径,以取得合法使用的权利。美国国会要求版权局在 TEACH Act 生效施行两年后提出相关报告,以检视其成效及相关规定的合宜性[②]。

---

① TEACH Act 全文见 http://frwebgate. access. gpo. gov/cgi−bin/getdoc. cgi? dbname=107_cong _bills&docid=f: s487rfh. txt. pdf.

② 章毓群:《论信息时代著作权国际保护的发展与调整》,中国政法大学国际法学专业博士学位论文,2006 年 3 月,第 90 页。

二、日本

20世纪90年代以来,日本的数字网络技术进步迅速,作品的利用与传播方式发生了很大的改变,特别是网络交互式传输方式的普及,其所涉及的问题涵盖复制、数据库录入、提供传输路径及实际传输等行为,有些可以藉由原有著作权法解决,有些则须另行建立新的规范。因此,日本著作权审议会于平成四年(1992年)设立多媒体小委员会,就数字化与网络化发展带来的各项课题反复检讨,以对所谓的多媒体社会应有的权利处理与权利内容提出建议(图8-1)。

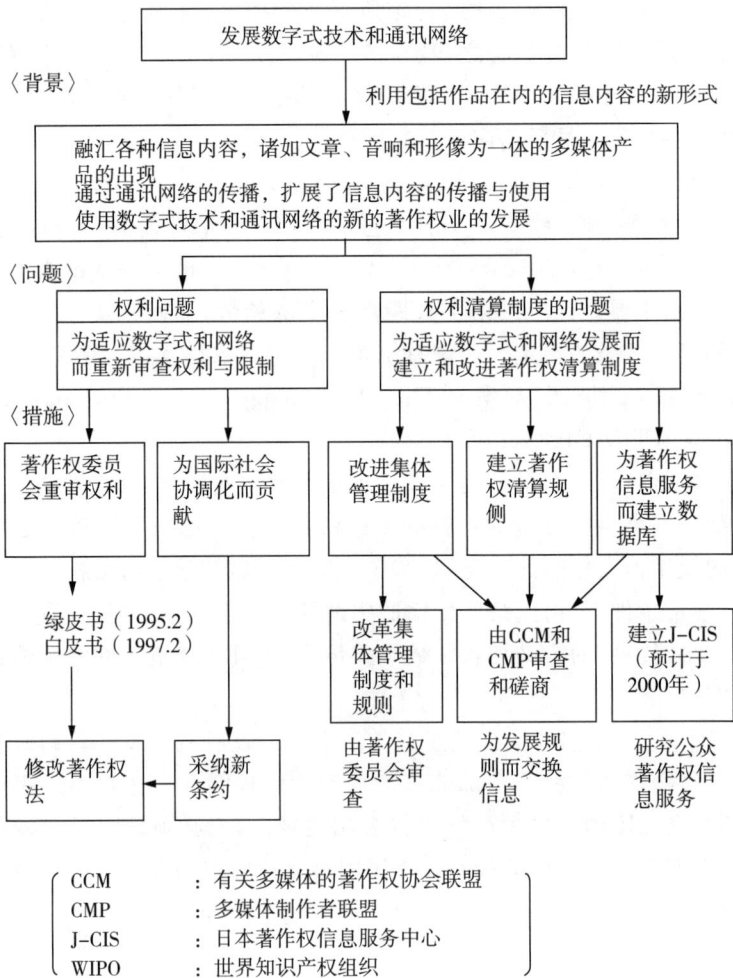

图8-1 适应数字式和网络作品发展的著作权政策框架

资料来源:日本文化厅国际著作权处:《日本的著作权制度》,夏雨译,日本著作权信息中心1998年,第24页。

　　为处理关于技术保护措施与权利管理信息部分的问题,平成九年(1997 年)五月在多媒体小委员会下设立了一个工作组。该工作组一开始是对防拷装置之类的技术保护措施应有的法律保护进行审议,并于平成十年(1998 年)二月发表"中间报告",广泛征求各界对该中间报告的意见,之后,该工作组一方面进行权利管理信息问题的审议,一方面就各界对技术保护措施中间报告所提供的意见做研究,于平成十年十二月发表正式的《关于技术保护与管理关系报告书》(以下简称"报告书")①。该报告书除了对平成十年(1998 年)当时的技术环境发展、作品利用形态与著作权保护状况做介绍,以说明日本各界对技术保护措施议题讨论的背景之外,还简单介绍美国、德国、英国和欧洲联盟对技术保护措施问题所进行的检讨活动,并针对各项议题整理日本各界曾经提出的观点建议立法应采取的立场。

　　值得关注的是,日本在以进入平成时代以后,为因应数字网络环境的发展,其著作权法可以说是日本修正最为频繁的法律之一,尤其在平成九年规定扩大交互式传输权利后,更是不断有因应相关法令之修正,包括:著作权法配合学校教育法之修正(平成十年);著作权法配合信息公开法之修正(平成十一年);著作权法对技术保护措施、权利管理信息之规定(平成十一年);著作权法为便利残障者而限制权利之规定、重罚侵害著作权之法人之规定、因应 WIPO 著作权条约缔结之规定(平成十二年);制定著作权管理事业法(平成十二年);著作权法配合实施行政改革之修正(平成十三年)②;赋予无线播送事业、有线播送事业传输可能化权利,配合修正 WPPT 相关规定(平成十四年);延长电影著作保护期间,扩大与教育相关的权利限制,充实著作权侵害的司法救济(平成十五年);规范合法录音物的输入行为,废除书籍、杂志业出租权,强化侵害行为的罚则(平成十六年)。其他部分,则有:1. 信息公开法,修正著作权法第 18 条 3 项 4 项、19 条 4 项、42 条之 2、49 条;2. 关于行政改革的实施,修正著作权法第 33 条、71 条、104 条之 6、104 条之 8(配合中央省厅改革关系法施行法),第 13 条、32 条 2 项、40 条 2 项(配合独立行政法人关系整备法)③。

　　(一)平成九年(1997 年)修正概要

　　1. 重新界定相关概念④

　　旧法虽然在第二条对放送、有线送信、有线放送进行了定义:"放送"指以供公

---

　　①　著作権審議会マルチメディア小委員会 検討経過報告書「著作権審議会マルチメディア小委員会ワーキング・グループ(技術的保護・管理関系)報告書」コピライト 455 号 7 页(1999 年)。

　　②　松田贵典:《ソフトウェアの著作権—技术的保护手段、権利管理情报に関连する改正等》,http://www. unisys. co. jp/KANSAI/chot/ci2_sonogo. htm.

　　③　参见:《最近の著作権の动き》,http://deneb. nime. ac. jp/ugoki/index. shtml.

　　④　鉴于有关日本法专有名词的翻译不尽相同,故本书忠于原日文,以利读者区辨。"放送"有学者译为广播;"有线送信"译为有线传输;"公众送信"译为公开传输或对公众传播或公开传播;"自动公众送信"译为交互式传输;"送信可能化"译为对公众提供,等等。

众直接接收为其目的而以广播传播方式所为之传输者，"有线送信"指以供公众直接接收为其目的而以有线电讯传播方式所为之传输者，"有线放送"指其目的系供公众同时接收相同内容之有线传输者①。然而因为网络传输有互动特性，不像电视或收音机以供公众同时接收相同内容为传输，所以并不该当有线放送之要件，有线的网络传输该当的是"有线放送以外的有线送信（狭义的有线送信）"。而因为放送并不以供公众同时接收相同内容为要件，所以无线的网络传输该当"放送"，只是"放送"在日常用语上，大多数人会想到像电视或收音机以供公众同时接收相同内容的传输，不太能接受无线的网络传输也是"放送"。

所以，修法后增订"公众送信"的规定，指其目的系供公众直接接收者（不包括同一区域内计算机程序之传输以外之有线电讯传输）之有线或无线电讯传播，包含旧法中放送、狭义的有线送信、有线放送的概念。重新定义"放送"指以供公众直接接收为其目的而以无线电讯传播方式所为之公开传输者，"有线放送"指以有线电讯传播方式而其目的系供公众同时接收相同内容之公开传输者。同时增订"自动公众送信"的概念，指在因特网上依多数之个别公众之需求所自动完成之公开传输（不包括放送或有线放送者）。

2. 扩大作者权利

在传统的传输中，接收讯号者系于同一时间接收相同内容之作品，接收者只能选择接收或不接收，不能选择接收的时间及内容；而交互式传输有自由选取的特性，即接收者可以自选接收的时间及内容，而且在进行交互式传输前必须先将作品变成可传输之状态，换言之，交互式传输可分为两个阶段。所以，在旧法时代，交互式传输的相关权利固然可以作者所专有之有线送信权或放送权解释，但如单纯地将作品存放于数据库中供使用人随时随地选取，而尚未有传输之行为，则有疑义。故修法后乃依"世界智能财产权组织著作权条约"第八条之规定，规定作者"公众送信权"，且在交互式传输时，含有"送信可能化权"。

修法后，第二十三条第一项规定："著作权人就其作品应享的授权公开传输的专有权利（如果是交互式传输还包括对公众提供之行为）。"也就是说作者有权利，将作品上传至 WWW 上的服务器，成为随时可被传输的状态。因此，若未取得著作权人的同意而上传作品，纵使尚未实际传输，也会侵害著作权人的送信可能化权。

第二条第九项第五款则规定，"送信可能化"指利用下列行为之一，而使自动公开传输成为可能者：（一）已将"交互式传输服务器"与电信传播网络联结以供公

---

① 参见宫下佳之：《著作権法が変わる?! 著作権法改正のポイントと実務への影響》，http://www.imasy.or.jp/~ume/copyright-ml/inetmag/internet-magazine-1998-02.html；并请参照《平成 9 年度著作権法改正について》，http://www.netlaw.co.jp/kaisei/kaisei9.html。

众使用：储存信息于其公开传输（公众送信）之内存；增加含信息之新记忆于该服务器；转化其含信息而非供公开传输内存为供公开传输之内存；或仅将信息为持续输入而未为储存者；（二）已在"交互式传输服务器"上，将信息储存于其公开传输之内存，或仅为持续输入而未为储存者；与电讯传播网络联结以供公众使用者。

3. 创设表演人及录音物制作人"对公众提供权（送信可能化权）"

修法前，表演人专有录音录像权、放送及有线送信权，有线传输在因特网上的表演会侵害表演人之有线送信权，但经表演人授权录音、录像后，若欲广播利用或有线传输该录音制品、录像制品，则不需再得表演人之同意，因此广播利用或在因特网上有线传输合法作成的 CD 等商业录音物，可自由为之（当然还是要得到乐曲著作权人的授权）。只限于放送企业及有线放送企业必须支付表演人二次权利使用费（第九十五条第一项），至于其他不符合狭义有线放送企业（第二条第一项九之三）者，在因特网上载商业录音制品乐曲供选取，则课自由为之，且不需支付任何费用。录音制品制作人依第九十五条专有复制权，并不专有放送及有线送信权，但和表演人相同，在广播利用或因特网上有线传输商业录音制品时，录音制品制作人可以请求支付两次权利使用费（第九十七条第一项）。由于支付的义务人也只限于放送企业及有线放送企业，其他人在因特网上载商业录音制品乐曲供选取，则可自由为之，且不需支付任何费用。所以，修法后规定表演人及录音制品制作人专有送信可能化权：第九十二条之二："表演人就其表演应享有授权使其可被传输之专有权利。前项规定于下列情形不适用之：a. 经第九十一条第一项所定之权利人授权而附属于录像带之表演 b. 第九十一条第二项所定附属于该项所定录像带以外之固着物上之表演"。第九十六条之二："录音制品制作人就其录音制品应享有授权使其可被传输之专有权利"。

4. 局域网络中计算机程序著作之有线送信

旧法在第二条有线送信的定义中，指出同一区域内之传输并不该当有线送信。如此一来，只要在同一局域网络内，安装所购买的计算机程序于服务器中，无论有几百台、几千台终端机运作，也不会侵害有线送信权。这样的处理方式，一直受到多方的批评。

修法后，在第二条公众送信的定义中，原则上同一区域内之传输并不该当公众送信，但是在同一区域内传输计算机程序的情形，则该当公众送信。如此一来，纵使安装所购买的计算机程序于服务器中，在同一局域网络内运作的复数终端机，都能构成有线送信权的侵害①。

① 参见宫下佳之：《著作権法が変わる?! 著作権法改正のポイントと実務への影響》，http://www.imasy.or.jp/～ume/copyright－ml/inetmag/internet－magazine－1998－02.html.

(二)平成 11 年(1999)修正概要

1. 立法背景

高科技迅速发展,提供高质量而低价位的机器,使得各种信息能被高质量且轻易快速地大量复制与播放。高科技促使著作物的大量流通,提高对著作物的需求,刺激著作人的创作热情,增强对著作物的利用,带来文化的发展;但是,另一方面也造成大量未授权的复制,侵害著作权人利益的情形比比皆是。因此造成市场对发展电子形式的著作物踌躇不前,纵使有高性能机器的魅力却刺激不了软件的发展,进而损及国民接受文化熏陶的机会。

以往权利行使方法乃由利用人取得著作权人之授权,若未取得授权之违法利用被发现,则诉诸民事及刑事诉讼。但是在数字时代,因为著作物系无体物,违法的复制利用不易发现,举证也变得困难,权利行使方法有效存在背景已不存在,而且一般人对著作权的知识相当有限,使得著作被违法利用的情事增多。因此,开始出现"对著作权应有新的保护制度"的呼声,技术保护措施及权利管理信息就是因应这种呼声而出现的新技术。

技术保护措施是指对著作的重制物嵌入控制重制行为的特定讯号,让打算未经许可擅自重制著作的利用人在技术上无法遂行的措施①。著作权人藉由技术保护措施可以有效地防止违法利用,也可有助于发现违法利用情事,并易于举证。权利管理信息指对著作嵌入有关著作权的电子信息,让复制著作者在技术上无法除去,因而使违法利用的发现与举证比较容易。因此,技术保护措施和权利管理信息可以说是能够确保著作权效果的有效技术。

然而保护著作权效果的有效技术出现后,接着也出现破坏保护著作权效果技术的新方法,使人得以违法利用著作。具体说来,就是规避技术保护措施和更动权利管理信息。如果对这些行为不予以规范,任由大众对之进行破解或规避,则势必无法达到保护著作之效果。

同时国际上渐渐开始检讨对规避技术保护措施的行为和提供规避装置者该如何予以规范的问题。尤其是 1996 年底通过的 WCT 及 WPPT 中,都有要求会员国对技术保护措施提供适当法律救济规定的条文,亦是促成日本积极检讨立法的原因②。

---

① 技术保护措施依其效果可分为三种:1. 使其无法重制,例如 SCMS(Serial Copyright Management System)、CGMS(Copy Generation Management System)。2. 虽可重制,但干扰其重制,使其无法顺利完成重制。3. 虽可重制,但重制物无法使用,例如 CSS(Content Scramble System)。请参照著作权审议会マルチメディア小委员会ワーキング・グループ(技术的保护・管理关系)报告书(平成十年 12 月 10 日),http://www. monbu. go. jp/singi/chosaku/00000224/,2002/05/31 visited.

② 请参照,著作权审议会マルチメディア小委员会ワーキング・グループ(技术的保护・管理关系)报告书(平成 10 年 12 月 10 日),http://www. monbu. go. jp/singi/chosaku/00000224/.

2. 修法重点

有关技术保护措施的规避问题,日本自 1993 年起就已进行相关的调查研究。而且,这问题的严重性也已受到全球性的共同认可,WIPO 进行检讨的结果,于 1996 年 12 月采行了 WCT 及 WPPT,这两项条约中,除了规定科技保护措施与关于权利管理信息的规定外,还有有关散布权、商业出租权、公开传输权等的规定。其中有些部分已经在之前的修正中纳入相关的规定,本年度的修正主要在于加入关于科技保护措施、权利管理信息等规定,并增设了让与权、扩大上映权至全部作品,并废止有关演奏权的过渡条款。

(1)有关回避科技保护措施的规范,主要系将"科技保护措施"的定义予以明文规定。

(2)有关明知系属以回避科技保护措施所为的重制的情形,即使是用以作为个人的利用,也被排除于权利限制规定的对象外。

(3)增定对于将规避专用设备转让与一般公众者,课以刑事罚的规定。

(4)有关权利管理信息变更的规范中,增加"权利管理信息"的定义的规定。

(5)增定明知仍为下述三种情形所为的重制物的散布,视为著作人格权、著作权及著作邻接权的侵害行为等规定,且以营利为目的的权利管理信息的变更作为罚则的处罚对象。(1)在权利管理信息中故意加入虚伪不实信息的行为;(2)故意去除或改变有权利管理信息的行为;(3)有上述(1)或(2)的情形所为的著作。

(6)将以著作的原作或重制品以散布的方式提供予公众的权利的概念,增设了"散布权"。但有关电影著作历来均适用上映权,所以不适用散布权的规定。

(7)有关散布权,采用首次销售的理论观点,增定"散布权的消灭"。

(8)基于权利限制规定的适用而制作的重制品,则有限制其散布权的规定。

(9)删除有关出版权消灭后的散布的规定。

(10)增定有关善意散布权的特别规定。

(11)针对表演人及录音物制作人,增定散布权及权利的耗尽的规定。

(12)历来仅承认电影著作有上映权,本次修正将该权利扩及于所有的著作。但对于公共传播,由于系利用装置受信装置而向公众传播的权利另有规定,故而排除于上映的定义之外。

(13)著作权法上有关演奏权并不仅止于现场演奏而已,对于藉由录音物的播放演奏也有权利。在旧著作权法中对于利用录音物的播放演奏的演出或传播,原采放任自由的规定,在现行著作权法制定当时的过渡条款,则应该适用于公众传播的经营目的而利用音乐的事业,除政令另有规定外,以自由利用为原则,本次的修正,则将这一过渡条款予以废止。

(三)平成 12 年(2000 年)修正概要

1. 由于数字化与网络化的发展,残障者利用著作的可能也趋于多样化。本

次修法对视障及听障者,有关利用著作的权利限制规定的扩大,包含下列四项修正:

(1)已公开发表的著作,可利用计算机技术处理点字的方式,记录于记录媒体上,或用以公开传输(除播送及有线播送之外,包含交互式的公开传输情形的传输可能化在内)。

(2)播送、有线播送的著作的声音部分,可予以文字化,使之与播送、有线播送并行的方式透过计算机、网络进行自动传输(所谓的实时字幕)。相关规定由促进听障者福祉目的事业机关以省令定之。

(3)实时(Real Time)得以摘录重点的方式进行改编。

(4)课以实时字幕负有标示出处的义务。

2. 由于数字化、网络化的发展,著作物遭违法复制的危险性高。因此为了对著作权人的权利予以适当的保障:

(1)第114条第2项的"通常应受的金额"的"通常"二字予以删除。因定不论实际损害额度的多寡,规定最低损害赔偿额。

(2)第114条之2,因侵权行为所受损害的计算,必要书面提出的规定,对侵害行为举证的必要书面的提出也适用之。

(3)拒绝提出命令是否有合理的理由的判断程序,导入秘密审判程序。

(4)对于有鉴定的必要的事项,课以对于诉讼当事人的鉴定人的说明义务。

(5)对于损害额度应举证必要的事实。如该事实的举证有性质上难以举证的情形时,可由法院认定相当的损害金额。

(6)对于法人的罚金从300万元提高至1亿日元。

3. 为因应WCT而逐步进行修正的项目。WCT的会员国视为本国的著作,有关著作保护期间的规定适用互惠主义。另依据WCT受保护的著作,排除实施国际著作权条约的著作权法的特别规定法第10条规定的适用。

(四)平成14年(2002年)修正概要

1. 无线播送业者、有线播送业者的传输可能化权利的赋予。宽带通讯时代的来临,网络传输速度的高速化,而使得违法利用网络将传输广播节目的情形不断产生。为解决这一问题,而对于无线播送业者、有线播送业者赋予传输可能化权利。

2. 表演人人格权的增设。由于数字技术的发达,以数字方式摄影的表演予以变更,或将录音的歌曲的音质予以变换越来越容易。为因应这一情形,不只是声音的表演或是影像的表演,都赋予表演人有姓名表示权与同一性保持权。

3. 录音物保护期间起算点的变更。由于科技的进步,业者或音乐爱好者,多有将不同时期录音的多数音源加以编辑制作为CD音乐,而录音物的保护期间的起算点,均采最初录音时为起算点。但一张CD的保护期间的终止,因CD内容部分的不同而有不同终止期间的不妥情形。因此,有关录音物的保护期间的起算点,变更为自最初发行的时作为起算点。保护期间的始期本身,并无任何变更,仍以最初录音时开始。

4. 配合缔结 WPPT 条约而进行修正。因缔结 WPPT 并落实相关的规定,故就相关规定予以配合修正。

(五)平成 15 年(2003 年)修正概要

1. 电影著作保护期间的延长。有关电影著作,原规定的保护期间是从公开发表后的五十年。在欧美各国,有将电影著作的保护期间延长至七十年的趋势,日本因此将保护期间从公开发表后的五十年延长为七十年。

2. 权利限制规定的扩张:

(1)考试题目的公开传输。

(2)扩大教科书的复制范围。

(3)民事救济举证责任的减轻。

(六)平成 16 年(2004 年)修正概要

1. 增加视为侵害行为的类型。基于日本国内企业的生存与发展,对于日本国外合法发行的录音物,以低价回流至日本国内的输入行为有予以规范的必要,但是为平衡消费者与企业二者之间的权益,对输入业者的禁止应给予一定的限制。

(1)专于于日本国外发行目的而复制的商业用录音物,而仍自外国输入该商业用录音物到日本,或为在日本国内散布而持有该商业用录音物者,视为侵害著作权的行为。

(2)但该商业用录音物自其最初于国内发行之日起,在超过法律所定的七年期间内时,不适用这一视为侵害规定。

2. 恢复书籍、杂志的出租权。由于日本有为数不少的出租书籍、杂志业者存在,原著作权法在设定出租权时,为避免对这些出租业者的生计造成冲击,故障暂时排除对于书籍、杂志出租业者的适用,但又由于这所谓的"暂时"为期过长,对著作权人的权利造成不当的损害。故删除对过去排除出租权适用于书籍、杂志的规定,让出租权也适用于一般书籍及杂志著作。换言之,删除了附则第 4 条之 2。

3. 刑罚的再度强化。因为数字化、网络化所造成著作权侵害规模及范围的扩大,当有必要对恶劣的侵害行为予以严惩,以生遏阻功能,故将著作权法上相关侵害行为的罚则,予以强化。

第三节　中国的互联网发展与立法因应

中国自 1994 年 4 月正式联入互联网以来,无论是网络科技还是网络人口都已经获得了长足的发展。与此相应,我国近些年来开始注重信息立法,1996 年颁布了《中华人民共和国计算机信息网络国际联网管理暂行规定》,1997 年颁布了《计算机信息网络国际联网安全保护管理办法》,2000 年通过了《计算机病毒防治管理办法》。而对于网络知识产权的保护主要是著作权法。1990 年,新中国第一部《中华人民共和国著作权法》颁布。然而,这部法律颁布之时,中国还没有互联网,因而也就不存在网络知识产权的保护问题。后来,随着市场经济的逐步完善、网络技术的迅速发展,1990 年著作权法的局限性日渐明显,随着互联网的快速发展,网络著作权的保护问题日益突出。由于互联网为所有网上用户提供了一个共享信息资源的网络空间,这使得传统的著作权保护制度在网络环境下已难如人意。加上我国为了达到世界贸易组织有关知识产权保护的要求,相关的修法和立法就成为必然。

(一)《著作权法》的修法背景

早在 1998 年年初,北京大学法学院在美国王氏基金会的协助下,召开了一次关于数字化和网络技术带来的作品版权保护问题的研讨会。不少专家对如何因应网络、数字化的挑战问题发表了颇有创见的意见①。但是,毋庸讳言,在互联网兴起初期,政府对其进行了大力扶持,网络版权问题还没有得到应有的重视。比如 2000 年 11 月 22 日最高人民法院的司法解释曾规定,网络媒体使用在传统媒体上发表的作品及网络媒体使用在其他网络媒体上发表的作品时,无须征得著作权人同意。此举旨在为网络媒体营造一个宽松的环境,以促进信息产业的发展。

1.“六作家案”

由于在相当长时间内,网络版权纠纷在现实中并没有发生,所以也就没有引起广泛的关注。然而,网络技术对知识产权特别是著作权的冲击是十分强烈的。在立法能够做出反应之前,我国的司法实践不得不走在了前面。这就是王蒙等六位作家状告世纪互联通讯公司(以下简称“六作家案”)。1998 年 4 月,世纪互联公司成立“灵波小组”,并在其网站开设上了“小说一族”栏目,在未取得作家王蒙、张洁、张抗抗、毕淑敏、刘震云、张承志的同意下将它们分别创作的文学作品《坚硬的稀粥》《漫长的路》《白罂粟》《预约死亡》《一地鸡毛》《黑骏马》《北方的河》等作品存储在其计算机系统中,其中王蒙、张洁、毕淑敏等三位作家的作品是“灵波小组”成员从其他网站上下载后存储在计算机系统内的,张抗抗、刘震云、张承志等三位作家的作品是由他人以 E—mail 方式提供到世纪互联公司的网站上,后由“灵波小组”成员存储在计算机系统内,然后通过服务器在国际互联网上进行传播的,所刊载的上述作品均有作者的署名。在该网站相关页面下有如下文字:“本站点内容皆从网上所得,如有不妥之处,望来信告之。”1999 年 5 月 31 日,王蒙等六作家

---

① 蒋志培:《入世后我国知识产权法律保护研究》,中国人民大学出版社,2002 年版,第 191 页。

以世纪互联公司侵犯著作权为由,分别向北京市海淀区人民法院起诉。

被告世纪互联公司辩称:其网站所刊载的原告作品是"灵波小组"从已在国际互联网上传播的信息中下载的,而不是他们首先发布到国际互联网上的;并且不知道在网上刊载原告作品还需征得原告的同意。原告提起诉讼后,其已从网站上及时删除了原告的作品。被告因此认为,刊载原告作品的行为仅属于"使用他人作品未支付报酬"的问题。况且,访问"小说一族"栏目的用户很少,几乎没有经济收益。公司在刊载原告作品时,没有侵害原告的著作人身权,因此原告主张赔偿精神损失是不能成立的。至于原告主张的经济损失,其没有提供相应的法律依据。

法院经审理认为:王蒙等六位作家是案件涉及作品的著作权人。《著作权法》第十条第(五)项所明确的作品使用方式中,并没有穷尽所有的作品使用方式。随着科学技术的发展、新的作品载体的出现,作品的使用范围得到了扩张。因此,应当认定作品在国际互联网上传播是使用作品的一种方式。作品的著作权人有权决定其作品是否在国际互联网上进行传播使用。作品在国际互联网上进行传播,与著作权法意义上的将作品出版、发行、公开表演、播放等方式虽有不同之处,但本质上都是为实现作品向社会公众的传播,使观众或听众了解到作品的内容。作品传播方式的不同,并不影响著作权人对其作品传播的控制权利。因此,世纪互联公司作为网络内容提供服务商,其在国际互联网上将原告的作品进行传播,是一种侵权行为。虽然在国际互联网上的其他网站上亦有涉及原告的作品在传播,但这与被告的行为是否构成侵权无关。同时,被告作为国际互联网内容提供服务商,其丰富网站内容的目的是吸引用户访问其网站,作为一种经营行为,其在经营活动中是否赢利,只是衡量其经营业绩的标准之一,并不影响被告侵权行为的成立。被告未经原告许可,将原告的作品在其计算机系统上进行存储并上载到国际互联网上的行为,侵害了原告对其作品享有的使用权和获得报酬权,被告应停止侵权行为,并在其国际互联网的网站上向原告公开致歉,以消除影响。

1999 年 9 月 18 日,北京市海淀区人民法院依照《中华人民共和国著作权法》第十条和第四十五条第(六)项、第(八)项之规定,分别作出判决:被告停止使用案件涉及的原告的作品;自判决生效之日起十日内,被告在其网站主页上刊登声明,向原告王蒙等六原告致歉;判决生效之日起十日内,被告向原告各赔偿经济损失 1680 元、720 元、1140 元、5760 元、4200 元、13080 元,诉讼支出的合理费用各 166元;驳回原告要求被告赔偿其精神损失的诉讼请求。

世纪互联公司不服一审判决,向北京市第一中级人民法院提起上诉。法院经审理认为:虽然我国《著作权法》未明确规定网络上的作品使用问题,但并不意味着对在网络上使用他人作品的行为不进行规范。在网络上使用他人作品,也是作品的使用方式之一,使用者应征得著作权人的许可①。因此,上诉人提出的《著作权法》第十条第(五)项所列举的作品使用方式,是指传统的作品使用方式,不包括国际互联网的主张,无法律依据,不能成立。世纪互联公司作为网络内容提供服务商,对其在网站上向社会公众提供的内容是否侵犯他人著作权应负有注意义务,且上诉人从技术上完全有能力控制是否将作品上载到互联网上。因此,上诉人所称的其主观上无过错的主张,不能成立。

1999 年 12 月 17 日,北京市第一中级人民法院判决如下:驳回上诉,维持原判。

2."六作家案"的启示意义

应当说,该案的审理法官对 1990 年的《著作权法》的把握是十分到位的。同时也说明了 1990 年《著作权法》的起草者是十分高明的。在该法中,有两个"等"字使得我国的这部《著作权法》在 11 年的网络风雨历程中始终能够"以不变应万变"。第一个"等",是该法第 10 条第 5 项的规定,该项在列举了权利人多种使用作品的方式后以"等方式使用作品的权利"来结尾、暗示权利人使用作品的方式和权利并没有被列举穷尽。随着社会实践的发展,在新的技术条件下出现的新的使用作品的方式也应该包含在里面。第二个"等",在第 45 条第 5 项中,规定"未经著作权人许可,以表演、播放等方式使用作品的"为版权侵权行为。同样表明实践中的其他方式的行为也可以构成版权侵权行为。这两个"等"字使我国的著作权法又有极大的包容性。

"然而,从我国版权行政主管机关的初衷来看,1990 年的《著作权法》中规定的对作品的使用权确实不包括类似网络传播的传播方式。突破《伯尔尼公约》和我国《著作权法》对传播权界定的范围,实在是后来高科技的挑战,实在是实际知识产权法律制度为适应此种形式的新措施"②。与 1990 年的《著作权法》相对应,在 1991 年的《著作权法实施条例》中也没有关于网络传播的规定。

以王蒙等六作家案为契机,国内知识产权法学界关于网络版权保护开始了新的一轮讨论,《著作权法》的修改已经提上日程,该案的审理也就当然成为推动我国网络版权立法的重要的司法实践。

(二)网络版权法律法规的出台

1. 修法草案的撤回与司法解释的出台

1997 年 7 月,国家版权局提出了修订 1990 年著作权法的建议,并于 1998 年 1 月 8 日正式向国务院呈递了《关于修改著作权法的报告》。1998 年 11 月 28 日,国务院将《中华人民共和国著作权法(草案)》提请全国人大常委会审议。同年 12

---

① 蒋志培:《入世后我国知识产权法律保护研究》,中国人民大学出版社,2002 年版,第 174 页。
② 蒋志培:《入世后我国知识产权法律保护研究》,中国人民大学出版社,2002 年版,第 181 页。

月下旬,全国人大常委会对草案进行了初步审议。由于各界的修改意见分歧很大,甚至十分尖锐,再加上像网络这样的高新技术没有在修正案中得到反映,国务院在1999年的6月撤回了修正案,以进一步研究和论证。

而对网络版权纠纷的日益增多,司法机构不得不采取措施。王蒙等六作家案之后的第二年,最高人民法院审判委员会于11月22日通过了《最高人民法院关于审理涉及计算机网络著作权纠纷案件适用法律若干问题的解释》。该司法解释的第2条第2款规定:"著作权法第十条对著作权各项权利的规定均适用于数字化作品的作者著作权。将作品通过网络向公众传播,属于著作权法规定地点使用作品的方式,著作权人享有以该种方式使用或者许可他人使用作品,并由此获得报酬的权利。"虽然该解释对"信息网络传播权"没有作明确的规范但是已经涉及网络版权纠纷案件的管辖、作品数字化和网络传播后的版权归属、侵权行为的认定、网络服务提供者的法律责任及侵权损害赔偿责任的运用等问题,成为著作权未修改以前处理网络版权纠纷的主要依据。

2.《著作权法》的第一次修改

随着我国加入世贸组织进程的不断加快,面对网络信息技术的迅猛发展,网络版权保护问题日益紧迫,《著作权法》草案经过三年的修改与反复论证,《著作权法》的修改时机已经成熟。

2001年10月7日,第九届全国人民代表大会常务委员会第二十四次会议通过了《关于修改中华人民共和国著作权法的决定》,并对1990年的《著作权法》进行了重大修改。这次修改对网络版权的保护意义重大,信息网络传播权第一次明确地得到了法律的认可。《著作权法》第10条第12项规定:"信息网络传播权,即以有线或者无线的方式向公众提供作品,使公众可以在其个人选定的时间和地点获得作品的权利。"在《著作权法》第37条第6项、第41条分别规定了表演者和录音录像制作者的网络传播权。同时在《著作权法》的第47条又明确规定,未经上述权利人的许可而通过信息网络向公众传播其作品、表演或录音录像制品的,为侵权行为。这样,网络环境下的版权保护有了更加明确的法律依据。

3. 其他相关规定的修改与制定

2002年8月2日,根据《中华人民共和国著作权法》,国务院公布了《中华人民共和国著作权法实施条例》,并且声明1991年5月30日国家版权局公布的《中华人民共和国著作权法实施条例》废止。

2002年10月12日,最高人民法院审判委员会公布了《最高人民法院关于审议著作权民事纠纷案件适用法律若干问题的解释》,对版权纠纷案件的法律适用进行了详细的规定。

2003年12月23日,最高人民法院审判委员会第1302次会议通过了《关于修改<最高人民法院审理涉及计算机著作权纠纷案件适用法律若干问题的解释>

的决定》,对网络版权纠纷案件的管辖、网络版权作品的默示许可使用、网络服务提供者和网络内容提供者的侵权责任等进行了更加明确的规定。

在著作权法修改以后,国务院相关部门也陆续制定了一些部门规章。如新闻出版总署和信息产业部联合于 2002 年 6 月 27 日公布的《互联网出版管理暂行规定》,国家广播电影电视总局 2003 年 1 月 7 日公布的《互联网等信息网络传播视听节目管理办法》,文化部 2003 年 5 月 10 日公布的《互联网文化管理暂行规定》,国家版权局 2003 年 7 月 24 日公布的《著作权行政处罚实施办法》等。

伴随网络技术的飞速发展,相关权利人向版权行政执法机关投诉的案件也越来越多。为了使网络版权行政执法更加明朗,2003 年 7 月 30 日至 8 月 1 日,国家版权局和新闻出版总署政策法规司召开了由立法、司法、行政等机关及专家学者、相关协会、互联网企业参加的因特网条约与网络环境下版权保护调研论证会,论证制定网络环境下版权行政管理办法的可行性。2004 年 11 月 4 日,国家版权局、信息产业部就即将出台的《信息网络传播权行政保护办法》举行了听证会,2005 年 4 月 30 日,国家版权局和信息产业部联合发布了《互联网著作权行政保护办法》。

修改后的《著作权法》第 58 条规定,信息网络传播权的保护办法由国务院另行规定。2006 年 5 月 18 日,国务院颁布了由国家版权局、信息产业部联合起草,并经广泛征求公众意见的《信息网络传播权保护条例》,并于 2006 年 7 月 1 日正式实施。《信息网络传播权保护条例》以国内外的司法实践和法律法规为基础,旨在为长久以来因互联网引发的诸多著作权问题提供了法律框架,进一步完善了我国的著作权法律体系。条例中对很多关于信息网络传播权的前沿问题进行了澄清和规定,是一个飞跃性的进步。

到目前为止,在《民法通则》的统领下,在《著作权法》《著作权法实施条例》和《信息网络传播权保护条例》以及相关的部门规章、最高人民法院相关司法解释的配合下,我国的网络版权保护法律体系已经基本完成。

第四节　比较与分析

回顾网络知识产权保护的历史,可以知道任何与知识产权相关的新科技的产生与应用,必然会牵动相关法制的调整,现今的数字科技由于普及迅速,影响层面宽广,目前因应的脚步相较于网络的飞速发展,法制层面的因应则更显不足,但由历史的角度来观察,任何一种新科技的采用与制度面的调整,都不是短时间能够完整处理的,毕竟传统法制的核心价值,在数字网络时代中,仍须谨慎处理,以避免在科技发展导向上,失去了法律体系核心的人文、社会价值,但法律与科技的沟通仍然有其必要性。

从上述各国的立法实践,可以看出网络知识产权的发展与新科技及新商业模式的发展息息相关,由于新科技及新商业模式的发展对传统知识产权法产生挑战,为因应新的挑战,国际条约的缔结是为取得各国的共识,而各国通常会通过司法解释或立法予以因应,因而使知识产权法产生新的理论或新的规定。WIPO 是一个致力于帮助确保知识产权创造者和持有人的权利在全世界范围内受到保护,从而使发明人和作家的创造力得到承认和奖赏的国际组织。这种国际保护启发了鼓励人们进行创造的作用,推动着科学技术向前发展,并丰富着世界的文学和艺术宝库。这种国际保护还通过为知识产权产品经销提供稳定的环境而促进着国际贸易的持续。然而,由于各国的经济、科技、文化的差异性,WIPO 框架下的各国网络知识产权制度也必然是既有共同点又有各自特殊性。

一、各国修法之共同趋势

(一)为因应网络科技新增对公众传播权的保护

对公众传播权或对公众提供之权利(Right of Communication to Public or Right of Making Available),主要是使著作人、表演人及录音物制作人对于其著作物(作品及音像制品)在网络传播的情形下拥有控制权,其主要权利内涵为"以有线或无线之方式对公众提供其作品(或固着于录音物之表演或录音制品),使公众可藉此提供方式自行选择在何地何时接触这些作品(或固着于录音物之表演或录音制品)"。包括经由随选(On－demand)或交互式传输(Interactive Transmissions)之方式对公众提供其作品等情况,以及将作品存放于大型计算机内存或服务器(Server)中,由社会公众分别在不同的时间、地点就其所需要的著作内容自由选取接触之。此乃为因应著作人无法控制著作在网络上流通所设计的极其重要的权利形态。目前 WIPO 缔约国著作权法修正案亦皆加入了这项权利。

(二)为遏制著作侵害强化法律对技术措施的保护

为防止数字网络环境中普遍存在的破解他人保护装置之事情,WIPO 亦课缔约国实行技术保护措施之义务(Obligations Concerning Technological Measures),要求缔约国对于破解他人著作权保护装置之行为,应提供充分的法律保护及有效的救济,来加以防范。因为著作财产权人为了保护自己的著作,防止他人的任意破解入侵或竞争,例如开发功能相同的著作权商品,为了能最有效地管理自己的权利或确保自己的经济收益,著作财产权人可能会设下某种保护的设备或措施,例如传统上的卫星节目的加密设备及电视游乐程序的保护装置,在因特网的运用上就有所谓的注册制度,因此条约即规定必须对破坏著作权保护装置或设施的相关行为要予以适当的法律规范。然而,由于 WIPO 的《世界知识产权组织版权条约》(WCT)及《世界知识产权组织录音制品条约》(WPPT)对于技术措施的保护,仅作原则性的规范,各国对此义务所进行的立法修正并不一致,且对于科技研究或言论自由亦产生一定程度的冲击,恐怕在短期间内难有著作权人及利用人均可接受的标准出现。

(三)为便于权利行使新增电子权利管理信息的保护

著作财产权人为有效管理其权利,往往会在作品复制物上,或在每次其作品对外传达时,会附带一定信息的表达,例如:作品名称、著作人的姓名、著作财产权人的姓名、使用作品的条件等。为保护著作财产权人的此类管理信息,WIPO课予各缔约国一个规范权利管理信息的义务(Obligations Concerning Rights Management Information),以有效保护著作权人的权益。至于著作权管理信息并不限于文字,也可以用数字或是数码的方式,只要其以电子的形式出现,就算是在条约中所规定的"电子著作权管理信息",各国应提供充分及有效的法律救济。而对于故意的破坏行为应该课以民事及刑事责任,对于过失之破坏行为,则提供民事的赔偿机制。

(四)为配合修正著作财产权制度的限制性规定

为因应有关在公开传输权及暂时性复制等概念的定义明确化,以及网络科技对利用人所带来的风险,各国纷纷对著作权之限制性规定加以修正,例如:美国DMCA新增在线服务业者之责任限制、扩大图书馆合理使用范围;通过 TEACH法案扩大教育目的之著作权合理使用范围;The Sonny Bono Act 除延长著作权保护期间外,同时也相应地扩大了部分合理使用的范围。日本著作权法虽未增订ISP 责任限制,但独立以特定电信服务提供者损害赔偿责任限制及发信者信息提供相关法案,对于 ISP 经营相关之责任以专法规定。欧盟著作权指令则针对暂时性复制、ISP 责任之限制等,均多所着墨。不一而足。

二、中外立法之差异

(一)在保护体制方面的差异

我国网络知识产权保护制度的一个显著特点是实行司法保护和行政管理并行的体制。已构建了司法与行政的双重保护法律救助体系,各级人民法院负责审查侵权与犯罪案件,各级政府的知识产权行政管理部门负责查处侵害公共利益的侵权行为。

但是,相对于日新月异的网络技术发展而言,我们现有的法律法规,尤其是针对网络环境下的知识产权保护,还不太健全,存在一定问题。而欧美国家法律法规比较健全,知识产权保护体系主要是集法律、政府和行业协会三方面的力量构建的。法律:知识产权保护体系的基石;政府:知识产权保护的宏观规划者;行业协会:知识产权保护的主体组织。知识产权方面都有专门的法律对其作出规定,政府也会在宏观上对这方面进行管理。而行业协会更是知识产权保护体系的主体组织,为知识产权保护起了很大的作用。法律、政府和行业协会三方力量合建的体系也是世界知识产权保护体制发展趋势,对构建数字环境下我国知识产权保护机制有很好的借鉴作用。

(二)在平衡机制方面的差异

大陆法系国家往往以"天赋人权"作为著作权的立法基础,注重对作者个人人身权利和财产权利的保护,英美法系国家以经济价值观作为其著作权立法的法哲学基础,强调对作者财产权利的保护,无论是哪种立法哲学,都有将私权保护放在首位的传统。同时,利益平衡是私权保护不可缺少的制约,版权人所能得到的保护不得超出法律设定得利益平衡的目标。WIPO 缔结的版权条约和著作权条约序言部分表明,其目的之一便是保持"作者的权利(表演者和唱片制作者的权利)与广大公众的利益尤其是教育、研究和获得信息的利益之间的平衡"。然而,数字网络的发展使得原有的利益平衡被打破了,与网络环境相适应的新的利益平衡机制在逐渐形成之中。在协调技术和法律的关系当中,美国和欧盟反技术规避规则从总体来看是成功的。美国和欧盟的反技术规避规则没有完全任由版权人利用技术保护措施随心所欲地对其版权作品实施控制,而是针对计算机科学研究和有利于公共利益及公共安全的合理使用分别制定了数个例外。中国作为一个发展中国家,更应当防止反技术规避规则对科研和学术自由的限制。同时,中国经济还不发达,人民生活还不富裕,很多消费者购买版权作品的能力还较低,法律应当要求权利人的技术保护措施不得妨碍为公共利益及公共安全,特别是为促进社会文化和教育而设置的合理使用。虽然我国新修改的《著作权法》针对数字环境下的版权,增设了有关网络传播权、技术措施权以及权利信息管理权的规定,也采取了种种技术、管理措施来平衡版权利益,但技术的发展对版权所带来的诸多新问题并没有得到彻底地解决。无论是从体系还是具体的立法技巧上,美国和欧盟的规则都有很多值得中国学习的地方,其中最重要的一点是其规则明确而完备,具有极强的可执行性和确定性。

附表:中国与部分国家立法比较

国别 内容	美国	日本	中国
立法目的	履行 1996 年 12 月世界知识产权组织(WIPO)所通过的《世界知识产权组织版权条约》(WCT)及《世界知识产权组织录音制品条约》(WPPT)之规定		
对外国人权利的保护	DMCA 第 102 条第(b)项修正版权法第 104 条及第 101 条国民待遇原则	著作权法第 26 条之 2、第 47 条之 3、第 113 条之 2	著作权法修正案(以下简称修正案)增订第 2 条

（续表）

内容＼国别	美国	日本	中国
临时复制	法院判决暂时性储存为版权法第 101 条规定之"复制"	未规定	未规定
对公众传播权或对公众提供权	未规定，学者及实务界多数意见认为散布权可包括传输在内	平成 11 年法律第 77 号（以下简称平成 77 号）称增修第 2 条第 7 项之 2 公开传播、第 2 条第 9 项之 4 交互式传播、第 2 条第 9 项之 5 使可被传播及第 23 条第 1 项扩及于使可被传播权、修正第 92 条之 2 使可被传播权	修正案增订第 10 条第 1 项 12 款"信息网络传播权"。2006 年 7 月 1 日施行《信息网络传播权保护条例》
技术保护措施之义务	DMCA 第 103 条增修版权法第 12 章第 1201 条，有关规避技术保护措施责任	平成 77 号增修第 2 条第 20 款技术保护措施、第 30 条第 1 项第 2 款例外规定、第 120 条之 2 罚则等规定	修正案增订第 47 条第 6 款技术保护措施保护。《信息网络传播权保护条例》第 26 条
权利管理信息之义务	DMCA 103 条增订版权法第 12 章中之第 1202 条，有关版权管理信息完整性之保护	平成 77 号增修第 2 条第 21 款权利管理信息、第 113 条第 3 项侵害著作权及第 120 条之 2 刑罚等规定	修正案增订第 47 条第 7 款权利管理电子信息保护。《信息网络传播权保护条例》第 5 条
ISP 之责任	DMCA 512 条，有关 ISP 责任限制规定，但未配合修正版权法	2002 年（平成 14 年）5 月 27 日施行特定电子通讯服务提供者损害赔偿责任之限制及有关揭露发讯人信息之法律，有 4 条规定	《信息网络传播权保护条例》第 20 条至第 23 条明定网络服务业者的四种免责条款。2005 年 5 月 30 日施行互联网著作权行政保护办法，违反通知与移除有行政处罚，第 11 条可处 10 万元以下的罚款

（续表）

内容 \ 国别	美国	日本	中国
侵权责任	第 1203 及 1204 条对违反 1021 条与 1202 条相关规定者课以严格的民、刑事责任	违反规避技术保护措施为非告诉乃论之罪、变更权利管理信息为告诉乃论之罪,两者均科处一年以下有期徒刑或科一百万日元以下罚金	修正案第 47 条扩充停止侵害、损害赔偿、消除影响和赔礼道歉等民事救济方法,并增加诉前保全措施和民事制裁救济模式,并确定损害赔偿范围和数额 另,违反保护技术措施及权利管理电子信息规定者,依信息网络传播权保护条例处 10 万元以下罚款,但无刑事责任
著作权之回溯保护	DMCA 第 102 条第(c)项修正著作权法第 104A 条"回溯保护"规定	未规定	未规定
著作权登记诉讼前置要件除外规定	DMCA 第 102 条第(d)项修正版权法第 411 条第(a)项保障各缔约国在美国之版权	未规定	未规定
著作权行政管理机关的报告义务	向国会提出第 1201 条第(g)项加密技术研究报告及施行二年内就电子商务、第 109 条、第 117 条及技术发展等适用关系研究报告	未规定	未规定

第九章　比较知识产权民事司法保护

第一节　概述

随着科技、经济的迅速发展，知识产权制度及在其保护下的技术创新日益成为综合国力竞争的决定性因素，主要代表性国家均极为重视知识产权司法保护制度设计，相关领域已成为各国法律发展中最活跃的部分之一。加强知识产权民事司法保护是我国建设创新型国家的要求，知识产权保护不力则成为阻碍创新发展的因素之一，为此，我国必须建立起严密的知识产权民事司法保护体系与机制，提高侵权者的违法成本，维护创新者权益。

知识产权司法保护是指法院通过行使审判职能对知识产权而进行的保护①。最常见划分是知识产权民事司法保护、知识产权行政司法保护和知识产权刑事司法保护。知识产权民事司法保护需要通过民事诉讼的方式实现，二者是目的与手段的关系。所谓知识产权民事司法保护是指法院应知识产权权利人、利害关系人的申请，通过行使民事审判职责对知识产权进行的保护。知识产权民事司法保护的责任方式主要有赔偿经济损失、责令停止侵权、消除影响、赔礼道歉等。

由于司法实践中民事类案件占知识产权纠纷的大部分，并引发行政监管协调问题，主要代表性国家在知识产权民事与行政司法体制、程序方面均有针对性的制度安排与特色，而各国知识产权犯罪刑事诉讼体制、程序与其他种类犯罪刑事诉讼体制、程序并无显著差异②，加之我国设立知识产权法院的地区暂时对知识产权案件实行民事、行政案件"二合一"而不是"三合一"审理，即不包括刑事案件③。因此，为免流于中外普通刑事诉讼程序的堆砌展示，本章内容主要围绕代表性国家知识产权民事司法保护（尤其是专利诉讼）的体制、机制展开，兼及知识产权行政确权等一些具体问题。

---

① 俞飞：《知识产权保护》，厦门大学出版社，2002年版，第235页。

② 知识产权罪的入罪思维模式是"侵权＋法定数额＝犯罪"。在侵权行为认定与违法行为构成上，知识产权民事侵权与刑事犯罪之间并无二致。两者的差异之处仅在于行为情节或侵害后果的严重程度不同。如果权利人的损失未达到刑事责任追究的法定数额，就无法定罪量刑。

③ 这反映出我国司法改革较为审慎的一面。事实上，我国知识产权司法中较为突出的问题之一就是不同程序之间的循环审理，耗资、费时、费力，影响了审判的效率。民事与行政的"二合一"诉讼架构，能够缓解这一突出问题。从境外知识产权法院设立的情况来看，多数国家和地区实行的就是"二合一"架构。知识产权刑事案件数量比较少，如果纳入进来，如何与公安、检察部门协调？级别管辖方面如何突破现行立法？这些问题一时难以解决，会影响改革试点的进程。

一、知识产权应以司法保护为主导,民事司法保护为基础

目前各国知识产权保护主要有两种类型:一是司法保护"单轨制"模式;二是行政保护和司法保护并行运作的"双轨制"模式。实践中"单轨制"模式为很多国家采用,"双轨制"模式以中国为代表,形成"两条途径、并行运作"的中国特色知识产权保护体制。

我国"双轨制"模式存在三大问题:保护标准多样化,缺乏统一性;保护机构重叠化,缺乏效率性;保护程序独立化,缺乏衔接性。发挥司法保护知识产权的主导作用,树立司法保护知识产权的优先性、全面性和终局性理念,是解决上述问题的关键①。

树立以司法保护为主导作用的保护理念,原因如下:

第一,知识产权的私权属性,决定了司法保护在"双轨制"保护模式中应发挥主导作用。知识产权属于一种私权,它的权利产生、利用以及保护都由权利拥有者来决定处理,由权利人自己启动民事程序,并获得相应的民事救济②。从私权救济方式的角度来看,知识产权是一种界定知识财产权利形态的制度安排。私权神圣和私法自治作为民法的基本理念,要求国家行政机关不应随意插手。司法保护模式遵循不告不理的原则,符合私权救济的基本要求。从私权损害赔偿的角度来看,行政保护模式中,行政机关对侵权人的罚款其实是权利人因侵权所受损失的一部分,而这部分罚款所得,却不能补偿给予权利人,只是作为公款上缴国库,权利人的损失最终还需要通过民事诉讼这一司法途径获得赔偿。因此,民事司法保护模式才是寻求私权损害赔偿的最佳模式。

第二,司法保护的制度优势,决定其在"双轨制"保护模式中应该发挥主导作用。行政保护缺乏程序保障和有效监督,容易造成行政权力滥用,导致行政管理与行政执法一体化,即知识产权管理授权确权主体同时也是知识产权执法主体,集管理和处罚职能于一身,使其在行政执法时缺乏监督。目前行政执法中存在程序冲突、执法缺乏透明度、"以罚代刑"、执法标准不统一等突出问题③。而知识产权司法保护具有程序公正、裁判权威、透明度高等优势,可有效克服行政保护体制的上述弊端,更有利于从实体和程序上维护权利人的正当利益。

第三,知识产权毕竟是民事权利和财产性权利,更适合以民事司法保护为保护的主渠道。因为,财产性损害最好以财产方式解决,不要轻易动用刑罚。而且,知识产权保护政策性强,尤其涉及创新政策和创新空间,刑事保护应当严格控制

---

① 吴汉东、锁福涛:《中国知识产权司法保护的理念与政策》,《当代法学》2013 年第 6 期。
② 张庆林、董健:《知识产权司法保护为何不理想》,《人民论坛》2016 年(10 月中),总第 534 期。
③ 吴汉东:《发挥司法保护知识产权的主导作用》,《光明日报》2015 年 4 月 24 日第 10 版。

范围和界限,以免损害具有生机活力的创新机制①。此外,行政诉讼主要的目的是提升行政行为的品质,无法直接救济知识产权受侵害的情形。因此,知识产权的切实维护主要应该依托民事司法制度。

综上所述,司法保护在知识产权保护体系中应处于"压舱石"的主导地位,其中民事司法保护在整个知识产权司法保护中处于基础地位。

二、知识产权民事司法保护制度的作用与价值

(一)终局权威,救济损失

民事诉讼是公力救济,可由法院强制执行,权利人损失通过民事诉讼方式救济是最有力的途径。司法实践中部分民事判决的赔偿额相当大,如三星侵犯华立移动通信方法及通信设备专利权,被判决立即停止制造、销售侵权产品,同时赔偿华立5000万元②。日本富士化水公司和华阳电业公司共同侵犯武汉晶源专利权,最高院终审判决两被告赔偿武汉晶源5061万元③。北京知识产权法院在其判决的案件中加大民事司法保护力度:在"墙锢"商标侵权案中,全额支持原告1000万元的赔偿请求;在U盾专利侵权案中,全额支持原告4900万元的赔偿请求,并首次以计时收费方式支持了原告所主张的100万元律师费;在涉及书生公司系列侵犯著作权上诉案中,按照稿酬标准上限300元/千字确定侵权赔偿数额④。应该充分利用司法保护终局权威的制度优势,注重纠纷彻底解决与权利救济,并对行政执法进行司法监督。

(二)规则引导,预防侵权

知识产权司法不仅带来赔偿甚至惩罚性赔偿,诉讼构筑的技术屏障能建立市场进入壁垒,依靠法律赋予的排他权建立一种隔离机制(insolating mechanisms)来阻断竞争⑤,减少或消除侵权方市场份额,仅仅被诉就可能使其无法扩张市场与投入营销,并使其丧失融资与发展机会。我国法院一般判决书皆能公开查询,对败诉方后续商业活动也有一定威慑力。司法保护不仅能够解决纠纷,还能够明确法律标准和阐明法律界限,规范当事人和社会公众的行为,指引行政执法。充分发挥司法保护的规则引导优势,才能切实提高知识产权保护的可预期性,让一般企业不敢铤而走险,侵权企业难以获得长期稳定发展。

(三)促进创新,提升品牌

产品经销售必然造成技术公开,知识产权司法是保障创新的后盾,通过提高

---

① 参见孔祥俊:《中国知识产权保护的创新和升级》,法律出版社2014年版,第54-61页。

② 【2007】杭民三初字第108号。

③ 【2008】杭民三终字第8号。

④ 马君:《北京知识产权法院大力提升知识产权侵权赔偿数额》,《中华商标》2017年第1期。

⑤ J. Bessen,& M. J. Meurer,Lessons for Patent Policy from Empirical Research on Patent Litigation,Lewis & Clark Law Review,2005,9(1),P2-27.

研发者积极性推进科技创新。此外,知识产权司法保护还有提升企业品牌价值的作用。我国不同省份的企业可能会使用相同字号,如字号在一定区域内是知名的,之后使用者可构成侵权[①]。此类纠纷在判决过程中,法院需认定权利人字号的知名程度,被认定侵权方则需在侵权范围内消除影响。通过司法途径保护企业字号、商标及品牌,诉讼中所确认的内容,权利人可在之后申报著名商标或驰名商标时作为材料提交,也会起到积极效果。

(四)稳定长效,形塑秩序

专利具有地域性,在某个国家如不具有专利,就不受当地专利法保护。与行政执法保护相比,司法保护对企业更为直接和有效,制裁侵权、保护合法使市场主体意识到依法竞争的重要性,遵守竞争规则,保证竞争行为有序性。司法具有中立性、稳定性、可预期性和长效性的特点,有着严谨、规范、平等的诉讼程序机制。只有充分发挥司法保护稳定长效的优势,才能真正营造公平、有序、开放、透明的市场环境与竞争秩序。

法与金融学理论的核心观点认为,健全高效的法律体系是保障金融发展和经济增长的重要因素[②],有观点认为中国过去 30 多年的发展与该理论相背离[③],似乎难以解释我国知识产权法律保护薄弱,而研发创新投入却迅速增长的悖论。这是否意味着中国企业如此特殊,不需要一个强有力的知识产权司法保护机制与法律体系保护其技术创新? 实证研究表明并非如此:加强知识产权司法保护力度可以通过减少研发溢出损失和缓解外部融资约束两条途径来促进企业创新,表现为企业专利产出和研发投资的增加。当保护力度较强时,企业专利产出对未来财务绩效的提升作用更大[④]。我们应该坚定通过加强知识产权司法保护力度来提升企业创新能力和财务绩效的思路,以司法品质提升服务科技创新,以科技创新驱动供给侧结构性改革,实现我国经济社会发展方式的转型与革命。

三、知识产权民事司法保护的特点

(一)保护主体的专门性

由于专业性强,即使同属专利或不正当竞争民事纠纷,只要案件技术领域不同,案情就会存在很大区别,复杂程度也会不同。与普通民事诉讼相比,知识产权

---

① 【2011】浦民三(知)初字第 520 号。

② La Porta,Lopez—de—Silanes,Shleifer & Vishny,Law and Finance,Journal of Political Economy,Vol 106,1998,P1113 - 1155.

③ Allen F,Qian J,& Qian M,Law,finance and economic growth in China,Journal of Financial Economics,Vol 77,2005,P57 - 116.

④ 吴超鹏、唐茜:《知识产权保护执法力度、技术创新与企业绩效——来自中国上市公司的证据》,《经济研究》2016 年第 11 期。

本身的特点决定了审理法院在地域管辖和级别管辖上有一定的特殊性。域外代表性国家大多设有专门审理主体。专门司法主体通过管辖集中制度,使案件审理更加专业,也保证了案件审理质量,使司法更加公平公正。从比较法视野来看,知识产权诉讼地域管辖相对集中,级别管辖比一般民事诉讼要高。且有国家要求法官精通技术,如德国。在日本和我国,法院配置了专门的技术人员来协助法官审理。

(二)保护客体的复杂性

同一知识产权案件纠纷中,往往牵涉到多种权利,有形性与无形性并存,诉讼标的比较复杂。涉及技术的知识产权诉讼,还需要考虑案件所在专业领域的技术问题,如专利案件有可能涉及机械、电学或化学等技术特征,因此知识产权民事诉讼客体往往比较复杂。

(三)保护结果的稳定性

司法保护主体职业的稳定性、独立性很强,不易受到外界因素干扰。其具有较高的法律素养和司法经验,对知识产权法律有着相对统一的理解和认识,知识产权司法保护结果的趋同性更强。在司法保护机制方面,我国知识产权诉讼活动不但受到不同层级之间法院内部的监督制约,而且还受到检察机关专门的法律监督。知识产权司法程序具有极强的程序性和纠错能力,当事人对诉讼过程和结果有相对稳定的预期。

(四)保护取向的鲜明性

赋予并保护智力成果创造者的合法权利是知识产权制度产生的主要动因,知识产权民事司法保护具有天然的注重权利保护的价值取向,权利人合法权利的保障、合理利益的恢复始终处于核心位置。对于知识产权侵权,设计了专业的审理程序、收集证据程序、行为保全程序、专业技术查明程序等。中央明确提出应在我国实施"严格的知识产权保护"[①],这为知识产权司法保护提出了更新、更高的要求。

(五)保护程序的特殊性

知识产权的保护对象皆为智力投入成果,尤其是专利、计算机软件、植物新品种、集成电路布图设计等具有较强的技术性和专业性,不同于普通案件的审查对象,技术问题的解决常常是司法保护的关键。因而,该类案件在证据规则、审前程序、举证质证程序、制止不法侵害方式、法律责任等方面,异于普通民事诉讼程序,举两方面内容为例:

1. 商业秘密案件诉讼程序需要特殊保密

TRIPS 协议明确将商业秘密作为保护对象,在知识产权案件审理中,与普通

---

① 在2015年4月17日《中共中央国务院关于深化体制机制改革加快实施创新驱动发展战略的若干意见》和2015年12月18日国务院《关于新形势下加快知识产权强国建设的若干意见》中明确提出。

民事案件相比,虽然对涉及商业秘密的案件可以不公开审理,但这仅仅是防止诉讼参与人之外的人因诉讼活动而了解商业秘密,很难禁止诉讼参与人对诉讼中掌握的商业秘密加以利用,或者泄露该商业秘密。为防止诉讼过程中泄密,需要适用特殊的保密程序制度。以美国为例,其商业秘密保护法律制度非常发达①,美国知识产权诉讼中的保护命令是在证据开示范围内,限制证据开示的范围、方法与程度,形成对证据开示的范围与方法的内在制约。

2. 诉前禁令程序大量使用

知识产权容易受到侵犯,诉前禁令制度是一种有效的特殊保护措施(参见案例9-1),作用在于紧急情况下,防止权利人利益因侵权行为造成损害范围的扩大或避免利益损失无法挽回。这一制度源于英、美、法等国家,是制止侵权行为发生的命令②。相当于大陆法系国家的假处分行为。相较于普通民事诉讼,知识产权司法中更需要频繁采用诉前禁令制度来保护权利人利益,其作用也更为显著。

案例9-1 炬力公司与矽玛特公司专利权案

2005年初,美国矽玛特公司(MP3/MP4芯片企业)以炬力公司(中国同业龙头企业)出口美国产品侵犯其专利权为由,诉至美国国际贸易委员会(ITC),启动了337调查程序③。2006年3月,ITC初裁认定炬力公司侵犯矽玛特公司两项专利。

矽玛特公司在取得初步胜利后,出于打压炬力公司市场份额目的,先后将东莞歌美电子公司、北京大中电器公司及深圳北奥电子公司以侵犯专利为由诉至北京市第一中级人民院。歌美公司和北奥公司为炬力公司芯片的整机生产商,大中电器则是零售商。

2006年9月13日,炬力公司以矽玛特公司侵犯其专利权为由将矽玛特公司诉至深圳市中级人民法院。同年9月15日,ITC做出最终裁决:炬力公司芯片控制器侵犯矽玛特公司两项专利,炬力芯片及播放器禁入美国市场。此后,炬力公司向美国巡回上诉法院就ITC终裁决定起诉。经研判,炬力公司先就矽玛特公司专利权向中国专利复审委员会提出宣告无效申请。随后,炬力公司购买了足以指控矽玛特公司侵权的专利权并作为此专利权的合法所有权人向矽玛特公司提

① 2016年5月11日,时任美国总统奥巴马签署《商业秘密保护法》,分别对商业秘密窃取案件的联邦管辖权、案件执行、境外案件报告、国会相关共识以及行为规范、责任豁免等进行详细规定。参见季冬梅:《众望所归:美国〈商业秘密保护法〉正式生效》,《科技与法律》2016年第3期。

② Black's Law Dictionary,West,8th ed,2004,P800.

③ 指ITC根据美国关税法第337节对不公平进口行为进行调查并采取制裁措施的做法。实践中337调查基本集中于专利与商标侵权争议。与反倾销等措施相比,337调查更具杀伤力,因为其具有启动程序简单、周期短、费用高昂(炬力公司为应对调查支付了数百万美元)以及制裁措施严厉的特点。一旦被ITC发布排除令,该产品(可能涵盖该产品的上下游产品)便将永久地退出美国市场。

起侵权之诉。

2007年5月,炬力公司就矽玛特公司侵犯其01145044.4号发明专利权一事,向西安市中级人民法院申请诉前禁令。西安市中级人民法院裁决矽玛特公司收到裁定后立即停止侵犯申请人专利权,即停止向中国境内销售侵权产品[①]。中国海关随后发出禁止矽玛特公司侵权产品进口的指令。炬力公司于同年5月28日向西安市中级人民法院就矽玛特公司侵犯专利权提交民事诉状。炬力公司面临的不利局面因此得到逆转。诉前禁令发布后不久的同年6月,矽玛特公司接受炬力公司提出的双方专利全部交叉授权等条件,长达两年半之久的诉争以双方和解而告终。

(六)知识产权民事司法保护的政策性

司法政策是特定时期国家宏观政策、内政外交政策和社会经济文化需求在司法审判领域中的凝聚和体现。知识产权制度在很大程度上是各国为促进本国经济社会发展而采取的政策性手段。知识产权不单单是保护权利人的创新与智力成果,推动社会科学技术和文艺的整体进步,维护不同主体的利益平衡与公平才是根本的目的。由此带来的必然结果是,知识产权司法保护具有浓厚的公共政策色彩,司法活动应尽量保持权利人利益与公众自由间的平衡,司法政策在知识产权民事司法中发挥着越来越重要的指导作用。

党的十八大以来,我国知识产权司法保护面临的国际国内形势发生了一些新发展和新变化,呈现出新的阶段性特征和发展态势,知识产权司法工作需要有针对性地予以回应和调整。最高人民法院认为新形势下人民法院知识产权司法保护工作应当采取"司法主导、严格保护、分类施策、比例协调"的基本司法政策[②]。

司法保护知识产权的主导作用是《国家知识产权战略纲要》率先确立的目标,

---

① 【2007】西立禁字第001号。该院经审查认为:炬力公司已提交证明其专利权真实有效的专利登记簿副本、权利要求书、说明书、专利年费交纳凭证及被申请人实施侵犯其专利权行为的初步证据,包括被控侵权产品及专利技术特征对比材料;同时炬力公司提供了申请责令被申请人停止侵犯01145044.4发明专利权行为的担保,故其申请符合最高院《关于对诉前停止侵犯专利权行为适用法律问题的若干规定》第九条"人民法院接受专利权人或者利害关系人提出责令停止侵犯专利权行为的申请后,经审查符合本规定第四条,应当在48小时内作出书面裁定;裁定责令被申请人停止侵犯专利权行为的,应当立即开始执行"之规定,本院依法予以支持。

② 具体指:1.司法主导(强化知识产权司法保护的稳定性和导向性、实效性和全面性、终局性和权威性;发挥司法审查和司法监督职能;处理好知识产权民事程序和行政程序的关系)。2.严格保护(以实现市场价值为指引,加大损害赔偿力度;强化临时措施保护,提高司法救济针对性和有效性;大力推进诉讼诚信建设,运用证据机制强化严格保护的法律效果)。3.分类施策(正确把握不同类型知识产权的保护需求和特点;妥善界定不正当竞争和垄断行为的判断标准;加强对关键环节、特殊领域及特定问题的研究和解决)。4.比例协调(合理确定不同领域知识产权保护范围和保护强度;根据侵权行为性质、作用和侵权人主观恶性程度,恰如其分地给予保护和确定赔偿;知识产权保护符合发展规律、国情实际和发展需求,适应我国司法体系和司法能力现代化的客观需要;依法合理平衡知识产权人权益、其他权利人合法权益及社会公共利益、国家利益)。参见陶凯元:《知识产权审判应坚持正确的司法政策》,《紫光阁》2016年第11期。

这一提法从理论上已得到认可,从现实看其作用也正得到发挥和加强。但是,"总体上说,司法保护主导作用更多的还是一种目标定位,还不完全是现实。"①需要我们进一步深化研究,健全相关体制机制,完善具体程序。

第二节　美国知识产权的民事司法保护

美国知识产权的保护方式主要是司法保护,其知识产权法律制度是以联邦立法为主体、联邦法院为中心的立法与司法的融合体,是成文法与判例法相结合的制度。美国成文的专利法与版权法均属联邦立法,而商标法则由州法层面的普通法与联邦层面的成文法两大系统构成。一方面,联邦成文法的制定,既可消除美国各州普通法的冲突,又可避免美国国内法与国际条约的抵触;另一方面,与知识产权有关的判例有规定、解释和创制知识产权法的作用。判例法有效地解决了知识产权保护中出现的新问题,不断扩展知识产权法律的内涵和外延,及时高效地推动了知识产权制度的发展,提高了美国知识产权保护的灵活性。

一、美国知识产权民事司法保护体系与管辖

美国的法院分为联邦法院系统和州法院系统,两者关系可谓错综复杂,但也互相独立。联邦法律效力虽大于州法律效力,但州法院并不因此成为联邦法院的下级法院,相反它们是两套在管辖权限上既存在不同又有交叉重叠部分的平行法院系统。一般民事和刑事案件由州法院审理,涉及联邦法律问题只能由联邦法院审理,由于知识产权立法以联邦法为主,联邦法院系统具有更多的司法管辖权。如果州法律与联邦法律有冲突,联邦法律优先适用。在适用法律的过程中,法官有权对其进行解释,法官的司法解释也作为判例成为美国知识产权法律的一部分。

美国各州的知识产权司法保护体系包括州地方法院、州上诉法院及州最高法院,它们对基于州法律产生的知识产权案件进行审理。非因联邦商标法的案件,如州注册商标和按习惯法取得的商标侵权案以及商业秘密的滥用等案件一般由州法院审理。当事人有权上诉至各州法院,但对于向各州最高法院的上诉则只有申请权,州最高法院有权决定是否审理。

涉及联邦权限的案件均由联邦地方法院作为初审法院,包括专利案件、著作案件、植物新品种保护案件、与美国商标法或美国商标淡化法有关的商标案件,州法院无权审理这些案件。但其他私权纠纷则并非如此,以专利案件为例,虽因专

---

① 孔祥俊:《当前我国知识产权司法保护几个问题的探讨——关于知识产权司法政策及其走向的再思考》,《知识产权》2015 年第 1 期。

利权而提起诉讼,若未涉及专利的申请范围或其完整性,而是对其他方面的私权有争执时,诸如专利授权合同、涉及雇用人发明权益的雇用契约或遗嘱处分专利权事件引起的争执等,因未引起联邦问题(federal question),故非属专利诉讼,而仅属一般民事诉讼案件,通常向州法院提起诉讼①。

联邦层面有权受理知识产权民事一审案件的是遍布各州的 90 余个联邦地方法院(district courts)。有权管辖知识产权民事二审的是联邦上诉法院。联邦上诉法院在全国共分 12 个地域性巡回区及一个全国性巡回区②。每法院有院长一名(按年资),他有一名书记官长(circuit executive)协助管理行政事务。每名法官可雇用多名法官助理(law clerks),案件审理原则上由三名法官组成合议庭,除了正式法官外,可能包括访问法官(visiting judges)(主要来自该巡回区的地方法院法官)与资深(senior)法官(退居二线仍参与审理)。所有法官可以一起审理案件,或重审(rehear)由一个合议庭已经决定的案件,而以多数决定之,不过全体审理(en banc)案件情形为数不多③。

唯一全国性巡回区是联邦巡回上诉法院(United States Court of Appeals for the Federal Circuit,CAFC),1982 年设立于华盛顿特区,审理联邦地方法院专利、著作权、商标的上诉案件以及来自赔偿法院(the Court of Federal Claims)及国际贸易法院(the Court of International Trade)所有上诉案件。专利上诉案件由CAFC 专属管辖。此外,CAFC 还专属管辖来自美国专利商标局(USPTO)、美国国际贸易委员会(ITC)等联邦政府机构或准司法机构涉及专利或商标确权以及337 调查等知识产权案件。商标和版权上诉案件由主管相关辖区的巡回法院管辖,纽约的第 2 巡回上诉法院和加州的第 9 巡回上诉法院在版权方面的判决影响较大,因为这两个地方为高技术和版权产业密集区,版权案件较多。相对而言,联邦巡回上诉法院、哥伦比亚地区上诉法院关于商标权的判决更具有权威性④。由于最高法院只对有典型代表意义的案件才会受理,在知识产权领域,巡回上诉法院判决具有更为关键的作用。

由于今日联邦问题宽广以及最高法院限制受理案件,以致上诉法院近 30 年来案件增加迅速,对于几乎所有联邦诉讼案件成为"终审法院"(courts of last resort),不但比过去更有权力,且能见度也大为提高。联邦上诉法院法官近年来

---

① 刘尚志、王敏铨、张宇枢、林明仪:《PATENT WARS 美台专利诉讼实战暨裁判解析》,元照出版社 2005 年版,第 49 - 50 页。

② 地域性巡回区系按地区划分及按数目命名,例如,第一巡回区上诉法院审理缅因、马萨诸塞、新罕布什尔、罗得岛等地方法院的上诉案件。上诉法院全国共有 179 名法官,由总统提名参议院同意。与地方法院相同,各上诉法院法官人数不同,自 6 人(第一巡回区)到 28 人(第九巡回区),视案件数量与复杂性而定。

③ 杨崇森:《遨游美国法:美国法制的实务与运作》,台北大学、华艺学术出版社 2015 年版,第 172 页。

④ 孙南申等:《美国知识产权法律制度研究》,法律出版社 2012 年版,第 12 页。

在处理案件的效率方面较有进步,原因包括使用法律助理、技术进步、利用个人计算机、计算机化法律检索、通过电子邮件将判决初稿在法官间流通等①。

综上所述,美国知识产权民事司法保护体系由联邦和各州的司法机构组成,为知识产权人提供全面的保护,形成了以联邦巡回上诉法院为核心的知识产权民事司法保护体制。

二、美国联邦巡回上诉法院

(一)设立背景

在美国联邦巡回上诉法院设立之前,美国 94 个联邦地方法院,对专利权、著作权、植物新品种保护和涉及《商标法》与《商标淡化法》有关商标案件的初审有专属管辖权。对于上诉案件,采取以下程序:专利申请不服专利复审委员会决定的,当事人可向关税与专利上诉法院上诉;联邦地方法院受理的知识产权初审的案件,可向所属的巡回上诉法院进行上诉。

这一审判体制存在如下问题:1. 审理标准不统一,各巡回区上诉法院对专利法的认识有所不同,每个上诉法院判决只在本管辖区域范围有约束力,造成宽严有别,择地起诉(forum shopping)情况猖獗②。将所有专利上诉案件划归到同一所法院的核心目的之一便是通过引用统一的理论标准来达到对审判结果的可预测性;2. 在涉及专利有效性的案件审理中,巡回上诉法院判决多倾向于认定专利无效,因此专利持有人对专利申请不积极,严重阻碍了专利法激励创新目标的实现;3. 专利案件多涉及专业技术,各上诉法院对事实与法律的界限判断有所不同,法官缺乏一定的技术知识背景,难以与法律结合,做出判决缺乏公信力;4. 索赔法院和关税与专利上诉法院在功能设置上有一定的重合,司法资源并未得到合理的配置与利用。经过充分的立法准备和实证研究,美国最终通过的《联邦法院促进法》设立了联邦巡回上诉法院。

(二)管辖范围

联邦巡回上诉法院最具有特点之处就在于其打破了传统的地域管辖特点,依据案件争议的事实类型对部分知识产权及非知识产权上诉案件进行管辖。根据《联邦法院促进法》规定,主要对以下几类案件有管辖权:1. 所有联邦地方法院审理的关于专利有效性和专利侵权的案件;2. 专利申请人和相关第三人不服美国

---

① Brian L. Porto,May it please the court :judicial processes and politics in America,CRC Press 2009,P45 - 47.

② 有数据显示,在 1945—1957 年间,第五巡回法院认定专利无效的概率高于第七巡回法院两倍多,诉讼当事人可依具体情况提起转移案件的请求。The United States Court of Appeal for the Federal Circuit —A History of 1982 - 1990,The United States Judicial Conference Committee on the Bicentennial of the Constitution,1991,P3 - 4。

专利商标局专利复审委员所做出的行政决定提出的上诉;3. 不服知识产权贸易部、专利商标局或商标审理和上诉委员会在商标注册申请以及相关程序中做出的决定;4. 不服美国国际贸易委员会对涉嫌进口知识产权侵权案件和进口贸易不正当竞争案件的裁决;5. 不服国际贸易法院或联邦索赔法院的判决。由此可以看出,其受案范围是十分广泛的。对联邦上诉巡回法院的判决不服,可继续向最高法院进行上诉,不过是否受理上诉由最高法院决定。如果上诉不被受理,则联邦上诉巡回法院的判决即为有效判决。

(三)内部结构

任何时候,联邦巡回上诉法院均保持有 12 名一线(Active)巡回法官。和其他联邦法官一样,法官任期可一直延续,法官满足一定资格时可选择转为资深法官。转为资深地位的法官能够继续任职,而不需要处理像一线法官那么多的案件。一线法官配备 1 名法官助理和最多 4 名法律助理,而资深法官配备 1 名法官助理和 1 名法律助理①。这些法官具有不同的背景和资历,但都拥有专利法方面的知识和经验。有些法官还拥有技术学科的学位,还有些法官聘请具有技术学科学位或拥有专利工作经验的法律事务助理,协助其进行专利案件的审理工作。我国有论者认为联邦巡回上诉法院中的法官大多具有理工科技术背景,其实不然,在法院现任法官团队中,具有理工科背景的少于整个团队人数的一半,而且这一教育背景并非强制要求,相反,职业法官资格是每位法官的强制要求。

(四)特色与成效

联邦巡回上诉法院逐步成型的过程伴随着对美国既有司法体系架构的耦合与突破,形成了其自身的特点:突破地域限制设置上诉法院;为避免"专门化"的指责,适度扩展案件管辖范围;通过法官的筛选,实现专业化与加强专利保护的目的。

专利诉讼排他性的上诉管辖权作为一种专门化的专利司法体制,形成了专利上诉案件的"垄断审理",这种专门化、垄断化的专利司法体制将负责专利授权、确权的行政机关以及负责行政执法的机关和司法机关直接衔接在一起,在很大程度上消除了专利法解释和专利理论运用的不统一,大大减少了美国专利保护中的司法冲突,自该院成为专门性的专利上诉法院以来,来自于不同巡回法院间的审判意见纷争随之淡化,这也就达到了建立该法院的根本目的,使专利司法以及行政机关对专利法的解释与实施趋于标准化、一致性和确定性,从而极大地提升了美国专利法律保护的稳定性和效率。

有专家通过数据分析得出,联邦巡回上诉法院自建立以来,专利被认定

---

① United States Court of Appeals for the Federal Circuit,Judges,http://www.cafc.uscourts.gov/judges.

无效的比率较其建立之前有了一定的下降。专利所有人通过向该法院提起关于专利有效性判决的上诉，以推翻原地区法院裁判的成功概率增长了约三倍①。

三、美国知识产权民事司法的几项特色制度

在美国，规范知识产权诉讼的是《联邦民事诉讼程序规则》、美国联邦司法中心编写的《复杂诉讼手册》(Manual for Complex Litigation)以及各联邦地区法院的专利诉讼守则。以专利诉讼为例，一般来说可能包括的步骤按时间顺序如下：发侵权警告函、起诉与送达、被告答辩、初始的证据开示、正式的证据调查、权利要求解释程序、专家报告与专家证据调查、简易判决动议、庭前会议、正式庭审、判决与上诉。因为篇幅所限，择其特色制度介绍如下：

（一）权利要求解释与马克曼听证

权利要求定义了专利的权利范围，是专利的灵魂，同时也是专利诉讼争议的焦点。权利要求解释得宽或窄，给争议词汇下定义，是利弊权衡的艺术。双方都会权衡侵权与无效，提出一个适合自己的解释。很多案件在法院给权利要求作出解释后，双方其实胜败已定。与美国专利诉讼的悠久历史相比，1996 年才经最高法院确立的"马克曼听证"(Markman Hearing，也称 Claim Construction，即权利要求书的解释，参见案例 9-2)无疑是一项年轻的制度。经"马克曼听证"获得有利结论的一方一旦据此向法庭提起不审即判的动议，专利侵权诉讼往往可就此快速了结，因此该制度对美国专利诉讼发展史意义重大。

案例 9-2 马克曼案②

"马克曼听证"制度确立之前，在专利侵权诉讼中的权利要求书解释，通常交由陪审团在对案件事实进行裁决时一并做出，且并不会在诉讼文件上单独就陪审团这一问题的判断进行记录。1991 年，马克曼因认为其"干洗衣物贮存及追踪控制装置"专利权被 Westview 公司侵犯，向宾夕法尼亚州东区联邦地区法院提起专利侵权诉讼。陪审团裁决认为被告装置构成对原告专利权侵犯，但该地区法院认为系争专利与被告装置在功能实施上并不一致，遂推翻陪审团裁决，判决被告不构成侵权。

马克曼不服，于 1995 年向联邦巡回上诉法院提起上诉，上诉理由为地区法院错误地解释了陪审团关于专利权利要求书解释中某个词语的含义。上诉法院将案件核心问题定为两个：一是原告对请求项解释有无权利请求陪审团裁决；二是

---

① Matthew D. Henry & John L. Turner, The Court of Appeals for the Federal Circuit's Impact on Patent Litigation, 35 J. LEGAL STUD. 144(2006).

② Markman v. Westview Instruments, Inc. 517 U. S. 370(1996).

联邦地区法院是否正确地解释了"Inventory"一词。多数法官经审理后认为,权利要求书范围的解释与确定,属于法律问题而非事实问题,因而属于法院权限而不应交由陪审团决定。同时原告专利与被告装置存在实质功能上的差异,被告不构成侵权。持不同意见的少数派法官质疑这一结论违反了美国宪法第七修正案①。

马克曼不服,向最高法院提出上诉。1996 年 4 月 23 日,美国最高法院就该案做出终审判决:权利要求书的解释是联邦地区法院法官应当处理的法律问题,而不是应当由陪审团来认定的事实问题,尽管在解释权利要求书的过程中可能会包含一些对于事实问题的解释,但这样做并不违反第七修正案赋予陪审团的权利。

这一裁决标志着马克曼听证制度的正式确立,"马克曼听证"成为法官专门用于解释专利权利要求的一个经常性听证程序,用以解决专利侵权诉讼的核心问题。由于该听证并非普遍适用,联邦民事诉讼规则并未正式对其规定,而是给予法院自由裁量权。各地区法院都各有不同的权利要求解释马克曼听证会程序。下面就以最新版的《加利福尼亚州北区专利诉讼守则》②为例来介绍这一程序:

在权利要求解释初始阶段,马克曼听证会之前,每一方选出需要法院解释的词汇,交换所选词汇清单。此后双方要交换自己对每个词汇建议的解释和根据,例如,说明书中的段落、审查历史、字典定义、专家证言等。之后,双方要协商撰写共同的权利要求解释和听证会前共同声明。共同声明应包括:1. 双方同意的解释;2. 每一方建议的解释和根据;3. 双方认为对解决案件最重要的词汇,一般不能超过 10 个。

在提交共同声明之后 30 日内,双方应进行和权利要求解释相关的证据调查,例如,要求专家证人宣誓作证(deposition)等。在提交共同声明之后 45 日内,原告提交权利要求解释的意见书。此后 14 日内,被告提交权利要求解释的答辩书。此后 7 日内,原告提交回复意见书。听证会前法院会举行背景技术辅导,目的是帮助法官理解专利技术。当事人双方都会给法官做关于专利技术的讲解,讲解仅限于技术介绍。讲解过程中不应有法律上抗辩或意见。

在原告提交回复意见书 14 日之内,法院会举行马克曼听证会。听证会上首先是原告阐述意见,先介绍自己建议的解释,反驳被告建议的解释为什么不符合法律要求。然后是被告阐述意见,被告会介绍自己的解释,反驳原告解释。法官可给原告简单回复被告的抗辩机会。整个过程中法官都会询问一些问题。听证

---

① 所有根据美国法律进行的普通法诉讼,只要争议金额超过 20 美元,即有要求陪审团审判的权利。

② Northern District of California's Patent Local Rules(Last revised:January 17,2017).

会后,法官一般会在2～4周内做出权利要求解释的判决。任何一方当事人不服,可要求法官重新考虑。因为权利要求解释不是对案件的最终判决,当事人即便对法官判决不服,也不能在此阶段上诉至上级法院。

(二)禁令的审慎化与裁量化

知识产权诉讼的目的,不外乎借助法律制裁而得以排除侵害并获得赔偿。排除侵害最有效率的方式莫过于能阻止侵权行为。知识产权权利人可要求法院颁布禁令(injunction)以停止侵权行为。禁令包括两种:临时禁令(或初步禁令)和永久禁令。

临时禁令(preliminary injunction)是法院作出判决前,为避免发生无法弥补的损害而对被告发出的禁止令。临时禁令的效力期间为发出禁止令时开始至诉讼结束时截止。诉讼胜负未定的情况下,临时禁令可能会给受禁止的一方造成不必要的损害。根据美国的判例法,确定是否要签发临时禁令的要件有四个:1.就其诉讼主体本身有合理胜诉的可能;2.若没有法院判决的临时禁止令,专利权人将遭到无可弥补的损害;3.衡量所有可能的弊端皆倾向于对请求人有利;4.禁止令是否及如何对公众利益产生影响①。上述内容皆由判决发展形成,成为所谓"四因素检验法"。法院会考虑所有这些因素,权衡每个因素的偏向一方的程度,然后做出决定。

专利权人如果胜诉,即法院认定被告侵权,专利权人可要求法院永久禁止侵权人将来从事侵权行为,这样的禁令被称为永久禁令(permanent injunction)。永久禁令实质上与我国法律上的停止侵害民事责任相类似,也就是我国有关法律、司法解释中所规定的"责令停止侵害""责令停止侵权行为"。

关于永久禁令,美国联邦最高法院在2006年的eBay案②中改变了以前的法律。在该案之前,如果法院认定专利有效、被告侵权,在专利权人要求下,都会颁布永久禁令以停止侵权行为。联邦最高法院认定,法院在审理永久禁令要求的时候,应该考虑衡平法已经建立的传统的四个因素。所谓根据传统的衡平法,就是原告必须证明上述的"四因素"。在2011到2015年之间进行的苹果公司与三星公司专利纠纷案件中,联邦巡回上诉法院进一步提高了禁令发布的标准,明确要求专利权人证明被侵权的专利是驱动消费者购买侵权产品的原因,才能进一步支持"无可弥补的损害"的成立③。

从2000年开始,越来越多的公司专门购买专利后起诉,从中获利。这些诉讼多数针对大公司,原告赢得诉讼后都会提出永久禁令,迫使被告以高价钱与这些

① Illinois Tool Works,Inc. v. Grip—Pak,Inc. ,906 F. 2d 679(Fed. Cir. 1990).
② eBay Inc. v. MercExchange,LLC,547 U. S. 388(2006).
③ 国家知识产权局专利局专利文献部编:《国外专利诉讼要案解析》,知识产权出版社2016年版,第212页。

公司和解诉讼。美国的大公司对这样的诉讼抱怨很多。联邦最高法院在这种大环境下,改变了法院颁发永久禁令的条件。在 eBay 案之后,法院驳回专利权人的永久禁令的要求逐渐增多。从这些年的统计数字来看,美国各联邦地区法院驳回永久禁令的比率在 20%～40%[①]。

对知识产权侵权救济的限制针对所谓的"反公地悲剧",有助于解决专利丛林带来的商业化实施不足问题[②],我国于 2016 年 4 月 1 日实施的《审理侵犯专利权纠纷解释(二)》第 26 条规定:"被告构成专利侵权,权利人请求判令其停止侵权行为的,法院应予支持,但基于国家利益、公共利益的考量,可不判令被告停止被诉行为,而判令其支付相应的合理费用。"其所提出"社会公共利益"的考量标准与美国 ebay 案"四要素检验法"有异曲同工之处。将停止侵害的禁止性法律关系化解为合理使用费的支付请求关系,与知识产权制度的宗旨并不矛盾[③]。笔者认为,在停止侵害救济方式的适用上,"双方当事人利益严重失衡"在利益平衡价值体系中应与"社会公共利益遭受重大损失"扮演同样重要的角色,只有两种情形给予同一规范,才能彻底突破停止侵害救济的绝对化、自动化、僵硬化的适用范式。与此同时,基于我国司法实践经验和国际发展趋势,在专利法之外的其他知识产权法律领域,同样可以规定"利益平衡"的宏观性和原则性条款。

(三)通过民事侵权诉讼对专利有效性问题进行判断

在美国,专利授权后对专利有效性判断原则上属于法院管辖,专利商标局对专利有效性的复审被认为是法院裁判原则的例外[④]。主要存在两个方面的原因:一是根据美国宪法规定,专利权是美国宪法保障的权利。在 Constant v. Advanced Micro－Devices,Inc. 案中,双方对法院是否有权对专利权的有效性做出判断产生争议。联邦上诉巡回法院在判决中指出宪法并没有规定对专利有效性的判断只能由专利商标局做出,复审制度的建立并不能剥夺法院对此做出裁判的权利[⑤]。专利行政机关的技术优势不是其垄断专利有效性判断的理由;二是除了宪法上的理由之外,也与法院和专利商标局适用的证明标准不同有关。根据《美国专利法》第 303 条规定,提出复审的前提是必须要有事实上的"新的实质性的专利性问题"(a substantial new question of patentability),而诉讼中适用的是

---

① 陈维国:《美国专利诉讼:规则、判例与实务》,知识产权出版社 2014 年版,第 233 页。

② 参见和育东:《美国专利侵权救济》,法律出版社 2009 年版,第 204－211 页。

③ 最初在英国和法国,专利权不是指禁止他人生产同样产品的权利制度,而是指允许他人使用自己的专利,只从中收取专利使用费的权利——即征收权。【日】富田彻男:《市场竞争中的知识产权》,廖正衡等译,商务印书馆 2000 年版,第 1 页。

④ MPEP(Manual of Patent Examining Procedure)(8th ed. 2001) § 1305.

⑤ James Constant, Plaintiff － appellant v. Advanced Micro － devices, Inc. , 848 F. 2d 1560, 1572 (Fed. Cir. 1988).

"明白且令人信服的证据"（clear and convincing evidence），①侵权的证明要求要高于行政复审程序的要求，所以在侵权诉讼中并不能直接适用行政程序做出的专利有效的结论。

（四）外行参与司法

在知识产权诉讼日益复杂的今天，美国陪审团审理依然发挥重要作用，每年进入实质审理的专利诉讼中，一半以上由陪审团审理。美国几乎是世界上唯一在专利诉讼中使用陪审团的国家，这种似乎与专业化时代潮流相背离的做法，是民事陪审团在美国司法制度中的重要地位所决定的，也是因为其构成美国宪政制度的一部分。

专利权人在陪审团参与的案件中更容易胜诉，导致陪审团断案增多。近年来，在完全由法官审理的专利侵权案件中，专利权人的胜诉率维持在53%左右，而陪审团判决案件中专利权人的胜诉率则从82%降至73%。在比较陪审团审理和法官（Bench）审理案件损害赔偿平均数额差别时发现，陪审团判赔平均数远高于法官判赔平均数②。此种差别是陪审团审理比例提高的另一个原因。

美国专利诉讼中陪审团的权力主要有：1. 决定专利是否有效；2. 决定是否构成侵权；3. 决定赔偿（包括惩罚性赔偿）数额③。巡回上诉法院在实践中推翻陪审团裁决的情况并不多见。陪审团与法官审理相比在两个方面比较突出：一是维护专利有效性方面，陪审团裁决原告专利有效比率大大高过法官；二是涉及外国当事人案件，陪审团受盲目爱国主义情结影响比较明显。对于前者，其原因同陪审员作为专利知识的门外汉，在情况复杂时与不愿冒险推翻专利局的专业决定有关；而后者显然同美国社会普通人的一般情感有关。外国当事人多数作为被告出现，多有避免陪审团审理的愿望④。

如果任何一方对陪审团的判决不服，可以要求法官推翻陪审团的判决。这种要求法官推翻陪审团判决的动议称为依法律判决动议（Motion for Judgment as a Matter of Law）。重新审理使法官获得纠错机会，避免上诉时被撤销。法官行使重新审理权力是谨慎的，假如只有在法官得出同样结论的前提下陪审团裁决才能

---

① 此专利侵权诉讼无效抗辩证明标准在2011年得到美国最高法院判例确认，参见甘绍宁：《美国专利诉讼要案解析》，知识产权出版社2013年版，第129－146页。另外，新专利法（《美国发明法案》）提高了双方复审和授权后复审提起的证据要求，前者是挑战方须让专利商标局主任确定其至少在一个专利权利要求上有"合理可能性"（reasonable likelihood），后者则要求任一权利要求存在专利性欠缺情形（more like than not）。

② Price waterhouse Coopers, 2016 Patent Litigation Study: Are we at an inflection point? (May 2016).

③ Nichole Biglin, Enablement: For the Judge or the jury? Markman V. Westview Instruments. Inc's Analysis Applied, Fall 52 Drake Law Review 145, 2003.

④ Brian D. Coggio, Timothy E. DeMasi, The Right to a Jury Trial in Actions for Patent Infringement and Suits for Declaratory Judgment, FalI, 2002, 13 Fordham Intell. Prop. Media & Ent. L. J 205.

成立，获得陪审团审理的权利就没有任何意义了。重新审理必须要有特殊的理由①。譬如《明尼苏达州诉讼程序规则》就将陪审员的不当行为、最新发现的实质性证据以及法律的错误等这些构成重新审理理由的事项列举出来②。

美国对陪审团的讨论是围绕着制度变革而不是取消陪审团进行的。陪审团改革建议包括：1. 允许陪审员在庭审中记笔记；2. 允许陪审员对证人提问；3. 以更容易的语言改写陪审团的指示（通常陪审团指示是以口头形式做出，可能长达几个小时之久，且常常较为复杂）；4. 在听取证据之前，给予陪审团指示；5. 允许陪审员拿到指示的复印件；6. 提高陪审员报酬；7. 减少审判过程的中断。很多司法辖区已经采取了这种调整方式③。也有人提出用蓝带陪审团（blue — ribbon juries）来审理含有复杂事实或法律问题的案件，可根据案件标的事项（subject matter）规定与之相关的最低学历资格或经验要求来挑选陪审员④。不过，这可能就和陪审制建立的初衷相违背了。

（五）保密令制度

我国的不公开审理及不公开质证并没有把当事人作为限制或禁止的对象，美国保密令制度极为严格，有"唯律师之眼"之称，即对于知识产权诉讼中的商业秘密，只有律师才有权知悉。多年司法实践中，各级法院针对知识产权诉讼中的保密令制度已有成熟规则。法庭签发保密令一般要考虑以下情形：第一，必须证明该交易秘密或其他机密信息需要保护；第二，必须基于正当理由申请，即披露该信息造成的潜在伤害远大于不披露造成的伤害；第三，如申请保密令成功，法院还会考虑以下因素来衡量该信息是否符合机密信息的标准：该信息为外界所了解的程度；接触者对该信息的了解程度；对该信息采取的相关保密措施；该信息对于拥有者的价值及对其竞争者的价值；研发该信息所付出的时间、金钱等成本；复制或获取该信息的难易程度⑤。

（六）遏制专利流氓的程序设计

2013 年 12 月，美国众议院通过了《创新法案》⑥，对专利法进行修改，法案重点在于对专利诉讼程序进行改革，旨在遏制日益蔓延的"专利流氓"（Paten Troll）

---

① E. g. , West's Ann. Cal. Code Civ. Proc. 657.

② 【美】杰克·弗兰德泰尔等：《民事诉讼法》，夏登峻等译，中国政法大学出版社 2003 年版，第 556 页。

③ 【美】斯蒂文·苏本等：《民事诉讼法：原理、实务与运作环境》，傅郁林等译，中国政法大学出版社 2004 年版，第 377 页。

④ Jeffrey W. Stempel, A More Complete Look at Complexity, Arizona Law Review 40(1998):839.

⑤ 美国保密令制度分为三个等级："Confidential"级，可接触、知悉的主体范围最广；"Attorney'Eyes Only"级，仅当事人律师可知悉；"Outside Counsel Only"级，即使律师亦不得接触、知悉。李峣、冀宗儒：《知识产权诉讼中的保密令制度比较研究》，《知识产权》2015 年第 11 期。

⑥ Innovation Act, H. R. 3309,113th Cong. (2013).

现象。专利流氓经常从无力支付诉讼费用的小企业、独立开发者和非营利组织那里榨取和解费,使众多小企业被迫停业。专利流氓甚至带上"白手套",设立空壳公司维权。通过修法,美国针对滥用专利诉权行为建立起了一套包括诉讼审查、证据开示、权利滥用失权、责任费用承担、用户平行诉讼的规则,也显现了试图严格专利审查标准并发挥法官司法能动性的明显倾向。

1. 诉讼审查规则

《创新法案》在专利法第 281 条增加规定,要求原告必须提供额外的必要诉讼细节(增加其诉讼成本);同时第 290 条增加款项,要求原告对专利权权属及利益相关人进行披露。这两项规则为专利侵权诉讼设立了更高的起诉门槛,加强了对专利诉讼的审查。根据新规定,原告提供的专利信息可被法官作为重要判断参考,而关于专利权属状况的透明,使得法官能够更加迅速地判断出案件是否属于专利流氓案件,以节省诉讼时间和节约司法资源。

2. 证据开示规则

《创新法案》重塑了证据开示制度,在专利法第 299 条后增加第 299A 条,在法院需要对权利要求解释做出判定时,原告不能要求被告提供上述争议范围之外数量过多的文件①,从而降低被告方的诉讼成本。由此,通过加强被告的应诉能力,实际上间接地削弱专利流氓的诉讼优势。如果结合上述审查规则对原告起诉门槛的提高,这一升一降,对专利流氓(原告)与被告之间诉讼地位的实质性偏斜,就起到了较大的纠偏或矫正作用。

3. 权利滥用失权规则

《创新法案》在专利法第 285 条增加规定:"主张专利权一方如单方面向另一方提出排除诉讼条款,该主张权利方将被视为非胜诉方,除非该方在法院令下达前主动撤销诉讼或主张。"这项规定打破了专利流氓"起诉-寻求和解(提出排除诉讼条款)-收取和解费用(免于司法审查)"的惯常行为模式,给其带来更大的诉讼风险。

4. 责任费用承担规则

在双方当事人负担一般诉讼费、律师费及其他费用(如鉴定费、宣告无效费等)之后,在法官最终裁决中判定受滥诉行为侵害一方的全部或部分费用转移给实施滥诉行为的一方,就是对受害人的一种民事救济。

5. 用户平行诉讼规则

新法在《专利法》第 296 条后增加"用户诉讼例外"条款,规定小型终端用户同意的情况下,允许其与大型设备生产商绑定,进行平行诉讼。这就增强了小用户

---

① 联邦民事诉讼规则规定,被诉方须提供"所有相关的"文件,《创新法案》规定,被诉方只需提供"必要的"文件。被诉方不再像以前那样因为害怕高额应诉成本而向起诉方屈服,轻易就支付和解费。

的应诉能力,能够联合生产商有效地抵御专利流氓侵扰。

四、评价与启示

(一)不专门的专业法院

如果说联邦巡回上诉法院是一所专门性法院,这样说是不妥的,因为其管辖不限于专利案件。波斯纳曾评价 CAFC:"它只是一家半专业性法院,而事实上,它比自己设立的那两家专业性程度更低。"[1]专利和商标诉讼以外,CAFC 还负责审理国际贸易、政府合约、退伍军人福利等领域的上诉案件。在 2013 年提交给联邦巡回上诉法院的 1259 件上诉案件中,有关知识产权的上诉案件占 48%,其中包括联邦地区法院的专利上诉案件(36%)、针对专利局的诉讼(9%)、针对商标局的诉讼(2%)和针对国际贸易委员会的诉讼案件(1%)[2]。

虽不是专门法院,但其对专利案件审理的专业化程度却是十分高的。现有 18 名法官中的 12 位法官为一线主要审理法官,有一定技术背景或有长期专利审判工作经验。不专门的专业法院避免了法官视野过于狭窄,也避免了法官经验过于稀少。虽然无法像专业法院(设置技术法官)或普通法院那样具有两极化的优缺点,但是这一折中妥协后的产物反而具有自身独特的优势。我国在知识产权法院的数量和层级上,都与美国的模式有差别。中国设置知识产权法院最主要目的是推动审判专业化,同时缓解几个经济发达地区知识产权审判压力,因此设立专门专业法院,而非像 CAFC 那样半专门化。另一方面,美国只设立了一个联邦巡回上诉法院负责全国技术类知识产权案件上诉审,也不符合我国的实际需求。

(二)单一专利上诉法院的必要性

在是否需要设置 CAFC 的问题上曾争论不休,美国律师协会(ABA)曾通过决议强烈反对设置专门的专利上诉法院,国会中的反对派也认为这是短视、迂回和浪费的行为,可能导致案件单一化从而使法院失去交叉优势,法院也可能被较有势力的当事人控制,且此等专属管辖法院体系也可能破坏美国普通法法治传统[3]。

具体来说,人们对设置专门专利上诉法院有如下担忧:第一,它可能让法官视野变得狭窄,产生隧道视野(tunnel vision),法官可能更多地关注专利案件中的技

---

① 【美】威廉·兰德斯、【美】理查德·波斯纳:《知识产权法的经济结构》,金海军译,北京大学出版社 2005 年版,第 426 页。

② Appeals Filed, by Category FY 2013, United States Court Of Appeals For The Federal Circuit (2013), http://www.cafc.uscourts.gov/images/stories/Statistics/fy%、2013%、20filings%、20by% 20category.pdf.

③ Randall R. Rader, Specialized Courts: The Legislative Response, 40 The American University Law Review 1003 no.3(1991).

术或法律问题而忽略其他多种经济与社会因素,从而对专利制度产生简单认识,法官也更易受职业使命感驱使,倾向于支持他们时常适用的专利制度,也可能把其倾向性的观点隐藏在判决书复杂的技术术语背后使人们难以认清;第二,法官更可能为经常出现在其面前的律师的观点所左右,也更可能受到游说团体的影响;第三,它虽然可能提升专利案件判决的一致性,在巡回法院层次降低甚至杜绝选择法院之风(在联邦地区法院层次仍会存在),但也会让专利案件的判决失去汇集其他巡回法院法官集体智慧的机会,也可能让该专门法院因为不再有被选择的压力而失去提高其审判质量的激励;第四,由于专利案件与其他巡回法院的一般民事案件相隔离,专利制度可能游离于一般的司法制度之外,它与主流司法体系的关系可能变得疏远,从而不利于专利制度实施。在任何层级设置专门专利法院都可能让专利与其他法律业务相隔离,如果在初审和上诉两个层级都设置专利法院,问题会变得更严重[①];第五,法院的设置会带来管辖等程序上的很多问题,并且单一的案件种类也不利于吸引有才华的法官进入该法院[②]。

从渐进试错这一观点来看,过度集中化的审判制度也存在一些问题。这是因为,如果法院制度是多元化的,就具备了各法院之间竞相进行渐进试错的土壤。但是如果是在过度集中化的制度之下,法院就不会因同业者提出意见或建议而去反省自己所作判决合理与否[③]。在此情况之下,当事人、律师就倾向于引用该集中化法院的已有判决,在这一框架内提出主张。这样一来,便无法对依靠法律界人士带动法律发展寄予太大的希望[④]。然而,另一方面,追求一定程度的统一性无疑具有确保预见可能性的意义,因此,最理想的情况是在多元性和集中化之间取得适当的平衡。

(三)地区专利法院与专利上诉法院的衔接

也有人批评把统一的专利法院设置在联邦巡回法院层级,而没有设置在联邦地区法院层级,认为那样的话或可以有助于联邦地区法院法官全面理解和处置技术问题,从而避免为专利侵权判断和专利法适用带来混乱,择院起诉情况也可以得到缓解[⑤]。应该说,美国在联邦地区法院层级设置统一的专利案件管辖法院并不具有较大的可行性,并且除上述视野狭窄以及与联邦司法系统主流脱离等问题

---

① Robert D. Swanson, Implementing the E. U. Unified Patent Court: Lessons from the Federal Circuit,9 International Law & Management Review 171,194 - 195(2013).

② Rochelle Cooper Dreyfuss, The Federal Circuit: A Case Study in Specialized Courts, 64 N. Y. U. L. Rev. 1,6 - 7(1989).

③ Rochelle Cooper Dreyfuss,Specialized Adjudication,1990 BYU L. Rev. 377,381.

④ Craig Allen Nard & John F. Duffy, Rethinking Patent Law's Uniformity Principle, 101 Nw. U. L. Rev. (2007).

⑤ Kimberly A. Moore,Forum Shopping in Patent Cases:Does Geographic Choice Affect Innovation? 83 J. PAT. & TRADEMARK OFF. SOC'Y 596 - 98,(2001).

外,它还会带来其他不利的社会效果:美国幅员辽阔,专利一审案件较多,如果设置统一的专利一审法院,势必会带来较大的诉讼成本和社会成本;如果设置多个专利一审法院,则相互之间的审理标准仍难以统一,也难免会带来甚至加剧选择法院之风。

虽然美国国会还没有接受设立专门专利初审法院,但国会已开展一项为期10年的计划来促进联邦地区法官对专利案件专业水平的提升①。该试行计划成功与否的最重要要素是上诉逆转率,这要等到该计划结束时才能完全了解。CAFC 的成功减少了对建立专门专利初审法院的呼声。不过,如果该试行计划产生了积极的结果,那么届时可能会推动美国的专利诉讼体系发生变化。考虑到美国国内专利案件的庞大数量,这一影响将会非常广泛。

(四)重视研究美国知识产权司法制度的缺陷与完善经验

美国知识产权司法保护中的有益经验很多,比如马克曼听证程序从近期来看对于中国完善技术查明程序富有参考价值,而其将申请专利范围解读为法律事项,对于我国未来的司法改革有很大的作用。如果我国上诉审主要集中于法律审而不是事实问题的重复审理,此问题的意义就将凸显。此外以事物为标准确定知识产权案件管辖、遏制专利诉权滥用、专门法院设置的利弊之争、侵权与赔偿分阶段审理等对我们都有借鉴意义。

但是美国相关制度也存在着一些明显的问题,更加值得我们汲取教训,试举几例如下:

1. 诉讼效率低下、耗时漫长,费用巨大

从时间上看,在联邦地方法院提起的专利侵权诉讼一般没有法定的审限,具体案件所需要的审判时间往往会因个案的情况而长短不一,一般也需要 20~30个月。

证据开示制度对原告赋权过大。虽然该制度有利于帮助当事人收集证据,查清案件事实,但很容易被滥用,有的时候,原告获得了大量的证据和信息,很大一部分法庭上都用不到,还增加了时间和经济成本。而德国在这方面"有限的证据发现权"可能更契合我国国情。

效率低与耗费大,不仅给当事人带来巨大的经济负担和时间成本,更使得双

---

① 14 所联邦地区法院参加了这一试行计划。其中包括已具有丰富专利审判经验的纽约、新泽西、德州和加州法院以及相关经验不充足的内华达和田纳西州法院。这些法院法官可自愿参加此计划。参与计划的地区法院首先将专利案件随机分配给该院法官(不参加计划的法官可拒绝接受专利案件),案件再随机分配给参加计划的法官。该计划结束时会对法官是否成功掌握了专利专业知识进行分析。早期数据表明:(1)参加该计划的法官处理专利事项的速度比未参与的法官更快;(2)专利案件逐渐集中分配给参加该计划的法官;(3)诉至参加计划的地区法院的专利案件数量增加。但这些趋势的具体情况因司法辖区而异。譬如,在擅长专利案件的法院,即使未参加该计划的法官或许也不愿拒绝分配给他的专利案件。参见【美】E. Robert Yoches:《如何应对美国专利诉讼》,《法人》2015 年第 5 期。

方争议不能得到及时化解,给竞争主体的正常商业活动带来不利影响,一定程度上也使得当事人更倾向于在证据披露程序之后尽可能寻求以和解的方式结案,和解比例过高起不到输出稳定规则与预期司法的作用,变相架空了《专利法》。

2. 知识产权审判专业化有所欠缺

将最富专业经验的法官设置在中层法院是有问题的,导致专业经验与政策取向上下失调,与我国设立专门法院或法庭审理模式不同,美国专利案件一审管辖的联邦地区法院中,法官也要审理其他的民事案件及刑事案件。由于案件数量较大,而专利案件所占比例又很小,在联邦地区法院就很难做到知识产权审判的专业化。

有 CAFC 法官认为,德国比美国的体系更有成效,德国模式的优点之一是在初审法院级别就有具备专业知识和能力的法官。CAFC 有很强的专业性,但其裁决常被美国最高法院驳回,有时这种驳回是由于对知识产权法的理解不够。所以说,德国模式更好①。这样的说法显然是出自部门本位主义对德国的误读,德国专利法院在审级上并非最高,也没有侵权案件的管辖权,其初审法院是双重的,也无法避免被上级法院改判的命运,笔者认为,美国体系的真正问题在于地区法院管辖过于分散,审判质量不高,其理解与认定的事实在基础上不牢靠,增加了CAFC 审理的困难,加之近些年来,最高法院大法官对于知识产权司法保护方面(尤其是专利法领域)颇有自己的哲学观念与价值衡量心得,所以才一再地"不苟同"CAFC 的判决,迫使其改变判决及其背后的价值观念、法律观念。

3. 审判尺度差异较大、挑选法庭与专利流氓现象愈演愈烈

由于审判标准并不统一,法庭对于专利权人的态度相差较大,因此,专利权人往往会选择有利于权利人的法院提起诉讼。例如,全球知名而缺乏产业基础的德克萨斯州东区法院审理的专利案件中,专利权人胜诉的比例明显高于其他法院,其受理的专利案件的数量居全美第二位,仅次于高科技产业集中的加利福尼亚州中区法院。从赔偿额来看,大量高额赔偿判决出自德克萨斯州东区法院②。此地也成为"专利流氓"发起专利诉讼的集中地。这一问题植根于美国政治体制(分权制与诉讼规则地方化)、民主体制(陪审团)与司法体制(法院构造),短期内恐难解决。

4. 诉讼缺乏可预见性

例如,在专利诉讼中存在权利要求解释规则不确定、专利权效力容易被推翻、专利权不可执行、赔偿金额难以确定、缺乏技术背景的陪审团审判等诸多的不确

---

① 鞠靖、白一婷:《知识产权法院:"德国模式比美国模式更适合中国"——访美国联邦巡回上诉法院前首席法官兰德尔-雷德》,《南方周末》2014 年 7 月 10 日第 5 版。

② Administrative Office of the United States Courts, Annual Report of the Director: Judicial Business of the United States Courts(2013), U. S. Government Printing Office, 2014.

定因素,因此,当事人对专利诉讼的结果往往缺乏合理的预见性。

"美国的民事诉讼制度及其诉讼规则可能只是体现了人们为追求一个纷繁复杂、民主、以市场为基础的社会而付出的代价。"[①]我们在"言必称希腊"的同时也要冷静、审慎地注意美国相关制度存在的问题,以便更好地完善我国知识产权民事司法保护的体制、机制与程序。

第三节 英国知识产权的民事司法保护

一、英国法院体系与知识产权司法保护体系概况

(一)英国的法院体系

英国法律传统有三个分支,分别为英格兰和威尔士体系、北爱尔兰体系和苏格兰体系,尽管英国是统一的中央集权国家,但三个体系有着各自不同的司法设置,没有全国统一的司法体制。排除了上议院的管辖[②],三个体系于2009年以英国最高法院作为统一的终审法院[③]。三大司法体系中,只有英格兰与威尔士司法体系设置了专门的知识产权司法保护体制,因此本节内容将仅对该体制进行介绍[④]。

英格兰和威尔士实行三审终审制。民事司法系统由四级法院组成,自下而上分别为:郡法院(County Court)[⑤]、高等法院(High Court)、上诉法院民事庭(Court of Appeal Civil Division)和最高法院。

一审法院为郡法院和高等法院,郡法院一般审理较简单民事案件,高等法院审理案件范围较宽,由三个庭组成:王座庭(Queen's Bench Division)、家事庭(Family Division)和大法官庭(Chancery Division)。郡法院、高等法院和上诉法院都可作为二审法院。其中,郡法院作为二审法院时只审理部分由其自身初审的

---

① 【美】史蒂文·苏本、【美】玛格瑞特·伍:《美国民事诉讼的真谛:从历史、文化、实务的视角》,蔡彦敏、徐卉译,法律出版社2002年版,第27页。

② 2005年《宪政改革法》(The Constitutional Reform Act)是英国有史以来第一次对司法独立这一宪政基本原则进行成文法上的说明 Diana Woodhouse,United Kingdom:the Constitutional Reform Act 2005—Defending Judicial Independence the English Way,International Journal of Constitutional Law.2007,Jan,P154.

③ 2009年10月设立的英国最高法院(UK Supreme Court)承接了上议院的最高司法权,作为统筹英国三大体系的终审法院。自此,英国真正实现了立法权与司法权在功能上和结构上的分离,上议院走向纯粹的"第二议会"。参见江国华、朱道坤:《世纪之交的英国司法改革研究》,《东方法学》2012年第2期。

④ 除有特别说明,本节的"英国"特指"英格兰与威尔士"。

⑤ 郡法院名称与郡的地理划分无直接关系,郡法院司法管辖区是按交通方便原则划分而来,该划分可再由大法官做出修改。参见齐树洁等:《英国民事司法制度》,厦门大学出版社2011年版,第53页。

案件,高等法院审理郡法院初审的上诉案件,上诉法院审理郡法院和高等法院初审的上诉案件。特殊情况下,也可跳过上诉法院,由高等法院直接上诉到最高法院。

(二)英国的知识产权司法保护体系

英国是较早采用专业法院(庭)来审理知识产权案件的国家(并非严格意义上的专门法院),并针对其间所产生的诉讼审理周期长、诉讼费用高昂等问题进行了多次改革。英国 1932 年设立专利上诉审裁处(Patents Appeal Tribunal),1977年成立专利法庭(Patents Court,PC),其后又设立了专利郡法院(Patents County Court,PCC),2013 年专利郡法院进一步衍变成知识产权企业法庭(Intellectual Property Enterprise Court,IPEC),最终形成了完整成熟的知识产权司法保护体系。

专利法庭和知识产权企业法庭具有全国管辖权,负责审理大部分知识产权民事、行政的初审案件。例如,专利、注册外观设计、半导体电路布局、植物新品种民事案件的初审由高等法院大法官庭下的专利法庭和知识产权企业法庭负责[①];其他非技术类的知识产权[②]民事案件的初审由地方郡法院审讯中心(同时设有大法官庭地方登记处)、高等法院大法官庭,或高等法院大法官庭下的知识产权企业法庭负责[③]。

英国知识产权局负责审理权利归属、权利有效性等行政问题,不服知识产权局局长(Comptroller General)裁决的专利行政初审案件应提交到高等法院专利法庭,而其他知识产权行政初审案件(如商标确权行政案)则提交到高等法院大法官庭。知识产权民事初审案件可基于事实或法律问题而进行上诉,依案件适用程序、审理法官、案件裁决性质的不同而上诉至知识产权企业法庭、高等法院大法官庭或者上诉法院民事庭,但上诉必须取得低级或上诉的对象法院的许可[④]。

对绝大多数案件而言,上诉法院便是最后审级,只有极少数知识产权案件可

---

① 《1998 年英国民事诉讼规则》一直处在不断修订中,与知识产权有关的民事诉讼规则集中在第 63章。Civil Procedure Rules 1998,amended(Apr. 1,2014),pt. 63—Intellecutal Property Claim,§ I,r. 63.2(1)(b)&(2).

② 其他非技术类的知识产权包括:著作权、注册商标、表演者权、设计权、精神权利、数据库著作权、未经许可解密软件、商业秘密等 15 项。The Practice Direction Supplements CPR Part 63:Intellecutal Property Claim,para. 16. 1—Allocation(r. 63. 13).

③ Civil Procedure Rules 1998, amended(Apr. 1,2014),pt. 63—Intellecutal Property Claim,§ I,r. 63. 13.

④ 在上诉法院,一般很难再推翻一项关于事实的决定,比如认定一项发明是否具有显而易见性。Daniel Alexander QC,Procedure in Intellectual Property Cases—UK,http://www. ipr2. org/document—centre/document—cn. php? id=234♯.

上诉到最高法院,且需得到最高法院上诉许可,此审为终审裁决①。最高法院一般案件由 12 名法官中产生部分法官(通常是 5 名)组成专门小组进行审理②。最高法院决定一般原则问题(General Principle),因而上诉到最高法院的知识产权案件每年最多只有 1 至 2 件。在 2013 年的 Virgin v. Zodiac 案中,英国最高法院推翻了 100 多年前在 Poulton v. Adjustable Cover 案([1908] 2Ch. 430)中就已建立的原则,最高法院认为如果一项专利因侵权被判赔,而之后该专利又被裁定无效,则之前的赔偿可予以追溯性撤销③。在 2012 年 3 月至 2013 年 3 月所有得到最高法院上诉许可(Granted)的 167 个案件中,只有上述这一件专利权撤销案件,而 2013 年 3 月到 2014 年 3 月共 3 件专利权案件没有一件被许可④。

二、专利法庭

早在 1851 年就有人提出英国的司法系统不适合审理专利类案件,尤其是陪审团的审理方式很难保证其成员都具有一定的专业知识并掌握专业的审判尺度,因此建议设立一个对专利类案件享有专属管辖权的专业审判机构⑤。随后,英国通过《最高法院司法法》,将普通法院、衡平法院等各种法院都归并到高等法院下,并分成五个庭:大法官庭、王座庭、普通法庭、财政庭和遗嘱、离婚及海事庭(现化整为大法官庭、王座庭和家事庭)。大法官庭负责审理专利案件。1932 年,英国设立专利上诉审裁处,主要用于审理不服英国专利局⑥行政决定的上诉⑦。1977 年《英国专利法》第 96 条规定⑧,在高等法院大法官庭之下设立一个可在全国范围内行使管辖权的专利法庭,自此英国有了实质意义上的第一个专业性的知识产权法庭。

目前只在伦敦的高等法院下设有一个专利法庭,专利法庭法官从高等法院法

① 郐中林:《境外知识产权专门法院制度对我国的启示与借鉴》,《法律适用》2010 年第 11 期。

② 美国最高法院和州最高法院无一例外进行全院审,而联邦和州上诉法院一般只委派三名法官主持上诉审,但有时也进行全院审。与普通法体系下的其他法院如美国最高法院、加拿大最高法院和澳大利亚高等法院不同,英国最高法院将会沿袭英国上议院的审理规则,法庭上将不会坐着一整个法院的组成人员。Richard Buxton, Sitting En Banc in the New Supreme Court, Law Quarterly Review, 2009, P288.

③ Virgin Atlantic Airways Ltd. v. Zodiac Seats UK Ltd. [2013] U. K. S. C. 46.

④ The Supreme Court Annual Report and Accounts 2013 - 2014, printed on 9 June 2014, p27, https://www. supremecourt. uk/news/supreme — court — approaches — fifth — anniversary — with — publication—of—latest—annual—report. html.

⑤ Mark D. Janis, Patent Abolitionism, 17 BERKELEY TECH. L. J. 899, 925—926(2002).

⑥ 英国专利局于 1852 年成立,起初只负责与专利有关的事项,后来经过改革,其职能不断扩大,更于 2007 年正式更名为英国知识产权局,负责与知识产权有关的事务。

⑦ International Intellectual Property Institute & United States Patent And Trademark Office, Study On Specialized Intellectual Property Courts 122(Jan. 25, 2012).

⑧ 《1977 年英国专利法》第 96 条有关专利法庭的条款已被废除,由《英国 1981 年最高法院法》(Senior Court of Act 1981, formerly Supreme Court Act 1981)第 6 条所取代。

官中选任而来,现有 9 名法官负责全部审判工作,各位法官均有一定的技术背景。由于技术类知识产权案件对技术的特殊要求,涉案技术又被划分成了若干技术等级,其中技术难度在四、五级以上的案件由专门的法官审理,目前由两名法官负责。如果案件量较大,或者涉案技术是专门法官不能处理的,由高等法院的其他有技术背景的法官审理。[①] 在受案类型上,专利法庭受案范围涵盖专利、注册外观设计、半导体电路布局及植物新品种[②]。在审判程序的适用上,专利法庭适用多轨制(Multi—Track)[③],多轨制主要适用于案情相对复杂、标的大的案件。

在受案的诉讼类型及审级上,专利法庭可以初审因侵权引起的民事诉讼案件,也可受理不服知识产权局局长有关专利行政裁决的行政案件。对于专利法庭高等法官所做出的最终裁决,当事人可以上诉到上级法院,二次上诉到最高法院。除此之外,在司法判决与行政机关的衔接上,英国的做法非常明确:专利侵权案的被告若提出专利无效抗辩,可在审理专利侵权案的审判庭一并解决,专利法庭可以直接宣告专利无效。有关专利有效性的案件一旦被判决,通知其行政机关——英国知识产权局即可。

三、知识产权企业法庭(IPEC)

(一)专利郡法院到知识产权企业法庭的改革

20 世纪 80 年代末,英国专利纠纷数量增加,专利法庭案件积压,这逐渐成为困扰英国司法的一个难题。有人提出应建立一个专门的专利郡法院(Patent County Court,PCC),来处理简单、小额的专利和注册外观设计诉讼,为专利法庭分担一部分工作量[④]。

1988 年,英国通过《1988 年著作权、外观设计和专利法》,正式设立专利郡法院。专利郡法院与高等法院对与专利、外观设计相关的案件具有相同的管辖权且属同一审级,但专利郡法院不能受理源于专利局局长裁决的行政案件。[⑤]

专利郡法院设计初衷是简化案件处理流程以确保案件更快、更低成本、更有

---

① Justice(UK):The Patents Court Guide 2(Dec. 12,2012).

② Civil Procedure Rules 1998,amended Apr. 1,2014,pt. 63—Intellecutal Property Claim, § I,r. 63. 2 (1)(b),(2).

③ 英国民事诉讼有三种诉讼程序:多轨制程序、小额赔偿程序(Small Claims Track)、快速程序(Fast Track)。在案件管理方面,因为法庭的层级不同而有所区别,且在预审(pre—hearing—track)中就决定了。大多数知识产权案件是在高级法院终结,并且将会被分配多轨制程序,这种方式要求法院深入参与案件管理,基本的案件管理机制是案件管理会议,法院用来确保每个当事人都同意一个日程安排。一般 12 个月才能进行案件审理。对于地方法院中的小额诉讼,可使用快速程序,使案件在相对短的时间内得到审理(7~9个月)。

④ Michael Burdon,Patents County Court—Phoenix Risen,PAT. WORLD 1,1(July 2003).

⑤ The Patents County Court(Designation and Jurisdiction)Order,1994,S. I. 1994/1609,art. 4.

效地得到解决,从而与专利法庭有所区分,突出更好地服务中小企业和个人权利人的特色。在专利郡法院成立的前二十年里,这一目标并没有很好地达成[①]。程序缺陷影响其发挥作用,例如,专利郡法院和专利法庭采用相同的流程和诉讼费用,二者之间的司法界限模糊,不利于中小企业到法院主张自己的权利诉求[②]。

为此,专利郡法院的改革从 2010 年到 2013 年分为以下几个步骤:

第一,诉讼流程改革,引入有效案件管理规则。诉讼费用设定上限为 5 万英镑;第二,损害赔偿设定上限为 50 万英镑;第三,引入小额赔偿程序[③]和实施诉讼费用新体系[④]。第四,2013 年 10 月,正式成立知识产权企业法庭取代专利郡法院。知识产权企业法庭作为特别法庭,地位与专利法庭平行,共同处理知识产权案件[⑤]。目前,在高等法院下,专利法庭多审理标的高、技术难度高的技术类民事案件和专利类行政案件;而知识产权企业法庭则审理标的不超过 50 万英镑的知识产权民事案件[⑥]。

从有关实证研究[⑦]来看,此次改革成效明显:一是改制后的中小企业及个人获取公正判决的机会大大增加了;二是诉讼费用上限和有效案件管理制度是促使案件受理量快速增长最有效的两项措施,设定诉讼费用上限可以使诉讼当事人清楚地预计自己的成本,有效案件管理制度理清并限制了当事人的诉求,从而大大加快了诉讼的进程;三是小额赔偿程序是对于小型企业和个人来说有效的改革,而损害赔偿上限作用不明显,其原因是诉讼者的主要目的是申请暂时和永久性的

---

① Angela Fox, The Intellectual Property Enterprise Court: Practice and Procedure, Sweet & Maxwell 2014.

② Greenhalgh Christine, Philips Jeremy, Pitkethly Robert, Rogers Mark, Tomalin Joshua, Intellectual Property Enforcement in Smaller UK Firms, Report for the Strategy Advisory Board for Intellectual Property Policy 2010.

③ 2012 年 10 月在专利郡法院诉讼程序中建立起小额诉讼程序制度。英国民事诉讼规则第 63.27 节的规定,小额程序可适用于版权、商标和仿冒行为、数据库、泄漏机密及未登记的外观设计,但不适用于专利、注册的外观设计和植物新品种。

④ 对诉讼标的在 200 万英镑以下的案件采用新的诉讼费用管理和预算程序,诉讼双方采用新的费用分担方法。例如,如果胜诉方购买了事后保单(After-the-event Litigation Insurance, ATE)或者同意条件付费协议(Conditional Fee Agreement, CFA),不能再主张 CFA 胜诉费以及从败诉方获取 ATE 额外费用。事后保单承担如下保险责任:如果胜诉,保险公司支付诉讼费用超出败诉方赔付的部分;如果败诉,保险公司支付法庭费用、专家作证费用等。Helmers Christian, Luke McDonagh, Patent Litigation in England and Wales and the Issue-Based Approach to Costs, Civil Justice Quarterly, Vol. 32(3), 2013. P369-384.

⑤ 按照英国民事诉讼规则 CPR 第 63 节的规定,知识产权企业法庭可以受理专利、外观设计、商标、假冒、版权、数据库,其他由 1988 年版权和专利法案赋予的权利,以及商业秘密泄漏行为。

⑥ Weatherall Kimberlee, Elizabeth Webster and Lionel Bently, IP Enforcement in the UK and Beyond: A literature Review, SABIP Reposrt Number EC001(2009).

⑦ Christian Helmers, Yassine Lefouili, Luke McDonagh, Evaluation of the Reforms of the Intellectual Property Enterprise Court 2010-2013, Intellectual Property Enterprise Court, 31 July 2015.

禁令。此外,法庭体制转变使得更多的法律代理人参与到案件中,他们代理的案件量也相应增加了。

（二）管辖与案件分配

知识产权企业法庭的企业法官（Enterprise Judge）相当于一位特殊的巡回法官,该企业法官来自高等法院,主要负责非小额赔偿程序案件,地区法官（District Judge）则主要负责小额赔偿案件,目前在任的地区法官有 3 名、副职地区法官 2 名[①]。除了常任法官外,IPEC 还设有非常任助理法官,在案件量较大时,协助常任法官审理案件。

IPEC 可受理专利、外观设计、商标、著作权等与知识产权有关的各种民事一审案件[②],在受案的客体类型上,专利法庭或 IPEC 都可审理有关专利、注册外观设计、半导体电路布局、植物品种的案件,但 IPEC 受案范围明显更广——包括著作权、商标等其他非技术类知识产权案件。在受案的诉讼类型上,IPEC 不能像专利法庭一样受理不服知识产权局局长裁决的行政案件。

在受案范围重叠的部分,损害赔偿额是案件分配的一条清晰的分界线:损害赔偿额超过 50 万英镑的案件,专利法庭或大法官庭下的其他庭可以受理,而 IPEC 无法受理,但如果坚持在知识产权企业法庭起诉,原告必须放弃超过损害赔偿额上限的部分;损害赔偿额在 50 万英镑以下的案件,具体向哪个法院起诉,选择权在当事人。在决定向哪个法院（庭）起诉的时候,要考虑到各法院（庭）在设立意旨上的区别:专利法庭或大法官庭下的其他庭负责周期长、更复杂、技术含量更高的案件;而 IPEC 主要是为了处理小型、时间短、简单、价值低的案件,所以为其设计的诉讼程序是诉讼费用更低、速度更快的程序,以保证中小型企业及个人不会碍于潜在的诉讼成本而放弃诉讼。在 IPEC 给当事人的建议文件中可以看到,选择法院时需要从以下几个方面进行考量,即双方当事人的规模、诉讼的复杂程度、证据属性、冲突的事实证据情况、诉讼的价值[③]。

（三）小额程序适用

小额程序是更为简化的诉讼程序,诉讼周期短、程序简单,主要适用于案情简单、标的额小的案件,其设立主要是考虑中小企业的利益。损害赔偿额超过 50 万

---

①　HM Courts & Tribunal Services, Guide To Intellectual Property Enterprise Court Small Claims Track 4(July 2014).

②　具体而言,其可受理的知识产权案件主要包括:1)有关专利、外观设计、商标、著作权和其他知识产权的侵权案件;2)有关专利、注册外观设计、注册商标的撤销或无效案件;3)有关专利修改的案件;4)不侵权宣告案件;5)有关专利、外观设计和其他知识产权授权认定的案件;6)有关发明被授予专利后的雇员报酬问题的案件;7)有关专利权、外观设计权、商标权侵权诉讼的诉讼滥用案件。除此之外,作为高等法院大法官庭的一部分,知识产权企业法庭也可以受理包含违反信托义务、恶意诽谤的知识产权案件。

③　CHANCELLOR OF HIGH COURT, INTELLECTUAL PROPERTY ENTERPRISE COURT GUIDE 6 - 7(Apr. 2014).

英镑的技术类知识产权案件,通常由专利法庭来审理,且适用多轨制程序。损害赔偿额处于1万~50万英镑之间的知识产权企业法庭案件适用多轨制程序,而赔偿额低于1万英镑的非技术类知识产权案件则适用小额赔偿程序,且不需要事前听证准备(Pre‐Hearing Preparation)。损害赔偿额在1万英镑以下的知识产权企业法庭案件,如果原告不提出适用小额赔偿程序,将自动适用多轨制程序;如果原告希望使用小额赔偿程序,则需提交书面申请,且经被告同意后才可以适用;如果被告不同意,将由IPEC最终决定是否适用小额赔偿程序。知识产权企业法庭要考量的因素,除了案件标的的价值外,还要考虑案件事实、法律和证据的复杂程度,以及证据量。即使案件处于审理过程中,如果发现诉讼程序不合适,也可以发生相互转换。在小额赔偿程序下,出庭律师不要求是大律师,事务律师和专利/商标代理人可以出庭辩护,当事人也可以为自己辩护。这为双方当事人节省了很大一笔律师费用,体现出对中小企业和个人的支持。另外,在小额程序中,专家不能提供口头和书面的证据,除非事先得到法庭的同意①。

(四)救济手段与上诉

IPEC可采取与专利法庭相同的救济手段,包括:临时禁令、永久禁令、赔偿、交付、公开。此外还包括调查令、财产扣押令、账户冻结令等救济方式。具体而言,IPEC的多轨制诉讼可运用所有形式的救济手段;而小额赔偿程序则不能发布临时禁令、调查令、财产扣押令、账户冻结令,除此之外的其他救济方式均可适用②。

上诉需要事先征得主审法官或上诉的对象法院的许可。对于IPEC多轨制程序案件的上诉,其上诉路线取决于被上诉裁决的性质,如果是针对最终裁决(Final Order)的上诉,那么上诉的对象法院是上诉法院民事庭,如果是对中间禁止令(Interim Order)的上诉,那么上诉的对象法院是高等法院大法官庭。对于IPEC小额赔偿程序案件的上诉,由于其主审法官是地方法官,其对应的上诉案件应提交给知识产权企业法庭的企业法官审理,可继续二次上诉到上诉法院民事庭③。

---

① HM COURTS & TRIBUNAL SERVICES, GUIDE TO INTELLECTUAL PROPERTY ENTERPRISE COURT SMALL CLAIMS TRACK 9(July 2014).

② CHANCELLOR OF HIGH COURT, INTELLECTUAL PROPERTY ENTERPRISE COURT GUIDE 6(Apr. 2014).

③ 知识产权企业法庭的企业法官(Enterprise Judge)相当于一位特殊的巡回法官,企业法官来自高等法院,主要负责非小额赔偿程序案件,地区法官(District Judge)则主要负责小额赔偿案件,目前在任的地区法官有3名、副职地区法官2名。除常任法官外,知识产权企业法庭还设有非常任助理法官,在案件量较大时,协助常任法官审理案件。CHANCELLOR OF HIGH COURT, INTELLECTUAL PROPERTY ENTERPRISE COURT GUIDE 9(Apr. 2014).

四、评价与启示

（一）初审专业化基础上全国性知识产权司法体系"二审合一"

英国知识产权民事和行政初审集中到了高等法院大法官庭下，专利法庭和知识产权企业法庭在受案范围上有所区分、也有所重叠。2014年我国改革实现了在小区域范围内集中和专业化审理技术类知识产权民事、行政的初审案件。这种"二审合一"式的专业化审理，与英国的做法比较相似。考虑到我国的司法制度、各地区知识产权发展极不均衡、知识产权案件量颇大等现实情况，我国最终也不可能像英国一样实行在全国范围内的统一管辖[①]。比较务实的做法是按照实际需求逐步扩大现有的三个知识产权法院的管辖区域，也可随着各区域需求的发展而设立派出法庭。此外，也可借鉴英国专利法庭的经验，对知识产权法院的受案范围进行调整，集中于受理技术类知识产权案件。

（二）专利无效案件衔接顺畅，简化了诉讼程序

不服知识产权局局长有关专利裁决的行政案件，当事人可以提交到专利法庭进行初审，在专利无效判定的司法与行政衔接方面，专利侵权案的被告若提出专利无效抗辩，行政主体的审理不是必经的程序，可直接在审理专利侵权案的一审专利法庭或知识产权企业法庭一并解决，法院的司法审查最终有效，该审理法庭有权宣告专利无效，判决之后通知英国知识产权局即可。知识产权侵权和无效案件不必分庭审理的程序，避免了不必要的程序延迟，简化了诉讼程序，也大大提高了诉讼效率。在我国知识产权诉讼中，当事人对知识产权权利本身提出异议，改革现行审理程序规定，配置技术能力强的司法力量，在侵权诉讼中一并解决权利有效性问题，诉讼中程序延迟问题就能基本得到解决。英国的程序设置非常值得我国借鉴。

（三）上诉集中化

英国的大部分知识产权一审民事、行政案件都由专门审判机构审理，在此基础上再集中于上诉法院进行上诉，上诉实行许可制。该上诉法院在全国范围内行使管辖权，分民事庭和刑事庭，但没有再设立专门的知识产权上诉庭。对于这种上诉的相对集中，英国是在初审便由专业审判庭来审理知识产权案件的基础上而完成的，其审判的质量和一致性都比较有保障。

---

① 2013年，英国大约审理了59件专利案件，其中有32件由高等法院审理，13件由上诉法院审理，2件由最高法院审理，12件由知识产权企业法庭审理。而在高等法院知识产权企业法庭的审理案件中，40%为商标案件，25%为著作权案件，20%为专利案件，13%为外观设计案件。由这两组数据可以粗略推算出，英国每年审理的知识产权案件总量与我国相差甚远。Ministry of Justice, Court Statistic (Quarterly), https://www.gov.uk/government/collections/court—statistics—quarterly; Suleman Ali, Top 10 Points from UK CourtDecisions from 2013(CIPA Event 27 November 2013), IP COPY(Dec. 6, 2013).

按照《国家知识产权战略纲要》的思路,我国知识产权审判体系改革的目标应为设立国家层面的知识产权高级法院,作为全国专利案件的二审上诉法院。有学者建议把上诉法院设在北京,后在其他区域内的中心城市设立上诉法院的派出巡回法庭①。该方案参照美国式的"联邦巡回上诉法院",只在二审阶段才集中审理知识产权上诉案件,与英国的做法大不相同。借鉴英国的成功经验,应着力在一审阶段实现对知识产权案件或技术类民事和行政案件的集中审理。此外,如果知识产权司法保护体系自下至上完全特殊化了,可能出现知识产权法官和律师"小群体化"局面②,是否真的有利于保护知识产权尚可讨论。

(四)建立知识产权案件分类体系,优化调整司法保护的布局

英国通过一系列知识产权审判制度改革,改善了原来专利郡法院与专利法庭司法管辖界限不清的状态,使得知识产权案件的审理更加专业化,目前,诉讼当事人可根据自身需求与案件情况选择高效、成本合适、更加专业的司法途径进行解决。我国如能借鉴 IPEC 改革经验,进一步对我国知识产权案件根据案情复杂程度、标的大小、知识产权种类等要素进行辖区布局,为诉讼当事人打造优化的解决方案,不仅可提高公众对知识产权司法保护的满意度,还可以提高案件审理的专业度,降低司法成本。随着我国知识产权案件数量的迅速增长,建设知识产权案件的分类体系,优化司法资源的辖区布局、科学合理配置案件分类受理体系,实现知识产权案件既无真空又适度重叠的全方位司法管辖,具有现实意义。

(五)高度重视中小企业与个人的知识产权司法保护,为其打造低廉快捷的司法体验

1. 限制赔偿金与诉讼费

限制赔偿金使得大公司不能进一步增强其市场支配力,确保低价值专利在自身占据法理优势的情况下都能走进法庭进行诉讼,可为小企业降低费用,使他们更容易选择用法律的途径保护自己。诉讼费用上限鼓励了当事人进行维权,中小企业及个人获取司法公正的途径大大拓宽了。诉讼团队无须太大,只要有诉讼律师与专利师各一位出庭足可应付,因此,律师费用可以大幅下降,更有益于个体发明人执行专利权。由于当事人提起诉讼的成本变小,诉讼费用上限措施的出现使得庭前和解增多了。

---

① 吴汉东:《知识产权法院的专门法院属性与专属管辖职能》,《理论周刊》2014 年 9 月 3 日,第 5 版。

② 英国为避免法官的"小群体化"和"脱节",知识产权类法官并不专属于专利法庭或知识产权企业法庭,他们会根据知识产权案件的受理量而去参与非知识产权案件的审判。International Intellectual Property Institute & United States Patent And Trademark Office, Study On Specialized Intellectual Property Courts 7 - 8, 125(2012).

2. 案件管理

发挥法官诉讼指挥权,强化案件管理,可以降低古典对抗制的弊端,协调高效地推动诉讼进程。例如对专家证据的限制,其中心就是强化法院对专家证据的控制以促进程序经济这一目标的实现。英国一度对专家证据的运用过度,既造成了程序日益复杂,也使诉讼费用越来越高,民事诉讼规则强化专家的公正职责,限制专家证据不必要的使用,法院有权强制运用单一的共同专家,鼓励专家证人之间的合作①。除非法院发布了命令,否则无需传唤专家,但可以提交一份书面报告,意味着实际上允许对专家进行书面询问②。总体上看,上述规则体现了法院通过案件管理权对专家证据予以限制的趋势。

3. 意见服务

英国知识产权局意见服务是指其对专利有效性和侵权案件提供不具有约束力的意见。知识产权局意见是高级审查员对主要争议问题的独立评估。这种意见有助于和解或决定是否继续诉讼程序。该意见并不判决赔偿,但可撤销专利无效裁定③。意见服务在当今非执业实体(NPE)滥发专利侵权警告信的做法越来越普遍的形势下对小企业非常有利,有助于企业对于是否值得对不实的侵权诉求进行抵御有更加准确的认识④。政府为企业进入正式和昂贵的法律诉讼程序之前,提供“专利意见延伸服务”帮助其评估知识产权案件的胜算率。鉴于大型企业都有自己的法律团队,该项服务对中小企业有较大帮助,值得借鉴,我国也可建立知识产权纠纷意见服务制度,提高政府对知识产权人的利益引导。

4. 小额赔偿程序

小额赔偿程序是英国民事诉讼的一个特点,尤其在知识产权企业法庭中的应用,发挥了其独特的作用,具有诉讼费用低、诉讼时间短、程序简单、不要求大律师辩护等特点,大大简化了程序、利于高效解决纠纷。英国在推行小额赔偿程序上,充分体现了对中小企业的考虑,这也预示着未来英国知识产权审判体系发展的核心仍将是围绕中小企业⑤。相比英国,我国中小型企业在万众创新中地位关键,要进一步活化他们的能量,就必须给其创新提供更多的司法保护。《民诉法解释》第275条明确排除了知识产权纠纷适用小额诉讼程序审理的可能性,过于机械和一刀切。我国可以借鉴英国的一些做法,在负责一审的知识产权法院(庭)中建立

---

① 毛玲:《英国民事诉讼的演进与发展》,中国政法大学出版社2005年版,第369页。

② 【英】J·A·乔罗威茨:《民事诉讼程序研究》,吴泽勇译,中国政法大学出版社2008年版,第193页。

③ 英国特许专利代理人协会、英国驻华使馆、英国知识产权局:《国际专利保护—中国企业寻求英国和海外专利保护指南》,2014年11月26日。

④ 李雪:《探析英国新知识产权法案的改变》,《中国知识产权》2014年第12期。

⑤ UK Intellectual Property Office, Business Support For Smes: Maximising The Value Of Intellectual Property 21 - 23(June 24,2014).

针对知识产权案件的小额赔偿程序。

（六）脱欧对英国与欧洲的知识产权司法保护带来不利影响

欧盟法院系统也曾是英国知识产权司法保护的一部分，因为欧盟成员国国内法院可将一些涉及欧盟法律解释的特殊案件移交到欧盟法院寻求意见。比如英国最高法院 2013 年将涉及《欧盟 2001/29/EC 号指令》第 5（1）条款①的 Meltwater 案件移交到欧盟法院，欧盟法院于 2014 年做出裁决，认为用户因浏览网页而产生的临时复制不属于侵犯著作权的范畴，且无需取得特别的授权②。英国脱离欧盟，其知识产权保护体系大多数（欧洲专利申请除外）要同欧盟切割，这对于英国知识产权司法保护的体系完善是一个冲击，而且英国法院也不能再审理欧盟知识产权案例。

英国是《欧洲专利公约》的成员国，由于该公约并不要求一定是欧盟成员国才能加入，因此，英国在脱欧后在欧洲专利申请方面不会受到很大影响。但在欧盟统一专利法院方面，脱欧会对英国及欧盟都造成打击。按照《统一专利法院协定》，无英国批准，协定不能生效，需要成员国重新修改协定，改变法院机构设置，在伦敦设置欧盟统一专利法院中央法院伦敦分院的计划搁浅，对于伦敦全球法律服务中心的定位是一个打击，英国相关知识产权服务机构也减少了可观的预期收入。

从长远看，英国脱欧不仅会影响欧盟知识产权保护的地域效力，也会影响欧盟知识产权制度本身的建设。作为英美法系的代表国家，在欧盟知识产权法形成过程中，英国担当着重要角色。脱欧虽然会减少欧盟制度协调上的难度，但也会使欧盟知识产权法更加偏向大陆法系和德国法系，这对于法律制度的相互借鉴和融合并非好事③。反过来讲，英国也将不再受欧盟立法和欧洲法院判决的制约，这同样会影响英国国内知识产权司法保护的发展与进步④。总之，从知识产权制度层面看，脱欧对双方的影响是长久的。

---

① Directive 2001/29/EC of the European Parliament and of the Council of 22 May 2001 on the Harmonization of Certain Aspects of Copyright and Related Rights in the Information Society, 2001 O. J. (L 167) 10, 16.

② Case C − 360/13, Pub. Relations Consultants Ass'n Ltd. v. Newspaper Licensing Agency Ltd., 2014.

③ 李群等：《英国脱欧，聊聊知识产权那些事儿》，《中国知识产权报》2016 年 7 月 6 日第 4 版。

④ 2010 年英格兰及威尔士上诉法院民事庭在 Grimme v. Scott 案二审时参考德国最高法院见解，认为当提供人或要约人提供可用以实施发明的重要工具时，只要明知或依其情况明显可知受提供人会意图用来从事直接侵权行为，间接侵权即成立，不以证明终端使用人实际上有此意图或已使用该工具从事直接侵权为必要。法院在本案中追溯英国间接侵权规定源自欧洲共同体专利条约草案，并以此为桥梁架接引用同为该公约草案缔约国的德国最高法院见解，试图达成欧洲实质专利法调和的意图非常明显。本案判决作出后不久，即被上诉法院在其后的 KCI Licensing v. Smith& Nephew [2010] EWCA Civ1260 案引用，成为英国专利法第 60 条第 2 项规定的权威见解，相当受专利权人欢迎，因为其证明责任大为减轻。Grimme Maschinenfabrik GmbH&Co. KG v. Derek Scott, [2010] EWCA Civ 1110.

第四节　德国知识产权的民事司法保护

德国通常使用"工业产权保护与著作权"来统称知识产权相关的法律领域,其中"工业产权"相关法律包括《专利法》《实用新型法》《外观设计法》《商标法》及《反不正当竞争法》。德国是世界上第一个设立专门知识产权(专利)法院的国家,但其知识产权司法保护体制与程序是复杂多元的,并不定于一个专门司法机构或单一程序。

在著作权案件方面,关于法院管辖地的问题按照民事诉讼法的一般性规定来处理,德国《民事诉讼法》第 32 条规定,违法行为所产生的各项请求权可以在侵权行为发生地和侵权行为结果地的法院提起,德国《著作权法》第 105 条授权各联邦州政府对特定的地方法院与初级法院在著作权争议案件管辖权扩张的问题上作出决定,大多数联邦州都颁布相应的条例,按照内部管辖分工,各法院一直由特定的审判庭与判决委员会来负责著作权纠纷案①。

在不正当竞争案件方面,违反德国反不正当竞争法的法律责任,以民事责任为主、刑事责任为辅,不需要承担行政责任。需要承担民事责任的案件由州法院专属管辖,其原因是在 2004 年《反不正当竞争法》之前,诉讼值 5000 欧元以下的竞争案件由区法院管辖。但大多数竞争案件因为诉讼值往往超过 5000 欧元而由州法院审理,因而州法院法官积累了丰富的经验,而区法院法官的专业经验相对欠缺。根据《反不正当竞争法》第 13 条第 1 款第 2 项及《法院组织法》第 95 条"商事案件的概念"第 1 款第 5 项规定,该类案件又属于商事案件,如果州法院设立商事庭的,竞争案件由商事庭审理②。

案例 9-3　洽洽商标案

洽洽食品股份有限公司在德国商标维权案是中国企业在海外针对商标侵权,第一次真正通过诉讼渠道取得胜利。欧凯公司是柏林一家主要经营中国商品的超市。2005 年 5 月 1 日,该公司向德国商标专利局申请注册"洽洽"图形、商标和英文商标,并于同年 9 月 3 日获得注册。同时,该公司还特意向德国海关申请了海关保护。这就意味着不但德国,整个欧洲市场都对洽洽关上了大门。在得知这一信息后,洽洽开始进行相关证据的搜集,并于 2010 年正式向德国慕尼黑地方法院提起诉讼。2011 年 6 月,该法院做出一审判决,驳回了洽洽的相关诉讼要求。洽洽随后提出上诉请求。2011 年 12 月,德国巴伐利亚州高等法院二审认为欧凯侵权成立,判令该公司"立即注销争议商标并将商标转移给原告洽洽"。欧凯公司不服,向德国联邦最高法院提出上诉,但最终被驳回,维持原判。

---

① 参见[德]雷炳德:《著作权法》,张恩民译,法律出版社 2005 年版,第 588-589 页。
② 范长军:《德国反不正当竞争法研究》,法律出版社 2010 年版,第 400-401 页。

根据德国《商标法》第 32 条的规定,州政府有权以法令在数个州法院管辖区内指定其中的一个为商标法院。这个法院在划给它的各州法院之外,对所有根据本法规定的法律关系提起的诉讼案件,有管辖权。州政府可以将此权授予州司法部。根据被告的请求,系属于其他州法院的案件,可以移送到商标法院。这种请求,必须在被告进行本案的言词辩论前,才能准许[①]。目前德国商标案件涉及的法院包括案例 9-3 中的普通法院,也可能涉及德国联邦专利法院。本节将以专利纠纷为例,介绍德国知识产权民事司法保护的体制机制与程序要素。

一、德国专利法院

(一)德国专利法院的起源与属性

1. 起源

1949 年 10 月,德国设立了专利局(位于慕尼黑)。德国专利局设有无效委员会和上诉委员会,对于专利、商标申请等的决定不服的,由上诉委员会审查,对于专利权取得以后的无效、商标权取得以后的异议,由无效委员会审查。审查结果是终局决定。20 世纪 50 年代,一位专利申请人就其专利申请被专利局驳回且被上诉委员会维持向巴伐利亚州行政法院提起上诉,认为缺乏对此类案件的司法救济违反了《宪法》。1957 年巴州行政法院在判决中指出:当事人不服行政决定时可向行政法院起诉,联邦最高行政法院确认了这一判决。自此,专利无效案件可以作为行政诉讼在德国司法体制中得到确立。但也带来了一些问题,由于专利案件与技术紧密关联,行政法院难以理解,导致审理延迟。

因此德国司法体制进行改革,修改宪法(《基本法》第 96 条第 1 款),通过《第六部过渡法》,于 1961 年 7 月 1 日成立联邦专利法院(BPatG),在法院层级上相当于州高等法院,是隶属于联邦的特别法院(besonderes Gericht)。由其专属管辖专利无效案件,德国专利局作出的行政处分亦以专利法院为上级救济机关[②]。

专利法院设于专利局所在地(德国专利法第 36 条 b 第 1 项),依立法理由的说明,是基于技术上的考虑,使专利法院可充分利用专利局的图书馆及其技术审查部门的人员与设备。这与联邦宪法法院设于联邦最高法院所在地,是同一道理[③]。

2. 德国专利法院属性在比较法中的误读

德国专利法院在性质上应属于普通法院,抑或属于行政法院,在理论上存有

---

① 参见《联邦德国商标法》,http://shlx.chinalawinfo.com/newlaw2002/slc/slc.asp? db=iel&gid=67109483。

② Rudolf Kraßer,Patentrecht(5. Aufl. ,2004),S. 443.

③ The Federal Patent Court of the Federal Republic of Germany,the Office for Press and Public Relations of the Federal Patent Court,2004.

争论。连带的，专利法院对当事人究竟是偏重民事诉讼司法保护还是行政诉讼司法保护，也不无疑问。我国有一种代表性观点认为，与美国相比，作为实行司法二元制（"行政法院"与"普通法院"）的大陆法系国家，法律分为公法和私法。德国对涉及同一知识产权（尤其是专利权）的民行诉讼程序的界限分的相对严格。专利行政案件由行政法院（专利法院）专属管辖①。这种观点只看到了实体法的一些表面因素，没有探究程序法理，是不准确的，理由如下：

首先是管辖的理由，从专利法院审查专利商标局行政行为看来，其似乎具有特种行政法院性质，但在级别管辖上，专利法院的上级审是联邦最高普通法院，而非联邦行政法院，这正表示专利法院是属于普通审判权范围。德国基本法第96条规定各种不同的法院系统均各有其高级联邦法院，且各不隶属。行政法院与普通法院管辖权完全不同，法律将原属行政法院系统管辖案件移转给民事法院时，该民事法院并不因此变成行政法院。

其次是准用程序的理由，给予专利虽是一种行政行为（Verwaltungs—verfahren），但专利法院事后的审理却是以保护私权为目的，实质上与民事法有直接关联。因此对专利局行政行为的事后审查，不归属于行政法院管辖权而归属于普通法院管辖权的范围②。专利法院的诉讼程序有特别立法规定（知识产权类立法）从其规定，除此之外，"适用《民事诉讼法典》，因为专利法院将原告、被告视为普通民事诉讼的双方当事人来开始诉讼活动的。"③

最后是诉讼角色的理由，从行政机关在诉讼过程之角色及参与来看，不服专利商标局行政处分的异议上诉程序，其性质类似于行政诉讼法的撤销之诉（Anfechtungsklage），但这种上诉程序在本质上迥异于一般的行政诉讼④。专利商标局原则上不参与诉讼程序，至1981年专利法修正后，法律始有限度地准予专利商标局局长能于诉讼中主动表达意见⑤。但实务上专利商标局人员参加诉讼的情况非常罕见⑥。又如在专利无效诉讼中，专利商标局并非当事人，与行政诉讼中撤销诉讼以行政机关为被告的诉讼形态不同，专利无效诉讼以专利权人为被

---

① 参见刘华俊：《知识产权诉讼制度研究》，法律出版社2012年版，第69页；徐雁：《知识产权"三合一"诉讼制度研究：以平行程序和技术问题为切入点》，厦门大学出版社2014年版，第148页。

② 施启扬：《西德联邦专利法院的组织及其审理程序》，《法学丛刊》第52期，第97－99页。

③ 黄之英：《联邦德国的专利法院》，《科技与法律》1996年第2期。

④ Kraer，a. a. O.（Fn. 17），S. 953.

⑤ 基于确保公共利益的需要，专利商标局局长可向专利法院提出书面意见、到庭或言词陈述意见，专利法院在案件审理过程亦得于必要时，命专利商标局局长莅庭。§76 PatG，§77 PatG.

⑥ 德国专利法院Thomas Voit法官表示，实务上专利案件鲜少有局长参加诉讼之事，商标诉讼则有参加诉讼的案例。商标案件参加诉讼，局长成为当事人，不是要其解释或说明案件内容，而是由法院阐释法律问题与状况，局长就行政上立场表示其意见，多由法院主动要求专利商标局参加。参见高秀真、刘颖怡、李维心：《德国行政诉讼制度暨联邦专利法院考察报告》，台湾"司法院"，2007年10月。

告而提起。这与我国行政诉讼程序中行政机关的当事人角色定位是非常不同的,本质上还是源于德国对于知识产权纠纷私权性质的理解。

从上述分析可以看出,德国专利法院属于普通法院序列中的专门法院,具有审查行政行为结论的职能色彩,但行政机关不是其程序中的被告,其主要适用民事诉讼的法理运行司法权,对知识产权(专利权)采取民事司法保护的形式,并于上级普通法院获得进一步的救济。

(二)德国专利法院的管辖与内部结构

德国专利法院受理的案件包括:1. 当事人针对专利商标局决定提起的有关专利、商标外观设计、实用新型和集成电路布图设计的上诉(抗告);2. 当事人针对联邦植物品种局(Bundessortenamt)的决定提起的有关植物新品种的上诉(抗告);3. 当事人针对德国专利及德国境内的欧洲专利权的无效宣告;4. 当事人针对专利或实用新型的强制许可的授予或撤销提起的诉讼,以及要求调整法院通过判决确定的强制许可使用费的案件。联邦专利法院只对相关工业产权是否应受到登记保护或是否应取消登记保护做出判断,它无权受理侵权案件。对专利法院裁判不服的,可以向联邦最高法院提起终审上诉。

联邦专利法院现有 6 种共 29 个审判庭,分为上诉(抗告)庭(Beschwerdesenate)与无效庭(Nichtigkeitssenate)。其中共有 4 个无效庭,25 个上诉庭。25 个上诉庭中有 1 个实用新型上诉法庭、13 个技术上诉法庭、9 个商标上诉法庭、1 个植物品种上诉法庭和 1 个法律上诉法庭[①]。各种法庭分别由不同比例的技术法官或法律法官所组成,审判长未必是法律法官,亦有由技术法官担任审判长者。具体来说分别为:

1. 无效诉讼法庭:负责审理专利无效、撤销,以及强制授权诉讼案件,采合议庭方式进行审理,一般由三位技术法官、两位法律法官组成。

2. 技术上诉法庭(Technische Beschwerdesenate):负责审理由专利商标局所作专利申请的驳回、授与、维持、限制及废止等决定不服的抗告案件。采取合议庭的方式进行审理,系由三位技术法官与一位法律法官所组成,并由一位技术法官担任审判长,判决时如遇票数相同,则以审判长为最终之决定[②]。

3. 实用新型上诉法庭(Gebrauchsmuster Beschwerdesenate):仅一庭,负责审理不服专利商标局对于实用新型与集成电路布图保护所作行政处分不服而抗告的案件。一般由三位法官组成合议庭进行审理,其中审判长必须是法律法官。

---

① Rechtsprechung, https://www.bundespatentgericht.de/cms/index.php? option = com _ content&view=article&id=9&Itemid=3&lang=de.

② 13 个技术庭之间有明确的领域分工,例如:第六技术审判庭主要负责水利、建筑、基础设施建设等方面的纠纷;第七技术审判庭主要负责机械制造领域的案件,如航天及航海机械工业、制冷制热机械、发动机等;第九技术审判庭主要负责交通工具行业,如汽车、火车、航空器制造业等。

4. 商标上诉法庭(Marken Beschwerdesenate)：负责审理德国专利商标局所做有关商标事件决定不服之诉讼案件，由于所涉及争议主要是法律问题，因此由三位法律法官组成的合议庭进行审理。

5. 司法上诉法庭(Juristische Beschwerdesenate)：仅一庭，负责审理德国专利商标局依据工业设计法以及其他行政处分不服的诉讼案件，由于所涉争议属法律问题，因此由三位法律法官组成合议庭进行审理。

6. 植物品种上诉法庭(Beschwerdesenate für Sortenschutz)：仅一庭，负责审理不服德国联邦植物种苗局所为决定的抗告案件。由两名技术法官与两名法律法官组成合议庭进行审理，其中一名法律法官担任审判长，当遇表决票数相同时，审判长为最终之决定。

(三)德国专利法院的审判组成人员与审理原则

1. 审判组成人员

除行政人员，联邦专利法院的审判成员常年维持在 120 人左右，其中约半数为法律法官，另半数为具有技术专长的技术法官。技术法官是一个比较特殊的法官群体。他们的法律地位在法官法第 120 条和专利法第 65 条中都得到了明确。与法律法官一样被赋予终身称号，有着与法律法官相同的权利和义务。但他们又分别是某特定技术领域的专家。根据专利法第 56 条和 26 条第 2 款的规定，被任用为技术法官的人必须是在德国或者欧盟境内的大学或相关科研机构毕业并通过了技术或自然科学相关方面的国家级或学院级考试，且至少在自然科学或技术领域有 5 年以上的工作经历。此外，技术法官要求具备法律知识并不等于需要通过法官资格考试，很多国内论著在这一问题上的表述是不恰当的，技术法官是否具备法律知识是以个案判断的[①]，例如经过相应的专业学习(尤其在专利法方面)与课程考核。由于对技术领域和法律领域都有较高要求，技术法官一般从德国专利与商标局的资深技术审查员中选任。

2. 审理原则

(1)不告不理原则。专利法院基于法院审理案件的"不告不理"原则，诉讼程序由当事人书面申请启动，不能依职权。根据处分原则，原告可以撤回申请，终结诉讼。

(2)职权调查原则。依《专利法》第 87 条第 1 项规定，专利法院应依职权调查事实，不受当事人提出之事实及证据的拘束，但法院并无义务调查相关之先前技术，亦不得调查原告所未主张之无效事由，当事人有协助法院发现真实之协助义务，对其主张应负举证责任。

(3)言辞辩论原则。专利法院可书面审，在当事人申请、法院认为必要等情形

---

① Benkard/Schäfers, PatG(10 Aufl. ,2006), § 26 Rdnr. 8a.

下,应开庭审理(口头言词辩论审)。事实上,技术上诉庭审理的绝大多数案件采用言辞辩论程序,因为大多数当事人提出口头审的申请,且法院认为口头审有利于澄清争点。对于专利无效案件,依据专利法第 82 条规定,被告如果未按法院规定的 1 个月内提出答辩,专利法院可以不经口头审程序,认为原告主张事实成立,径直裁判。若被告如期答辩,则应当进行口头审。

(4)非强制专业代理原则。当事人可亲自或委托代理人出庭,任何具有诉讼能力的自然人均可成为代理人,不采取专业代理人强制代理的制度。但当事人是外国人的,则必须委托律师出庭。

二、德国专利异议诉讼程序①

异议申诉任何人均可提起,但必须要在专利授予后三个月内。异议提起须以书面为之,并附具体理由,缴交费用,由德国专利商标局受理②。作出原审查决定的部门认为申诉理由成立的,应当更正其决定。如不更正决定,应在一个月内将申诉案件移交给专利法院,并且不得对案件的实质问题发表任何意见。《专利法》第 75 条规定了这种申诉具有中止原审查决定的效力。

专利异议之诉发起后,才进入专利法院由上诉(抗告)庭审理。异议抗告之诉的目标为抗告人的请求,而非原行政处分本身,因此可提出新事实,联邦专利法院亦可自行认定事实,其权限大于仅能审查原行政处分合法性的行政法院③。在异议诉讼程序中,为维护公共利益,专利局局长可以在适当的时候,向专利法院递交书面声明,参与到审理中并陈述意见。专利法院应当将专利局局长的书面声明通知当事人。申诉涉及某个原则性法律问题的,专利法院可以在适当的时候,通知专利局局长参加申诉程序。

有下列情形之一的,专利法院无须就案件实质问题做出决定,而直接撤销被申诉的原审查决定:1. 专利局自身尚未对该案件的实质问题做出决定;2. 专利局的审查程序有重大缺陷;3. 发现对做出决定起关键作用的新事实或新证据。专利局应当依据该撤销决定,重新做出审查决定。

对于专利法院的决定不服,还可以再上诉至联邦最高法院。不论是德国专利商标局或联邦专利法院,在异议程序终结时若作出专利撤销决定或判决,该专利即不存在,自无再提起专利无效诉讼的余地。

---

① 除注明外,参考《德国专利法》(Patentgesetz, PatG)【包含 2016 年 4 月最新修正案(Version: 4.4.2016)】,http://www. gesetze-im-internet. de/englisch_patg/englisch_patg. html.

② 异议理由是不具专利要件,例如不具新颖性、进步性,或揭示不足而致专业人士无法了解其内容亦无可据以实施,或发明是窃取他人发明而来,或申请专利范围无法由说明书内容予以支持。

③ Vgl. Van Hees, Verfahrensrecht in Patentsachen, 2. Aufl. , S. 111.

三、德国专利无效诉讼程序

(一)起诉和诉因

任何人若认为专利具有《专利法》第21条第1项所列举的撤销事由或专利保护范围被扩大,即得以专利权人为被告,向专利法院提起专利无效诉讼[①],人们可借他人之名提出无效诉讼,也可委托专利代理人、律师提起。专利法院对于专利无效案件享有专属管辖权。原告提起专利无效诉讼,大多是遭专利权人提起专利侵权诉讼所致。专利法院并不管辖侵权事件,专利侵权诉讼是向普通法院提起,普通法院不能自行审查专利权是否无效。如被疑侵权人抗辩专利无效时,普通法院法官认为无效抗辩有理由,可停止诉讼程序,晓谕被疑侵权人另向专利法院提起专利无效诉讼,但专利侵权诉讼不必因另有专利无效诉讼而必须停止诉讼程序。

(二)诉讼过程与审理期限

起诉状应包含涉案专利信息,涉案发明简要介绍及其所依赖的基础技术、与之相关的任何现有技术,并附专利要求书的分析材料及证明涉案专利不具有新颖性、创造性的论据。双方在口头审理程序前完成诉状交换,当事人有试验结果或专家意见的,可在诉状中一并提出。通常专利无效之诉的审限为18~24个月,且不受未决专利侵权之诉的影响[②]。口头审理程序中,双方当事人将就涉案专利的新颖性和创造性进行辩论,法院将就此向当事人发表意见。法院将决定是听取证人证言或专家意见,查明某一争议(这一情形并不多见)还是直接作出判决。涉案专利可能被判决部分无效,或者其效力被限定在主要诉讼请求或附加诉讼请求的范围之内。不附带判决理由的书面判决书通常会在口头审理结束之后几周内作出;附带判决理由的书面判决书通常在口头审理结束之后3~5个月内做出[③]。

(三)审理结果与上诉

审理结果若为专利全部无效判决或一部无效判决,联邦专利法院无效宣示即溯及自专利核准时失效,具有对世效力;若诉讼结果是原告败诉(其专利无效主张为无理由),即判力仅于诉讼当事人间有效,并不涉及第三人。

当事人不服专利法院裁判的,可以向联邦最高法院[④]上诉,在专利法院审理

---

① §66 PatG,强制特许诉讼程序(Zwanslizenaverfahren)依专利法第81条由专利法院审理,与专利无效审理程序相同,在此不作进一步说明。

② 在专利无效之诉中,代理平行侵权之诉的专利律师之所以参加口头审理程序,是因为法院可能作出涉案专利部分无效的判决,专利律师就可以在专利侵权之诉中援引该项判决。

③ 【德】Heinz Goddar,Carl－Richard Haarmann:《德国专利诉讼概览之专利诉讼程序的技术细节》,《中国知识产权》2013年第2期。

④ 德国联邦最高法院位于卡尔斯鲁厄,下设25个审判庭,每个审判庭均由5名法官组成。其中第十审判庭负责审理专利案件,审判员从地区法院、上诉法院和联邦专利法院的专利审判庭中选任。

中,当事人可以自己进行诉讼,但是在联邦最高法院当事人必须委托律师或专利代理人代理诉讼,全权代理人可以和一名技术助手一起出庭①。

上诉应以书面形式提出。联邦最高法院在口头审理之前,可听取专家意见或进行科学测试,但会因此要求当事人补充诉状并进行诉状互换。联邦最高法院判决对涉案专利权利要求书有修改或宣布其为无效专利的,会将判决抄送至专利登记机关。该判决为终审判决,立即生效。判决分为确认该专利为有效专利、确认该专利为有效专利但需对权利要求书进行修改或限制其范围、宣告专利无效三种情形。当庭判决之日起2～3个月内,会将附带理由的书面判决送达当事人②。

为提高诉讼效率,《德国专利法之简化和现代化法》经联邦议院通过,于2009年10月1日起生效。对于专利无效的司法审理,专利法院之后的联邦最高法院上诉审原先是包括法律审与事实审在内的全面审查,每个上诉审平均需要4年时间才能审结,现修改为只进行法律审。《专利法》修改的原因是:"随着近年来上诉审案件持续不断地增多,全面审查的做法导致了上诉审的冗长和拖沓,越来越多的案件积压在联邦最高法院,从而影响了德国专利制度的效率以及相关方的支持度。"③

四、德国专利侵权诉讼程序

案例9-4 摩托罗拉诉苹果公司专利侵权案

Google—Motorola 与苹果间的诉讼,是全球智能手机专利战重要的一环:2011年3月、4月 Motorola 在德国曼海姆(Mannheim)提起专利侵权诉讼,主张苹果在德国的零售商侵害 Motorola 三个专利,其中两项专利为产业标准专利,2011年11月与2012年2月,德国地方法院判定苹果侵害两项专利,并发给禁制令④。

本案中原告并未选择美国法院,反而向德国地方法院提起诉讼,说明德国知识产权民事司法保护对原告更为有力。专利权人在德国申请禁制令,在事证明确与急迫情况之下,例如:禁止侵权产品进口的命令,德国法院可以在24小时发出暂时禁制令(preliminary injunction)。这些有利于专利权人的措施,使得专利权人愿意选择于德国进行专利诉讼以解决专利问题,因为可以在很短时间排除侵权

---

① § 113 PatG.

② 张犁朦、汪凯:《德国专利诉讼体系及赴德参展的知识产权风险防范》,《安徽科技》2015年第7期。

③ 张韬略、黄洋:《〈德国专利法之简化和现代化法〉评述——浅析德国专利法律的最新修改》,《电子知识产权》2009年第10期。

④ Motorola Mobility v. Apple Inc., http://en.wikipedia.org/wiki/Motorola_Mobility_v._Apple_Inc.

产品进入市场,而不用耗费时间等待本案诉讼完成后,才阻断侵权产品,使得专利权人的市场利润不受侵蚀[①]。

（一）管辖

相异于专利核准或有效性争议具有行政事件色彩,专利侵权或其他与专利权行使有关的争议,其性质无疑为民事事件,由普通法院受理,不论其诉讼标的价额,均以州法院为第一审法院（§143 I PatG）。据此,凡是案件内容涉及专利权行使,包括主张专利权侵害损害赔偿或不当得利利益返还请求权、排除专利权侵害请求权、与专利授权或让与有关的合同争议、雇佣关系下发明归属及适当报酬给付争议,均由州法院专属管辖[②]。另外,为了累积普通法院审理专利侵权案件的实务经验及避免不同法院对于专利法解释与适用产生歧义,知识产权侵权纠纷的一审案件（除著作权纠纷案件以外）[③]由各个州法院（Landgericht,LG）负责,第二审为州高等法院（Oberlandesgericht,OLG）,地域管辖问题则依据民事诉讼法相关规定（第12、13、32条）进行确定。此外,并非所有州法院都能受理专利侵权案件,限于特定州法院始有管辖权[④]。当事人必须从这些法院中选择其一,专利侵权诉讼由法律法官而非技术法官审理,将管辖集中于少数州法院,是为了积累法官审理此等高度专业性及技术性案件的实务经验。

（二）诉前警告函

警告函是专利权人自己或委托律师向被告提出的停止侵权行为的要求,是一种要求庭外解决纠纷的方式。这个步骤并不是提起侵权诉讼的法律要件,但对专利权人有重要意义。如果专利权人提出警告,被告有可能在诉讼初期就承认侵权行为,这样就可节约诉讼费用。而且如果专利权人在诉前没有向被告发出警告函,原告必须支付全部诉讼费用,而如果警告函是合法的,收件人有责任支付必要的花费（尤其是律师费）。

随着互联网的兴起,权利人和律师已经把警告函作为一项额外收入的方式。有大量的报告说律师发出了大量的警告函,这些警告函对那些相对轻微的侵犯知识产权或者违反竞争法的行为要求赔付夸大的费用。法院已将此界定为"警告函

---

① John Flock,Protecting IP Rights in International Business Transactions,Aspatore 1 November,P5,2011.

② Schramm,a. a. O.（Fn. 21）,Kap. 15,Rdnr. 96;Kraer,a. a. O.（Fn. 17）,S. 903.

③ 德国著作权法第104条规定,著作权纠纷的受理在原则上与普通民事案件一样,由初级法院（Amtsgericht）受理。但如果纠纷涉及劳动与服务关系,如职务作品的,则由负责劳动及相关行政法律案件的法院受理。

④ 德国目前虽有60个州法院,但仅限于依法指定的12个州法院能受理专利侵权案件,并以该法院的上级法院（州高等法院）为上诉审法院。这12家法院为慕尼黑、纽伦堡、汉堡、法兰克福、曼海姆、柏林、萨尔布吕肯、布伦斯维克、杜塞尔多夫的地方法院和位于原东德的莱比锡、埃尔福特和马格德堡的地方法院。Carl Schramm,Der Patentverletzungsprozess（5. Aufl. ,2005）,Kap. 15,Rdnr. 105.

洪流"：根据 2006 年联邦法院做出的两个判决，在简单明了的案件中，违法责任是显而易见的，因此聘用律师是没有"必要的"（那么，律师费就是不能赔付的）。相反，这时受害人要自己制作发送警告函，且不能请求赔偿其花费。德国立法机关随后将判例的精神转化为成文法①。

另一方面，原告起诉前发警告函也会带来诉讼风险：面对专利权人指控，涉嫌侵权一方可能会在审理速度迟缓的欧洲其他国家法院提起诉讼，请求法院确认双方当事人之间在原告诉请的专利主题上不存在侵权行为，这一防御手段可阻止专利侵权案的快速审结②。因此，专利权人必须首先评估对方提起拖延型诉讼的可能性，然后再向对方发出警告函。如果对方很可能提这类诉讼，专利权人可直接向恰当的德国民事法院起诉，然后再向对方发出警告函。

（三）临时禁令与保护函

在专利权侵权救济方面，德国也吸收了英美法系一些有效手段，对专利权采取了较为严格的法律保护。临时禁令是德国民事诉讼法中一个既快又有效的法律救济手段，有时可以在几小时内就对权利人的权利达到事实上的保护。据统计数据表明，德国专利纠纷中 60%～65% 的案件是从诉前临时禁令开始的，而且绝大部分也是在这个程序中结束的。申请人向法院申请后，只需递交低证明力的证据证明侵权或侵权存在的可能性（只要证据满足要求即可免去担保），便可正式启动整个程序。在缺乏证据时，只要提供足够的担保也可以进入程序③。诉前临时禁令的申请人可请求法院派人查封或没收侵权商品，如被申请人拒绝执行临时禁令，执行人可要求警方协助。如果被申请人表现顽固，可将其拘留。

相对的，被控侵权人可以向其预计提交诉讼的法院交存"保护函"（Schutzschrift）。这一程序并未在德国的民事诉讼法典中予以规定，但已为法院所广泛接受。保护函包含对预计签发诉前禁令的异议，以及不应单方（即没有在

---

① 《著作权法》第 97a 条第（2）款现在修改为：在简单明了的案件中，如果侵权是非实质性的，侵权人不是在商业活动中实施侵权，那么，对于第一份警告函提供律师服务的必要花费的补偿不超过 100 欧元。德国法律事务委员会在其报告中列举了以下例子：未经权利人同意在其私人网站刊登了一小幅城市地图；未经权利人同意在其私人网站刊登了一首歌曲；未经权利人同意在一个拍卖网站的清单上刊登了一幅照片。参见【法】卡明、【荷】弗罗伊登塔尔、【德】贾纳尔：《荷兰、英国、德国民事诉讼中的知识产权执法》，张伟君译，商务印书馆 2014 年版，第 332－333 页。

② 意大利法院就一度因审理案件用时极长而臭名昭著，被嘲讽为"意大利鱼雷"。根据欧盟 11/2001 号指令第 17（1）条，"鱼雷法庭"尚未就其是否对专利侵权案件享有管辖权作出裁决的——这一程序可能长达七年——专利权人不得继续诉讼行为。不过，当事人选择施放"鱼雷"的地点必须位于欧盟成员国境内，且与相关国家有密切联系。否则，如果该外国法院明显无管辖权，则其不存在侵权行为的判决将不能得到认可，也就不能阻止权利人之后在德国提起专利权之诉。【德】Heinz Goddar，Carl－Richard Haarmann：《德国专利诉讼概览之专利诉讼程序的技术细节》，《中国知识产权》2013 年第 2 期。

③ 毛金生、谢小勇、刘淑华等：《海外专利侵权诉讼》，知识产权出版社 2012 年版，第 71－73 页。

先的庭审)签发诉前禁令的请求。在被控侵权人能够提供充分的理由反对诉前禁令的很多情况下,保护函的确可以导致诉前禁令被驳回。如果被控侵权人成功地使法庭相信侵权问题还不够清楚,法院宁愿专利权人提起常规的诉讼(在同一法院)以便更详尽地处理专利侵权问题。若被警告的一方担心签发诉前禁令,通常会快速在相关法院提交保护函。结果是法院在多数情况下不愿意仅凭单方禁令请求(而是召集口头审理)就批准立即停止侵权令①。

(四)举证责任

在德国,不似美国、英国有审前开示制度(pre-trial discovery system)。提起专利侵权诉讼前,原告必须准备样品或手册以说明所有的专利特征。若原告持有的证据不足以充分证明被告侵权行为成立,无法通过其他公开方法获取侵权证据的情况下(例如侵权人在公司内部使用专利设施),原告得依据德国民法第809条的规定,请求法院命被告提出侵权物品的样品。然而,法院在适用此项规定时,态度甚为严谨,且要求原告在被告提出样品前,即须证明被告有成立侵权行为的高度可能性②。

(五)庭审与申诉/上诉

庭审之前,当事人双方可以在规定的时间内(一般是3个月以内)进一步提出诉讼请求和答辩理由。在庭审中,如果双方当事人对涉及案件胜败的重要事实产生争议,法院必须进行调查,包括调查证据和询问证人。法院可以对当事人指定的专家进行询问,并且自行决定是否需要进一步咨询第三方独立专家的意见。法院内部的技术专家不足以判断涉案专利问题时,可以请求外部技术专家的帮助。同其他国家相比,德国专利侵权诉讼持续的时间相对较短。法院审理案件的平均诉讼时间是:一审法院(地方法院级别)约1年,二审法院(上级地方法院级别)约1年半,三审法院(最高法院级别)1年半至2年。

当事人如对一审法院判决不服,可向州高等法院上诉,合议时也是由3名专业法官组成的。在上诉审中,应当对该案件涉及的事实和法律两方面问题进行全面审理。对上级地方法院做出的上诉审判决不服的,可向联邦最高法院就其中的法律问题提出申诉。由德国联邦最高法院5名专业法官组成的专门法庭进行审理。联邦最高法院如果认为该申诉不具有胜诉的可能性,而且该问题也不涉及太大的公共利益时,有权拒绝该申诉的受理。一般来看,向德国联邦最高法院提出的第三审申诉,约有1/3不会被受理③。

---

① 【德】尼尔斯·海德:《浅析德国专利诉讼程序》,《中国知识产权报》2012年8月31日第12版。

② Patent litigation in Europe:focus on Germany,http://www.twobirds.com/English/publications/articles/ Patent— litigation—in—Europe—focus—o

③ 毛金生、谢小勇、刘淑华等:《海外专利侵权诉讼》,知识产权出版社2012年版,第69页。

五、评价与启示

（一）独步全欧的高效性

德国法院是欧洲最常用以解决专利争议的管辖法院，许多国际性公司，甚至欧洲以外的公司都选择在德国提起专利诉讼。据统计，在欧洲，每年将近有百分之六十的专利侵权案件在德国进行①，德国杜塞尔多夫的州法院每年受理专利侵权案达 500 件至 600 件②。这一切并非偶然，源于制度设计注重高效性与便利性，笔者认为具体表现在以下六个方面：

1. 二元化的诉讼轨道使专利无效诉讼和专利侵权诉讼由不同法院分别审理，审判效率较高；2. 被告向联邦专利法院提起专利无效诉讼后，州法院的专利侵权诉讼并不当然中止。无效申请不能作为侵权案件被告的抗辩理由；3. 专利侵权诉讼与侵权赔偿诉讼分开，州法院对专利侵权进行判决后，如果构成侵权，则具体赔偿数额由原被告双方协商解决，协商不成的，当事人应就侵权赔偿数额另案起诉；4. 与英国或美国相比，在德国进行专利诉讼所需费用相对低廉、合理；5. 提供专利权人相当快速而有效的程序，对侵权行为人发出禁制令；6. 专利法院为唯一事实审理法院，节约上诉法院司法资源与缩短审理期限。德国专利诉讼的上述特点为权利人维护专利权，及时有效地制止侵权行为提供了重要的司法保障。

（二）知识产权纠纷司法审理专业化之滥觞

德国专利法院是世界上第一所引进技术法官制度的专利专业法院，专利法院配置技术法官，使德国专利诉讼享有国际性声誉，其特色在于由有法律教育背景的法律法官及理工教育背景的技术法官共同组成合议庭，审理涉及科技问题的争讼事件，就比较法制而言，颇有参考价值。例如无效案件的合议庭组成中，由五位法官组成，包括精通法律的成员和技术成员，同时保证了案件事实的查清和法律适用的准确性。德国知识产权案件的审理趋于专业化。不服专利法院裁判而提起上诉的，需要由律师或专利代理人全权代理，未经过系统培训的当事人，其知识产权法律知识或技术能力不及律师或专利代理人的水平。案件经过了行政机关的审查和专利法院的审理，在专业技术方面基本可以认为是比较充分和准确的。所以，在上诉中，若被改变，则一般涉及重大法律问题，对于这样的问题就更需要专业人员出庭，因为他们能够更准确地理解案件中的技术事实争议。因此，上诉审对代理人有一定的要求，也体现了知识产权案件审理的专业化要求。

---

① Germany — The ins and outs of patent litigation，http://www.legalmediagroup.com/mip/default.asp

② 赵建国：《德国：知识产权护航经济发展》，《知识产权报》2013 年 9 月 10 日。

(三)终审基础上的统一

专利侵权诉讼,普通法院法官假设专利有效情况下审理,则专利无效诉讼最终判决专利无效时,理论上即有可能发生对专利有效性认定矛盾的情形;在德国司法实务上,联邦专利法院通常会早于普通法院即作出专利无效诉讼判决,发生矛盾的情形并不多见。如果专利侵权诉讼第一审判决专利权人胜诉后,联邦专利法院始作成判决宣告专利无效,专利侵权诉讼第二审法院亦会参考专利无效判决,而做出废弃原判决及驳回原告之诉的判决。如果专利侵权诉讼第二审判决与专利无效诉讼第一审判决仍有矛盾时,尚可上诉至联邦最高法院,而由其解决判决分歧。不同轨道的知识产权诉讼,殊途同归于最终审即联邦最高普通法院,如此可使不同轨道下级法院的判决通过最终审统一认定标准与法律见解。

(四)司法双轨制的不平衡

在司法多元体制下,审理民事案件的普通法院有很多,专利、著作权、商标权等案件一般由民事审判庭审理,不正当竞争案件往往由商事法院审理。法院虽多,却没有注意到知识产权案件的共性特点,案件集聚在少数法院,客观上不利于各地知识产权案件审判经验的积累,不利于司法统一。

专利侵权诉讼第一审诉讼程序需时 9 至 12 个月,专利无效诉讼第一审诉讼程序需时 1 年半至 2 年。两种诉讼有半年至 1 年的结案时间差。若原告立即申请强制执行判决,原告可以在这段结案时间差中,制止被告的侵权行为,显然对原告极为有利。相对地,被告的市场地位会受到严重影响,即便被告之后可能在专利无效诉讼中取得胜诉判决[①]。

(五)技术资源的分布不一与封闭凝固

德国专利诉讼制度的主要优点是创立了专门审理知识产权案件的联邦专利法院并实行了技术法官与普通法官相结合的合议庭审理;而其主要缺点是未能将这种制度横向扩展到专利权以外的所有知识产权纠纷领域,纵向向上扩展到最高法院,向下延伸至州法院及地区法院以形成一套完整的专门的知识产权审判系统。

专利诉讼的标的不可避免要在技术及专利法的问题上发生争论,双方当事人或律师在法庭上的辩论,也常常围绕这些问题。专利法院案件有关技术事项,技术法官均能解决,不须送鉴定机关鉴定,但普通法院并无技术法官设置,仍有解决专业技术问题的需求。没有技术背景和执行专利法实际经验的法官,很难做出判断,为弥补此一缺陷,德国采取技术专家到庭当顾问的办法解决此一问题。但这样会导致技术专家顾问的意见在判决中起了主导作用,法官无法辨别技术问题,往往会看重专家的资历,这致使法庭功能的定义发生了原则性畸变,司法的统一

---

① Vgl. Keukenschrijver,a. a. O. ,Rdnr. 126 ff. .

性也难以保证。

"技术问题的解决不必依赖于德国式的技术法官。因为即使是技术法官,也不可能精通所有的主要技术领域。所以,通过特定的程序设计保障技术问题的解决可能是更好的途径。"①技术调查官与技术法官各有利弊,必须进一步细致深入思考,技术法官的要求相对高,除了须精通法律知识以外,还有一定的技术要求。实践中,这样的知识产权技术法官人才很少,为了解决这一问题,往往是德国专利商标局的资深审查员经考核合格以后,担任技术法官,技术法官输送渠道的狭窄,带来了知识资源与视野的高度封闭性与凝固性,不利于法律发展,也不利于总体上把握技术细节之外的其他问题。

(六)效率下的程序保障之失

为加快上诉审理周期,2009 年改革后的德国《专利法》取消了联邦最高法院事实审的任务,这导致对专利无效确权的这一复杂事实审查只由专利法院这一个审级加以处理,虽然立法者宣称此改革没有问题②,但还是令人产生疑问:在一个审级中,法院与当事人能否对与现有技术相关的事实,做出完整准确的讨论、判断呢?毕竟对于事实问题的程序保障削弱了,审级利益丧失了。

(七)专利法院表决中的科层化

无论在上诉庭还是无效庭,只有被委任参与审判的法律法官与技术法官才能对审理结果发表建议和进行表决。表决采用少数服从多数原则,出现表决数相同的情况时,以审判长的意见为主。表决必须依一定顺序进行。根据《专利法》第70 条第 3 款规定,审判人员中工龄最短者最先表决,工龄相同时,年龄最小最先表决,审判长最后表决。这种由不同领域的专业人员组合而成的审判庭对保障判决的正确与高效有着极其重要的作用。但在制度设置上存在偶数合议庭的情形,票数相持不下时,审判长的意见作为最终结果,这有违合议制同票同权,成员平等的原理与民主原则,人为用科层制侵蚀了合议制。

(八)专利失效判决比例过高

2014 年 11 月,德国 Bardehlee Pagenberg 知识产权律师事务所对德国 2010至 2013 年专利无效诉讼案进行统计,发现案件审判结果中专利被判无效的案件所占比例较高,德国联邦专利法院审判的案件中专利失效率为 79.08%,且

---

① 郭寿康、李剑:《我国知识产权审判组织专门化问题研究——以德国联邦专利法院为视角》,《法学家》2008 年第 3 期。

② 对此,德国相关立法理由是在专利无效诉讼的初审中,相关现有技术的讨论肯定是充分准备好的;在德国专利商标局的授权审查程序中,已对现有技术进行过检索;在对公告专利的异议程序中,异议人将会再次对现有技术进行检索以支持其主张及理由;在提起无效诉讼时,原告同样须要再次对现有技术进行检索;在专利法院的口头审理中,当事人也会针对案件事实的各个方面进行辩论,所以这一改革是合理的。参见该法草案立法理由:Entwurf eines Gesetzes zur Vereinfachung und Modernisierung des Patentrechts, s. 1, s. 13.

判决专利无效的比例持续上升。报告认为专利被判决无效比例高的原因除了专利审查员的工作失误、无效案原告检索到新的现有技术，最主要的原因是专利商标局和法院的审查标准不同，尤其关于是否满足"创造性"要求的判断。在判决无效比例过高的情况下，专利有效性将引起怀疑，专利侵权审判法院将无法快速做出禁止令等决定，最终导致德国专利制度及专利诉讼的吸引力大大降低①。

无效诉讼程序和单方申请程序不同，由双方参与辩论。若要求审查员在进行审查工作中同时扮演无效原告的角色，又与审查员应有清晰明确的审查任务设定相矛盾。为了解决这个问题，德国专利商标局和专利法院似应探索一些定期更新设备、联合培训，就审查中的一些实质性问题进行定期探讨等机制，否则从专利商标局吸收技术法官的制度设计初衷将会被司法实践的演变所颠覆。

第五节　日本知识产权的民事司法保护

作为知识产权受益者，日本深谙其魅力与财富价值，更担忧它在知识产权问题上的潜在经济利益被侵权者免费"窃取"。因此，日本寄希望于构建完善的知识产权法律体系与司法保护机制，实现其国家与国民财富的最大化。

日本政府积极鼓励企业及个人参与知识产权司法维权，日本首相多次利用在重要场合的演讲及谈话，强调知识产权的有偿性问题，"在太平洋市场，不允许对知识产权'搭便车'"②，呼吁全世界的个人及企业尊重并保护知识产权，提醒日本国民及企业应积极运用法律武器，保护知识产权不受侵害，必要时应争取经济赔偿。

受政府政策鼓舞，日本企业积极投身于知识产权司法保护活动之中，近年来两个指标性的案例是：2014 年 3 月，东芝公司以"NAND 型闪存"研究数据被韩国 SK 海力士公司侵犯为由，向东京地方法院提起民事诉讼，要求海力士赔偿损失。最终，双方协商决定海力士向东芝支付 330 亿日元和解金。2015 年 10 月，日本

---

① 法院判决专利无效的比例过高令申请人和专利权人无法接受。首先，这影响了新产品研发的融资；其次，申请人和专利权人为了获得专利的保护付出了大量的成本，同时完整地向公众公开了技术，但当产品市场化时遭受侵权时法院却判定专利是无效的，从某种意义上来说，这方面的风险已经失控。因此，律师往往会建议客户不要在德国申请和实施专利，因为统计数据表明申请人和专利权人往往是败诉方。另外，对专利许可也会产生影响，被许可人通常会质疑许可的专利是否能真正发挥作用。从长远看，这将不利于竞争，阻碍创新，从而影响经济的发展。Peter Hess, Tilman Müller－Stoy, Martin Wintermeier, Sind Patente nur Papiertiger？,Mitt. 2014,439

② 太平洋の市場では、知的財産がフリーライドされてはなりません。参见安倍晋三総理「上下両院合同会議で『希望の同盟へ』と題して演説」2015 年 4 月 29 日，http://www. kantei. go. jp/jp/97_ abe/statement/2015/0429enzetsu. html

新日铁住金公司以特殊钢板生产技术被侵犯为由,起诉韩国浦项制铁公司,此案以后者向前者支付 300 亿日元和解金形式结案[①]。

一、日本知识产权民事司法保护机构与管辖

(一)法院的种类与审级

日本除最高法院外,作为下级法院,还设置有高等法院(东京、大阪、名古屋、广岛、福冈、仙台、高松、札幌)、地方法院(每个都府县设置 1 所,北海道设置 4 所)、家庭法院(数量等同于地方法院)以及简易法院(全国共有 438 所)。高等法院可以设立支部,地方法院或家庭法院可以设立支部或派出机构。为了谋求知识产权案件中的裁判充实化与迅速化,2005 年 4 月 1 日在东京高等法院中,设立了专门处理知识产权类案件的特别支部——知识产权高等法院,该法院是日本唯一的知识产权专门法院。在知识产权高等法院设立之前,东京高等法院、大阪高等法院等建立的是作为法院内部部门的知识产权部。

日本实行三审制,二审称控诉审,三审称上告审,一般的民事案件由地方法院(诉讼额小的由简易法院)进行一审,高等法院进行二审,最高法院进行三审。

(二)2003 年《民事诉讼法》修改后

为了实现司法效率和司法公正,日本于 2003 年对民事诉讼法进行了修改(2004 年 4 月实施),新修订的民诉法在有关知识产权诉讼案件管辖方面,对于强化法院的专门处理体制上,主要进行了以下修改:

1. 将技术类知识产权一审案件的竞合管辖修改为专属管辖[②]。专利权、实用新型权、集成电路布图设计权和软件著作权案件,东京、名古屋、仙台和札幌四个高等法院所辖区域内的案件归东京地方法院(东日本)专属管辖;大阪、广岛、福冈和高松四个高等法院所辖区域内的案件归大阪地方法院(西日本)专属管辖。东京地方法院(17 部、29 部、40 部、46 部),大阪地方法院(21 部、26 部)各自设置了处理知识产权案件的专门部。

这种专属管辖化的趣旨在于,通过将这种具有高度专业技术要素的案件,集中于已经设置有专门处理这种案件特别部门的东京及大阪地方裁判所,有助于实现审理的充实化与迅速化,而且,期待这两个地方裁判所进一步积累处理这种案

---

①　陈友骏:《解析日本知识产权新政》,《日本学刊》2016 年第 1 期。

②　1996 年(平成 8 年)的《民事诉讼法》规定,对于侵害特许权、实用新案权、集成电路布图设计权、计算机软件著作权的案件,第一审由全国各地的地方法院管辖,同时东京地方法院和大阪地方法院竞合管辖。所谓竞合管辖,是指对于全国各地的特许侵害案件,东京地方法院和大阪地方法院也同样具有管辖权。二审由相应的全国 8 所高等法院管辖。据此,对发生在札幌的侵权事件,东京地方法院和札幌地方法院均享有管辖权。其二审则根据一审的法院相应由东京高等法院或者札幌高等法院管辖。

件的经验①。但是，属于由简易法院②管辖的案件，由于其请求的标的金额小，出于当事人地域上的便利考虑，东京及大阪地方法院对于这些案件的管辖权，则属于任意管辖，当事人也可以向原本有管辖权的简易法院提起诉讼。

2. 将技术类知识产权案件二审集中于东京高等法院专属管辖。在东京高等法院中配备精通知识产权诉讼的法官和技术专家型的法院调查官，以使审理更加迅速并专业化。对大阪地方法院就上述案件做出的判决的控诉（上诉），由东京高等法院专属管辖。由于东京高等法院本来就是东京地方法院的控诉审管辖法院，这样，所有涉及专利、实用新型、集成电路布图和软件著作权案件的控诉审，全部归东京高等法院专属管辖，这为专门知识产权高等法院的诞生奠定了基础。至于三审则与普通案件一样，由最高法院审理。

3. 规定了专业事项未成为审理对象③情形下的移送管辖制度。（1）在按照规定确定专利等案件的专属管辖时，如果案件不涉及专门技术问题，而主要争议的是其他问题，为了避免审判延迟，法院应根据当事人的申请或依职权，将案件全部或部分移送其他法院，如被告住所地、财产所在地等有管辖权的地方法院。（2）东京高等法院对于诉讼未涉及专门技术问题，或有其他显著损害或延缓诉讼情形的，经申请或依职权，可将该诉讼的全部或部分，向大阪高等法院移送。

该规定使东京、大阪地方法院知识产权庭受理的未涉及专门技术问题的一审案件，可以向一般民事审判庭移送；使东京高等法院受理的未涉及专门技术问题的二审案件，可以向大阪高等法院移送。

4. 将非技术类知识产权案件的分别管辖修改为竞合管辖。外观设计权、商标权、著作者权（软件著作权除外）、出版权、著作邻接权、育成者权（植物新品种权）案件，以及因不正当竞争导致的营业利益侵害案件，当东京、名古屋、仙台和札幌四个高等法院下辖的地方法院有管辖权时，当事人既可向这些地方法院提起诉讼，也可向东京地方法院提起诉讼；当大阪、广岛、福冈和高松四个高等法院下辖的地方法院有管辖权时，当事人既可向这些地方法院提起诉讼，也可向大阪地方法院提起诉讼。与专利权诉讼相比，与著作权以及不正当竞争有关的案件大多与地域联系密切，而且诉讼标的额较小，所以，当事人可以根据案件的具体情况，在原有管辖权的法院和东京、大阪地方法院的知识产权庭之间进行选择。尽管没有

① 小野瀬厚＝武智克典「一問一答平成 15 年改正民事訴訟法」（商事法務・2004 年）71 页。

② 诉讼额在 140 万日元以下的案件一审一般不是在地方法院而是在简易法院（《法院法》第 33 条），简易法院是指对日常生活中发生的轻微民事、刑事案件进行迅速、简易处理的法院。其主要负责相对于对一审案件有管辖权的地方法院而言，请求金额在一定额度以下的民事案件和符合罚金刑的刑事案件等，因此也有可能对请求金额较小的知识产权民事案件有管辖权。这种情况下，简易法院之外，东京地方法院或者大阪地方法院竞合管辖。

③ 例如，在继承案件中，仅对专利权等的归属发生争议的情形；对于专利费用支付义务没有争议，只是就支付发生迟延的情形；在二审中争点只涉及损害额认定情形等，均属于此。

达到专利权等诉讼的程度,但有关外观设计权等诉讼,在案件处理中仍然需要特别的知识、经验,考虑到这一点,让设有专门部门的东京及大阪地方法院也有机会受理这种案件,进而谋求这类案件处理的充实化,这是修法的趣旨所在①。

(三)2005 年《知识产权高等法院设置法》施行后

在设立知识产权高等法院前,关于特许厅审决的审决撤销诉讼②,一审就是由东京高等法院专属管辖,而知识产权高等法院设立后管辖的案件,主要是请求撤销行政裁决的第一审裁决诉讼以及民事案件的二审,具体分为以下四类:

1. 请求撤销行政裁决类案件。不服专利局裁决而请求撤销裁决的诉讼,如对专利行政复审决定的诉讼、决定驳回专利行政复审或者再审的请求书、专利无效复审修改请求书的诉讼,专属东京高等法院管辖,由知识产权高等法院负责审理。其他类似的还有对实用新型和外观设计有关复审决定、决定驳回复审或者再审的请求书的诉讼;对商标有关撤销商标决定或者复审决定、决定驳回、注册异议申请书、决定驳回复审或者再审请求书的诉讼。

2. 民事上诉案件。民事上诉审中,有关发明专利权、实用新型专利权、半导体集成电路配置利用权及计算机程序著作权案件,专属由知识产权高等法院负责审理,因为这类案件审理需要专业的知识,所以全国的此类诉讼案件都集中在知识产权高等法院。

有关侵犯外观设计专利权、商标权、著作权(计算机程序著作权除外)、出版权、著作邻接权、植物新品种权和违反反不正当竞争法损害商业利益的民事案件,经由各地方法院第一审,未被专属管辖的部分不属于东京高等法院管辖,由分布在全国的 8 个高等法院受理,这是基于这些案件的地域性而形成的结果。由于大多数知识产权案件的一审都集中在东京地方法院,因此多数二审也就都集中到了知识产权高等法院③。

3. 专业知识牵连类案件。非前述两点的案件,东京高等法院所办理的其他民事案件以及行政案件中以有关知识产权专业知识为主要争论点的,由知识产权高等法院负责审理。

4. 合并类案件。应当与上述三点诉讼案件进行口头辩论合并予以审理的案件。

---

① 【日】新堂幸司:《新民事诉讼法》,林剑锋译,法律出版社 2008 年版,第 605 页。

② 特许厅的审判部行使行政性的准司法审判权,在职能上相当于我国的专利复审委员会。特许厅的审判官是特许厅审判部中对专利无效等事项行使审判职能的人员,类似于我国专利复审委员会的审查人员。对审判部的审决不服的,向知识产权高等法院提起审决撤销诉讼。

③ 飯村敏明「知的財産高等裁判所の創設及びその果たす役割について」牧野利秋先生傘寿記念論文集「知的財産権 法理と提言」(青林書院・2013 年)3 頁。

二、知识产权高等法院的构造与组成

(一)基本结构

知识产权高等法院并非单独设立的法院,而是东京高等法院下设的特别支部,隶属于东京高等法院。但相对于普通的高等法院支部具有更高的独立性,有独立的院长、独立的法官会议以及独立的事务局[①]。

知识产权高等法院的法官由最高法院指定,并任命其中一人为院长,司法行政事务由该院法官会议以决议方式处理,法院院长也是法官会议的议长,由其总管司法行政事务[②]。

按照最新数据,知识产权高等法院现由 17 名法官组成,法官不需要任何技术背景。另有技术调查官(全职)11 人,专业委员(兼职)200 人,书记员以及事务官若干。2015 年统计的一审平均审理周期为 14.2 个月,二审为 7.6 个月[③]。

知识产权高等法院下设事务部门和裁判部门,其中裁判部门又分为五个小部门,分别是特别部(大合议部)、通常部(第一部、第二部、第三部、第四部)。其中四个通常部无差别地处理知识产权案件,共用法院调查官,并没有特别的案件分工。虽然没有就未采用四部门职能细分组织结构的理由进行特别说明,但由于知识产权各法在法概念上具有高度共通性,实施进一步细分的专门化分工的必要性很低,而且关于技术性事项也有法院调查官和专门委员制度,因此即使不采用部门职能细分的组织结构也不会特别成为问题。从实际情况来看,四个通常部门也仅仅是法庭、开庭时间和裁判人员不同而已[④]。

(二)大合议制

知识产权案件原则上由 3 名法官组成合议庭审理,但法律也规定案件可由 5 名法官组成大合议庭制审理[⑤]。产业界一直强烈呼吁知识产权诉讼应该形成一些具有一定信赖度的规则,允许东京高院、东京与大阪的地院由大合议庭做出判

① 篠原勝美「知的財産高等法院の概要」NBL No.804(2005 年)27 頁。日本高等法院也有设置支部的先例,依照《裁判所法》第 22 条都是被限定在所属高等法院管辖范围内的一定区域,须在所属高等法院法官会议授权范围内处理相应的司法行政实务。知识产权高等法院则不同,为了充分发挥其专业性,对于众多司法行政事务(法院事务的安排、法官的配置等)能够在独自的权限下行使。

② 《知的財産高等法院設置法》3、4、5 条

③ 2015 年地方法院一审知识产权案件共 533 件,主要为四类案件:专利案件占 28.9%,不正当竞争案件占 22.9%,商标案件占 20.1%,著作权案件占 19.7%。Akira Katase,Judicial System in Japan(IP—related case),International Workshop on "Intellectual Property, Commercial and Emerging Laws", 24 Feb. 2017

④ 易涛:《日本知识产权高等法院》,《科技与法律》2015 年第 1 期。

⑤ 依据修订后的民事诉讼法,专利权、实用新型权、集成电路布图设计权、软件著作权纠纷的一审和二审,东京高等法院、东京地方法院和大阪地方法院可以启用大合议庭,此外,属于东京高等法院专属管辖的专利权和实用新型权的撤销裁决的行政案件也可适用大合议庭制。

决,相当于给同类案件的解决提出了判断标准,在一定程度上可实现在全国范围内执法的统一性和安定性①。

知识产权高等法院大合议庭没有专门配备裁判官,院长任大合议庭审判长,另外 4 位裁判官,由其他 3 个通常部的部长(除去院长所在的通常部)或具有相应水平的陪席裁判官 3 人以及将担任主任裁判官的陪席裁判官 1 人构成②。在实际运行中,大合议庭审理的案件,是经过全体法官讨论做出判断并予以判决的。由于组成大合议庭的法官分别隶属于各个部,因而在准备评议时,都会邀请本部法官进行充分讨论。并且在必要的时候可随时召开研究会,研究会成员除大合议庭的法官外,再从各部选一名代表。对于大合议庭非正式成员的法官以及研究会的意见,从法律角度讲虽然不具有约束力,正式合议庭法官可以有自己的意见。但实际上,大合议庭会充分考虑并参考上述意见;尽可能把 4 个部的意见,即法院全体法官的意见反映在判决书中③。定期组织(大概每月 1 次的频度)陪席裁判官之间信息交换的会面,也是使法官一致性得到提高的一个主要原因④。

三、法院技术调查官

(一)必要性

以专利侵权诉讼为例,双方当事人争议的焦点往往涉及技术问题,而一般情况下作为处理纠纷的法官却是技术门外汉,无从判断被告的产品是否进入了原告专利权人的保护范围。为了解决专利案件中的技术问题,日本确立了知识产权技术调查官制度。专利案件一立案,案件的卷宗就被送到调查官室,由调查官对技术问题作出报告。

知识产权高等法院以及东京地方法院和大阪地方法院的各专门部均配置了法院调查员(技术调查官),目前,东京地方法院 7 名,大阪地方法院 3 名,知识产权高等法院 11 名⑤。这 11 名中有 10 名曾在日本专利局从事过审查、复审工作,1

---

① 岡本岳「知的財産高等裁判所の実情と課題」NBL No. 824(2006 年)。知识产权高等法院成立后,在第一年中启用五人合议庭已经审理了一太郎案件(专利侵权上诉案)、助变数案件(请求撤销专利行政裁决案件)、墨水盒案件(专利侵权上诉案)。这些案件的判决不仅对知识产权审判实务,而且对知识产权政策、企业活动产生了广泛的影响。

② 主任裁判官是指起草判决书的裁判官。日本裁判官的名称有判事、判事辅,其中对于从事判事辅职业 5 年以上者,由最高法院指名可以成为"特例判事辅",其与判事具有同样的权限。日本法院的合议庭的构成中,除了裁判长,还有陪席裁判官,其中比裁判长年轻的判事或特例判事辅多担任右陪席裁判官,实务经验未满 5 年的未特例判事辅多担任左陪席裁判官。左陪席、右陪席是指从裁判长的角度来看的左右方向。起草判决书的主任裁判官多由左陪席裁判官担任。

③ 篠原勝美「知財高裁大合議部について」ジュリスト No. 1316(2006.7.15)

④ 三村量一「知財高裁大合議判決の意義と今後の展望」知財研フォーラム81 号 9 頁(2010 年)。

⑤ 「知的財産権訴訟における専門委員制度について」,http://www.ip.courts.go.jp/documents/expert

名为专利代理人①。

调查官的职责是为法官提供技术方面的支持,遵照法官命令,对有关发明专利、实用新型等案件的审理中有关的必要技术事项进行调查,负责解释专利保护范围、被告涉嫌侵权产品或方法的技术内涵,并将两者进行对比,将调查结果报告给法官,但不作法律判断。调查官解决的技术问题的难度低于专业委员解决的技术难度,且无须征求当事人意见。

(二)担当的事务

知识产权调查官受审判长之命可担当的事务包括:第一,为了明确诉讼关系,可以就事实上及法律上的事项,对当事人进行发问,也可以敦促其举证;第二,在证据调查期日中,直接向证人、当事人或鉴定人进行发问;第三,在尝试进行和解之期日中,基于专业知识及经验做出说明;第四,向法官陈述案件的意见。相对于在具体案件中,在听取当事人意见之基础上被指定的专门委员,知识产权调查官与案件的审理及判断具有更为密切的关系,并处于一种辅助法官的立场。但是其意见毕竟只是一种参考意见,是一种帮助法院正确理解当事人主张及证据的意见,而不是作为裁判基础的主张或证据。

(三)除斥及回避

为保证调查官的中立性,使案件得以公正审理,民事诉讼法还设立了调查官回避制度。调查官准用法官除斥及忌避的相关规定。当存在针对知识产权调查官的除斥或忌避申请时,在有关该申请的决定确定前,被申请除斥或忌避者不得参与。

四、专门委员

专门委员(或曰专业委员)是根据法院的决定参与到诉讼程序中的非全职工作人员,主要参与争议点及证据的整理、证据调查、和解等程序,任期为 2 年。除了法律所规定的津贴外,还可以要求支付差旅费、补贴、住宿费。知识产权高等法院选任了擅长技术问题的大学教授以及专利代理人、公立机构与民间企业研究人员等约 200 人②,所涉领域包括电气、机械、化学、情报通信、生物等,法院根据涉案领域指定不同的专门委员参与到案件中并对技术问题进行口头说明。

(一)专门委员制度的目的

专门委员制度的目的既不在于直接收集诉讼资料、证据资料,也不是在争点等方面寻求专门委员的"意见",而是一项以征求正确理解这些资料的专家知识与

---

① 塚原朋一「知財高裁元年―その1年間の実績の回顧と今後の展望」金融・商事判例 No. 1236 (2006 年)。

② 「知的財産権訴訟における専門委員について」,http://www.courts.go.jp/saiban/wadai/1810

见识为目的并寻求专门委员之"说明"的制度①。在专业知识成为争议焦点的案件中,旨在实现审理的高度专业化。法官和当事人可以听取专家对技术问题的说明和解释,进而做出法律判断。

(二)专门委员的指定与回避

一个案件中参与到诉讼中的专门委员为一人以上,法院在听取当事人意见的基础上,根据案件的具体需要来指定。专门委员的除斥及忌避,准用法院除斥及忌避的相关规定,由专门委员所属法院做出。

(三)专门委员的参与

法院可以以决定方式让专门委员参与程序。可让专门委员参与整理争点程序、协商进行期日、证据调查期日、和解期日,具体参与到哪个期日中、要求其对哪个事项做出说明,委诸审判长基于诉讼指挥权的适时判断。专门委员说明的方法包括在审判长指定的期日以口头的方式做出说明,也可通过电话会议系统说明。经审判长征求当事人同意,专门委员可以直接对证人、当事人和鉴定人发问,当事人也可向专门委员提问。

在立法过程中,围绕专业委员参与诉讼程序的条件,即是以"听取当事人意见"还是以"征得当事人同意"产生了很大的争议。立法妥协的结果是,在争点证据整理程序和证据调查期日的环节中,专业委员的参与以"听取意见"为要件;而在证据调查期日进行的质询与和解期日的环节中,则以"征得同意"为要件②。

(四)参与决定的撤销

法院认为合理时,可依申请或依职权撤销专门委员的参与决定。这主要考虑到,在特定的专门委员被指定后,该专门委员的专业知识、能力或公平性令人生疑时,应当中止其对程序的参与。当双方当事人都提出申请时,法院则必须撤销参与决定。在这种情况下,当事人都无须说明申请的理由。专门委员制度的目的在于使法院正确理解当事人的主张及举证而听取专家的说明,如果让法院通过双方都不愿意的专门委员说明来理解当事人主张及举证,恐怕不能使法院正确理解当事人本意,反而更容易产生误导,而且也有违当事人主义③。

五、侵权诉讼程序及其与专利无效判断的关系

(一)日本专利侵权诉讼的程序要点

日本专利侵权诉讼的审理一般分为三个阶段,即判断专利是否有效、判断被告是否侵权、判断侵权损失额度。这三个阶段为递进式,只有前一个阶段有了相

① 【日】新堂幸司:《新民事诉讼法》,林剑锋译,法律出版社 2008 年版,第 320 页。
② 【日】高桥宏志:《重点讲义民事诉讼法》,张卫平等译,法律出版社 2007 年版,第 509 页。
③ 高部眞規子「專門委員制度の更なる活用のために」判例タイムズ1368 号(2012 年)28 - 43 页

应的结果才能够继续下一个阶段的审理①。与美国相比,日本的专利侵权诉讼量不算多,由于不存在美式证据开示(Discovery)制度,诉讼成本大致与德国等国同等。但是,由于去法院的次数多、无效宣告在法院和专利局两处进行、进行技术说明会等,诉讼成本在一定程度上升高。程序方面与中国的不同之处譬如以书面文件为基础进行多次辩论、能够以专利无效进行抗辩以及召开技术说明会等,其具体程序要点如下:

1. 第一次口头申辩

权利人要求侵权人立即停止侵权行为或请求损害赔偿,应向东京地方法院或大阪地方法院递交起诉状和证据。法院在对起诉状的形式审查结束后,会指定第一次口头申辩的日期,并向被告送达记载了第一次口头申辩日期的传票、起诉状及证据。收到起诉状的被告应该准备答辩状,并将答辩状在第一次口头申辩日期之前提供给法院和原告。至答辩为止所给予的期限很短,且要在答辩状中记载大概的反驳内容。第一次口头申辩日,法院会决定有关此次诉讼的后期申辩准备程序的日程。日本的侵权诉讼每 2 个月左右需要原告、被告之间进行一次交换文件、举证、阐述本方主张等手续,在这 2 个月中,需要代理人进行内容分析、与委托人交换意见、起草反驳文件等工作②。

2. 后续申辩准备程序

被告方可以主张未落入专利技术范围或者进行专利无效的抗辩。另外,也可以另行向专利局请求专利无效宣告。与中国不同的是,被告可以向法院提出专利无效(违反创造性、违反记载要求)作为抗辩主张。被告方将上述主张归纳于准备文书中,在申辩准备程序的第二次日期之前将该准备文书提交给法院。申辩准备程序的第三次日期,原告方对被告的主张进行反驳。在第三次日期之后,法院会给予 1~2 个月的准备期,设定之后的第四次日期。经过多次准备文书的提出,争议焦点将被归纳出来③。

3. 技术说明会

是否采用技术专家由法官定夺,一旦采用往往会召开技术说明会。技术说明会上,由大学教授、专利代理人等组成专门委员会听取双方主张及理由,并向原被

① 【日】园田吉隆:《日本专利诉讼程序和对策》,《中国知识产权报》2013 年 7 月 31 日第 5 版。

② 【日】园田吉隆:《收到专利侵权诉状怎么办?》,《中国知识产权报》2013 年 6 月 26 日第 4 版。

③ 为避免低效多次的"三分钟辩论"与"五月雨审判",日本民事诉讼过程明确地区分为争点整理及证明对象形成(包括证据申请的完成)和集中连续的证明活动及证据审查这两个阶段。准备程序作为诉讼运作的常规方式被赋予了非常重要的意义。只要不属于能够早期终结的案件,原则上都应该先经过准备程序来整理争点,形成审理对象,然后才指定主要期日集中开庭,争取一举完成由当事人展开的证明活动和法官进行的证据审查,迅速达到能够做出判决终结案件的审理程序。这三种准备程序分别是书面准备程序、准备的口头辩论程序(用于准备的口头辩论方式)、辩论准备程序(会议型的准备方式)。参见王亚新:《对抗与判定:日本民事诉讼的基本结构》,清华大学出版社 2002 年版,第 135-156 页。

告提问。技术说明会给予原告、被告的时间都是约 1 个小时。双方会对各自的主张进行详细说明，说明发明的技术背景及有争议的技术层面，以使法官、专门委员能理解其主张，既要让技术专家从专业性和技术性上认可自己的见解，还要从基础知识入手，让法官理解自己所说明的内容①。

4. 和解协议

技术说明会结束后，在双方的主张被提尽的阶段，由法官公开对判决结果的心证。在此基础上，法官会询问原、被告双方是否有和解的意图。如有和解意图，就在法官主导下开始和解协议。虽然半数以上的专利侵权案件中法院认可了被告的主张，但对于被告来说，自己本来没有侵权，即使胜诉也只是证实了这一点，在诉讼中花费的大量时间和金钱没有办法收回。从这一点来说，即使被告确信自己没有侵权，也可能在纠纷早期考虑和解的可能性，通过和解方式解决的案件很多。

5. 口头辩论的实施与宣判

在最后一次的申辩准备程序日期之后，当事人在法院进行口头辩论。在此，对在申辩准备程序中提及的内容在口头辩论阶段提出。即，因当事人对其主张的整理在申辩准备程序中已完毕，所以口头辩论在短时间终结。口头辩论终结时，法院会指定判决宣告日期。在指定的日期，判决在法庭被宣告。自起诉状提出起至判决做出大致需要 15 个月的时间②。

6. 上诉

对判决结果不服的当事人可以向知识产权高等法院上诉，但地方法院也可以根据情况立即执行一部分判决，例如禁令。作为二审法院的知识产权高院会对事实进行判断，但是作为三审法院的最高法院只对法律问题进行判断，而对事实问题不会进行审理，因此对绝大多数案件来说，知识产权高院的判决可以认为是最终判决。

(二)专利侵权诉讼与专利无效判断

日本在很长一段时间内，一直认为专利权侵权诉讼中不能进行专利无效判断，然而，"倘若法院面对行政判断过于宽容……致使国民对法院产生已陷入行政追随主义的疑虑，反倒会损害司法权的权威与信用。"③有学者提倡在专利侵权诉讼中，在无效非常明显的情形下，允许当事人提出当然无效抗辩。

关于专利侵权诉讼与专利无效裁决的关系，日本法院在 2000 年以前的司法实践中，宣告专利权无效是专利行政机关的职权，受理专利侵权诉讼的法院

---

① 中平健「知財高裁における最近の審理と裁判例等について」判夕第 61 卷第 16 号(2010 年)
② 【日】河野英仁：《日本专利侵权诉讼与中国的区别》，《中国知识产权》2016 年第 6 期。
③ 【日】原田尚彦：《诉的利益》，石龙潭译，中国政法大学出版社 2014 年版，第 178 页。

无权确认专利权的有效性,专利侵权诉讼的审理建立在专利权有效的前提下。被告不能在侵权诉讼中解决专利是否有效,法院要中止诉讼,由被告向日本专利局复审委员会提出撤销请求,启动专利无效程序,待后者有了终局裁决后,再继续审理侵权纠纷[①]。而专利无效的准司法审查和专利无效裁决的行政诉讼须要花费漫长时间,耗费巨大成本,由此给被告增加了极大的负担。并且,对于同一权利划分为两个不同的程序,亦有违程序效率原则,还有可能产生矛盾的判断[②]。这一缠绕学界许久的争论因为 Kilby 专利事件的民事诉讼(参见案例 9 - 5)而发生转折。

案例 9 - 5　富士通半导体案

Kilby 博士是美国 Texas Instruments(德州仪器)公司技术人员,他研制出了半导体集成电路的基础技术,并在 2000 年获得诺贝尔物理学奖。德州仪器公司围绕 Kilby 研制开发的半导体集成电路技术,在许多国家申请了专利。其中涉案专利在日本的专利号为日本特许第 320275 号,德州仪器公司要求日本富士通公司支付专利实施许可费。富士通公司向东京地方法院提起了确认不侵权诉讼。

东京地方法院一审判决确认被控侵权产品没有落入第 320275 号专利的技术范围,富士通公司不构成侵权。东京高等法院二审维持一审判决。德州仪器公司不服二审判决,启动三审程序。最高法院在 2000 年 4 月 11 日,驳回德州公司的上诉请求,最高法院第三小法庭判决要旨确认了如下规则:在专利侵权诉讼中,即使被告没有向日本专利局提出无效请求或者专利的无效审决尚未生效,审理专利侵权的法院可以对涉案专利的有效性进行判断。

如果被控侵权人有确凿的证据可以证明专利存在明显的无效理由,应当被确认为无效时,受理侵权诉讼的法院可直接宣告专利权在诉讼当事人之间相对无效,进而作出被告不构成侵权的判决,裁判原告不得行使其专利权,即专利权人不得要求法院向他人发出"停止侵权"的临时禁令,也不得要求被控侵权人进行赔偿。专利权人如果行使其专利权,将构成权利滥用。法院直接根据权利不得滥用学说判决专利权人不得行使权利,应具备下列两个条件:第一,专利无效的理由非常明显;第二,法院能够确实预见到,如果提起专利无效准司法审查,专利局也将作出专利无效的结论,即无效判断的确实可预见性[③]。

①　飯村敏明「知的財産訴訟の制度改正の概要と実効ある制度運用」知財管理 Vol. 55 No. 3(2005 年)。

②　菱田雄郷「知財高裁設置後における知的財産訴訟の公の理論的課題」ジュリスト No. 1293 (2005.7.1)

③　最判平成 12.4.11 民集 54 巻 4 号 1368 頁。中山一郎『無効理由が存在すること明かな特許権に基づい請求と権利の濫用—キルビー事件』「特許判例百選」(有斐閣 2012 年)150 - 152 頁。

富士通案判决确立了禁止专利权滥用规则①,承认在专利侵权诉讼中,被告可以以原告专利权存在明显无效理由来抗辩。法院据此以权利滥用为依据,驳回原告的诉讼请求,从而使审理专利侵权的法院不必等待专利局的无效裁决生效,即可做出实质上视专利权为相对无效(在当事人之间)的判决。富士通半导体案判决的最大受益人应该说是专利侵权诉讼中的被告。被告以原告专利"明显无效",属于"专利权滥用"作为抗辩理由。随着被告抗辩的增多,对审理侵权诉讼的法院来说,无疑在专业技术方面提出了更高的要求。特别是在对专利技术是否明显不具备进步性进行判断时,需要特定技术领域的专门知识。

本案判决在立法层面上也引起了回响。2004 年民事诉讼法修改后,规定行政裁决撤销诉讼及专利侵权诉讼的二审均由东京高等法院专属管辖,如此一来,行政裁决撤销诉讼以及专利侵权诉讼中专利无效理由的判断就都集中在知识产权高等法院,以此保证执法的统一性。

2004 年日本修改《专利法》时,在 104 条之 3 第 1 项中专门增加了一条规定②,明文承认了无效抗辩。多数学说认为此次修改废除了"明显"这一要件③。和日本最高法院的判决相比,日本《专利法》采取了更加灵活的态度。不但不再要求无效理由的明显性,而且还修改了无效判断的确实预见性要件。只要能够预见到在提起专利无效准司法审查程序时,专利权可能被专利局宣布无效,法院就可做出不得行使专利权的判决。侵权诉讼中无效抗辩被自由认可,使得专利无效判断程序变为两种(双轨制),一是侵权诉讼途径,二是"无效审判—审决撤销诉讼"途径。

法院在侵权诉讼中对专利有效性进行判断,但专利行政部门如果作出了相反的判断,根据日本民诉法规定,专利行政部门依据无效程序做出的决定属于再审的事由,无效审决生效后以消灭专利权为由的再审得到承认④,这样生效判决的执行就会中止,执行完毕的还要产生不当得利返还的问题。当初设立《专利法》第 104 条第 3 款试图提高审判效率的目标被民事再审抵消,有学者批判这样的处理方式不过是将纠纷再次回炉⑤,在这一背景下,日本《专利法》围绕无效决定的效力问题进行了重要修改。

---

① 本案专利权滥用审理原则亦被运用于商标权案件,2005 年,东京高等法院对第 1221 号案件作如下判决:当商标存在明显无效事由时,基于衡平理念,为防止商标权人不当得利,且对于无意寻求商标无效对世性的当事人而言,强迫其进入无效程序,欠妥且有违诉讼经济。

② 在专利权或者独占实施权的侵害诉讼过程中,如果专利权在无效审判中应被认定无效,专利权人或独占实施权人则不得向他人行使其权利。

③ 高林龍=三村量一=竹中俊子編「知的財産法学の歴史的鳥瞰」(現代知的財産法講座Ⅳ・2012 年・日本評論社)83 - 88 頁。

④ 「生海苔の異物分離除去装置案」知財高判平成 20.7.14 平成 18(ム)10002ほか

⑤ 松本直樹「キルビー最判後を考える」『知的財産権ーその形成と保護』(秋吉稔弘喜寿・2002 年・新日本法規)424 頁。

2011 年修改后的《专利法》第 104 条之 4 维持专利无效判定二元制,减少了法院与特许厅判定不一致,即明确法院侵权纠纷判决生效后,特许厅依据无效程序作出的专利无效决定、有效期延长的无效决定、修改决定都不能成为再审的理由,不能产生损害赔偿返还的效力。对无效决定的溯及力进行限制的理由主要是,无效程序是任何人任何时间都能够提起的救济程序,如果允许再审,会导致权利人一方即使在诉讼中获胜,权利也处于极其不稳定的状态。而对于被告来说有可能会找出不同的理由反复利用无效程序。第 104 条第 4 款对再审做出限制后,侵权诉讼判决确定以后,对于诉讼当事人来说再提起特许厅的专利宣告无效程序就没有什么意义了。这也导致另一方面的问题,即到专利行政部门利用无效程序解决专利纠纷的案件迅速减少,这一改革的方向实际上是削弱了特许厅在专利有效性判断上的作用。近十年来,特许厅受理的专利无效案件数量急剧减少①。

遗憾的是,该条新增内容主要是针对 2004 年专利无效判定二元制框架下的再审问题做出规定,没有涉及其他问题,如特许厅与法院判定不一致的现实应对、配套制度实施不佳及改进路径、《专利法》第 104 条之 3 规定的"当然无效抗辩规则"司法实践操作问题等②。

六、评价与启示

(一)多元集中化的法院

日本的知识产权高等法院尝试通过专属管辖实现集中化,在此基础之上适当引入多元要素来实现平衡,现行的许多制度都尝试在集中之中注入多元性,以使渐进试错成为可能。

知识产权高等法院虽拥有技术类知识产权侵权诉讼二审和特许厅审决撤销诉讼的专属管辖权,但其分为了四个庭,这就为其内部竞争提供了条件。而且,为了防止专门领域特殊化、防止法官视野过于狭窄,各部配置的法官并非终身且专门从事知识产权审判,在知识产权相关部门工作只不过是法官轮岗工作系统中的一个环节③。这种轮岗颇具特点,分为两种:一类是知识产权轮岗法官,即有过知识产权相关工作经验的法官;另一类是非知识产权轮岗的法官,也就是未从事过知识产权相关业务的法官,知识产权高等法院工作是其初次接触知识产权相关事务④。各部的部长也大多是知识产权轮岗和非知识产权轮岗的法官各占一半。

---

① 清水節「この 10 年の進歩性の判断について」判例タイムズ No. 1413(2015)5 – 151 页。

② 易玲:《日本专利无效判定制度之改革及其启示》,《法商研究》2017 年第 2 期。

③ 「飯村敏明判事に聞く－知財法官が生まれてから育つまで－」パテント 66 卷 1 号 32 – 33 页(2013 年)。

④ 細田督博「知的財産高等裁判所の設置による訴訟への影響について～最高裁判所との関係から～」政策研究大学院大学修士論文(2014 年)17 页。

通过这种配置努力来确保享有专属管辖权的法院做出的专门性意见中具有一定的多元性。

但大合议又冲击了知识产权法院内部的多元活力,大合议制处理的案件中,许多都无法从知识产权高等法院的判例中找到先例。在此种情况下,假如大合议的判决要实现预期的目的,即在知识产权高等法院阶段实现事实上统一判例的作用,就意味着最终在没有渐进试错的情况下,大合议的判断就对下级法院的审判产生一定事实上的拘束力①。这种运行方式达到一定数量,可能会使得为确保多元集中性而在知识产权高等法院中设置4个部,并同时混合知识产权轮岗法官和非知识产权轮岗法官这一努力的意义大打折扣。为此,应当形成这样一种运行方式:在知识产权高等法院没有先例的阶段,控制大合议的召开,首先让普通部率先进行先例的积累,于此产生龃龉时才由大合议受理②。

(二)专业化与"两审合一"

"随着问题解决与政策形成方法的多样化和专门细致化、科学技术的高度复杂化和专门分化……法律家专业实践知识具有的说服力在影响范围上也变得越来越狭窄"③,为了适应这一现状,实现知识产权司法保护的高度专业化是必由之路。但是否一律实行三审合一,还应进一步探讨,知识产权刑事诉讼与民事侵权诉讼之间没有直接关系,即使刑事裁判认定无罪,但民事中认可原告损害赔偿请求的情况也是存在的,因为裁判视点不同,并不能说是法律的冲突④。如前所述,日本知识产权高等法院受案审级根据案件性质有所不同,但不受理刑事案件,日本知识产权诉讼关注点多在于如何促使民事和行政的判断统一化和审理效率化。

在专利侵权诉讼中,如果被控侵权人同时在专利局提出无效请求,那么原告的专利是否无效与被告是否构成专利侵权之间就产生了必然联系。为了防止法院的专利侵权诉讼判决与专利局的专利无效审查决定发生矛盾,日本《专利法》第168条还特别规定了专利无效与侵权诉讼的协调通知机制⑤。两审合一的体制下注重程序的实质连接也是值得我国借鉴的。

---

① 茶園成樹「知的財産関係事件を取り扱う法院の集中化と専門化」ジュリスト1293号60頁(2005年)。

② 【日】田村善之:《日本知识产权高等法院研究》,《科技与法律》2015年第3期。

③ 【日】田中成明:《现代社会与审判:民事诉讼的地位和作用》,郝振江译,北京大学出版社2016年版,第165页。

④ 棚町祥吉「知的財産の保護と刑事罰」パテント56巻第4号(2003年)。

⑤ 法院在受理专利侵权诉讼之后,应当将有关案件向专利局局长通知。专利局局长接到专利侵权诉讼通知后,应告之法院,该专利权是否有无效复审案件在专利局,或专利权无效复审案件未予受理,或已作出复审决定等情况。专利局局长通知法院存在专利无效请求的,法院接到通知后,对于专利侵权诉讼当中,存在第104条第3款第1项规定的情形的,应通知专利局局长。并且专利局局长可要求法院将该侵权诉讼记录当中,专利无效审查员认为是必要的文件抄送专利局。

（三）法官轮岗制与专业性的矛盾

在设立知识产权高等法院讨论的过程中，有意见认为应模仿德国引入技术法官，但日本的现状是，知识产权专门法官基本上都是由没有理工科背景的法官担任，对于培养纯粹型的知识产权法官的态度比较消极。而且，由于日本法官培养模式中有一个特别重要的轮岗制度，大概每 3 年就会在各大城市的法院之间进行一次调任，因此长期在法院的知识产权部任职的可能性不大。对技术型案件审理中可能遇到的困境，日本试图通过经验丰富的老法官与了解最新理论和最新信息的年轻法官之间就具体案件进行交流，以及在技术知识上调查官和专门委员的参与来予以解决[①]。

（四）控制技术调查官对当事人权益的负面影响

技术调查官的权限过大或过小，都不利于对当事人权益的保障。法律应当对于调查官出庭、发表意见、询问当事人等权利义务作出明确的规定。例如，在归纳整理争点需要专业知识时，调查官是否应及时向法官提供专业意见，调查官能够参与审理的案件范围是否包括全部知识产权纠纷类型。

调查官的意见往往对一些案件的处理结论产生重大影响，在开庭时间之外，法官和调查官交换意见时，由于当事人不在现场，不知道调查官究竟陈述了什么意见，对调查官的庭外意见没有机会进行反驳[②]。调查官应该调查哪些事情，法官如何利用调查官的调查结果，都须要厘清，并设立确保调查官中立、公正的制度。

调查官职权探求事实真相是为了从自身专业角度弥补法官的不足，不能因此取消当事人主义的诉讼构造与模式，既然对诉讼产生了影响，就应该给相关当事人以充分的机会进行反驳。法官有责任让调查官公开其意见，或由法官自己公开从调查官处得到的意见[③]。

（五）专门委员的中立化、程序规范化与利用率

我国已有法院聘请了类似日本知识产权案件的专门委员，由于全职法院调查官人数限制，在某些情况下提供的专门性技术意见有限，因此可以期待专门委员提供适用于个别具体案件的意见。一方面应该处理好其与鉴定人之间的关系，另一方面应避免掺杂业界的关系影响到法官的判断，设置专门委员的回避制度，以在制度上保障产生公正中立的专门委员。

法律有必要依据专门委员所参与程序及事项性质的不同设置更为严格的要

① 塚原朋一「日本の知的財産高等裁判所」，http://www. training－jpo. go. jp/en/uploads/text_vtr/pdf.

② 菱田雄郷「知財高裁設置後における知的財産訴訟の理論的課題」ジュリスト No. 1293（2005. 7. 1）。

③ 张玲：《日本专利法的历史考察及制度分析》，人民出版社 2010 版，第 291－292 页。

件,例如,规定需要"听取当事人意见"甚至"经当事人同意"、在双方当事人提出申请时无条件地撤销专门委员参与程序的决定等。在程序透明化及保障当事人出席权方面也应加以完善。

由于专门委员属于兼职工作,很难兼顾本职工作及案件审理需要,且案件是否需要聘请专门委员,需事先征求双方当事人意见,当事人不同意聘请的,但案件审理却需要的,则启动调查官程序。数据显示,知识产权高等法院对于专业委员的利用率较高,而地方法院相对较低。因为高等法院开庭次数少,因而比较容易请到专门委员。但是,在地方法院审理的专利侵权诉讼中,一般都要开庭多次,并且只有到最后,才能将诉讼资料整备齐全,所以,专业委员参加比较困难[①],最需要查明事实的阶段利用率恰恰不高。

(六)专利无效的民事司法解决

与中国不同的是,在日本专利民事诉讼审理中可主张专利无效的抗辩。由于一半以上的专利存在瑕疵,无效抗辩的情况非常多,有日本学者提出,侵权诉讼的实体实质上已经演变成无效审判了[②]。但在实务上,向专利局审判部另行请求专利无效宣告的情况也很多。对被告来说,通过另行请求专利无效宣告能对专利权人施加压力。这种情况下,地方法院所做出的专利有效性判断和专利局所作出的专利有效性判断是各自进行的,两者的结论也有可能不一致。这被称之为双轨问题,成为诉讼进展被推迟的一个理由。不过,对地方法院的判决提出不服是在知识产权高等法院进行的,对专利局作出的审判决定提出不服也是在知识产权高等法院进行的。因此,最终由知识产权高等法院作出统一的见解。

虽然都是向知识产权高等法院提起撤销之诉,与中国一律以行政机关为被告不同,对日本特许厅专利无效裁定不服的,以该裁定的胜诉方为被告,对专利申请裁定不服的,以特许厅长官为被告[③]。专利民事诉讼及行政诉讼之确定判决,就专利有效性的判断互相歧异时,由于日本专利有效性判断采双轨制,民事一审可对有效性自为判断,但特许厅也有可能同时作出有效性认定,此时实务上通常借由上级审救济程序来解决,如终局确定判决仍有歧异时,依日本2011年新修正之特许法第104条之4规定,不得提起再审[④]。

日本的"无效抗辩"程序,允许法院对专利有效性问题直接做出判断,当事人

---

①　塚原朋一「知財高裁元年―その1年間の実績の回顧と今後の展望」金融・商事判例 No.1236 (2006年)。

②　现在侵权诉讼的审理中心已经不再是被控侵权产品是否落在专利发明的技术范围之内了,而是专利权是否存在无效理由。【日】青山纮一:《日本专利法概论》,聂宁乐译,知识产权出版社2014年版,第72页。

③　【日】田村善之:《日本知识产权法》,周超等译,知识产权出版社2011年版,第226页、290页。

④　《大须贺滋法官谈日本专利民事诉讼及行政诉讼》,台湾《司法周刊》2014年4月25日第4版。

对无效宣告决定不服,向法院起诉,当事人之间互为原被告,案件依民事诉讼程序审理。通过民事诉讼与上诉审专门法院,实现平行程序的交汇与协调,能够提高诉讼效率,值得陷入知识产权民行交叉"循环诉讼"戈尔迪之结的我国借鉴。

综上所述,从日本知识产权民事司法保护的发展可以看到,日本虽属大陆法系,崇尚成文法,但随着社会的发展,日本法院的判例正在发挥着越来越重要的作用①。中日两国均为一元制法院国家,但两国效力审查制度的差异却相当明显,日本知识产权效力审查制度的改革演变过程应引起我国学界和实务界的重视。此外,大合议制与技术事实查明机制等特色制度值得我们进一步探究分析其内在机理。

第六节　中国知识产权的民事司法保护

东亚地区法院背负着法律继受的传统依循,也面临全球化流动下的调适压力,不论是形貌的呈现、纷争解决功能的发挥,乃至对政府行政治理的制约,都表现出丰富且多元的发展动态②。尽管中国的司法体系被外界认为依旧弱小,法官和律师素质不高,民众法律意识淡薄,父权传统以及服从的传统依旧严重,司法判决地区差异巨大③。但改革开放后中国司法改革还是取得了积极的进展,包括司法体系的重建与结构优化、司法工作专业化程度的提升以及对个人权利与产权的法律保护④。尤其是在知识产权司法保护领域,进展最为迅速,改革力度最大,对其他国家的司法保护体制、机制借鉴最多,值得深入分析。

一、知识产权民事司法保护专门化的发展历程

我国知识产权法律制度建立后,各级人民法院为认真执行各项知识产权法律作出了不懈的努力,在最高人民法院指导下,1993 年 7 月以来,为了加强对知识产权的保护力度,总结积累审判经验,提高法官的办案水平,依法公正审判知识产权案件,自北京开始,我国各地陆续在省级高级人民法院和主要地市级中级人民法院设立了独立于一般民事审判庭的知识产权审判庭;1996 年 10 月,最高院正式建立知识产权审判庭,标志着我国法院建立了以高级法院和中级人民法院为

---

① 西村健一郎＝西井正弘＝初宿正典「判例法学」有斐閣(2005 年)3 页。

② 叶俊荣主编:《变迁中的东亚法院:从指针性判决看东亚法院的角色与功能》,台湾大学出版中心 2016 年版,第 1 页。

③ Randall Peerenboom, China's Long March Toward Rule of Law, Cambridge University Press, 2002, P12, 303.

④ Stanley Lubman, Bird in a Cage: Legal Reform in China After Mao, Stanford University Press, 1999, P383 - 423.

主,最高院统率的知识产权审判新格局。在知识产权纠纷频发的地区,也陆续建立了专门审理知识产权案件的审判庭,审理中级人民法院专属管辖的专利等技术性案件之外的知识产权纠纷。

2000 年前后,我国的知识产权专业审判组织的名称从"知识产权审判庭"变更为"民事审判第 X 庭"(通常简称"民 X 庭"),以服从"大民事"格局的机构改革要求。与此同时,1996 年上海市浦东新区法院首次将涉及知识产权的民事、刑事、行政问题的案件统一由知识产权庭审理,开创了"三审合一"的知识产权案件审判"浦东模式";2008 年的《国家知识产权战略纲要》更明确提出要研究设置统一受理知识产权民事、行政和刑事案件的专门知识产权法庭。此后,这一基于知识产权案件专业性强等特点而提出的"三审合一"模式逐渐在各地法院试点展开;截至 2016 年 7 月,全国法院共有 6 个高级人民法院、95 个中级人民法院和 104 个基层法院先后开展了知识产权审判"三合一"试点工作,积累了丰富的经验。自"浦东模式"之后,各地根据本地区的实际,逐渐形成了"武汉模式""佛山南海模式""珠海模式""西安模式"和"重庆模式"等。

2014 年 8 月,全国人大常委会通过了《关于在北京、上海、广州设立知识产权法院的决定》,随后北京、广州、上海知识产权法院先后挂牌成立并开始运行。《决定》的主要思路,是集中优势审判资源,突破现有省级行政区划内的区域性法院设置体系,将技术性强的复杂知识产权案件一并交由拟设立的相当于中院层级的知识产权专门法院受理,以保证疑难知识产权案件审判质量和裁判尺度统一。《决定》还为这三个专门法院设定了三年试验期。

知识产权司法体制机制的改革并未因知识产权法院的设立而停步,2016 年 7 月,最高人民法院决定知识产权案件三审合一在全国各级各地法院全面推行[①],各级人民法院知识产权审判部门将不再称为"民事审判第 X 庭",统一更名为"知识产权审判庭"。知识产权案件的专业审判组织名称再次回归为"知识产权审判庭"。从三审合一看,知识产权庭是一个综合审判庭,其目的是要充分发挥知识产权专业化审判队伍的优势,优化审判资源,整合审判力量,统一裁判标准。

基层法院跨区域管辖知识产权案件工作也出现进展。根据北京市各基层法院知识产权庭的案件数量、审判人员的经验及能力、各区区域经济发展需求等情况,按照方便当事人诉讼、确保案件相对均衡、兼顾审判实际的原则,对部分城区法院知识产权案件的管辖范围进行调整。自 2016 年 1 月 1 日起,北京市东城区、西城区、丰台区、石景山区人民法院实现了跨区域管辖知识产权民事案件,北京市郊区法院将不再受理第一审知识产权民事案件。朝阳区、海淀区人民法院依然审

---

① 参见《最高人民法院关于在全国法院推进知识产权民事、行政和刑事案件审判"三合一"工作的意见》(法发[2016]17 号)。

理辖区内的一审知识产权案件①。上海市知识产权案件同样出现跨区划片集中管辖的改革②。

2017年1月,最高人民法院批复③同意将知识产权案件集中管辖继续推进与扩大:成都、武汉的知识产权法庭分别管辖四川、湖北全省的技术类一审民事案件,南京、苏州的知识产权法庭分别管辖其周边江苏省地级市的同类案件,我国知识产权司法体制改革再进一步。

未来的集中管辖还将超出省级行政区范围。最高人民法院统筹协调在京津冀率先推进知识产权法院案件审判体制改革,三地将探索建立跨区划知识产权案件集中在北京、涉外海事商事案件集中在天津、跨区划资源案件集中在河北管辖的制度,促进司法统一,破解地区经济社会发展壁垒④,这意味着北京知识产权法院至少将管辖京津冀地区的技术类案件。

二、专门知识产权法院

(一)设立背景与依据

在我国,知识产权专门法院议题的讨论由来已久,并逐渐形成完善知识产权审判体制、优化审判资源配置、简化救济程序、适当集中专利等技术性较强案件管辖权等共识。2008年《国家知识产权战略纲要》明确提出"研究适当集中专利等技术性较强案件的审理管辖权问题,探索建立知识产权上诉法院",其初衷是要统一知识产权案件的审判标准,特别是处理好与专利复审委等行政机构的衔接问题。但知识产权上诉法院的表述与我国司法体制并不相容。之后实务中关于知识产权司法体制的改革方兴未艾,如促进知识产权审判人员的专业化、推进"三审

---

① 参见《最高人民法院关于同意北京市高级人民法院调整北京市基层人民法院知识产权案件管辖权的批复》(法[2015]326号);《北京市高级人民法院关于北京市基层人民法院知识产权民事案件管辖调整的规定》(2015年12月17日)。此次调整是北京高院根据全市各基层法院知识产权庭的案件数量、审判人员的经验及能力、各区区域经济发展需求等情况,按照方便当事人诉讼、确保案件相对均衡、兼顾审判实际的原则提出的方案。改革前北京市共有11个基层法院的12个知识产权审判庭(海淀区法院的知识产权庭和中关村法庭均受理第一审知识产权民事案件)可以审理第一审知识产权民事案件,但各法院的收案数量呈现明显不均衡状态。以2014年为例,收案数量最多的海淀区法院(4000件左右)与收案数量最少的怀柔区法院(40件)相差近100倍。而从审判人员构成方面看,怀柔区、顺义区、房山区、大兴区、昌平区等法院的知识产权庭配备的审判人员仅为一个合议庭,大部分基层法院的知识产权民事案件年收案数量不足400件。尤其是经过北京知识产权法院两次法官遴选,全市基层法院知识产权法官减员明显。因此,有必要对全市各基层法院第一审知识产权民事案件的管辖作出调整。

② 参见《上海市高级人民法院关于调整本市法院知识产权民事案件管辖的规定》(沪高法[2016]35号)。

③ 南京知识产权法庭负责管辖南京、镇江、扬州、泰州、盐城、淮安、宿迁、徐州、连云港九市,苏州知识产权法庭管辖苏州、无锡、常州和南通四市。参见《最高人民法院关于同意南京市、苏州市、武汉市、成都市中级人民法院内设专门审判机构并跨区域管辖部分知识产权案件的批复》(2017年1月4日)。

④ 蒋梦惟:《北京四中院接管津冀重大民商案件》,《北京商报》2016年6月6日第2版。

合一"的机制、试行案件的跨行政区域集中管辖等。这为知识产权专门审判组织的进一步发展完善奠定了基础。

2013年十八届三中全会通过《全面深化改革决定》(简称《决定》),其中提到"加强知识产权运用和保护,健全技术创新激励机制,探索建立知识产权法院",这是关于知识产权司法体制的顶层设计。这一内容出现在"加快完善现代市场体系"之第(13)"深化科技体制改革"中,表明知识产权法院不是单纯的司法制度的完善,还担负着促进创新、助推国家发展战略转型的重任。此外,知识产权法院的表述与《战略纲要》相比,反映出改革思路和目标的微妙变化。2014年6月6日,全面深化改革领导小组审议通过《关于设立知识产权法院的方案》,标志着知识产权法院的建设正式启动,进入实质性阶段。而全国人大常委会决定的出台,则是将其作为司法体制变动写入了法律。其后,北上广三地知识产权法院按预期设立。

《决定》承担着建构知识产权法院主要制度框架的任务,其主要从组织法的角度规定了知识产权法院的基本组成与职能。为进一步明确知识产权法院案件管辖及其他诉讼问题,最高人民法院先后发布了《关于北京、上海、广州知识产权法院案件管辖的规定》(简称《规定》)和《关于知识产权法院案件管辖等有关问题的通知》(简称《通知》)。为解决知识产权法院审理技术类案件时的技术事实查明问题,最高院还于2014年12月31日发布了《关于知识产权法院技术调查官参与诉讼活动若干问题的暂行规定》(简称《暂行规定》)。上述《决定》《规定》《通知》和《暂行规定》共同建立起了当前我国知识产权法院特殊诉讼制度的基本框架。

(二)设立意义

国际上代表性国家设立知识产权类专门法院,通常是出于以下几种考虑:一是提高知识产权案件处理的专业性;二是获得知识产权相关法律解释的统一标准;三是强力推进实施知识产权方面的国家政策。

对于我国设立知识产权法院的方案,失望者认为,期待已久的知识产权法院就是将京津穗三地原中院知识产权庭合并,知识产权法官编制或扩或缩,组建为一个知识产权中级人民法院,没有什么实质性意义。不过,尽管这一做法并不尽如人意,但其意义仍然重大。知产法院是知识产权司法保护主导作用的引领者,其运转效能及其司法保护效果如何,直接决定着我国知识产权保护的总体效果。中央决定建立知识产权法院的目的之一是要与国际知识产权制度接轨,增加国际话语权和影响力。与本节的其他国家一样,设立专门法院集中管辖知识产权类案件的共同目的是统一知识产权裁判标准,提升办案效能,提升知识产权司法保护质量与效率,此外,专门法院的审判资源优势和制度优势可以在加大对知识产权授权确权行政行为司法审查深度和力度上先行先试,促进行政争议的实质性解决。在探索有效率的技术事实查明机制方面也是大有可为。最后,在深化司法体制改革方面可以做司法改革的先行者,发挥改革试验田作用,并对我国其他地区发挥示范作用。

现在京津穗三地设立知识产权中级人民法院,只是一种改革办法式的立法,是具有创新意识的司法改革探索,并非一揽子的解决方案。后续根据实施3年后的情况,还存在着较大的改革空间。

(三)管辖

从北京、上海、广州三家知识产权法院管辖的具体内容,可以看出其基本特点:

1. 既是初审法院又是上诉法院

知识产权法院按照审级设置,既是初审法院,又是上诉法院。知识产权法院属于中级人民法院,既是技术类案件的初审法院,又是著作权、商标、不正当竞争等案件的上诉法院。对于技术类案件而言,知识产权法院的主要职责在于查明事实和解决纠纷;对于著作权、商标等非技术类案件而言,知识产权法院还承担着统一辖区内基层法院的裁判尺度职责,其职能定位是针对不同案件类型而言。

在知识产权法院辖区内,著作权案件、一般商标案件、不正当竞争案件等均由基层人民法院管辖,不再受诉讼标的额限制。这是我国知识产权案件领域乃至整个民事案件领域首次完全以案件类型确定级别管辖,是对原有以诉讼标的额确定级别管辖标准的重大突破。这种设置更符合案件审理规律,使得知识产权法院与辖区内基层法院的职能分工更加科学。

2. 民事与行政案件统一管辖

知识产权法院管辖的第一审技术类案件,既包括民事案件,又包括行政案件;既包括知识产权授权确权类行政案件,又包括涉及知识产权的行政处罚、行政强制措施等引发的普通行政案件。同时,在知识产权法院辖区内,对基层人民法院第一审知识产权民事和行政判决、裁定提起上诉或者申请再审的案件,均由知识产权法院管辖,无论该第一审案件由基层法院知识产权审判庭审理还是行政审判庭审理。此外,对知识产权法院做出的第一审民事和行政判决、裁定提起上诉或者申请再审的案件,均由知识产权法院所在地的高级人民法院知识产权审判庭审理,不再分由该高级人民法院的知识产权审判庭和行政审判庭审理。可见,知识产权法院及其所在地高级人民法院均实现了民事和行政审判"二合一",真正实现了民事与行政案件的统一管辖。这是我国知识产权案件审判管辖体制的重大革新,对于统一知识产权案件裁判标准、提升知识产权司法保护品质具有重要意义。

3. 跨区管辖

知识产权法院对第一审技术类民事和行政案件,以及第一审涉及驰名商标认定的民事案件和垄断民事纠纷案件,实行跨区域管辖。在知识产权法院设立的三年内,先在所在省(直辖市)实行跨区域管辖。例如广州知识产权法院,其司法辖区跨越广州市,涵盖整个广东省,管辖省内前述第一审案件(深圳市中院辖区除外)①。之所以这样安排,是因为深圳知识产权案件总量超过广州,案件技术难度高、涉外多,考虑到广州知识产权法院成立不久,法官员额不足,故其跨区域管辖范围暂不包括深圳地区。总之,跨区域管辖可以充分发挥知识产权法院审判资源优势,迅速积累复杂案件审理经验,更加增强知识产权法院的司法中立性和超然性,对强化独立审、防止地方保护主义等具有积极意义。三家法院名称中不含"市",是一个重要信息,也为其下一步改革将管辖范围跨入邻省留下了制度窗口。

(四)司法改革排头兵②

知识产权法院在司法改革方面发挥了先行先试的作用,主要表现在以下方面:

1. 管理体制

北京知识产权法院为正局级中级人民法院,上海知识产权法院为副局级单位与上海三中院合署办公,广州知识产权法院则是不定级。

北京知识产权法院按照司法体制改革的精神,机构实行扁平化设置,内设审判庭、技术调查室、法警队、两个司法辅助机构和1个综合行政机构,各审判庭一律不设副庭长,突出主审法官、合议庭主体地位;人员实行分类管理和员额制,全院共设法官员额30名,司法辅助人员51名,司法行政人员15名。精简行政人员,使只有15人的综合行政机构囊括了一般中院近10个部门的各项职能③。

上海知识产权法院与上海市第三中级人民法院合署办公,实行"审判独立、行政(党务)合署"的模式运行,即知产法院审判业务依法保持独立,其他工作与三中院合署。目前设立审判庭和技术调查室,其他立案、执行及综合管理事项均由三中院承担,体现了机构精简、高效、扁平化的特点。

广州知识产权法院是全国唯一不设行政级别的法院,虽然按中级人民法院组建,但各审判庭也不设行政级别,主审法官之间没有行政等级之差,一律平等,法官不再是"官",去行政化非常彻底。在庭室设置上,除了立案庭、专利审判庭、著作权审判庭、商标及不正当竞争审判庭4个审判业务庭外,仅设立1个综合行政

---

① 《最高人民法院关于同意广东省深圳市两级法院继续管辖专利等知识产权案件的批复》(〔2014〕民三他字第17号)。

② 本部分内容参见北京知识产权法院课题组:《关于审判权运行机制改革的思考与探索——以北京知识产权法院为分析样本》,黎淑兰:《论知识产权专业化审判新格局的构建与实现——以上海知识产权法院专业化建设为视角》,林广海:《广州故事:知识产权法院多棱镜》,朱理:《我国知识产权法院诉讼制度革新:评价与展望》,四文均出自《法律适用》2015年第10期;杨静:《知识产权案例指导制度实践样本——北京知识产权法院庭审实质化诉讼改革》,《科技与法律》2016年第2期。

③ 目前看来只有知识产权法院单独的改革,使得一个行政人员需要履行多个职能、对接多个单位。知识产权法院内部的精简机构、去行政化很难独善其身,需要与外部改革接轨,需要整个司法改革的推动。

机构(综合办公室)①和 2 个司法辅助机构(技术调查室和法警支队)。庭长由主审法官兼任,不设副庭长。

目前来看,知识产权法院法官员额和其他法院比是比较少的,因为强调的是主审法官,要突出法官的核心地位,所以分类管理法官助理、其他行政人员和法官,在法院编制固定的情况下,法官的数量相对较少,突出法官的主体作用。基本上成功地推行了司法行政事务集约化和扁平化服务模式。

2. 审判权运行机制改革

北京知识产权法院通过打造以"法官团队"为核心的合议庭审判模式,建立知识产权案例指导制度,创设法官专业会议制度,明确院、庭长的管理、指导和监督职责,完善审判委员会工作机制,实现保障当事人诉权与防止当事人滥用诉权相统一等重点举措展开积极探索,对外抗干扰,对内去行政化,不断探索深化审判权运行机制改革,建立了"1+1+1"固定模式审判团队,即"1 名主审法官+1 名法官助理+1 名书记员",实行主审法官、合议庭负责制,推行院庭长办案常态化。

上海知识产权法院制定院、庭长办案规定,明确院、庭长包括审判委员会委员带头办理重大案件的范围、数量等,实现院庭长办案常态化。施行 8 个月里院、庭长参与办案占全部案件数的 21.2%。落实合议庭负责制,制定审判委员会、法官联席会议和专业法官会议工作机制,已结案件均没有提交审委会讨论,全部由合议庭独立作出裁判。落实法官助理职责,强化审判辅助职能作用发挥,进一步解放主审法官、提升审判效率,并为培养法官储备人才打下基础。

广州知识产权法院制定《广州知识产权法院权力清单细则》,明确合议庭办案责任制,将院长、副院长全部编入合议庭审理案件,在审判权运行上去行政化。庭长只承担法律规定应当由庭长履行的职责并负责主持主审法官会议、统一裁判标准。院、庭长原则不再签发本人未参加案件的裁判文书,还权于法官,合理界定审判权、审判管理权、审判监督权的范围,理顺审判组织之间的关系,院长、审判长行使审判管理权均不得干预个案的实体裁判,保障审判权科学运行。建立"主审法官联席会议制度",强化审判经验总结和业务研究,真正做到让审理者裁判,让疑难案件得到专家型法官的"坐堂会诊"。同时,建立法官办案档案,法官对办案质量终身负责。

3. 创新程序

北京知识产权法院尝试将案件审判流程管理和大部分庭前准备工作交由法

---

① 综合办公室整体负责原由政治部、纪检监察室、机关党办、办公室、研究室、审管办、行装科、教育培训科、机关后勤服务部门等多部门负责的工作,经归纳整合,综合办公室需要行使司法行政职能 60 项,根据"相对分工、共同承担、责任到人"的原则,分配相应岗位职责。从目前运行情况看,综合办公室的设立有效减少了内设机构及人员编制,杜绝了部门间的相互推诿,提高了办事效率。因政法编制相当有限,广州知产法院通过购买社会服务方式,招聘速录员、文员、司机共 22 名,一定程度上缓解了工作压力。

官助理负责,使其通过庭前审查明确诉辩意见、初步举证质证等审理环节,初步固定无争议事实、归纳争议焦点,形成书面庭前审查报告提交合议庭。这便于法官助理领会法官意图,保障其撰写司法文书的质量,也可以增强法官助理的司法能力,培养法官储备人才。

上海知识产权法院针对知识产权案件往往有多个争议焦点的复杂情况,打破固有的全案按照法庭调查和辩论两个阶段进行的程序,以每一个争议焦点的审理为一个环节开展法庭调查和辩论,使当事人陈述事实与辩论观点一气呵成,突出每个争议焦点审理的完整性,增强庭审的针对性,有效查明案件事实,提高审判效率。

广州知识产权法院建立科学、高效的审判管理流程;制定庭审规范,建立标准化庭审模式;统一法律文书体例和要素,提升裁判文书质量;针对类型化案件特点,尝试在外观设计专利案件中推行格式化裁判文书写作,避免裁判文书过于冗长,节约司法资源。

4. 司法便民

上海知识产权法院完善诉讼便利和司法服务延伸机制,运用"互联网＋"和移动互联网思维,进一步打破时间、地域对案件审理的限制,构建在线审判平台,打造网络法院、智能法院、移动法院。落实与张江高新区管委会的合作机制,探索建立知识产权巡回审判、园区法官工作机制,发挥好"全国审判业务专家陈惠珍法官工作室"的作用,促进知识产权纠纷在园区的有效预防和就地解决。建立知识产权司法保护志愿者服务机制,健全知识产权维权援助机制和司法建议工作机制等。此外,上海知识产权法院与8家专业性社会调解机构,如中国互联网协会调解中心、上海版权纠纷调解中心等单位签订了《诉讼与非诉讼相衔接多元化纠纷解决机制合作协议》,推进诉前调解、诉调对接,形成了优势互补、资源共享、互联互通的知识产权多元化纠纷解决机制。

2016 年 11 月 25 日,广州知识产权法院汕头诉讼服务处成立于汕头市澄海区的宝奥国际玩具城总部大楼的中国汕头(玩具)知识产权快速维权中心内,汕头诉讼服务处作为广州知识产权法院立案窗口的延伸,通过远程视频对接,为汕头乃至整个粤东地区诉讼当事人提供包括立案咨询、指导调解、案件查询、远程答疑、远程接访等在内的一系列诉讼服务[①],极大节省粤东地区当事人往返广州知识产权法院参与诉讼的交通成本和时间成本,切实有效提升权利人维权效率,实现快速维权。

5. 法官遴选

北京知识产权法院法官均由北京市法官遴选委员会考核选拔产生,这也是全

---

① 王文璧:《强化知识产权保护 延伸司法服务职能》,《玩具世界》2016 年第 12 期。

国法院系统首个法官遴选委员会。遴选委员会由法官、学者、律师代表共同组成，法官差额遴选竞争十分激烈。过去北京三个中院共有 71 名知识产权法官，首次只有 18 名通过遴选成为新的北京知识产权法院的法官。一般情况下任命的审判员需要有副处级的行政职别，但北京任命的审判员没有与行政级别挂钩，体现了法官管理应有别于公务员管理，与司法改革去行政化相呼应。

广州知识产权法院采取面向全省法院公开遴选方式①，选配主审法官，院长、副院长、庭长均为主审法官。为了保证遴选工作的社会公信力，广州知识产权法院遴选委员会常任委员（兼遴选委员会主任）由广州市人大常委会副主任担任，非常任委员分别由省法官协会、法学会、律师协会、知识产权研究会推荐，省法院院领导没有一人参加委员会。通过公开"差额遴选"，从全省 26 名报名法官中，选出首批 10 名主审法官。广州金鹏律师事务所合伙人王波成为中国第一个参与选法官的律师。

6. 案例指导

最高人民法院在北京知识产权法院设立知识产权案例指导研究（北京）基地，这是全国法院首家知识产权案例指导研究基地。北京知识产权法院启动机构设置、人员选任、专家委员会组建、基地运行规则、案例生成机制、案例指导信息化建设等各方面工作，探索知识产权裁判文书援引在先案例制度。

（五）比较法中的坐标及发展趋势

在三地设立专门法院，只是"探索建立知识产权法院"的第一步，知识产权司法体制改革还有待深化。就审判机构专门化而言，有以下问题值得注意：

1."三合一"模式

考察境外知识产权专业法院的设置，如本章中涉及的代表性国家，美国、英国、日本的知识产权专门法院都是两审合一，德国是将侵权类民事案件置于普通法院系统，在专门法院方面集合性最弱，只有泰国与我国台湾地区实行"三合一"模式。两种设置模式各有利弊，但实践已经超越了理论争议，如前所述，全国性知识产权大审判格局已然形成，根据规定，知识产权法院暂不实行三审合一，反而成为二审合一的三个孤岛。下一步试点期结束后，应该会向三合一方向改革。

2. 司法保护平衡分布

关于知识产权法院的布局问题，应在知识产权案件较集中的地区设立，而不能在各地区平均配置。从国际经验来看，一审地域管辖方面，英国、德国与日本在

---

① 法官遴选委员会首先将法官的个人资料、工作业绩、任职陈述和以前判过的案件分发给 9 名委员审核，将近一个星期后再对法官进行面试，其形式类似于"研究生论文答辩"，每人有 5 分钟陈述时间，还有 8 分钟用来回答委员们提出的问题，然后由委员分别打分。考察内容包括法律和知识产权的专业素养、语言表达能力、情绪控制能力、仪容仪表、裁判文书撰写能力等。

一审都是适度集中管辖,美国是分散管辖,其中日本的集中管辖与竞合管辖制度较为灵活,值得借鉴。在未来专门法院设置方面,要考虑超大型国土面积和人口规模的实际情况,不可能将知识产权案件集中在几个专门法院审理;同时要遵从司法规律,有效配置司法资源,在技术类案件比较集中的地区设立专门法院。因此,未来知识产权法院的布局,既不能仅限于"北、上、广"三个地区,更不能依省、自治区、直辖市行政区划逐一设置。建立跨行政区划的错位管辖制度将是改革的必由之路。

3. 上诉法院

知产法院的一审案件、二审上诉又回到所在地的高级法院即普通法院,缺少知产法院的上诉法院,这是一个缺陷。一个可能出现的问题是,类似的案件,在不同的司法辖区可能会出现不同的裁决。如果有一个上诉法院来协调,就可以避免这类问题。普通法院作为综合性的法院,体现不出知产案件的专门性,因此过去制约知产案件审理的缺点依然存在。第一审的商标、著作权等民事和行政案件也还是基层普通法院审理。两头都是普通法院,上下不能自成体系。中国知识产权审判不缺"地方队",缺的是一支"国家队",不能仅在组建"地方队"上做文章,改革止于量变,设上诉法院才是质变。从比较法的视野来看,在级别管辖方面美国、日本都是在上诉法院层面,英国则是自下而上的体系,可能更符合我国的相关改革思路。目前先在中级人民法院进行跨地域管辖,等到积累一定经验,时机成熟时可以考虑建立上诉法院。需要进一步顶层设计全面优化知识产权审判体制与机制的、体系相对完整与独立的知识产权法院系统建设,使得专门法院系统拥有技术类知识产权案件的终审权。

未来可以考虑,在北京建立一个相当于高级法院的知识产权上诉法院,集中审理知识产权授权确权纠纷案件和技术类知识产权侵权上诉案件,这是解决知识产权司法体制和机制问题的目标模式。考虑到中国幅员广大的国情,在条件成熟的时候,可以选择在华东、华中、西南、西北和东北各大区的中心城市,另行设立5～7个知识产权上诉法院的巡回法庭或派出机构。上述知识产权法院系统的构建,是具有中国特色的,它与德国不同,与美国、日本也不同,不仅是单纯的知识产权案件的上诉法院,而是基于专属管辖职能从下至上设立的专门法院的重要一环。

此外,与其他案件相比,知识产权案件在审理程序、证据规则等方面具有一定的特殊性,可能更加需要专门化的程序和审理规则。知识产权案件的专门化审理程序和审理规则问题可能会在知识产权法院形成系统后,提上议事日程。

4. 专门化的程度与反动

知识产权法院需要有具备相关专业知识的法官。法官们需要有足够长的任期,这样他们才能不断积累经验、知道如何最佳地适用法律。在法官的技术背景要求方面,英国、德国模式专业化最强①,但人才难得,而我国各级各地需要大量知识产权案件审理法官,显然人力资源无法匹配。德国模式更适合中国但没有可行性。

而美日两国只是单纯的审判经验,并未要求技术背景的复合型法官,且美国联邦巡回上诉法院的法官也审理非知识产权类案件,日本的法官可能在三年时间渐渐熟悉和理解知识产权相关法律与纠纷后,就被调走了。美国模式的半专门法院、日本知识产权高等法院的三年轮岗制与内部竞争制,有利于避免专业自我窄化与僵化,有利于法律演进与发展,但似乎不是我国目前法治发展阶段能够接受并考虑的,反专业化或反专门化违背了案件量多发与持续增长之下我国的司法实际需求与设立专门法院的初衷,即统一、专业、高效地解决知识产权尤其是技术类知识产权纠纷。从可行性的角度,美国模式的经验较为丰富法官搭配日本模式的技术调查官最符合我国实际需求。

当然,现阶段无法考虑的问题并非不是问题,法院内外部的多元化与集中化、专门化程度与反专门化等将是知识产权司法保护体制、机制中需要尽力平衡的永恒的问题,未来的实践发展将会为我们昭示这一点。

三、知识产权诉讼技术问题查明机制

（一）多元化的技术问题查明机制

技术问题的多样性、新颖性、争议性、假设性决定了知识产权诉讼中技术查明方式非多元化、多样化无法满足此种需求。技术人员参与知识产权案件审理过程是国际通行做法,不同法系、不同国家针对此问题用了不同的专家引入制度,以解决诉讼中遇到的技术问题,如英美法系的专家证人制度、大陆法系的鉴定制度、德国的技术法官制度、日本的技术调查官制度、日本的专门委员制度等,本章前面的各节均有介绍。比较上述制度可以看出:

1. 我们不能要求法官精通技术,德国式的技术法官本身也并非特定领域钻研精通之人,而是具有理工科教育背景而已,更多的实践经验是在专利商标局工作时获得的。单凭技术法官是不能完全解决技术问题的,法官可能懂一类技术,但他不可能懂所有类别的技术,尤其在当前学科内部分类细化的发展状态下,更多的专业科研人员也只是理解某一级学科下某二级学科某方向的知识。法官精通法律同时还是专业技术精英,这样的人选非常之少且未必有意愿从事审判工作,故技术法官只能是一种不具有合理性且不经济的选择。

2. 英美法系的专家证人党派性过强,常常成为"被雇佣的枪",不利于帮助法

①　不过德国联邦法院,每年都会有很多从州里中级人民法院和高级人民法院过来交流的法官,负责帮助法官分析案情、撰写判决草稿等工作。这样的交流,还有利于在法官系统中形成审判思路上的统一。

官进行中立的事实认定。"通常对专家进行交叉询问对于阐明复杂问题的作用不大。首先,专家证人通常都是有经验的证人,展现出一种有能力、有自信的形象,难以看透。其次,律师自身可能也不具备展开启发式交叉询问所必要的理解程度。"①我国通过将当事人渠道获得的专家意见的性质厘定为当事人陈述,就自然限制了其证明力强度以节制其党派性。当事人申请法院通知有专门知识的人出庭,也就是专家辅助人出庭,有三种目的:①受当事人委托,就案涉专门性问题进行说明,帮助理解,澄清不当认识;②就鉴定意见或专业问题提出意见,询问鉴定人以帮助当事人质证;③各方专家辅助人就专门性问题进行对质②。法院认为自己可完整、准确地理解涉案技术问题时,对当事人申请专家辅助人的请求也可不予准许。

3. 美国陪审员系随机抽取,几乎没有技术背景,是真正的"外行",当事人向他们解释清楚技术特征几乎是不可能的。且陪审是公民义务,说得太多可能会导致其不耐烦,印象分被扣不少,而法官向陪审团说明专利的保护范围同样困难。

另一方面,专家陪审员本质上是技术裁判官,并非司法民主的产物,是法官知识不足的弥补,是法官能力的延伸,有违设立陪审制的初衷与目的。其对技术事实的查明、裁断不应只有结论,而应遵守法官裁判的义务,说明裁判的依据和理由。

4. 日本的技术调查官与专门委员范围与适应性较强,中立性无虞,可行性较高,但其配套程序与职权拿捏须要深入探索,否则可能带来法官事实认定权与当事人程序保障权的双重失落。至于专门委员则面临着参与动力机制不足的问题,难以充实其机能。至于"专家顾问"在我国立法上缺少依据,法官在审理案件遇到技术问题时自行询问专家顾问技术问题,双方当事人可能并不知晓法官向谁询问了技术问题,询问了什么问题,得到了什么答案。从程序公正的角度而言可能存在诉讼突袭,当事人亦无法行使其应享有的请求回避权,且具有与鉴定制度同样的弊端——因缺少对抗而不能防止偏听。

大陆法系国家在多元化技术查明机制方面比较健全,英美法系传统上在此问题上的做法比较单一。但甚至以对抗制赋予诉讼制度活力的美国,也有大量建立多元化技术查明机制的建议,比如法院指定专家、特别主事官(special master)、受过技术培训的法官助理、特别审判组、任命特设一次性专家③。美国联邦法院法

① 【美】乔纳凯特:《美国陪审团制度》,屈文生译,法律出版社2013年版,第334页。
② 徐杰主编:《知识产权审判实务技能》,人民法院出版社2013年版,第225页。
③ 【美】昂舍塔:《科学证据与法律的平等保护》,王进喜等译,中国法制出版社2016年版,第259页。

官除了具有明文规定的指定中立专家证人的权限之外①,美国联邦巡回上诉法院于 2002 年在 Techsearch v. Intel② 一案中,肯定了联邦地方法院基于发现真实的目的,具有寻求适当协助解决技术争议的权限。联邦法院法官有权指定技术顾问(Technical Advisor)③,协助法官了解相关技术争议。当然,有不少评论者尤其是律师提出了对该技术顾问在受案法官心证形成过程中所扮演角色的质疑,也有法官对此制度表达不赞同的见解④。此外,联邦巡回上诉法院亦为此类案件定下了较为严格的标准,即必须是很例外的案件(Exceptional Case),同时还必须是高度技术类案件(Highly Technical Case)⑤。此后,联邦地方法院也出现了援引该判决而指定技术顾问的专利诉讼案件,只是总体来说所占比例非常小。

由比较法的观点来看,许多国家都意识到,单一化的技术查明机制不足以满足知识产权诉讼中技术问题的需要,需要建立多元化的技术查明机制,以发挥互补与协同效应。

在知识产权案件技术调查官制度实施之前,虽然对法律规范的分析可得出我国知识产权诉讼技术问题的查明方式仅为鉴定制度和专家辅助人制度,但司法实践并不仅限于这两种。早在 1991 年,最高人民法院就复函北京高院,同意其在审理专利案件时根据案涉技术领域,聘请技术专家担任陪审员⑥。2008 年颁布实施的《国家知识产权战略纲要》第 46 条明确提出要针对知识产权案件专业性强等特点,建立和完善司法鉴定、专家证人、技术调查等诉讼制度。2010 年,最高院聘请11 位工程院院士为首批特邀科学技术咨询专家,聘期五年(2010—2014)⑦。湖北高院积极探索,建立湖北法院知识产权审判咨询专家库,并出台专家库运行制度,规范其运行管理;内蒙古高院续聘了 25 位知识产权审判科学技术咨询专家解决知识产权案件中的专业技术性问题;青海高院通过聘请技术专家作为人民陪审员参与案件审理,解决技术事实审查难题;重庆高院出台技术咨询专家制度等规定,

① 在实践中,法院指定专家的情况并不多见,原因有很多,比如美国人对绝对中立、客观专家幻想的怀疑与批判;法官过度顺从中立专家的风险与担忧;现行法律缺乏可实施性,对于何时指定专家以及如何指定合适的专家缺乏程序上的规定和检验标准;庭审律师的敌意与一致反对;对对抗制传统的尊重;上诉之类的司法风险;诉讼成本的增加等等。参见罗芳芳:《专家意见中立性问题研究:美国法之理论与实务》,中国政法大学出版社 2015 年版,第 204-209 页。

② 286 F. 3d 1360(Fed. Cir. 2002).

③ 一般而言,技术顾问就是技术类法官助理(Scientific Law Clerk),主要是协助法官了解技术争议及该技术领域基本知识,与法官单方面交流,无需制作任何正式书面材料,更不能引进任何证据,因此也无需接受传唤作证。其身份类似于“老师”,帮助法官在科学证据与术语的迷宫中顺利穿行。David L Faigman, et al. ,Modern Scientific Evidence:The Law and Science of Expert Testimony,Vol1,WEST(2012),P124.

④ Joseph Ferraro,Objections Raised Over Technical Advisors:Judges have Power to Use them but Rules and Case Law Offer Little Guidance on their Role, N. Y. L. J. 228,228(2002).

⑤ 286 F. 3d 1360(Fed. Cir. 2002).

⑥ 《最高人民法院关于聘请技术专家担任陪审员审理专利案件的复函》,法[经]函[1991]64 号。

⑦ 《最高人民法院关于聘任马国馨等 11 名特邀科学技术咨询专家的决定》,法[2010]174 号。

四川高院出台技术专家咨询管理办法,2015年共引入技术专家参与或协助审理各类知识产权案件36件①。2014年10月终审的奇虎诉腾讯滥用市场支配地位纠纷案②中亦采用专家辅助人、公知资讯③等多种技术查明方式。

随着知识产权法院的设立,技术调查官制度得到大力推进,知识产权法院按照最高院《关于知识产权法院技术调查官参与诉讼活动若干问题的暂行规定》(简称《暂行规定》)选任和配置技术调查官,发挥技术调查官在查明技术事实中的独特作用。上海市高院专门召开知识产权法院技术调查官制度研讨会,出台技术调查官管理办法等规定,为查明技术事实提供制度保障。北京知识产权法院探索把专业机构关于技术问题的意见写进判决书,增强裁判公信力。最高人民法院在礼来公司诉常州华生制药有限公司侵害发明专利权纠纷上诉一案中,首次启用技术调查官调查技术事实(参见案例9-6),着力发挥示范作用。

案例9-6 礼来公司诉常州华生制药公司侵害发明专利权纠纷案④

2013年7月,礼来公司(Eli Lilly and Company,LLY)向江苏省高院诉称,其拥有涉案91103346.7号方法发明专利权,涉案专利方法制备的药物奥氮平为新产品。常州华生制药公司使用落入涉案专利权保护范围的制备方法生产奥氮平并销售,侵害礼来公司专利权。江苏省高院于2014年10月14日作出判决:华生公司赔偿礼来公司经济损失及为制止侵权支出的合理费用350万元。礼来公司、华生公司均不服,提起上诉。最高人民法院审理查明:华生公司2008年补充备案工艺真实可行,2003年至涉案专利权到期日期间华生公司一直使用2008年补充备案工艺的反应路线生产奥氮平。华生公司的奥氮平制备工艺在三环还原物中间体是否为苄基化中间体以及由此增加的苄基化反应步骤和脱苄基步骤方面,与涉案专利方法是不同的,不属于基本相同的技术手段,达到的技术效果存在较大差异,未构成等同特征。因此,华生公司奥氮平制备工艺未落入涉案专利权保护范围,一审判决认定事实和适用法律存在错误,依法予以纠正。最高院于2016年5月31日作出(2015)民三终字第1号民事判决:1. 撤销江苏高院判决;2. 驳回礼来公司的诉讼请求。最高人民法院二审审理过程中,为准确查明本案所涉技术

① 最高人民法院:《中国法院知识产权司法保护状况(2015年)》。

② 最高人民法院(2013)民三终字第4号。

③ 公知资讯听证制度是指法院在自行查明技术事实时,如需要以公开发表的资讯为证据,将该公知资讯预先告知当事人,给予当事人合理期限,查明后在指定期日接受当事人意见,接受当事人质证,据此形成是否采信该公知资讯的判断。在奇虎诉腾讯滥用市场支配地位纠纷案中法院和当事人都引用大量公开发表的资讯报道以查明技术问题。从裁判文书中看,裁判理由中法院采用的资讯报道与当事人在诉讼中提到的并不一致,由此可知,这些资讯报道是法官自行查明的,这违反了禁止突袭裁判、辩论原则、公开原则的民事诉讼基本法理。

④ 指导案例84号(最高人民法院审判委员会讨论通过),参见《最高人民法院关于发布第16批指导性案例的通知》(法〔2017〕53号),2017年3月6日发布。

事实,根据民诉法第 79 条、《民诉法解释》第 122 条规定,对礼来公司的专家辅助人出庭申请予以准许;根据《民诉法解释》第 117 条规定,对华生公司的证人出庭申请予以准许;根据民诉法第 78 条、《民诉法解释》第 227 条规定,通知出具(2014)司鉴定第 02 号《技术鉴定报告》的江苏省科技咨询中心工作人员出庭;根据《最高院知识产权法院技术调查官暂行规定》第 2 条、第 10 条规定,首次指派技术调查官出庭,就相关技术问题分别询问了专家辅助人、证人及鉴定人。本案被列入最高院指导性案例,最高院公布的裁判要点共有两条:(1)药品制备方法专利侵权纠纷中,在无其他相反证据情形下,应当推定被诉侵权药品在药监部门的备案工艺为其实际制备工艺;有证据证明被诉侵权药品备案工艺不真实的,应充分审查其技术来源、生产规程、批生产记录、备案文件等证据,依法确定实际制备工艺。(2)对于被诉侵权药品制备工艺等复杂的技术事实,可以综合运用技术调查官、专家辅助人、司法鉴定以及科技专家咨询等多种途径进行查明。

上述指导性案例的二审庭审事实调查过程,集中体现了多元化技术问题查明机制的价值所在,此点也被最高审判机关所强调。目前我国基本形成了鉴定制度、专家辅助人制度、技术调查官制度、技术咨询专家、专家咨询委员会、专家顾问团和专家陪审员等多元化专业技术问题查明机制。法院应根据案件情况,与当事人协调,选择组合有效的技术查明方式,实现技术事实的有效查明。未来亦可能发展出新的技术查明方式,法院应持开放的态度,接纳符合正当程序的技术查明方式。

(二)我国知识产权诉讼技术调查官

1. 意义与价值

由于法官技术知识相对薄弱,技术事实查明一直是知识产权案件审理中的难点。面对技术问题,法官可能出现三种非理想状态,需要技术辅助人员予以化解:(1)难以理解技术问题[1];(2)盲目接受专家意见[2];(3)停留表面无法探究[3]。技术调查官因为自身的专业知识,反而不会偏信专家或当事人的技术见解,可以帮助法官询问专家或当事人,辨别科技问题。技术调查官可直接参与庭前准备、庭审

---

[1] Mirjan Damaska, Evidence Law Adrift, Yale University Press, 1997, P143 - 144.

[2] 科学至上主义使得用科学或伪科学术语表达的意见可能误导那些掉以轻心、毫无戒备的人。具有科学家资格被认为掌握了普遍客观科学真理,非专业人士难以质疑。参见【美】肯尼斯·R·福斯特、彼得·W·休伯:《对科学证据的认定:科学知识与联邦法院》,王增森译,法律出版社 2001 年版,第 254 - 255 页。

[3] 事实认定者即使面对专家的证言,可能也获得不了专业的帮助,因为其在评判复杂的专家证言时可能会采用"外围处理方式(peripheral processing)"来对其进行判断:不考虑论据质量与合理性,通过捷径来判断某条信息的价值,依据论据数量、发言者吸引力、发言者资质等因素。当人们缺乏考虑某项论据的积极性,或不具备分析某条信息的能力时,更可能采用外围审理方式。Joseph Sanders, Scientifically Complex Cases, Trial by Jury and the Erosion of Adversarial Process, DePaul Law Review 1998 P361, 363.

及庭后合议的整个审判流程中,充分发挥在技术事实查明上的专业优势。法官审案时,调查官结合案情向当事人询问,固定当事人无争议的技术事实,并确定双方就技术事实存在的争议点,将晦涩难懂的技术语言转化成法官可理解的语言,辅助法官确定案件审理的重点和思路,提升后续庭审的效率。技术调查官与当事人直接讨论技术问题能够针对案件审理关键的技术问题进行审查。同时,由于其本身是法院聘用人员,直接对合议庭负责,因而能够保证中立性和公正性。

与技术法官比,其人力资源的来源更为广泛,也更容易实现。还能克服院外专家贬低专利倾向的弊端,这种技术偏见对专利的保护常常施加不良的影响。技术调查官主要从事司法查明工作,能够理解司法保护的规则与原理,出现"专业思维壁垒"的情况更为少见。

2. 身份定位

技术调查官的身份定位直接决定其在诉讼活动中的工作职责、技术审查意见的法律效力。《暂行规定》明确其属于司法辅助人员:首先,不同于当事人委托的专家辅助人及法院聘请的技术咨询专家,其应为知识产权法院的在编人员,以确保其公正和中立;其次,技术调查官不同于德国等国专利法院中的技术法官,不属于审判人员,与法官助理同属司法辅助人员,不具有审判权。基本职能定位是法官的技术助手,协助法官理解和查明案涉专业技术问题,为技术类案件审理提供技术支持。

3. 归口管理

在人员管理上,其不归属于审判业务庭室,而由知识产权法院设置技术调查室进行日常管理、调配、考核等。技术调查官的日常工作分为两部分:一是接受审判业务庭室对有关技术问题的咨询,提供咨询意见;二是参与具体案件的诉讼活动,协助法官查明案件所涉技术事实。在具体案件审理中,是否需要、需要何种技术背景及从业经验的技术调查官,由法官根据案件审理需要确定。技术调查官参与诉讼后,根据案件审理情况,法官也可决定撤销或更换技术调查官。

4. 当事人程序保障

技术调查官虽然属于司法辅助人员,但对案件事实的查明有着较大的影响。在为当事人提供正当程序保障方面,《暂行规定》作出具体规定。首先,技术调查官参与诉讼活动的,应在裁判文书首部的案件来源部分列明其身份和姓名;其次,合议庭组成人员确定后,应在三日内告知当事人;最后,其回避参照适用审判人员回避的具体规定。

5. 参与案件类型与法院范围

技术调查官适用于知识产权法院对知识产权技术类案件的审理。知识产权法院管辖有关专利、植物新品种、集成电路布图设计、技术秘密等专业技术性较强的第一审知识产权民事和行政案件。《暂行规定》明确,在上述案件审理中,可指派技术调查官参与诉讼。另外,为充分发挥其在技术事实查明中的优势作用,知识产权法院以外的其他法院在审理《暂行规定》所列案件时,可参照适用,引入技术调查官参与诉讼。

6. 工作职责

技术调查官根据法官要求,就案件有关技术问题履行下列职责:(1)通过查阅诉讼文书和证据材料,明确技术事实的争议焦点;(2)对技术事实的调查范围、顺序、方法提出建议;(3)参与调查取证、勘验、保全,并对其方法、步骤等提出建议;(4)参与询问、听证、庭审活动;(5)提出技术审查意见,列席合议庭评议;(6)必要时,协助法官组织鉴定人、相关技术领域的专业人员提出鉴定意见、咨询意见;(7)完成法官指派的其他相关工作。

技术调查官行使职责须经法官授权,可列席合议庭评议并针对案涉技术问题发表意见,其提出的意见应记入评议笔录,并应在评议笔录上签字。但不能对法律适用问题提出意见,也不能对案件裁判结果进行表决。根据法官要求,技术调查官可以在案件审理的不同阶段分别提出技术审查意见。上述第(6)项工作涉及技术调查官与专家咨询制度的衔接。受员额限制,技术调查官专业背景不可能覆盖所有技术领域,当其难以解决案件技术问题时,须要组织司法鉴定或咨询外部专家。

7. 技术审查意见的法律效力

技术审查意见是技术调查官对案件有关技术问题的分析意见,属于技术调查官执行职务的工作成果。《暂行规定》规定技术审查意见可作为法官认定技术事实的参考。为防止司法权让渡,确保独立审判,法官根据全案情况综合判断是否采纳技术审查意见,技术事实认定仍由法官决定,并由法官对当事人承担责任。因此,技术审查意见不应作为证据使用,仅对法官认定技术事实起参考作用,裁判文书对技术事实的最终认定有可能与技术审查意见的结论不一致。为使案件评议有的放矢,技术调查官应在案件评议前完成并提交技术审查意见。

8. 运行实效

2015年10月,北京知识产权法院正式成立技术调查室,现有的39名技术调查官均具有专业技术资质,研究领域涵盖了光电、通信、医药、生化、材料、机械、计算机等多个审判实践常涉及的专业技术方向,另外还选聘了27名具有正高职称的技术专家,已初步形成了以交流和兼职技术调查官为主、聘用技术调查官为辅的工作模式。2016年前10个月,该院共受理技术类案件1661件,约占总收案数的22%,审结技术类案件674件。技术调查官制度建立一年来初见成效,据统计,该院已有25名技术调查官(其中交流技术调查官8人,兼职技术调查官17人)参与了250件案件的技术事实查明工作,包括参与出庭128件,参与保全、勘验14件,进行技术咨询122件,技术调查官共出具技术审查意见 110 份。与此同时,该院技术类案件审判质效得到明显提升,技术类案件结案率同比上升 87%①。

四、行民交叉问题与民事司法保护

案例 9-7 武汉晶源公司诉日本富士化水工业公司和华阳电业公司专利侵权案

武汉晶源环境工程有限公司自主研发"海水法"脱硫减排技术获得专利权。1997 年华阳电业有限公司建设福建漳州后石电厂,错购日本富士化水工业株式会社的"镁法"脱硫设备,常年耗用大量镁矿石原料,福建省无法供应,故请武汉晶源为其提供技术咨询服务。而后,原供应商富士化水在未征得武汉晶源同意,自行采用武汉晶源当时已经公开的"海水法"发明专利技术方案,改造其工艺设备并于 1999 年投入运营。

2001 年 9 月,武汉晶源向福建高院起诉,状告富士化水和华阳公司侵权。2005 年 1 月,受福建高院委托的中国科技法学会华科知识产权鉴定中心认定富士化水整体技术方案与晶源专利技术方案等同。2008 年 5 月,武汉中院开庭代福建高院宣判,被告富士化水立即停止侵权,赔偿原告 5061.24 万元;被告华阳公司每台机组每年向原告支付 24 万元使用费,替代停止侵权。一审判决后,原被告均上诉。武汉晶源认为,一审判决没有落实两被告侵权的共同责任,并要求提高华阳公司支付的专利使用费;两被告则否认采用原告技术。

在民事诉讼过程中,富士化水于 2004 年 12 月向专利复审委员会提出专利无效请求。2006 年 6 月专利复审委员会决定维持晶源专利有效。富士化水不服,向北京一中院起诉,2006 年 12 月北京一中院驳回富士化水请求,维持专利有效决定。富士化水上诉至北京高院,2007 年 8 月 1 日北京高院判决富士化水败诉,晶源专利有效。

2008 年 11 月 10 日,最高人民法院以 5 位法官的大合议庭方式,对此案民事部分进行公开审理。参加旁听的有人大代表、政协委员、外国政府和国际组织驻华机构代表、专家学者和社会公众约 200 人。争议焦点主要围绕三大问题展开:被控侵权的脱硫方法和曝气装置是否属于武汉晶源专利权的保护范围?富士化水和华阳公司主张的现有技术抗辩是否成立?富士化水和华阳公司的民事责任如何承担?2009 年 12 月 21 日最高院终审认定富士化水和华阳公司侵权成立,原审两被告共同实施了侵权行为,依法应承担连带责任。责令两原审被告共同赔偿武汉晶源经济损失 5061.24 万元,并按使用年限支付专利使用费,如支付迟延应按规定加倍支付迟延履行期间的债务利息。

---

① 赵春艳:《北京知识产权法院技术调查官制度运行 1 年结案率提升 87%》,《民主与法制时报》2016 年 10 月 29 日第 4 版。

本案判决后在民事执行环节又遇障碍①,晶源公司表示判决执行如同白条,外方侵权还在继续,企业损失还在加剧,胜诉方 5 年未得执行款,晶源公司最终向最高人民检察院申请执行监督,该案甚至被列为最高检 2015 年度检察机关保护知识产权十大典型案例②。

当专利权人提起侵权诉讼的时候,一般来说都要面对一个问题,就是被告方提出专利无效请求以及无效诉讼作为抗辩,人民法院会据此停止侵权诉讼,等待无效诉讼解决了再审判,这将导致侵权案件的审理时间非常漫长,案例 9 - 7 就是一个典型。

有人总结晶源公司之所以能够艰难胜诉,一是晶源公司技术具有原创性,并及时申请了专利保护,且专利申请文件无瑕疵。二是晶源公司敢于运用法律武器抗争,并坚持 8 年不懈。三是国家鼓励自主创新的大环境最终使法院依法判决。四是得益于当地知识产权部门在晶源公司艰难维权过程中给予的多项帮助。武汉市知识产权局向国家知识产权局汇报请求专利复审委员会加快无效专利审查;组织新华社湖北分社通过内参的形式刊发专文反映企业维权路途的遭遇和经历;向全国人大专利法实施检查组汇报企业维权情况;启动知识产权维权机制,请相关知识产权专家提供咨询,正是知识产权法学专家吴汉东教授、最高院副院长曹建明大法官等人的帮助,促进了此案的加快审理③。本案从民事一审起诉至最终执行完结,耗时 14 年之久,上述所谓的胜诉经验与原因更是充分暴露了我国知识产权司法保护制度的弊端与不足。可以设想,如果没有全国人大、最高法、最高检、国家知识产权局、专家学者、官员、媒体等众多主体介入本案,帮助晶源公司维权以及当事企业庭审外运作与博弈,此案解决的困难程度恐怕难以想象。如果没有这么多的汇报、监督与"加快",14 年的解决纠纷耗时必将更加漫长。

该案是最高人民法院首次组成五人大合议庭审理的一起知识产权案件,案件审理进程集中反映了当前我国知识产权案件面临的主要程序困境,其赔偿数额也

---

① 2010 年 4 月,武汉晶源刚收到"执行裁定书"2 天,就收到最高法院"暂缓执行决定书";7 月份暂缓期(3 个月)满后,刚收到"恢复执行通知"才几天,又收到最高法院"继续暂缓执行通知书"。

② 判决生效后,富士化水、华阳公司未履行生效法律文书确定的义务,晶源公司向福建高院申请执行。福建高院指定南平中院执行,南平中院指定顺昌县法院执行,顺昌县法院执行三年多,晶源公司未收到执行款。晶源公司向最高检申请执行监督,最高检控告检察厅于 2014 年 1 月 7 日将本案交办至福建省检察院,福建省检决定受理并将该案移送顺昌县检察院处理。顺昌县检察院经对顺昌县法院进行走访并调取相关执行卷宗材料,了解到顺昌县法院已于 2014 年 10 月扣划 3000 万元案件执行款至法院账户,但一直未支付给申请执行人。为此,顺昌县检察院向顺昌县法院发出执行监督检察建议书,建议将扣划执行款及时支付给申请执行人,并采取措施尽快执结本案。顺昌县法院收到检察建议后,依法冻结被执行人银行账户,后经检法两家共同协调努力,双方当事人于 2015 年 3 月 16 日达成了执行和解协议。2015 年 3 月 19 日,顺昌县法院将案件执行款 3000 万元支付给晶源公司,案件得到顺利执结。

③ 殷媛媛:《武汉晶源诉日本 FKK 和华阳公司专利侵权案》,《第一情报·专利情报》第 26 期(2010 年 2 月 1 日)。

创下了最高法院知识产权案件判决的新高。原被告双方都为诉讼投入大量时间、精力和金钱,虽然晶源公司拿到了最终胜诉判决,但是其专利寿命已经折损近半,更为重要的是,原本广阔的市场和利益空间也被旷日持久的诉讼所湮没。本案主要涉及两个问题:一是法院只进行侵权认定,无权就权利有效性做出判断,因此一旦当事人在诉讼过程中提起权利无效请求以后,受理法院只能暂时中止诉讼程序,待相关确权程序进行完毕以后,再重新恢复案件审理。如此一来,诉讼期间就会无限期延长,当事人权益无法得到有效维护。二是确权程序过于复杂。一旦当事人提起确权争议,根据我国相关立法,先由行政机关予以裁决,对行政裁决不服的,可以启动两级司法救济程序,走完全部程序,耗时几年并不稀奇。很多情况下,当事人最终拿到的是胜诉判决书,丢掉的却是市场和信誉。过于复杂的确权程序对当事人实体权利的保障并无益处。

一般认为,专利复审委员会的无效审查具有一种"准司法"性质,实质上它与法院的一审没有太多的区别。这使得专利无效案件事实上成了三审终审,延长了审理期限,耗费了大量的司法资源。以发明专利权无效案件为例,根据专利复审委员会以往无效案件的审查实践来看,从立案之日起到审查决定发文日止的审理期限平均在一年左右(包括节假日在内),有许多无效案件比如案情复杂的、影响重大的案件审理期限更是长达两年、三年;再加上一审和二审以及当事人准备的时间、程序交接的时间等,发明专利无效案件的期限一般也在四年左右[①]。这种情形有时会使得专利权人在事实上专利权应被宣告无效的情形下人为延长其保护期,同时也不利于及时制止侵权。

专利是否有效是专利侵权民事纠纷解决的前提和基础,这一问题无法在民事诉讼中得到解决。专利无效纠纷行政诉讼判决只能撤销违法的无效决定,判决复审委员会重新作出决定,不能直接改判[②]。这一现象称为我国在专利有效性判断上的"双轨制"或"二元分离"体制问题。回避此问题会损害人们对专利制度和司法制度的信赖。如何在知识产权法院试点工作中,厘清宣告专利权无效决定的本质,对现行的专利复审制度予以优化完善,消除民事诉讼程序与无效行政程序之间的抵牾是目前亟待解决的问题。

为了避免无效决定的效力不确定性带来的麻烦,直接取消专利行政部门主导的无效程序,由民事侵权诉讼对专利的有效性进行一元判断是否可行? 美国的经验是一元化不可行,因为对法院的压力太大。以诉讼为中心的美国,行政复审程序的意义在于推动专利有效性判断低成本高效率的解决。从法院来说则是给予专利商标局纠正错误授权的机会,增强投资者对专利的信赖。美国是直接通过民

---

① 张玲、张丽霞、向波:《发明专利侵权诉讼实务问题研究》,人民出版社 2014 年版,第 18 页。
② 参见最高人民法院(2007)行提字第 3 号。

事侵权诉讼对专利有效性问题进行判断的典型国家。但在 2011 年《美国专利法》(AIA)修改中增加了多种由专利商标局(USPTO)主导的,针对专利有效性的审查程序①。而与此不同的是 2004 年日本《专利法》新设第 104 条第 3 款,改变了过去只能由专利行政部门对专利有效性作出判断的情形。即法院不仅可以对侵权进行判断,而且可直接对专利有效性进行判断。美国引入行政程序的目的在于降低成本、提高效率,而日本仅无效程序行政审理时间就长达 18 个月,日本也希望通过诉讼解决专利有效性的判断问题。日本学者在评价这一现象时认为两国改革动机相同,但改革方向似乎是相反的②。

如果诉讼与无效程序并存的双轨制有其存在的合理性,当两者在专利有效性问题判断上产生冲突时该如何解决就是一个重要的课题,即民事诉讼与行政程序的衔接问题。目前,我国新增专利申请量已经连年增长。相关研究通过对1985—2014 年知识产权典型案件统计分析,发现专利权利状态极不稳定,权利人败诉比例达 46％。而复审委员会的无效决定在行政诉讼中的支持率随着审级的提高呈下降趋势,客观上推高了此类案件上诉、申诉数量③。

针对我国专利案件因为行民交叉审理周期较长的问题,2016 年 4 月实施的《侵犯专利权纠纷案件解释(二)》设计了"先行裁驳、另行起诉"的制度,即在专利复审委员会作出宣告专利权无效的决定后,审理专利侵权纠纷案件的法院可以裁定驳回起诉,无须等待行政诉讼的最终结果,并通过另行起诉给权利人以司法救济途径④。专利纠纷先行裁决制度只是针对提高民事和行政交叉案件诉讼效率而提出的权宜之计,如果最终专利复审委员会做出宣告专利权无效的决定后,专利权人选择提起行政诉讼,同样要经历二审终审,甚至诉至最高人民法院,待最终结果尘埃落定,权利人仍可通过"另行起诉"方式予以维权,此时纠纷所历经的实际程序并未减少。这一规定是从程序上裁定驳回起诉,而非实体上判决驳回诉讼请求,意味着若无效决定被行政裁判推翻,权利人仍可另行起诉。因此专利纠纷先行裁决制度并不能从根本上解决知识产权民行交叉案件诉讼程序冗长、诉讼效率低下、诉讼成本过高的问题。另外,在商标类案件中,最高法院也在自己权限范

---

① 2011 年 9 月 16 日,奥巴马总统签署了《莱西－史密斯美国发明法案》(Leahy－Smith America Invents Act ,AIA),这是 1952 年以来美国专利法最为重要的修改。参见 H. R. 1249,now Public Law No. 112－29,125 Stat. 285,September16,2011。2012 年美国商标专利局制定了最终规则,参见 Federal Register,Vol. 77,No. 157,P48680－48732(August 14 ,2012)。

② 井関涼子「米国の再審査制度(Reexamination)——侵害訴訟との関係」村林隆一傘寿記念文集「知的財産権侵害訴訟の今日的課題」青林書院(2011 年)496 頁。

③ 无效行政诉讼,一审支持率 67％,二审支持率 33％,最高法院支持率 20％。参见金海军:《我国知识产权经典案例统计分析——以〈最高人民法院公报〉(1985—2014)为据》,《知识产权》2015 年第 6 期。

④ 《最高人民法院关于审理侵犯专利权纠纷案件应用法律若干问题的解释(二)》法释〔2016〕1 号。

围内完善了相应的规定①。

英美两国的民事诉讼制度可以解决此一行民交叉问题,而大陆法系囿于行政处分的诉讼设计,"将本为私权性质的权利有效性争讼视为一方当事人与行政机构的对抗,影响了本质上属于申请人(举发人)与专利人对抗的双方当事人结构,也影响到法院对权利有效性进行实质性裁决(如宣告专利无效)"②。德国针对此问题成立脱离行政法院系统的专门专利法院予以应对,日本也通过最高法院判例引导专利法的修改,允许法院在民事诉讼中对专利有效性问题直接做出判断。通过民事诉讼与上诉审专门法院,实现平行程序的交汇与协调,摆脱民行交叉"循环诉讼"的困扰。

当前,我国部分地区已经成立知识产权法院,根据其实施情况,未来这一专门法院可能推广至我国其他区域,知识产权案件裁判的专业水准也会逐步得到提升,在这一背景下,我国可以参考国际经验,允许知识产权法院在审理民行交叉案件时对权利的有效性做出独立判断,实行"化学审"③是解决上述问题的根本之道。当然此项司法改革应稳步推进,逐步改革审判组织人员构成,不宜一刀切地赋予所有知识产权法院判断权利有效性的法定职权,改革过于激进会导致更多的实践问题。

另一方面,简化确权司法程序(变二审终审为一审终审)也可以适用于知识产

---

① 最高院《关于审理商标授权确权行政案件若干问题的规定》于 2017 年 3 月 1 日施行,强调发挥司法审查功能,强化实质性解决纠纷,避免程序空转和循环诉讼的总体思路。商标授权确权案件特别是商标不予注册复审和商标无效纠纷,更多是当事人之间就商标能否获得授权或是否应当无效而产生的争议,商标评审委员会居中裁决,其性质更类似于准司法裁决而非行使行政职权,因此商标授权确权行政案件有其不同于一般行政案件的特点。《授权确权规定》第 2 条规定,法院对商标授权确权行政行为进行审查的范围,一般应根据原告诉讼请求及理由确定。原告诉讼中未提出主张,但商标评审委员会相关认定存在明显不当的,法院在各方当事人陈述意见后,可对相关事由进行审查并做出裁判。受制于行政诉讼框架,法院无法在行政诉讼中直接认定商标效力,只能判令商标评审委员会重新做出裁决,当事人对商标评审委员会所作裁决可能再次提起行政诉讼,导致循环诉讼的出现,影响授权确权效率。尤其是商标评审委员会完全依据法院生效裁判的事实和理由重新做出的裁决,其事实上是执行法院生效判决的行为,并没有自由裁量的空间,属于最高院《行政诉讼法解释》第三条第一款第(九)项"诉讼标的已为生效裁判所羁束的"情形,应当不予受理或者驳回起诉。故《授权确权规定》第 30 条规定,法院生效裁判对于相关事实和法律适用已做出明确认定,当事人对于商标评审委员会依据该生效裁判重新做出的裁决提起诉讼的,法院依法裁定不予受理;已经受理的,裁定驳回起诉。如果商标评审委员会所做裁决引入了新的事实或者理由,则不适用该条。提高商标授权确权效率是商标法修订要着重解决的问题之一,最高院近年来也一直在强化实质性解决纠纷的思路,要求法院审理商标授权确权行政案件中加大司法审查力度,对于当事人所提出的理由尽可能在实体上给出回复,给商标评审委员会后续裁决以明确指引。《授权确权规定》的相关条文均体现了上述精神。

② 黄铭杰:《专利法修正案后专利争讼制度应有之改革——以专利权效力争讼程序为中心》,《政大智慧财产评论》2014 年第 1 期。

③ 所谓"化学审",就是指法院对行政部门授予的专利权、商标权或者植物新品种权等权利的有效性争议,直接进行实质性审理并做出是否有效的裁判。而相对应的,法院对于此种争议不进行实质性审理和裁判,仍交由相应的行政部门做出权利有效性与否决定的,就叫作"物理审"。

权民行交叉案件,德日等国也具备较为成熟的实践经验,在我国知识产权司法体制改革过程中同样可以先行试点,在试点经验基础上再予以综合考量。

此外,应当完善知识产权法院的审判组织人员结构,建立司法机关和行政部门长效沟通机制。司法部门与行政部门各司其职,缺乏必要的沟通机制,加剧了知识产权民行交叉案件的程序拥堵,不仅增加了当事人的负担,也造成了资源浪费。我国知识产权行政机关除了具有一般的管理职能以外,还兼具执法职能,行政救济途径对于一个并不理想的知识产权保护环境而言,更具有现实意义。知识产权法院成立以后,知识产权审判工作将逐步走向专业化,审判人员的专业素质也得到大幅度提升,并配备了查明技术问题的调查官。为了避免知识产权法院与知识产权行政部门在一些交叉问题上的裁决结果不一致,合议庭组织人员结构应当适时予以调整,知识产权法院可以借鉴德国专利法院技术法官制度,在合议庭人员构成中增加有相关行政工作经验的人员。在具体人员选拔机制中,可参考我国已经较为成熟的人民陪审员制度,与法院审判人员共同组成合议庭。为了保证司法部门与行政部门对于相关权利效力的判定保持一致,知识产权法院可以通知确权行政部门参与诉讼过程。同时,借鉴日本的成熟经验,未来知识产权法院应当建立与知识产权行政部门沟通机制,并且应实现常态化。这就要求司法部门与行政部门打破部门界限,在信息交换、人员交流等方面予以突破,并且尊重司法最终裁决原则,维护司法公信力。

"持平而论,大陆的经济体制改革并不是遵循市场教旨主义,也不是简单复制所谓西方标准化的市场经济模式,而是根据其本国国情,独立自主并创造性地进行制度选择,使市场经济的一般规律与中国经济的具体情况相契合,形成内生性和自我适应的制度变迁轨迹。是以,在法律制度的建构与援引,也应该避免那种强制性的制度移植输入和制度外部依附所带来的灾难性结果。"[①]知识产权民事司法保护的比较研究应该结合中国变化发展的具体司法实际,进一步细致分析国外有关体制与制度利弊的经验教训,评估制度移植的可适应性,方能对我国知识产权保护的法律体制有所裨益。

---

① 王文杰:《嬗变中之中国大陆法制(第四版)》,台湾交通大学出版社 2014 年版,第 383 页。